한국전쟁 관련 프랑스외무부 자료 II

(1951. 01. 01~1951. 05. 31)

한국전쟁 관련 프랑스외무부 자료 II (1951. 01. 01~1951. 05. 31)

초판 1쇄 발행 2021년 2월 22일

옮긴이	이지순·박규현·김영
발행인	윤관백
발행처	도서출판 선인

등 록	제5-77호(1998.11.4)
주 소	서울시 마포구 마포대로 4다길 4(마포동 324-1) 곳마루 B/D 1층
전 화	02) 718-6252 / 6257
팩 스	02) 718-6253
E-mail	sunin72@chol.com

정가 66,000원
ISBN 979-11-6068-451-3 94900
      979-11-6068-449-0 (세트)

* 본 『한국전쟁 관련 프랑스외무부 자료 I~VI』은 한국학진흥사업단의 토대연구지
  원사업에 의해 수행되었음(과제번호: AKS-2016-KFR-1220002).

한국전쟁 관련 프랑스외무부 자료Ⅱ

(1951. 01. 01~1951. 05. 31)

이지순 · 박규현 · 김영 옮김

　　19세기 중반 프랑스 외방전교회의 한국 전교 때부터 관계를 맺어 온 프랑스
는 1839년(己酉年) 조선 정부가 프랑스 사제 3인을 비롯한 수많은 천주교 신자
들을 처형한 '기유박해'를 일으키자 극동함대를 파병하여 '병인양요'를 일으켰
다. 1866년 프랑스함대의 조선 침범으로 벌어진 병인양요 이후 조선과 프랑스
사이에 우호통상과 천주교 포교의 자유를 주요 내용으로 하는 한불우호통상조
약이 체결되며 양국 간의 외교관계가 본격화되었다. 1900년을 전후한 시기 대
한제국 정부 내 고용된 외국인 중 프랑스인들이 다수를 점했던 사실은 한국과
프랑스 양국관계의 긴밀성을 보여주는 증거가 되기도 한다. 하지만 을사늑약
체결 이듬해인 1906년 8월 외교관계는 단절되었고, 주한프랑스공사관은 영사관
으로 변경되었다. 그 뒤로는 정식 외교관계는 아니지만 개별적인 한불관계가
지속되었다. 1919년 임시정부가 상해 프랑스 조계에 설립되어 1932년까지 독립
운동의 근거지로 삼기도 했다. 독립을 위한 임시정부의 첫 외교무대가 1919년
파리강화회의였던 점도 양국 간의 밀접한 관계를 보여준다. 1919년 김규식을
비롯한 신한청년당 대표단이 파리강화회의에 참가하였지만, 일본의 방해로 김
규식은 파리강화회의 본 회의장에 들어가지 못했다. 다만 회담장 밖에서 일제
식민지배의 불법과 부당함을 알리는 활동을 전개할 수 있었을 뿐이다. 서구열

강 중 임시정부를 공식적으로 처음 인정한 것도 드골의 프랑스 임시정부였다. 1945년 8월 15일 이후 식민지 조선이 해방되고 38도선을 경계로 남북한에 미소 군정이 설치되었으며, 이러한 상황은 의도치 않게 국제 사회의 주목을 받게 되었다. 1947년 냉전(coldwar)이 본격화되며 한반도는 양측의 각축장이 되어버렸다. 프랑스와 한국의 외교관계는 1949년 정식 수립되어 주한프랑스공사관이 다시 문을 열었다. 이 무렵 프랑스는 베트남을 비롯한 동남아시아의 문제 때문에 동아시아에 대한 관심이 높았고 한반도에 대한 관심 역시 커지는 상황이었다.

1950년 6월 25일 한국전쟁이 발발하자 프랑스는 유엔 안전보장이사회 상임 이사국이자 회원국으로서 전투부대 파병을 결정했다. 파병 결정에는 미국의 압력도 작용했지만 다른 한편으로는 동아시아에 대한 프랑스의 관심도 반영되었다. 베트남 문제로 인해 군을 직접 파견할 수 없었던 프랑스는 예비역과 현역으로 구성된 1개 대대와 보충대를 합해 프랑스대대(사령관: 몽클라르Ralph Monclar 중장)를 조직했다. 이렇게 조직된 프랑스대대는 1950년 11월 29일 부산항에 입항한 이후 미 제2사단의 일원으로 참전하여 지평리전투, 철의 삼각지대를 비롯한 각종 고지전(단장의 능선 전투가 대표적임)에 참가하여 눈에 띄는 전적을 올렸다. 프랑스대대는 휴전협정이 체결된 직후 1953년 10월에 한반도에서 철수했다.

한국전쟁에 공식적으로 참전한 국가만 미국을 비롯해 16개국이며, 여기에 중국과 소련을 합하면 세계 모든 강대국이 가담한 국제전적 성격을 지닌 전쟁이었다. 하지만 그동안의 한국전쟁 연구는 미국, 러시아(구소련), 중국 등 관련국들이 생산한 자료들에 근거해 진행된 탓에 남북한, 미국, 중국, 소련 등에 집중되어왔다. 우리는 이들 국가 외에도 유엔의 회원국으로서 유엔군으로 무장병력을 파견한 국가들, 아니면 중립국의 지위 때문에 비무장부대(예를 들어 병원선 등)를 파견한 국가들, 그 외에도 유엔 총회나 1954년 제네바정치회담 등에 참가한 국가들이 있고, 그들이 생산한 자료들이 있다는 점에 주목할 필요가 있다. 특히 프랑스는 한국과 이전부터의 밀접한 외교관계를 토대로 꾸준히 한국 관련 자료들을 생산·수집·분류·보관하고 있으니, 가장 중요한 근현대사 자료로는 한국의 독립운동 관련 사료와 한국전쟁 사료를 들 수 있다. 한국전쟁 관련 프랑스외무부 자료 속에는 주로 도쿄 주재 프랑스대사관 및 베이징, 도쿄, 워싱턴, 생 페테르부르크, 런던 등 세계 주요 도시 주재 프랑스대사관이 프랑스외무부에 전달한 한국전쟁 관련 보고서들이 포함되어 있다. 프랑스는 유럽의 참전국들을 대표하는 국가 중 하나로서 한국전쟁에 대해 방대한 양의 외교문서를 남겼다.

한국전쟁은 냉전문제에 관련된 대표적인 전쟁이다. 또 한편으로는 탈냉전의 문제와도 직간접적으로 연결되어 있다. 이러한 복합적 국제관계 상황에서 프랑스 자료들은 향후 한국전쟁을 비롯한 냉전과 탈냉전 연구에서 무척 중요하다. 프랑스는 미국과 보조를 맞추거나 미국의 발표에 따라 정보를 수집했음에도 미국과 항상 동일한 입장을 취한 것이 아니라 자국의 독립적인 시각을 견지했다. 이러한 까닭에 프랑스의 한국전쟁 자료는 한국전쟁의 단면을 다각도에서 이해하는 데 매우 중요한 자료가 될 수 있다. 본 자료집이 담고 있는 외교문서를 보면 휴전협상의 과정이 미국의 입장이 유엔에서 관철되는 과정이었다고 평가할 수 있지만, 유엔 총회나 휴전회담 전개 과정에서 프랑스가 반드시 미국과 보조를 맞추었다고 보기는 어렵다. 달리 말하면, 제2차세계대전 이후 달라진 미국의 위상이 절대적으로 반영되기는 하지만 프랑스 또한 유엔에서 자국의 입장을 관철시키려고 노력했음을 알 수 있다. 또한 직접 휴전협상국은 아니었으나 각국에 파견된 외교관들을 통해 포로가 된 프랑스 포로들의 귀환을 시도하기도 했다. 당시 프랑스는 한반도보다는 베트남을 비롯한 인도차이나반도에 관심을 기울이고 있었다. 그렇기에 조기 종전을 내세우며 미국과는 다른 입장에서 휴전협상을 인식했고, 프랑스외무부 자료에서는 이러한 프랑스의 입장을 구체적으로 확인할 수 있다.

그동안 한국현대사 연구, 그중 한국전쟁 연구에서 프랑스의 인식과 대응을 정리하는 작업은 활발하지 못했으며 그에 관한 연구도 드문 편이다. 무엇보다 프랑스 사료를 폭넓게 확보하고 깊이 있게 분석하기에는 '언어의 장벽'이 너무 높았기 때문이었다. 반면 프랑스어나 프랑스사 연구자들은 한국현대사를 학문적으로 접근하는 데 일정한 한계를 가졌다. 예를 들어, 국방부 군사편찬연구소에서 한국전쟁기 유엔군의 활동을 정리한 성과가 있으나 프랑스대대의 활동에 초점이 맞춰진 까닭에 단순한 전투의 나열에 그쳤으며, 한국전쟁에 대한 프랑스의 인식과 대응, 각종 활동 등은 제대로 검토할 수 있는 자료라고 할 수 없었다. 본 프랑스외무부 자료집은 이러한 기존 연구의 한계를 뛰어넘을 수 있는 '프랑스 자료의 국역화'라는 점에서 무척 중요한 시도라 할 수 있다.

본 자료집에 실린 프랑스 자료는 미국(워싱턴)과 유엔(뉴욕), 일본, 영국, 소련에 주재한 프랑스 외교관들을 통해 수집된 정보가 주를 이루지만, 그 외에도 세계 각지의 프랑스 외교관들을 통해 수집된 정보를 담고 있다. 이러한 수집 정보를 통해 한국전쟁 당시 프랑스가 어떠한 부분에 집중하고 있으며, 각국에서 한국전쟁의 어떠한 면이 쟁점으로 제기되고 있는가를 검토할 수 있다. 다만, 프랑스의 동향과 동아시아에 대한 프랑스의 인식과 대응을 확인할 수 있는 자료가 많지 않은 것은 아쉬움으로 남는다. 본 자료집의 문서군이 한국전쟁이 핵심적인 주제인 까닭에 그것에 집중될 수밖에 없었다. 본 자료집에 편철된 프랑스 자료의 구체적인 내용을 살펴보면 다음의 몇 가지로 구분할 수 있다.

첫째, 한국전쟁의 발발과 전개, 협정까지의 상세한 과정을 살펴볼 수 있다. 한국전쟁은 한반도에서 발생한 전쟁이지만 미국과 유엔이 개입하는 순간부터 그 성격은 국제전으로 전환되었다. 특히 유엔은 한국전쟁 초기부터 전쟁에 적극적으로 개입했다. 1950년 6월 25일 한국전쟁이 발발하는 순간부터 미국이 참전과 동시에 유엔에 전쟁을 포함한 한국 문제를 상정했기 때문이다. 이때 프랑스는 유엔 회원국의 일원으로 참가했으나 미국의 입장에 일방적으로 동조하지는 않았다. 프랑스는 각국에 주재하는 프랑스 외교관을 통해 여론, 언론 보도, 각국 정부의 입장 등에 대한 정보를 수집하여 자료로 축적하였다. 미국(뉴욕, 워싱턴 등)과 일본뿐 아니라 소련(모스크바)과 중국(베이징), 유럽 각국(동유럽 포함), 동아시아(예를 들어 버마의 랑군) 등 전 세계 각지에 주재하는 프랑스 외교관들을 통해 한국전쟁의 시기별 쟁점에 대한 현지의 여론을 수집하였다. 예를 들면 중공군의 참전 이후 유엔군이 패배하게 되자 미국이 원자폭탄 사용을 검토했을 때, 프랑스는 이러한 원자폭탄 사용 문제에 대한 각국의 여론을 점검하였다. 본 자료집에서는 그러한 프랑스의 정보 수집을 구체적으로 확인할 수 있으며, 이를 통해 한국전쟁 당시 프랑스가 미국의 입장에 동조하면서도 자국만의 독자적인 입장에서 한국전쟁을 어떻게 인식하고 대응했는지를 구체적으로 확인할 수 있다. 한편 한국전쟁 관련 연구자들은 이러한 내용을 통해 한국전쟁에 대한 각국 동향의 직간접적인 정보 인용이 가능할 것이다.

둘째, 한국전쟁기 전황(戰況)의 구체적인 전개를 살펴볼 수 있다. 널리 알려졌듯이 한국전쟁은 '북한의 기습남침 - 낙동강 방어전 - 인천상륙작전과 북진 - 중공군의 개입과 후퇴 - 전선의 고착과 고지전'의 과정을 거치며 전황이 전개됐다. 각 시기별로 각각의 전황이 달라지고 있다. 프랑스 자료는 도쿄의 맥아더사령부(연합군 최고사령부, SCAP, Supreme Commander Allied Powers)에서 발표하거나 미국 정부가 발표한 전황 소식을 수집하여 반영하고 있다. 물론 미국 주도의 연합군 사령부를 통한 정보라는 한계가 있으나 그러한 정보에 대한 프랑스의 개별적 시각이나 견해를 엿볼 수 있기도 하다.

프랑스는 많은 정보를 맥아더사령부나 미국 정부를 통해 수집하고 있으나, 때로는 각국에 주재한 현지의 외교관들을 통해 수집하고 있었다. 그런 결과로 때로는 미국의 발표와는 다른 정보를 가지고 있기도 했다. 예를 들어 중공군의 참전에 대한 정보 가운데 난징(南京, 창하이) 주재 프랑스 전권공사 장켈레비치가 1950년 11월 12일자로 보낸 '제국주의의 아시아 개입에 대한 시위'라는 전문에서는 "주한 미군의 잔인성과 중국을 향한 미국의 침략 의도에 반대하는 중국 인민들"의 시위와 그에 대한 반응, 그리고 이것이 중국 지원군으로의 입대 등 한국전쟁에 미치는 영향을 기술하고 있다. 또한 중국 내 반공주의 활동에 대한 정보도 수집(상하이 탄약고의 폭발과 뒤이은 난징의 병기창고 폭발 및 인명피해 등)해 보고하고 있다.[1] 이와 같은 프랑스의 정보 수집 활동은 미국이 아닌 자국의 외교관들을 통해 수집한 정보이며, 어느 정도 제한된 미국의 정보와는 차별화된다고 평가할 수 있다.

---

[1] 문서번호 96-98.

한국전쟁의 전황과 관련한 자료도 다양한 층위로 세분된다. 한국전쟁에 대해 거시적 측면에서 접근한 자료가 있는가 하면, 각각의 전투가 어떻게 전개되고 있는가를 확인할 수 있는 정보도 수집되고 있다. 한국군의 초기 패전과 지연전, 인천상륙작전과 유엔군의 북진, 중공군의 개입, 고지전, 휴전회담 등의 전체적인 전개 양상을 볼 수 있는 정보가 기록되었다. 다른 한편으로 개별 전투 상황을 보고하거나, 맥아더 장군의 북한 정부에 대한 요구, 중공군의 개입에 뒤이은 압록강 수풍댐에 대한 검토 등의 매우 세밀한 정보를 수집하고 있다. 또한 중공군의 개입 이후 전선이 교착되자 프랑스는 '비무장지대(중립지대)'의 설정을 검토하며, 관련국 주재 외교관들을 통해 이것에 대한 정보를 수집하기도 했다. 중국의 참전 이후에는 미국 정부가 최후의 공격을 계획하자 뉴욕에 있던 주유엔 프랑스대사는 유엔군 사령부의 임기 연장에 대해 반대 입장을 밝히기도 했다.[2] 아울러서 공산 측이 제기한 미국의 세균전, 휴전회담 전개 과정에서 제기되는 주요 쟁점 등을 구체적으로 확인할 수 있다. 이렇듯 프랑스 자료는 한국전쟁의 전체적인 전개 양상 외에도 그것의 구체적인 전개 양상을 세밀하게 파악하는 데도 유용한 자료이다.

셋째, 각국에 파견된 프랑스 외교관들을 통해 수집한 각국의 동향을 기록하고 있다. 한국전쟁 초기 소련의 입장은 모스크바 주재 외교관을 통해 소련의 보도와 소련의 예상되는 대응 등에 대한 정보를 수집하며 자체적으로 소련의 입장을 평가하고 있다. 예를 들어 "한국문제는 소련에 있어 별다른 위험 없이 미국의 항전 의지를 측정할 수 있는 기회"라고[3] 평가하는 것과 같이 미국과는 다른 입장에서 한국전쟁 및 소련에 대해 접근하고 있다. 이 점은 유엔에서의 활동에서 두드러지게 나타난다. 즉 프랑스는 미국의 입장에 동조하면서도 개별적인 쟁점에서는 영국과 보조를 맞추는 게 나타나기도 한다.

넷째, 한국전쟁기 프랑스 자료에는 전황 외에도 후방의 상황을 파악할 수 있

---

[2] "우리는 현 상황에서 유엔군 사령부(원문은 통합사령부. 인용자)의 임기 연장에 긍정적이지 않을 것이라는 사실도 추가할 수 있습니다." 미국 정부의 한국에서의 마지막 공격 결정. 문서 번호 3043-3045.

[3] 북한군의 성과. 문서번호 1444-1449.

는 자료도 포함되었다. 예를 들어 1950년 10월 25일자 주유엔 프랑스대사 쇼벨이 뉴욕에서 보낸 전문에는 한국의 피난민을 위해 필수적인 피난민 원조용 모포 100만 장을 요청하고 있다. 물론, 이것은 유엔군사령부에서 유엔을 통해 요청한 것이기는 하지만, 이전의 30만 장 이후 추가로 요청한 것이었다.[4] 후방의 구호 활동에 외에도 후방에서 벌어지고 있는 한국의 정치 상황에 대한 보고도 이루어지고 있다. 아울러서 한국전쟁 기간 한국의 국내 상황에 대해서도 프랑스가 예의주시하고 있음을 확인할 수 있다. 주로 한국 주재 유엔위원단의 외교관들을 통한 정보가 많기는 하지만 미국의 일방적인 정보와는 다른 프랑스만의 인식이 담겨 있음을 볼 수 있다.

다섯째, 본 자료집은 한국전쟁기 유엔군의 일원으로 참전한 프랑스군의 활동을 구체적으로 확인할 수 있다. 특히, 프랑스군은 지평리 전투에서 중공군의 공세에도 불구하고 승리함으로써 중공군의 남하를 저지하였다. 다음은 지평리 전투에서의 프랑군의 활약과 승리를 기록한 외교문서의 내용이다. "지평리 전투는 한국의 전투 중에서 가장 영광스러운 전투 중의 하나로 남을 것입니다. 그곳은 3천 명 정도의 거주민이 사는 작은 도시로, 2월 4일 미군과 프랑스 부대가 주둔하고 있었습니다. 언덕들로 둘러싸여 깊숙이 자리한 이 촌락은 강력한 방어선을 굳건히 지키고 있었습니다. 2월 12일까지 중국 전위부대들은 정찰부대만이 접근해왔습니다. 2월 13일, 적군은 보루를 집중적으로 포위하고자 4개 사단과 함께 그곳에 대한 공격을 개시했습니다. 적군의 돌파에도 불구하고, 제23연대의 사령관은 매 순간 부대의 결집과 각 소대들 간의 연락을 유지하는 데 성공했습니다. 접전 중 적군을 연합군 방어 진지 한가운데로 이끌었습니다. 군화도 신지 않고 팔에 붕대를 맨 부상자의 지휘를 받은 프랑스 지원병들은 침략자를 향해 격렬하게 달려들었고, 상대를 첫 번째 요새 지역 경계까지 몰고 갔습니다. 용기와 끈기로 똘똘 뭉친 미군과 프랑스군은 4일간 그들과 떨어져 있는 연합군 부대의 어떤 지원도 없이 무수한 적군들을 쉼 없이 물리치는 데 성공했습니다." 이 전투에서 프랑스 전사들의 활약은 미국 사령관의 찬사를 받았다.

[4] 문서번호 2314.

제23연대를 지휘하는 차일즈 중령은 특히 다음과 같이 말했다. "프랑스 군인들은 그 어떤 찬사로도 모자랍니다. 그들이 어떤 진지를 공격하면, 그들은 그곳을 점령해버리고 맙니다. 그들이 그것을 차지하고자 하면, 그들은 차지하고 맙니다. 만일 여러분이 그들에게 방어해야 할 지역을 정해주면 그들은 여러분이 돌아올 때 거기에 있을 것입니다. 그들은 제가 만난 이들 중 가장 전투적인 사람들입니다."[5] 그러나 프랑스는 한국보다는 인도차이나 반도가 중요했던 까닭에 정규군을 파견하지 않고 예비군을 파견했다. 이러한 프랑스의 입장에 대해 미국도 인식하며 이해하고 있었다. 아울러서 전선이 고착되는 가운데 포로로 잡히는 프랑스 군인들이 나타나게 되자 자연스럽게 프랑스의 관심도 전황뿐 아니라 포로 문제에 관심을 기울였다. 그리하여 중국을 통하여 프랑스 출신 포로들의 현황을 건네받기도 하는 등 포로 문제에 대해 관심을 기울였음을 확인할 수 있다.

1950년대 초 국제정치에서 프랑스의 위치는 몇 가지로 규정될 수 있다. 소련의 위협에 대항한 서독의 재무장에 대한 거부 입장, 미국의 지원을 받으면서도 국제적으로 제2군 세력으로 추락한 데 대한 반발로 반미주의 강화, 나치독일 타도에 있어 소비에트연방의 기여를 인정하는 공산주의자들의 득세, 전 세계적 탈식민주의화 과정에서 인도차이나(베트남)와 알제리의 문제가 바로 그것이다. 1950년 6월 한국전쟁 발발에 대한 프랑스 내 반응은 이 네 가지 긴장노선이 극도로 복잡하게 상호작용하는 가운데 나타났다. 본 자료집은 프랑스가 이러한 다면적 상황과 시각 하에서 한국전쟁에 어떻게 대응했는가를 보여줄 수 있을 것이다. 한국전쟁 관련 방대한 프랑스외무부 자료의 번역은 이제까지 국내에서 이루어진 적이 없는 최초의 작업으로서, 이는 한국전쟁의 발발과 전개, 협정까지의 상세한 과정을 새롭게 조명해낼 수 있는 한국 현대사 사료의 중요한 부분을 발굴·구축하는 의의를 지닐 것이라 확신한다. 향후 본 자료집을 활용한 한국전쟁에 대한 후속 연구가 보다 풍부하게 활성화되고 진척되기를 기대한다.

---

[5] 프랑스 군대의 활약. 문서번호 641.

끝으로, 본 자료집이 나오기까지 도움을 아끼지 않은 많은 분들께 깊은 감사의 마음을 전한다. 누구보다 한국전쟁 당시의 국내외 상황의 이해, 역사 용어의 올바른 선택과 주석 작업 등을 위해 많은 가르침을 주신 노영기 교수와 도종윤 교수, 그리고 프랑스 외무부 자료수집과 프랑스어의 적확한 번역에 도움을 준 로르 쿠랄레(Laure Couralet) 씨에게 무한한 감사의 마음을 전한다.

성균관대학교 프랑스어권문화융합연구소 소장

이 지 순

· 해제 / 5

1951년 1월 1일~5월 31일 · 27

【1】 중국 규탄에 대한 미 정부의 양분된 태도(1951.1.1) ·······························29

【2】 한국의 전세(1951.1.1) ···32

【3】 한국의 전세(1951.1.2) ···34

【4】 서울 철수 성명에 따른 조치(1951.1.2) ···36

【5】 중국 대공세와 그에 대한 조치(1951.1.2) ·······································38

【6】 중국 규탄 결의안에 대한 영국의 입장(1951.1.3) ·····························40

【7】 한국의 전세(1951.1.3) ···42

【8】 중국의 공세가 전장과 각국에 미치는 영향(1951.1.3) ·····················44

【9】 중국을 침략자로 규정하는 문제에 대한 외교적 입장(1951.1.3)

   ···47

【10】 중국을 침략자로 규정하는 문제에 대한 각국의 입장(1951.1.4)

   ···49

【11】 한국전에 대한 맥아더 장군의 견해(1951.1.4) ·······························50

【12】　서울 총 퇴각의 상황(1951.1.4) ································52

【13】　정세에 대한 불안감과 집단 조치 준비(1951.1.5) ··········54

【14】　한국전에 대한 캐나다의 입장(1951.1.5) ·················56

【15】　중국 개입에 대한 유엔 결의안 채택을 주장하는 미국의 입장(1951.1.5)
　　　 ··58

【16】　미묘한 영미 관계와 한국전쟁(1951.1.5) ·················60

【17】　중국을 침략국으로 규정하는 문제에 대한 논의(1951.1.6) ·68

【18】　중국을 침략국으로 규정하는 문제에 대한 각국의 입장(1951.1.7)
　　　 ··70

【19】　한국의 군사 상황(1951.1.7) ···························72

【20】　한국의 군사 상황(1951.1.8) ···························74

【21】　중국 규탄에 대한 아시아와 영연방국가의 입장(1951.1.11) ·76

【22】　특별위원회에 참여하고자 하는 프랑스의 입장(1951.1.12) ·78

【23】　휴전 협정에 관한 각국의 입장(1951.1.13) ···············80

【24】　연합군 철수와 중국 봉쇄안에 대한 준비(1951.1.14) ·······83

【25】　한국의 군사 상황(1951.1.14) ··························85

【26】　한국문제에 관해 각국의 존재감을 과시하려는 상황들(1951.1.15)
　　　 ··87

【27】　미국 계획에 대한 인도의 입장(1951.1.16) ···············88

【28】　미국의 한국 철수에 대한 영국의 의구심(1951.1.17) ·······92

【29】　미국 장군들의 임명과 한국 주재 유엔군(1951.1.17) ·······94

【30】　미군 인사들의 도쿄 방문(1951.1.17) ···················96

【31】　한국의 상황(1951.1.17) ······························98

【32】　수원 근방의 상황(1951.1.17) ·························100

【33】　미국의 조치에 대한 영국의 입장(1951.1.18) ············102

【34】　한국에서의 연합군 태세(1951.1.18) ···················104

【35】　맥아더 장군의 위상 실추(1951.1.19) ··················106

【36】　한국의 상황 보고(1951.1.19) ························108

【37】　미국에 대한 다른 국가들의 입장(1951.1.20) ············110

【38】　미국의 주저함(1951.1.20) ···························113

【39】　베이징의 답변을 기다림(1951.1.20) ··················115

【40】 결의안의 미국 단독 발표 결정(1951.1.20) ·····················117

【41】 노르웨이 정부의 관점(1951.1.20) ···························118

【42】 미 국무부의 반론(1951.1.21) ····························120

【43】 결의안의 주요 사항(1951.1.21) ·························122

【44】 프랑스의 입장 전달(1951.1.22) ························124

【45】 캐나다와 인도의 신중한 입장(1951.1.22) ············125

【46】 군 정보에 대한 검토(1951.1.22) ·······················127

【47】 미국의 결의안 결정과 관련한 사항들(1951.1.23) ······129

【48】 미국 결의안에 대한 프랑스 정부의 입장(1951.1.23) ···131

【49】 미국의 결의안 결정과 관련한 사항들(1951.1.24) ······133

【50】 미국의 결의안에 대해(1951.1.24) ·····················135

【51】 한국의 현재 전투 상황(1951.1.24) ····················137

【52】 한국 사태(1951.1.24) ·······························139

【53】 한국의 현재 전투 상황(1951.1.25) ····················141

【54】 『데일리헤럴드』의 사설(1951.2.1) ····················143

【55】 결의안 투표 결과에 대한 각국의 반응(1951.2.1) ······145

【56】 영국 대표의 중재위원회 설립 제안(1951.2.1) ··········147

【57】 한국 전선의 상황(1951.2.1) ··························149

【58】 중재위원회 설립에 대한 의견 교환(1951.2.2) ·········151

【59】 저우언라이의 성명(1951.2.3) ························153

【60】 한국 전선의 상황(1951.2.3) ··························154

【61】 한국 전선의 상황(1951.2.3) ··························155

【62】 한국 전선의 상황(1951.2.4) ··························157

【63】 유엔군의 진격과 38선에 대한 논의(1951.2.5) ·········159

【64】 유엔의 조직 상황(1951.2.5) ··························161

【65】 소련의 결의안 기각(1951.2.7) ·······················163

【66】 유엔의 결의안 발표에 대한 스웨덴 정부의 입장(1951.2.8) ···165

【67】 38선 주변의 상황(1951.2.8) ·························167

【68】 적군의 사상자 추산 및 한국 전선의 상황(1951.2.9) ····169

【69】 한국 전선의 상황(1951.2.10) ························171

【70】 한국에서의 군사작전에 대한 평가(1951.2.11) ··········172

【71】 한국 전선의 상황(1951.2.11) ···174

【72】 38선 돌파에 대한 미국의 여론 분석(1951.2.12) ·················175

【73】 세계평화위원회의 베를린 개최 결정(1951.2.12) ·················177

【74】 38선 돌파에 대한 의구심(1951.2.12) ·····························178

【75】 38선 돌파에 대한 의구심을 전한 『뉴욕타임스』(1951.2.12) ·············180

【76】 한국 사태의 국면들과 38선 돌파에 대한 영국 수상의 의견 발표(1951.2.13)
··181

【77】 맥아더 장군의 38선 돌파에 대한 의견 발표(1951.2.13) ·············183

【78】 한국 전선의 상황(1951.2.13) ···185

【79】 미군의 원산 정박(1951.2.14) ···187

【80】 맥아더 장군의 입장 발표(1951.2.14) ·····································188

【81】 한국의 상황(1951.2.15) ···189

【82】 38선 돌파에 대한 프랑스의 견해 전달(1951.2.1) ·················191

【83】 한국의 포로들 문제와 국제적십자(1951.2.15) ·····················193

【84】 38선 돌파에 대한 영국의 입장(1951.2.16) ·························194

【85】 38선 돌파에 관한 미국 정부의 입장 설명(1951.2.16) ·············196

【86】 한국에서의 중국과 유엔군의 교전 상황과 군대의 재편(1951.2.17)
··199

【87】 한국의 상황(1951.2.18) ···201

【88】 2월 13일자 맥아더 장군의 성명(1951.2.18) ·························203

【88-1】 별첨 1—맥아더 장군의 성명 번역문(1951.2.13) ·················204

【89】 한국의 상황(1951.2.19) ···206

【90】 한국의 상황(1951.2.20) ···208

【91】 유엔의 한국에서의 행동 노선(1951.2.20) ·····························210

【92】 미국 건물 근처에 떨어진 이상한 발사체에 대한 소문(1951.2.21)
··213

【93】 38선 돌파에 대한 맥아더 장군의 의견(1951.2.21) ·················214

【94】 한국의 상황(1951.2.21) ···215

【95】 원산 근방에서 38선 이남으로의 해군 이동(1951.2.22) ·············217

【96】 순양함 이동에서 보여준 영국의 태도(1951.2.22) ·················218

【97】 한국의 전선 상황(1951.2.23) ···219

【98】 포트 르위스에 편입된 캐나다 군대의 한국 차출(1951.2.24) ·············221
【99】 한국 사태에 대한 프랑스와 영국의 공감대(1951.2.24) ················223
【100】 한국전쟁에 대한 정보들(1951.2.25) ·······························224
【101】 추가조치위원회 계획안(1951.2.26) ······························225
【102】 추가조치위원회의 초안(1951.2.26) ······························227
【103】 주중국 스웨덴대사의 중재를 통한 중국과의 협상 시도(1951.2.26)
 ··229
【104】 국제적십자위원회 회장의 중국 출국(1951.2.27) ··················231
【105】 극동에서의 소련의 군사력과 중국 지원에 대해(1951.3.1) ·········232
【106】 한국군의 상황과 프랑스 대대 소식(1951.3.2) ····················235
【107】 여러 지역의 전투 상황(1951.3.3) ······························237
【108】 추가조치위원회의 보고문(1951.3.5) ·····························239
【109】 한국 전선의 상황(1951.3.5) ··································241
【110】 영미 결의안의 수정(1951.3.6) ································242
【111】 유엔군 및 북한군의 주둔지 상황(1951.3.8) ·····················244
【112】 미8군의 공격에 대한 미 국방부 대표의 의견(1951.3.9) ···········246
【113】 체코 외무장관의 세계 평화 및 한국전쟁 관련 발표(1951.3.10)
 ··248
【114】 공산군 부대의 이동과 저항 전선(1951.3.13) ····················250
【115】 추가조치위원회에서 미·영·불 3국의 견해(1951.3.14) ············252
【116】 맥아더 장군의 인터뷰(1951.3.14) ·······························254
【117】 언론간담회에서 리지웨이 장군의 발표(1951.3.14) ···············256
【118】 에를 코크 미국 재향군인회 사령관의 인터뷰(1951.3.14) ·········257
【119】 한국전에서 유도폭탄 사용 논의(1951.3.14) ·····················259
【120】 맥아더 장군의 인터뷰가 불러온 파장들(1951.3.15) ··············261
【121】 맥아더 장군의 인터뷰가 불러온 파장들(1951.3.15) ··············263
【122】 한국 전선의 현재 상황(1951.3.16) ·····························265
【123】 중국군 총사령관을 맡은 펑더화이 장군(1951.3.16) ··············268
【124】 서울 수복과 전선의 상황(1951.3.17) ···························270
【125】 프랑스 군대의 활약(1951.3.17) ································272
【126】 리지웨이 장군이 부대 지휘관들에게 보낸 지침들(1951.3.17) ······275

【127】 중국 정부와의 합의 가능성에 대한 소문들의 불명확성(1951.3.18)
···277

【128】 평화감시위원회 회의 개시와 소련 대표가 제출한 결의안의 기각(1951.3.18)
···279

【129】 평화감시위원회의 논의(1951.3.18) ··280
【130】 한국 전선의 상황(1951.3.18) ···282
【131】 영국과 미국이 수정한 결의안의 번역문(1951.3.19) ··············284
【132】 결의안에 대한 워싱턴 정부의 보충 설명(1951.3.19) ············286
【133】 한국의 영국 포로들에 대한 『데일리워커』 뉴스(1951.3.19) ········288
【134】 38선 부근에서의 상황에 대한 논의(1951.3.20) ···················290
【135】 미국의 독가스 사용에 대한 중국 언론의 규탄(1951.3.21) ········292
【136】 의장 성명서의 수정안 전달(1951.3.21) ······························293
【137】 의장 성명 계획안(1951.3.21) ···295
【138】 미국과 영국의 의견 차이와 계속되는 논의들(1951.3.22) ········297
【139】 한국 전선의 상황(1951.3.22) ···300
【140】 휴전을 위한 북한 당국자들과의 협상 가능성(1951.3.22) ········302
【141】 휴전을 위한 소련과의 교섭(1951.3.22) ······························303
【142】 한국 군대 상황의 보고(1951.3.22) ··304
【143】 일본에서 미군 피습 사건(1951.3.23) ·····································306
【144】 성명서 초안에 대한 프랑스의 수정 요구(1951.3.23) ············307
【145】 한국의 상황에 대한 미국 정부의 논의(1951.3.24) ···············309
【146】 한국 사태에 대한 캐나다 정부의 입장 표명(1951.3.24) ········310
【147】 38선을 향한 유엔군과 한국군의 전진 상황(1951.3.24) ········311
【148】 유엔군의 38선 돌파에 대한 한국 정치계의 입장(1951.3.24) ··········313
【149】 미국의 성명 발표에 대한 프랑스의 수정 요구 사항(1951.3.24)
···315

【150】 한국 전선의 상황과 중공군의 동태(1951.3.26) ···················317
【151】 38선 돌파에 대해(1951.3.26) ···319
【152】 맥아더 장군이 외교계에 일으킨 파문(1951.3.27) ···············320
【153】 한국 전선의 상황(1951.3.27) ···322
【154】 맥아더 장군의 성명과 워싱턴 정부의 태도(1951.3.27) ········324

【155】 맥아더 장군에 대한 다양한 언론의 태도(1951.3.28) ·····················326

【156】 한국 사태 해결을 위한 영국 외무부의 제안에 대해(1951.3.28)
·····················328

【157】 추가조치위원회의 업무에 대한 영국과 프랑스의 논의(1951.3.28)
·····················330

【158】 유엔 추가조치위원회의 업무 계획 초안 내용(1951.3.28) ···········332

【159】 미국의 군사작전에 대한 마셜 장군의 설명(1951.3.28) ···········334

【160】 미군의 한국에서의 유독가스 사용(1951.3.28) ·····················336

【161】 베이징라디오 방송의 내용(1951.3.29) ·····························338

【162】 성명서에 대한 프랑스의 수정 요구(1951.3.30) ·····················339

【163】 한국의 군사적 상황(1951.3.31) ·····································341

【164】 딘 애치슨 국무장관과의 담화(1951.3.31) ·····················342

【165】 신형 대형 헬기(1951.3.31) ·······································344

【166】 소련 언론의 미국에 대한 반응(1951.4.1) ·····················345

【167】 트리그브 리 유엔사무총장의 서한 계획안(1951.4.1) ···········347

【168】 트리그브 리 씨의 편지 계획안 주요 내용(1951.4.1) ···········349

【169】 이승만 대통령의 발표(1951.4.1) ···································352

【170】 맥아더 장군과 미국 정부의 관계(1951.4.2) ·····················354

【171】 트리그브 리 씨의 편지 계획안에 대한 총회의장과 멕시코 대표의 의견
(1951.4.3) ··357

【172】 트루먼 대통령의 발표계획안에 대한 중재위원회 세 위원의 입장(1951.4.3)
·····················359

【173】 극동담당 국무차관보의 미 정부 입장 설명(1951.4.4) ·············361

【174】 맥아더 장군의 발언(1951.4.5) ···································363

【175】 영국의 제안(1951.4.5) ···365

【176】 추가조치위원회의 부수적 결정(1951.4.5) ·····················367

【177】 미-영-프 대표단의 새로운 초안 문서(1951.4.5) ·················369

【178】 미 국무부 소련담당 과장의 답변(1951.4.6) ·····················370

【179】 한국 상황에 대한 트루먼 대통령의 기자회견(1951.4.6) ···········372

【180】 한국문제(1951.4.6) ··374

【181】 맥아더 장군의 3월 24일 발표 이후: 중공과 유엔(1951.4.5) ·············377

【181-1】 별첨 1—맥아더의 후안무치한 선언에 대한 세계평화중국인민위원회의
반박문 ···379

【182】 맥아더 장군의 권한에 대한 기사(1951.4.6) ·······················381

【183】 미국 발표계획안에 관한 타 정부들의 견해(1951.4.7) ············383

【184】 유엔담당 국무차관보와의 대화(1951.4.7) ·······················385

【185】 한국에 수용된 영국 포로들과의 서신 교환(1951.4.6) ············387

【186】 아시아 대표단의 중공에 대한 교섭 구성(1951.4.8) ···············388

【187】 부산 유엔묘지 낙성식(1951.4.7) ································390

【188】 프랑스 대대의 상황(1951.4.7) ··································392

【189】 한국 전선의 상황(1951.4.8) ····································393

【190】 맥아더에 관한 영국 정부의 입장(1951.4.9) ·····················395

【191】 소련과 우방국들 간의 관계에 대한 고찰(1951.4.9) ···············396

【192】 한국전쟁과 맥아더 장군(1951.4.10) ·····························398

【193】 장면 국무총리의 발표(1951.4.10) ·······························403

【194】 장면 국무총리의 성명문 전문(1951.4.9) ·························406

【195】 맥아더 장군에 대한 비난과 옹호(1951.4.19) ····················409

【196】 워싱턴의 성명 준비 상황(1951.4.10) ····························411

【197】 아시아 국가들의 중공과의 중재 구상(1951.4.10) ·················413

【198】 추가조치위원회의 사업계획문서(1951.4.10) ······················416

【199】 추가조치위원회의 편지계획안 검토(1951.4.10) ····················419

【200】 추가조치위원회의 편지계획안 검토(1951.4.10) ····················420

【201】 자유중국군의 개입 가능성(1951.4.10) ····························421

【202】 극동에 대한 견해차와 문제점(1951.4.10) ························422

【203】 한국의 군사 상황(1951.4.10) ····································424

【204】 사절단장 회의(1951.4.10) ··426

【205】 한국문제(1951.4.10) ··428

【206】 모리슨 부총리의 발표(1951.4.11) ································432

【207】 맥아더 장군의 해임 소식(1951.4.11) ·····························434

【208】 14개국 성명계획에 대한 영국의 입장(1951.4.11) ·················435

【209】 추가조치위원회 사업계획 검토(1951.4.11) ·······················437

【210】 대만 국민군의 한국 군사작전 참여 가능성(1951.4.11) ············439

【211】 미 해군 제7함대의 전투(1951.4.11) ·· 441

【212】 한국 군사작전 상황 보고(1951.4.12) ····································· 443

【213】 트루먼 대통령의 맥아더 장군 해임(1951.4.11) ······················ 445

【214】 맥아더 장군 해임과 증거 문서들(1951.4.11) ························· 446

【215】 맥아더 장군 해임과 미국의 정책(1951.4.11) ························· 448

【216】 맥아더 장군 교체에 대한 국무차관보의 설명(1951.4.11) ········· 450

【217】 국제적십자위원회 회장의 극동 방문(1951.4.11) ···················· 452

【218】 추가조치위원회 사업에 관한 영국의 견해(1951.4.12) ············· 454

【219】 맥아더 장군의 해임에 대한 소련의 반응(1951.4.12) ··············· 456

【220】 맥아더 장군 해임에 대한 대만의 반응(1951.4.12) ················· 458

【221】 추가조치위원회 사업계획 승인(1951.4.12) ··························· 460

【222】 맥아더 장군 교체에 대한 버치어 장군의 설명(1951.4.12) ········ 461

【223】 맥아더 장군 교체에 대한 국무차관보의 설명(1951.4.12) ········· 463

【224】 맥아더 장군 해임에 대한 미국 국내 반응(1951.4.12) ············· 467

【225】 경제적 조치를 서두르는 미국(1951.4.13) ···························· 470

【226】 14개국 성명의 시기에 대한 미국의 입장(1951.4.12) ··············· 471

【227】 한국 통일부흥위원단의 제안(1951.4.13) ····························· 473

【228】 맥아더 장군 교체(1951.4.13) ··· 475

【229】 신의주 상공의 대대적 공중전(1951.4.13) ···························· 477

【230】 찰스 볼렌 씨와의 대담(1951.4.13) ····································· 479

【231】 맥아더 장군 교체에 대한 국무차관보의 설명(1951.4.12) ········· 481

【232】 한국문제(1951.4.13) ··· 483

【233】 맥아더 장군의 해임에 대한 캐나다의 반응(1951.4.14) ············ 485

【234】 유엔군 배치 상황(1951.4.14) ··· 487

【235】 미 항공기 중공 상공 침범 소식(1951.4.15) ························· 489

【236】 공산군의 공중전 준비에 대한 정보(1951.4.15) ····················· 490

【237】 중공군의 병력 상황(1951.4.15) ·· 492

【238】 맥아더 사건에 대한 미 정계의 입장(1951.4.15) ···················· 494

【239】 일본 라디오 방송 보도들(1951.4.16) ·································· 497

【240】 중공 라디오 정보(1951.4.1) ·· 498

【241】 중공과의 교섭 제안에 대한 영국의 경향(1951.4.17) ··············· 499

【242】 14개국 성명에 대한 미국의 재검토 제안(1951.4.17) ·················501

【243】 미 개입 참여 위한 핀란드군 징집활동에 대한 타스통신의 보도(1951.4.17)
·················503

【244】 14개국 성명에 대한 미국의 우려 사항(1951.4.17) ·················505

【245】 영국의 공동성명계획 실천 가능성(1951.4.5) ·················508

【246】 한국의 군사적 상황(1951.4.5) ·················510

【247】 북한 정부의 메시지(1951.4.17) ·················512

【248】 중공에 대한 경제 제재(1951.4.17) ·················513

【249】 '조선인민공화국' 외무상의 메시지(1951.4.18) ·················514

【250】 '조선인민공화국' 외무상의 메시지(1951.4.18) ·················515

【251】 맥아더 장군에 대한 한국 언론(1951.4.18) ·················517

【252】 중국에 대한 경제 제재(1951.4.18) ·················519

【253】 맥아더 장군의 해임에 대한 캐나다 정부의 입장(1951.4.19) ·············520

【254】 추가조치위원회 소위원회 2차 회의(1951.4.19) ·················522

【255】 추가조치위원회 소위원회 2차 회의(1951.4.19) ·················524

【256】 추가조치위원회 소위원회 2차 회의(1951.4.19) ·················526

【257】 맥아더 장군(1951.4.19) ·················527

【258】 맥아더 장군(1951.4.19) ·················529

【259】 애치슨 국무장관의 연설(1951.4.19) ·················532

【260】 맥아더 장군의 의회 연설(1951.4.19) ·················534

【261】 한국문제(1951.4.19) ·················537

【262】 만주의 중공 병력(1951.4.19) ·················539

【263】 맥아더 장군의 의회 연설과 미국 여론(1951.4.19) ·················542

【264】 맥아더 장군의 해임에 대한 소련의 입장(1951.4.20) ·················545

【265】 추가조치위원회에 대한 미국의 입장(1951.4.20) ·················547

【266】 미국의 극동정책에 대한 애치슨 국무장관의 연설(1951.4.20) ···········549

【267】 전선의 상황(1951.4.20) ·················554

【268】 맥아더 장군의 해임과 중국 여론(1951.4.20) ·················556

【268-1】 별첨 1—중국『인민일보』사설 ·················558

【269】 맥아더 장군(1951.4.19) ·················560

【270】 중공정부에 북한 외무상의 메시지 설명 요청(1951.4.21) ···············567

【271】 북한 외상 박헌영의 메시지에 대한 의견들(1951.4.21) ·············568

【272】 추가조치위원회 소집 계획(1951.4.21) ·············571

【273】 맥아더 장군의 의회 연설 중 논쟁이 되는 부분(1951.4.21) ·············573

【274】 『뉴욕타임스』에 공개한 웨이크 섬 회담의 의사록(1951.4.21) ·············575

【275】 미 행정부와 맥아더 장군 간의 갈등 확장(1951.4.21) ·············578

【276】 4월 22일 중공-북한군의 전격적 공세(1951.4.23) ·············581

【277】 북한 메시지에 대한 베이징 정부의 평가(1951.4.24) ·············582

【278】 춘계공세 전선의 상황(1951.4.24) ·············584

【279】 소련 선전활동의 목적(1951.4.25) ·············587

【280】 엔테잠 총회의장과의 회담(1951.4.25) ·············590

【281】 한국전쟁 상황(1951.4.25) ·············593

【282】 서울의 분위기(1951.4.25) ·············595

【283】 한국 지도자들에게 영향을 미치는 미국 인사들(1951.4.25) ·············597

【284】 인도 언론과 맥아더 장군의 해임(1951.4.25) ·············599

【285】 5월 1일 소련공산당중앙위원회의 호소문(1951.4.26) ·············602

【286】 중국에 대한 금수조치(1951.4.25) ·············604

【287】 미 국무부의 입장(1951.4.26) ·············606

【288】 4월 22일 중공-북한군의 전격적 공세(1951.4.23) ·············608

【289】 동독과 소련에 관한 소문(1951.4.26) ·············610

【290】 『뉴욕타임스』 속보에 대한 해명(1951.4.26) ·············611

【291】 중공-북한 공세 이후 피해상황과 적의 전투대형(1951.4.27) ·············613

【292】 한국 군사 상황에 관한 미 국방부의 정보(1951.4.27) ·············615

【293】 맥아더 장군의 시카고 연설(1951.4.27) ·············617

【294】 한국전쟁에 공헌한 뉴욕 주재 대표국가들에 파견된 한국친선사절단
(1951.4.27) ·············620

【295】 미국 여론과 맥아더 장군(1951.4.27) ·············622

【296】 중공에 관한 핀란드 외교관의 기밀정보(1951.4.28) ·············626

【297】 한국 전선의 상황(1951.4.29) ·············627

【298】 중재위원회에 대한 미 국무부의 통지(1951.5.1) ·············629

【299】 한국 전선의 상황(1951.5.1) ·············631

【300】 미국의 태도와 영국의 입장(1951.5.3) ·············633

【301】 한국 전선의 상황(1951.4.2) ····································636

【302】 맥아더 장군 해임에 관한 미 의회청문회 직전 분위기(1951.5.2)

····································638

【303】 웨더마이어 장군의 보고서(1951.5.2) ····································640

【304】 맥아더 장군의 의회 청문회 전날(1951.5.2) ····································642

【305】 맥아더 장군의 의회 청문회 전날(1951.5.2) ····································645

【306】 맥아더 사건에 대한 캐나다의 판단(1951.5.2) ····································647

【307】 미 유엔대표에 내린 워싱턴의 강경한 지시(1951.5.3) ····································652

【308】 맥아더 장군의 의회 청문회 증언(1951.5.2) ····································655

【309】 웨이크 섬 회담 보고서(1951.5.3) ····································658

【310】 미 대표단이 제안한 결의안(1951.5.4) ····································660

【311】 미 정부의 공식입장에 대한 『뉴욕타임스』 사설 분석(1951.5.4)

····································662

【312】 영국의 중국 수출(1951.5.4) ····································666

【313】 영국의 중국수출금지 물품 목록 제안(1951.5.5) ····································668

【314】 추가조치위원회에서의 미국 발표(1951.5.5) ····································670

【315】 추가조치위원회에서의 호주 및 타 국가들의 발표(1951.5.5) ············672

【316】 맥아더 장군의 의회 청문회 증언 분석(1951.5.5) ····································674

【317】 맥아더 장군의 의회 청문회 핵심 이슈(1951.5.6) ····································677

【318】 영국의 중국에 대한 수출 통제와 홍콩 항구(1951.5.7) ····································680

【319】 영국 상무원 총재의 중국 무역 관련 발표(1951.5.8) ····································683

【320】 일본의 한국 사절단 성명(1951.5.8) ····································685

【321】 맥아더 사건에 관한 영국의 정보(1951.5.8) ····································686

【322】 맥아더 장군의 비판에 대한 미 행정부의 대응(1951.5.8) ····································688

【323】 추가조치위원회: 중국 제재(1951.5.8) ····································691

【324】 프랑스대표단의 입장 정리(1951.5.9) ····································695

【325】 한국 전선의 상황(1951.5.9) ····································697

【326】 미국과의 관계, 그리고 한국문제에 대한 캐나다의 입장(1951.5.10)

····································699

【327】 중공에 대한 영국의 수출 문제(1951.5.10) ····································701

【328】 한국 전선의 상황(1951.5.13) ····································704

【329】 변영태 한국 외무장관의 워싱턴 방문(1951.5.15) ·················706

【330】 브래들리 장군의 청문회(1951.5.15) ·····························708

【331】 중국 공산당에 대한 정보(1951.5.13) ·························711

【332】 중국 경제 제재에 대한 인도의 입장(1951.5.16) ···········713

【333】 중공에 대한 영국의 수출(1951.5.17) ·······················714

【334】 한국전쟁에 대한 소련과 중공의 입장 관련 소문(1951.5.18) ·········716

【335】 한국전쟁에 대한 미국의 당면 과제(1951.5.18) ··········718

【336】 브래들리 장군의 청문회(1951.5.18) ·······················721

【337】 맥아더 해임에 대한 상원의 조사(1951.5.18) ··············723

【338】 적대행위의 중단 권고 결의에 대한 소련의 태도(1951.5.19) ·········730

【339】 리지웨이 총사령관과의 회담(1951.5.21) ··················732

【340】 한국 전선의 상황(1951.5.23) ·······························736

【341】 러스크 국무차관보의 태도(1951.5.23) ·····················738

【342】 유엔군의 반격(1951.5.25) ··································740

【343】 콜린스 장군의 증언(1951.5.25) ····························742

【344】 유엔 사무총장의 한국문제에 대한 입장(1951.5.26) ········744

【345】 유엔 사무총장의 변화(1951.5.26) ························748

【346】 반덴버그 장군의 증언(1951.5.28) ························750

【347】 유엔 사무총장의 구상(1951.5.30) ·························752

【348】 중공 춘계공세 이후 군사 상황 정리(1951.5.31) ·········754

• 찾아보기 / 757

1951년
1월 1일~5월 31일

【1】 중국 규탄에 대한 미 정부의 양분된 태도(1951.1.1)

[전   보]   중국 규탄에 대한 미 정부의 양분된 태도
[문 서 번 호]   1-10
[발   신   일]   1951년 1월 1일 15시
[수   신   일]   1951년 1월 2일 01시
[발신지 및 발신자]   뉴욕/쇼벨(주유엔 프랑스대사)

보안

절대우선문건

외무부 전보 제3744호 참조

워싱턴 공문 제1-10호

저는 외무부가 제게 모든 돌발 가능성에 대비할 지시를 미리 내릴 수 없다는 것을 잘 알고 있습니다. 제 전보는 그러한 지시를 받으려는 의도가 전혀 아닙니다. 단지 저는 각하께 상황의 진전과 잇따라 일어나는 돌발 사건들에 대해 규칙적으로 정보를 드리려 애쓸 뿐입니다. 이 정보들은 시시각각 상반되게 보일 수도 있습니다. 그것은 기술된 사실 자체가 바뀌었거나 때로는 불명확한 정치적 의도를 정확한 말로 표현하려 했기 때문입니다.

오늘 아침 중국의 대 공세가 개시된 것 같습니다. 이 새로운 사실은 지금까지 고려되었던 두 가지 가능성을 배제하는 듯합니다. 즉 공격 전에 휴전이 체결될 것이라는 가능성과 사실 휴전은 38선에 대한 중국의 압력을 증가하게 할 것이라는 가능성 말입니다. 무력 충돌이 시작되었다면, 워싱턴으로써는 어떻게 협상을 시작해야 하며 무엇이 목적이 될 것인지에 대해 더 이상 어떤 형태로든 적에게 정보를 주지 않는 것이 중요한 일일 것입니다. 그러나 또한 현장에서처럼

레이크석세스에서도 이 충돌에 잘 대처해야 합니다.

그로스 대사는 어제 저녁 제게 미국 정부 조처에 대한 최근 정보를 주었습니다. 그는 국무장관 및 그의 주요 직원들과 워싱턴에서 오랫동안 협의한 후 돌아왔습니다. 어제 아침 그로스 씨는 아시아 그룹 대표 두 명인 베네갈 라우 경과 파우지 베이[1] 경의 요청으로 꽤 오랫동안 그들과 만났습니다.

그로스 씨는 워싱턴의 변화된 분위기를 감지했습니다. 두 가지 움직임이 매우 강하게 서로 견제하고 있습니다. 하나는 우리가 잘 알고 있는 것으로서, 맥아더 장군이 구축한 흐름입니다. 다른 하나는 후버[2] 담화로 명확해지고 강화된 것으로서, 미국에서 아시아까지 특히 유럽 대륙의 대외적 병력 지원을 동시 축소하고자 하는 흐름입니다.

그로스 씨는 이 두 번째 흐름에서 미 국무부가 신중을 기할 것을 강조했다고 제게 말했습니다. 미 정부는 두 흐름 간의 균형적인 태도를 유지하려 애쓰고 있습니다. 이러한 노력에 대해 적당한 해석을 하자면, 38선 이남에 중국의 공격이 있을 경우 이 공격에 대한 국제적 규탄이 있을 거라는 겁니다. 딘 애치슨의 결의로 창설된 추가조치위원회는 이러한 규탄의 실질적 결과를 이끌어 낼 책무가 있습니다.

저는 전에 그로스 씨에게 얘기했던 것, 즉 중국을 국제적으로 규탄하는 것에 대해 우리가 반대하는 본질은 분쟁 확장의 위험이라는 것, 베이징 군대의 통킹[3] 진입을 정당화시킬 수 있고, 마찬가지로 맥아더 장군이 한국전선 외에서도 공군 활동을 할 수 있게끔 독려할 것이라는 점을 상기시켜 주었습니다. 그로스 씨는 제가 한 것처럼 딘 애치슨에 대한 이 같은 반대의사를 매우 철저히 표명했노라고 말했습니다. 애치슨 국무장관은 그로스 씨에게 유엔이 국제적 직무의 본질을 한꺼번에 포기하지 않는 한 명백한 사실 그 자체를 인정하지 않는 것은

---

[1] 마무드 파우지 베이(Mahmoud Fawzi Bey, 1900-1981). 주유엔 이집트 대사. 주영국 대사, 외무장관, 총리, 부통령 등을 역임.

[2] 허버트 후버(Herbert Clark Hoover, 1874-1964). 미국 31대 대통령(1929-1933). 이후 트루먼과 아이젠하워 정권에서 후버위원회를 맡음. 미국 점령 정책의 변화에 대한 다양한 보고서 제출. 기본적으로 외국에 대한 개입을 최소화하자는 의견을 지님.

[3] 통킹(Tokin). 현재의 북부 베트남.

불가능하다고 답했습니다.

그래서 저는 그로스 씨에게 중국의 공격을 비난하기보다는 차라리 북한 공격을 베이징이 원조했다는 점을 비난하는 것은 불가능한지를 물었습니다. 저는 전에도 그에게 규탄의 영향을 제한해 줄 수 있을 것 같은 이 같은 방법의 가능성을 보였었습니다. 그로스 씨는 제 말에 특별히 반대하지는 않았지만 핵심은 불가피해 보이는 규탄을 피하는 것이 아니라 실질적인 영향을 한정 짓는 것에 그의 정부는 더욱 큰 관심을 갖고 있다고 강조했습니다. 그로스 씨는 또 아직 정확히 문서화되지는 않았으나 진행 중인 구상을 이야기했습니다. 서방의 주요 열강 3개국의 활동 중 하나는 집단조치위원회이고, 다른 하나는 □ □ □ 발의할 수 있는 한국정전3인위원회일 것입니다.

이 모든 대화는 공격 개시 전에 있었습니다. 저는 오늘 아침 그로스 씨에게 전화를 했습니다. 그는 아직 미 국무부에 연락을 취하지 않아 어제 일어난 군사 사태의 중요성을 확인하지도 못하고, 미 정부가 이끌어내려 했던 외교적 영향도 파악하지 못한 상태였습니다. 우리는 오늘 중 다시 보기로 했습니다.

공격이 확인되면 우리는 향후 한편으로는 중국 규탄의 문제가 빨리 제기될 수 있도록 하고, 다른 한편으로 워싱턴은 공격의 실제 영향력을 경감시키도록 해야 할 것입니다.

쇼벨

【2】 한국의 전세(1951.1.1)

[전   보] 한국의 전세
[문 서 번 호] 4-6
[발   신   일] 1951년 1월 1일 08시
[수   신   일] 1951년 1월 1일 11시 20분
[발신지 및 발신자] 도쿄/드장(주일 프랑스대사)

보안

사이공 공문 제3-5호
국방부에 전달 요망

1. 중공-북한 공격은 아직 시작되지 않았습니다.

서울에서 북쪽으로 50㎞ 지점에서 남한군, 특히 제1사단에 대한 소규모 국지적 공격이 31일에 있었습니다.

동쪽으로, 북한 분대가 약 15㎞ 지점 앞으로 침투한 남한군 제9사단 지역에서의 상황은 혼선을 빚고 있습니다. 약 10,000여 명의 대규모 피난민이 이동 중인 지역에 많은 적들이 침투했음을 알려드립니다.

2. 현재 제10군단은 개편되어 더 이상 제1해군사단과 제3보병사단이 소속되어 있지 않으며, 원주에서 사령부와 미 제2사단과 제7사단으로 편성될 것입니다. 해군사단은 포항으로 향하고 있습니다. 전진 부대는 서울에, 제8군단 사령부는 대구에 있습니다.

3. 어제 뛰어난 25파운드 포를 지닌 뉴질랜드 포병 연대가 부산에 상륙했습

니다. 몇몇 언론 뉴스와는 반대로 캐나다 대대가 송환되었다는 것은 사실과 다릅니다. 송환 부대는 단지 전 여단에 예정되어 있던 초과 인원일 뿐으로 실제로 캐나다 송환병은 일개 대대일 뿐입니다.

드장

【3】 한국의 전세(1951.1.2)

[전   보]   한국의 전세
[문 서 번 호]   7-11
[발   신   일]   1951년 1월 2일 08시
[수   신   일]   1951년 1월 2일 12시
[발신지 및 발신자]   도쿄/드장(주일 프랑스대사)

매우 긴급

워싱턴 전달 제1-5호
뉴욕 전달 제1-5호
사이공 전달 제7-11호

국방부에 긴급 전달 요망

1. 예상했던 공격은 12월 31일 밤부터 1월 1일에 시작되었습니다.
이 공격은 연합군이 다음의 지점으로 이어진 전선으로 총퇴각하도록 만들 만
큼 초기의 중요한 성공으로 기록되었습니다.

  - 서울에서 북서쪽 20㎞지점의 토당리.
  - 서울 동쪽 한강 상류의 의정부와 양평.
  - 38선 이남 30㎞ 지점, 한반도 중앙인 한강 상류 홍천.

적은 용천-서울 지대로 진군하려하면서 중공군은 남한군 제1사단과 제6사단,
미 제24보병사단을 주요 목표로 했습니다. 이 지역에서 적은 이미 12㎞정도 진

격해서 의정부에서 약 15㎞ 지점에 도달한 것 같습니다.

적은 남한군 제2사단과 제5사단 사이의 주요지역 침투에도 성공했습니다. 게다가 며칠 전부터 제9사단도 계속 압박하고 있습니다.

북한군의 공격을 당한 연안지대 "수도사단"에 대한 정보는 거의 없습니다.

2. 미군 제2사단은 원주에 있습니다. 그 예하부대인 프랑스 대대는 북진하고 있습니다. 현재 원주에서 북동쪽 15㎞ 지점의 횡성에 있는 프랑스군은 오늘 저녁부터 투입될 수 있을 겁니다.

3. 연합 공군은 어제 하루 동안 저항에 부딪히지 않고 806회를 출격하는 기록을 세웠습니다.

공군은 3분 동안 유지하는 조명탄으로 밤새 전장을 밝게 유지하려는 새로운 전술을 시험해 볼 것입니다.

4. 참모본부에 의하면 아래의 사항처럼 적도 뒤지지 않습니다.

서울의 북서쪽에 있는 미 제1군단을 고립시키기 위해 용천-서울 지대에 계속 전면 공격하기.

대구에서 있을 수 있는 퇴각로와 제8사단 후방을 위협하기 위해 원주의 주요 철도 및 도로에 타격을 입히려는 시도.

연합군이 후퇴하는 전선은 서쪽에서 동쪽으로 프랑스 및 네덜란드 대대와 미군 제1기병 사단과 제2사단, 영국군 2개 여단, 터키 여단이 버텨내고 있습니다.

대략 인민군 15개 사단과 중공군 18개 사단이 전주에서 동해안에 이르는 지역에 있는 병력에 공격을 가하는 것 같습니다.

드장

【4】 서울 철수 성명에 따른 조치(1951.1.2)

```
[ 전      보 ]  서울 철수 성명에 따른 조치
[ 문 서 번 호 ]  26-29
[ 발   신   일 ]  1951년 1월 2일/1월 3일 7시 30분 급 발송
[ 수   신   일 ]  1951년 1월 4일 1시 30분
[발신지 및 발신자]  도쿄/드장(주일 프랑스대사)
```

보안

브리옹발 씨 공문
12월 25일 서울 발신 제10호, 1월 2일 두쿄 수신

　매일 서울을 점점 더 짓누르는 위협과 군사 상황에 대한 매우 복잡한 성명에
서 이승만 대통령은 "비본질적 정부관청" 소속의 민간인과 국회의원의 퇴각을
권고했습니다.
　아주 명료한 이번 경고로 공포가 촉발되어 주민들이 이주를 더욱 서두르는
동안 당국자들은 정부를 이전하는 문제에 대한 설명을 소심하게 해줄 수 있을
뿐이었습니다.
　오늘 아침 미 대사관 1등서기관인 노블[1] 씨 사저에서 무초[2] 대사, 유엔위원
회 주서기관, 호주 대표들과 제가 모여 식사하면서, 대사는 이 이동이 절박하
지만 아마 마지막 순간까지 서너 명의 장관은 서울에 남아있을 것이며, 이런
극한 상황에서 아마 정부의 진보 집단도 대전까지 후퇴할 거라고 이해시켰습

---

[1] 헤럴드 노블(Herold Noble). 당시 주한 미 대사관 1등 서기관.
[2] 존 무초(John J. Muccio, 1900-1991). 초대 주한 미국대사(1949-1952).

니다. 8월 말 결정적인 시기에 채택되었던 규정으로 정확히 회귀하는 셈입니다.

무초 대사는 당연히 이 정부기관에 두세 명의 직원만 남겨두고 본인도 행정부처 상당 인원과 부산에 피신하리라 생각한다고 덧붙였습니다.

무초 대사에 따르면 유엔위원회가 비슷한 조치의 채택을 제안하게 될 거라하면서 도덕적으로 유리하게 만든 이 같은 암시적인 말은 다른 두 참석자에게서 어떠한 눈에 띄는 반응도 유발하지 않았습니다.

영국과 중국 대표단은 완전히 부산으로 피난한 것 같습니다.

오늘 저녁 다시 만난 노블 씨는 부산 쪽으로 제가 안전하게 피신할 수 있도록 무초 대사의 배려로 조처가 중단되었다고 확인해 주었습니다.

한국에서 적절히 지낸다는 문제는 항상 양분되어서, 2주 전쯤 유엔위원회는 당연히 빈축을 살만한 적절치 못한 지방 경찰의 잔인성에 주의를 주었습니다. 현재 지방 경찰들은 계속 사건을 일으키면서 적극적으로 철수 작전을 밀어붙이고 있습니다. 이미 3주 전에 계획된 철수 작전으로 대표단 $\frac{8}{8}$와 유엔사무국 직원 60여 명 중 약 50여 명가량은 이미 부산과 도쿄로 향했습니다.

(이하 판독 불가)

드장

【5】 중국 대공세와 그에 대한 조치(1951.1.2)

```
[ 전      보 ]   중국 대공세와 그에 대한 조치
[ 문 서 번 호 ]   11-16
[ 발   신   일 ]   1951년 1월 2일 22시
[ 수   신   일 ]   1951년 1월 3일 05시
[발신지 및 발신자]   워싱턴/보네(주미 프랑스대사)
```

보안

오늘 아침 외교사절단장 회의에서 제공된 정보입니다(본인의 전보 제4호). 오늘자 미 언론에 발표된 몇몇 정보와는 달리 워싱턴 군부는 한국에서 중공군의 대공세는 아직 시작되지 않았다고 평가하고 있습니다. 미 국방부에 의하면 제8군단 좌측에서 적은 지금까지 어떤 방법으로도 유엔 방어선을 돌파하지 못했다고 합니다. 일주일 전부터 우측에서는 북한군 각 부대마다 남한군이 점령하고 있는 산악지대를 침투해보려 했습니다. 하지만 이 지역의 지원부대는 중대 수준을 넘지 못했습니다.

반대로 확실한 것은 대략 210,000여 명 정도 되는 7개 중공군단이 3-4개 군단은 돌파로를 만들어보기 위해 후방에 배치하면서 지금 제8군단과 교전 중이라는 사실입니다. 최근 중공군의 공격은 인명피해를 전혀 신경 쓰지 않는 고전적인 정면 작전[1]으로 그려지고 있습니다.

워싱턴은 아직도 한국 북쪽의 저수 지역[2]과 흥남 주변에서 싸웠던 베이징의 4개 다른 군단에 대한 정보가 거의 없습니다. 필요한 경우 38선을 따라 위치한

---

[1] 인해전술.
[2] 장진호 전투를 의미.

병력 약 8개 사단 150,000명으로 평가되는 북한군의 침투를 이용하기 위해 중공 군단이 남하한다고 추측하고 있습니다.

유엔군의 조치는 다음과 같습니다.

- 우측에서 미 제25사단은 김포에서 한강 이남까지 반도를 점거한다. 영국 군 제29여단과 터키 부대가 여기에 소속된다. 현재까지 태국 부대가 모여 있는 제25사단 지역에서는 중공군과의 어떠한 교전도 공격도 없었다. 좀 더 동쪽에는 한국군 제6사단과 미 제8사단, 남은 영국군 병력이 있다. 최근 중공군 공격이 일어난 곳은 바로 이 구역이다.
- 이들의 오른쪽에는 약 100,000여 명으로 추산되는 남한군이 한반도 동쪽의 거의 반을 지키고 있다.
- 북동쪽과 동서울에는 미군 제1기병 사단 및 그리스와 필리핀 부대 배치. 프랑스와 네덜란드 대대가 속한 미군 제21사단은 청주 지역에서 맹훈련 중이다.
- 제21사단은 북한군 침투를 막는 데 차출될 것이다.

캐나다 군이 도착한 부산에는 24시간 전에 뉴질랜드 파견군도 상륙했습니다. 흥남에서 퇴각한 부대는 아직 남한에 있습니다. 유엔 사령부의 주요 훈련과 설비가 이 지역, 대구에 있습니다. 미 국방부는 남한에 주둔하고 있는 한국 공산당과 중공군이 거의 대략 500,000여 명이 될 것으로 추산하고 있습니다. 이들은 현재까지는 강력한 수단을 사용하지 않고 있습니다. 전차조차 말입니다.

보네

【6】 중국 규탄 결의안에 대한 영국의 입장(1951.1.3)

[전   보]   중국 규탄 결의안에 대한 영국의 입장
[문 서 번 호]   24-26
[발   신   일]   1951년 1월 3일 01시 30분
[수   신   일]   1951년 1월 3일 01시 50분
[발신지 및 발신자]   런던/마시글리(주영 프랑스대사)

본인의 전보 제4924-4930호 참조

중공군이 한국에서 새로운 공격을 하던 초기, 외무부에서는 과도하게 흥분하지는 않으면서 사소한 변화는 있을지언정 방어선은 유지될 거라 확신하고 있었습니다.

이 점에 대해 특히 의문을 던졌던 주미 영국대사 올리버 프랭크스 경에게 받은 최근 전보에 따르면 미군정은 군사적 패배의 결과나 협상의 일환으로 퇴각을 고려한 것이 아닙니다. 그러므로 지금이 문제가 아닌 것 같습니다.

어쨌든 그런 생각으로 영국외무부에서는 중국을 침략국으로 선언하려는 미국 결의안을 유엔이 이용할지의 태도에 신경을 쓰고 있습니다.

아직 요청되지 않았으나 부처의 명령이 있다면 각 부서는 이런 종류의 모든 조치에 반대할 것입니다.

윌리엄 스트랭[1] 경은 제게 사실 일반적으로 공격이라고 선언하는 것이 강제 조치의 전단계라고 지적했습니다. 지금 유엔은 침략국을 징계하기 위해 그들의 권력으로 한국 내에서 모든 조치를 취하고 있습니다. 현 단계에서 중국의 행위를 공식적으로 규탄하면서 만주기지 폭격 같은 국제적 처벌 행위에 대해 새롭

---

[1] 윌리엄 스트랭(William Strang, 1893-1978). 영국 외무부차관(1949-1953).

게 확장할 목적인 것 같습니다. 그런데 이런 류의 행위는 실제로는 비효율적일 것입니다. 그렇게 할 때 얻을 수 있는 유일한 효과는 중공-소련 진영을 더욱 결속시키는 동시에 동서 간의 긴장을 더 악화시키게 될 것입니다. 그러므로 이미 가결된 결의안을 유지하는 것이 더 낫습니다.

굉장히 합리적인 것 같지만 미국의 반응을 빼고 생각하는 부처의 입장을 이렇게 요약하면서 스트랭 상임 국무차관은 외무장관 베빈이 아직 내각과 이 문제를 살펴보지 않았으며 때문에 이 문제의 결과도 유보적일 거라고 서둘러 말을 이었습니다.

마시글리

【7】 한국의 전세(1951.1.3)

```
[ 전        보 ]  한국의 전세
[ 문 서 번 호 ]  33-35
[ 발   신   일 ]  1951년 1월 3일 07시 30분
[ 수   신   일 ]  1951년 1월 4일 12시
[발신지 및 발신자]  도쿄/드장(주일 프랑스대사)
```

보안

사이공 공문 제19-21호
전쟁부에 전달 요망

적의 압력 앞에 연합군은 교전을 계속하려 하지 않고 모든 전선에서 계속 후퇴하고 있습니다.

남한군 제2사단만이 38선 이남으로 20㎞ 지점인 한반도 중부의 가평지역에서 어려운 상황에 처해 있습니다. 소속 연대 중 하나는 모든 중장비를 잃었고, 또 한 곳은 포위되어 있습니다.

동쪽에서는 많은 적이 침투해서 춘천-원주 간 도로를 위태롭게 하고 있습니다. 미군 제2보병사단이 프랑스 대대와 함께 이 지역의 상황을 회복시키기 위해 동원되었습니다.

서울의 북쪽에서는 중공군이 수도에서 20㎞ 지점 VICA ONGBU[1] 근처에 도착했습니다.

1차 퇴각선을 한강으로 생각했었으나 도시 철수 후, 2차는 37도선[2]을 계획했

---

[1] 추정 불가. 의정부로 추정될 수 있음.

습니다.

　제천을 향하고 있는 제7사단과 원주에 있는 제2사단이 소속된 제10군단은 제9군단 우측의 미 제8군 배치에 합류할 것입니다. 작전상 남한군 제3군단이 배속될 것입니다.

　특히 평양 지역에서는 적의 후방 대규모 트럭의 움직임으로 보아 주요 공급선으로 향하고 있음이 확인되었습니다.

　상기한 정보는 오늘 아침 사령부에서 특별한 설명도 없이, 대변인의 어떠한 특별한 감정도 싣지 않은 채 발표된 것입니다.

드장

---

2) 평택-원주-삼척 방어선.

【8】 중국의 공세가 전장과 각국에 미치는 영향(1951.1.3)

[전   보] 중국의 공세가 전장과 각국에 미치는 영향
[문 서 번 호] 40-48
[발   신   일] 1951년 1월 3일 23시
[수   신   일] 1951년 1월 4일 12시
[발신지 및 발신자] 도쿄/드장(주일 프랑스대사)

매우 긴급
보안

워싱턴 공문 제6-14호
뉴욕 공문 제6-14호

1. 북한과 중국의 공격이 시작되자 유엔 감독관의 주요 관심사는 적의 수적 우위가 아닙니다. 만약 사실이라면 이 수적 우위는 보통 미군 부대의 화력과 한국전쟁이 투쟁력과 기술의 높은 가치를 강조했던 막강한 공군과 빠르고 강력한 해군의 많은 협력으로 상충될 것입니다.

일치하는 증언에 따르면 훨씬 염려스러운 점은 미 지상군 사병들의 정신 상태일 것입니다. 사병들은 스스로 왜 싸우는지 잘 모르고 있습니다. 그런 면에서 워싱턴 지도층 내부의 논쟁은 악영향을 미치고 있습니다. 군대 내에서는 흔히 애치슨의 잘못으로 한국에서 싸워야 하는 거라는 소리를 들을 수 있습니다. 거기다 사령부가 너무 뚜렷하게 견해 표명을 하여 사병들은 힘든 정신적 시련을 겪으며 방황하게 됩니다. 전쟁의 끝은 여전히 알 수 없었지만 사병들에게는 수차례에 걸쳐 가정으로의 즉시 귀환을 약속했습니다.

게다가 한 달쯤 전부터 극동 정세에 대한 일반적인 견해에 따라 사령부는 적

의 놀라운 수적 우위에 대해 끊임없이 주장해왔습니다. 미 병사들은 전투에 개입할 수 있는 중공군이 백만 명 이상이며, 실제로 적이 어마어마한 인원의 군을 배치하고 있다는 소리를 매일 반복해서 듣고 있습니다. 병사들은 적군의 수적 우세 강조로 너무 기죽어 있습니다. 사령부는 규정된 방어수단을 최대한 이용해 지키고 싶어 하는 느낌을 병사들에게 줄 줄 모르는 듯합니다.

거의 200km에 이르도록 퇴각한 후 서울 지역에 집결한 미군 부대는 북에서부터 피난민이 이동하고 주민이 도시를 포기하는 모습, 중장비를 철수시키고 미국의 많은 비축품이 폐기되는 비참한 광경을 눈앞에서 보았습니다. 사령부의 의향이 어떻든 간에 조사관들은 모두 "실패했다"라는 감정을 갖게 되었습니다.

사병들도 거의 다르지 않습니다.

2. 지금 현재 중공-북한군의 공격이 있기 전의 군 상황은 11월 말 적의 돌파 이후 생각할 수 있었던 것보다는 어쨌든 훨씬 나았었습니다. 12월 29일 연합군 지상군은 326,646명에 달했으며 38선 이남에서 재편성되었습니다. 한편 미 공군과 해군 병력이 각각 40,(6)63명과 64,837명에 이르러 가장 현대적인 장비를 많이 갖춘 병력이 총 430,000여 명 정도 되었습니다.

그런데 미 극동사령부는 따라야 했던 제한 사항들이 전략적인 정보를 완전히 왜곡했다고 굳게 믿고 있습니다. 모든 규칙과는 상반된 불리할 대로 불리한 조건에서 싸워야하는 것으로 여깁니다. 사실 미군은 한정된 방법으로 공군과 해군이라는 두 가지 주요 수단만을 사용할 수 있을 뿐입니다. 가장 약한 병력으로 적과 맞서야 했습니다. 한반도에서 교전을 중단시키고 다른 방법으로 전쟁을 지속하는 것이 더 낫다고 생각했던 사람들은 부산으로 피난한 것이 그나마 다행이라고 체념하는 것 같았습니다.

3. 영국은 이런 퇴각에 대한 생각을 쉽게 수용하는 것 같습니다. 이렇게 매우 다른 생각에서 이 문제에 대해 워싱턴과 런던 간에 중대한 오해가 생길 우려가 있습니다.

제가 판단할 수 있는 한 영국은 좀 더 나은 상황을 기대할 수 있도록 한국 사태의 해결을 위해 ㅁㅁㅁ 이전 구역으로의 복귀를 고려하고 있습니다.

그러나 미국은 부산 복귀가 중국에 대한 정치적이거나 경제적인 또는 군사적인 단호한 조치를 수반하거나 따르는지의 여부로 받아들여지지는 않을까 우려하고 있습니다. 이것은 극동 총사령관이 태평양과 세계에서의 미국의 명예와 입장을 위해 꼭 필요한 것으로 권고하고 제시하게 될 세 번째 유형의 조치임에 분명합니다. 그는 미국에서도 깊고 강한 반향을 일으킬 거라 자신하고 있습니다.

저는 한국에서 전투를 다소 피함으로써 거기서 생기는 결과로 미 사령부가 아시아 대륙에서 전쟁의 확장을 거의 피할 수 있다고 여기는 것인지 궁금합니다.

1월 1일부터 형성된 국면을 보면 사태는 전선을 안정화시킬 수 있는 평화적 해결에 대한 희망을 점점 약화시키는 것 같습니다.

어쨌든 저는 전세가 두 번째로 적의 손에 들어가는 것은 아닌지, 부산으로 가는 것이 최악의 국제 분쟁으로 향하는 것은 아닌지 염려스럽습니다.

드장

【9】 중국을 침략자로 규정하는 문제에 대한 외교적 입장(1951.1.3)

[전 　　　 보]	중국을 침략자로 규정하는 문제에 대한 외교적 입장
[문 서 번 호]	미상
[발 　 신 　 일]	1951년 1월 3일 13시
[수 　 신 　 일]	미상
[발신지 및 발신자]	파리/파로디(프랑스외무부 사무총장)

절대우선문건

보안

뉴욕 공문 제18-22호

유선 상 　 런던 공문 제74-78호

　　　　　 워싱턴 공문 제41-45호

　　　　　 도쿄 공문 제33-37호

(뉴욕 제외한 전체에) 다음의 전보를 뉴욕으로 타전함

(전체에게)

귀하에게는 제13-16호로 통지된 워싱턴 전보 제5555호처럼 귀하의 전보 제1호와 제16호는 지금 개시된 공격이 유엔군을 바다에 몰아넣을 목적으로 한결같은 강도로 이어지고 있기 때문에, 베이징 정부가 저지른 공격에 대해 의회가 규탄해 줄 것을 요구하는 미 정부의 의향을 명확히 보여주고 있습니다.

현재 우리가 베이징 정부의 분명한 공격 앞에 있다는 것은 물론 명백한 사실입니다. 이 같은 사실의 객관적 정황은 확인되지 않았습니다. 하지만 현 상황에서는 주미 대사 앙리 보네 씨 앞에서처럼 여러분 앞에서도 진행되었던 국무부

대변인들의 논평에도 불구하고 이 공격을 공개적으로 확인하고 중국 공산당 정부를 비난하는 것이 현명하고 적절한 일인지 정할 일만 남았습니다.

그런 결정은 지금 다른 데처럼 레이크석세스에서 베이징과의 교섭과 협상을 취할 수 있는 모든 가능성을 찾아보려 계속 노력하고 있는 일을 무위로 돌리는 결과를 초래할 수도 있습니다. 게다가 그렇게 침략이라고 규정하는 결정은, 어쩌면 워싱턴의 사전 동의 없이도 침략지역에 작전을 펼 수밖에 없는 전세였다고 정당화하기 위해 통합사령부가 유리하게 이용할 우려도 있습니다. 사령부는 새로운 전장에 대한 적대감을 갖도록 이 같은 지칭을 이용하면서, 북한의 공격을 물리치고 이 지역에 국제 안보와 평화를 회복하는 데 써야할 회원국의 지원과 사령부 권한에 대한 일반적인 한계를 넘어설 것 같습니다. 그로 인해 어쩌면 중국에 선전포고할 정도로까지 필연적으로 적대감이 확대될 수도 있습니다. 우리가 아무리 현 한계 내에서 분쟁이 유지되기를 바라고 있더라도 말입니다.

물론 우리는 장본인에게 즉각적으로 조치를 취하지 않고도 공격 행위를 인정할 수도 있습니다. 하지만 도덕적 범위일 뿐인 규탄하는 것으로 그치기는 어려워 보입니다. 특히 중국이 침략 행위를 계속하는데도 단기간 내에 침략국을 징계하지 않는 것은 힘들 것 같습니다. 그로스 대사가 언급한 것처럼 실질적 영향력은 제한할 수 있어도 정치적 영향력은 제한하기 힘든 것 같은 징계라 해도 말입니다.

앞의 내용들은 중공군 개입에 대한 6개국 결의안에 실리는 객관적 사실보다 더 나가는 것은 적절치 않다고 귀하들이 확인할 수 있도록 해줍니다.

한편, 현 상황이 12개국 결의안에 대한 검토에 거의 유리하지 않더라도, 문제의 본안 자체에 대해 누구의 어떠한 약속도 싣지 않고 심의되었던 이 결의안을 저는 반대하지 않을 것입니다.

그러니까 저는 공식 보고를 한 후에도 3인위원회가 없어지지 않고 계속 일을 하는 것이 유리하다고 생각하는 바입니다.

외교단
파로디

【10】 중국을 침략자로 규정하는 문제에 대한 각국의 입장(1951.1.4)

[전　　　보]　중국을 침략자로 규정하는 문제에 대한 각국의 입장
[문 서 번 호]　49-50
[발　신　일]　1951년 1월 4일 19시 40분
[수　신　일]　1951년 1월 4일 19시 45분
[발신지 및 발신자]　런던/마시글리(주영 프랑스대사)

보안

　우리 대사관 직원 한 명이 쇼벨 씨에게 제18-22호 전보로 타전한 것이자 제
74-78호 전보로 대사관에 전달한 지시를 외무부에 알렸습니다.
　미 극동담당 국무차관보 러스크는 뉴욕에서 취하고 있는 태도에 대해 우리
런던과 파리가 완전히 의견을 같이 한다는 것을 확인했습니다. 그는 영국 외무
장관 베빈 씨가 영국 정부는 파리와의 완전 합의를 이루는 데 커다란 중요성을
부여했다고 강조하며 발표한 것에 대해 더욱 만족한 듯 보였습니다.
　그러고 나서, 베빈 씨는 미국의 의도에 프랑스인과 영국인들이 공동으로 반
대하는 것은, 미 언론이나 여론보다는 국무부에서 덜 하겠지만 그래도 꽤나 격
렬한 반응을 일으킬 거라는 점을 예상해야 한다고 덧붙였습니다. 그는 우리가
이성의 소리를 내는 것이라고 했습니다. 어쩌면 워싱턴에서 우리의 이야기를
듣겠지만, 여론은 우리의 발언에서 유럽을 비난할 만한 망설이는 인상, 즉 이쪽
대서양 진영에서 소련의 힘에 대해 느끼는 두려움을 찾아내려는 경향이 있을
겁니다.

마시글리

【11】한국전에 대한 맥아더 장군의 견해(1951.1.4)

[전   보]　한국전에 대한 맥아더 장군의 견해
[문 서 번 호]　57-60
[발   신   일]　1951년 1월 4일 ㅁㅁ시 00분
[수   신   일]　1951년 1월 5일 11시 44분
[발신지 및 발신자]　도쿄/드장(주일 프랑스대사)

보안

뉴욕 공문 제19-22호, 워싱턴 공문 제19-22호, 사이공 공문 제27호
국방부에 긴급 전달 요망

1. 오늘 오전 벨기에 대사는 맥아더 장군에게 한국에 대대장으로 참전했던
전임 전쟁 장관인 모로[1] 씨를 소개했습니다.

맥아더 장군이 했던 발언은 이미 제가 이야기했던 정신 상태를 강조하고 있
습니다.

맥아더 장군은 총동원 명령이 없음을 강하게 불평했습니다. 여하튼 연합군을
구하고 한국을 자의로 떠나지 않는 것 외에 다른 지침은 없었습니다. 중국은
인명피해를 아랑곳하지 않고 막대한 병력으로 서울을 공격했습니다. 포위되지
않으려고 연합군은 후퇴해야 했습니다. 그래도 연합군은 한반도에 계속 주둔할
수 있을 듯합니다.

맥아더 장군은 전선의 안정이 최우선이라고 생각하는 것 같습니다. 한국에서

---

[1] 앙리 모로 드 믈렝(Henri Moreau de Melen, 1902-1992). 벨기에 상원의원이자 국방장관. 한국전
쟁 당시 장관으로 참전.

일어나는 일에 더 확실히 중요성을 부여하고 있습니다.

　그에 따르면 중국 제국주의의 맹위에 대규모 정책과 전략으로 맞서야 할 것입니다. 많은 질문에 답하면서 맥아더 총 사령관은 지금으로서는 해안 봉쇄 외에 중국 영토, 특히 만주에서의 공군 작전 확대, 대륙에서 장제스 부대의 활동 개시, 일본의 재무장 등이 계획에 포함되어 있다고 인정했습니다.

　이 계획은 워싱턴에서 몇몇이 검토할 수 있었던 중국을 상대로 한 "국경전"의 범주를 확실히 넘어선 것입니다.

　그래도 맥아더 총사령관은 워싱턴의 선택만이 아시아 사회 전체를 짓누르는 공산주의의 위협을 억제할 수 있게 해준다고 확신하고 있습니다.

드장

【12】 서울 총 퇴각의 상황(1951.1.4)

[전   보] 서울 총 퇴각의 상황
[문 서 번 호] 72-79
[발   신   일] 1951년 1월 4일 22시 50분
[수   신   일] 1951년 1월 5일 06시
[발신지 및 발신자] 워싱턴/보네(주미 프랑스대사)

보안
2급 비밀

뉴욕 공문 제43-50호

오늘 오후 외교사절대표단 회의 초에(본인의 2일자 전보 말미), 미 국방부 대표들은 오늘 오전 7시에 워싱턴에 도착한 한국 군 상황에 대한 다음과 같은 정보를 제공했습니다.

- 중공군의 7개 사단은 제8군과 계속 교전하고 있음. 중공군 제8사단 제84 사단은 영국 여단과 마주하고 있음.
- 북한군 제1사단은 전선의 서쪽 끝에서 뚜렷이 확인됨. 전남 지역 중공군 4개 사단의 이동에 관한 어떠한 확실한 정보도 없음.
- 지난 48시간 동안 제8군이 행한 작전은 참모본부가 세운 계획과 명령에 따라 실행되었음.
- 국방부 대표는 "패주가 중요한 게 아니다"라고 강조했음.
- 오늘 오전 7시 도쿄발 정보는 아직 서울 포기에 대한 보고를 하지 않았음. 서울 북쪽에 영국군 2개 부대가 계속 적과 맞서고 있음. 이 점에 관해, 국방부 대표는 영국군 제29여단이 중공군의 공격을 격퇴할 뿐 아니라

적을 "패주"시키는 대역습도 감행했다고 했음.
- 미군 제25보병사단은 연락이 두절되었고 현재 중장비가 이동하기는 힘들
  지만 군대가 이동하기에는 충분히 얼어 있는 한강 이남에 있음. 미군 제
  24보병사단과 국군 제1, 제6보병사단 역시 한강 이남에 있으나 제24사단
  이 매우 뒤처져 있음.

한국 제2, 3, 5, 8보병사단의 상황은 "매우 모호하게" 묘사되어 있었습니다.
국방부 대표는 이 부대들 중 몇몇을 "일시적으로 포위"되었을 수도 있다는 것
을 숨기지 않았습니다. 하지만 과거에도 그랬듯이 이들이 빠져나올 수 있으리
라는 희망은 충분히 있습니다. 이것은 사실 며칠 후 남쪽에서 합류할 수도 있다
는 의미입니다.

남한 제2보병사단과 제1보병사단은 차질 없이 동부전선으로 후퇴하고 있습
니다.

지금으로서는 미 제1기병사단은 참여한 것 같지 않습니다. 프랑스와 네덜란
드 대대가 속한 미 제2보병사단은 한반도 중부의 산악지대로 침투하는 것을 막
으려 애쓰고 있습니다. 네덜란드 군은 게릴라전으로 참여했습니다. 프랑스 군
의 활동에 대해서는 아무런 세부 내용이 없었습니다. 현재 미 사령부가 가장
걱정하는 일은 방금 묘사된 지역에 공산당이 침투하는 일입니다. 사실, 꽤 단기
간 내에 유엔군의 주요 보급로가 심각한 위협을 받을 우려가 있습니다.

미 제7보병사단은 한국 게릴라들 중 가장 중요한 적을 공격하기 위해 한반도
남동쪽으로 거슬러 오르고 있습니다.

국군 제11보병사단은 남서쪽에서 게릴라전에 전념하고 있습니다.

인천항으로 재승선한다고 암시하는 바가 전혀 없다는 것에 주목해야 합니다.
부산으로 향하는 총 퇴각선은 2개의 주요 보급로와 동해안을 이용할 수 있게
하는 몇 군데의 항구를 보호하기 위해 한반도를 남서쪽부터 북동쪽까지 뚜렷이
나누는 대각선 모습으로 나타납니다.

보네

【13】 정세에 대한 불안감과 집단 조치 준비(1951.1.5)

[전 보]	정세에 대한 불안감과 집단 조치 준비
[문 서 번 호]	112-115
[발 신 일]	1951년 1월 5일 19시 25분
[수 신 일]	1951년 1월 6일 02시 30분
[발신지 및 발신자]	뉴욕/쇼벨(주유엔 프랑스대사)

보안

본인의 이전 전보에 이어
워싱턴 공문 제104-107호

줄곧 불안정한 상황이 다음의 사실로 확인되고 있습니다.

1. 한국 작전의 불리한 형세는 미 여론에서 유엔국, 특히 주요 회원국들이 공동으로 취하는 행동에서 보이는 원조에 대한 미온적인 태도에 점점 분명한 유감의 감정이 생겨나고 있음.
2. 의회는 의회가 그렇게 결정한 것이 아닌데도 진짜 전쟁에 참여한 미군을 보고 흥분하고 있음.
3. 두 가지 움직임이 케네디나 후버, 또 다른 몇몇이 주장한 고립주의 경향을 강화하고 있음.
4. 동시에 미군을 신뢰했었다가 한국에서 사병과 군대의 무력함을 지켜보고 있는 유엔 회원국은 두려움에 사로잡혀 평화수호원칙으로 기울게 됨.

미국과 유엔의 의견이 대립되는 경향이 있습니다. 단언컨대 아직 결정되지 않은 이러한 상황이 유엔의 존재, 북대서양조약이나 또 다른 어떤 것의 탓이라고 돌릴 우려가 있습니다.

사생결단할 각오가 아니라면, 이처럼 너무나 심각한 많은 위기 속에서 위기 현실과 현실이 내포하고 있는 위험성에 마주하려 하지 않는 자들처럼 보이는 것은 정치적으로도 도덕적으로도 불가능합니다. 지배한다는 것은 커다란 장애물들 중에서 선택하는 기술[1]이라는 말이 옳다면, 이번 사건에서는 우유부단함이라는 장애물이 가장 큰 것이라는 점이 명확해 보입니다.

미국의 의견서 전달은 우리의 태도를 정할 기회를 주는 것이라고 생각됩니다.

우리는 말로만 얻은 전력은 강한 힘으로 지원받는 것이 아니라면 쓸데없는 것이라고 상대에게 이야기할 수 있습니다. 우리는 상대에게 집단행동, 즉 더 많은 사람들의 효과적인 의지로 도움 받는 집단행동을 보는 것에 관한 필요성을 강조할 수 있습니다. 우리는 실행되기 전에 먼저 우리 활동을 계획하고 우리의 집행을 효과적으로 조정할 필요가 있음을 주장할 수 있습니다. 아마 일주일쯤 후라는 것이 사실일 텐데, 이 점에 있어서 우리는 참여하는 만큼 분명한 자신감을 얻을 수 있습니다. 너무 명백한 현실에 직면해 아시아에서처럼 유럽에서도 우리의 공동 입장 원칙을 상기시킬 필요가 있다면 우리 연대에 대해 의구심을 갖게 내버려 둘 수는 없습니다. 우리는 가능한 한 빨리 모든 불명확함을 해소시키는 것이 분명히 낫다고 생각하고 있습니다.

쇼벨

---

[1] 프랑스 정치인 피에르 발데크 루소(Pierre Waldeck Rouddeau, 1846-1904)의 유명한 말.

【14】 한국전에 대한 캐나다의 입장(1951.1.5)

[전   보] 한국전에 대한 캐나다의 입장
[문 서 번 호] 미상
[발 신 일] 1951년 1월 5일 01시 30분
[수 신 일] 미상
[발신지 및 발신자] 파리/파로디(프랑스외무부 사무총장)

정치 총국

긴급

보안   런던   제209-213호

　　　오타와   제3-7호

　　　워싱턴   제124-128호

　　　뉴욕   제51-55호

로마 공문 제18-22호

　1월 3일 캐나다 대사는 외무부 사무국에 한국문제에 대한 정부의 견해를 밝혔습니다.

　캐나다 정부는 한국전 개입에 있어서 유엔이 민주주의계열과 소련계열 간 군대의 현실적인 균형과 세계적 전략을 가장 많이 고려해야 한다고 생각합니다. 또한 모든 것은 헌장의 원칙을 준수하면서 베이징 정부와의 협상으로 조정하려 하고 베이징과의 관계에 대한 문제를 논의해야 하는 것이 필수라고 여기고 있습니다.

　최근 몇 달간의 사건들은 소련이 전쟁의 커다란 위험을 내포하고 있는 정책을 실행하고 있다는 것을 보여주고 있습니다. 또 한편, 우리가 재무장 계획을

이행하는 것이 위험기간을 단축하게 될 것이지만, 그러는 동안 이 위험은 더 악화될 것입니다. 또한 자유국가들이 우선적으로 고려해야 하는 것은 다음 열두 달 안에 소련이 선동적 제안을 할 위험성이 증가할 수 있는 일을 아무 것도 하지 않아야 한다는 것입니다. 자유진영은 현명하고 신중하게 행동하면서 세계적 전략에 따른 기본 입장과 국지적인 실패를 받아들일 입장을 결정해야 합니다.

한국에 대한 이 같은 입장을 적용하면서, 지금까지 중공군을 침략자로 단호히 규탄하지 않았던 유엔은 가능한 한 오래 이 태도를 견지해야 합니다. 그 후 침략자라고 규정하는 것이 불가피하다면, 특히 관련국들 간에 유엔에 제안하길 바라는 조치들에 대해 서로 이해해야 할 것입니다.

캐나다 정부는 1년이라는 기간 동안 자유진영의 힘이 증대됨에 따라 소련과의 전쟁이라는 위험이 증가할 테지만, 반면 균형이 회복되는 덕에 소련과의 타협안은 좀 더 쉬워질 거라 추정하고 있습니다.

제시된 바대로 캐나다의 정책 결정은 대체로 프랑스 정부의 관점과 일치합니다. 그래서 우리 대표들 역시 세계 전략 문제가 논의될 때 한국문제 해결의 어려움에 대해서는 되도록 캐나다의 협력에 호소하는 것이 훨씬 나을 것 같습니다.

외교단
파로디

【15】 중국 개입에 대한 유엔 결의안 채택을 주장하는 미국의 입장(1951.1.5)

[전 보]	중국 개입에 대한 유엔 결의안 채택을 주장하는 미국의 입장
[문 서 번 호]	미상
[발 신 일]	1951년 1월 5일 01시 45분
[수 신 일]	미상
[발신지 및 발신자]	파리/파로디 (프랑스 외무부 사무총장)

긴급

보안

뉴욕　　　　　제56-60호

런던 공문　　제214-218(Tic)호

워싱턴 공문　　제129-133호

오늘 정치국에서 미국대사관 참사관은 중공군의 38선 침공으로 미국 정부는 유엔총회가 분명히 결의안을 채택하길 바란다고 알렸습니다.

결의문은 다음을 목표로 할 것입니다.

1. 베이징에 중공의 개입에 반대하는 자유진영의 통일된 의견을 보여준다. 미국 정부는 계속되는 공격을 멈추게 할 가능성에 대한 환상을 키우기보다 다른 점에서 중국의 행동을 미리 방지할 수 있을 거라 생각하고 있다.

2. 가능한 한 중국의 국방력을 축소시키는 것이다. 한 마디로 한국에 미국이 개입하는 것을 지지하는 나라들은 중국 체제에 간접적으로라도 모든 지원을 하지 말아야 할 것이다.

3. 도처에서 일어나는 공산주의의 공격에 맞설 준비를 하기 위해 자유국가
   의 정신을 통합하고 강화한다.
4. 미국과 유엔은 극동의 제국주의에 대한 어떠한 의도도 없었다는 것을
   보여주는 것, 또 지금의 전투를 끝내기 위한 협상이 가능하다는 것을 보
   여주는 것이다.

미국 정부는 이 네 가지 목적은 중국을 침략자로 규정하고 유엔이 계속 개입
하는 방법을 통해서만 이루어질 수 있다고 생각하고 있습니다. 그래서 유엔은
한국에 개입하는 중국의 힘을 줄이기 위해 개별적이면서도 집단적인 조치를 고
려해야 할 것입니다.

이런 목적으로 미국 정부는 추가조치위원회의 의견을 요청할 생각이며, 조정
이나 중재를 위해 3국위원회의 활동이 계속되기를 희망합니다. 추가조치위원회
는 외교관계 단절, 이익 환수, 경제 봉쇄 등을 부탁할 수 있을 겁니다.

새로운 입장으로 볼 때, 미국에게는 6개 결의안이 너무 약한 것 같지만, 폐기
하지 않고 여기에 더해 위에 열거된 목적들이 수정안으로 삽입될 수 있을 것입
니다.

투르넬 씨[1]는 레이크석세스에 있는 우리 유엔대표단이 지금까지 권했던 방
식이 중국을 침략자로 규정하는 것이 아니라, 이미 6개국 결의안에 드러난 중
국의 개입에 대해 간단한 확인을 계획한 것이라는 것을 상대방에게 상기시켰
습니다.

그는 우리 유엔대표단이 좀 더 단호한 입장을 취해야 하는지의 여부를 결정
하는 것은 프랑스 정부의 일이라는 말도 덧붙였습니다.

외교단
파로디

---

[1] 르로이 드 라 투르넬(Guy Leroy de La Tournelle, 1898-1982). 프랑스 외교관. 외무부 정치부장
역임.

【16】 미묘한 영미 관계와 한국전쟁(1951.1.5)

[보 고 서]　미묘한 영미 관계와 한국전쟁
[문 서 번 호]　39/as
[발 신 일]　1951년 1월 5일
[수 신 일]　미상
[발신지 및 발신자]　런던/마시글리(주영 프랑스대사)
[수신지 및 수신자]　리/로베르 슈만(프랑스 외무부장관)

유럽국, 아메리카국 공문

　한국에서 유엔군이 겪은 실패, 그리고 이 실패가 유럽과 미국에서 불러일으
킨 관계는 미국과 영국간의 우정관계를 강한 시험대에 올려놓게 되었습니다
(1950년 12월 11일자 본인의 서한 제1925호). 지금 미국 총사령관의 발의안에
대해 공공연하게 비판을 표명한 것과 동시에, 잘못된 결정이 중국과의 전쟁을
야기하는 것을 피하고자 국가 전체의 희망으로 영국 총리와 트루먼 대통령의
만남을 이루도록 했습니다. 또한, 사이가 벌어지는 것이야말로 가장 최악이라는
사실이 명확해지자 양국은 안심했으며, 미국 정책의 몇몇 경향에 대해 나타내
는 걱정과 반대를 있는 그대로 인정하기 위한 것인 듯, 영국 정치의 명제 중
하나로서 양국 간 모든 우정의 힘을 신문과 의회에서 주장했습니다. 영미 관계
에서 있어서 한국의 위기는 그때까지 감춰진 채로 있었거나 어떤 신중함이라는
이유로 숨겨야 했던 몇몇 감정을 드러내도록 했습니다. 당시 트루먼과 애틀리
간의 대화는 극동 문제에 대한 근본적인 차이를 드러내면서, 상황판단을 정확
히 하고, 잘 알려지지 않은 유감에 대한 원인을 찾는 것, 또 두 앵글로색슨 강대
국 간에 존재하는 생각과 관심의 공통점이라는 측면에서 일치되어야 하는 중요
성의 규명은 좋았던 것 같습니다.

* * *

자유주의 신문의 독자들 사이에 논쟁을 불러일으킨 12월 18일자 『맨체스터 가디언』의 발행인에게 보낸 편지는 미국인에 관한 영국인의 심리에 대해 꽤나 정확한 견해를 제시하고 있습니다. 이 편지의 저자는 다소 의식적인 반미주의가 우파건 좌파건 각계각층에 나타나고 있다는 것에 주목하고 있습니다. 일반적이기까지 한 이러한 반응을 어떻게 설명할 수 있을까요? 글쓴이는 영국인이 스스로 불만족을 느끼기 때문에, 그들이 느끼는 이런 종류의 불안에 대한 설명되지 않는 표현을 깨달아야 한다고 생각합니다. 저자는 다음과 같은 이유를 언급합니다. 세계에서 대영제국이 차지하고 있는 위치의 중요도가 그전 같지 않은 데 따른 위엄의 상실, 미국인의 상대적인 안정에 비해 전쟁 시 영국의 위험한 위치, 미국인들이 누리는 번영에 대한 부러운 감정, 권력을 쥔 사람들에 대한 습관적인 반감, 또 좀 더 일반적으로 미국인들 때문에 유감스러운 감정과 노기를 참게 되는 영국인들의 경향이 그것인데, 이는 미국인들과 겨우 구분할 수 있으면서도 벗어날 가능성이 없기 때문에 그들 자신 깊이 간직하고 있는 감정들입니다. 그건 모두 틀림없는 사실이며 반미주의의 가장 깊은 근원 중 몇몇을 밝히고 있습니다. 거기에는 좀 더 행복하고, 자신 있고 유능한 형제나 친구에 대한 거의 어쩔 수 없는 마음속에 부러움과 질투의 감정이 있음을 느낄 수 있는 일종의 자격지심이 있는 것이 아닐까요? 이 편지에 따른 반응은 완전히 내적으로 머물러 있었을 성찰을 공개적으로 드러내고 보여준다는 것에 독자들이 어떤 불편함을 느꼈다는 것을 잘 보여주고 있습니다. 미국인과 영국인들 간의 관계는 친족관계에서나 볼 수 있는 확실히 드러나지 않는 이유, 미묘한 차이, 감정, 신중함, 복잡한 감정의 얽힘 등이 있어서 이들 관계를 종합 정리하는 것은 쉬운 일이 아닙니다. 어쨌든 편지의 저자가 내세운 반미주의의 이유는 단지 한 가지만이 아닙니다. 그에게 답변했던 사람들은 각자 자신의 편에서 미국인을 대상으로 한 습관적인 비난거리를 열거했습니다. 이러한 비난 중 한 가지는 끊임없이 되풀이되고 있으며, 정략적인 차원에서 얻을 수 있는 모든 결과로서 본질적인 것 같습니다. 이것은 바로 과장하는 미국인들의 스타일, 즉 신중함이 없다는 것입니다. 또 그로 인해 미국은 미묘한 차이를 깨닫는다거나, 필요할 때 끈기 있고 유연하게 대처하는 것, 일시적으로 타협을 인정하는 것, 소위 세계정세의 모든 미묘함을 포착하는 것, 주요 역할을 맡고 큰 책임을 지는 것에 대한 어려움을 맞닥뜨리게 된다는 겁니다. 신중하고 냉정하며 자제력이 있는 영국인들은 언제나 미국인에 대해 거북함을 느끼고, 미국의 너무 성급하거나, 어떤 신중하고 현명한 현실 감각 부족으로 항상 의혹을 갖게 되는 미국인들의 정치적 판단을 완전히 신뢰하지 않습니다. 그래서 미국인에 대한 반응은 가볍게 빈정거리고 거만한 미소를 띠거나 어깨를 으쓱하는 것이 될 것입니다. 미국에서 일어났을 수 있는 변화가 어떠하던 간에, 아주 많은 사람들에 대해 미국인을 마치 졸부의 캐리커처로 희화해서 너무나 뚜렷한 특징으로 표현하는 것을 다듬을 필요는 있지만, 어떠한 영역에서 건 영국인의 눈에는 미국인이 이 이미지로 남아있습니다. 세계정세와 외교, 특히 흥미로운 문제에 관해 극동이나 영국인은 보통 전문가라고 자부하는데, 영국인에게 있어서 미국인은 작은 신발이 필요할 곳에 종종 장화를 신고 걷는 격인 것처럼 보인다는 겁니다.

이러한 감정은 두 나라 간의 관계나 미국 방식에 관계된 주요 사건에 따른 영국 반응의 상당수를 설명해줍니다. 그래서 마셜 원조가 끝난다는 발표는 오히려 호의적으로 받아들여졌고, 마찬가지로 일부에게는 미국의 경제 후원에 대한 독립 표명에서 어떤 안도감이 드러나기도 했습니다. 또 소련 대표들도 참석한 공식 만찬 자리에서 소련에 대해 가한 듀이[1]의 강한 비난, 과도한 반공 캠페인, 미국인들이 비난받을 수 있는 예로써 그토록 많은 사건들과 사상, 경향 등 몇몇 참모부원이나 공화당계의 침략전쟁에 대한 의견 및 핵무기 사용에 대한 의견 등이 가장 날카롭게 지적되었습니다. 또 한편으로는 미국의 이상주의, 유엔에 대한 그들의 신념, 침략자를 벌해야 한다는 그들의 의지, 완강함, 격정, 그들 자신에 대한 신뢰, 다른 한편으로는 그들의 오만함, 그들 정책에 관한 동요, 군사적인 미숙함, 여론에 대한 과민함 등도 지적했습니다. 계속해서 점점 증가하는 불안감을 지닌 채 영국은 아주 작은 실수가 중국과의 전쟁이나 전면전에

---

[1] 토머스 듀이(Thomas Edmund Dewey, 1902-1971). 뉴욕 주지사(1943-1954).

까지 이르게 할 위험이 있는 작전의 전개과정을 따르고 있는 것입니다. 이런 위험한 지경에서 영국인들이 상대국의 충동적 성격에 대해 어떤 우려를 표한 것이 놀라운 일은 아니었습니다. 그들의 격정을 누르려 한 것, 이 사건의 위험성에 대한 그들의 무지를 깨우치려 한 것, 요컨대 이러한 덕목이 영국인을 포기와 패배주의에서 벗어나게 해 줄 수 있는 때에, 가능한 한 재치 있고 신중하며 현명하게 충고하려 한 것 역시 놀라운 일이 아닙니다.

영국이 이 어려운 역할에서 부분적으로만 성공해서 극동에서 따라야 할 정책에 대해 극도의 대립이 남아있다면, 두 나라의 국민을 나누는 성격이나 기질 차이, 혹은 상호간의 과민함에만 집착하는 것은 그리 좋지 않습니다. 가장 어려운 시기에 이런 중요한 것들이 아무리 약화된다 해도 말입니다. 이런 차이는 워싱턴과 런던에서 생각하는 세계정세에 대해 다른 관점을 보여줍니다. 영국 입장에서는 섬나라 근성을 유지함에도 불구하고 뭐니 뭐니 해도 몇몇 모습과는 달리 유럽 전선에 본질적인 중요성을 부여하려는 경향이 있습니다. 위험은 바로 거기 아주 가까이에 있으며, 적은 영국 해안 바로 맞은편에 자리 잡고 도시를 폭격하고 통신선을 차단할 수도 있습니다. 그러므로 영국이 유럽 대륙 국가들의 걱정을 공유하려는 것은 당연하며, 또한 군사적 수단이 아직 제한되어 있을 때, 영국에게는 부차적으로 보이는 먼 곳의 군사 지역에 군사력이 소모되지 않기를 바라는 것은 당연한 일입니다. 이것은 반드시 세워야 할 가치의 단계, 실현해야 할 군대 조직, 모든 분산을 피하면서 할 수 있는 모든 방법으로 지키기로 한 상황에 대해 취해야 할 선택이 있기 때문입니다. 다른 서유럽 국가들처럼 영국으로서는 우선 자국의 국경, 활력, 존재 자체에 대한 방어만 생각할 수 있습니다. 어쨌든 영국은 거의 바로 공격 범위 안에 포함된다는 사실을 감내해야 할 것이고, 특히 공격받기 쉽다고 느끼고 있습니다. 다른 유럽국들처럼 영국은 서방 방위에 반드시 필요한 것도 아니면서 적을 도발할 뿐이거나, 전쟁에 이르게 할 숙명적인 악순환을 일으킬 뿐인 어떠한 행동이나 결정도 피하려 합니다. 그래서 정치에 대한 영국의 생각은 미국의 그것과 어느 정도 다르기 마련입니다. 미국은 합의된 불간섭 정책을 거부하더라도 그들의 방위와 결정적인 공격을 준비할 약간의 유예기간을 얻을 수 있을 테고, 적의 공격을 훨씬 더 참아야 할 것입니다.

영국의 이익만을 생각할 때 한반도는 부차적인 걱정거리일 뿐임을 덧붙여야 하겠습니다. 세계라는 영역에서 영국의 진정한 방위선은 모든 동남아시아로 통하는 인도차이나 국경입니다. 한편으로는 대서양의 다른 편도 마찬가지로, 어떤 이들은 태평양 전선이 대서양 전선만큼 중요해서 전략적인 관점에서 볼 때 영국에게는 일본이 독일만큼 중요하다고 생각할 수 있습니다.

결국, 아시아를 더 이해하고 더 잘 알고 있기 때문에 영국은 중국과의 비무장적인 잠재 전쟁이 소용없기도 하고 불가능하다는 것을 미국보다 훨씬 더 의식하고 있습니다. 그래서 영국은 이 거대한 대륙에 군사공격을 하고 소련의 영향권으로 보내는 것보다는 차라리 이미 권위를 증명했던 체제의 존재를 인정하고, 중소 진영에 어떤 균열을 낼 수 있는 모든 기회를 이용하면서 참을성 있게 다루는 것이 더 낫다고 여깁니다.

영연방 국가들의 입장도 영국의 극동 정책에 틀림없이 영향을 미칠 것입니다. 레이크석세스에서 따를 입장을 정하기 전에 영국은 지금 런던에서 열리고 있는 총리단 회의에 가장 큰 비중을 두고 있습니다. 이 회의에서 채택될 공동 노선에 대해 미리 판단하지 않는다면, 특히 인도를 비롯한 남아시아 국가의 대표들은 어쨌든 중공과의 모든 타협 전망이 오랫동안 불가능하게 될 결정을 피하고 싶다는 희망을 다시 강조할 것임에 아주 분명합니다.

지리적 위치와 영국제도 및 영연방국가들의 이익이 워싱턴에서 생각하고 있는 것이 아닌 나름의 관점으로 영국 정부에 세계 정책, 특히 극동에서의 정책을 고려하도록 하거나, 때로 성격, 전통, 기질의 대립으로 양국의 국민이 다르게 반응하는 일이 있음에도 불구하고, 양국 국민들은 서로 친근하다고 느끼고, 그들 공동의 이익과 우정에 대한 필요성을 자각하고 있다는 것은 여전한 사실입니다.

종종 미국과 영국은 짜증과 신경질을 부르는 가족관계에서 형성되는 복잡한 매듭을 풀어야 할 일이 분명 있습니다. 하지만 양국은 상호 관계에 여유와 신뢰를 주는 공동의 추억, 잦은 접촉, 상호 간의 이해 역시 지니고 있습니다. 그래서 양국은 위험한 시기이거나 실제로 도움이 필요할 때 서로를 의지할 수 있음에 틀림없습니다. 결국 미국을 아주 중요하게 여길 거라고 확신하는 바입니다. 이러한 확신으로 최근 후버 담화에서 표명된 불간섭정책 경향에 대해서도 영국이 그다지 불안해하지 않는다는 것이 명확해 보입니다. 영국인들은 기분을 표시하거나 제한된 범위의 의견이 아닌 위험 신호가 울린다면, 미국이 다시 자기편에 설 거라고 여기고 있습니다. 영국 편에서도 역시 대부분의 경우 동맹국에 대한 신의와 우정은 의심할 여지가 없습니다. 한국전쟁 최악의 순간, 공포가 엄습할 때도 영국은 오만하고 부주의한 동맹국을 그대로 내버려 둘 거라는 생각을 정말로 해 볼 수는 없었습니다. 이런 민감한 시기에 아마도 영국인들은 미국인들의 예민한 자기애와 너무 강하게 충돌하지 않고 워싱턴에서 이해받는 몇몇 기회를 가질 수 있는 유일한 사람들일 것입니다. 이런 감정적인 면, 심리적인 원인이 그들 동맹의 절대적 근거와는 거리가 멀지만, 미국과 다른 유럽국과의 관계에서는 찾을 수 없는 친근함이나 특별한 우정의 분위기를 펼치는 것에는 단연 기여하고 있습니다.

명백한 다른 이유들은 영국인들이 미국 동맹을 그들 정책의 중요한 축이자 자국의 존속을 위한 가장 확실한 보증국으로 여긴다는 것입니다. 이는 물론 미국의 힘, 정치적이고 군사적인 원조의 규모, 산업 잠재력을 이끄는 자신감과 믿음이 초기의 준비 부족과 모든 미숙함에도 불구하고 이미 두 차례에 걸쳐 증명되었듯이 미군이 결국 승리할 것이라는 점입니다.

몇 가지 미국의 전쟁 개념 양상에 대해 할 수 있는 비판과 한국에서의 후퇴에도 불구하고, 미국 기술의 효율성과 전쟁 시 배치할 수 있는 막대한 물량에 대한 전적인 신뢰 때문이 아닌가 합니다. 소련이라는 위험에 직면해 특히 이 나라에서, 전쟁에 대한 두려움이 걱정거리의 해결책을 미리 받아들일 준비가 된 것이 아니라는 점은 놀라운 일이 아닙니다. 미국 동맹은 반드시 필요한 것이라고 생각하고 있으며, 동맹이 약해질 수도 있을 바에야 경우에 따라서는 차라리 포기하는 것이 낫다고 여깁니다. 그래서 만약 그런 선택이 정말로 필요한 것으로 드러난다면 어떤 독자적인 견해 탓이 아니라 영국 정책의 절대적인 중요성 때문일 것입니다. 한편으로 한국 사건은 미국과 영국 정책 간에 존재하는 심각한 견해차가 어떤 한계를 넘어서서 양 국 간의 결속에 깊이 이르도록 할 수 있다는 사실을 확실히 보여주었습니다. 미국 정책의 몇몇 경향을 이끄는 위험과, 군사 작전 지휘에 대한 혹평에도(1950년 12월 14일과 18일자 본인의 서한 제1946호 와 제1962호 참조) 영국인들은 군사 정책에 대한 필요성에서든 외교 정책에 대한 필요성에서든 그들의 동맹 상황을 약화시킬 수 있는 어떠한 독립적인 주도 권도 취하지 말자고 거의 만장일치로 인정했습니다.

* * *

결국, 미국과의 관계 속에서 영국이 따르는 정책에서는 두 가지 양상을 항상 구분해야 합니다. 하나는 일어날지도 모르는 전쟁에서 생존하기 위한 유일하고 확실한 방법으로 양국 간 동맹을 유지한다는 가장 중요한 필요성입니다. 또 하나는 소련의 위협이 불러일으킨 것으로써, 미국 정책을 전적으로 믿고 따르는 것이 아니라 충동적이고 위험스러울 수 있는 것에서 자제해야 할 필요성입니다.

경우에 따라서는 두 가지 양상 각각이 모두 강하게 나타날 수도 있고, 그중 상대적인 중요성은 영국의 여러 정당이 다각도로 검토하게 됩니다. 공산당원들 은 당연히 미국의 영향이 너무나 커서 전쟁으로 이끌 수 있다고 평가하고 있습 니다. 좌파 노동당은 미국의 정책과 결정에서 느끼는 불신감을 숨기지 않고 있 습니다. 좌파 노동당은 맥아더 장군의 태도를 강하게 공격한 후, 유엔군이 한국 에서 철수하고 중국과의 합의가 이루어지기를 바라고 있습니다. 이들은 워싱턴 이 따르는 너무나 완강한 정책에 대한 위험을 강조하고 되도록 그들과 거리를 유지하기를 바랍니다. 자유당 당원들은 정부의 일반 정책에 동의하더라도 미국 의 제국주의, 특히 아시아 민족에 대한 몇 가지 양상을 규탄하려는 경향이 있습 니다.

진정한 분수령은 결국 좌파 노동당과, 다른 편으로는 정부 측으로 자유당 및 대부분의 보수당원들입니다. 보수당원들은 동맹을 약화시킬 위험이 있을 정도 로 미국과의 공동 정치 노선을 크게 벌리면 절대로 안 된다고 강조합니다.

유엔에서 영국은 주요 현안에 대한 유럽의 관심사를 공유하고 있습니다. 물 론 영국의 관심사는 단지 유럽에만 한정된 것이 아니며, 영연방국가와의 관계로 전 세계에 걸쳐있습니다. 결국 미국과의 관계는 일종의 가족적인 분위기의 영향을 받고 있습니다. 이는 다른 나라들과 미국의 관계에서는 찾아볼 수 없는 수준입니다. 이 세 가지 영국 정책 여건은 연합국 내에서 연결과 소통이라는 매우 중요한 역할을 하게 되는 결정적 요인이며, 극동 문제에 대해 가결할 수 있도록 하는 온건하고 타협할 줄 아는 자세에 모든 가치를 부여하고 있습니다.

【17】 중국을 침략국으로 규정하는 문제에 대한 논의(1951.1.6)

[전 보] 중국을 침략국으로 규정하는 문제에 대한 논의
[문 서 번 호] 153-158
[발 신 일] 1951년 1월 6일 22시 30분
[수 신 일] 1951년 1월 7일 05시 10분
[발신지 및 발신자] 워싱턴/미상

보안

2급 비밀

뉴욕 공문 제62-67호

오늘 아침 외교사절단장 브리핑에서 히커슨[1] 차관보는 가능한 한 빨리 레이크석세스에서 중국 공산당에 취해야 할 조치에 관한 토의가 시작되어야 한다는 미 정부의 희망을 표했습니다. 이 건에 대해 히커슨은 어제 첫 번째 정책위원회에서 극히 나쁜 인상을 받았음을 숨기지 않았습니다. 그의 말에 따르면 어제의 회의는 "아무런 방향성도 없이 혼란 속에" 진행되었다고 합니다. 이런 상황이 길어진다면, 유엔의 명성을 잃는 결과를 초래할 것입니다. 게다가 최근 미국에서 열린 회담은 이 점에 관해 커져가는 초조함을 표출하고 있습니다. 그래서 히커슨 차관보는 이틀 전 관련국들에 보낸 공문에서 미 정부가 제안한 절차와 행동방침에 관한 주요 대표단의 합의가 "늦어도 다음 주 월요일이나 화요일"에는 이루어질 수 있기를 희망하고 있습니다.

---

[1] 존 히커슨(John Hickerson, 1898-1989). 미 국무부 유엔담당 차관보(1949-1953). 이후 핀란드와 필리핀 주재 대사 역임.

그리스와 필리핀 대사는 자국 정부가 미국의 제안에 전적으로 동의한다고 밝혔습니다.

회의가 끝난 후, 저는 히커슨 씨에게 우리가 볼 때 베이징 정부에 대해 취할 제재를 정할 책임을 위원회에 맡기면서 중국을 침략국으로 선언한다는 방식의 위험에 대해 말했습니다.

사실 우리는 제재를 정하지 않은 채 공격만 규탄하는 것은 한편으로 군대가 중요한 결정을 했다는 것에 대한 우려를 할 수 있고, 또 한편으로는 공산당들이 그들에게 취할 조치를 모르는 상황에서 미리 자기 방어 측면으로 우리가 분명 유지하기 원했던 범위 내에서 현재의 대립을 강조하는 행위에 전념했던 것에 대한 우려도 할 수 있습니다.

"대책위원회"의 온건함에도 우리가 보기에는 결의안에서 공격에 대한 규탄과 중국 공산당에 대해 취할 조치를 나누는 것이 더 나은 것 같습니다. 어쨌든 결의안은 이 기관이 미리 넘지 말아야 할 경계를 알 수 있도록 위원회에 단호하고 명시적인 지휘권을 부여하기로 했습니다. 한국에서 군사작전을 계속 펼쳐야 할 필요성에 대해 특히 강조했던 히커슨 씨는 제가 그에게 지적했던 것들에 대해 개인적으로 전혀 관여하지 않았습니다.

하지만 그는 자신의 개인적인 견해와 미 정부의 견해는 외교 및 경제 영역에서는 매우 제한적이면서 중국 영토에 대한 모든 군사 행위에는 단호히 반대하는 제재가 좋겠다는 생각을 하고 있다 말했습니다.

【18】 중국을 침략국으로 규정하는 문제에 대한 각국의 입장(1951.1.7)

[전 보]	중국을 침략국으로 규정하는 문제에 대한 각국의 입장
[문 서 번 호]	128-133
[발 신 일]	1951년 1월 7일 21시 34분
[수 신 일]	1951년 1월 8일 4시 30분
[발신지 및 발신자]	뉴욕/쇼벨(주유엔 프랑스대사)

보안

절대우선문건

워싱턴 공문 제117-122호

오늘 날짜로 하원에 제출하는 기본 원칙 규정 연구는 다음과 같은 상황입니다. 베네갈 라우 경에게 내리는 판디트 네루 총리의 지시가 없어서 3인위원회[1]는 지난 금요일 우리가 위원회의 평가에 맡기길 원했던 공동 결론을 세울 수 없었습니다. 이 명령을 할 수 없었던 것 자체는 제멋대로 행동한 뉴델리가 베이징에 결정안을 전달하고 답변을 기다리고 있기 때문입니다. 인도대사 라우 경은 답변이 있다하더라도 부정적일 거라고 생각합니다. 답변이 없으면 무엇이건 보여주기 위해 다른 대사들과 합류할 수 있다고 생각하지는 않습니다. 답변이 부정적이었다면 이러한 신중함이 더 강해질 것입니다.

그 동안 영연방 총리들은 런던에서 토론하고 있고, 어제는 워싱턴에서 지난 금요일부터 일주일의 유예기간을 요구했습니다. 글래드윈 젭 경에 의하면 이처

---

[1] 캐나다의 L. 페르슨, 이란의 N. 엔테잠, 인도의 B. 라우로 이루어진 정전 3인단을 말함.

럼 유예기간을 요구하는 이유는 영국에서의 대표인단이 공동 입장에 합의하는 데 어려움을 겪기 때문이라고 합니다. 즉 합의를 이룰 시간을 줄 목적 외에 다른 것은 없다는 것입니다.

우리의 이전 협정에 따르면 3인단의 침묵은 이스라엘에 대한 논의처럼 안건 논의를 미결 상태로 두기에 충분할 것이며, 이것이 3인단의 목표이기도 합니다. 하지만 영연방의 방식은 더 답답한 결과를 줄 뿐입니다.

사실 워싱턴은 공격 규탄에 대한 안건을 상정하기 전에 베이징에 통지한다는 원칙을 인정했었습니다. 국무부는 지난 금요일 상정되고 내일인 월요일에는 결정되리라고 생각했었습니다. 이같이 제한된 기간에 어쩌면 미국 대표단이라면 이 과정을 표결에 붙였을 지도 모릅니다. 하지만 새로운 유예기간은 한국에서의 군사 상황이 악화된 때입니다. 하원의 망설임과 아무 일도 않는 미국 대표 오스틴 때문에 미국 여론이 악화되어 모든 것을 재검토하게 되었습니다.

어제 저녁 그로스 주유엔 미국 대리대사는 무언가를 하기 위해 다음 주 금요일을 기다려야 한다면, 이마 미국 대표단은 바로 그날 공격을 통고하는 발의를 해야 할 것이라고 우리에게 말했습니다. 그로스 대사는 이번 발의가 될 만한 것에 대해 우리에게 명확한 정보를 제공했습니다. 이에 대해서는 각하께 별개의 전보로 전달합니다.

제가 보기에 주유엔 영국대사 글래드윈 젭 경은 이 같은 어려운 상황에 대해 굉장히 민감한 것 같았습니다. 어쩌면 마시글리 주영 대사가 외무부에 이와 관련된 이야기를 할 수도 있습니다.

쇼벨

【19】 한국의 군사 상황(1951.1.7)

[전   보] 한국의 군사 상황
[문 서 번 호] 85-89
[발   신   일] 1951년 1월 7일 23시
[수   신   일] 1951년 1월 8일 11시 25분
[발신지 및 발신자] 도쿄/드장(주일 프랑스대사)

국방부에 전달 요망
사이공 공문 제49-53호

1. 적의 전진과 유엔군의 후퇴가 계속되고 있으며, 연합군의 인명 피해는 매우 적은 상태입니다. 1월 6일 연합군의 인명피해는 353명 정도이며 이 중 71명이 전투에서 발생했습니다.

서부에서는 중국의 몇 개 사단이 한강을 건너 수원으로 향하고 있습니다. 적의 주요 전력은 점점 더 군 배치의 중심부로 향하고 있습니다. 적의 계획은 명백히 대규모 포위 작전으로 수원에서 대구와 부산으로 가는 퇴로를 차단하는 데 있습니다. 적은 작전의 성공을 위해 이 지역에서 특히 활동적인 수많은 게릴라의 협력을 믿고 있습니다. 지금 중공·북한 정규군은 원주 북쪽 근처에 도착한 것 같습니다. 이들은 프랑스 및 네덜란드 분견대와 함께 있습니다.

원주 근처에서 체포한 중국 포로는 흥남 전방에 있는 제37사단 소속이라고 합니다. 같은 지역에서 왔으나 각각 다른 중공군 부대들은 원주의 남쪽에서 확인되었습니다.

2. 연합군의 전투 대형은 서쪽에서 동쪽까지 그렇게 있습니다.

진천과 청주를 지나는 전선과 해안 사이의 미 제1군단은 사령부와 천안에 있

습니다.

제1군단 우측의 미 제9군단은 한강을 따라 청주에 있는 사령부와 문경에까지 이릅니다.

같은 도시에 있는 제10군단 사령부는 홍천 동쪽 15km지점과 영월 동쪽으로 15km 지점까지 차지하고 있습니다.

제10군단 동쪽의 모든 지역과 해안구역은 제1, 제3군단이 소속된 남한군이 차지하고 있습니다.

3. 중공군 병력에 대한 참모부의 지도는 항상 서울 지역의 6개 사단, 18개 보병 사단, 1개 기갑 사단으로 제4야전군에 속하는 총 177,000명을 가리킵니다. 거기에 중공군 제3야전군에 속하는 15개 보병사단과 1개 기갑사단은 남진하고 있습니다. 이 16개 사단의 병력은 총 122,500명으로 추산되어 거의 총 중공군 300,000명에 이를 것으로 추정됩니다.

4. 연합군 후방의 게릴라들은 24,500명쯤으로 생각됩니다. 한편 주한 미국대사는 주민 백만 명 가량이 북한에서 내려온 피난민 집단만큼 점점 커져서 군대의 이동을 방해하고 반동분자의 침투를 원활하게 하면서 서울을 떠났다고 여기고 있습니다. 연안지대를 따르는 철로 및 군산과 순천을 잇는 3개 철로가 무용지물이 되었습니다.

어제는 악천후로 공군의 직접 원조 활동이 힘들어 특히 원주 지역은 단 세대의 비행기만이 출동할 수 있었습니다.

드장

【20】 한국의 군사 상황(1951.1.8)

[전   보] 한국의 군사 상황
[문 서 번 호] 202-205
[발   신   일] 1951년 1월 8일 23시 05분
[수   신   일] 1951년 1월 9일 07시 30분
[발신지 및 발신자] 워싱턴/보네(주미 프랑스대사)

보안

금일 사절단 회의에서 미 국방부 대표단은 한국에서의 군사 상황에 대해 다음의 정보를 주었습니다.

- 중공군의 전투 대형이 바뀌지 않았음.
- 서쪽에서는 연합군이 대규모 지원도 없이 최근 서울의 남쪽 약 70km지점의 전선으로 후퇴했음. 이 지역에서 남쪽으로 향하고 있는 많은 피난민의 이동을 알림. 이러한 혼잡함은 전선 서남단을 점령하고 있는 영국군 제29여단의 기동순찰을 방해하고 있음. 우측에는 영국군, 약간 남동쪽으로는 오산에서 온 미 제3사단이 위치함. 미 제1사단은 청주 후방에 있음.
- 7일 오후 수많은 북한군의 침투에도 유엔 사령관은 가장 민감한 전선 지점인 원주에 계속 머물러 있었음.
- 미 제2사단 연대 예하의 프랑스 대대가 처음으로 이곳에서 활동을 개시했음을 알렸음. 네덜란드 대대도 마찬가지임. 미 국방부 대표단은 국지전에 대한 자세한 상황을 설명하지는 않았으나, 이번 기회에 현재 원주 남쪽 3마일 지점에 있는 상기한 두 대대와 그들의 전투태세에 대한 찬사를 함.

미 국방부 대표는 제 질문에 대해 자기 생각에 현재로서는 미8군의 퇴각로가 이 지역에서 차단될 위험은 없다고 답했습니다. 어쨌든 미8군은 한반도 중부에 아직 거의 타격을 입지 않은 많은 부대를 거느리고 있습니다.

한반도 동쪽의 유엔군 배치는 서서히 남쪽으로 향하고 있습니다. 제9사단과 남한군 수도사단에게는 어려움이 따를 것 같습니다.

뉴질랜드와 캐나다 병력은 아직 부산에 있고, 해군 제1사단은 아직 남쪽에 있습니다. 국방부 대표는 최근 인천을 통해서는 기술부대와 그들의 장비만 재승선했다고 강조했습니다.

뉴욕 공문 제72-75호.

보네

【21】 중국 규탄에 대한 아시아와 영연방국가의 입장(1951.1.11)

[전 보]	중국 규탄에 대한 아시아와 영연방국가의 입장
[문 서 번 호]	135-139
[발 신 일]	1951년 1월 11일 23시 30분
[수 신 일]	1951년 1월 11일 23시 55분
[발신지 및 발신자]	런던/마시글리(주영 프랑스대사)

보안

우선문건

뉴욕 공문 제1-5호

영연방국가의 수상들은 결국 한국 사건에 대한 결의안을 통과시켰습니다.
이 안건은 오늘 주유엔 영국대표 글래드윈 젭 경이 뉴욕에서 상정하고 영연
방 대표단이 지지하게 될 것입니다. 이에 대해 국무부는 제122-129호 전보로 받
아 보았습니다.

중국과 미국의 관점을 근접시키려는 핵심 내용은 휴전 선언과 협상의 개시
사이에 아무 유예 기간도 개입시키지 말자는 것입니다. 이것이 바로 정전 3인단
이 제안한 규정 "원칙" 중 새로 기안한 5항이 명확하게 한 것이고, 이 조항은
영연방 발의안의 제2항이 될 것입니다. 게다가 변경된 이 조항은 협상이 "현행
국제적 책무", 즉 이 경우에는 카이로 선언을 고려해야 할 것이라는 점을 나타
내고 있습니다.

미국 정부는 아직 결의안에 최종승인하지 않았습니다. 지금쯤은 중국에 3-4
일의 답변 유예기간을 주면서 조항을 변경하기를 바라고 있을 겁니다. 또한 중
국이 미 정부의 새로운 호소를 거절할 경우 유엔이 중국을 침략국으로 규탄할

것인지 알고 싶어 합니다.

첫째 사항에 대해서, 런던은 이미 최후통첩처럼 보이는 안건에 답변했습니다. 두 번째 사항에 영국 정부는 입장을 취하지 않았습니다. 하지만 이제 어떠한 아시아 자치령도 중국의 공격을 규탄할 결심을 하지 않는다는 내용의 정보를 입수했다고 강조하고 있습니다. 그렇지만 결국 미국 정부가 영연방국가의 시도에 반대하지 않을 가능성이 매우 커 보입니다. 하지만 영국 정부는 워싱턴이 좀 더 앞서 나가 안건에 참여하기를 바랍니다.

중국 측으로 보자면, 판디트 네루가 정통한 베이징을 담당하는 것이 불가능한 것만은 아니라는 것을 아직 잘 모르는 것 같습니다. 어쨌든 중국이 우호적인 답변을 할 문제에 대한 결의안을 지지하는데 영연방 국가의 수상들이 끝까지 가담하지 않았다는 사실은 주목할 만한 일입니다. 그래서 베이징이 다시 한 번 결의안에 따르는 것을 거부한다고 해도 그렇다고 해서 인도와 그 밖의 아시아 연방국이 중국을 규탄할 필요가 있다는 미국의 관점에 동조할 것이라는 의미는 아닌 것 같습니다.

마시글리

【22】 특별위원회에 참여하고자 하는 프랑스의 입장(1951.1.12)

[전   보] 특별위원회에 참여하고자 하는 프랑스의 입장
[문 서 번 호] 372-374
[발   신   일] 1951년 1월 12일 21시 29분
[수   신   일] 1951년 1월 13일 06시 40분
[발신지 및 발신자] 워싱턴/보네(주미 프랑스대사)

보안

2급 비밀

뉴욕 공문 제124-126호

　각하의 전보 제347호를 받은 후 소련의 통첩에 답하는 문제로 3국회담 참가를 위해 중앙청과 국무부로 갈 때 사절단장 설명회에 밀레 씨를 저 대신 보내기로 했습니다. 저는 밀레 씨에게 극동에 대한 우리의 커다란 관심사에 비추어 볼 때 3인위원회의 보고서에서 권장된 협상특별위원회에 프랑스가 참여하기 위해서 우리는 미 정부의 지원에 의지하고 있음을 러스크 씨나 히커슨 씨에게 아주 개별적으로 강조해야 한다고 했습니다.

　히커슨 씨는 밀레에게 답하면서 3인위원회가 천거한 특별위원회에 프랑스가 누락된 것은 미국 정부의 탓이 아니라는 점을 강조하고자 했습니다. 미국 정부는 이 보고서 준비에 전혀 참여하지 않았기 때문이라고 말입니다. 히커슨 씨는 또한 미 정부는 프랑스가 이 특별위원회에 꼭 참여해야 한다고 생각하고 있으며, 이 점에 있어서는 레이크석세스에서 미 정부가 우리에게 가장 완벽한 지원을 하게 될 거라고 덧붙였습니다. 어쨌든 히커슨 씨는 이 문제가 지금인지, 아니면 좀 더 나중에 제기되어야 할 것인지 논의하는 게 좋겠다는 점을 주지시켰

습니다.

오늘 사절단 회의 중 캐나다 대사는 특별위원회가 인도차이나와 티베트 문제도 검토해야 한다면 프랑스와 인도가 이 위원회에 속하기는 어려울 것 같다고 말했습니다.

저는 내일부터 이 문제에 대해 딘 애치슨 국무장관에게 프랑스 정부의 관점을 반드시 알리겠습니다.

보네

【23】 휴전 협정에 관한 각국의 입장(1951.1.13)

[전 보]	휴전 협정에 관한 각국의 입장
[문 서 번 호]	212-225
[발 신 일]	1951년 1월 13일 01시 55분
[수 신 일]	1951년 1월 13일 21시 55분
[발신지 및 발신자]	뉴욕/쇼벨(주유엔 프랑스대사)

긴급

보안

워싱턴 공문 제187-200호

어제 열린 1차 위원회에서 발언하던 중 저는 3인위원회의 결론이 유엔이 계속 따르는 노선 안에 있다는 것, 우리가 항상 우리의 원칙을 주장하기 바랐었지만 특별한 상황에 직면해 이 원칙의 범주 내에서 가능한 해결책을 명확히 주장하고 있다는 것을 보여주고자 했습니다.

저는 거기서 일시 휴전을 제안할 협상 가능성에 대한 ㅁㅁㅁ 베이징의 생각에 어떠한 의심이라도 계속 유지할 필요가 있다는 결론에 도달했습니다. 그렇게 함으로써 저는 전투가 계속될 정도로 정치적 협상을 개시하는 것에 오랫동안 반대하는 실제 합법적인 이유를 생각해 봤습니다.

저는 유엔이나 미 정부와 같은 견해를 표명해왔습니다.

어제 오스틴 씨는 몇 가지 매우 중요한 점에 대해 미 대표단이 아주 최근에 주장했던 것과 완전히 대립된 엔테잠위원회[1]의 추가 보고에 전적으로 동의하

---

[1] 정전3인단을 말함.

면서 저를 놀라게 했습니다. 사실 한국군이 아닌 전군의 철수를 명기한 3항은 북한군의 침공에서 남한을 지키기 위해 한국에 온 유엔군과, 침공을 지원하는 즉 유엔군과 싸우기 위해 온 중공군에 대한 구별이 전혀 없습니다.

여전히 발효 중인 6월 25일자 안보리 결의안에 따라 북한군이 38선 이북으로 물러나야 한다는 내용은 3항에도 다른 어디에도 언급되어 있지 않습니다.

5항은 "실존하는 국제적 의무에 따라" 대만 문제가 해결될 것이라고 명시되어 있으며, 우리는 이 같은 표현이 카이로 선언과 관계되어 있다는 것을 알고 있습니다.

미 대표단이 내일 결행하기로 한 것은 매우 중요해 보입니다. 미 대표단은 이미 오늘 저녁부터 총 준비를 하고 있습니다.

3인위원회의 추가 보고서에 유엔이 어떤 절차와 결과로 동의하게 될지 아는 것이 문제입니다.

오늘 아침 글래드윈 젭 경 사무실에서 열린 6자회담(프랑스, 영국, 인도, 멕시코, 호주, 노르웨이) 중, 3인위원회의 결론이 한국에 파병하지 않은 6개 열강이 제시하게 될 결의안으로 이어질 거라고 결정되었습니다. 이 결의안은 위원회의 승인을 받자마자 의회의 표결에 부치고, 의장이 베이징 정부에 전달할 것입니다. 인도 대표는 6자회담 대표들을 다시 결집시킬 일을 맡아야 합니다.

오스틴 씨가 참여한 남미 회담이 계속되고 있지만, 남미 사람들은 베이징 정부가 이 조항을 인정할 준비가 되었는지의 여부를 알기도 전에 3인위원회가 제시한 매우 자유주의적인 조항에 의회를 참여시킬지 조금 주저하는 모습을 보였습니다.

6자회담 결의원 중에서도 주저할 수 있다고 확인해 준 베네갈 라우 경 역시 자주 이러한 불안감에 휩싸였습니다. 그래서 우리는 회기 초에는 결의안도 없고 결의안이 하나라도 제시되었을 때 가결되리라는 확신도 없었습니다.

영국 대표단이 거론하고 이스라엘 대표단이 회기 말에 발의한 형식은 이런 조건에서 이루어 진 것입니다(본인의 전보 제209호). 미국 대표단은 새로운 구성을 보여주는데 24시간을 쓰는 대신, 글래드윈 젭 경을 통해 이 결의안에 동의했습니다. 이 문건의 채택이 불러일으킬 전개에 대해서는 조금도 강조할 필요가 없습니다.

3인위원회 결의안을 총회가 발의하고 결정한 것이라면, 중국공산당 정부는 이를 문제 삼을 수 없었을 겁니다. 베이징이 설명을 요구할 경우, 의장은 바로 휴전해야 한다는 협상 과정을 설명해 줄 수 있었을 겁니다. 그런데 이와는 반대로 이스라엘의 방법에 따라 3자 결의안이 발의되지도 결정되지도 않고, "가능한 빨리 소견을 보내주시기 바랍니다"라며 유엔사무국의 공식 행정 경로로 베이징에 전해졌습니다.

그렇게 함으로써 유엔은 이번 사태 이후의 모든 것을 중국에 맡기게 됩니다. 이점에 관한 "소견"을 제시하고 자세한 설명을 원한다거나, 즉 한국에서 전투가 계속되는 동안 정치적인 협상에 제1위원회를 참석시키기 원하는지의 여부는 베이징 정부의 소관입니다.

제가 보기에는 현재 의회의 분위기 속에서 그런 협상이 시작된다면 적이 얼마나 완강한지 혹은 양보하는지의 여부와는 상관없이 협상을 중단시키는 것은 불가능하리라 생각됩니다.

이번 공동 관심사는 한국 전선에 밀려드는 대중의 관심에 더해지면서 중국의 모든 주장이 사라질 수 있습니다.

한국 사태에 대한 평화적 해결로 이끌 수 있는 절차에 대처하는 제 지시의 취지와는 반대였습니다. 어쨌든 저는 우리가 계속 사전 휴전 없이 협상에서 끌려 다녔던 위험성에 대해 미국 동료의 주의를 끌고 싶었습니다. 그는 저와는 반대였지만 내색하지 않았습니다.

종종 그런 것처럼, 이해 부족이 문제인지 아니면 미 정부가 우리를 별로 염두에 두지 않고 정면 변화를 시행한 것인지는 모르겠습니다.

마시글리 씨의 전보에 언급된 것을 본 바대로 런던과 워싱턴 간에 접촉을 사소하다고 여긴 것은 사실입니다. 이런 현상의 원인이 무엇이건 간에 미국대사는 유엔이 방향을 전환하기 직전에 있다는 결론을 내렸습니다. 조직의 미래와 그 조직이 맡고 있는 이익을 지킨다는 문제를 생각할 때 이 같은 결정의 결과가 걱정되는 바입니다.

쇼벨

【24】 연합군 철수와 중국 봉쇄안에 대한 준비(1951.1.14)

[전   보] 연합군 철수와 중국 봉쇄안에 대한 준비
[문 서 번 호] 137-141
[발   신   일] 1951년 1월 14일 00시
[수   신   일] 1951년 1월 14일 14시 15분
[발신지 및 발신자] 도쿄/드장(주일 프랑스대사)

보안

2급 비밀

우선문건

뉴욕 공문 제34호, 워싱턴 공문 제34호, 사이공 공문 제82호

국방부에 긴급 전달 요망

전반적으로 정통한 한 동료는 미 참모본부가 Wuwan을 포기하기로 결정했다는 것을 매우 분명히 제게 확인시켜 주었습니다.

부산의 교두보는 철수에 필요한 시간만큼만 유지될 수 있었던 것 같습니다. 미 합동참모본부 계획에 따르면, 두 달 후에는 철수가 이루어져 있어야 합니다. 이는 3주 전에 이미 결정된 것 같습니다. 중요한 모든 투입은 피하라는 명령이 내려졌습니다. 미군은 이 명령을 엄격히 지켰고, 미군 철수는 종종 다른 국적의 군대로 덮였습니다.

퇴각 결정은 단지 사령부에서 모든 지휘 계층으로 알려진 것일 뿐 아니라 미군과 외국군에도 알려졌습니다. 미군이 후퇴할 것이라는 것을 알고 나면 더 이상 똑같은 힘으로 싸우지 않을 남한군에게는 알려지지 않았습니다.

중공군 사령부는 이미 잘 알고 있습니다. 그래서 유엔군과의 교전을 할 수

없었습니다. 원칙적으로 중공군 사령부는 중공군이 전진하게 하기 위해 유엔군이 후퇴하기를 기다리고 있습니다. 이것이 1월 1일부터 모든 전선에서 일어났던 일입니다. 미 제2 사단이 제8군 퇴각의 주축을 계속 방어하라는 명령을 받은 핵심 지역만 제외하고 말입니다.

한국에 대한 모든 주도권을 얻을 수 있다는 것을 아는 한 중국 정부는 휴전에 관심을 두지 않을 것입니다. 이에 대한 협상은 쓸데없는 일이 될 것입니다.

진짜 문제는 한국에서 완전 철수하게 된 후 중국에 대해 취해질 수 있는 조치일 것입니다.

딴에는 미국이 다른 건 몰라도 중국 연해를 완전 봉쇄하려 할 것입니다.

이 점에 있어서 저는 다른 출처를 통해 중국 봉쇄 방법을 세우기 위해 연합군 최고 사령관 외교부 재무과장 딜[1] 씨가 극동을 담당하고 있는 다양한 직책의 동료들과 워싱턴에 긴급 소환되었다는 것을 알게 되었습니다.

저의 동료는 미국이 평가하기에 500,000명은 지원해 줄 수 있는 장제스 군대를 동원하는 일을 진지하게 고려하고 있다고 확인해 주었습니다.

동맹 조약이 수반되는 일본 규정에 대한 교섭을 서두르라는 임무를 띠고 급히 도쿄에 온 덜레스는 아마 현재 한국에 있는 미군과 연합군이 다음에는 일본으로 철수한다는 관점과 연관이 있을 겁니다.

드장

---

[1] Diehl.

【25】 한국의 군사 상황(1951.1.14)

[전 　　　　 보] 　한국의 군사 상황
[문 서 번 호] 　152-154
[발 　신 　일] 　1951년 1월 14일 10시
[수 　신 　일] 　1951년 1월 15일 10시
[발신지 및 발신자] 　도쿄/드장(주일 프랑스대사)

국방부에 전달 요망

1. 최근 이틀 동안 연합군의 노선에 어떠한 변화도 없었고 서부 지역으로의 어떠한 군사적 지원도 없었습니다. 중국은 서울 남쪽 지역 오산-여주 전선으로 계속 군을 집결시키고 있고 서울 북쪽 지역에도 서쪽에서 동쪽까지 인민군 3개 사단과 중공군 19개 사단을 집결시키고 있습니다.

원주 이남의 중부 지방에서의 연합군 위치는 단단히 유지되고 있습니다. 어제는 6명의 부상자가 있었던 프랑스 대대에 맞서 강한 전면 공격과 측면 공격을 받았습니다.

적의 압박은 특히 남한군이 어제 쫓겼던 영월 지역에서 눈에 띄었습니다. 제천은 계속 미군이 지키고 있습니다. 남한군은 침투를 막고 병참선을 지키라고 충주에서 북동, 남동쪽으로 보내졌습니다.

동해안에는 흥남에서 온 것 같은 중공군 주요 부대가 도착했음을 공군이 알렸습니다.

마산에 있던 해병 제1사단은 북쪽으로 이동했습니다. 대부분의 병력은 영천에 주둔하고 있으면서 제197공수연대가 있는 안동으로 부대를 보내고 있습니다.

2. 전반적인 느낌은 연합군 사령부가 서울 이남에 대규모 적군이 공세를 펼

치고 있는 상황에서 퇴각로의 안전을 보장하고 철수할 수 있도록 조치를 취했다는 것입니다.

3. 점령군 신문『크리스천사이언스모니터』[1]는 어제 프랑스 대대를 매우 칭찬하는 기사를 냈습니다.

드장

---

[1] 『크리스천사이언스모니터Christian Science Monior』. 1908년 미국 크리스천 사이언스 교회의 창시자 M. B. 에디 부인이 창간. 신중한 뉴스 보도와 정치·사회·경제에 대한 심층적 평가로 이름 높은 시사 일간지. 현재는 주간지와 온라인 뉴스를 전하고 있음.

【26】 한국문제에 관해 각국의 존재감을 과시하려는 상황들(1951.1.15)

[전　　　보]	한국문제에 관해 각국의 존재감을 과시하려는 상황들
[문 서 번 호]	201-202
[발　신　일]	1951년 1월 15일 15시 15분
[수　신　일]	1951년 1월 15일 15시 40분
[발신지 및 발신자]	런던/마시글리(주영 프랑스대사)

　　최근의 대 베이징 건의안은 계속 오늘 조간신문 논평을 대상으로 하고 있습니다. 특히 『데일리텔레그래프』[1]에 의하면 회담 참석자로 고려되는 대상이 영국과 미국, 소련, 중공으로 제한한 것에 주목하는 것은 흥미롭습니다. 이것은 단지 시작일 뿐입니다. 어쨌든 『콩세르바퇴르』[2] 논설에서도 다른 국가들도 한 자리 차지하기를 원하고 있을 것이며, 그중 인도차이나에서 프랑스의 입장은 어느 순간이나 꼭 필요한 때 존재감을 내비치고 싶은 것이 분명합니다. 슈만 씨는 어제 파리에 생로랑[3] 씨가 방문했던 일은 이 점에 관한 캐나다의 관점을 보여주었던 거라고 알렸습니다. 하지만 베이징으로부터 유엔의 건의안에 긍정적인 답변을 받았는지 여부는 세부적으로 들어가야 할 때입니다.

마시글리

---

[1] 『데일리텔레그래프Daily Telegraph』. 1855년 창간된 영국의 중도 보수 일간지.

[2] 『콩세르바퇴르Conservateur』. 1818년 왕당주의운동 기관지로 창간된 프랑스 정치 잡지.

[3] 루이 생로랑(Louis Stephen St. Laurent, 1882-1973)으로 추정. 캐나다 총리(1948-1957). 자유당 총재 역임. 나토 창설자 중 한 사람. 전쟁 시 무력 충돌은 비효율적이며 유엔군은 평화유지와 방어에 치중해야 한다는 생각을 지님.

【27】 미국 계획에 대한 인도의 입장(1951.1.16)

[전   보]　미국 계획에 대한 인도의 입장
[문 서 번 호]　271-284
[발   신   일]　1951년 1월 16일
[수   신   일]　1951년 1월 16일 19시 00분
[발신지 및 발신자]　뉴욕/쇼벨(주유엔 프랑스대사)

보안

본인의 전보 제256호 참조

대표단 고문이 인도 대표에게 받은 것은 만족과 신중한 바람을 담은 의견서입니다.

인도 대표는 토요일 열린 정치위원회의 투표가, 단지 영연방 회원국들이 런던에서 전개했던 현명한 정치적 해결을 앞세우는 데 성공한 영연방 회원국들의 성과일 뿐만 아니라, 마찬가지로 유엔을 위해서도 다행스런 단계에 접어들고 한국 사태 초기부터 극동의 전반적 긴장완화와 평화적 해결에 대한 어떤 큰길 아니면 유일한 길을 내는 것으로 생각합니다.

인도 대표단은 중공이 유엔사무국위원회에 긍정적 답변을 주리라는 확신을 결코 공언하지 않았습니다.

하지만 그들의 눈에 유엔 정치위원회의 제안은 베이징 정부에 전투 없이 단번에 매우 용이하고 확실한 기회를 주는 것으로, 위원회는 저우언라이[1]가 이번에는 레이크석세스에 거절이 아닌 다른 것을 전하리라는 어느 정도의 확신을

---

1) 저우언라이(周恩來, 1898-1976). 중화인민공화국의 총리와 외교부장 역임.

가지고 있습니다. 저우언라이는 위원회가 기다리는 요구 사항들 중 몇 가지를 건넬 것이 분명해 보입니다. 대표단 고문은 결국 위원회의 추가 보고에 기초한 교섭이, 한국 사태의 해결과 더불어 대만에 대한 중공 중앙정부의 통치 인정과, 베이징의 관점에 합당한 유엔에서의 중국 대표권이라는 문제 해결 결과에 이를 것으로 거의 확신하고 것으로 보입니다.

이점에 대해, 인도 대표단 쪽에서는 다음과 같은 두 가지 점에서 마오쩌둥 정부의 요구의 정당성을 믿어 의심치 않는 것이 분명합니다.

대륙의 영토 전체가 복종하고, 한국에서 유엔군을 밀어내는 능력을 새롭게 증명해낸 중국의 단독 정부를 인정하는 단순한 정치적 현실주의에서 비롯된 것 같습니다. 그리고 카이로와 포츠담 협정이 중국의 대만 통치, 즉 중국 정부 통치권으로의 귀속을 인정한 것이 분명한 것에서도 비롯됩니다.

유엔 대표대리 라코스트[2] 씨는 인도 대표 다얄 씨에게 미국 정부가 불과 며칠 전까지만 해도 레이크석세스에서 침략자로 고발했던 한 정부에게 단번에 폭넓은 기회를 만들어줄 준비가 되었다고 생각했는지 물었습니다. 다얄[3] 씨는 이 경우에는 적절한 시기 이후 논리적으로 처리하는 것이 좋을 것이라고 대답했습니다. 미국과 다른 서구 열강들은 그들이 그토록 분명히 필요로 했던 유예와 지연의 기회를 잡지 못하는 실수를 하게 될 것입니다.

라코스트 씨는 또한 그에게, 그들의 요구사항들이 충족될 경우, 요컨대 군사적 성공보다도 더욱 용이하고 대단했던 정치적 성공 이후, 중국 정부가 만족할 것인지, 그리고 오히려 반대로 다른 곳에서 또 다른 이익을 추구하도록 더욱 고무되는 것이 아닌지 실제로 생각하느냐고 물었습니다. 중국 군대는 이미 티베트 깊숙이까지 침투해 들어갔습니다. 중국 군대의 한국 개입이 정상적으로 가져왔어야 하는 도의적 징계를 피한 채 첫 번째 목적을 좀 더 쉽게 이루는 만큼, 아시아 공산 제국주의 국가의 팽창이 더욱 신속하고 압력적인 방식으로 느껴지

---

[2] 프랑시스 라코스트(Francis Lacoste, 1905-1993). 주유엔 프랑스 대표대리(1950-1954).

[3] 라제시와르 다얄(Rajeshwar Dayal, 1909-1999). 인도 내무부장관, 유엔 인도대표, 1955년 유고슬라비아 주재 대사 겸 불가리아·루마니아 대사, 1958년 유엔 레바논 감시위원, 1960년 유엔 사무총장 특사, 1965년 프랑스 주재 대사 역임

는 것을 당연히 두려워해야 하지 않겠습니까? 인도 역시 이러한 침략적인 무력을 방패삼는 것에 만족할까요?

그러한 질문들에 대한 답변은 인도 외교관들이 얼마나 자국의 약한 위상을 인식하고 있는지, 또한 그들이 얼마나 인도뿐만 아니라 서양 열강들도 아시아에서의 무력 정치에 대해 당장 기대할 것이 아무 것도 없다고 확신하는지를 잘 보여주었습니다. 그들에게 있어 한국 사태의 가장 큰 교훈 중 하나는 이제부터 세계의 군사 강대국 사이에 소련의 중장비 산업이 뒷받침된 중공도 집어넣는 것을 생각해야 한다는 것입니다. 서구 열강이 극동에 관여한 어떤 전투에서든 중공 자체가 고려의 대상이 된 순간부터, 이제 더 이상 "식민지" 전쟁이 아니라 세계 대전이 되는 것입니다. 서구 열강들이 그러한 단계의 시련에 맞설 정신적·물질적 준비가 되어 있지 않은 이상, 열강들에게도, 여하튼 인도에게도, 모든 다른 측면만큼 기본방침들의 설계에 있어서 막대한 희생 대신 평화로운 해결책을 모색하는 편이 나을 것입니다.

그러한 것이 그들의 정신 상태이며, 인도인들은 베이징의 요구를 정당화시키려는 준비가 충분히 되어 있었습니다. 유엔의 38선 침범은 그들의 눈에 중국공산정부에 대한 명백한 도발로 보였습니다. 인도 정부는 맥아더 장군의 군대가 북한을 침범하는 것은 중국이 다시 관여하게 만들 것이라고 적절한 때에 워싱턴에 밝혔다고 파니커 씨가 뉴델리에서 밝혔습니다. 인도인들은 이러한 반응이 적절하며, 유엔군이 만주 국경을 따라 자리하는 것을 베이징 정부가 경고할 것이라고 생각합니다.

마찬가지로, 유엔에서 중국의 대표성과 대만 문제를 담고 있는 것으로 저우언라이가 작성한 요구사항은, 위에서 언급했듯이 그들에게 정당하고 합법적인 것으로 보였습니다. 그들은 또한 티베트 역시 어느 정도의 자치권과 인도와의 특별한 관계들을 고려하는 데 국한된 특별 법규를 가지면서, 중국의 통치 하에 놓이는 것을 인정합니다.

필시 인도는 힘이 없어 보입니다. 인도는 여전히 국민들에게 정치해방의 성공과 국가의 경제적·사회적 근대화를 확인시켜주기 위해 상당한 노력을 기울이고 있습니다. 인도에게는 그 결과가 서구 열강들이 기대했던 것과는 반대로

한국전쟁 관련 프랑스외무부 자료 II(1951. 01. 01~1951. 05. 31)

될 위험이 있는 전쟁이 극동에서 벌어지는 것보다는 공산주의로부터 나라를 보호하고 평화를 보장하는 것이 무엇보다 중요합니다. 그러므로 서구 열강들은 자만하지 말고 신중해야 합니다. 그 원칙이 종종 토론을 요하고 마지막 해석에서 명예를 고려하든가 전쟁을 유발하는 단순한 이기심으로 밝혀지는 국제 윤리를 고려하는 태도를 취하면서 말입니다.

그러한 내용들은 미국의 입장에 대해 그로스 씨에게서 어제 전해 받은 것(전보 제247호)과는 대조적이어서, 유엔 위원회의 한 중심에 존재하는 양극단의 의견에 차이가 있음을 보여주며, 3국위원회의 "기본 방침들"에 대한 베이징의 대답이 전적으로 부정적이지 않을 경우 떠오를 난관들을 예측하게 하며, 인도와 수많은 아시아 열강들과 그들에 의해 영향을 받는 것으로 보이는 다른 나라들에게 협상 개시를 정당화시키기에 충분하다는 희망의 여지를 부여하는 것으로 보입니다.

쇼벨

【28】 미국의 한국 철수에 대한 영국의 의구심(1951.1.17)

[전 보]	미국의 한국 철수에 대한 영국의 의구심
[문 서 번 호]	246-249
[발 신 일]	1951년 1월 17일 14시 30분
[수 신 일]	1951년 1월 17일 14시 50분
[발신지 및 발신자]	런던/마시글리(주영 프랑스대사)

도쿄 전보 제137-140호 참조

영국외무부 사무국은 미국 정부가 한국 철수를 결정한 적이 결코 없음이 확실하다고 전합니다.

하지만 여러 경로를 통해 보면, 영국 정부는 이러한 장담을 의심하고 있었습니다. 지난 12월 초 이 문제에 대해 영국 정부가 키웠던 두려움은 애틀리가 워싱턴을 방문하게 된 동기 중 하나가 되었습니다. 콜린스 장군이 도쿄에서 가져온 보고에 의해 밝혀진 애틀리-트루먼의 회동은 그 분위기를 전하고 있으며, 영국 수상은 한국 철수가 없을 것이라는 확신을 가지고 런던으로 돌아갔습니다.

12월 말과 1월 초 경, 미군의 다급한 후퇴는 런던을 다시 걱정하게 만들었습니다. 일주일 전, 영국 정부는 미국 정부에 이 문제에 대해 물어보고자 했으며, 그러한 질문을 뒷받침하기 위해 지난 주 일요일 워싱턴으로 공군 총사령관 존 슬레슨[1] 경을 보냈습니다.

같은 날 그리고 런던에서는 아무 것도 알지 못한 채, 미국 참모부 수장들은 도쿄로 떠났습니다. 그때 이후, 우리는 다시 북쪽으로 향하고 서울로 접근하는 미국 군대의 반격을 알게 되었습니다.

---

[1] John Slesson.

현재 외무부는 일어나고 있는 일들에 대해 더 이상 이렇다 저렇다 알지 못합니다. 저절로든지 영국의 개입 이후든지, 미국 정부는 맥아더 장군이 명령을 무시하고 한국으로부터의 신속하고 전적인 철수를 위해 모든 것을 준비하려는 결정을 내린 것이 아닌지 의심하고 있습니다. 그럴 경우, 미국 참모부 수장들의 일본 방문은 중국과의 타결을 위해 협상하고자 12월 초 워싱턴에서 결정된 전략에 여전히 충실한 맥아더 장군을 설득하려는 목적을 가졌을 것으로 보입니다.

마시글리

【29】 미국 장군들의 임명과 한국 주재 유엔군(1951.1.17)

[전 보]	미국 장군들의 임명과 한국 주재 유엔군
[문 서 번 호]	189
[발 신 일]	1951년 1월 17일 03시 30분
[수 신 일]	1951년 1월 17일 03시 45분
[발신지 및 발신자]	사이공/미상

보안

사이공 공문 제127호

1. 지난 7월 15일 이후 극동 공군 포격 부대를 지휘하고, 바로 그 지위에서 한국에 43,655톤의 폭탄을 투하하게 한 에멧 오도넬[1] 장군이 방금 미국으로 호출되었습니다. 그는 마치-캘리포니아 주둔지의 제15공군 전략포격부대 지휘관을 다시 맡게 될 것입니다. 오키나와 포격 주둔지의 여단장 브릭스[2] 장군이 그의 자리를 대신할 것입니다.

2. 홍콩 주재 영국군 사령관 로버트 맨서[3] 경은 영국 점령군 부대의 사령관 로버트슨[4]의 초대에 응하여 1월 16일 도쿄에 도착했습니다. 그는 어제 저녁 맥아더와 만났습니다. 그는 한국으로 가야 할 것입니다.

---

[1] 에멧 오도넬(Emmett Odonnell, 1906-1971). 미공군 4성장군. 2차 세계대전에서 도쿄공습을 이끈 베테랑.

[2] Briggs.

[3] 로버트 맨서(Robert Mansergh, 1900-1970). 홍콩 영국군 사령관(1949-1951), 북유럽연합군 차장(1951-1953), 연합군 북부 사령관(1953-1956), 영국 육군사령관 역임.

[4] ROBERTSON.

3. 신문들은 홍콩에 있는 영국 거류민은 필요한 경우 변방에 군부대의 활동을 확실히 할 목적으로 등록되었어야 했다고 특기했습니다. MRFS 군대와 경찰이 결합된 표현들이 생겨났습니다.

4. 한국에서 유엔군은 원주의 철각(凸角)으로부터 후퇴했습니다. 퇴각은 공군과 포병대의 엄호 하에 어떠한 인명 피해도 없이 이루어졌습니다. 오산을 점령했던 서부 지역의 미군 장갑차 부대들은 수원까지 밀고 올라갔다가 오산으로 다시 퇴각하였습니다. 다른 부대들은 구미-안양과 이천까지 특별한 저항에 부딪히지 않고 진격했습니다. 현재 제8군과 중국군, 북한군 사이의 전선에서는 어떠한 교전도 없습니다.

【30】 미군 인사들의 도쿄 방문(1951.1.17)

[전   보] 미군 인사들의 도쿄 방문
[문 서 번 호] 181
[발 신 일] 1951년 1월 17일 07시 00분
[수 신 일] 1951년 1월 18일 03시 45분
[발신지 및 발신자] 도쿄/드장(주일 프랑스대사)

사이공 고등판무관 공문 제118호

도쿄에 14일 오후에 도착한 미 육군참모총장 콜린스 장군과 공군참모총장 반 덴버그[1] 장군은 3시에 즉시 맥아더 장군과 회의에 들어갔습니다. 회의에는 스트레이트마이어[2]장군과 조이 해군대장이 참석했습니다. 1시간 후에 베델 스미스[3] 미 중앙정보국 국장, 전 참모총장 아이젠하워 장군, 전 모스크바 대사, 군참모부의 제2사무국 차장 볼링[4] 장군도 그들과 합류했습니다.

그 이튿날 바로 두 참모총장은 한국으로 갔습니다. 1월 5일 제8군 사령부에서 열린 기자회견 중, 콜린스 장군이 다음과 같이 선언했습니다. "본인은 앞으로의 전개에 대해 아무 것도 말할 수 없지만, 지금부터 우리는 한국에 남을 것이고 싸울 것입니다. 제8군은 여전히 심각한 손실을 겪지 않을 수 있습니다. 한국 전선은 그 수에 대항하는 것이 불가능했던 만큼 매우 시간이 걸렸습니다. 우리는 분명 우리의 군대를 심각한 위험에 처하게 하지 않을 것입니다."

참모총장은 군대는 한국이 필요로 하는 만큼의 보충 병력을 보낼 수 없었다

---

[1] 호이트 샌포드 반덴버그(Hoyt Sanford Vandenberg, 1899-1954). 미 공군참모총장(1948-1953).
[2] 조지. E. 스트레이트마이어(George Edward Stratemeyer, 1890-1969). 미극동공군사령관.
[3] 베델 스미스(Walter Bedell Smith, 1895-1961). CIA 국장, 미 국무차관(1953-1954) 역임.
[4] 알렉산더 러셀 볼링(Alexander Russell Bolling, 1895-1964).

고 덧붙였습니다. 첫 번째 대체병력이 이달 중 도착할 것입니다. 장군은 좀 더 많은 병력이 이어서 오기를 희망했습니다. 어떤 군인도 훈련 4개월 이전에 파병 되지는 않았습니다.

베델 스미스 장군과 볼링 장군의 방문에 관련된 공문은, 오래 전부터 그들에게 상황을 직접 전하기 위한 맥아더 장군의 초대로 간 것이라고 밝히고 있습니다.

미군 인사 4명의 예기치 않은 방문은 언론에 중국 민족주의자들의 행동 개시 부터 한국에서의 완전 철수까지 여러 추측들을 낳게 했습니다.

국방부에 전달 요망.

드장

【31】 한국의 상황(1951.1.17)

[전   보] 한국의 상황
[문 서 번 호] 191-193
[발   신   일] 1951년 1월 17일 10시 00분
[수   신   일] 1951년 1월 18일 18시 30분
[발신지 및 발신자] 도쿄/드장(주일 프랑스대사)

보안

사이공 공문 제128, 130호
전쟁부장관에게 긴급 전달 요망

　이틀 전부터 미 제1군단이 이끈 공격이라고는 대규모의 정찰대 밖에 별로 없었습니다. 정찰대는 중국 군대의 눈에 띌만한 저항을 만나지 않고 수원, 김량 장리, 인천, 여주 전선에 이르렀습니다. 중국 군대는 대포도, 전차도, 박격포도 사용하지 않았습니다. 연합군의 피해는 거의 없었습니다. 진지로 돌아간 군대는 적의 전선을 계속해서 정찰했습니다.

　제10군단 작전지역에서는 한국 제8사단이 미 제2사단과 최전선의 프랑스와 네덜란드 대대를 이끌고 청주 남쪽까지 갔습니다.

　적과의 교전이 끊기자, 몹시 어리둥절한 참모부는 제1군단이 이끈 작전 중 생포한 몇몇 전쟁 포로들로부터 적군의 계획과 군사력에 대한 정보를 얻고자 했습니다.

　최근 만주에 있던 새로운 중국 제68군은 평양의 북쪽에 있었습니다. 사령관은 적군이 상당한 피해를 입어 병력을 보충하고자 하는 것인지 혹은 교체하려는 것인지 궁금해 했습니다.

이제 중형 군함들이 11월 말부터 중단된 대만 해협의 초계 함대 역할을 이을 것입니다.

드장

【32】 수원 근방의 상황(1951.1.17)

[전   보] 수원 근방의 상황
[문 서 번 호] 526-528
[발   신   일] 1951년 1월 17일 21시 58분
[수   신   일] 1951년 1월 18일 05시 50분
[발신지 및 발신자] 워싱턴/다리당[1](주워싱턴 프랑스영사)

보안

2급 비밀

뉴욕 공문 제141-143호

오늘 미 국방부가 전한 정보에 의하면, 수원 근교와 김량장리까지 20마일 진격했던 미1군단 소속 소대들은 수원 남쪽의 적군을 무찌르라는 "제한된 임무"를 완수한 뒤 16일 출발하여 전선 북쪽 5마일까지 되돌아왔습니다.

미 제257연대와 미군 제3사단이 이 작전에 참여했습니다.

전방과는 반대로 유엔군의 제한된 활동은 그 수가 중앙지역 총 70,000여 명으로 추산되는 북한군 부대와 유격대에 대항하여 원주의 남쪽과 서쪽에서 이루어졌습니다.

유리한 기후 조건으로 인해, 공군의 활동은 모든 전선에서 대단했습니다. 16일 661회, 17일 806회의 출격이 있었습니다. 상대편의 항공모함은 이틀 동안 299회, 166회 출격하였습니다.

현재까지 수원 작전은 유엔군과 계속해서 맞서지 않고 있는 중국군에 대한

---

1) 장 다리당(Jean Daridan, 1906-2003). 주워싱턴 프랑스영사.

새로운 정보를 거의 주지 못하고 있습니다.

우리는 평양과 흥남-원산 간 철도 노선의 통행 변화에 주목하고 있습니다. 낮동안의 통행 증가가 있었다는 사실은 공산군 사령관이 한반도 북서쪽에서의 새로운 부대 집결을 최대한 빨리하려고 애쓰고 있지 않나 생각이 듭니다.

미국 국방부는 공산군 부대를 1월 12일자로 다음과 같이 추산하고 있습니다.

- 한국 주둔 중국군: 293,000명, 만주 주둔 중국군: 371,000명
- 체계적인 군대의 북한군: 144,000명, 북쪽에서 훈련 중인 북한군: 26,000명, 유엔진지가 있는 남쪽의 북한군 게릴라: 24,000명

다리당

【33】 미국의 조치에 대한 영국의 입장(1951.1.18)

[전 보]	미국의 조치에 대한 영국의 입장
[문 서 번 호]	298-300
[발 신 일]	1951년 1월 18일 20시 45분
[수 신 일]	1951년 1월 18일 20시 55분
[발신지 및 발신자]	런던/마시글리(주영 프랑스대사)

매우 긴급

본인의 전보 제284-285호 참조

영국외무부 쪽 사람들은 당연히 중국의 답변에 실망했습니다.

글래드윈 젭 경은 베이징이 취한 부정적 태도와 중국 정부에게 내민 지극히 원만한 제안을 거부한 것에 대해 엄중히 항의하라는 명령을 받았습니다. 그렇지만 그는 이제부터 추후의 모든 협상에 대한 문이 닫힐 것이라고 여기게 만드는 일은 삼가야 할 것입니다.

반면 우리는 여기서 적어도 지금은, 중국에 대답하지 않는 편이 낫다고 생각합니다. 우리는 군사적 상황의 호전이 확인되고 사실상 중국인들이 멈춘 협상을 재개하기 기다리는 편이 낫다고 생각합니다.

그 사이 미 국무부는 중국을 규탄하고 경제 제재를 경고하는 결의안이 채택되도록 노력을 다할 것입니다.

이와 관련해 영국외무부는 미국의 계획안을 분리하고자 합니다. 영국 정부는 엄밀히 중국이 아닌, 중국의 한국 침략을 규탄하는 결의안에 동의합니다. 반대로 실제적 처벌과 관련해서는, 유엔 회원국 각 정부에 제재 조치를 지시할 임무를 집단조치위원회에 맡기려는 미국의 계획에 대해서는 반대입니다. 그와 같은 절차는 위원회가 창립되었던 취지에 전적으로 배치되는 것으로, 어찌되었든 위원회는 안전보장이사회를 대체할 수 없습니다.

마시글리

【34】 한국에서의 연합군 태세(1951.1.18)

[전 보]	한국에서의 연합군 태세
[문 서 번 호]	201-205
[발 신 일]	1951년 1월 18일 08시 00분
[수 신 일]	1951년 1월 19일 13시 20분
[발신지 및 발신자]	도쿄/드장(주일 프랑스대사)

긴급

보안

워싱턴 공문, 뉴욕 공문 제61-65호

국방부에 긴급 전달 요망

1. 콜린스 장군의 방문은 한국에 있는 연합군의 태세에 있어서 변화를 수반한 것 같습니다. 무슨 일이 있어도 전선에 매달리기를 원치 않는 유엔군은 더 이상 비싼 대가를 치르지 않고는 영토를 양보하지 않을 것입니다.

이러한 방향전환은 리지웨이 장군이 시작했습니다. 12월 26일 제8군의 새로운 사령관으로 한국에 오기 전에는, 아침마다 참모부의 새로운 명령은 적의 집결이 드러나자마자 자취를 감추었습니다. 11월 말의 패배 이후 유효했던 이러한 규칙과 결별하면서, 리지웨이 장군은 1월 12일 적군의 집결이 드러나자마자 모든 가능한 수단을 동원하여 전면 공격해야만 할 것이라고 결정했습니다.

춘천 북쪽에서 포위당했다가 매우 큰 인명 피해를 입었던 제2사단의 사령관 맥 클루어[1] 장군은 이에 동의하지 않았으며 원주에서 싸우고 온 자신의 병사들을 후방으로 데려가라고 요구했습니다. 그가 다른 직무를 받지 않고 사령관에게 해임된 진짜 이유는 이 때문입니다.

2. 콜린스 장군이 밝힌 전면 공격 결정은 리지웨이 장군 보고서에 기초하여 최근 워싱턴에서 취해진 것이라고 합니다.
여러 요소들이 제기되었습니다.

> 1) 싸워보지도 못한 채 끝없는 퇴각으로 일본과 극동의 모든 곳, 연합군에
>   까지 일어난 유감스러운 결과
> 2) 상당한 중국군의 인명 피해와 적군 전투 장비의 취약함에 대해 수집된
>   보고서들
> 3) 터키 여단과 프랑스 대대의 행동 노선에서 받은 인상

리지웨이 장군은 믿을만한 사람에게 터키군과 프랑스군의 행동은 충분한 교육을 통한 것이라고 주장했습니다. 그러한 상황에서, 지난 주 워싱턴에서는 전투를 재개하기 위해 보충 인력이 아닌 용맹스런 부대를 보내는 것과, 보통 수준에서 부대 병력을 새롭게 구성할 수 있도록 사단별 16,000명이었던 것을 19,000명 보내는 것이 결정되었습니다.

퇴각으로 인해 제8군 사기가 낮아진다는 영향이 있음을 잘 알고 있는 도쿄 사령부는 표면상으로는 불신하더라도 만족하며 그러면서도 어떤 회의적 시각을 가지고 새로운 명령을 환영했습니다.

맥아더의 참모부장인 히키[2] 장군은 이 점에 관련해 워싱턴의 관점과 결정이 자주 뒤바뀐다는 데 주목했습니다.

드장

---

[1] 로버트 맥클루어(Robert MacClure, 1896-1973). 미제2보병사단 사령관으로 청천강 전투를 수행하기도 했으나 원주전투 참패의 원인을 들어 교체 당함.

[2] 도일 히키(Doyle Overton Hickey, 1892-1961). 맥아더 장군 지휘 하에서 극동 사령부 참모 차장 역임.

【35】 맥아더 장군의 위상 실추(1951.1.19)

[전   보] 맥아더 장군의 위상 실추
[문 서 번 호] 208-211
[발   신   일] 1951년 1월 19일 8시 00분
[수   신   일] 1951년 1월 20일 1시 50분
[발신지 및 발신자] 도쿄/드장(주일 프랑스대사)

보안

레이크석세스, 뉴욕으로 전달 요망

　미국 한 신문은 맥아더 장군이 한국에서의 사령관 역할에서 해임되었다고 전하고 있고, 미국 국무부 대변인은 그에 대해 반박했습니다.

　여러 이유로, 특히 일본 여론에 대한 불리한 영향을 피하기 위해, 그리고 총사령관이 누리는 정치적 지지로 보아, 그런 일은 일본 규정 체결 이전에 있을 법하지는 않습니다.

　사실은, 보네 대사가 제5854호 공문에서 언급하듯이, 장군의 명예는 미국에서 상당히 실추되었습니다. 동시에, 그가 극동 주둔 미군 총사령관으로서 행사했던 거의 무제한적인 권력은 점차적으로 정치적인 면에서뿐만 아니라 군사적인 면에서도 축소되었습니다.

　워커 장군 사망 이후, 주한 사령부의 통합과 지휘자들을 뭉치게 하는 신뢰받는 인물 리지웨이 장군을 제8군 사령관으로 지명함으로써 맥아더 장군의 직접 지휘에서 군사 작전권을 빼앗았습니다. 제7사단의 신임 사령관이 한 일이 군사 작전에 관련된 모든 전보의 검열과 요약이었다는 사실은 그가 군사령부에 대한 매우 폭넓은 자율성을 누렸음을 보여줍니다. 그의 개인적 행동은 제201호 전보

에 언급한 방향 전환의 근본적 계기가 되며, 그가 도쿄의 의도에 대답했는지는 의심해볼만 합니다.

일본에서 맥아더 작품의 정점이 되어야 할 평화조약 준비는 대통령 특사 포스터 딜레스에게 맡겨졌습니다. 어쨌든 며칠 안에 그는 군·민 고위공직 참모부로 도쿄에 머무를 것입니다. 신격화된 혈통 미카도 천황의 위신을 떨어뜨리고 1947년 새로운 일본 황실 건립을 시사한 이 사람은 단지 평화조약만을 염두에 두었습니다.

한국의 비극은 매우 비통한 인간 드라마로 배가됩니다. 화려해 보이는 외관의 뒤편에서, 맥아더의 위상은 점점 그 실체를 잃어가고 있습니다.

드장

【36】 한국의 상황 보고(1951.1.19)

[전 보]	한국의 상황 보고
[문 서 번 호]	616-618
[발 신 일]	1951년 1월 19일 23시 19분
[수 신 일]	1951년 1월 20일 11시 00분
[발신지 및 발신자]	워싱턴/다리당(주워싱턴 프랑스 영사)

뉴욕 공문 제152-154호

관례적으로 전달된 정보들 ▯▯▯ 대표단장들은 오늘 미국 국무부로부터 한국의 상황에 대해 간략한 정보밖에 얻지 못했습니다. 전방에서는 서쪽 산비탈 쪽으로 일련의 국지적 병력 지원만을 제외하고 지난 48시간 동안 고요함을 유지하고 있습니다. 제2 사단은 원주까지 소대들을 밀고 갔다고 합니다.

1. 항공 정찰은 국경 지역에서 서울 방향으로 오는 중국군의 새로운 동태를 알려주었습니다. 그동안 동쪽에서는 중국군 1개 군단이 아직은 남쪽으로 움직임을 보이지 않은 채 원산에 집결했습니다. 게다가 중국군 부대들이 서울 북쪽에서 방어 태세를 갖추고 있는 것으로 보입니다. 유엔 공군은 1월 18일 790회, 19일 694회 출격했습니다.

2. 유엔군의 사기는 매우 진작된 상태입니다. 남한군은 점차 제 자리를 찾고 있습니다. 남한군은 중국군보다 북한군에 맞서 더욱 위력을 떨치고 있으며, 게다가 미 국무부에 따르면, 중국군이 북한군보다 열세라고 합니다.

3. 남한으로 피신한 인파들을 선동하는 게릴라 활동은 붕괴되고 있으며, 리지웨이 장군은 전방보다 이 문제에 전력을 기울이고 있습니다. 3천 명의 게릴라 무리는 특히 단양과 안동 사이에 있는 남한 부대 후방에서 통신연락을 위협했을 것으로 보입니다. 유엔군 신임 사령관은 그럼에도 유격대에 맞서 계속해서 더 좋은 결과를 낼 수 있는 새로운 전략방책을 실행하고자 합니다.

다리당

【37】 미국에 대한 다른 국가들의 입장(1951.1.20)

[전 보]	미국에 대한 다른 국가들의 입장
[문 서 번 호]	374-380
[발 신 일]	1951년 1월 20일 02시 41분
[수 신 일]	1951년 1월 20일 13시 25분
[발신지 및 발신자]	뉴욕/라코스트(주유엔 프랑스대표대리)

보안

절대우선문건

워싱턴 공문 제323-331호

본인의 이전 전보에 이어

그로스 씨의 발표와 대표단에 의한 주요 쟁점 논의 끝에, 훨씬 더 심각한 문제가 제기되었습니다. 레스터 피어슨 씨는 만일 제3항에 대한 오늘 아침의 문구가 채택되지 않았다면("중공은 한국에서 북한의 침략을 도왔고 거기에 참여했음"), 본인의 제337호 전보 속의 제9항은 ㅁ ㅁ ㅁ이 아니었을 것이며, 있는 그대로, 캐나다는 결의안에 투표했겠지만 "문제의 근본에 대한 자국의 생각을 더욱 자유롭게 표출하게끔" 모습을 드러내는 데 함께 연합하지는 않았을 것이라고 전했습니다. 오늘 아침 투르넬 씨의 전화를 통해 피어슨 씨가 어떤 감춰진 암시를 했다는 소식을 가까이하니, 미국 대표단에게 영향을 미치는 이러한 태도 표명의 모든 의미가 드러납니다.

그래서 그로스 씨는 참석한 대표단들에게 미국 대표단 단독으로 결의안을 발표하는 것을 고려해달라고 요구했습니다. 물론 이럴 경우 중국 침략에 대해 이론적이고 단순한 고발을 포함하여 미국이 처음에 작성한 바대로의 결의안이 될 것입니다. 그는 남미 공화국들은 모두 이 결의안에 투표할 것이라고 덧붙였습니다. 게다가 그 국가들 중 몇몇은 침략에 대한 징계를 받아야 한다고 주장할 것임을 기억해야 합니다.

이미 미 국무부가 보인 고집에 몹시 화가 나 있음을 내비친 글래드윈 젭 경은 결국 그러한 결의안 투표는 23 혹은 24표(즉 신대륙의 21개국, 필리핀, 아마도 터키와 그리스)가 될 것이라고 매우 경멸적인 투로 내뱉었습니다.

이 두 대표단은 참석 중인 대표단과 매우 신속하게 의견 교환을 했고, 불편한 심기를 점점 눈에 띄게 드러냈던 글래드윈 젭 경의 갑작스런 출발로 더욱 더 시간을 줄였습니다.

하지만 유엔의 중심에서, 하원과 정치위원회의 지연과 망설임 앞에서 점점 더 화가 나고 초조해진 미국, 미국 정부의 압력과 선동에 달궈진 남미 공화국들, 정치적 신중함을 호소하는 네루와 경제적 · 군사적 신중함을 호소하는 영국에 영향을 받고 있는 영연방 국가들, 마지막으로 반드시 안정되기를 바라는 염려 속에서 놀란, 그중 몇몇 나라는 베이징과의 협상 재개가 가능할 것으로 굳게 믿고 있는 아시아와 아랍의 국가들 사이에 상황의 극한 심각성이 나타나기까지는 충분한 시간이 필요했습니다.

아마도 지금 유엔은 설립 이후 가장 큰 위기에 봉착한 것으로 보입니다. 캐나다의 갑작스런 불참은 그 불길한 징조입니다.

만일 미국이 고집한다면, 만일 미 국무부가 마지막에 미국 여론만을 전적으로 만족시키는 결의안을 단독으로 발표한다면, 그것은 진정 유엔과 세계 각국, 미국의 권력과 더불어 최종적으로 투표한 캐나다 이하의 새로운 반구, 중국과의 최종적 결별로 인해 즉각적이고 미래적인 결과들에 있어 남미 국가들보다 더 직접적으로 연관되어 있으며 신중한 태도를 공통으로 보이고 있는 유럽 · 아시아국에서 분열을 야기할 수 있음을 염려해야 할 것입니다.

미국 정부는 그러한 방향 선상에서 주저할 것으로 보이며, 자국이 그토록 애정을 기울인 국제기구를 단번에 날리기를 두려워할 것입니다. 더구나 여론은 그 점에 대해 얼마 전부터 상당한 무관심을 보이고 있습니다. 아마도 이러한 위기는 이미 수차 그랬듯이 다시금 모면할 수 있을 것이며, 누그러질 것입니다.

그렇지만 유엔이 현재 큰 위기에 처해 있음을 말씀드리는 것은 과하지 않다고 봅니다.

라코스트

【38】 미국의 주저함(1951.1.20)

[전   보] 미국의 주저함
[문 서 번 호] 381-383
[발   신   일] 1951년 1월 20일
[수   신   일] 1951년 1월 20일 1시 10분
[발신지 및 발신자] 뉴욕/라코스트(주유엔 프랑스대표대리)

보안

한국 사태의 지정학적 구획에 대한 제9항의 작성이 낳은 논의, 특히 미국과 프랑스 대표단 사이에 벌어진 논의는, 그로스 씨 쪽에서는 오늘 오전 처음으로, 그리고 미 국무부와의 접촉 이후 오늘 저녁 두 번째로 매우 중대한 논쟁들을 촉발시켰습니다.

미 정부는 너무 완고한 문구에 손이 묶일 것을 극히 두려워하고 있습니다. 미국 사령관은 한국에 참전한 미국 부대에 충격을 줄, 외부로부터 오는 너무 거친 공격들에 대답할 수는 없을 것입니다.

이러한 우려를 나타내기 위해 특히 만주에 주둔한, 경우에 따라서는 파괴에 대비하여 시베리아에 주둔한 공군 비행기들의 대규모 폭격을 예로 들 수 있습니다.

그로스 씨는 이것이 중국에서의 유격대 활동을 지지하고, 어떤 점에 있어서는 아시아 대륙의 이용해야 할 중국 국민당 군대의 협력을 요청하거나 중국에서의 유격대 활동을 지원할 수 있는 기회가 될 수도 있다고 미 사령관에게 분명히 거론했습니다.

그로스 씨는 이 모든 경우는 유엔의 활동 범주 밖에 있는 것으로, 미국 정부

의 개별적 행위들이 될 것이라고 밝혔습니다.

라코스트

【39】 베이징의 답변을 기다림(1951.1.20)

[전　　　　보]	베이징의 답변을 기다림
[문 서 번 호]	405-408
[발　신　일]	1951년 1월 20일 23시 40분
[수　신　일]	1951년 1월 21일 08시 10분
[발신지 및 발신자]	뉴욕/라코스트(주유엔 프랑스대표대리)

보안

절대우선문건

1급 비밀

오늘 오전 쇼벨 대사의 전화 통화 참조

　본인은 오늘 이미 알려드린 바 있는 위원회 회의에 시간 맞춰 도착한 베네갈라우 경을 잠시 볼 수 있었습니다. 그가 준 정보에 따르면, 인도 정부는 한국 전선에서의 일시적 소강상태나 휴전 성사에 있어 중공과의 회담 시도에 따르는 대신 그러한 협의를 시작하기 원한다고 합니다.

　만일 예비회담을 시작하기 위해 중공을 기다렸다면, 우리는 아무 결과도 얻지 못할 위험에 처했을 것이지만, 반면 이러한 협의는 원했던 일시적 전쟁 중단을 이끌 것이라고 생각했습니다. 네루 수상은 이러한 생각으로 며칠 전 파니카 씨의 중재를 통해, 가능하다면 합리적 기회의 시간을 가져보자는 메시지를 저우언라이에게 보냈습니다. 1월 18일 저우언라이의 답변 속에 언급된 열강들, 즉 프랑스, 인도, 중공, 그리고 정전위원회의 보충 보고서에 언급된 4개국까지 해서 7개국 열강들에게 하원의장이 전달했던 논의를 시작해보자는 초대에 베이징 정부가 부정적인 답변을 하지 않는 합리적인 기회의 시간을 만들고 싶다는 메시지를 저우언라이에게 보냈습니다.

그러한 가능성이 이루어질 것처럼 보이고, 베네갈 라우 경에 따르면 베이징의 답변이 지금 뉴델리에서 조만간 도착한다고 하자, 협의에 들어가려는 새로운 시도를 성사시키기 위해 아시아 12개국 열강들의 계획에서 영향을 받았을 수 있는 결의안 계획이 인도 대표단에 의해 제1위원회에 제출될 것으로 보입니다.

베네갈 라우 경은 인도 정부가 현재 이 일에서 지키려고 하는 극비 성격을 매우 강조했습니다.

라코스트

【40】 결의안의 미국 단독 발표 결정(1951.1.20)

[전 보]	결의안의 미국 단독 발표 결정
[문 서 번 호]	409-410
[발 신 일]	1951년 1월 20일 23시 00분
[수 신 일]	1951년 1월 21일 06시 30분
[발신지 및 발신자]	뉴욕/라코스트(주유엔 프랑스대표대리)

보안

매우 긴급

제388호 전보 맨 끝에 예고했듯이, 미 국무부는 미국·영국·프랑스 대표단이 어제 오전 재작성했던 잠정적인 중재안을 이후 일방적으로 재검토한 것을 바탕으로 문안을 작성한 결의안을 단독으로 발표하기로 결정했습니다.

결과적으로, 오스틴 상원의원은 이 결의안을 오늘, 1월 20일 오후, 정치위원회 회기 시작 때 배포하게 했고, 게다가 매우 간결하고 신중한 용어로 설명하였습니다. 그는 중국의 한국 개입을 "새로운 침략"으로 규정하였습니다.

각하의 제279호 전보는 오늘 저녁에서야 제게 도착했기에, 저는 결의안 제출이 이루어졌던 마지막 두 번의 토론 동안 전보의 명령들을 실행할 수 없었습니다.

그럼에도 오늘 전보를 통해 보시겠지만, 저의 모든 개입은 원하시는 방향으로 행해졌습니다.

라코스트

【41】 노르웨이 정부의 관점(1951.1.20)

[전   보]   노르웨이 정부의 관점
[문 서 번 호]   39-40
[발   신   일]   1951년 1월 20일 15시 17분
[수   신   일]   1951년 1월 20일 17시
[발신지 및 발신자]   오슬로/모니코(주노르웨이 프랑스대사)

노르웨이라디오는 오늘 정부 기구에서 중국의 태도로 인해 제기된 문제들을 다룬 핀 모[1] 씨의 기사를 내보냈습니다.

외교위원회 의장에 따르면, 전쟁 중단을 위해 중국이 제기한 조건들을 담아내 도의적 양보를 하는 것은 유엔에게는 처참한 일일 것이라 합니다. 만일 국제기구가 공산주의 침략을 처벌하는 것에 반대한다면, 그러한 기구는 모두의 신뢰를 잃을 것이고, 무엇보다 자기 나라의 이름을 걸고 모든 짐을 짊어진 뒤 자신의 조국으로 되돌아가고자 했던 미국의 신뢰를 잃어버릴 것입니다.

의장은 유엔이 현 국제 상황에서 극동에서의 전쟁 가능성을 감수하기 위한 충분한 군대를 배치하지 않을 때, 중국에 대한 극단적 조치의 채택이 가져올 위험에 주목합니다.

그는 유엔의 부끄러워할 필요 없는 군사적 실패를 숨기려 하지 말고 베이징 정부의 태도를 규탄하는 반면, 전쟁의 확대를 실제로 촉발시킬지도 모르는 조치를 피하면서 행동의 원칙을 준수해야 한다고 말합니다.

항공우편으로 원문을 보내드릴 이 기사는 노르웨이 정부의 관점을 반영하고 있습니다. 랑게[2] 씨는 1월 25일 노르웨이 의회에서 국제 상황에 대한 발표를

---

1) 핀 모(Finn Moe, 1902-1971). 노르웨이 노동당 정치가. 1950년 오슬로 국회의원으로 선출됨.

할 것입니다.

모니코

2) 할바르 랑에(Halvard Manthey Lange, 1902-1970). 노르웨이 외무장관(1946-1965).

1951년 1월 1일~5월 31일 119

【42】 미 국무부의 반론(1951.1.21)

[전 보]	미 국무부의 반론
[문 서 번 호]	319-324
[발 신 일]	1951년 1월 21일 01시 35분
[수 신 일]	1951년 1월 21일 01시 50분
[발신지 및 발신자]	런던/크루이(주런던 프랑스공사 참사관)

보안

절대우선문건

어제 저녁과 오늘 오후 글래드윈 젭 경에게 두 통의 전보로 전달된 지시사항을 르 로이 씨에게 보여주었습니다. 지시사항들은 명확했습니다. 그 지시사항들은 글래드윈 젭 경이 미국의 계획에 관계하지 말고 뉴욕에서 오늘 오후 열릴 논쟁에서 우세한 입장을 취하도록 가능한 한 아무 것도 하지 말 것을 요구합니다. 베빈 씨가 부여한 요인들과 글래드윈 젭 경의 집요한 논거 제시에 답하여 전보들이 매우 탄탄한 형태 하에 전하고 있는 논거들은 다음과 같습니다.

미 국무부는 제1항에서 유엔의 모든 제안에 대한 중국의 거부를 확인시키는 문구를 사용하는 것에 반대합니다. 생로랑[1] 씨가 네루 총리에게 보낸 메시지에 따르면, 결국 미 국무부는 방금 베이징 주재 영국 대리대사에게 중국의 최종 답변의 정확한 의미, 특히 휴전과 협상 개시 사이의 동시성에 관련한 의미를 알려달라고 했습니다. 베빈 씨는 언론이나 의회에서 유엔이 중국의 긍정적 제안을 받아들이지 않았다고 하는 것을 원치 않았음이 분명합니다.

---

[1] Saint Laurent.

미 국무부의 주요 반론은 바로 프랑스의 제안에 따라 바뀐 제8항 및 "침략"이라는 단어 사용에 대해 불만인 것이 아니라 아예 삭제하기를 원한다는 것입니다. 실제로 그로스 씨가 글래드윈 젭 경에게 보낸 지시를 통해 보면, 애치슨은 전쟁이 확산되지 않기를 원하는 유엔의 희망에 따라 제9항에서의 삭제 요구를 들어주었다는 것이 분명해집니다. 그로스 씨 본인에 따르면, 만주뿐만 아니라 중국에서의 공군 폭격 가능성을 생각하게 하는 이번 지시는 베빈 씨를 매우 걱정하게 했으며, 제8항에서 중국에서의 군사력 행사 비준에 동의할 것을 유엔에 강제하려는 미 정부가 실제로 폭격을 가할 수 있지 않을까 우려하게 합니다.

하지만 글래드윈 젭 경은 그러한 문제가 다시 월요일에 열릴 내각회의에 상정될 것이라고 전해주었습니다. 만일 결의안이 현재 있는 그대로 미국의 의견대로 굳어진데 아니라면, 오히려 반대로 프랑스나 영국의 거부를 고려한다면, 내각이 결국 그 결의안을 찬성하도록 승인하는 것이 불가능한 것은 아닙니다. 여기 사람들은 실제로 너무 부정적인 태도가 미국 여론과 국회에서 불러일으킬 수 있는 매우 격한 반응에 대해 염려하고 있습니다. 글래드윈 젭 경은 뉴욕에 있는 우리의 대표단만큼, 혹은 그 보다 더 그러한 반응들의 형태를 설명하고 있습니다. 하지만 여기 사람들은 신중하고자 하며, 극도의 조심성을 가지고 미국의 행로에 동참하고자 할 것입니다.

크루이

【43】 결의안의 주요 사항(1951.1.21)

[전 보]	결의안의 주요 사항
[문 서 번 호]	425-429
[발 신 일]	1951년 1월 21일 20시 35분
[수 신 일]	1951년 1월 22일 03시 30분
[발신지 및 발신자]	뉴욕/라코스트(주유엔 프랑스대표대리)

보안

매우 긴급

워싱턴 공문 제363-367호

본인의 전보 제413호 참조

필리핀과 태국을 제외한 다른 아시아 대표단들과 인도 대표단의 동의로, 결의안은 최근 며칠간 열린 수많은 공식회의 중에 고생스럽게 준비되었습니다. 본인에게 보여준, 하지만 아직 베네갈 라우 경의 승인을 얻지 못한 버전에 따르면, 이 결의안은 다음과 같은 주요 사항을 포함할 것입니다.

1. 한국과 극동 전체의 현재 상황으로 인해 매우 강한 우려의 표현

2. 권고:
1) 1945년 12월 24일 모스크바 합의에 조인한 데 이어서 모든 평화적 해결을 위한 결의를 위해 노력을 다할 것에 동조한 열강들에게 부탁하면서, 1948년 11월 3일 3분기 회기 중 총회가 채택한 190개 결의안 권고.

2) 미국, 프랑스, 영국, 소련이 모여 세계 평화를 위협하는 주요 문제들을 재검토하도록 권유하는 1950년 10월 13일 시리아-이라크 결의안(document A/C 1/585) 권고.

3. 미국, 영국, 소련, 프랑스, 이집트, 인도, 중화인민공화국 정부의 대표자들이 모여서 극동의 문제들에 대해 국제적 의무와 유엔헌장의 규정들에 따라 평화적 해법을 찾도록 권고. 다음을 포함함.
  1) 자유로운 국민 투표에 기초한 정부와 헌법과 더불어 독립적이고 민주적인 단일 국가를 한국에 설립하기 위해 다른 모든 외국 국가들의 군대 철수.
  2) 유엔에서의 중국 대표권
  3) 대만 문제

4. 총회 의장은 이러한 회의의 날짜와 장소를 정할 것이며, 그 날은 적대행위 중지 혹은 의장의 판결에 충분한 일시 정지가 뒤따라야 함.

5. 대표단의 회의는 "개별적일" 것이며, 각기 절차의 규율을 정함.

6. 대표단은 총회에 보고할 것이며, 회기 중이 아닐 경우에는, 유엔 사무총장의 중재 하에 유엔 회원국들에게 자신들의 논의 결과를 보고할 것.

이 결의안은 22일 월요일 오후로 정해진 제1위원회의 다음 회기 때 제출될 수 있을 것입니다.

라코스트

【44】프랑스의 입장 전달(1951.1.22)

[전 보]	프랑스의 입장 전달
[문 서 번 호]	449-450
[발 신 일]	1951년 1월 22일 22시 05분
[수 신 일]	1951년 1월 23일 05시 50분
[발신지 및 발신자]	뉴욕/쇼벨(주유엔 프랑스대사)
[수신지 및 수신자]	파리/로베르 슈만(프랑스 외무부장관)

보안

절대우선문건

라코스트 유엔 대표대리의 전보 제430호 참조

워싱턴 공문 제381-382호

  돌아오자마자, 본인은 그로스 씨를 만났습니다. 본인이 그에게 설명한 것으로, 중국을 규탄하는 결의안 채택은 유엔의 자격이 있는 기구들이 심의하지 않은 채 통합 명령 혹은 비준 집행으로 중국 영토를 폭격하게 될 위험에 처해지는 것으로서, 그것이 유일한 해결이 아니길 바라는 것이 프랑스 정부의 입장이라고 말했습니다. 그 점에 대해 미국 정부가 각하께 공식적으로 확약한다면, 문안 작성을 수정한다는 전제로 우리도 미국 결의안을 위해 할 수 있는 우리의 지원을 수월하게 해줄 것이라고 말했습니다.

  그로스 씨는 데이비드 브루스 씨가 이미 워싱턴으로부터 그 점에 대한 지시 시항을 전달받았으며 우리의 염려를 잘 해결해줄 것이라고 답했습니다.

쇼벨

【45】 캐나다와 인도의 신중한 입장(1951.1.22)

[전   보]　캐나다와 인도의 신중한 입장
[문 서 번 호]　20-23
[발 신 일]　1951년 1월 22일 21시 30분
[수 신 일]　1951년 1월 23일 09시 20분
[발신지 및 발신자]　오타와/게랭(주캐나다 프랑스대사)

보안

절대우선문건

뉴욕 공문 제10-13호, 워싱턴 공문 제14-17호, 런던 공문 제18-21호

라코스트 씨의 전보 제14-18호 참조

　오늘 오후 만난 캐나다 총리는 1월 19일 생로랑 씨가 네루 씨에게 전달한 메시지 안에서 제기된 문제들에 대한 답변으로, 중국 정부가 베이징 주재 영국 대표단의 중재를 통해 자신에게 전달한 통지문을 읽어보라고 주었습니다.

　베이징 정부가 그에게 곧바로 신속하게 답한 사실과 그 통지문이 한국 사태의 평화적 해결을 위해 인도와 캐나다의 총리들이 펼치는 노력에 경의를 표한다는 사실은 별도로 하더라도, 생로랑 씨는 이러한 답변이 실망스럽다고 평가했습니다. 이는 중국 정부가 기본 요구에는 응하지 않고 우리가 "외국" 군대들을 철수하는 데 동의할 경우 중국인민지원군에게 한국에서 철수할 것을 "권고"할 것을 받아들이고, 다른 한편으로는, 일시적 "휴전"은 7개국의 잠재적인 협의 시작 이후부터야 결정된다는 것을 인정할 준비가 되어 있다고 주장했기 때문입니다.

　반면, 총리는 그로스 씨의 최근의 설명들이 증명해주는 미국 정부의 강화된

비타협성에 커다란 실망감을 표명했습니다. 또한 총리가 본인에게 말하기를 그러한 내용들은 평화적 해결의 길에 새 장애물을 끊임없이 드리우는 것 같다고 합니다.

생로랑 씨는 이번 주 캐나다 국회 개회 전날 예정된 정부의 중요한 논의에 피어슨 씨의 참석이 확인되어야 하는 것은 매우 유효하며 외무장관에게 뉴욕을 떠나지 말 것을 권했다고 덧붙였습니다. "만일 우리가 미국 정부의 의지와 반대로 가야 한다면, 우리는 피어슨 씨의 중재로 정면에서 맞서는 편이 나을 것"이라고 그는 말했습니다.

총리는 미국 정부에 신중할 것을 권유할 목적으로 레이크석세스에서 프랑스 대표단과 캐나다 대표단이 가진 긴밀한 협조의 공감대는 프랑스 정부와 전적으로 일치한다고 확인시켜 주었습니다.

하지만 그는 그러한 권유들이 이루어지리라는 데에는 그다지 낙관적이지 못했습니다.

게랭

【46】 군 정보에 대한 검토(1951.1.22)

[전 　　보] 　군 정보에 대한 검토
[문 서 번 호] 　230-232
[발 　신 　일] 　1951년 1월 22일 00시 00분
[수 　신 　일] 　1951년 1월 22일 10시 25분
[발신지 및 발신자] 　도쿄/드장(주일 프랑스대사)

보안

워싱턴 공문 제71-74호, 뉴욕 공문 제69-72호, 사이공 공문 제158-161호
본인의 이전 전보에 이어

맥아더 장군의 제2사무국이 제시한 숫자들은 몇몇 연합군들에게서 또한 필시
미국 담당 부서에서도 전적인 의심을 받습니다.

사실상 11월 말의 실패 이후부터 우리는 중국의 파병군과 신속하게 투입될
수 있는 예비병력 측정 시 놀라운 증가를 목격하였습니다. 우리는 도쿄 본부에
서 6주 전부터 적과 싸우는 것보다 패하지 않았음을 증명하는데 더 몰두한다는
인상을 받고 있습니다. 결국 중국이 사용할 수 없는 잠재적 군사력을 배치한
것이 아니고, 사실상 그들 군대가 매우 서투르게 조직되었음에도 불구하고 중
국은 거대한 군사력을 내세웠던 것입니다. 연합군은 자만심이 더욱 강해져, 군
국주의와 제국주의에 사로잡혔습니다.

영국 쪽에서는 정치적 고려에 의해 영향을 받은 것은 아닌가 하고 윌러비[1]

---

[1] 찰스 윌러비(Charles Andrew Willoughby , 1892-1972). 2차 세계대전과 한국전쟁의 대부분에
서 맥아더 장군의 정보국장을 역임. 극동군사령부 정보참모부장.

장군의 사무국을 의심하고 있습니다. 사람들은 군대의 본원지 자체, 즉 적의 영토에서 공격하기가 불가능한 한 그토록 강력한 적과 싸움을 계속하는 무의미한 짓을 다소 의식적으로 증명하고자 했던 그들을 공개적으로 비난합니다. 영국인들만 그렇게 생각하는 것이 아닙니다.

이러한 상황에서 도쿄 제2사무국이 제출하고 맥아더의 공문들을 통해 전체를 손에 얻은 그 정보들은 아마 요즘 진지하게 검토되고 있는 듯합니다. 그것은 중공이 표출하는 군사적 위험을 부인하려는 것이 아니지만 정확한 규모로 돌려놓고, 무엇보다 이미 자신들의 성공에 고취되어 있는 사람들을 더 열광하게 하지 않는 편이 낫다는 것입니다.

국방부에 전달 요망.

드장

【47】 미국의 결의안 결정과 관련한 사항들(1951.1.23)

[전   보] 미국의 결의안 결정과 관련한 사항들
[문 서 번 호] 361-363
[발   신   일] 1951년 1월 23일 21시
[수   신   일] 1951년 1월 23일 21시 10분
[발신지 및 발신자] 런던/마시글리(주영 프랑스대사)

보안

뉴욕 공문 제11호, 워싱턴 공문 제21-23호
본인의 전보 제337-338호 참조

오늘 열리는 내각 회의에 따라, 다음 지시사항들이 글래드윈 젭 경에게 전달
될 것입니다.

1. 중국의 최종답변이 제공할 수 있는 모든 가능성들을 찾도록 노력할 것,
   결과적으로 미국의 결의안에 대한 투표 연기와 연장을 요구할 것.
2. 만일 그것이 불가능하다면, 결의안에 대해 각 항마다 투표할 수 있는지
   를 요구할 것.
3. 그러한 가정 하에서, '침략'이란 말이 명백히 비난받지 않도록 노력하고,
   일반적으로 거친 문장들을 가능한 한 부드럽게 하도록 노력할 것.
4. 제9항에 대해 반대 투표할 것.

전체 투표와 관련해서는, 내각은 아직 결정할 수 없었습니다. 논쟁의 경과에
따라 입수될 정보에 따라 발표할 수밖에 없습니다.

하원의원에서, 수상은 오늘 오후 자신이 워싱턴 방문 이후 한국 사태의 진행 상황을 설명했습니다. 결론적으로 그는 중국의 마지막 답변을 상세히 검토할 필요성을 주장했습니다.

사실상, 영국 외교사무국은 베이징과의 합의에 도달할 수 있는 많은 기회가 있다고 생각하지 않습니다만, 명령은 그것에 이를 수 있는 그 어떤 것도 무시해서는 안 된다는 것입니다.

제게 여러 자료들을 건넸으며, 베빈의 병가 중에 오늘 아침 내각 회의에 자리한 외무차관 윌리엄 스트랭 경은, 우리 프랑스의 태도가 미국 측뿐만 아니라 중국 측에도 인도차이나 문제에 영향을 줄 수 있기 때문에, 프랑스 정부의 입장은 좀 더 미묘하다는 것을 잘 알고 있다고 덧붙였습니다.

마시글리

【48】 미국 결의안에 대한 프랑스 정부의 입장(1951.1.23)

[전 보]	미국 결의안에 대한 프랑스 정부의 입장
[문 서 번 호]	미상
[발 신 일]	1951년 1월 23일 22시
[수 신 일]	미상
[발신지 및 발신자]	파리/로베르 슈만(프랑스 외무부장관)

절대우선문건
보안

뉴욕 공문 제346-348호
워싱턴 공문 제757-759호
런던 공문 제1448-1559호

만일 미국 결의안에 대한 토론이 계속된다면, 그것이 포함하고 있는 침략에 대한 단호한 명시를 받아들여야 할지를 알려드리겠습니다.

제8항에 관해서는, 본인은 미국도 이미 알고 있듯이, 경우에 따라 취할 조치들을 살펴볼 위원회를 설립하는 것이 좋겠다는 귀하의 의견에 함께합니다. 이 위원회가 비준의 원칙에 대해 쉽게 언급하지 않고 순수한 검토를 실시하려고 한다는 보장 하에 말입니다.

저는 또한 귀하와 그로스 씨의 대화 그리고 위원회에서의 논의가 전쟁을 제한하려는 의지를 더욱 분명히 명시하려는 방식으로 미국 결의안을 어떤 점들에서는 수정할 수 있기를 바랍니다.

베이징 주재 인도대사의 질문에 대한 중국의 답변은, 제가 최종 판단을 내리기 전에 귀하에게 알려주고자 하는 주제에 있어 새로운 발전을 이끌었습니다.

우리의 행동노선의 일반적 원칙을 포기하지 않고 우리의 굳건한 관계를 지배하는 협력 정신 속에서 귀하의 모든 지원을 아끼지 말아야 하는 것이 중요한 가운데, 이러한 중국의 답변은 미국 대표단을 난처한 상황에 빠뜨릴 위험이 있습니다.

슈만

【49】 미국의 결의안 결정과 관련한 사항들(1951.1.24)

[전　　　보]	미국의 결의안 결정과 관련한 사항들
[문 서 번 호]	486-488
[발　신　일]	1951년 1월 24일 18시 45분
[수　신　일]	1951년 1월 25일 04시 40분
[발신지 및 발신자]	뉴욕/쇼벨(주유엔 프랑스대사)

보안

본인의 이전 전보에 이어
워싱턴 공문 제414-416호

비준과 관련하여, 반대로 런던에서는, 우리보다 멀리 나아가, 어떤 언급에 대해서건 반대하고 있습니다. 그러한 입장은 매우 중요해 보이는 바, 본인은 어제 글래드윈 젭 경에게 재차 언급했습니다. 만일 결의문을 이끌어내기 위해 예고도 없는 절차를 통해 규탄을 다루는 결의안이 투표에 부쳐질 경우, 우리가 감시할 수 없는 일방적 주도를 보게 될 위기에 처하게 될 것입니다. 그러므로 미국이 작성한 문장을 수정하도록 시도하는 것이 낫다고 보며(제8항의 "만족시킬지도 모르는"을 "취하도록"으로 대체하듯이), 두 나라의 계획에 대해서는 이달 18일 브루스 씨가 건넨 문건에서 언급한 상세한 사항들을 따르게 하는 것이 낫다고 봅니다.

중국 태도의 공격성이 문제가 되는 곳은 3항입니다. 그로부터 야기되는 미국 정부의 어려움은 각하에게도 마찬가지일 것입니다. 결국, 한편으로, 여론과 의회의 의견은 여기서 있을 수 있는 중국의 타협적인 확약들에 대해 의심스러워하고 있습니다.

다른 한편으로, 그로스 씨가 설명했듯이, 만일 협약이 성사된다면, 문제의 근간에 대한 미국의 조치들은 현재 위기의 요인들을 더욱 두드러져 보이게 하는 고립으로 향하게 할 것입니다.

하지만 미국 대표단이 이러한 것을 모른다면, 미국은 심각한 결과를 초래할 투표를 실시할 위험이 있습니다. 우리의 역할은 정상적으로 이러한 위험을 미국 동료들에게 인식시키고 신중을 기하게 하는 것이라고 봅니다.

그렇게 하는 것이 미국의 관점을 이해한다는 태도를 보이는 것보다 훨씬 나을 것입니다.

쇼벨

【50】 미국의 결의안에 대해(1951.1.24)

[전 보]	미국의 결의안에 대해
[문 서 번 호]	489-491
[발 신 일]	1951년 1월 24일 18시 43분
[수 신 일]	1951년 1월 25일 01시 40분
[발신지 및 발신자]	뉴욕/쇼벨(주유엔 프랑스대사)

보안

절대우선문건

오늘 국무부 사무국장과의 전화 통화 중 교환한 정보에 따라, 저는 투표에 적합한 숫자를 충족하는 것과 더불어 결의안이 투표에 부쳐질 수 있을 것으로 보일 경우, 제8항의 개선을 조건으로 그것을 지지할 것이라고 미국 동료에게 말할 생각입니다. 만일 그가 제게 상호조력에 대해 말한다면, 저는 그에게, 회의 투표 이후, 이 결의안에 대해 다른 대표단과 함께 하지 말고 미국 대표단 단독으로 발표하는 것이 더욱 낫다고 주지시킬 것입니다. 만일 그가 요구한다면, 저는 우리의 협력은 좀 더 근본적인 결의안 수정이 이루어질 경우에만 정당화될 수 있을 것이라고 말할 것입니다.

마침내, 특히 저는 중국의 마지막 통지를 고려해야 할 필요성에 대해 강조할 것입니다. 국내 정치라는 절대적인 이유로 워싱턴이 중국 규탄을 주장하는 데 이를 경우에는, 어떤 사실에 대한 확실한 검증을 인정하게 하는 문제를 드러내는 것이 중요할 것입니다. 그러한 검증은 당연히 협상 기반 마련을 방해해서는 안 될 것입니다. 현재까지 중국은 협상하기 전에 휴전을 거부했습니다. 이러한 사실로부터, 유엔은 규탄하거나 가능한 비준을 검토하는 것이 정당화될 수 있습니다. 만일 베이징이 협상 개시를 해올 경우, 그것을 무시하는 일은 어려우면서도 현명치 못한 일이 될 것입니다.

이 사태의 진전과 관련하여 진행되는 일들에 대해 모두 보고하겠습니다.

쇼벨

【51】 한국의 현재 전투 상황(1951.1.24)

```
[ 전        보 ]   한국의 현재 전투 상황
[ 문 서 번 호 ]   243
[ 발    신    일 ]   1951년 1월 24일 03시 40분
[ 수    신    일 ]   1951년 1월 24일 15시
[발신지 및 발신자]   도쿄/드장(주일 프랑스대사)
```

사이공 공문 제171호

1. 남한 대표단이 맥아더 장군에게 전투태세 준비가 되어 있는 50,000-60,000 명의 한국 젊은이들에 대해 알리려고 도쿄에 도착했습니다. 신익희 국회의장이 이끌고 온 이 대표단에는 외교 국방위원회 의장들도 있습니다.

대표단의 한 사람은 남한에는 현재 1,200,000명의 젊은이가 있으며 그중 300,000명은 북한 출신이고, 250,000명은 이미 군사 훈련을 받았다고 밝혔습니다.

2. 신의주 비행장을 일제 사격한 미국 F-84 제트기 24대가 어제 압록강을 건너온 같은 수의 MIG-15기에 의해 공격을 당했습니다. 적기 4대가 격추되고, 2대가 파손되었습니다. 연합군의 피해는 전혀 없었습니다.

3. 전체 전선에서는 교전이 중단된 상태입니다. 1월 23일 연합군 정찰대는 서쪽으로 어떤 저항도 없이 20킬로미터를 전진할 수 있었습니다. 이천 북쪽은 완전히 황폐화되었으며, 연합군은 15킬로미터 전진하여 적군과 충돌하지 않고 도포리에 다다랐습니다. 동쪽에서는, 연안지역에서 적이 30킬로미터 깊숙이까지 사라졌습니다.

단지 단양의 남동쪽 연합군의 후방전선에서 심각한 교전이 있었고 유엔군은 3천명 공산군과 싸웠습니다.

한편으로 신안주와 서울 사이, 다른 편으로 함흥과 남한 수도 사이, 대규모 수송 차량의 왕래가 비행기에 의해 확인되었지만, 그러한 이동의 의미가 무엇인지는 밝혀지지 않았습니다.

국방부에 전달 요망.

드장

【52】 한국 사태(1951.1.24)

[전   보] 한국 사태
[문 서 번 호] 미상
[발   신   일] 1951년 1월 24일 23시
[수   신   일] 미상
[발신지 및 발신자] 파리/로베르 슈만(프랑스 외무부장관)

뉴욕 공문 제370-372호

런던 공문 제1493-1495호

워싱턴 공문 제806-808호

(런던과 워싱턴으로 발송) 뉴욕으로 다음의 전보 타전

(세 곳에 대해), 중국의 최종답변 다음 날 정치위원회에서 벌어질 논쟁이 진행되는 동안 서둘러서 행동하지 말 것을 요구할 수는 없을 것 같습니다.

만일 미국 대표단이 위원회에서 토론을 제압하려는 의도로 일관하더라도, 그리고 연장할 수도 있다는 제안이 받아들여지지 않은 채 투표를 하게 되더라도, 귀하는 각 항별로 투표할 것을 요구하는 데 협력해야 합니다. 그렇게 하면 제8항에 대해 반대할 가능성을 얻게 될 것입니다. 본인이 제279호 전보에서 제안한 문안작성으로 수정되지 않았다면 말입니다. 제9항에 대해서도, 그동안 귀하가 제337호 전보로 전달한 공동안의 문구에 가까운 표현으로 되돌리는 것을 미국 대표단이 받아들였을 경우가 아니고는 귀하는 반대해야 합니다. 다른 한편으로, 여러분은 중국의 침략에 대한 인정은 거부하지 마십시오.

결국 우리는 결의문 전체에 대해 찬성투표를 하는 수밖에 다른 방법이 없을 듯합니다. 하지만 귀하의 의견과 제안이 받아들여지기를 간절히 바랍니다. 만

약 그래야 한다면, 앞서 두 조항에 대한 우리의 기권은 어쨌든 지키는 것이 합리적인 것 같다고 여겼던 조항들의 한계를 눈에 띄게 할 것입니다.

슈만

【53】 한국의 현재 전투 상황(1951.1.25)

[전 보]	한국의 현재 전투 상황
[문 서 번 호]	248-253
[발 신 일]	1951년 1월 25일 01시 40분
[수 신 일]	1951년 1월 25일 10시 45분
[발신지 및 발신자]	도쿄/드장(주일 프랑스대사)

보안

사이공 공문 제173-178호

1. 최근의 정찰 결과는 적군이 분명 수원-김량장리, 이천-여주 전선의 북쪽에 있다는 것을 분명히 보여주었습니다. 같은 전선의 남쪽에서는, 적군은 모든 행동을 삼가고 있습니다. 그렇게 해서 30여 km의 중립지대가 형성되었습니다. 적군은 연합군 배치를 정찰하기 위한 어떠한 시도도 없었지만 2월 1일 이전, 또는 매우 금방 공격을 시도할 수도 있습니다.

연합군 정찰대는 적군을 마주치지 않고 원주에서 20킬로미터를 지났습니다.

2. 한국에서 대규모 중국 병력의 소극적인 철수 문제가 오늘 참모부 회의에서 논의되었습니다.

이에 대해 제2사무국장은 대체로 정통한 대만 사무국이 제4야전군 부대가 인도차이나 국경으로 향하기 위해 한국에서 철수할거라고 며칠 전에 알려주었음을 상기시켰습니다.

공군의 정찰과 사령부가 수집한 다른 정보는 그러한 정보들을 확인시켜주지 못했습니다. 참모장 니키[1] 장군은 현재 한반도에서 중국 병력이 눈에 띄게 철수했다는 결론을 내리게 하는 것은 아무 것도 없다고 확인시키면서 논의를 마쳤습니다.

1월 11일부터 20일까지, 총 3,275대의 차량이 관찰되었고, 70%가 남쪽으로 향하고 있었습니다.

현재까지 전방 근처 혹은 바로 그 후방에서 눈에 띈 북한군 병력은 제1, 3, 4, 5 군단 소속으로 총 150000명 만 명을 이루는 18개 사단까지 증가했습니다.

게다가, 우리는 총130,000명의 재정비된 군인들로 이루어진 제6, 7, 8군단의 존재도 알고 있습니다. 거기에 70,000명의 신병이 보태졌으며, 200,000명의 예비군이 있습니다. 참모부장은 영월과 안동 사이에서 대략 30,000명을 헤아리는 북한군 제2군단의 침투가 심각한 위협이 되지 않았다고 강조했습니다. 적군의 침투는 먼저 보급 장애의 대상이었고 북쪽 주력 인민군으로 귀환하려고까지 한답니다.

이 점에 대해, 제3사무국장은 유격대와의 전투에 잘 훈련되어 있었고, 모든 종류의 술책에도 익숙한 프랑스와 네덜란드군 지휘에서 배울 수 있었던 바를 보고했습니다.

□□□은 전체 전선에서 확인된 교전 중단이 순전히 군령 때문인지 혹은 현재 "휴전"을 목적으로 진행 중인 외교적 군사작전과 연결되는 것인지 궁금해합니다.

국방부에 긴급 전달 요망.

드장

---

1) Nickey.

【54】『데일리헤럴드』의 사설(1951.2.1)

```
[ 전        보 ]  『데일리헤럴드』의 사설
[ 문 서 번 호 ]  522-528
[ 발    신    일 ]  1951년 2월 1일 23시 00분
[ 수    신    일 ]  1951년 2월 1일 23시 15분
[발신지 및 발신자]  런던/마시글리¹⁾(주영 프랑스대사)
```

보안

『데일리헤럴드』는 오늘 아침 사설에 다음 내용에 대한 유엔의 표결을 게재했습니다.

주요 사항에 있어서 채택된 안은 미국의 계획안과 뚜렷이 다르며, 영국 대표는 주요 부분에서는 모든 성급한 행동을 피하기를 원했다.

영국과 영연방 국가들의 외교가 늘 추구했듯이, 그리고 애틀리 씨의 워싱턴 방문에 이어 공개된 공식 성명에 드러난 계획에 따라, 중국과의 협상을 재개할 의도가 확인되었다.

영국 정부는 유엔이 취한 결정이 한 국면의 종결이 아니라 극동에서의 전쟁 확대를 막고 한국에서도 평화를 이루기 위해 수행할 "열정적이고 복잡한 일"의 새로운 시작이기를 원했다.

이러한 조항에는 침략의 검증이나, 하물며 비준의 가능성에 대한 어떠한 암시도 없었습니다.

그런 중에 그것들은 하원에서 방금 수상이 발표문에서 언급한 것과 동일한

---

1) 르네 마시글리(René Massigli, 1888-1988). 주영 프랑스대사.

주제들이었습니다. 그 논의에서 침략이란 단어를 듣는 데는 처칠 씨의 간단한 개입이 있어야 했습니다.

당 공식 기구의 기사와 애틀리 씨의 성명은 동일한 목적을 지닙니다. 저와의 마지막 대담에서 케네스 영거[2] 씨가 이미 그 반응을 염려했듯이 여당을 안심시키는 것이 그것입니다(본인의 전보 제389-397호). 수상이 여당의 반발을 더 이상 걱정하지 않아도 된다는 의미에서 보면 그러한 목적은 달성되었습니다만, 요즘 제기된 수많은 쟁점들은 노동당 좌파의 몇몇 구성원들이 아직 정부의 결정이 현명하다고 인정하지 않는다는 점을 보여주기도 합니다.

여하튼 이제 레이크석세스에서 영국 대표단이 취할 방침에 대해서는 본인의 전보 제495-501호를 통해 전해드린 정보를 보시면 됩니다.

마시글리

---

[2] 케네스 영거(Kenneth Younger, 1908-1976). 영국 외무부장관(1950-1955),

【55】 결의안 투표 결과에 대한 각국의 반응(1951.2.1)

[전 보]	결의안 투표 결과에 대한 각국의 반응
[문 서 번 호]	634-636
[발 신 일]	1951년 2월 1일 19시 40분
[수 신 일]	1951년 2월 2일 02시 15분
[발신지 및 발신자]	뉴욕/쇼벨1)(주유엔 프랑스대사)

워싱턴 공문 제538-544호

2월 1일 아침 소집된 본회의에서 유엔총회는 논쟁 없이 찬성 44표, 반대 7표(소비에트 연합, 인도, 버마)로 1월 30일 정치위원회에 의해 승인된 미국의 결의안을 채택하였습니다(본인의 전보 제602호).

8개국의 대표단이 기권하였습니다. 사우디아라비아 대표단은 투표에 참여하지 않은 것으로 해달라고 요구했지만 공식적으로는 9번째 기권표가 되었습니다.

소련의 위성국가들은 투표에 대한 짧은 설명에서 자신들의 반대 이유를 상기시켰으며 그 기회를 이용해 다시금 미국과 미국에 "기계적으로" 복종하는 유엔에 대해 공격을 퍼부었습니다. 차랍킨2) 씨는 이때 몇몇 투표 기계가 삐걱거리는 소리를 낸다고 말했습니다.

다시금 결의안 투표에 참여하기를 거부한 인도 대표는 1월 30일 정치위원회의 투표 이후 명백히 실패에 봉착한 12개국 열강이라고 말하며 "결의안 채택은 전쟁 지역에서 전투를 무한히 확대시키고 세계 전쟁으로까지 이끌 것"이라며 재차 신랄하게 유감과 경고를 표명했습니다.

---

1) 장 쇼벨(Jean chauvel, 1897-1979), 주유엔 프랑스대사, 유엔 상임대표단 단장.
2) 차랍킨(Semion K. Tsarapkine), 소련외교관.

궤변과 같은 면도 없지 않은 변증법적인 짧은 논리로, 그는 "12달 전부터 베이징 정부에 대해 그렇게 많은 잘못을 행한 것은 부당해 보이며, 알아보지 않고도 어느 한 정부를 침략자라고 비난할 수 있을 정도로 침략의 문제는 그다지 명확하지 않다"고 주장했습니다.

쇼벨

【56】 영국 대표의 중재위원회 설립 제안(1951.2.1)

[전 보]	영국 대표의 중재위원회 설립 제안
[문 서 번 호]	637-640
[발 신 일]	1951년 2월 1일 19시 40분
[수 신 일]	1951년 2월 1일 03시 00분
[발신지 및 발신자]	뉴욕/쇼벨(주유엔 프랑스대사)

워싱턴 공문 제538-544호
본인의 이전 전보에 이어

그는 그러한 전개가 위태로워질 수 있을 지도 모른다는 논리를 매우 간략하게 개괄하였습니다. 다시 말해 유엔총회가 권고 외의 다른 권리가 없다는 것과 침략행위를 증명할 권한이 없으며, 유엔헌장에 따르면, 안전보장이사회만이 이러한 권한을 가지고 있다는 논리였습니다.

그 계획에 투표한 이들 중에서, 영국 대표는 자국 정부는 중재위원회 설립이 첫 번째 결과물이어야 하며 "위원회를 지배하기 위한 어떠한 시도도 있어서는 안 되며 전쟁의 평화적 해결을 모색하려는 이 위원회의 노력이 진정 불가능해지기 전까지는 처벌 적용을 제안하는 시도도 있어서는 안 된다"는 조건 하에서 결의안에 지지를 보냈다고 강조했습니다.

글래드윈 젭[1] 경은 이 위원회의 즉각 설립을 요구했습니다. 그는 캐나다 안(案)이 영국 정부의 모든 주의사항을 고려하고 있다고 말했으며, 중재위원회가 그것을, 특히 회담의 개최와 전쟁 종결을 위한 협정 체결에 관련된 대목을 시급히 살펴 볼 것을 요구했습니다.

---

[1] 글래드윈 젭(Gladwin Jebb, 1900-1996). 주유엔 영국대사. 1945년 유엔 초대사무총장 역임.

프랑스 대표 자격으로 라코스트[2] 씨는 1월 29일자 정치위원회 성명 중 불명확한 의미와 "프랑스 정부가 미국의 결의안 지지를 결정하게 했던 조건들"을 몇 마디로 상기시켰습니다. 그는 프랑스 대표단은 이 모든 일에서 평화 이외의 다른 목적을 가지고 있지 않다고 재확인시켰습니다.

그는 "끝까지 우리의 모든 노력을 기울일 것이라는 가장 굳건한 확신을 가지고 있다는 점에서 우리는 여기 평화에의 의지를 밝히는 몇몇 대표단과는 분명히 다릅니다"라고 말했습니다.

쇼벨

---

[2] 프랑시스 라코스트(Francis Lacoste, 1905-1993). 주유엔 프랑스대표대리(1950-1954).

【57】 한국 전선의 상황(1951.2.1)

[전 보]	한국 전선의 상황
[문 서 번 호]	327-329
[발 신 일]	1951년 2월 1일 □시 30분
[수 신 일]	1951년 2월 1일 15시 15분
[발신지 및 발신자]	도쿄/드장[1](주일 프랑스대사)

국방부에게 긴급 전달 요망

워싱턴 공문 제127-129호, 뉴욕 공문 제119-121호, 사이공 공문 제231-233호

2월 1일자 미국의 보고서는 이미 얼마 전부터 진행된 중국 군대의 전체 후퇴를 처음으로 보고하였습니다.

전쟁 포로들의 진술에 의하면, 제38, 39군, 그리고 아마도 제42군이 한강 북쪽으로 후퇴한 것으로 보입니다. 실제 서쪽 지역에서 작전 중인 유엔군은 제50군의 3사단만을 만났을 뿐입니다. 이러한 후퇴는 주로 두 달 전부터 공군의 공격과 포격, 추위와 질병으로 인해 중국 군대가 입은 막대한 손실로 인한 것이라 봅니다.

비록 38선을 따라 상당한 중국 군대가 계속해서 눈에 띄기는 하지만, 공산군 부대의 주요 이동은 북서쪽으로 향했습니다.

전선 방어는 다른 곳에서 이루어졌습니다. 중국 소규모 부대로 둘러싸인 북한 대대는 현재 전선 후방 부대로 남겨질 것입니다.

미국 제1, 9군단 지역에서는, 유엔군이 계속 전진하고 있습니다. 유엔군은 어제 2킬로미터를 더 나아갔지만 반격이 좀 더 격렬해졌습니다.

---

1) 모리스 드장(Maurice-Ernest-Napoléon Dejean, 1899-1982). 주일 프랑스대사.

많은 해군 부대들에 의한 여러 포격이 해안과 고성 지역에서 있었습니다.

드러난 중국 군대의 움직임들은 대만으로부터 온 소식 때문일 수 있습니다. 그 소식에 따라 중국 공산군은 최근 만주에서 30만 명으로 조직된 북한군 부대들에 자리를 내어주며 한국에서 후퇴하고 있는 것으로 보입니다.

드장

【58】 중재위원회 설립에 대한 의견 교환(1951.2.2)

[전 보]	중재위원회의 설립에 대한 의견 교환
[문 서 번 호]	659-662
[발 신 일]	1951년 2월 2일 21시 11분
[수 신 일]	1951년 2월 3일 04시 00분
[발신지 및 발신자]	뉴욕/쇼벨(주유엔 프랑스대사)

워싱턴 공문 제555-558호

본인의 전보 제644호 참조

저는 오늘, 2월 1일 총회가 채택한 미국 결의안의 제9항에 담긴 중재위원회 설립에 대한 담화를 나눴습니다.

의장 엔테잠[1] 씨는 인도 대표 베네갈 라우[2] 경과 캐나다의 레스터 피어슨[3] 씨와의 협력 유지를 진심으로 바란다고 강조했으나 그 자신도 결코 그것의 성공을 확신하지는 못했습니다. 다른 출처를 통해 수집한 정보들에 따르면, 베네갈 경은 개인적으로는 전쟁의 평화적 해결을 위한 위원회의 노력에 반대하지 않을 것이며, 게다가 네루 수상의 승인을 요구하기 위해 그에게 전보를 통해 개입하려고 합니다. 하지만 그는 우호적인 답변을 결코 기대하지 못할 것입니다.

레스터 피어슨 씨와 관련해서는, 엔테잠 씨가 여전히 그의 참여를 간절히 원

---

[1] 나스롤라 엔테잠(Nasrollah Entezam, 1900-1980). 주유엔 이란대사(1947-1950). 1950년 제5차 회의 유엔총희 의장. 주미 이란대사(1950-1952).

[2] 베네갈 라우(Sir Benegal Narsing Rau, 1887-1953). 주유엔 인도 대표(1950-1952). 남한에 대한 무력 지원을 권고할 당시 안전보장이사회 의장이었음. 정전 3인단 대표.

[3] 레스터 B.피어슨(Lester B. Pearson, 1897-1972). 캐나다 외무장관, 국제연합 안전보장이사회 의장, 제7차 국제연합총회의장 역임. 국제연합 감시군 파견으로 1957년 수에즈 위기를 해결한 공로로 노벨평화상 수상. 자유당의 당수 총리 역임.

하고 있다고 합니다. 하지만 그는 외무부장관으로서 해야 할 일들이 있어 오타와를 오래 비워둘 수 없으며, 아주 빈번히 오타와로 돌아가야만 합니다.

한편, 최근 회의 동안 3국위원회의 전체적 입장은 미국 여론의 관점에서 보면 미국 대표의 평판을 위태롭게 했으며, 피어슨 씨는 개인적으로 계속해서 불신을 가지게 되었습니다.

결국 베네갈 경도, 레스터 피어슨 장관도 여유가 없는 상황에서, 엔테잠 씨는 스웨덴 사람과 에콰도르의 유엔대표에게 도움을 청할 것입니다. 레이크석세스에 있는 사람들은 노르웨이 사람과 오스트리아 사람에게 도움을 청한 것이 분명하다고 말합니다.

글래드윈 젭 경은 사전에 저와의 대화에서 자파룰라 칸[4])의 이름을 거론하였습니다.

오타와 공문 제5-8호

쇼벨

---

4) 자파룰라 칸(Muhammad Zafarullah Khan, 1893-1985). 파키스탄 외무부장관(1948-1954).

152 한국전쟁 관련 프랑스외무부 자료 II(1951. 01. 01~1951. 05. 31)

【59】 저우언라이의 성명(1951.2.3)

[전 보]	저우언라이의 성명
[문 서 번 호]	113
[발 신 일]	1951년 2월 3일 17시 45분
[수 신 일]	1951년 2월 3일 14시 45분
[발신지 및 발신자]	베이징/장켈레비치[1](주중 프랑스영사)

저우언라이[2] 씨는 방금 한 성명을 발표했습니다. 그는 이 성명에서 유엔 결의안의 불평등을 거론한 후 중국을 침략국으로 규탄하는 2월 1일자 유엔 결의안의 위법성을 제기하며 미국 정부의 진정성 부족을 신랄하게 비난했습니다. 그는 자신의 정부는 레이크석세스에서 진전시킨 조정 절차를 무시하기로 결정했다고 알렸습니다. 하지만 유엔의 움직임을 억제하려는 것인지, 자신이 유엔에 보낸 1월 17일자 전보에서 서술한 구체적 제안들로 돌아가게 하려는 것인지 어떠한 암시도 없었다는 점은 흥미롭습니다.

장켈레비치

---

[1] 레옹 장켈레비치(Léon Jankélévitch, 1903-1985). 한국전쟁 후 프랑스특사 및 전권공사(1955-1959).
[2] 저우언라이(周恩來, 1898-1976). 중국 공산정부 총리 겸 외교부장관.

【60】 한국 전선의 상황(1951.2.3)

[전   보]   한국 전선의 상황
[문 서 번 호]   332-333
[발   신   일]   1951년 2월 3일 00시 00분
[수   신   일]   1951년 2월 3일 10시 50분
[발신지 및 발신자]   도쿄/드장(주일 프랑스대사)

보안

국방부에 긴급 전달 요망

2월 1일 오전 4시, 북쪽과 서쪽에서 온 박격포로 무장한 적군 2개 부대가 여주 북쪽 15㎞ 지점에서 미국 제33연대의 대대, 그리고 같은 연대에 소속된 프랑스 대대를 향해 강력한 공격을 해왔습니다. 최초의 공격에서는 특히 공군의 도움을 통해 물리쳤습니다. 하지만 전투는 격렬하게 재개되었고 프랑스 부대가 육탄전을 벌이면서 17시까지 계속되었습니다. 사망자 수는 중국 쪽이 높았습니다. 보충 대대의 도착이 상황을 극복하게 해주었습니다. 오늘 아침 전투가 재개되었습니다.

공격은 중국군 제42군의 소대들과 인민군 제5군단이 이끄는 것으로 보입니다.

드장

【61】 한국 전선의 상황(1951.2.3)

[전　　　　보]	한국 전선의 상황
[문 서 번 호]	344-349
[발　신　일]	1951년 2월 3일 08시 00분
[수　신　일]	1951년 2월 4일 16시 20분
[발신지 및 발신자]	도쿄/드장(주일 프랑스대사)

보안

사이공 공문 제248-253호

1. 제1군단과 제9군단 전선에서, 유엔군은 2월 2일 대수롭지 않은 작은 저항들을 물리쳐가며 3km에서 4km 전진해 가는 방식을 취했습니다. 좀 더 강력한 저항은 미군 제7사단이 활동하는 평창 지역의 제10군단 우측에서 있었습니다.

제8군의 다른 부대를 따라, 남한군은 배치된 반대편에서 연안까지 북쪽으로 총진격을 시작했습니다. 해안에서는 프랑스 2개 연대가 38선 남쪽 20km에 있는 강릉 입구에 다다랐습니다.

2. 중국이 38선 북쪽으로 퇴각하는 것으로 보인다고 이틀 전 드린 정보와는 달리, 참모부는 오늘 새로운 정보를 보고하였습니다. 그것에 따르면, 적군은 보충 병력을 이끌고 현재 전선에 상당히 접근하였다는 것입니다. 적군은 한강 접근을 단단히 방어할 준비를 하는 것 같으며 아마도 유엔군이 움직이는 순간 반격할 것입니다. 서쪽 지역에서는, 반대의 전투 배치가 다음과 같이 준비되었습니다.

중국군 제50군은 안산 경안선, 제38군과 제42군은 강진리 후포리 축, 중국군 제39군과 제40군 및 북한군 제1군단은 서울 지역에 즉각적인 보충 부대로 배치되어 있습니다. 한편, 중국군 제66군과 아마도 37군은 제38군과 제42군을 지원하도록 조치되어 있습니다. 게다가 북한군 제5군단은 마찬가지로 적군이 반격을 할 경우 움직일 수 있을 것입니다.

3. 참모부의 계획 변화는 다음의 몇 가지 확인 사실들에 바탕을 두고 있습니다.

> 1) 열흘 전부터 움직인 수많은 병력 수송 차량(1월 22일에서 31일까지 2200-3022대)은 남쪽을 향하고 있다.
> 2) 최근의 작전 동안 붙잡힌 포로들은 제대로 무장되고 보급 받고 있었다.
> 3) 적의 공군의 현저한 집결이 안동 지역에서 포착되었다.
> 4) 6,400척의 소형보트들이 유엔군 후방으로 침투하고 기습하기 위해 인천 지역에 집결했다.

미 국무부는 혹시 적군이 압록강 해빙 전(3월 초)에 한국에 최대한의 군대(보충 병력과 교체 병력)와 보급물자를 보내려는 것이 아닌가 생각하고 있습니다.
어제 낮, 중국 적군은 3대의 머스탱[1]과 2대의 정찰기를 격퇴시켰다고 알렸습니다.

드장

---

[1] P-51 머스탱. 미국이 먼저 만들었지만 영국이 독일에 대항해 미국으로부터 들여와 더욱 강력하게 개조한 전투기.

【62】 한국 전선의 상황(1951.2.4)

[전   보] 한국 전선의 상황
[문 서 번 호] 368-371
[발   신   일] 1951년 2월 4일 09시 5분
[수   신   일] 1951년 2월 4일 21시 00분
[발신지 및 발신자] 도쿄/드장(주일 프랑스대사)

보안

워싱턴 공문 제154-157호
유엔 공문 제146-149호
사이공 공문 제272-275호

국방부에 전달 요망

1. 티푸스 질병이 적군 사이에 돌고 있으며 동쪽에서 서쪽으로 퍼져 북한군 제2군단에 이어 중국군 제5군, 43군에 닥쳤습니다.

2. 미 제8군 전체는 북쪽으로 이동을 계속하고 어제 제1군단과 제9군단 지역에서만 눈에 띄는 반격을 만났을 뿐입니다.

제24사단 전선에서는, 적군이 처음으로 10cm 정도의 로켓을 사용했습니다.

후방에서 폭격기들이 저지하도록 보충 병력의 움직임을 가속화시키는 것 같습니다.

3. 유엔군의 반격은 강화될 것입니다. 모든 돌파 작전에 활용할 수 있도록

여러 부대들이 서쪽에서 조직되었습니다. 그것은 2개 보병대대, 2개 전차대대, 1개 포병대대, 1개 공병대대로 이루어져 있습니다.

중국군과 여론에 강한 인상을 주기 위해 유엔군의 반격은 중국의 신년 초에 맞추어졌습니다. 제10군 지역에서, 얼마 전부터 대기하고 있는 남한군 제5사단과 제8사단이 공격에 참여할 것입니다.

임시 목표는 38선입니다.

공군은 최대한의 지원을 위해 총 배치되었습니다. 보건위생 담당관은 병원 침대의 수를 세 배로 늘렸습니다. 참모부는 보병, 포병, 공군의 협력에 만족하였습니다. 해군은 동쪽 해안으로 진격할 중국군 격퇴를 명령받았습니다.

4. 최근 보고서에 따르면, 2월 1일 프랑스 대대의 인명피해는 27명 사망, 97명 부상, 3명 실종으로 추산되었습니다. 대대 전선에서 헬리콥터가 적군 사상자 2,800명을 확인했습니다.

【63】 유엔군의 진격과 38선에 대한 논의(1951.2.5)

[전 보]	유엔군의 진격과 38선에 대한 논의
[문 서 번 호]	678-682
[발 신 일]	1951년 2월 5일 22시 41분
[수 신 일]	1951년 2월 6일 07시 45분
[발신지 및 발신자]	뉴욕/쇼벨(주유엔 프랑스대사)

보안

워싱턴 공문 제565호
본인의 전보 제607호 참조

어제 이 주제에 대해 문의한 그로스[1] 씨에 따르면, 유엔군의 진격은 원주에서 위협했던 중앙배치군을 몰아내기 위해 결정되었다고 합니다. 사령관은 중국군이 사라진 지역이 원래 생각했던 것보다 더 넓을 것을 보고 놀랐습니다. 그는 서울 근처에서 확인된 집결 지점까지 부대들을 몰아붙였습니다. 그처럼 확인된 사실들이 전술적인 결과를 낳았다고 생각하는 것은 이상하지 않아 보입니다. 38선의 문제가 새롭게 제기된 것은 외부, 말하자면 일반인들과 의회에서의 일입니다.

그런데, 제547호 외무부 전보에서 제시된 성명이 시의적절한 것이었는지 몇 가지 의문이 듭니다. 미국 정부가 필시 가정일 뿐일 일에 좀 더 관여하는 것에 어떤 주저함을 느낄 것이라는 점과 더불어, 미국 정부는 거기서 우리가 어떤 선을 넘지 않을 것임을 적군에게 미리 알게 하는 데 있어 순전히 군사적인 측면에

---

[1] 어니스트 그로스(Ernest A. Gross, 1906-1999). 주유엔 미국대사.

서 불편함을 가질 것이라는 점입니다. 결국 유엔은 38선을 넘지 않을 것을 처음으로 결정했습니다. 아마도, 그것은 유엔이 잘못한 일일 수도 있습니다. 하지만 유엔은 스스로 한 일을 이제 와서 단죄하는 모습을 보일 수는 없습니다.

38선이 마침내 최소한 일시적으로라도 성립한다면, 유엔군사령부 쪽에서는 크리튼버거[2] 장군과 그로스 씨에 의해 지난 12월 15일 제3국위원회에서 논한 비무장의 조건들을 이행하게 됩니다.

유엔군사령부의 제안이 현재의 군에게는 남쪽 경계가 38선으로 명확해지는 폭 20마일에 걸쳐 비무장지대의 형성을 담고 있다는 것을 우리는 알고 있습니다.

쇼벨

---

[2] 윌리스 크리튼버거(Willis D. Crittenberger, 1890-1980). 미국 4군단장 및 뉴욕 제1군 사령관 역임.

【64】 유엔의 조직 상황(1951.2.5)

[전   보] 유엔의 조직 상황
[문 서 번 호] 693-696
[발   신   일] 1951년 2월 5일 22시 45분
[수   신   일] 1951년 2월 8일 12시 00분
[발신지 및 발신자] 뉴욕/쇼벨(주유엔 프랑스대사)

우편 전달

워싱턴 공문 제568-571호

제가 오늘 아침 방문한 트리그브 리[1] 사무총장은 이달 1일 소련이 그 유효성에 이의를 제기한 새로운 기한을 다루었습니다. 그것은 지금까지 톤의 변화로만 해석되었습니다. 말리크[2] 씨는 소련 대표 자격으로 사무총장에게 글을 썼습니다. 그런데 이제부터는 소련 대표단이 사무총장에게 직접 호소합니다.

소련의 입장을 명확히 해줄 새로운 기회가 곧 제공될 것입니다. 트리그브 리 씨는 동료 외교관들에게 새로운 기한을 확인시키고 임명해야 합니다. 그는 모스크바가 진첸코[3] 씨를 임명하는 것을 허락하는지 말리크 씨에게 알아볼 것을 부탁했습니다.

---

[1] 트리그브 리(Trygve Halvdan Lie, 1896-1968). 노르웨이 출신의 유엔 초대 사무총장.
[2] 야코프 말리크(Yakov Aleksandrovich Malik, 1906-1980). 주유엔 소련대사. 일본 주재 소련대사, 소련 외무차관, 영국 주재 소련대사 역임. 한국전쟁 시 정전(停戰)을 제안.
[3] 콘스탄틴 진첸코(Constantin E. Zinchenko). 유엔정치안보위원회 사무차장. 자리의 특성상 맥아더의 작전은 소련인 진첸코의 승인을 받아야 했음.

그러한 경우 외에도, 트리그브 리 사무총장은 로지에⁴⁾ 씨의 후임들을 임명할 것입니다. 로지에 씨는 벤자민 코헨,⁵⁾ 빅터 후,⁶⁾ 케르노⁷⁾를 해임시키기를 원했습니다. 그는 어떤 누군지가 아닌 어떤 직무인가에 대해 생각하며 "임명될 것"이라고 우리에게 말했습니다.

현재의 상황에 대해서, 사무총장은 맥아더 장군과 이승만 씨로부터 일본과 한국에 와 달라는 초대를 받았다고 알려주었습니다. 그는 결정을 하는 데 있어 엔테잠 씨가 그의 그룹을 재편성하고 그의 직무를 이행하기 위해 조직된 그룹에 들이는 일련의 노력들을 기다려보고자 합니다.

미국 정보에 따르면 엔테잠 씨가 스스로 3국위원회의 일부가 되기를 강력하게 원한다고 합니다. 엔테잠 씨는 그것을 원치 않습니다. 그것은 잘못된 생각일 것입니다. 사무총장은 언젠가 이러한 문제에서 어떤 역할을 할 수 있겠지만, 총회의 위원회 이외의 조건에서 일 겁니다.

쇼벨

---

4) 앙리 로지에(Henri Laugier, 1888-1973). 프랑스 출신으로 유엔 사회부차관 역임. 세계인권선언 초안 작성과정에 참여.

5) 벤자민 코헨(Benjamin Cohen, 1896-1960). 칠레 외교관.

6) 빅터 후(Victor Hoo). 대만 외교관.

7) 이반 케르노(Ivan S. Kerno Kerno, 1891-1961). 체코슬로바키아 외교관.

【65】 소련의 결의안 기각(1951.2.7)

[전   보] 소련의 결의안 기각
[문 서 번 호] 740-744
[발 신 일] 1951년 2월 7일 20시 29분
[수 신 일] 1951년 2월 17일 10시 00분
[발신지 및 발신자] 뉴욕/쇼벨(주유엔 프랑스대사)

보안

워싱턴 공문 제599-603호

유엔총회 의제 제70항과 제75항(미국의 중국에 대한 공격과 미국 공군의 중국 영토 폭격과 영공 침략에 대한 소련의 비난들)에 대한 첫 위원회 논쟁이 2월 2일에 시작하여 어제 2월 6일 오후까지 이어졌고, 2월 7일 아침에 끝났습니다.

그러한 비난에 대한 오스틴 대사의 반박에도, 소련 대표들과 그 위성국들의 다른 열강들에 의한 그러한 비난의 반복에도 어떤 새로운 요소는 없었습니다. 이 6개국 대표들 외에는, 어느 누구도 전반적 논쟁에 끼어들지 않았습니다.

소련과 그 위성국들이 위원회에서 우[1] 장군이 준비했지만 도중에 중국에 호출당하여 발표하지는 못했던 담화문 25페이지를 읽도록 사무총장에게 요구하자, 위원회 의장은 2월 6일 이 문서를 다만 배부하기로 결정했습니다. 그의 결정은 39대 0의 표결(기권 17표)로 지지를 받았지만, 우 씨의 담화문 낭독을 얻어내기 위한 폴란드 대표의 발의는 32대 6의 표결(기권 16표)로 실패했습니다.

오늘 아침, 지난 11월 27일 회부된 제70항에 관련된 소련 결의안 계획은 49대

---

1) 우슈취안(Wu Xiuquan, 伍修權)으로 추정. 주유엔 중화인민공화국대표. 중국 외교부 부부장.

5의 표결로 기각되었습니다(버마, 인도네시아, 유고슬라비아는 기권함).

곧바로 의장은 중국에서 미국의 비합법적 행위를 막기 위해 유엔 헌장 11조 2항에 따라 필요한 조치를 즉각적으로 취할 것을 "안전보장이사회에 요구하고", 문제가 되는 소련의 비난에 따라 미국이 자행한 행위들을 "처벌하고자", 75항에 대한 소련의 두 번째 결의안을 표결에 부쳤습니다.

3개국의 대표들만이 투표 필요성을 느꼈습니다. 이집트, 인도, 시리아는 그 계획에 반대한다고 발표했습니다. 이집트의 경우는 소련이 제기한 처벌이 어떤 증거에도 입각해 있지 않기 때문이며, 다른 두 국가의 대표는 평화적 해결을 원하였기 때문입니다.

그 계획은 50대 5의 표결로 기각되었으며, 아프가니스탄과 유고슬라비아는 기권하였습니다.

쇼벨

【66】 유엔의 결의안 발표에 대한 스웨덴 정부의 입장(1951.2.8)

[전 보]	유엔의 결의안 발표에 대한 스웨덴 정부의 입장
[문 서 번 호]	49
[발 신 일]	1951년 2월 8일 15시 00분
[수 신 일]	1951년 2월 8일 18시 00분
[발신지 및 발신자]	스톡홀름/당피에르[1](주스웨덴 프랑스대사)

워싱턴 공문 제606호

노동당 당수의 요구에 답하면서, 외무장관 운덴[2] 씨는 어제 스웨덴 의회에서 레이크석세스의 논의 전개를 길게 발표한 이후 한국과 중국 사태에 대한 성명을 발표했습니다. 그는 이 문제에 대한 스웨덴의 입장을 정리했습니다. 스웨덴 정부는 문제가 된 제재가 무엇일지 검토하는 징계위원회에 주어진 직무에 있어 침략자 처벌에 관련된 결의안에 대한 스웨덴의 입장을 밝혔습니다. 중국에 대한 징계의 유효성과 시의 적절성에 대해 심히 의문을 가지고 있으며 가장 적절한 경우에도 그러한 종류의 조치는 원래 생각했던 것과 전혀 다른 결과로 이끌 수 있다는 점에 우려를 표한다는 것입니다. 침략에 대한 처벌과 관련해서도 유엔 헌장에 따라 징계를 가능케 하는 판결의 형태는 현재 상황에서 필요치 않으며 오히려 잘하기보다는 잘못하는 일일 수 있다는 것입니다. 만일 협상에 들어갈 가능성을 고려한다면, 정부의 견해는 6개국 열강의 계획안에 사용된 형식에 있어서 그리고 좀 더 명확한 용어에 있어서의 검증과 반대는 정치적 관점에서 더 바람직할 것이라고 합니다. 스웨덴은 위에서 말한 내용의 성명을 투표에 부

---

1) 로베르 드 당피에르(Robert de Dampierre, 1888-1974). 주스웨덴 프랑스대사(1948-1952).
2) 외스텐 운덴(Bo Östen Undén, 1886-1974). 사회민주당. 스웨덴 외무장관(1945-1962) 역임.

치는 순간 초대된 스웨덴 대표 대신 그러한 계획안을 발표하는 것을 바람직하게 생각하지 않았습니다.

우리는 스웨덴이 미국 결의안에 대한 투표에서 소수의 편에 있으리라고 예상했습니다. 게다가 이러한 상태는 우파나 자유당의 대리인들이 추천한 방식으로 투표했더라도 마찬가지였을 것입니다. 하지만 저는 스웨덴 정부의 입장을 이끈 요인들이 우리와 다르게 투표한 다른 국가들의 의견과 결코 다르지 않다고 생각합니다. 지금 미국이 취한 결정에 대한 망설임들은 투표한 수보다 더욱 클 것입니다.

우편을 통해 외무부장관의 담화문을 보내드립니다.

당피에르

【67】 38선 주변의 상황(1951.2.8)

[전　　　　보]	38선 주변의 상황
[문 서 번 호]	385-386
[발　신　일]	1951년 2월 8일 02시 00분
[수　신　일]	1951년 2월 9일 01시 30분
[발신지 및 발신자]	도쿄/드장(주일 프랑스대사)

보안

국방부에 긴급 전달 요망

뉴욕 공문 제286-287호
워싱턴 공문 제158-160호

각하의 전보 제328호 참조

　그밖에 현재의 변하지 않는 상황 속에서 정치 질서의 요건들이 38선에서의 중단에 유리하게 작용하고 있으며, 맥아더 장군으로부터 나온 몇 가지 전략적 고려들이 같은 의미에서 내세워질 수 있을 것입니다.
　유엔은 제한된 병력만을 배치할 뿐입니다. 단순히 사상자를 대체하고 있습니다. 반대로 중국군은 만주에 상당한 보충 병력을 보유하고 있습니다. 유엔군은 매 순간 수적으로 다소 열세에 있는 것으로 보입니다.
　맥아더 장군에 따르면, 이러한 열세 속에서 적군의 병참선의 지체만이 미국이 자신들의 우수한 공군을 투입할 수 있게끔 해준다고 합니다.
　그러므로 균형은 만주 국경과는 어느 정도 떨어진 거리에서 이루어져야 합니다.

지난 두 달간의 경험에 따르면, 이러한 균형은 38선 가까이에서 이루어지고 있습니다. 좀 더 눈에 띄게 북쪽으로 전진해갈 경우, 유엔군은 갑작스럽고 위험한 반격에 처할 수 있습니다.

유엔군의 병력이 증가하지 않을 수도 있다면, 그러한 요지는 실질적인 의미를 지니고 있습니다. 게다가 그것은 사령관이 제시해야 할 유리한 조건을 나타냅니다.

드장

【68】 적군의 사상자 추산 및 한국 전선의 상황(1951.2.9)

[전 보]	적군의 사상자 추산 및 한국 전선의 상황
[문 서 번 호]	396-398
[발 신 일]	1951년 2월 9일 03시 00분
[수 신 일]	1951년 2월 9일 17시 00분
[발신지 및 발신자]	도쿄/드장(주일 프랑스대사)

보안

뉴욕 공문 제153-155호
워싱턴 공문 제167-169호
사이공 공문 제298-300호

본인의 전보 제390호 참조

1. 덜레스[1] 씨는 방금 맥아더 장군과 얘기를 나눴습니다. 그에 따르면, 한국에서 적군의 사상자 수는 전투 초반부터 중국의 개입 이전 북한군 포함하여 750,000명에 달한다고 합니다(포로들 150,000명 포함 350,000명 증가).

최상으로 훈련되고 장비를 갖춘 중국 군대는 많은 수가 전투, 추위, 티푸스로 희생되었습니다. 그러한 파장은 이미 중국의 전투력이 상당히 떨어질 수밖에 없는 전선에서 느껴질 것입니다. 그러나 사령관은 적군이 후퇴하면서 공격을 펼치는 데 있어 여전히 수많은 병력과 충분한 물자, 특히 대포에 있어 충분한

---

[1] 존 포스터 덜레스(John Foster Dulles, 1888-1959). 미 국무부 고문. 초당파 외교의 공화당 대표. 각종 국제회의에 미국대표로 참석. 아이젠하워 행정부의 국무장관 역임.

무기를 보유하고 있다고 평가했습니다. 이제 유엔군은 신중하고 요령 있게 전진해갔습니다. 소련의 막대한 물질적 지원이 없는 한 유엔군은 새로운 진격을 정상적으로 저지할 수 있을 것입니다.

2. 대만으로부터 온 정보에 따르면, 미 총사령부가 중요하게 생각한 중국의 제3군단이 만주로 향하던 중 상당 부분 남쪽으로 회군하였다고 합니다. 우리는 이 군단에 속한 12개 사단이 한국 북동쪽에서 전투를 벌인 것을 알고 있습니다. 대본영은 중국군 사령관이 대만으로부터의 실질적 위협에 직면해 있는 것으로 생각하고 있습니다.

국방부에 긴급 전달 요망.

드장

【69】 한국 전선의 상황(1951.2.10)

[전 보]	한국 전선의 상황
[문 서 번 호]	404-405
[발 신 일]	1951년 2월 10일 24시 00분
[수 신 일]	1951년 2월 11일 09시 55분
[발신지 및 발신자]	도쿄/드장(주일 프랑스대사)

보안

국방부에 긴급 전달 요망

사이공 공문 제302-303호

미 제8군이 애쓰고 있는 서쪽에서는 적군의 방어가 무너졌습니다. 제1군의 정찰대는 인천 부근에 다다랐습니다. 도시는 폐허가 되었습니다. 5개의 특수임무부대가 꾸려졌습니다. 그 부대들은 이제 미미한 저항을 마주할 뿐입니다. 서울은 탈출 중에 있습니다. 전차와 사람들은 북쪽으로 향했습니다. 적군은 한강 남쪽의 교두보를 잃어버렸습니다. 적군의 운신 폭은 충분하지 않습니다.

제9군단과 마주한 저항은 더욱 거셌습니다. 하지만 유엔군이 한강 5㎞ 거리에 도착했습니다. 포로들 심문에 의하면, 중국군 제42군과 제66군은 동쪽으로 이동할 것입니다. 다양한 정보들에 의하면 적군은 개성(38선) 위쪽에 방어선을 칠 것으로 보입니다.

포로가 된 장교는 중국군 제50군의 병력이 30,000명에서 21,000명으로 감소했다고 합니다.

드장

【70】 한국에서의 군사작전에 대한 평가(1951.2.11)

[전　　　보]	한국에서의 군사작전에 대한 평가
[문 서 번 호]	406-407
[발　신　일]	1951년 2월 11일 01시 00분
[수　신　일]	1951년 2월 11일 10시 50분
[발신지 및 발신자]	도쿄/드장(주일 프랑스대사)

보안

국방부에 긴급 전달 요망

사이공 공문 제304-305호

　7월 이후부터 한국의 모든 군사작전을 이끈 기갑부대 제1사단장인 게이 장군이 휴가차 도쿄에 도착했으며 오늘 아침 미군 총사령부 수뇌부 회의에서 자신의 경험을 몇 마디로 짧게 얘기했습니다.

　그에 따르면, 한국전쟁은 우리가 수차 얘기했듯이 근본적으로 미국이 이끈 다른 군사작전과 다르지 않다고 합니다. 하지만 특별히 이번 경우에는 군대 쪽에서처럼 명령 쪽에서 결함이 있었습니다. 그는 자신의 고유한 책임도 있음을 부인하지 않았습니다. 전투에서 25% 혹은 그 이상의 사상자들은 그들의 무능, 군대의 지휘관들에게 책임을 지울 수 있습니다만, 참모부는 군사 훈련을 무시했고, 기계주의나 안위와 사치에 너무 빠져 있었습니다.

　공군·해군과의 훌륭한 협력은 보병의 결함을 보충하지 못했습니다. 게다가 군대업무는 전투병들의 희생을 감안하지 않고 너무 개별적인 것에서 치중되었습니다. 군사작전 초기에 물자는 낡아 있었고, 트럭도 바퀴도 없었습니다. 다음

활동의 재개는 통행 불가능한 도로에서 군수품 보급에 상당한 어려움을 겪게
될 것입니다.

드장

【71】 한국 전선의 상황(1951.2.11)

[전   보] 한국 전선의 상황
[문 서 번 호] 408-409
[발   신   일] 1951년 2월 11일 08시 00분
[수   신   일] 1951년 2월 11일 12시 50분
[발신지 및 발신자] 도쿄/드장(주일 프랑스대사)

보안

국방부에 긴급 전달 요망

사이공 공문 제306-307호

　유엔군은 인천과 김포 비행장을 점령하고 서울 남쪽에 도착하였습니다. 양평 지역의 한강 좌측 강변에서는 중국 제38군이 여전히 제1기갑사단에 대항하여 격렬히 저항했습니다.

　어제 포로들을 통해 얻은 정보에 의하면 홍천 지역 중앙 배치부대 쪽으로 적군의 이동이 있다고 합니다.

　제8사단 사령부는 미군 제10군단, 특히 좌측 제2사단의 비호를 받고 있는 남한군 제8사단(프랑스 대대 포함)과 제5사단에 대한 공격을 기다리고 있습니다.

드장

【72】 38선 돌파에 대한 미국의 여론 분석(1951.2.12)

[전   보]   38선 돌파에 대한 미국의 여론 분석
[문 서 번 호]   50010
[발   신   일]   1951년 2월 12일 18시 00분
[수   신   일]   1951년 2월 13일 10시 00분
[발신지 및 발신자]   뉴욕/페네트[1](프랑스 여단 장군)

보안

정통한 소식에 의하면, 몇몇 워싱턴 관가에는 유엔군에 의한 38선 돌파에 호의적인 여론의 동향이 있을 것이라고 합니다.

만일 중국군의 저항이 약하게 지속되었다면 부대는 어쩌면 정체된 전선에 있을 것입니다.

부각된 이유들은 다음과 같습니다.

> 첫째: 전략적 이유 - 정체된 전선은 지탱하기에 가장 경제적인 전선이다.
> 둘째: 정치적 이유 - 38선에서 실제로 멈춘다는 것은 공개적으로 38선 돌파를 취소하는 것이 된다.
> 셋째: 외교적 이유 - 38선 이북의 영토 점령은 추후 '휴전'을 위해, 다시 말해 38선 북쪽 20마일 근경의 무장에 관해 제안된 기본 협상을 더욱 용이하게 해줄 것이다.

직접 듣지 않은 이러한 정보를 비밀리에 전달해 드립니다.

---

[1] 앙리 페네트(Henri Penette, 1871-1959). 프랑스 여단 장군.

쇼벨 씨에게 전달 요망.

페네트 장군

【73】 세계평화위원회의 베를린 개최 결정(1951.2.12)

[전 보]	세계평화위원회의 베를린 개최 결정
[문 서 번 호]	122
[발 신 일]	1951년 2월 12일 20시 10분
[수 신 일]	1951년 2월 12일 21시 00분
[발신지 및 발신자]	베를린/노블레(주독 프랑스대사)

보안

본 공문 제124호

『룬트샤우』[1]는 세계평화위원회가 베를린에서 2월 21일에서 24일까지 개최된다고 알렸습니다. 의제는 바르샤바에서 열린 세계평화회의에서 채택된 결의안과 더불어 독일과 일본 문제의 평화적 해결이 될 것입니다. 유엔 사무국의 공식 성명은 전쟁의 위험이 점점 더 임박했다고 강조합니다. 중국 공산당을 침략자로 가리키는 미국의 영향으로 유엔의 결의안은 이러한 상황을 증폭시키는 원천이 되고 있습니다. 이러한 결의안의 목표는 한국문제의 평화적 해결을 전적으로 불가능하게 만드는 것이었습니다. 한편, 유엔 사무총장은 이러한 국제 회동의 주창자들을 진심어린 어조로 환영하며, 문화적 · 경제적 분야에서의 교류가 평화의 기조로 쓰일 수 있다고 생각합니다. 마지막으로 그는 독일 사람들에게 사실 제네바가 원래 개최지였으나 결국 회의 장소로 선택된 베를린에 대해 깊은 만족감을 표했습니다.

노블레

---

1) 『룬트샤우Rundschau』. '전망'이라는 의미의 베를린 일간 신문.

【74】 38선 돌파에 대한 의구심(1951.2.12)

[전   보] 38선 돌파에 대한 의구심
[문 서 번 호] 778-781
[발   신   일] 1951년 2월 12일 20시 45분
[수   신   일] 1951년 2월 13일 03시 30분
[발신지 및 발신자] 뉴욕/라코스트(주유엔 프랑스대표대리)

보안

본인의 이전 전보 참조

워싱턴 공문 제615-624호

오늘 아침 보고된 사건으로 여러 대표단에 영향을 끼친 중대한 걱정들은 전반적으로 지난 가을의 선례 때문인 것 같습니다. 하지만 거기에는 일어날 수 있는 결과들, 한마디로 셀 수 없는 결과들에 있어 한국 사태에 의구심을 갖는 데에는 좀 더 명확한 이유들이 있을 것입니다. 오늘 유엔군 총사령부의 프랑스 대표단장에 의해 미 국방부 참모부에 전달되어 미 국방부에서 논의되어야 할 전보는, 워싱턴 가에서 이미 얼마 전부터 사람들이 얘기하듯 중국의 저항이 더 이상 거세지 않다면 38선 이북에 위치한 한반도까지 좁혀가는 데까지 유엔군의 계속된 진격을 진지하게 검토할 것이라는 점을 다루고 있습니다. 워싱턴 가의 공론에 따르면 이러한 새로운 전선은 더 이상 군사적으로 유지하기 쉽지 않을 것이라고 합니다. 왜냐하면 유엔이 이전의 의견을 취소하는 것으로 보이지 않으려는 측면에서는 정치적으로 득이 되기 때문입니다. 또한 더욱 오랫동안 38선 이북 20마일 근경까지라는 비무장 지대의 개념으로 되돌아올 경우가 유리하

기 때문입니다. 유엔에 있어 이러한 비무장 지대를 비우는 일은 용이한 일입니다. 유엔이 그곳을 점령했다면, 그것은 중국-북한군이 다시 그곳을 점령할 경우 유엔이 그들로 하여금 그곳을 비우게 하는 것이 불가능한 때일 것입니다.

페네트 장군이 그러한 정보를 건넨 정보원들이 전반적으로 정통하다고 보는 이유들이 있다는 사실과 관계없이, 아마도 그러한 정보들 속에는 미국 총사령부의 있을법한 의도에 대한 생각들이 존재하는 것이 아닐까 합니다.

이어지는 내용을 잘 아셔야 할 것입니다.

라코스트

암호과 추신: 이번 내용에 이어진 다음 전보는 이미 제782-784호로 전달되었음.

【75】 38선 돌파에 대한 의구심을 전한 『뉴욕타임스』(1951.2.12)

```
[ 전        보 ]    38선 돌파에 대한 의구심을 전한『뉴욕타임스』
[ 문 서 번 호 ]    782-784
[ 발   신   일 ]    1951년 2월 12일 21시 25분
[ 수   신   일 ]    1951년 2월 13일 05시 00분
[발신지 및 발신자]    뉴욕/라코스트(주유엔 프랑스대표대리)
```

보안

『뉴욕타임스』의 워싱턴 특파원은 그 날 아침 간행된 기사에서 2주 전부터 워싱턴에서는 모든 첫 정보들의 전체적 문맥에 따르면 유엔군사령부가 38선을 돌파하는 것을 검토하고 있지 않다고 자신이 얘기한 직후, 미 국무부가 며칠 전 공식적으로 "한국의 평화 회복은 유엔군이 38선을 통과하느냐 아니냐를 아는 것에 대한 생각들로 인해 쉽지 않을 것"이라고 주장한 점을 상기시켰습니다.

『뉴욕타임스』의 같은 호가 유엔은 맥아더 장군이 지휘하는 유엔군사령부가 다시 38선을 돌파하는 데 특별한 명령이 필요하다고 보지 않는 것으로 생각하며, 유엔은 또한 미국 대표단의 대표들로서는 38선 돌파는 제8사단의 사령관인 리지웨이 장군이 그 자리에서 순전히 군사적으로 취할 수 있는 성격의 결정이라고 본다고 생각한다는 점도 확실치는 않습니다.

아마도 관련 정부들은, 다시 말해 한국 참전국들은 이미 이러한 주제들을 논의하기 시작했을 것입니다.

라코스트

【76】 한국 사태의 국면들과 38선 돌파에 대한 영국 수상의 의견 발표(1951.2.13)

[전 보]	한국 사태의 국면들과 38선 돌파에 대한 영국 수상의
	의견 발표
[문 서 번 호]	689-695
[발 신 일]	1951년 2월 13일 23시 10분
[수 신 일]	1951년 2월 13일 24시 00분
[발신지 및 발신자]	런던/마시글리(주영 프랑스대사)

　어제 하원에서 열린 외교정치 토론 중, 에덴 씨는 유엔군의 38선 도달에 대한 문제는 건드리지 않고 한국 사태에 있어서의 극히 일반적인 몇 가지 국면에만 할애했습니다. 반면 그 문제는 수상이 전체적으로 재론하였습니다.

　유엔의 개입 당시 영국이 내세운 왕실의 지지를 상기시킨 후, 애틀리 씨는 영국의 참전이 지금 얼마나 여러 정당에 의해 만장일치로 승인되었는가를 강조했습니다. 그는 "원칙 수용을 반대하는 회원국들의 야합을 행동 지침으로 취하고 결과를 빗나가게 하는 것은 좋지 않다"고 덧붙였습니다. 수상은 또한 몇몇 국가들처럼 이러한 모든 사태 동안 영국 정부가 적절한 정치를 펼치지 못했다고 하는 것은 어리석고 정직하지 못한 일이라고 주장했습니다. 오히려 영국 정치는 처음부터 전적으로 온전히 정의되었고, 세 가지 사고를 따랐습니다. 유엔의 권한에 대한 원칙을 지지하며, 전쟁을 가능한 한 종결시키며, 그리하여 전쟁이 확산되거나 총체적 전쟁을 유발할 위험을 방지하는 것입니다. 지난 달 레이크석세스에서의 토론을 상기시키며, 애틀리 씨는 만일 중국의 침략에 있어 어떤 의심할 여지가 없다면, 영국 정부는 "모든 협상의 문을 열어놓음이" 필요불가결한 일이었음을 확신한다고 지적했습니다. 결의안은 이러한 정신 속에서 수정되었으며, 이것은 "협상의 가능성"에 문을 열어준다는 얘기입니다. 애틀리 씨는 그토록 오랫동안 중재위원회의 개입과 또 다른 방식의 개입을 통해 의견 일치에 도달한 기회를 승인하는 데 있어 문제될 것은 없다고 분명히 했습니다.

지난 1월 26일 캐나다의 제안을 암시하면서, 수상은 중재위원회를 통해 매우 진지하게 검토해야 할 것이라고 말한 다음, 중국 정부가 "평화적 해결을 논의하면서 이것을 이루어야 한다……"고 주장했습니다. 애틀리 씨는 "영국 정부는 협상의 기반을 찾아내는 것이 가능하며 현재 한국의 좀 더 안정된 상황은 이것을 더욱 용이하게 할 것"이라고 주장했습니다.

다음으로 38선 돌파의 문제에 접근하면서, 수상은 정부가 이 문제에 관해 미국 정부와 접촉하고 있으며, "영국 정부는 유엔 중심의 논의, 특히 한국전쟁에 노력을 기울이는 회원국들의 의견 교환 없이 38선을 다시 돌파하지 않는 것이 좋다"는 좀 더 전반적인 이해에 도달했다고 밝혔습니다. 한편 수상은 38선은 어떤 군사분계선도 아니며, 그것을 확정해야 할 때에는 군사적 검토를 하게 될 것이라고 분명히 했습니다.

마시글리

【77】 맥아더 장군의 38선 돌파에 대한 의견 발표(1951.2.13)

[전 보]	맥아더 장군의 38선 돌파에 대한 의견 발표
[문 서 번 호]	1270-1274
[발 신 일]	1951년 2월 13일 21시 30분
[수 신 일]	1951년 2월 14일 04시 46분
[발신지 및 발신자]	워싱턴/보네(주미 프랑스대사)

보안

절대우선문건

맥아더 장군이 오늘 전선으로부터 돌아오는 길에 발표한 성명에서 현재 38선 돌파란 "순전히 아카데믹한" 논의일 뿐이라고 말했음에도 불구하고, 언론과 라디오의 해설자들은 그의 발표의 다른 대목에서는 한국의 몇몇 전선에서 유엔군의 전적인 중단 대한 생각이라는 결론이 나올 수 있다고 보았습니다. 이 점에 대해서는 육군 참모 총장인 콜린스[1] 장군이 오늘 프레스클럽의 신문기자에게 답하면서 자신은 미군과 유엔군을 38선 넘어서까지 무력으로 밀고 들어가고 싶지 않았으며, 이러한 38선 돌파에 대한 언급은 정치지도자들에게 나온 것이라고 좀 더 상세하게 발표하였습니다.

미 국무부에 모인 연합국 사절단장 회의에서, 부재중인 히커슨을 대신하여 유럽사무국 부의장은 미 국무부의 공보실장이 말한 '합의'에 대해 질문한 우리 동료에게 38선 문제는 레이크석세스에서 아직 논의되지 않았으며 이 문제에 대해 유엔의 미국 대표와 연합국 대표들 사이에 '합의'는 없었다고 대답했습니다.

---

[1] 죠셉 '라이트닝 조' 로턴 콜린스(Joseph 'Lightning Joe' Lawton Collins, 1896-1987). 미 육군 참모 총장(1949-1953).

국무차관보는 이 문제를 다음 주 금요일 회의에서 다룰 수 있을 것이라고 덧붙였습니다.

그 뒤 그와 가진 담화에서, 저는 그에게 ㅁㅁㅁ와 제가 미 국무부와 38선 문제에 대해 최근에 가진 대화를 '합의'라고 간주할 수 없는지 물었습니다. 유엔군은 동해안의 한 지점을 제외하고 아직 이 38선에 도달하지 않은 상태로, 그 문제는 실제 곧바로 제기되지 않을 것으로 보입니다만, 우리가 원하는 대로 중국군과 북한군이 이 지역에서 물러났을 때 유엔군의 북한을 향한 노선에 대한 의견 교환을 가까운 시일 내에 가지는 것이 필요할 것 같습니다. 그것이 바로 여러 유엔군 정부들이 표명하고 몰두하는 진정한 문제입니다. 저의 중재자는 미국 정부가 그러한 의사를 모르지는 않으며, 워싱턴에서 이 문제에 관해 의견 교환이 있을 것이라고 대답했습니다.

보네

【78】 한국 전선의 상황(1951.2.13)

[전 　　　 보]	한국 전선의 상황
[문 서 번 호]	1275-1279
[발 　 신 　 일]	1951년 2월 13일 22시 00분
[수 　 신 　 일]	1951년 2월 14일 08시 45분
[발신지 및 발신자]	워싱턴/보네(주미 프랑스대사)

보안

2급 비밀

뉴욕 공문 제267-271호

1. 오늘 오후 사절단장 회의에서, 국방부 대표자들은 12일에 중국군이 한국 전선 중심부에서 제10군단을 상대로 펼친 공격의 경과에 대해 아주 명확한 총체적 정보들을 줄 수 없었습니다.

우리가 지금 알고 있는 것이라고는, 중국군 제66군이 공격을 개시했다는 것입니다. 제40군단이 거기에 참여했는지는 아직 밝혀지지 않았습니다. 이 두 부대는 제37, 39군단의 매우 중요한 보충 병력을 후방에 두고 있습니다.

적군의 돌파는 한국군 모든 소대들이 남쪽 20km 이상 되는 곳까지 물러나고 현재 진천 주변에 재집결한 제8사단의 두 연대를 사이에 둔 횡성 지역에서 이루어졌습니다.

제8사단의 동쪽에 있는 한국군 제3, 5사단의 부대들은 약 5km를 후퇴해야 했습니다.

지평면의 중국군 제42군을 앞에 둔 프랑스 대대는 오늘까지 공격을 받지는 않았습니다. 게다가 동쪽과 서쪽 전선들은 조용하며 미 국방부 대변인은 남한의 주요 사단이 이미 동쪽 전선의 38선을 돌파했다는 정보를 부인했습니다. 이 부대의 정찰대는 실제로 38선으로부터 2km정도에 접근해 있지만, 적군에 의해 멈춰있는 상태입니다.

요약하면, 아직 중국의 새로운 공격에 대한 결론을 이끌어내기는 시기상조인 것 같습니다. 결국, 만일 공산주의자들이 부인할 수 없는 초기의 성공을 이루었더라도, 유엔군 사령부는 이 지역에 미국과 외국 부대들의 주요 병력을 가지고 있습니다.

중국의 공격은 돌파 양상을 띠지 않더라도 서쪽 전선에 대한 유엔군의 이탈을 가져올 수밖에 없게 합니다.

2. 미 국방부는 다음과 같이 2월 9일자로 공산군의 사상자 수를 알렸습니다.
1) 북한인: 235,000명(사망과 부상), 39,000명(전투지역 밖 사망), 135,916명 (포로).
2) 중국인: 155,000명(사망과 부상), 22,000명(전투지역 밖 사망), 912명(포로).
6월 이후 전체 사망자 수는 590,000명에 달함.

3. 적군은 현재 다음과 같이 증가했음.
1) 북한군 191,000명(88,000명은 전투지역에 있음).
   북한군 제1사단은 9,500명, 제2사단은 17,000명, 제3사단은 12,000명으로 추산됨.
2) 중국군 221,000명(116,000명은 전투지역에 있음).
   마지막 추산은 한 달 이전부터 50,000명이 사망함에 따른 결과임.
3) 압록강 북쪽의 중국군: 343,000명.

보네

【79】미군의 원산 정박(1951.2.14)

[전 보]	미군의 원산 정박
[문 서 번 호]	738
[발 신 일]	1951년 2월 14일 22시 10분
[수 신 일]	1951년 2월 14일 22시 15분
[발신지 및 발신자]	런던/마시글리(주영 프랑스대사)

보안

저는 언론을 통해 알고 있는 미군의 원산 정박에 대한 소식을 윌리엄 스트랭[1] 경으로부터 직접 전해 들었습니다.

외무부에서는 디에프 정박의 방식으로 일시적인 기습의 문제일 뿐이길 바라고 있습니다. 해군은 결국 부산 지대를 지키기 위한 예비군으로 존재합니다. 우리는 지금 38선 이북에 새로운 전선을 구축하는 데 어떻게 중요한 부대들을 충분히 분산시킬 수 있을 것인가를 제대로 알지 못합니다. 하지만 그것은 현재 아무 것도 확인되지 않은 예상된 업무들에 관한 것일 뿐입니다.

마시글리

---

[1] 윌리엄 스트랭(William Strang, 1893-1978). 영국 외무부차관(1949-1953).

【80】 맥아더 장군의 입장 발표(1951.2.14)

[전   보] 맥아더 장군의 입장 발표
[문 서 번 호] 432-433
[발   신   일] 1951년 2월 14일 08시 00분
[수   신   일] 1951년 2월 14일 12시 00분
[발신지 및 발신자] 도쿄/드장(주일 프랑스대사)

워싱턴 공문 제182-183호, 뉴욕 공문 제157-158호
전쟁부에 전달 요망

맥아더 장군은 전선을 잠시 방문한 이후 어제 언론에 전달한 발표문에서 한국에서의 유엔군 작전의 전반적인 내용들을 복기시키고 적의 병참선에 대한 공군의 계속된 행동을 통해 미국의 수적 열세를 보완한 필요성을 떠올린 후, "현 군사작전 국면에서의 38선 돌파는 전술적 상황으로 인해 분리된 정찰대들을 제외하고는 거론할 문제가 아니다"라고 주장합니다.

사령관은 군사적 관점에서는 우리가 분계선 북쪽으로의 작전을 제대로 수행하기 전에 우선 중국 적군의 수적 우세를 축소시켜야 한다고 덧붙입니다.

사령관은 남은 일로는 한국 사태의 전개가 군사령부의 알려지지 않은 결정과 국제적 검토에 달려 있다고 주장합니다.

드장

【81】 한국의 상황(1951.2.15)

[전 보]	한국의 상황
[문 서 번 호]	434-437
[발 신 일]	1951년 2월 15일 08시 00분
[수 신 일]	1951년 2월 15일 13시 15분
[발신지 및 발신자]	도쿄/드장(주일 프랑스대사)

보안

사이공 공문 제328-331호
국방부에 전달 요망

1. 적군은 제10군단의 모든 전선에서 공격을 전개시켰습니다. 적군은 남한
군 제3, 8사단을 격퇴시킨 후, 상대가 후퇴하는 데까지 따라붙었습니다. 동시
에, 적군은 유엔군 제2사단을 공격했습니다. 네덜란드 대대가 포함된 제38연대
는 1,400명의 사상자를 냈습니다. 제23연대와 프랑스 대대도 공격당했습니다.
최근 언론 소식에 따르면 몽클라르[1] 장군은 지평면에 고립되었을 것이라고 합
니다.

제10군단의 부대들은 원주 북쪽 1㎞ 정도 되는 전선으로 후퇴했습니다.

전선에 있는 제5사단과 즉각 투입할 예비병력 제2사단으로 된 중국 작전부대
제4사단의 모든 부대들은 미군 제1, 9, 10군단과 대적했습니다.

---

[1] 랄프 몽클라르(Ralph Monclar, 1892-1964). 한국전쟁 프랑스 파병군 제1대대장(1950-19551). 몽
클라르 장군은 3성 장군이었으나 참전을 위해 중령으로 스스로 강등했으며, 그가 지휘하는
프랑스 대대는 1950년 11월 29일 한국에 도착한 후 미 제2사단 23연대에 배속되어 원주 전투
와 지평리 전투에 참가하였고 중공군의 공격에서 지평리를 방어하는 데 공헌하였음.

적군은 예비 병력으로 북한군 제3, 4, 5, 6, 7, 8군단과, 명확한 정보가 없으나 원산 지역에 주둔한 중국 작전 부대 제3사단의 부대들을 한국에 배치하고 있습니다. 해군 제1사단은 청주로 가라는 명령을 받았습니다.

영국 제27소대와 한국군 제6사단은 제10군단에 배치되었습니다. 고전했던 한국군 제8사단은 전선에서 물러났습니다.

제1, 9군단 지역이나 동쪽 지역에는 어떤 변화도 없습니다.

2. 현재 제8사단과 교전 중인 중국군은 총사령부에 따르면 177,000명으로 추산되며, 제3사단의 중국군은 125,000명으로 추산됩니다. 압록강 양쪽 국경 지역에 주둔한 병력은 343,000명, 만주에는 593,000명으로 추산되며, 총 1,238,000명으로 추산됩니다.

재정비되어 아직 전투에 임하지 않은 북한 군단들은 118,000명을 넘을 것입니다.

드장

【82】 38선 돌파에 대한 프랑스의 견해 전달(1951.2.1)

[전 　 　 보]	38선 돌파에 대한 프랑스의 견해 전달
[문 서 번 호]	1354-1357
[발 　 신 　 일]	1951년 2월 15일 23시 49분
[수 　 신 　 일]	1951년 2월 16일 06시 55분
[발신지 및 발신자]	워싱턴/보네(주미 프랑스대사)

보안

뉴욕 공문 제279-282호

저희 대사관의 공사참사관은 오늘 분명한 태도로 극동 차관보에게 각하의 전보 제1498호 내용대로 38선의 실제 돌파에 관한 프랑스 정부의 견해를 설명했습니다.

차관보는 그 내용들에 관심을 보였고, 정부 논의 중 다루겠다고 했습니다. 한편 그는 그 문제가 현재 떠오른 것은 아니며, 아마도 한강 남쪽에서의 유엔군 주둔보다 한강과 38선 사이에 주둔하는 것이 더욱 나을 것이라는 문제에 관련된다는 점을 제기했습니다. 앞으로의 일과 관련하여, 유엔 담당 부국장에 따르면, 미국 정부는 38선의 실제적 돌파와 관련해 관련국들과의 긴밀한 사전 논의 없이 어떠한 결정도 내리지 않을 것이라고 그는 거듭 밝혔습니다. 그럼에도 그는 트루먼 대통령이 맥아더 장군에게 사전 논의를 통한 정부의 형식적 승인을 얻은 후에만 실제로 38선을 돌파하라는 명령을 실제로 내렸는지는 확답할 수 없다고 덧붙였습니다.

저희 동료는 러스크[1] 씨에게 우리의 승인 없이 취한 결정에 프랑스를 합류시키지는 못할 것이며 우리와 결별하게 될 수도 있다고 주지시키기를 잊지 않았습니다.

이러한 접촉 당시, 대통령은 기자회견 때에 러스크 씨의 태도보다 더 확고한 태도를 취했으며, 그저께 프레스 클럽에서 콜린스 장군이 취한 것과는 완전히 반대였습니다(본인의 전보 제1270호). 미 참모총장이 38선 돌파의 문제는 정치 지도자들에게 달려있다고 말하는 동안, 트루먼 대통령은 이 문제가 맥아더 장군의 손에 달려 있고 오로지 군사적 문제이며 이러한 분야에서의 유엔의 예전의 승낙은 항상 유효하다고 주장했습니다.

보네

---

1) 데이비드 러스크(David Dean Rusk, 1909-1994). 국제연합담당관, 극동담당 미 국무차관보, 록펠러재단 이사장, J. F. 케네디 정부의 국무장관 역임. 한국전쟁 당시 확전을 주장하는 맥아더의 의견을 반대하는 트루먼을 도움.

【83】한국의 포로들 문제와 국제적십자(1951.2.15)

[전 보]	한국의 포로들 문제와 국제적십자
[문 서 번 호]	268
[발 신 일]	1951년 2월 15일
[수 신 일]	1951년 2월 16일
[발신지 및 발신자]	런던/주영 프랑스대사관
[수신지 및 수신자]	파리/로베르 슈만(프랑스 외무부장관)

한국의 포로들

국회의 질문에 답하면서, 외무부차관은 국제적십자위원회가 북한에 갈 수 있도록 소련에 중재를 요구하는 공식적인 절차가 2월 5일에 이루어졌다고 밝혔습니다. 소련 정부도 전쟁포로들의 편지와 식량 소포들의 교환 가능성을 북한 정부와 검토할 것을 부탁했습니다.

데이비스 차관은 베이징 정부 측에서 국제 적십자가 의사를 타진해 왔으며, 이 문제에 대한 논의가 현재 베이징에서 이루어졌다고 덧붙였습니다. 데이비스 씨는 영국 외무부 담당자가 현재 그러한 논의에 대해 어느 것도 접하지 못했다고 말했습니다.

【84】 38선 돌파에 대한 영국의 입장(1951.2.16)

[전 보]	38선 돌파에 대한 영국의 입장
[문 서 번 호]	821-825
[발 신 일]	1951년 2월 16일 22시 55분
[수 신 일]	1951년 2월 16일 23시 20분
[발신지 및 발신자]	런던/마시글리(주영 프랑스대사)

보안

긴급

본인의 전보 제721-722호 참조

한국 38선 돌파에 대한 영국 수상의 최근 입장 발표를 설명하면서, 윌리엄 스트랭 경은 제게 영국 정부가 이 지정학적 경계선을 침범할 수 없는 경계로 생각하지 않는 데 전반적으로 동의했다고 밝혔습니다. 여기서 우리는 유엔군의 진격이 멈추기를 바라는 전선에서 당연히 지형적 가능성들에 적응해야 할 것이라는 점에 전적으로 수긍합니다. 결국 군대의, 특히 남한 군대의 공격 사기를 유지할 필요가 있으며, 곧바로 38선이라는 피난처에서는 유엔군을 두려워하지 않아도 된다는 확신을 적에게 주어서는 안 됩니다. 그 결과 38선 이북에서 유엔군의 폭격은 그들이 겨울에 잃어버렸던 모든 주요 교두보를 되찾으려는 차후의 목표 못지않은 강력함으로 수행될 것입니다.

그런데, 군대 사령부의 관점에서 이루어진 그러한 양보들에 있어, 영국 정부는 유엔군 공격을 38선 넘어서까지 강력하게 끌고 가지 않도록 워싱턴에 매우 강력하게 요청했습니다. 저는 윌레엄 스트랭 경에게 어제 2월 15일 기자의 질문에 맥아더가 38선을 돌파하는 일에 모든 권한을 가지고 있다고 답한 트루먼 대통령의 언론 발표에 대한 생각을 물었습니다. 그러한 발표는 영국과의 교섭에 대한 답일까요?

국무차관은 전혀 그렇게 생각하지 않습니다. 아마도 그는 대통령의 의도는 그 이상의 뉘앙스가 있음을 알고 있을 것입니다. 그러한 상황은 충분히 격렬한 반응을 불러일으킬 수 있습니다. 특히 의회에서는 말입니다. 하지만 그는 우선 보기에 중국 사령부가 유엔군의 공격 위협을 부담스럽게 느끼고 이로 인해 협상의 실제적 재개에 덜 반대하는 것이 나쁘지 않다고 생각합니다. 대대적인 진격은 유엔의 결정과 관련국들의 협의 이후에만 개입될 수 있다는 사실이 연합국 정부들 사이에서 미진하게 이해되었다고 생각지는 않습니다. 미 국무부에 요구하도록 올리비에 프랭크스 경이 받은 지시사항은 바로 그러한 확약입니다.

마시글리

【85】 38선 돌파에 관한 미국 정부의 입장 설명(1951.2.16)

[전　　　　보]	38선 돌파에 관한 미국 정부의 입장 설명
[문 서 번 호]	1409-1418
[발　신　일]	1951년 2월 16일 23시 55분
[수　신　일]	1951년 2월 17일 07시 00분
[발신지 및 발신자]	워싱턴/보네(주미 프랑스대사)

보안

2급 비밀

뉴욕 공문 제26-295호

오늘 사절단장 회의에서, 차관보는 다리당[1] 씨나 제게 이 문제에 대해 말했던 것을 확인시키며 매우 심층적으로 38선 돌파에 대한 정부의 견해를 설명했습니다.

러스크 씨는 미국 당국이 이 사태에 대해 가장 완벽한 의견 교환을 통해 관련 정부들과 일을 처리하고자 한다고 밝힌 이후, 한국전쟁을 해결하기 위해서 우리가 시도할 수 있는 다양한 해결책을 점검하면서 드러난 다음과 같은 문제를 제기했습니다.

1. 한국 전역에 대한 결정권을 무력으로 획득하기 위해 유엔의 군사적 노력 강화

러스크 씨는 다음과 같은 이유들로 이러한 해결책을 제외시켰습니다.

1) 미국뿐만 아니라 유엔군사령부 작전에 참여하고 있는 다른 나라들도 한국에서 군사적 노력을 상당한 규모로 증가시킬 가능성이 없다.

2) 혹시 이러한 가능성이 존재하더라도, 이 지역에 그러한 노력을 한다는 것은 현명하지 못한 일이다.

---

[1] 장 다리당(Jean Daridan, 1906-2003). 워싱턴 주재 프랑스영사.

3) 반대로 적은 군대를 증강할 가능성이 있다.

여기까지는 어떤 근거도 한국에서의 이와 같은 계획을 바꾸게 할 수 없습니다. 그러므로 상대가 매우 강한 입장에 있다는 것을 인정해야 하며, 그러한 상태로부터 결론들을 이끌어내야 합니다.

2. 한국 철수

미국 정부는 다음과 같은 이유로 그것은 잘못되었다고 생각합니다.

유엔의 위엄과 영향력

일본의 안전

남한에 대한 약속

전 세계의 침략에 대한 저항

3. 다른 지역에서의 다양한 활동을 통한 한국에서의 압박 완화

미국 정부는 그것에 대해 우호적이지 않으니, 극동이건 다른 곳이건 전쟁의 확대에 반대하기 때문입니다. 그것이 한국전쟁의 해결책을 찾기 위해 지금까지 이어온 유엔의 신중한 정치입니다.

4. 적의 공격에 대한 중립화 - 교착상태

현재 근본적으로 진행되고 있는 상황이지만, 미국 정부는 부득이한 상황으로 판단하고 있다고 러스크 씨가 말했습니다. 우선 그것은 희생이 따르는 일이며, 한국에 참전한 군대들이 다른 곳에서 훨씬 유용하기 때문입니다.

공산주의자들과의 협상은 그들이 한국의 유엔군을 몰아낼 수 없다고 생각할 때 가능할 수 있으며, 참모부는 그들에게 상당한 사상자를 내는 '미사일 공격'을 시도하기로 결정했습니다.

현재 미국 정부가 38선 이북 돌파 가능성도, 유용성도 있다고 생각하지 않는다면, 적군이 유엔군사령부의 의도를 전혀 모르는 것이 덜 위압적이라고 판단하지 않으며, 특히 북한에 '성역(聖域)'을 둔다는 느낌을 가지지 않는 것이 덜 위압적이라고 판단하지 않습니다.

어제 언론에서 트루먼 대통령이 한 발표를 염두에 둔 국무차관보는 그것은 두 가지 동기에서라고 덧붙였습니다. 러스크 씨에 따르면, 대통령이 38선 돌파 문제에 대해 군사적·전략적 관점을 가진 것도 정치적 관점을 가진 것도 아니라는 것입니다.

미국 정부에게 있어 유엔군의 임무는 한국의 침략자를 물리치는 일이며, 그곳에 평화와 안녕을 수립하는 것입니다.

"우리는 유엔이 한국 통일을 목적으로 최근에 취한 결의안들을 강요할 의무가 있다고 생각하지 않습니다."

뉴질랜드 동료는 이어 지난 10월 레이크석세스에서 38선 돌파를 반대하는 어떤 목소리도 없었다는 점을 상기시켰습니다. 반면 그는 그 상황은 중국의 대규모 개입으로 물리적 환경들이 완전히 바뀐 지금과 달랐다고 덧붙였습니다. 결국 새로운 정치적 문제가 제기되었습니다.

러스크 씨에게 매우 상세한 설명에 대해 감사를 전한 후, 저는 연합국 정부들은 무엇보다 38선 근방에서 벌어진 전투 도중 38선에 대한 전략적 돌파나 중국의 통신선에 대한 미국 공군의 필요불가결한 활동에 관련하여 한국에서 전쟁을 벌이고 있는 부대들의 임무를 복잡하게 만들지 않기를 바라고 있다고 강조했습니다. 게다가 적군이 북한에 관한 유엔군사령부의 계획을 모르도록 하는 게 필요합니다. 그렇지만 저는 미국 정부가 관련국들과의 협의나 동의 없이 북한에서의 전투를 수행하지 않겠다는 데 대해 차관보의 분명한 확약을 받았습니다.

러스크 씨는 자신이 설명한 내용들을 요약한 견해서를 오늘 회의에 참석한 대표단에 조만간 보낼 것이라고 약속하며 발표를 마쳤습니다.

차관보는 또한 미국 정부는 워싱턴에서 오늘 오후 자신의 발표 내용과 관련해 대표단들과 만나기를 원할 것이라고 밝혔습니다.

하지만 격주간의 협의를 열면서 미국 정부는 참전국들의 선결적인 동의에 모든 결정들을 따르게 할 수는 없었다고 러스크 씨는 밝혔습니다.

보네

【86】 한국에서의 중국과 유엔군의 교전 상황과 군대의 재편(1951.2.17)

[전 보]	한국에서의 중국과 유엔군의 교전 상황과 군대의 재편
[문 서 번 호]	445-449
[발 신 일]	1951년 2월 17일 00시 00분
[수 신 일]	1951년 2월 17일 09시 40분
[발신지 및 발신자]	도쿄/드장(주일 프랑스대사)

중국 군대의 주요 노력은 확실히 청주의 중요한 반격을 목표로 하며 지평-원주 지역에서 계속되고 있습니다.

동시에 적군의 압력은 동쪽으로 확대되고 있습니다. 중국군은 2월 15일 평창 지역의 남한군 제7사단 지역에 나타났습니다. 사령부는 중국군과 작은 교전만을 치룬 한국 부대들이 약하게 자리 잡고 있는 이 지역에의 침투 가능성을 염려하고 있습니다.

미군 제23연대와 프랑스 대대는 2월 14일부터 중국군 제42사단에 속하는 5개 사단에 의해 거의 완전히 포위된 채로 지평면에 주둔하고 있습니다. 그들은 조금의 영토도 빼앗기지 않고 적군에 대해 상당한 사상자를 냈습니다. 그들의 저항은 제5기갑연대와 영국 제27소대의 도착을 도왔습니다.

원주에서의 규모는 분명해지고 있습니다. 공격은 중국군 제40, 66군단에 의해 이루어졌습니다. 전투들은 네덜란드 대대와 제115공정연대전투단, 제38기갑사단이 지키고 있는 도시에서 5km 떨어진 곳에서 벌어졌습니다. 지난 24시간 동안, 적군은 조금 전진했습니다. 몇몇 침투가 원주 남동쪽에서 있었지만, 사령부는 그것을 걱정하지 않았습니다. 해군 사단은 진주에 자리 잡고 있습니다.

제9군단 지역에서 한강 좌측 강변을 차지한 적군의 교두보는 점점 축소되고 있습니다.

공군은 880회 출격했습니다.

2. 2월 14일과 15일 중, 프랑스 대대는 사망자 9명과 부상자 46명, 실종자 3명, 사고피해자 혹은 희생자 126명을 냈습니다. 현재 병력은 지난 보강병력 105명의 도착으로 820명으로 추산됩니다.

중국의 반격 초기부터, 남한군은 10,000명 이상 사망자를 냈으며 그들 대부분은 허술한 장비를 하고 있었습니다. 그들은 중국군 앞에서 제대로 대처하지 못한 것으로 밝혀졌습니다.

3. 남한군은 이제 재정비되었습니다. 제3, 5, 8사단은 알몬드[1] 장군이 지휘하는 제1군단에 편성되었습니다. 제7, 9, 중앙 사단은 리지웨이 장군의 지휘 하에 있는 제3군단에 편성되었습니다.

4. 총사령부는 엄격히 비밀에 부쳐진 남쪽 해군 소대들 근처에서 최근 이루어진 50여 명의 요원 상륙에 관련된 문제의 소문들로 어제 언론에 알려진, 원산 정박으로 지칭되는 모든 것을 모르고 있습니다.

국방부에 전달 요망.

드장

---

[1] 에드워드 알몬드(Edward M. Almond, 1892-1979). 한국전쟁 중 미 제10군단장. 인천상륙작전과 원산상륙작전 지휘.

【87】 한국의 상황(1951.2.18)

[전 보]	한국의 상황
[문 서 번 호]	453-457
[발 신 일]	1951년 2월 18일 08시 00분
[수 신 일]	1951년 2월 18일 13시 40분
[발신지 및 발신자]	도쿄/드장(주일 프랑스대사)

사이공 공문 제346-349호
국방부에 전달 요망

지난 이틀 동안, 전선의 전반적 상황은 춘천 북쪽을 제외하고는 조용했습니다. 수많은 사망자들을 낸 후, 중국군은 원주에 대한 공격을 멈추었습니다. 반면 북한군 제2, 5군단은 □□□ 방향으로 □□㎞ 정도 더 나아갔습니다.

한국 참모부의 처음 보고서와는 반대로, 중국군은 한국군 제3, 5, 8사단 옆에서 특별히 춘천을 지켜야 하는 임무를 받은 미군 제7사단의 방어가 공고한 이지역에 아직 들어오지 못했습니다.

중국군 모든 서부 사단과 중앙부 사단들은 2개 사단만을 제외하고 참전하였습니다. 그 군대들은 서울 제50군단, 한강을 둘러싼 제38군단, 지평면의 제42군단, 원주의 제39, 40, 66군단에 속합니다.

동부 전선에는, 한국군 제9사단과 핵심 사단이 전선을 축소시키기 위해 횡성쪽으로 물러나라는 명령을 받았습니다.

48시간 동안 어떤 위협도 없던 미군 제23연대와 프랑스 대대는 오늘 제5기갑연대와 영국 제27소대와 교대했습니다.

2월 1일부터 16일까지의 기간 동안, 병력 수송 차량 5,841대의 남쪽으로 향한 현저한 움직임이 있었습니다. 이러한 수치는 이전의 수송 차량 14%에 비교해서

75%의 증가를 보여줍니다. 철도 운행은 무시할만한 것이었습니다.

미 참모부는 연대의 새로운 다수 부대들을 통한 제8사단의 공격 개시 이후 상당히 증가한 적군 사망자(하루 평균 500명)를 위해 필요한 운송 수단의 증가라고 설명했습니다.

티푸스의 경우는 원산과 진남포에 걸쳐 있는 섬들에서 남한 사람들에게 나타났습니다.

드장

【88】 2월 13일자 맥아더 장군의 성명(1951.2.18)

[전　　　보]	2월 13일자 맥아더 장군의 성명
[문 서 번 호]	58 AS
[발　신　일]	1951년 2월 18일
[수　신　일]	1951년 2월 18일
[발신지 및 발신자]	도쿄/드장(주일 프랑스대사)

　한국전선을 두 번째 방문하고 돌아오는 길에, 2월 13일, 유엔군 총사령관 맥아더 장군은 한국에서 유엔군의 전략 정보에 관해, 특히 38선 문제에 관해 성명을 내놓았습니다.

　번역문을 동봉합니다.

드장

【88-1】별첨 1—맥아더 장군의 성명 번역문(1951.2.13)

유엔 총사령부

한국전선에서 돌아오는 길에 맥아더 장군의 성명문

우리에게 남겨진 한국의 미래는 언제나 매우 광범위한 부분에서 아직 여기에서 알려지지 않은 결정들과 국제적 의결에 달려 있습니다. 그 사이, 저의 지휘하에 있는 군대는 우리가 그 군대를 통해 합리적으로 기대할 수 있는 모든 것을 하고 있습니다. 중국 공산당의 전쟁 개입 당시 착수한 우리의 전략은 적군의 보급선을 지연시킬 목적으로 빠른 후퇴를 하여, 결과적으로 우리 공군의 파괴적인 무력을 증대시켜 식량 공급에 어려움을 증대시키는 것이었습니다. 그러한 전략은 옳았던 것으로 밝혀졌습니다. 이러한 전략을 실행에 옮기는 데, 제8사단은 적군의 물품과 밀집 지역에 대한 공군의 최대한의 대대적인 전과의 확대 덕분에 국지적 전술의 성공을 거두었습니다. 하지만 이러한 성공의 전개 속에서, 적군의 물적·인적 예비 장치에서 멀어져서는 안 됩니다. 중국 공산주의자들의 전쟁 참여에 따른 우리의 전략적 후퇴가 결정적인 패패였던 것으로 잘못 생각했던 것과 같이, 그것은 그러한 전술적 성공들이 결정적인 방식으로 적군의 패배를 이끌 수 있다고 믿는 오류를 가져옵니다.

우리는 언제나 적에게 가능한 한 최대 사상자를 내는 것을 주요 목표로 군사작전을 개시했습니다. 그 결과, 우리는 수적 우세함에 따르는 불가분의 위험들을 피하기 위해 모든 것을 시도하며, 적의 최초의 전술 유지와 진전을 막기 위해 숨 돌릴 겨를을 주지 않으려 끊임없이 애썼습니다. 한국을 통과하는 어떤 경계선을 만들고 소모전을 치르자는 몇몇의 생각은 전적으로 헛된 것입니다. 그러한 견해는 경계선의 길이도, 한반도의 가장 협소한 지역에서 지형의 돌발적 특성도, 거기에 참여할 수 있는 상대적으로 약한 군대도 고려하지 않았습니다. 그러한 전략을 세운다는 것은 우리 군대의 파멸을 불러올 것입니다. 군사작전의 현 단계에서 38선 돌파 언급은 단순히 아카데믹한 일일 뿐입니다. 그것은 국지적 전술 요구에 따라 정찰대에 의해 산발적으로만 돌파할 수 있을 뿐입니다. 군사적 관점에서, 우리는 우리의 적 중국 공산주의자들의 현재 우세를 물리적으로 축소시켜야만 합니다. 그들은 우리에 대항하여 비합법적인 전쟁을 처벌받지 않고 시작했기에, 중국 영토라는 특수 지역의 전례 없는 군사적 잠재력에 대한 면역성이 없다는 이점을 누리고 있습니다. 이러한 상황이 계속되는 한, 38선의 지정학적 경계선 북쪽에서의 대규모 군사작전을 진지하게 검토한다는 것은 무익합니다.

그 사이, 우리 육·해·공군의 완벽한 협동 덕분에, 그리고 동시 군사작전 결과 각 군의 전적인 기여 덕분에, 적군은 계속해서 상당한 사상자를 냈습니다. 제8사단의 사령관인 리지웨이 장군은 워커 장군의 훌륭하고 위엄 있는 후임자로 밝혀졌습니다. 해군 사령관 스트러블[1] 장군, 공군 사령관 패트리지 장군은 매우 이상적인 조합을 이루었습니다.

---

[1] 아더 드웨이 스트러블(Arthur Dewey Struble, 1894-1983). 미국 해군 제독. 미 제7함대 사령관.

【89】 한국의 상황(1951.2.19)

[전　　　보]	한국의 상황
[문 서 번 호]	467-469
[발　 신　 일]	1951년 2월 19일 08시 35분
[수　 신　 일]	1951년 2월 19일 13시 15분
[발신지 및 발신자]	도쿄/드장(주일 프랑스대사)

보안

사이공 공문
국방부에 전달 요망

　2월 18일 하루는 조용했습니다. 지평면과 원주 북쪽에서 적군과의 교전이 멈췄습니다. 미국 참모부는 그들이 보통 식량을 보급 받는 데 따라 4일 내지 5일 이러한 고요함이 지속될 것으로 예상하고 있습니다.

　적의 공격은 사라진 것으로 생각됩니다. 한강 이남의 저항은 유엔군 정찰대가 주둔한 북쪽 강변 지역인 광주와 양평 사이에서만 있을 뿐입니다. 12일에서 15일까지 미국·프랑스 군대에 의한 방어는 중국군에 심각한 실패를 안기는 데 결정적 역할을 한 것으로 보입니다. 춘천 북쪽으로 약 8㎞ 되는 곳에 북한군이 자리하고 있었습니다. 공군 제187연대가 원주로 와서 도시 방어를 강화할 것입니다. 제7사단은 오늘 춘천 하천 방향으로 북동쪽에서 공격했습니다. 이러한 활동은 한국군 제9사단의 서쪽을 향한 돌진을 통해 이차적으로 행해질 것입니다. 공정연대 전투단은 원주 북쪽에서 한국군 제9사단과 네덜란드 대대와 교대했습니다.

　미국 제23연대와 프랑스 대대는 같은 도시의 남쪽에서 대기 중입니다.

제8사단은 부대를 재정비하기 위해 휴식을 취하고 있습니다.

드장

【90】 한국의 상황(1951.2.20)

[전 　　　 보]	한국의 상황
[문 서 번 호]	470
[발 　 신 　 일]	1951년 2월 20일 02시 30분
[수 　 신 　 일]	1951년 2월 20일 10시 15분
[발신지 및 발신자]	도쿄/드장(주일 프랑스대사)

보안

사이공 공문 제579호

　리지웨이 장군은 2월 20일 언론 발표에서 중국의 반격이 자취를 감추었다고 전했습니다. 그는 지평면의 미·프 주둔군의 '최고의 활약'에 결정적 역할을 부여했습니다.

　중국군들은 후퇴하고 있지만 여전히 분계선을 향한 유엔군의 진격을 막을 상당한 군대를 38선 북쪽에 보유하고 있습니다. 미8군은 이 전선의 남쪽에서 제4병단에 소속된 중국의 6개 군단(제50, 38, 42, 39, 40, 66)을 정확히 파악했습니다. 그러한 군대들에다 서쪽 지역에서는 파악하지 못한 다른 군단과 북한군 제1군단이 더해졌습니다. 지난 2주 동안 동쪽에서 눈에 띄는 변동을 보였던 좌측 중국군 무리는 원주 북쪽에서 발견되었습니다. 리지웨이 장군은 미군 부대들 곁에서 싸운 여러 유엔군에 경의를 표했습니다. 그는 유엔군의 대승에 대해서는 말하지 않았습니다. 그는 한편 중국의 공격 중단과 공산군 부대의 후퇴는 새로운 전쟁 국면에 들어가는 것이라고 했습니다. 그는 서울 남쪽에서 유엔군이 주워온 것으로 6개 발판에 창이 꽂힌 것을 보여주었습니다. 이것은 5천 년 전에 사용했던 무기와 유사합니다. 그것은 중국인들에게 있어 무기나 탄환의 전반적 부족을 나타내지 않습니다만 적어도 지엽적으로 현대적인 엔진의 부족을 보여줍니다. 미8군 사령관은 최근의 군사작전 도중 자신은 38선에 대해 한 순간도 생각해본 적이 없다고 강조했습니다.

국방부에 전달 요망.

드장

【91】 유엔의 한국에서의 행동 노선(1951.2.20)

[전　　　보]	유엔의 한국에서의 행동 노선
[문 서 번 호]	1506-1517
[발　신　일]	1951년 2월 20일 23시 00분
[수　신　일]	1951년 2월 21일 09시 45분
[발신지 및 발신자]	워싱턴/보네(주미 프랑스대사)

보안

본인의 2월 16일자 전보 참조

오늘 오후 러스크 씨가 사절단장들에게 보낸 각서 번역문을 다음과 같이 전달합니다.

"5개의 전체 행동 노선은 유엔에 의해 한국에서 채택될 것이다.

1. 유엔은 군대에 의해 나라를 일원화하고 한국 전역을 통제할 목적으로 철저히 군사작전을 수행해야 할 것이다. 그러한 행동 노선의 채택은 유엔의 군사적 노력들의 강화를 요구할 것이다. 그러지만, 그러한 강화는 현재 필요치 않으며, 혹시 필요하더라도, 적군은 분명 유엔군의 그러한 노력이 성공하는 것을 방해할 의도로 충분한 군대를 배치한다는 점에 대해 생각해야 한다.

2. 유엔군은 침략자에게 승리를 넘겨주고 유엔이 침략자를 물리치려는 시도가 실패했음을 인정하며 한국에서 군대를 철수할 수도 있을 것이다. 만일 그러한 행동 노선이 채택된다면, 침략자에 대항하여 헛되이 싸운 남한 국민과 군대는 처참한 운명에 빠져들 것이다. 유엔군의 철수와 회원국들의 나약한 의사표명은 자유 진영의 입장에서 심각한 결과를 초래할 것이다. 결과적으로, 미국 정부는 유엔군의 한국 철수는 대단한 오류라고 판단한다.

3. 중국에서의 전투 확대는 한국 상황을 청산하는 결과를 낳을 수 있을 것이다.

하지만 미국과 유엔의 다른 회원국들은 가능하면 전쟁지역이 한국으로 제한되기를 바라며, 연합 사령부는 극도의 선동에도 불구하고 이러한 정책에 알맞은 모든 노력을 계속할 것이다.

4. 미확정 기간 동안의 군사작전 중단(교착 상태)은 현재 전선 부근에서 이루어질 것이다. 하지만 그러한 중단은 계속적이고 심각한 방식으로 유엔군의 자원, 다른 임무를 수행하기 위해 필요로 하는 자원을 흡수할 것이다. 게다가 그러한 중단은 유엔군을 한국 밖으로 내몰 수 있는 적군의 집중을 방해하기 위해 광범위한 공군의 단계적 공격과 해군 작전의 지속을 필요하게 할 것이다. 만일 그러한 공군과 해군의 공격들이 수행된다면, 아마도 적군은 모든 가능한 방법으로 한국에서 전쟁에 종지부를 찍으려 할 것이다. 교착 상태 이후의 그러한 다음 상황은 적어도 한정된 기간으로는 가능하지 않을 것이다.

5. 만일 어떤 쪽에서도 한국에서 완전한 승리를 쟁취하지 못한다면, 협상과 평화적 해결의 기회가 증가될 수도 있다. 현재 그러한 평화적 해결에 이르고자 하는 적군 쪽의 의도에 대해 어떠한 정보도 가지고 있지 않음에도 불구하고, 휴전을 동반한 타협안의 형태가 한국전쟁을 끝맺는 방식으로 제안될 수 있을 것이다. 중재위원회가 그러한 가능성을 염두에 두고 있는 것으로 추정된다.

1950년 한국문제에 대해 안전보장이사회가 채택한 결의안과 유엔 헌장의 내용에 따르면, 유엔과 회원국들은 의무적으로 침략자를 물리치기 위해 한국을 도와야 한다. 하지만 유엔도 회원국들도 한국의 통일을 실현하기 위해 충분한 군대를 제공하게 되어 있지는 않다. 결과적으로, 38선 돌파는 이제 침략자를 물리치려는 남한을 돕는 데 있어 유엔의 임무에 연결된 문제로 간주되고 있다.

유엔군의 배치는 현재 기본적으로 방어를 위한 것이다. 그렇지만 여기서 유엔군은 적군의 행동의 자유를 축소시키고 공격 계획을 방해하기 위해 공격적 방어를 지속해야 한다. 그러한 작전들은 기동적 전투로 간주되어야 한다. 군사작전들은 근본적으로 영토를 확보하는 것이지 영토를 보존하는 것을 목표로 하지 않는다.

유엔의 의도에 대한 어떤 정보도 적에게 유출되지 않는 것이 매우 중요하다. 왜냐하면 현재 북한의 만주에 배치된 것으로 보이는 침범불가 주둔지가 확인되었으며, 유엔군의 안전이 상당히 위협 받을 수 있기 때문이다.

결과적으로, 연합 사령부는 상황이 요구될 때마다 한국 전역에서 공군 군사작전을 수행하기 위한 전적인 권한을 계속해서 행사하는 것이 필요한 것으로 간주된다. 같은 관점은 유엔의 해군 군사작전에도 적용된다. 더불어, 연합 사령부는 공격적 방어가 필요로 할 수 있는 정찰대의 활동이나 기습적인 공격을 자유롭게 할 수 있어야 한다. 미국 정부는 이러한 종류의 군사작전이 38선을 넘어서 시도되는 것에 대해 어떠한 정치적 반대도 하지 않을 것이다.

그러나 38선을 통과하는 군사작전을 펼쳐야 하는 계속적 필요성과 유엔군이 무력으로 한국 전체를 통일하려고 하는 것인지 알고자 하는 정치적 문제를 혼동해서는 안 된다.

(부분 판독 불가)

그 문제가 더욱 긴급하게 될 때 그리고 그 순간 미국 정부가 한국에서의 군사작전에 참여하는 다른 회원국들과 협의하게 될 때, 38선의 무력 돌파 문제를 검토할 시기가 있을 것이다.

그렇지만 현재 이러한 문제에 대한 결정은 시기상조인 것으로 보인다. 왜냐하면 우리는 그 순간 적의 입장이 무엇인지 혹은 군사적 상황이 어떤지, 또 다른 요소들이 고려되어야 하는지 모르기 때문이다. 결국 유엔군사령부가 38선 이북으로 군사작전을 수행하는 데 있어 유엔의 결의안에 따르는 것이 분명 올바르다는 사실에도 불구하고, 또한 한국의 유엔군에 명령을 내려야 하고 군대의 안전을 보장해야 할 의무를 가지고 있음에도 불구하고, 미국 정부는 그러한 검토를 할 모든 경우에 있어 최상의 합의를 얻어내기 위해 모든 노력을 다할 것이다."

보네

【92】 미국 건물 근처에 떨어진 이상한 발사체에 대한 소문(1951.2.21)

[전 보]	미국 건물 근처에 떨어진 이상한 발사체에 대한 소문
[문 서 번 호]	478
[발 신 일]	1951년 2월 21일 10시 00분
[수 신 일]	1951년 2월 21일 09시 30분
[발신지 및 발신자]	도쿄/드장(주일 프랑스대사)

보안

요즘의 언론은 지난 12월 인천 근방의 미국 건물 가까이에 떨어진 이상한 발사체들을 둘러싼 소문들을 다루고 있습니다. 총사령부는 소위 그러한 발사체들은 사실상 비행기 날개 외부에 고정된 보조 탱크일 뿐이고 임무를 마치고 돌아오는 비행기로부터 떨어진 것일 뿐이라고 생각했습니다.

이러한 가정은 다양하게 관찰된 현상들을 설명할 것입니다.

국방부에 전달 요망.

드장

【93】 38선 돌파에 대한 맥아더 장군의 의견(1951.2.21)

[전   보]   38선 돌파에 대한 맥아더 장군의 의견
[문 서 번 호]   480
[발   신   일]   1951년 2월 21일 02시 30분
[수   신   일]   1951년 2월 21일 14시 45분
[발신지 및 발신자]   도쿄/드장(주일 프랑스대사)

보안

워싱턴 공문 제201호, 뉴욕 공문 제165호, 사이공 공문 제365호

총사령부로부터 나온 문건에 의하면, 어제 2월 20일 맥아더 장군은 한국의
전선을 방문하는 도중 38선 문제를 다음과 같이 표현하였습니다.

  "38선 돌파 문제는 공개적으로 계속해서 논의될 것입니다. 트루먼 대통령
 은 38선 돌파는 군사작전 지휘관으로서 본인의 판단에 따른 결단 앞에서의
 군사적 문제라고 지적했습니다. 만일 문제가 제기된다면, 그리고 그 문제가
 제기될 때, 긴급한 정치적 이유들이 그러한 돌파로 나아가거나 혹은 그것을
 합리적으로 제한할 가능성이 있거나 할 때, 저는 자의적인 방식으로 그러한
 권력을 행사하지 않겠다는 것을 강조하고자 합니다. 그와 함께 저는 현재 그
 문제는 아카데믹한 것이라고 거듭 말합니다."

드장

【94】 한국의 상황(1951.2.21)

[전   보] 한국의 상황
[문 서 번 호] 481-482
[발   신   일] 1951년 2월 21일 10시 00분
[수   신   일] 1951년 2월 21일 14시 30분
[발신지 및 발신자] 도쿄/드장(주일 프랑스대사)

보안

국방부에 전달 요망
사이공 공문 제366-367호

1. 제한된 목표물에 대한 유엔군의 새로운 공격이 어제 메시지를 통해 알린 상태에서 오늘 아침 10시에 개시되었습니다. 공격은 원주 지역에서 해군 2개 연대에 의해 이루어졌습니다. 제2사단은 프랑스 대대와 함께 춘천에 자리 잡았습니다.

제10군단 지역에서는, 공격은 미국 부대에 의해 수행되었고 남한 부대들은 한 개 사단만을 제외하고 후방에 자리했습니다.

해군 사단은 북동쪽을 공격할 것입니다. 제7사단은 같은 방향으로 밀고 들어갈 것이며, 해군과 합류하기 위해 서쪽으로 방향을 바꿀 것입니다. 제2사단은 그렇게 만들어진 고립 지대를 소탕하기 위해 북쪽으로 진격할 것입니다.

남한군 제3군단은 우측 방어를 맡을 것입니다.

2. 공군 정찰대는 후방 적군 전체에서 현재까지는 아주 미미하고 산발적인 전차의 재등장에 주목합니다.

다른 한편 오래 전부터 처음으로 평양 지역에 남쪽으로 향하는 16량의 열차들이 보였습니다. 그것들 중 3량은 예외 없이 공군에 의해 철로에서 파괴되었습니다.

드장

【95】 원산 근방에서 38선 이남으로의 해군 이동(1951.2.22)

[전 보]	원산 근방에서 38선 이남으로의 해군 이동
[문 서 번 호]	483-484
[발 신 일]	1951년 2월 22일 08시 00분
[수 신 일]	1951년 2월 22일 13시 35분
[발신지 및 발신자]	도쿄/드장(주일 프랑스대사)

보안

사이공 공문 제368-369호

영연방 신문 『재팬뉴스』는 어제 총사령관이 2월 14일 남쪽 해군에 의해 소도와 여도에 정박한 문제를 조사했다고 전했습니다.

문제의 섬들은 38선 북쪽으로 144㎞ 되는 원산을 앞에 두고 있습니다.

조사는 혹시 영국 해군이 군사작전에 참여했는지 아는가 하는 문제였습니다.

오늘 아침 신문은 8개국 군함을 포함한 제95 해군 기동 부대의 수장으로서 이제 막 조이 해군 제독의 후임으로 들어온 영국의 앤드류 해군 제독이 어제 원산 근방에서 작전 수행 중인 영국 순양함 벨파스트호와 호주 프리깃함 와라망가호에 38선 이남으로의 후퇴를 명령했다고 전했습니다.

드장

【96】 순양함 이동에서 보여준 영국의 태도(1951.2.22)

[전 보]	순양함 이동에서 보여준 영국의 태도
[문 서 번 호]	485
[발 신 일]	1951년 2월 22일 08시 00분
[수 신 일]	1951년 2월 22일 13시 35분
[발신지 및 발신자]	도쿄/드장(주일 프랑스대사)

보안

사이공 공문 제370호
본인의 이전 전보에 이어

 사실 문제의 두 섬은 흥남 철수 이후 종적을 감춘 중국 제3병단의 사격 진지
에 대한 정보 입수 임무를 맡은 요원들의 하선을 목적으로 한 군사작전 동안
남한군이 점령하고 있었습니다.
 런던 정부가 38선을 돌파하지 않는 데 집착하는 점에 있어, 이 경우 영국의
태도는 특징적입니다. 그와 동시에 이러한 태도는 극동에서 그들의 공통의 적
과 관련해 영국과 미국 사이의 약간의 불협화음을 보여줍니다.

드장

【97】 한국의 전선 상황(1951.2.23)

[전 보]	한국의 전선 상황
[문 서 번 호]	1584-1589
[발 신 일]	1951년 2월 23일 22시 00분
[수 신 일]	1951년 2월 24일 07시 55분
[발신지 및 발신자]	워싱턴/보네(주미 프랑스대사)

보안

뉴욕 공문 제329-334호

2월 ㅁㅁ일 10시에 유엔군에 의해 개시된 공격은 두 작전지역에서 시작되었습니다. 원주-횡성과 영월-평창 지역입니다. 오늘 대표단장 회의에서 미 국방부가 제공한 정보에 따르면, 이 공격은 제9군단의 동측, 제10군단 전체와 한국군 제3군단의 서측에서 실행에 옮겼습니다. 지금은 미군 제2사단의 진지에 속한 해군 제1사단이 원주를 점령한 후, 미군 제2사단의 진지를 지났고, 제1작전 지역에서 공격의 박차를 가하고 있습니다. 오늘 아침 그 사단의 소대들이 횡성 남쪽 3마일에서 발견되었습니다.

제2사단은 춘천 쪽을 향해 원주를 떠났습니다. 마찬가지로 프랑스와 네덜란드 대대가 물러나 있던 이 지역에서, 부대들은 다시 북쪽으로 진군해갔습니다. 1월 1일 1,002명으로 추산되었던 프랑스 대대는 2월 22일 ㅁㅁㅁ명으로 증가했습니다.

제2작전 지역에서는, 이미 좌측 날개에서 기본적인 성과를 올린 미군 제7사단에 의해 공격이 개시되었고, 한국군 제3사단도 전진해갔습니다. 제187연대 모든 연합전투 부대가 춘천에 주둔하기 위해 원주를 떠났습니다. 별다른 활동이 없는 다른 서쪽 전선들에서, 제1군단 작전 지역에서, 한강 횡단을 시도했던 유엔군의 공격은 별다른 성과가 없었습니다.

터키 소대는 제1군단의 동측에 자리 잡고 있었습니다. 제5군단 지역에서는 국지적인 가벼운 전진이 적군의 강한 저항을 만났습니다. 전선의 극동쪽에서는, 남한군 제7, 9사단이 북쪽을 향한 진격을 재개했으며, 중심 사단의 몇몇 부대도 동쪽 해야 근방의 강릉으로 진입했습니다.

극동군 사령부가 수집한 정보에 따르면, 현재 공산군은 38선 남쪽에 모습을 드러내는 것으로 보입니다. 적군에 대한 최근 자료를 보더라도 적군은 3월 10일 전에 그들 차례에서 한국 개입 제4단계의 새로운 공격을 개시할 준비를 하는 것 같습니다.

참모부는 그러한 유형의 활동은 과거에 유엔군이 이미 움직이고 있을 때 항상 중국 사령관이 유엔군을 공격했던 때와 흡사하고 생각하고 있으며, 지금이 바로 그러한 경우입니다.

도쿄 참모부에 따르면 비록 공산군이 지난 10월 이후 200,000명(전투에서 178,000명, 전투 외 22,000명)의 군사를 잃었지만, 한국에 있는 그들 군대는 현재 거의 군사작전 초기 수준(293,000명)과 같을 것이라고 합니다. 워싱턴의 군(軍) 계층은 현재까지 중국 부대 속에 편입된 '민족주의' 부대의 어떠한 탈퇴도 드러나지 않은 반면 몇몇 개별적 탈영만이 있었다는 점에 주목했습니다.

보네

【98】 포트 르위스에 편입된 캐나다 군대의 한국 차출(1951.2.24)

[전 보]	포트 르위스에 편입된 캐나다 군대의 한국 차출
[문 서 번 호]	99-101
[발 신 일]	1951년 2월 24일 19시 08분
[수 신 일]	1951년 2월 25일 04시 00분
[발신지 및 발신자]	오타와/게랭(주캐나다 프랑스대사)

보안

　포트 르위스[1]에서 아직 훈련 중인 '특수 부대'의 6,000명을 보충 병력으로 한국으로 보낸다는 국방부장관의 발표는 하원의 몇몇 질문과 언론의 몇몇 해석을 촉발시켰습니다.

　이러한 결정은 유엔 참모부, 사실상 미국 정부의 집요하고 분명한 요구로 취해진 것 같습니다.

　캐나다 정부(유럽으로 갈 파견대를 즉시 배치할 수 있는 유일한 정부)는 결국 이 '특수 부대'에서 빠지기를 희망했습니다만, 필요한 경우 유엔의 배치 부대로 놓이도록 하겠다는 약속을 거부하지 않으려 합니다.

　기자들과의 비공개 간담회 중, 외무부장관은 유럽으로 전투 연대를 보내기로 한 약속은 지킬 것이라고 강력하게 주장했습니다. 그는 한국으로 포트 르위스의 부대를 보내는 것이 유럽 방어를 위해 편입된 캐나다 군대 차출 결정의 수정으로 해석되는 것은 삼갈 필요가 있다고 강조했습니다.

　제가 외무부에서 그와 가진 접견에서, 현재 캐나다 정부는 원래 예상한 기간이 너무 지연되지 않게 예고된 대로 유럽으로 군대를 보낼 수 있도록 징집을

---

1) Fort Lewis. 합동 기지.

서두르는 방식을 검토하는 중이라고 합니다.

위베르 게랭

【99】 한국 사태에 대한 프랑스와 영국의 공감대(1951.2.24)

[전   보] 한국 사태에 대한 프랑스와 영국의 공감대
[문 서 번 호] 792
[발   신   일] 1951년 2월 24일 24시 00분
[수   신   일] 미상
[발신지 및 발신자] 파리/파로디(프랑스외무부 사무국장)

한국 사태

워싱턴 공문 제1969호
런던 공문 제3381호

　현재 상태에서 그리고 우리가 차후 상황의 전개 속에서 모든 새로운 요소의 진위에 대한 보장 없이, 저는 런던 대사가 전보 제899호를 통해 전한 윌리엄 스트랭 경의 심정에 공감합니다.

파로디

【100】 한국전쟁에 대한 정보들(1951.2.25)

[전   보] 한국전쟁에 대한 정보들
[문 서 번 호] 90 AS
[발   신   일] 1951년 2월 25일
[수   신   일] 1951년 3월 10일
[발신지 및 발신자] 도쿄/드장(주일 프랑스대사)

미군의 훈련 지도를 책임지고 있는 클라크 장군이 지난 2월 20일 도쿄에 도착해서 3일 간 한국전선을 방문했습니다.

그는 도쿄로 돌아와서 수많은 교육이 한반도에서 군사작전 중 결실을 거둘 수 있으며, 새로운 신병 교육에 활용될 것이라고 주장했습니다.

그는 특히 야간 전투에서 산악 지역에서의 움직임과 광범위한 지역에 적용되는 군사작전이 요구된다고 밝혔습니다. 군인들에게 지면에 붙이는 것과 후방으로 침투할 경우 적군을 밀어내는 것까지 가르칠 것입니다.

폭넓게는, 그러한 교육이 외국의 파견대, 프랑스, 터키, 그리스, 네덜란드의 파견대에 의해 주어진 사례들로부터 가져올 것입니다.

영연방 군대의 행정 사령관인 로버트슨 장군은 반대로 한국의 경험들은 영국 군대 교육에서 커다란 결함이 없다고 판단하고 있습니다. 캔버라의 논의에 참석한 그는 다윈[1]에서 한국의 전투들은 보병과 공군의 지원이 조합된 현재의 조직과 교육 방식이 적군을 수적으로 매우 우수하게 밀어낼 수 있음을 보여주었다고 주장했습니다. 그는 영연방 부대의 현재 교육 방식에서 변화시킬 것은 아무 것도 없다고 덧붙였습니다. 결국, 로버트슨 장군은 유엔군이 한국에 원하는 만큼 오랫동안 머물 수 있을 것으로 확신한다고 말했습니다.

---

1) Darwin. 호주의 도시.

【101】 추가조치위원회 계획안(1951.2.26)

[전 보]	추가조치위원회 계획안
[문 서 번 호]	977-80
[발 신 일]	1951년 2월 26일 19시 50분
[수 신 일]	1951년 2월 27일 04시 15분
[발신지 및 발신자]	뉴욕/라코스트(주유엔 프랑스대표대리)

보안

긴급

추가조치위원회 사무소는 지난 2월 23일 금요일 새롭게 회의를 개최하였습니다.

트리그브 리 씨가 한국 사태에 관련된 활동들도 포괄하는 경향이 있는 활동으로서 애치슨 장관의 결의안 적용에 관련된 모든 문제들을 완수할 임무를 부여한 카친[1] 대령은 전날 밤, 사무소에 국제 연맹의 사무처에 요구된 국제연맹 검토안 외에 사무처가 추가조치위원회의 기능에 대해 준비한 업무계획을 제출했습니다. 그것은 각하께 제317호 보고서에 첨부하여 전해 드린 바 있습니다. 대변인 샨 씨가 사무처가 임시적으로 채택한 업무 계획안을 준비한 것은 바로 자신이 준비한 주요 항목을 담고 있는 이 문서를 통해서입니다. 미국 대표가 우리에게 동의를 요청한 문제의 안(본인의 전보 제951호, 제959호)보다 전체적으로 더욱 광범위하고 상세한 이 계획안의 분석을 별도 전보로 보내드립니다.

오늘 다시 사무처는 그 초안에 선행하는 것이 유용해 보이는 서문을 작성하기 위해 회동할 것입니다.

---

[1] 알프레드 카친(Alfred G. Katzin, 1906-1989). 유엔 사무총장의 특사.

한편 다음과 같은 내용을 결정하기를 권하고 있습니다.

1. 위원회는 최종적으로 '추가조치위원회'라고 부른다.
2. 위원회가 한국 외무부장관에게 그의 업무와 연계시킬 수 없음을 유감으로 생각하지만, 추후 그와 논의할 가능성은 남아 있다고 그에게 답변한다.

라코스트

【102】 추가조치위원회의 초안(1951.2.26)

[전　　　보]　추가조치위원회의 초안
[문 서 번 호]　981-986
[발　신　일]　1951년 2월 26일 20시 55분
[수　신　일]　1951년 2월 27일 04시 15분
[발신지 및 발신자]　뉴욕/라코스트(주유엔 프랑스대표대리)

보안

보고서 제317호의 별첨 2의 주제가 되는 문서와 비교하여, 추가조치위원회에 의해 채택된 초안은 다음과 같습니다.

(1) 섹션 1 - '윤리적 조치' 항목 아래 다음과 같이 추가한다.
4: 한국에서 유엔의 목표 재확인.
5: "유엔의 입장과 목표를 모든 국가들, 특히 한국과 중국의 국민들에게 설명하기 위한 유효한 조치들." "외교적 조치들" 하에, 다음과 같이 읽는다.
　1) 공동의 혹은 다른 외교적 교섭.
　2) "인식"의 삭제.
　3) (유보) 외교적 관계에서 제기
　4) 유엔에 표명
　5) 침략의 결과에 대한 인식 아님

(2) 섹션 2 - 부(附) 섹션 A는 변동 없이 재수록. 부 섹션 B에서 항목들 아래 상세한 것들을 보여줄 것: 재정적 관계, 침략자와 교섭, 무역 관계. 부 섹션 C와 D는 유지할 것.

사무소의 회원국들의 마음속에서, 부 섹션 C(침략 희생 국가들과는 다른 국가들에 대한 원조 혹은 상호 원조)는 예를 들어 경제 제재가 중국에 적용될 경우 홍콩이나 인도차이나의 경제가 처할 위험이 있는 피해를 보상하거나 경감시킬 수 있는 조치들을 검토할 필요성에 의해 정당화될 것이다.

(3) 섹션 3에 대해서는 2항과 6항만이 채택되었다. 하지만 특히, "한국에서 유엔군의 활동에 대해 제시할 추가 조치들"이라는 제목 하에 다음과 같은 언급들이 덧붙여졌다.

A. 한국에서의 유엔의 활동에 이미 참여한 회원국들에 의한 보충 부대의 충원
B. 한국에서의 군대 활동에 유엔의 참여 확대
C. 한국에서의 군대 활동에 참여하는 회원국들 혹은 아직 참여하지 않는 회원국들의 지원 확대(물자, 운송, 의료 지원)
D. 섹션 5는 유지함. 마찬가지로, 그리고 그러한 필요성이 명확히 드러나지 않은 채, 지역 협정에 관련된 섹션 4도 그대로 유지함.

라코스트

【103】 주중국 스웨덴대사의 중재를 통한 중국과의 협상 시도(1951.2.26)

[전 보]	주중국 스웨덴대사의 중재를 통한 중국과의 협상 시도
[문 서 번 호]	987-991
[발 신 일]	1951년 2월 26일 21시 26분
[수 신 일]	1951년 2월 27일 05시 40분
[발신지 및 발신자]	뉴욕/라코스트(주유엔 프랑스대표대리)

보안

워싱턴 공문 제712-716
본인의 전보 제914-916호 참조

  중재위원회의 세 회원국들이 완강하게 신중한 태도를 고수함에도 불구하고,
엔테잠 씨는 신문기자들 쪽에서의 압력을 받았습니다. 하지만 엄격한 신중함은
레이크석세스에서는 본보기가 될 만한 것이었음에도, AFP통신이 2월 23일자로
내보낸 몇몇 기사들은 그 요점이 누출되게 내버려두었습니다. 위원회는 스웨덴
정부를 통해 중국인민 정부에 양쪽에 적합한 장소에서 유엔대표와 교섭에 들어
갈 전권사절을 지명하도록 요청하게 했습니다.
  외무부는 이러한 형식 속에서 2월 7일 피어슨 씨가 엔테잠 씨에게 위원회 설
립 이전에 요구한 것(본인의 전보 제724호)이 거의 정확하게 반영되었음을 발견
할 수 있을 것입니다.
  저는 이 문제에서 다음과 같은 명확한 점들을 끌어낼 수 있습니다. 위원회가
엔테잠 씨의 2월 23일 언론 발표에서 제기된 메시지를 스웨덴 정부에 알린 것은
2월 14일입니다. 그 즉시 스웨덴 정부는 주중 스웨덴대사와 스톡홀름에 있는

중국대사에게 그 전달을 맡겼습니다.

중국공산 정부는 현재까지 전달을 맡았던 두 창구 중의 어디에도 아무런 답변을 내놓지 않았으며, 어떤 의도도 나타내지 않았습니다.

그럼에도 위원회는 그 사이 중국대사인 함마스트롬[1]에게 실제적인 중국의 답변이 나와야 함을 베이징 정부에 적시할 것을 요구했으며, 그는 위원회에 그것이 합의되었다고 밝혔습니다. 만일 답변이 나왔다면, 그것은 임무를 맡은 대사의 중재 덕분입니다.

중재위원회는 그러한 상황에서 중국 공산 정부가 현재 자신에게 주어진 마지막 협상을 실행에 옮길 기회를, 자신의 의견을 취소하지 않은 채, 그리고 실제 협상에서 출발지점에서 손해를 보지 않을 원리에 맞는 방법을 찾을 기회를 검토하지 않는다는 것은 절대 불가능하거나 아마도 있을 수 없다고 생각하고 있습니다.

라코스트

---

[1] 토르스텐 함마스트롬(Torsten Ludvig Hammarström, 1896-1965). 1950년 5월 스웨덴과 중국이 외교 관계 수립. 스웨덴은 새로 설립된 인민공화국과의 관계를 발견한 최초의 서방 국가였고, 이런 이유로 마오쩌둥은 토르스텐 함마스트룀 대사를 주중국 스웨덴대사로 받아들이기로 결정함. 중국이 외교적 돌파구를 매우 중요시했다는 신호임.

【104】 국제적십자위원회 회장의 중국 출국(1951.2.27)

[전   보]　국제적십자위원회 회장의 중국 출국
[문 서 번 호]　8
[발   신   일]　1951년 2월 27일 14시 00분
[수   신   일]　1951년 2월 27일 17시 40분
[발신지 및 발신자]　제네바/자비에 드골(주스위스 프랑스대사)

보안

본인의 전보 제4, 5, 7, 10호 참조

국제적십자위원회 회장인 뤼에게[1] 씨가 어제 비행기 편에 중국으로 출발했습니다. 그는 베이징에서 중국적십사 의장과 외무부장관을 만나야 합니다. 그는 그런 다음 북한으로 갈 수 있기를 희망하고 있습니다.

저는 뤼에게 씨에게 그의 출발 전 한국에 있는 우리 공관원과 국민들에 대한 모든 자료를 전달하였습니다.

자비에 드골

---

[1] 폴 뤼에게(Paul Ruegger, 1897-1988). 국제적십자위원회 회장(1948-1955).

【105】 극동에서의 소련의 군사력과 중국 지원에 대해(1951.3.1)

[전   보] 극동에서의 소련의 군사력과 중국 지원에 대해
[문 서 번 호] 539-546
[발   신   일] 1951년 3월 1일 01시 00분
[수   신   일] 1951년 3월 1일 11시 10분
[발신지 및 발신자] 도쿄/드장(주일 프랑스대사)

보안

워싱턴 공문 제231-238호, 뉴욕 공문 제195-202호, 사이공 공문 제411-418호

1. 어제 맥아더 장군과 가진 오랜 대화에서, 장군은 38선 문제는 현재 상황에서 부차적인 중요성만을 가지는 것 같다고 제게 주장했습니다. 그에 따르면, 현재의 상황은 거의 힘의 균형을 이루고 있는 안정기에 접어들었습니다. 만일 중국군이 25만 명을 투입한다면, 남쪽으로 돌아왔을 것이고, 만일 적이 그들의 손실을 대체할 수 없는 것으로 드러난다면, 유엔군은 북쪽으로 전진할 수 있을 것입니다. 하지만 제한된 병력으로 보아, 이러한 가능성은 희박하며 큰 이득이 없었습니다.

2. 전진과 후퇴의 여지가 좁은 상대적인 안정기는 여러 달 지속될 것 같습니다. 이것은 무익하지 않았습니다. 이러한 기간은 최정예 중국군의 점차적인 손해를 가져왔고, 상당한 적군 병력을 움직이지 못하게 했습니다. 이는 인도차이나에 대한 압력을 완화시키는 만큼, 다른 무대들, 예를 들어 대만 같은 국가에 대한 개입 가능성을 축소시켰습니다. 이러한 기간은 중국의 제한된 군사장비 물자를 고갈시켰습니다. 한국전쟁이 지속되는 한, 중공은 다른 지역에 주요한

군사적 시도를 할 수 없을 것입니다. 유일한 방법은, 중공이 한반도 밖으로 유엔군을 내보내는 것입니다. 그러기 위해서 중공은 새로운 물자보급뿐만 아니라 상당한 해군과 공군의 참여가 수반된 소련의 폭넓은 지원을 받게 되었습니다.

3. 장군은 중공의 제안이 거부될 경우, 한국에서 "개입주의자들" 군대의 피할 수 없는 실패에 관해 말한 스탈린의 주장(2월 1일『프라우다』와의 인터뷰)에 많은 중요성을 부여했습니다. 그에 따르면, 소련 정부의 총리는 헛소리를 하는 사람이 아니라고 합니다. 그러한 확신은 아마도 그쪽 편에서는 최종적 생각일 것입니다. 하지만 만일 소련이 중국에 공군과 해군을 지원하는 것이 필수불가결하다면, 소련은 은폐된 형식으로 그렇게 하지는 못할 것입니다. 그것은 겉으로 드러나게 될 것입니다.

북한 항공기는 없습니다. 중국의 공군 부대에 동원되기에 적합했던 소련의 수많은 비행사와 비행기가 이미 존재합니다. 600대의 비행기로 추정되는 군대가 만일 여러 단계에 투입되어야 한다면 신속하게 결정될 수 있을 것입니다. 만일 이러한 항공기에 소련의 항공기를 보탠다면, 만주와 동쪽 시베리아의 전투기는 총 1,500대에 달합니다. 이는 대단한 군력이지만 미국이 동원할 수 있는 것에 비하면 열세입니다. 게다가, 러시아 사령관이 러시아 산업기지로부터 그렇게나 멀리, 백여 대의 비행기를 오랫동안 가동시키는 데 필요한 기술적 인력과 설비를 배치할지는 불확실합니다. 미국 비행사 각각에 대해 네 명의 숙련된 기술자가 필요합니다. 소련 역시 그 비율이 덜하지는 않았을 것입니다.

해양에서는, 러시아인들이 매우 효율적인 적인 때가 한 번도 없었습니다. 오로지 잠수함들에 대해서만 평가합니다. 미국 사령관에 의하면, 실제 극동에는 독일산 스노클이 달린 대형 잠수함 15대 정도와 좀 더 작은 크기의 잠수한 60여 대가 있습니다. 소련 해군사령부가 분명 독일 전문가들을 배치한 만큼, 여기에 더 심각한 위협이 있습니다. 원산 광산의 매설에서 명백히 드러났던 그러한 전문가들의 활동은 해양 기술적인 면에서 더 뛰어났던 것으로 알려져 있습니다.

극동의 러시아 육군 배치는 한국 사태 이전에 알려졌던 대로 명확하게 방어적 성격을 가지고 있습니다. 반대로, 특히 사할린에서는, 섬 남쪽에서, 러시아군은 일본군들이 모집했던 병력을 상당히 넘어서는 공군 부대와 병력을 집결시켰습니다. 그들은 공군 기지 20여 곳을 마련했으며 여기에 수천대의 항공기가 배치되어 있습니다. 육군부대와 공군부대에는 많은 일본인들이 있습니다. 또한 주요 부대들이 쿠릴 열도에 주둔해 있습니다. 러시아 사령관이 극동에서 공격 계획을 준비하고 있었다고 말하기에는 매우 어렵습니다. 그렇지만 만일의 경우는 대비해야 합니다. 추후 2, 3년 안에 그러한 의도를 드러낼지도 모릅니다. 그동안, 모든 가능성에 대비해야 합니다.

드장

【106】 한국군의 상황과 프랑스 대대 소식(1951.3.2)

[전　　　보]	한국군의 상황과 프랑스 대대 소식
[문 서 번 호]	1799-1800
[발　　신　　일]	1951년 3월 2일 23시 00분
[수　　신　　일]	1951년 3월 3일 08시 30분
[발신지 및 발신자]	워싱턴/보네(주미 프랑스대사)

보안

외교부로 타전, 뉴욕 공문 제368호

　지난 마지막 72시간 동안, 한국군 상황은 미군 제9, 10사단과 남한군 제3사단 지구에서 유엔군 부대의 가벼운 진격과 더불어, 모든 전선에서의 상대적인 고요로 특징지어집니다.

　제9사단의 오른쪽 측면을 이루는 해군의 분함대는 재편성되었고, 오늘 아침 미 국방부가 사절단 대표들의 모임에서 제공한 정보에 의하면, 그것은 오늘 홍주[1]의 북서쪽 약 5km에서 발견되었습니다.

　프랑스 대대[2]는 평창 북서쪽 제2사단의 23연대와 합류하는 중이라고 오늘자 미국 신문은 이에 대해 매우 넓은 지면을 할애했습니다.

　악천후로 인해 어떤 곳은 길이 진창이 되어, 물자보급은 현재 낙하산 투하를 통해 이루어지고 있습니다.

[1] 충청남도 홍성지역의 옛 지명.
[2] 유엔군 프랑스 대대는 한국전쟁 당시 프랑스가 국제연합 결의에 따라 대한민국을 지원하기 파견한 1개 대대 규모의 지상군으로, 1950년 11월 29일 부산에 도착하여, 약 2주간의 훈련을 마치고 주로 미국 제2보병사단 23연대에 배속되어 전투를 치렀고, 추가로 한국인들로 구성된 1개 중대를 배속 받았으며, 이외에 프랑스는 구축함 1척을 파견하였음.

워싱턴에서는, 공산군 부대의 다음 공격을 예상하고 있는 것 같습니다. 정치계는 베이징 정부가 "휴전" 회담을 재개하기 전에 새로운 공격 소식의 결과를 기다리고 있다고 생각하는 편입니다.

보네

【107】 여러 지역의 전투 상황(1951.3.3)

[전 보]	여러 지역의 전투 상황
[문 서 번 호]	560-563
[발 신 일]	1951년 3월 3일 07시 00분
[수 신 일]	1951년 3월 3일 14시 00분
[발신지 및 발신자]	도쿄/드장(주일 프랑스대사)

보안

사이공 공문 제425-426호
국방부에 전달 요망

1. 유엔군의 공격은 적의 저항과 장애물들이 미미해졌음에도 계속되고 있습니다.

적의 저항은 특히 한강 이북부터 양평 서쪽까지 위협적이었습니다. 단지 몇몇 정찰대만이 단기 임무를 위해 그곳을 넘어가는 데 성공했습니다.

중국군이 자리 잡은 다른 지역에서는 약간의 전진만이 있었을 뿐입니다.

반대로, 북한군은 주력부대를 통해 후방 방어 목적의 전투만을 벌이며 계속해서 후퇴했습니다. 유엔군은 서울에까지 이르렀습니다. 유엔군 사망자는 매우 적었습니다.

2. 적의 전선은 서쪽에서 동쪽까지 서울의 북한군 제1사단, 지평 북쪽의 제50, 38, 42군단, 횡성 북쪽의 제40, 66군단, 제5, 3, 21 북한군 군단으로 유지되고 있습니다.

참모부는 아직 후방의 적군 군사력에 대한 정확한 정보를 가지고 있지 않습니다. 지난 최근 몇 달 동안 다양한 루트를 통해 얻은 정보들은 38선에서 약간 이북에 있는 한반도 중앙의 음화, 횡성, 종[1] 삼각지대에서의 대규모 집결에 대해 강조하고 있습니다.

참모부는 그것이 혹시 12월 이후 눈에 띄지 않았던 제3병단이 아닌가 생각하고 있습니다.

그러한 집결은 남쪽으로의 움직임이 포착되었던 만주 전선의 북한군 제7, 8군단에서도 마찬가지로 이루어지고 있습니다.

3. 중부 지역에서는, 유엔군의 목표는 홍천의 강과 같은 이름을 가진 중심도로까지 밀고 올라가는 것입니다.

지난 24시간 동안, B-29폭격기 4대가 신안주 지역에서 미그기 15대에 의해 공격당했습니다. 유엔의 B-29폭격기가 격추되었습니다. 다른 2대는 유엔군 쪽으로 착륙해야만 했습니다. 한편 미그기 12대가 F-80 4대를 공격했습니다. 적군 전투기 한 대가 폭파되었고, 다른 것들도 파손되었습니다.

4. 1주일간의 휴식을 가진 후, 프랑스 전투부대는 다시 전선을 향해 갔고, 평창 북서쪽 12㎞에서 한국군 제23연대에 합류했습니다.

드장

---

[1] 원문 표기 상 그대로 번역했으나 내용 상 김화, 홍천, 서종으로 추정됨.

【108】 추가조치위원회의 보고문(1951.3.5)

[전   보] 추가조치위원회의 보고문
[문 서 번 호] 1093-1096
[발   신   일] 1951년 3월 5일 21시 05분
[수   신   일] 1951년 3월 6일 06시 00분
[발신지 및 발신자] 뉴욕/라코스트(주유엔 프랑스대표대리)

추가조치위원회 사무소가 위원회에 3월 8일 목요일에 제출하도록 한 보고문입니다.

"첨부한 질문서를 밝히면, 1. 사무소는 어떤 방식으로도 거기서 이루어지는 대책들이 적합한지에 대해 지시해서는 안 된다. 거기서 검토된 대책들의 어떤 것이 채택되기를 바란다는 것은 전혀 있을 수 없는 일인지도 모른다.

만일 그렇다 해도, 사무소는 위원회가 그것을 너무 이르게, 그리고 완벽한 검토 이전에 실제 채택을 권하기보다는 무엇보다 제대로 아는 것이 나을 것이라고 판단한다.

이러저러하게 그 질문서와 관련해 드러난 유일한 사실은 위원회가 실제 대책처럼 그것들의 채택을 목적으로 한 전체 검토라는 결론 도출을 허용하지 않는다는 점도 명확히 해야 한다.

실용성을 제시한 이러저러한 질문서들이 위원회의 직무 감독에 관련된 문제들을 제기하는지를 알아야 한다. 사무소는 위원회 전체가 가능한 대책들이 일종의 예정 의제처럼 취해지게끔 잘못 인도되었을 것이라고 평가한다. 경우가 경우이니 만큼, 사무소는 위원회가 이러한 분야에서 수행될 수 있는 것을 검토할 소위원회에 맡기고 그것을 주요 위원회에 보고하도록 하는 편이 낫다고 권유할 것이다. 이러는 것이 주요 위원회의 업무들을 매우 단순화시키고, 위원회가 광범위한 처벌행위의 범주를 검토한다고 추정할 가능성을 축소시킬

것이다. 소위원회는 또한 위원회의 업무에서 우선순위에 두어야 할 것을 검토하게 될 것이다.

이러한 소위원회는 위원회의 다섯 회원국으로 구성될 것이며, 거기에는 가장 밀접한 관계에 있는 몇몇 나라들이 포함될 것이다.

이러한 질문서는 군사적·재정적·경제적 지원 대책들과 공격 희생자들에 대한 다른 제공들, 또한 감독위원회의 당사자들에 대한 호소 등과 같이 유엔에서 이미 취해진 조치들이거나 안전보장이사회와 총회의 결의안에 근거해 존재하는 조치들을 포함하고 있지 않다. 이러한 사항들에 대한 유엔사무총장의 검토는 본 위원회 정보 보고서에 첨부되어 있다."

워싱턴 공문 제781호.

라코스트

【109】 한국 전선의 상황(1951.3.5)

[전   보] 한국 전선의 상황
[문 서 번 호] 571-572
[발   신   일] 1951년 3월 5일 09시 30분
[수   신   일] 1951년 3월 6일 10시 30분
[발신지 및 발신자] 도쿄/드장(주일 프랑스대사)

국방부장관에게 긴급 전달 요망

   지난 3일 동안 한국전선에 별다른 변동은 없었습니다. 적군은 양평으로 가는
입구의 한강 이북에서 계속적인 방어태세를 강화시켰습니다(제1사단 진지).
미군 제9, 10군단 진지에서는 미군이 남한의 제3군단 및 유엔군 보충군대와 더
불어 천천히 진격해나갔습니다. 적군은 특히 미군 제10사단 진지에서 눈에 띄
었습니다. 북한군 1개 대대가 한국 제3보병사단과 미군 제2보병사단에 맞서
반격해왔습니다. 제23 보병연대와 함께 진지를 탈환한 프랑스 대대는 상고 동
쪽 10㎞까지 점령했습니다. 3월 8일 부상자는 7명 정도였습니다.
   미 사령관은 적군의 사상자가 대단히 많았으며 적군은 출동부대들이 거의 같
은 병력수로 대체될 수 있도록 했다고 확인하였습니다. 각 인민군대는 교전부
대의 빈자리가 채워짐에 따라 다시 보충된 중요 연대의 할당병력을 배치하고
있습니다.

드장

【110】 영미 결의안의 수정(1951.3.6)

[전 보]	영미 결의안의 수정
[문 서 번 호]	1104-1107
[발 신 일]	1951년 3월 6일 16시 30분
[수 신 일]	1951년 3월 6일 23시 00분
[발신지 및 발신자]	뉴욕/라코스트(주유엔 프랑스대표대리)

워싱턴 공문 제785호

본인의 전보 제1100호 참조

회의 이전에 사무소에 의해 준비된 보고문을 국무부에 전달할 수 있었던 그로스 씨는 이 문서에 전반적으로 만족한다고 했습니다. 하지만 워싱턴에서는 그것의 서문이 "패배주의자라고 말하지 않으려고" 신중한 방식으로 작성되었다고들 불평하였으며, 이러저러하게 검토된 대책들이 불러올 수 있는 '커다란 위험들'이 포함된 몇몇 암시적인 부분이 삭제되기를 원했습니다. 글래드윈 젭 경이 특히 문서 마지막 부분의 주요 작성자인 샨[1] 씨에게 방어를 일임시키고, 미국 동료가 서문에 가하려 했던 삭제를 제가 제한시켰던 논쟁 이후, 서문에는 결국 매우 작은 수정만 가해졌을 뿐입니다.

그로스 씨가 제안한 다른 수정들은 부차적인 부분만을 건드렸을 뿐입니다. 그의 요구로, 3항의 무기 수출금지는 1항으로 위치가 바뀌었고, "공동행동 준비를 위한 대책들"이라고 이름 붙여진 단락은 삭제되었습니다.

글래드윈 젭 경은 3항(군사대책들)이 문서 첫머리에 오도록 하는 것만 요구하였습니다. 하지만 그는 나중에 5개국의 소위원회가 상위 문제들을 도와주려

---

1) 믹 샨(Mick Shann, 1917-1988). 주유엔 호주외교관.

할 때 그 문제를 다시 제기하려 할 뿐 강력하게 주장하지는 않았습니다. 한편 그는 "다른 종류의 군사행동"에 대한 이해를 요구했습니다. 그것은 "만주기지의 폭파와 중국 상륙작전에 관한 것일까요? 그렇게 모호하고 위험한 언급들은 삭제하는 편이 낫지 않았을까요? 사르페[2] 씨는 사무소가 작성한 문서에 그러한 언급들이 나타나는 것에 대해 반대하면서, 그것이 위원회의 계획안에 포함될 것이라고 전혀 예측하지 않았습니다(서문과 본인의 전보 제1102호 참조).

저는 문서 서문의 의미가 손상되지 않도록 노력하였으며, 각하의 지시에 따라, 이미 '심리전쟁'에서 검토된 미국 계획안에서 가져온 내용(4항)을 삭제시키고자 하였습니다.

라코스트

---

[2] 셀림 사르페(Selim Sarper, 1899-1968). 주유엔 터키대표.

【111】 유엔군 및 북한군의 주둔지 상황(1951.3.8)

[전   보] 유엔군 및 북한군의 주둔지 상황
[문 서 번 호] 584-587
[발   신   일] 1951년 3월 8일 03시 00분
[수   신   일] 1951년 3월 8일 13시 08분
[발신지 및 발신자] 뉴욕/라코스트(주유엔 프랑스대표대리)

보안

사이공 공문 제442-445호
전쟁부에 전달 요망

1. 미8군 부대의 배치는 지난 48시간 동안 개편되었습니다. 제천에 머물던 한국군 제5사단이 전선으로 올라와 □□□ 서쪽에서 미군 제2사단을 대체했습니다. 프랑스 대대를 포함한 이 군대는 같은 지역의 북서쪽에서 한국군 제3사단이 주둔했던 지역을 차지했습니다. 제3사단은 남한군 제7사단과 함께 제3사단을 이루게 될 것입니다.

남한군 제9사단과 중앙 사단은 재편성된 제1본대를 형성하게 됩니다.

북한의 중요한 병력은 동쪽 지역에서 하진부[1] 북쪽에 있는 남한군 제7사단을 공격했습니다.

적군은 처음 7시간동안 양양 지역의 미군 제24사단을 향해 강력한 공격을 펼쳤습니다. 중국군은 제한적으로 몇 곳을 뚫고 지나가는 데 성공했습니다.

2. 매우 열악한 대기상태로 인해 어제 모든 공군 활동이 중단되었습니다.

---

[1] 강원도 평창군 진부면에 있는 마을.

3. 참모부는 적군 후방에서, 특히 김화-홍천-서종의 삼각지역에서 부대 및 물품보유고 집결에 대해 예의 주시하고 있습니다. 그러한 집결은 필시 북한군 부대를 포함한 야전장의 제3사단 병력을 갖추고 있을 것입니다. 아직 적군의 의도를 알아내지 못했지만, 병력의 은밀한 배치는 적군에게 이제부터 방어를 강화하기 위한 것이든, 반격하기 위한 것이든, 어떤 행동의 자유를 부여할 것입니다.

드장

【112】 미8군의 공격에 대한 미 국방부 대표의 의견(1951.3.9)

[전   보]   미8군의 공격에 대한 미 국방부 대표의 의견
[문 서 번 호]   2002-2005
[발   신   일]   1951년 3월 9일 21시 52분
[수   신   일]   1951년 3월 10일 04시 50분
[발신지 및 발신자]   워싱턴/보네(주미 프랑스대사)

보안

뉴욕 공문 제397-400호

미 국방부 대표는 오늘 대표단장 회의에서 미8군이 전선 전체에서 7일 일으
킨 공격의 의도를 모르겠다고 말했습니다.

지금까지 그러한 공격은 다음과 같습니다.

1. 오늘 아침 □□□ 북서쪽 10km에 자리 잡은 미군 제25사단 부대들이
   한강 통과
2. 미군 제9, 10부대 지역에서의 미미한 전진
3. 두 번에 걸친 적군의 격렬한 반격, 첫 번째는 미군 제24사단에 대한 반격, 두
   번째는 횡성 남동쪽 10km에서 미군 제2사단과 남한군 제5사단에 대한 반격.
   공산주의자들의 중심부대(중국의 4개 부대)는 항상 홍천 북쪽에 집중되어 있
   음. 마지막 48시간 동안, 그들의 사상자는 막대하여 1만 7천여 명에 달함

또한 중국인 포로의 수가 증가하였으며 대부분은 제50부대 소속입니다.

유엔군 배치에 있어 2가지의 변동이 있습니다. 영국의 제29소대는 수원에서
이천으로 옮겼고, 남한군 제3사단은 한국군 제7사단의 후방에 있는 남한군 제3

군단으로 옮겼습니다.

　도쿄 참모부는 북한군 병력수를 다음과 같이 수정하였습니다.

　　전선: 55,000명
　　후방: 146,000명, 지난 토요일 보충된 숫자와 관련하여 최소한 76,000명

　그러한 갑작스런 수정은 도쿄 발 정보에 대한 신뢰를 높이지 못합니다. 미 국방부 대표는 처음으로 그것을 인정하였습니다.

　　　　　　　　　　　　　　　　　　　　　　　　　보네

【113】 체코 외무장관의 세계 평화 및 한국전쟁 관련 발표(1951.3.10)

[전   보] 체코 외무장관의 세계 평화 및 한국전쟁 관련 발표
[문 서 번 호] 265
[발   신   일] 1951년 3월 10일 08시 00분
[수   신   일] 1951년 3월 10일 17시 00분
[발신지 및 발신자] 프라하/리비에르[1](주체코 프랑스대사)

국제 여성의 날인 3월 8일 프라하에 모인 수천 명의 여성들 앞에서, 체코슬로
바키아 외무부장관은 다음과 같은 사항을 내세웠습니다.

1. 대리자들의 현재 회의는 평화 캠페인이어야 한다.
2. 세계평화위원회의 결의안에 따르면, 독일과의 협상은 올해 결정되어야
   한다. 한편 시로키[2] 부총리는 알프레드 크럽과 같은 독일 전범 석방에
   대해 항의했다.
3. 연설자는 "1948년에 이미 우리 공화국의 두 나라를 수치스럽게 배신했
   던 영·불 제국주의자들과 마찬가지로 미국인들은 우리 국가의 중대한
   이익에 대해 새롭고 저속한 배반행위를 자행하고 있다"고 말했다. 포츠
   담 합의의 속달 편지와는 반대로, 그들은 모르는 척하고, 서독에서 우리
   전선 지역과 폴란드 서부 지역에서 건너간 독일인들 사이의 보복 운동
   을 조장하고 충동질했다.
4. 한국전쟁과 미국 군대의 개입을 떠올리며, 그는 다음과 같이 선언했습
   니다. "그들의 범죄가 잔인성에서 독일 파시스트의 행위를 넘어서지만,

---

[1] 장-마리 리비에르(Jean-Marie Rivière). 주체코슬로바키아 프랑스대사(1949-1953).
[2] 빌리엄 시로키(Viliam Široký, 1902-1971). 체코슬로바키아 부총리(1948-), 외무장관(1950-1952),
    수상(1953-1963) 역임.

제국주의 무리들은 정당한 처벌을 모면하지 못할 것이다. 맥아더의 피비린내 나는 전쟁 범죄와 다른 전쟁 범죄 역시 처벌을 면하지 못할 것이다."

리비에르

【114】 공산군 부대의 이동과 저항 전선(1951.3.13)

[전 　　　　보]	공산군 부대의 이동과 저항 전선
[문 서 번 호]	2072-2075
[발 　신 　일]	1951년 3월 13일 20시 25분
[수 　신 　일]	1951년 3월 14일 04시 10분
[발신지 및 발신자]	워싱턴/보네(주미 프랑스대사)

보안

　미 국방부 대표자는 오늘 오후 대표단장 회의에서 지난 이틀 동안 한국의 공산군 부대의 중요한 이동에 대해 보고했습니다.

　그는 지금까지 홍천 외곽으로 가는 길의 각 방면에 종렬로 배치되어 있던 전선 후방의 중국 제39, 40군 역시 방금 전선 쪽으로 흩어졌다고 밝혔습니다.

　미군 군부에서는 미8군의 공격이 공산군 사령관의 중부 지역 대기 병력 참여를 준비시킨 것으로 보고 있습니다.

　결국, 워싱턴에서는 적군의 주요 저항 전선이 홍천강을 따라 자리하고 있다고 생각합니다. 리지웨이 장군은 이제 더 이상 그곳으로부터 먼 곳에 있지 않습니다.

　새로운 정보에 따르면, 향후 격렬한 반격을 펼칠 가능성이 상존한다 해도 미국 참모부는 현재 공산군 부대의 중대한 공격에 대해 염려하지 않는다고 국방부 대표자는 밝혔습니다. 이러한 상대적인 낙관주의는 다른 원인들 중에서도 서울-춘천 통로가 제25사단에 의해 차단되었기 때문인 것으로 보입니다.

　유엔군 전선 후방의 게릴라 수는 마지막 조사로는 15,000명으로 확연히 줄어들었습니다.

　제25사단에 의한 서울-춘천 통로의 차단 외에도, 지난 3일간의 활동에서 특별한 변화는 없었습니다. 제9, 10군단 지역에서, 최대 전진은 5km에서 7km 정도였습니다. 영국군 제27소대와 남한군 제6사단은 현재 홍천 남서쪽에서 8km쯤에 있습니다. 이곳은 38선으로부터 대략 23km 떨어져 있습니다. 해군들은 이 지역의 남동쪽으로 10km 떨어진 곳에 있습니다. 미국 정부의 정보와 더불어, 히커슨 씨는 베이징 정부가 2월 14일 스웨덴 장관과 자신이 함께 한 교섭에 아직 답변해오지 않았다고 말했습니다.

보네

【115】 추가조치위원회에서 미·영·불 3국의 견해(1951.3.14)

[전 보]	추가조치위원회에서 미 · 영 · 불 3국의 견해
[문 서 번 호]	1279-1281
[발 신 일]	1951년 3월 14일 17시 00분
[수 신 일]	1951년 3월 15일 00시 40분
[발신지 및 발신자]	뉴욕/라코스트(주유엔 프랑스대표대리)

워싱턴 공문 제861호

추가조치위원회는 어제 3월 12일 두 번째 회의를 가졌습니다.

5일에 열렸던 이전 회의(본인의 전보 제1114호)부터, 저는 외무부 전보 제847호와 공문 제198호에 담긴 지시들이 도착함에 따라 프랑스 정부의 입장을 영· 미 대표단에 분명히 밝혔습니다. 이는 영국 대표단에 대해서는 우리 정부와 관점이 일치함을 확인하고 우리의 활동에 대해 협의하며, 미국 대표단에 대해서는 그들이 동일한 의제에 대한 서구 국가들의 견해를 추진할 임무를 띠고 있다는 견해와 구분되는 전혀 무시할 수 없는 견해차를 이해시키기 위한 것이었습니다.

이점에 대해 3월 6일 글래드윈 젭 경과 그로스 씨와 가진 회동 외에도, 3국 대표단은 3월 9일 긴 회의를 가졌습니다. 그들은 전체 사업에 대한 관점들을 부딪쳐가며 사업에 대해서는 아직 그렇게 깊이 살펴보지 못한 채 문제의 어떤 특별한 관점에 대한 논의를 시작하였습니다.

이번 회의는 영불 대표단이 미국 대표단에게 자국 정부를 격려하는 신중하고 유보적인 태도를 충분히 가지도록 해주었습니다. 저는 영국 동료들 앞에서 추가조치위원회에서 미국을 대표하는 국무부 대리인인 밴크로프트 씨에게 지난 3월 5일 그의 언사로 인한 당혹감에 대해 화기애애하게 설명할 기회를 가졌습니다(본인의 전보 제1145-1151호).

3월 12일 아침 2차 회의 직전 사전에 모두가 전체적으로 인지하지 못한 상황에 대한 지지를 강요하거나 너무 이르게 우리를 끌어들이려는 모든 주도적 행동(언론 발표 혹은 영국과 우리 대표단과 사전에 협의하지 않은 입장)이 가져올 수 있는 매우 부정적인 측면에 대해 분명히 주의를 주었습니다.

그러한 점들을 납득시키기 위해 호의적이면서도 단호한 어조로 표현하고자 노력했던, 또한 영국 대표단 역시 같이하고 있다고 생각했던 이러한 견해는 표면상 받아들여졌습니다.

2차 위원회 회의 도중, 미국 대표단은 극도로 온건한 태도를 보였습니다. 미국 대표단은 3월 5일 밴크로프트 씨가 설명한 계획을 전혀 채택하고자 하지 않았으며, 지난 회의에서 미국 대표단이 채택한 계획안에 동의했던 것과는 분명 거리가 있는 어조를 띤 영·불 대표단의 발언에 어떤 반대도 하지 않은 채 내버려두었습니다.

저의 발언문을 항공편을 통해 외교부로 보내 드립니다. 뒤이은 글래드윈 젭 경의 발언문은 거의 전적으로 같은 생각을 표명하고 있습니다.

라코스트

【116】 맥아더 장군의 인터뷰(1951.3.14)

[전 보]	맥아더 장군의 인터뷰
[문 서 번 호]	미상
[발 신 일]	1951년 3월 14일 00시 00분
[수 신 일]	1951년 3월 15일 13시 30분
[발신지 및 발신자]	도쿄/드장(주일 프랑스대사)

맥아더 장군은 3월 11일 『인터내셔널뉴스서비스』[1]의 기자에게 공산주의자의 세계지배전략 속에 한국전쟁을 위치시키고, 국제관계분야를 벗어나는 것으로 보이는 몇 가지 교훈을 설명하는 인터뷰를 가졌습니다.

1. 요컨대, 사령관은 아시아를 위협하는 것은 공산주의 교의가 아니라고 말했습니다. "노예화의 위험은 자신들이 자유주의 체제로부터 획득할 수 없는 정치적 권력을 얻기 위한 수단으로 사용하는 사람들로부터 옵니다. 그러한 사람들은 지리적·정치적 한계에 대한 최소한의 고려도 없이 항상 더 큰 권력을 향한 발판처럼 권력을 탈취합니다. 그들의 야심은 만족될 줄 모릅니다. 무력에 의해 획득되고 유지되는 공산주의는 그 무력에 의해 저항을 초래합니다. 많은 것들이 그러한 무력을 둔화시키고 전진을 저지하기 위해 실행되었습니다. 하지만 위험은 여전히 매우 큽니다. 그러한 맹수 같은 계획을 이끄는 이들은 세계 정복과 지배를 확인하기 위한 방법으로 전 세계의 자유 제거를 목표합니다."

2. 공격을 진압하는 유엔의 자세에 대한 질문에 장군이 대답했습니다. "유엔의 무력함은 적에 대해 처음부터 참전할 수 있는 지속적인 국제적 군대가 없고, 한국과 관련해서는 그러한 결정을 내릴 수 있는 계속적인

---

1) 『인터내셔널뉴스서비스International News Service』. 1909년 설립된 뉴스 제공 업체.

능력이 없는 데 기인합니다. 유엔의 힘은 종교, 인종, 언어, 정치의 차이에도 불구하고 역사 속에 전례 없는 응집력 있고 통일된 하나의 전체를 형성하는 군대에 모든 국가들의 군대가 참여하는 것에 달려 있습니다. 이러한 경험을 바탕으로 전체 활동을 즉각적으로 이끌 수 있는 모든 회원국들로 이루어진 항속적인 군대를 설립하려는 대책들이 유엔에 의해 세워질 수 있습니다. 시간이 흘러감에 따라, 어떤 의혹도 낳지 않는 쌍무 혹은 지역 안보협정이 이루어질 수 있게 될 것입니다."

3. 맥아더 장군의 눈에는, 아시아에서 벌어지는 분쟁의 근본적 이유가 공산주의 선전을 거리낌 없이 활용하는 사람들의 너무 낮은 생활수준으로 보였습니다. 내부 계획으로는 가장 효과적인 대책은 총검이 아니라 빵일 것입니다. 하지만 공격의 위협에 직면했을 경우에도 그러한 것은 아닙니다.

4. 미국으로의 귀국과 관련한 그의 계획과 관련해서는, 사령관은 그의 원래 계획은 일본과의 협정 조인 후 머무르는 것이었다고 상기시켰습니다. 하지만 이러한 계획은 한국전쟁 이전 그리고 유엔군 사령관으로 맥아더 장군이 임명되기 이전에 세워진 것이었습니다.

5. 만일 협정이 전쟁 종결 이전에 이루어진다면, 혹은 미국의 극동에서의 안보에 몇 가지 다른 위협들이 가해진다면, 장군은 대통령의 생각에 따를 것입니다.

드장

【117】 언론간담회에서 리지웨이 장군의 발표(1951.3.14)

[전   보]   언론간담회에서 리지웨이 장군의 발표
[문 서 번 호]   609
[발 신 일]   1951년 3월 14일 00시 00분
[수 신 일]   1951년 3월 15일 15시 00분
[발신지 및 발신자]   도쿄/드장(주일 프랑스대사)

사이공 공문 제454호

3월 12일 언론간담회 도중, 리지웨이 장군이 밝혔습니다.

"만일 유엔군이 38선에 이르렀을 때 전쟁이 종결된다면, 그것은 유엔의 위
대한 승리일 것입니다. 하지만 저는 미군이 한국 공화국과 한국 공산국 간 전
쟁 이전의 경계선에 다다르게 될 지는, 전진 중인 미군이 멈출 곳을 예견할
수 있는 어떠한 계획도 알지 못합니다. 중국군과 북한군이 헤아릴 수 없을 정
도의 패배를 피할 수 있는 길은 유엔군을 바다에 던져버림으로써만 가능한 일
입니다."

장군은 전쟁 기간이 짧을 수 있다는 생각에 대해서는 경계하였습니다. 그는
닷새 전부터 이끈 공격으로 적군에 가한 사상자가 50명이라고 추산하였습니다.
하지만 그는 몇몇 지역에서는 서둘러 후퇴해야만 했고, 중국군이 패주하지 않
았다고 강조했습니다.

드장

【118】 에를 코크 미국 재향군인회 사령관의 인터뷰(1951.3.14)

[전   보] 에를 코크 미국 재향군인회 사령관의 인터뷰
[문 서 번 호] 615
[발   신   일] 1951년 3월 14일 08시 00분
[수   신   일] 1951년 3월 14일 17시 00분
[발신지 및 발신자] 도쿄/드장(주일 프랑스대사)

사이공 공문 제455호

태평양 일대를 순회한 미국군인회 사령관 에를 코크[1] 씨는 한국전선을 방문하고 돌아와 대만을 향해 일본을 떠나며 『인터내셔널뉴서비스』에 극동의 상황에 대한 자신의 관점을 표했습니다.

> "우리는 등 뒤에 연결된 손으로 싸움을 계속할 수 없습니다. 우리 미국 청년들과 다른 국가들의 군인들에 대한 충정은 만주폭격 억제에 종지부를 찍도록 요구합니다. 우리는 중국 항구 봉쇄를 생각해봐야 합니다. 우리는 장제스의 국민당 군대의 가장 요긴한 활용과 그것을 이용할 순간이 도래했음을 고려해야 합니다."

이러한 주제에 대해, 미국 재향군인회 의장은 미국 부대들과 다른 유엔군 부대들이 중국에서 주요 지상전 시도를 피해야 한다고 지적했습니다. 그는 여러 정보를 통해 중국 국민당 부대가 대륙에서의 활동에 훨씬 더 적격임을 확인했습니다. 그는 현재 전투에서 맥아더 장군의 행동이 자유롭지 못하다는 의견을

---

[1] 에를 코크(Erle Cocke, 1921-2000). 미국 재향군인회 사령관(1950-1951년).

표했고, 중국 공산군 부대가 미국 군인들에게 총격을 가하고 있으므로 승리를 보장할 최상의 방법은 오직 중국과 싸우는 길 뿐이라는 의견도 덧붙였습니다.

3월 13일 낮에 대만에 도착한 에를 코크 씨는 장제스 총사령관을 예방한 후 기자들 앞에서 미국의 대만 원조는 전투 방어 이상으로 나아가야 한다고 선언했습니다. 그에 따르면 대륙 상륙은 한국전을 위해 필수적이라고 합니다.

드장

【119】 한국전에서 유도폭탄 사용 논의(1951.3.14)

[전   보]   한국전에서 유도폭탄 사용 논의
[문 서 번 호]   미상
[발 신 일]   1951년 3월 14일
[수 신 일]   미상
[발신지 및 발신자]   도쿄/드장(주일 프랑스대사)

유도폭탄

극동 공군사령부는 지난 3월 13일 한국 군사작전 중 유도폭탄의 사용에 대해 논했습니다. 다음은 그 논의의 번역문입니다.

"무선 원격 조종을 통해 작동시키는 타르존[1]은 1950년 8월 이후 극동 공군에 의해 몇 번 성공적으로 사용되었다.

그러한 폭탄은 여러 번 북한의 주요 목표물, 특히 거대한 교량과 같은 목표물에 투하되었다. 폭탄은 대략 8미터 길이에 6톤의 무게가 나갔다.

폭탄이 성공적으로 투하된 목표물 가운데에는, 평양 위쪽으로 대동강을 건너는 다리와 강계 남쪽에 있는 벽동의 세 가교, 만주 전선 근처의 만포진에 있는 두 가교로 된 교량과 강계의 세 가교로 되어 있는 교량을 들 수 있다.

그러한 교량들은 모두 파괴되었고, 어떤 경우에는 폭탄에 의해 생긴 연기가 50미터까지 피어올랐다.

폭탄을 투하한 비행조종사들은 그것이 투하되는 도중 폭탄을 잘 통제할 수

---

[1] 타르존(TARZON)으로 불렸던 유도폭탄은 영국공군이 사용했던 톨보이에 무선 원격 조종 장치를 장착함. 한국전쟁이 발발하면서 타르존은 북한 공습에 사용되었는데, 총 30여 발이 사용된 타르존은 유도장치가 부착되어 일반 폭탄보다 높은 명중률을 자랑했고, 특히 북한의 수력발전소와 교량을 파괴하는 데 효과적이었음.

있었고 전파의 파장을 수신할 수 있었다고 주장했다. 제어 원리는 비행기의 파장 반사를 통해 통제가 되는 폭탄의 수송이 수반된다. 게다가 로켓 불꽃이 폭탄의 흐름을 따라가게 하고, 투하 통제 조준장치를 갖추었다."

【120】 맥아더 장군의 인터뷰가 불러온 파장들(1951.3.15)

[전 보]	맥아더 장군의 인터뷰가 불러온 파장들
[문 서 번 호]	618-620
[발 신 일]	1951년 3월 15일 00시 00분
[수 신 일]	1951년 3월 15일 14시 10분
[발신지 및 발신자]	도쿄/드장(주일 프랑스대사)

보안

사이공 공문 제456-458호
워싱턴 공문 제258-260호
뉴욕 공문 제215-217호

1. 제 전보 제488호에서 알려드린 바 있는 맥아더 장군에게서 나온 일련의 선언들은, 혹은 크건 작건 그의 영향을 받은 선언들은, 사령관 개인의 영향력과 권력의 신속한 회복을 설명하고 있습니다. 맥아더라는 인물은 또한, 적어도 도쿄에서 판단하기를, 한국에서의 전투가 길어짐에 따라 그리고 베이징 정부가 유엔의 개시를 무시함에 따라 그의 정치적 입지가 커지는 것으로 보입니다.

3월 8일, 맥아더 장군은 한국 방문에서 돌아오며 전투가 벌어졌던 상황의 비정상적 특성을 알렸습니다. 그는 현재의 한계로 보아 전쟁은 해결책이 없다고 주장했습니다. 그는 중국 공산군의 개입으로 생긴 문제들을 해결하기 위한 국제적 결정의 시급성과 필요성을 피력했습니다(본인의 전보 제583호 참조).

2. 3일 후, 『인터내셔널뉴스서비스』와의 인터뷰에서, 맥아더 장군은 공산주의를 무찌르는 것은 아시아 정복을 통해서라고 주장했습니다. 유엔의 효율성과

양측의 장래 안전에 대해, 그는 사령관으로서의 권한, 일본에서 미국 대표자로서의 권한, 유엔군의 권한을 넘어서는 판단들을 내보냈습니다.

그는 또한 자신에게는 아시아의 안전이 유럽의 안전만큼 중요하다는 견해를 재확인시켰으며 극동에서 공산주의자들이 전투를 시작했음에 주목했습니다.

결국 그는 일본과의 평화 결의안 이후에도 자신이 사령관의 소임을 유지했음을 넌지시 알렸습니다.

『인터내셔널뉴스서비스』에서의 인터뷰는 야당지(野黨紙)에 상세하게 실렸습니다.

드장

【121】 맥아더 장군의 인터뷰가 불러온 파장들(1951.3.15)

[전 보]	맥아더 장군의 인터뷰가 불러온 파장들
[문 서 번 호]	621-625
[발 신 일]	1951년 3월 15일 08시 15분
[수 신 일]	1951년 3월 15일 18시 30분
[발신지 및 발신자]	도쿄/드장(주일 프랑스대사)

워싱턴 공문 제261-265호

뉴욕 공문 제218-222호

사이공 공문 제459-465호

본인의 이전 전보에 이어

저는 맥아더 장군이 거기에 많은 중요성을 부여하고 있으며 미국에서 커다란 반향을 불러일으키길 기대하고 있다는 신뢰할 수 있는 정보를 얻었습니다. 그러한 사실은 맥아더 장군의 주요 정치자문인 제2사무국의 월룩비 장군과 그의 첫 부관인 벙커 대령을 통해 지속적으로 확인했습니다.

3. 미국 재향군인회 의장이 도쿄와 대만에서 한 주장들이 덜 중요한 것은 아닙니다(본인의 전보 제615호 참조). 에를 코크 씨는 단번에 만주 폭격, 중국 해안 봉쇄, 중국에 대한 전쟁 개시, 장제스 총사령관 부대의 대륙 상륙을 권했습니다. 그의 주장들 속에서, 많은 부분은 젊음과 기질적 열정에서 나옵니다. 하지만 코크 씨는 맥아더 장군과 오랜 면담을 가졌습니다. 이러한 대화에 대해 아무 것도 밝히려 하지 않은 채, 그는 자신의 요구는 사령관의 생각과 거의 같다고 말했습니다.

4. 미국 정치를 결정하는 것은 분명 워싱턴이지 도쿄는 아닙니다.

이러한 정치가 계속해서 전쟁의 억제와 한국 사태의 평화적 해결책을 계속해서 찾고자 함을 확인해볼 때, 국무부의 관료들은 신중하다고 생각됩니다(본인의 워싱턴 전보 제1717호와 1971호 참조). 하지만 레이크석세스의 개회에서 각하사유를 완곡히 반대하기 위해, 베이징 정부는 ㅁㅁㅁ). 중국의 입장에서는, 한국 사태가 어떠한 군사적 해결책도 마련하지 못하는 현재의 상태에서는 극동에 대한 미국의 지휘권이 점점 더 뚜렷해지고 있습니다.

정치적 해결책을 찾아내지 못하면서, 국무부는 막다른 길에서 벗어날 방법을 찾고 있습니다. 대만과 관련해, 만주에 대한 공군 작전의 확대가 문제가 되면서, 중국 민족주의자들의 활용 혹은 반(反)공산 진영에서 일본의 통합에 대해, 오래 전부터 맥아더 장군이 제안해 왔던 해결책이 다시 수면 위로 올라왔습니다.

그러한 주장을 펼치고 더 폭넓게 확산시키면서, 맥아더 장군이 그 의견에 영향력을 행사하고 미국 정부에 압력을 넣으려고 한 것은 의심의 여지가 없습니다. 그의 공화당과의 친밀한 관계는 이와 관련해 무시할 수 없는 가능성들을 부여했습니다. 대담한 해결책을 통해 그의 주변과 또한 아마도 미국 대중에게 인기를 얻고자 하는 면이 없는 것도 아닌 일종의 구원론이 그의 권력 욕구와 만났습니다.

여하튼, 그러한 협력은 맥아더 장군이 부르짖는 정치를 향한 열정과 중국의 폭넓은 개입으로 인해 현실적인 압박 하에 받아들여졌습니다. 한국전쟁이 길어질수록, 사건들에 빌미를 줄 위험이 있습니다.

드장

【122】 한국 전선의 현재 상황(1951.3.16)

[전 보]	한국 전선의 현재 상황
[문 서 번 호]	626-634
[발 신 일]	1951년 3월 16일 01시 00분
[수 신 일]	1951년 3월 16일 11시 00분
[발신지 및 발신자]	도쿄/드장(주일 프랑스대사)

보안

전쟁부에 전달 요망
사이공 공문 제465호

중국-북한의 군대는 지난 24시간 동안 후퇴하는 데 주력했으며, 장비들과 부상자들을 차례로 운반하며 퇴각했습니다만, 퇴각에 좀 더 어려운 지역이었던 제10본대 구역에는 몇몇 포로들을 남겨두고 갔습니다. 중국-북한 군대는 한강 하구, 의정부, 홍천강, 양양에 걸쳐 형성된 전선에 자리 잡은 것으로 보입니다. 이 전선은 특히 방어에 유리해 보입니다.

서울 지역과 이 도시 동쪽에서는, 13일에서 14일 밤 영등포 근처에서 항공기 중 두 대가 이동식 무기 포격에 의해 후퇴해야 했던 것을 제외하고, 유엔군 공군 편대는 어떤 공격도 받지 않은 채 한강을 넘어섰습니다.

이 대도시 근교 동쪽에서, 5대의 공군 정찰기는 3월 14일에 서울을 관통할 수 있었으며, 적군과 맞섬 없이 변두리를 장악했습니다.

같은 날, 미군 제9본대의 부대들은 8㎞ 이상을 전진해 나갔습니다. 가장 놀라운 전진은 일부가 이미 홍천을 통과한 한국군 제1사단에서 이루어졌습니다. 다른 소대들은 교전 없이 양평 북쪽 6㎞에 있는 홍천강에 닿았습니다.

제10군단의 모든 부대들은 한국군 제5사단 병역과 10㎞ 거리까지 전진해나 갔습니다. 미군 제7사단의 소대들은 교전 없이 창동에 다다랐습니다. 미군 제2 사단은 몇몇 난관들을 극복해가며 6㎞ 나아갔습니다. 한국군 제3본대의 활약은 하진부리 지역의 소탕 작전과 후방소대의 정찰대와의 접촉을 통해 두드러졌습 니다.

한국군 제1본대 구역에서 중심 사단은 38선으로부터 10㎞ 지역에 가까이 갔고 적군과 교전을 벌였습니다.

후방에서는, 북한군 제10사단에 둘러싼 소대들을 무찌르려는 한국군 제9사단의 두 연대가 적군에게 심각한 사상자들을 냈습니다.

유엔군의 배치에는 약간의 변동이 있었습니다. 기갑부대 제1사단은 한국군 제6사단과 진지를 바꿨고, 해군 사단의 좌측에 자리 잡았습니다. 그러한 두 미군 부대는 홍천-춘천에 그들의 장갑차들을 배치하기에 더 나았습니다.

중국의 전투 순서는 다음과 같습니다.

1. 38선 남쪽에서 교전한, 다시 말해 38, 39, 40, 42, 50, 66군단 6개 부대.
2. 원산, 화천 지역의 전략 부대인 제20, 26, 27군단.
3. 필시 한국에 주둔해 있는 중국 군대로서, 원병 부대 혹은 전투 부대. 제 24, 30, 32, 37군단, 제2기갑사단, 제8포병사단.
4. 교체 팀을 채택하고, 재편된 제16군단, 제11, 41, 43, 47, 48, 49, 52, 54, 55, 56, 57, 58, 60, 61, 62, 63, 65군단에 속하는 일정 정도 중국 부대들의 숫자. 그러한 부대들은 사리별-평양 지역에 주둔할 것임.
5. 한국으로 들어가 평양과 안주 옆의 서쪽 연안 지역에 정박할 수 있는, 제67, 68, 69, 70군단이 될 수 있는 새로운 부대들.

미 국무부는 적이 공격을 위한 것이건, 방어를 위한 것이건, 상당한 군사력을 보유하고 있다고 평가합니다. 미 국무부는 적군에 당한 상당한 사상자들을 부분적으로 보충했음에도 불구하고, 제4군단의 군사작전을 통해서는 어떤 공세도 이끌지 않을 것이라고 생각하고 있습니다. 미 국무부는 이러한 시도는 무엇보다 그 위상이 두드러지는 제3병단의 군사작전에 맡겨질 것이라고 봅니다.

예외적인 날씨 덕분에 유엔군 공군은 주로 춘천, 화천, ㅁㅁㅁ, 철원, 의정부의 보급기지에 공격을 퍼부었습니다. 적군은 신중하고 산발적인 채로 머물렀습니다.

해군 유엔군은 집요한 공격과 정지의 양면적 전술을 펼쳤습니다.

프랑스 대대는 미 제2사단 23연대와 함께 유동의 남서쪽 5km에 있는 제천에서 휴식을 취하고 있습니다.

드장

【123】 중국군 총사령관을 맡은 펑더화이 장군(1951.3.16)

[전   보] 중국군 총사령관을 맡은 펑더화이 장군
[문 서 번 호] 637-639
[발   신   일] 1951년 3월 16일 03시 00분
[수   신   일] 1951년 3월 16일 10시 15분
[발신지 및 발신자] 도쿄/드장(주일 프랑스대사)

보안

1. 미국 국무부가 수집한 정보에 의하면, 한국에서 중국군 부대의 상당한 사상자들은 민중 부대의 지휘권 한 가운데에서 격렬한 갈등을 부추겼을 것이라고 합니다.

불만을 표했던 린뱌오 장군은 2월 26일 해주로 호출 당했고, 거기서 중국군 부대 사령관의 밀사 2명을 만났습니다. 그는 마오쩌둥이 모스크바에서 돌아오기 전에 곤란한 일들을 만들지 말라는 지시를 받았습니다. 이러한 호출은 조중 유엔군사령부의 사령관인 펑더화이[1] 장군의 거부에 이어 전해진 것으로, 린뱌오[2] 장군은 사령관에 대한 불복종 처벌을 받게 되었습니다.

제4야전군의 지휘관은 1월의 중국-한국군의 공격 실패가 베이징 정부에 의한 공군과 전차 지원이 없었던 탓으로 돌렸습니다. 공군기와 장갑차가 있었다면,

---

[1] 펑더화이(彭德懷, 1898-1974). 중국공산당의 군사지도자. 한국전쟁 당시 인민지원군 총사령관으로 한국전쟁에 참여하였으며 1953년 판문점 휴전협정에 조인. 1955년 중국 원수가 됨.
[2] 린뱌오(林彪, 1907-1971). 중국의 정치가, 군인. 대장정에 참여했고 항일전쟁에서 활약. 중화인민공화국 부총리 겸 총리 권한대행(1968-1971), 중화인민공화국 국방부 부장, 중화인민공화국 원수를 역임. 한국전쟁 시 유엔군이 북진했으나, 마오쩌둥의 조선민주주의인민공화국 출병 계획에 반대했고, 이후 린뱌오의 제4야전군은 펑더화이가 맡아 조선민주주의인민공화국으로 출병했음.

그는 유엔군 부대를 대파할 수 있었을 것입니다. 그는 이러한 협조 없이도 제3차 세계대전 초까지 유엔군을 억누를 수 있을 것이라고 덧붙였을 것입니다.

2. 그러한 정보들은 한국에서 이제는 펑더화이 장군이 군대를 지휘하고 있으며, 린뱌오 장군이 해임되었거나 원위치로 갔을 것이라는 점을 확인시켜 줍니다.

국방부에 전달 요망.

드장

【124】 서울 수복과 전선의 상황(1951.3.17)

```
[ 전        보 ]   서울 수복과 전선의 상황
[ 문 서 번 호 ]   640
[ 발    신    일 ]   1951년 3월 17일 06시 00분
[ 수    신    일 ]   1951년 3월 17일 15시 00분
[발신지 및 발신자]   도쿄/드장(주일 프랑스대사)
```

사이공 공문 제481호

1. 어제 3월 15일 이승만 씨는 유엔군의 서울 수복 축하 메시지를 맥아더 장군에 보냈습니다. 대통령은 이 메시지에서 수도로 돌아갈 준비를 하고 있다고 전했습니다. 그는 동시에 유엔이 중국의 인적·물적 보강의 진원지인 만주 폭격에 종지부를 찍게끔 사령관에게 명령하도록 형식적 요청을 전달했다고 밝혔습니다. 그렇게 해서 인류의 무모한 피 흘림과 생명의 희생을 피할 수 있다는 것입니다.

맥아더 장군은 답변에서 수도 해방에 대한 기쁨을 표했습니다. 하지만 그는 대통령의 이른 귀환에 신중함을 나타냈습니다. 그는 지난 9월 서울을 점령했던 적군이 대조적으로 결정적인 방식으로 싸우지 않았음에 주목했습니다. 그들은 작전 수행에 필수적인 물자공급의 도착을 막기 위한 병참선에 대한 공군과 해군의 공격에 차례로 후퇴했습니다. 상황은 가을과는 완전히 바뀌었습니다. 서울 수복이 군사적 관점에서 대단한 심리적 중요성을 지니고 있다면, 그것은 부차적인 군사작전이 전반적 전략과 간접적 관계만을 가지기 때문입니다. 수도의 미래는 확실해 보이지는 않으며, 정부를 그곳으로 다시 옮기는 일은 좀 현명하지 못한 일입니다. 반대로 농부들이 연합전선 후방의 논으로 돌아올 수 있도록 명령이 내려졌습니다.

2. UP통신 국장이 맥아더 장군에게 38선을 지키기 위해 어느 정도의 군대가 필요한지를 묻자, 장군은 한국의 군사작전을 이끄는 상황이 한반도를 건너는 전선에 대한 진지전에 유리하지 않다고 대답했습니다. 본래의 방어선을 구축하지 않은 38선과 관련해서는, 그곳에 합리적 수준의 방어체제를 구축하기 위해서는 상당한 군사력을 요구한다고 대답했습니다. 만일 유엔군이 그에 상응하는 군사력과 모든 물자공급을 갖춘다면, 중국군을 압록강까지 밀어내고 이 강을 방어선으로 구축하여 한국을 통일할 수 있을 것이라고 했습니다. 현재의 상황에서는 그리고 적어도 급격한 변화가 따르지 않는 상황에서는, 군사작전을 이어가는 유일한 가능성은 전투의 불리한 조건들을 보완하는 것이 최상의 방법입니다. 전선은 그처럼 지속적인 변동 속에 있습니다.

제기된 문제들은 기본적인 특성상 사령관의 의무와 권한을 넘어서는 결정을 요구합니다만, 그러한 결정들은 지연된 불확실한 군사작선을 수행함에 있어 유엔군의 값비싼 희생을 모른 척 해서는 안 될 것입니다.

국방부에 전달 요망.

드장

【125】 프랑스 군대의 활약(1951.3.17)

[전   보] 프랑스 군대의 활약
[문 서 번 호] 641
[발   신   일] 1951년 3월 17일 08시 00분
[수   신   일] 1951년 3월 17일 20시 00분
[발신지 및 발신자] 도쿄/드장(주일 프랑스대사)

각하의 3월 15일 공문에 답변을 드립니다. 그중 2가지가 프랑스 전투에 관계하였고 미국 고위 사령관과 한국의 모든 병사들의 찬사를 불러온 원주와 지평의 두 주요 군사작선에 대한 몇 가지 정보는 다음과 같습니다.

1. 1월 6일과 7일 밤, 원주 전투에서 첫 포격이 있었습니다. 폭격 소음 속에서 그리고 적군이 마을로 침투해 들어온 어두운 밤에, 프랑스 군대는 격렬하게 싸웠고, 지난날들의 피로에도 불구하고 적들을 무찔렀습니다. 1월 9일, 전투는 집중된 적군에 대해 예상치 못한 승리를 거두는 공격을 펼쳤습니다. 1월 10일, 보퐁 소령의 지휘 하에 있는 제10중대는 그들과 연계되어 있는 미군의 전투 활동을 지켜주기 위해 측면 작전을 써서 적군을 공격했습니다. 공군을 통한 놀라운 결과를 유리하게 활용하기 위해, 우리 군사들은 옛날 군대의 단장처럼 붉은 스카프를 게양한 뵈리에 중사의 지도에 따라 총검을 들고 돌격했습니다. 그동안 미군들은 감탄으로 말문이 막힌 채 이웃한 언덕에 머물고 있었습니다. 전투병들은 눈 덮인 언덕 측면에 딱 달라붙은 채 매 걸음마다 포탄이 빗발치는 오솔길을 더듬으며 능선 꼭대기에 이르렀고 그곳에 굳건히 요새를 구축하고 있던 북한군을 총검으로 무찔렀습니다. 그동안, 좀 더 북쪽에 있는 언덕에서는, 극렬한 공격을 전개한 적군이 제1, 2중대가 주둔한 자리를 뚫고 지나갔습니다. 르 미르 소령은 5명의 원군과 함께 도망가는 적군을 공격하라고 명령했습니다. 이 날의

전투는 10시부터 17시까지 계속되었습니다. 적군은 300명의 사상자를 그대로 두고 달아났습니다. 원주 전투에서 가장 두각을 보인 두 장교는 미국의 은별 훈장을 받았습니다. 뵈리에 중위는 다음과 같은 찬사를 받았습니다.

> "죽음을 무릅쓰고 이 장교는 공격을 개시했고, 자신의 군대가 총검으로 적군에 대항하도록 지휘했다. 그의 용맹스러운 귀감과 솔선수범은 군인들이 전투에 맹렬히 임하여 적군을 격퇴하게끔 이끌었다. 적군은 시체 27구를 땅 위에 그대로 남겨둔 채 달아났다."

전투에서 심각하게 부상을 입은 레넬 중위도 역시 용맹스런 모범을 통해 자신의 부대가 수많은 적군을 물리치도록 이끈 사례입니다.

2. 지평리의 전투는 한국의 전투 중에서 가장 영광스런 전투 중의 하나로 남을 것입니다. 그곳은 3천 명 정도의 거주민이 사는 작은 도시로, 그곳에는 2월 4일 미군과 프랑스 부대가 주둔하고 있었습니다. 언덕들 속에 깊숙이 자리한 이 촌락은 강력한 방어선으로 굳건하게 둘러싸여 있었습니다. 2월 12일까지 중국 전위부대들은 정찰부대만이 접근해왔습니다. 2월 13일, 적군은 보루를 집중적으로 포위하고자 4개 사단과 함께 그곳에 대한 공격을 개시했습니다. 적군의 돌파에도 불구하고, 제23연대 사령관은 매순간 부대의 결집과 각 소대들 간의 연락을 유지하는 데 성공했습니다. 접전 중 적군을 유엔군 방어 진지 한 가운데로 이끌었습니다. 군화도 신지 않고 팔에 붕대를 맨 부상자의 지휘를 받은 프랑스 지원병들은 침략자를 향해 격렬하게 달려들었고, 상대를 첫 번째 요새 지역 경계까지 몰고 갔습니다. 용기와 끈기로 똘똘 뭉친 미군과 프랑스군은 4일 간 그들과 떨어져 있는 유엔군 부대의 어떤 지원도 없이 엄청난 적군들을 쉼 없이 몰아붙이는 데 성공했습니다.

이 전투에서 우리 병사들의 활약은 미국 사령관의 찬사를 받았습니다. 제23연대를 지휘하는 차일즈 중령은 특히 다음과 같이 외쳤습니다.

"프랑스 군인들은 그 어떤 찬사로도 모자랍니다. 그들이 어떤 진지를 공격하면, 그들은 그곳을 점령해버리고 맙니다. 그들이 그것을 차지하고자 하면, 그들은 차지하고 맙니다. 만일 여러분이 그들에게 방어해야 할 지역을 정해주면 그들은 여러분이 돌아올 때 거기에 있을 것입니다. 그들은 제가 만나본 사람들 중 가장 불타는 사람들입니다."

장차 저는 지평 전투에 참여했던 장교들로부터 나온 것으로, 이어서 도쿄에 전달될 내용들을 알려드리겠습니다.

3. 전투에서 찍힌 첫 번째 적군들은 2월 말에만 확인되었습니다. 미국 군대의 도움에 의해서가 아닌, 전투에 투입된 기술자들에 의해서입니다. 그들은 사실 영상 뉴스를 목적으로 모였습니다. 가능한 대로 그들에 관해 프랑스로 알려 드리겠습니다.

드장

【126】 리지웨이 장군이 부대 지휘관들에게 보낸 지침들(1951.3.17)

[전 보]	리지웨이 장군이 부대 지휘관들에게 보낸 지침들
[문 서 번 호]	2163-2165
[발 신 일]	1951년 3월 17일 21시 00분
[수 신 일]	1951년 3월 18일 06시 30분
[발신지 및 발신자]	워싱턴/보네(주미 프랑스대사)

보안

뉴욕 공문 제410-412호

미 국방부 대표는 어제 외교사절단 대표들의 모임에서 리지웨이 장군이 3월 7일 시작한 공세 이전에 자신의 부대 지휘관들에게 보낸 지침들을 읽었습니다.

그는 이 문서를 통해 그 주요 비중이 처음에 제9본대에 부과되었다고 예상했던 이 공세는 홍천과 춘천 점령이라는 본래의 목적을 가지고 있다고 결론 내렸습니다.

두 가지 관심사가 다음과 같은 지침들에서 줄곧 발견됩니다.

1. 가능한 한 최대한의 공산군을 무찌르라는 지침
2. 적군이 침투할 위험을 최소화시키는 방식으로 유엔군 부대의 전진을 도우라는 지침

미군들은 38선으로부터 20㎞ 정도 떨어진 지점에서 현재까지 얻은 결과에 극히 만족하고 있다고 말합니다.

전방의 중심 지역에서 저항은 불규칙적이었습니다. 미군 제2사단에 속한 프

랑스 전투부대는 현재 전선 바로 뒤쪽에서 휴식을 취하고 있으며 앞서 말한 지
평리 지역 남쪽에서 미군 부대가 최근 개시한 격렬한 전투에는 참여하지 않았
습니다.

보네

[전   보]   중국 정부와의 합의 가능성에 대한 소문들의 불명
                   확성
[문 서 번 호]   1347-1348
[발   신   일]   1951년 3월 18일 14시 45분
[수   신   일]   1951년 3월 18일 22시 30분
[발신지 및 발신자]   뉴욕/라코스트(주유엔 프랑스대표대리)

워싱턴 공문 제881-882호

AFP통신[1]은 3월 16일 기사에서 유엔에 파견된 기자들 사이에서 돌고 있고 같은 날 신문에도 게재된 소문을 내보냈습니다. 그 소문은 말리크 씨가 3월 14일 이스라엘 대표가 주최한 리셉션 도중 중재위원회 의장과 회원들인 엔테잠, 그라프스트룀, 파디야 네르보 씨와 함께 한국문제에 대해 얘기를 나눴으리라는 것입니다.

그러한 정보에 따르면, 말리크 씨는 이때 자세한 설명 없이 얘기를 나누긴 했지만, 베이징 정부와의 합의 가능성 문제에 고무되어 있으며, 그가 했을 것으로 보이는 얘기는 중화인민공화국이 차후 위원회의 중국에 대한 제안을 채택할 수 있으리라는 어느 정도의 낙관적 태도를 증명해준다는 것입니다.

저는 어제 하원의장에게 그러한 얘기의 정확성에 대해 문의할 기회가 있었습니다. 그는 그러한 얘기들은 순전히 허구라고 말했습니다. 말리크 씨와 조정 위원회의 세 위원들은 자신을 포함한 30여 명의 동료들과 에반 씨가 주최한 리셉션에 참석했습니다. 반면 엔테잠 씨도 지역 언론에 얘기된 4명 사이에서 한국문

---

[1] Agence France Presse, 프랑스 최대 통신사로 세계에서 가장 오래된 언론사이자, AP통신, 로이터와 함께 세계 3대 통신사에 해당됨.

제에 대한 얘기는 오간 적이 없다고 말했습니다.

라코스트

【128】 평화감시위원회 회의 개시와 소련 대표가 제출한 결의안의 기각(1951.3.18)

[전 보]	평화감시위원회 회의 개시와 소련 대표가 제출한 결의안의 기각
[문 서 번 호]	1349-1350
[발 신 일]	1951년 3월 18일 15시 50분
[수 신 일]	1951년 3월 19일 02시 15분
[발신지 및 발신자]	뉴욕/라코스트(주유엔 프랑스대표대리)

 예정된 바대로, 평화감시위원회는 3월 16일 트리그브 리 씨가 개최한 회의를 열었습니다.

 사무총장의 개회사가 끝나자마자, 러시아 대표는 통상적인 어투로 중국의 자리가 중화인민공화국 대표에게 주어져야 한다고 제안했고 이 문제의 관례에 대한 논의가 약속되었습니다. 그로스 씨는 하원이 중국 대표 문제에 대해 규정하는 것까지의 논의를 유예하는 일반 결의안을 제출했습니다.

 그 문제의 검토 결정을 위한 하원 내 위원회의 무자격 문제를 몇 마디로 상술한 영국과 프랑스 대표단은 그것을 지지했습니다. 단지, 체코슬로바키아 대표만이 소련의 결의안에 찬성했습니다. 투표에 부쳐지자, 그 결의안은 9대2(체코와 소련)로 기각되었습니다. 인도, 스웨덴, 이스라엘은 기권했습니다.

라코스트

【129】 평화감시위원회의 논의(1951.3.18)

[전 보]	평화감시위원회의 논의
[문 서 번 호]	1351-1354
[발 신 일]	1951년 3월 18일 15시 09분
[수 신 일]	1951년 3월 18일 22시 45분
[발신지 및 발신자]	뉴욕/라코스트(주유엔 프랑스대표대리)

본인의 전보 제1349호 참조

말리크 씨는 이어서 의장직에 대한 문제를 제기했고, 안전보장이사회처럼 그것은 달마다, 돌아가며, 알파벳순으로 할 것을 공식적으로 제안했습니다. 글래드윈 젭 경은 반대로 연1회 선거방식의 채택을 제안했고, 현재 선출된 집행부는 1951년 12월 31일까지만 활동할 것을 제안했습니다.

소련의 제안은 찬성과 반대가 10대2로 기각되었습니다. 인도와 이스라엘은 기권했습니다. 영국의 제안의 11대2로 채택되었는데, 인도만이 기권했습니다. 스웨덴 대표가 추천한 우루시아[1] 씨는 인도 대표가 추천한 체코의 노젝 씨와의 대결에서 10대3으로 이겨 의장직에 올랐고, 그는 중국 대표 외에는 반대 없이 부의장 선출을 선언하여 파키스탄 대표가 추천한 칼리디(이라크) 씨가 어떤 반대도 없이 선출되었습니다.

위원회는 하원의 절차 규정을 채택하였습니다.

마침내, 미국 대표 그로스 씨가 하원이 감시위원회를 창설하기로 한 결의안의 최초 주요 초안자 대표 자격으로 그것을 발표하였습니다. 한편 결의안 내용

---

1) 프란치스코 우루시아(Francisco José Urrutia Holguín, 1910-1981). 주아르헨티나 대사, 주유엔 대표(1953-1957) 역임.

은 외무부로 전달하였습니다.

그는 위원회의 역할 중 방지책의 특성에 대해, 그리고 위원회가 보편적 공동 안전체제의 일부분임에 대해 강조했으며, 어느 누구도 가리키지 않았습니다.

말리크 씨는 수많은 개입 도중 평소처럼 공격적이었습니다. 그의 주요 표적은 언제나처럼 미국이었지만, 영국이나 프랑스도 빼먹지 않았습니다. 중국의 대표권에 대한 논쟁의 연기를 주장한 미국의 제안에 찬성한 몇 마디 말고는 어떤 구실도 없이, 그는 아시아 민족의 압제에 참여한 제국주의 국가 대표가 그러한 문제의 논의에서 조심성 있게 빠지질 못했다고 분개하였습니다.

라코스트

【130】 한국 전선의 상황(1951.3.18)

[전   보] 한국 전선의 상황
[문 서 번 호] 2100
[발   신   일] 1951년 3월 18일 08시 00분
[수   신   일] 1951년 3월 18일 21시 00분
[발신지 및 발신자] 도쿄/드장(주일 프랑스대사)

보안

워싱턴 공문 제266-268호
뉴욕 공문 제223-225호
사이공 공문 제465호

전쟁부장관에게 전달 요망
본인의 전보 제6269호 참조

　전선 전체에서 중국·북한 군대는 계속해서 퇴각했습니다. 대부분의 지역에서 접전이 사라졌습니다. 하지만, 중앙 지역에서는, 적군은 한국군 제1사단과 해군 사단을 앞에 두고 춘천을 향한 진격을 늦추기 위해 어느 정도의 저항을 해왔습니다. 춘천은 주요 핵심 도로 및 철로이자 주요 물품 보급 도시입니다. 중국의 제39, 40, 66군단이 이 지역에 대한 접근을 막았습니다.
　현재 유엔군 부대가 있는 전선은 38선 남쪽으로 35㎞ 정도 거리에서 한반도를 가로지르고 있습니다.
　48시간 전부터, 공군 정찰대는 적군에게서 옛 □□□ 지역에 인접한 곳까지 퇴각하여, 특히 임진강을 이용하며 그곳에 자리 잡고자 하는 것으로 보는 것 같

습니다. 임진강을 따라서는 군사작전들이 관찰된 바 있습니다. 공산군들은 며칠 전 의정부 위쪽에 있었던 중간 전선에 대해 그다지 집착하는 것 같지 않습니다. 마침내 유엔군 부대는 홍천강 전(全) 하천을 건넜습니다.

군대를 재편성하고 이미 주요 예비 병력들을 이용한 적군의 반격과 관련하여, 국무부는 계속해서 그럴 수 있다고 파악했습니다. 유엔군의 진격은 이러한 우발적 가능성을 염두에 두고 신중하게 이루어졌습니다.

16일 낮 동안 모든 형태의 공군의 출격은 1,477회 있었습니다. 이 숫자는 전투 개시 이후 기록입니다.

드장

【131】 영국과 미국이 수정한 결의안의 번역문(1951.3.19)

[전   보]　영국과 미국이 수정한 결의안의 번역문
[문 서 번 호]　1364-1366
[발   신   일]　1951년 3월 19일 20시 28분
[수   신   일]　1951년 3월 20일 07시 00분
[발신지 및 발신자]　뉴욕/라코스트(주유엔 프랑스대표대리)

보안

본인의 전보 제13(61)호와 통지서 500번을 참조함

다음은 영국과 미국이 수정한 성명서의 임시 번역문입니다.

서문
제2항: 3번째 줄, "1951년 3월 15일 안전보장이사회의 결의안의" 삭제할 것.
제7항: a)의 "이러한 비무장화의 중요성과 같이" 삭제할 것.

규정
3번과 4번을 대체하기: "아대륙(亞大陸)으로 가는 유엔의 대표에게 지시를 내리는 것과 1948년 3월 13일과 1949년 1월 5일 결의안에 기초하여 잠무 카슈미르 주(州)의 비무장화를 이행하는 인도 및 파키스탄 정부와의 협의 이후."
4번으로 되는 5번에서 "그리고 이 국가에서 국민투표 실시를 위한 협의안을 채택하는 것" 삭제하기.
6번 규정은 다음의 5번으로 대체하기: 안전보장이사회의 유엔대표가 아대륙(亞大陸)에 도착하는 날짜를 고려하여 3달 안에 그에게 지시를 내리기.

"만일 이러한 관계의 시기에, 비무장화가 제3항에서 미리 규정된 대로 혹은 그 실행안에 대해 국가들의 동의를 얻은 대로 실행되지 않았다면, 유엔대표는 국가들이 비무장화의 실현에 동의하기 위해 1949년 1월 5일과 8월 13일 승인한 결의안의 해석이나 이행 상태를 안전보장이사회에 보고할 것이다."

옛 실행안의 7, 8, 9, 10번 규정은 각각 변동 없이 6, 7, 8, 9번 문안이 될 것이다.

라코스트

【132】 결의안에 대한 워싱턴 정부의 보충 설명(1951.3.19)

[전   보] 결의안에 대한 워싱턴 정부의 보충 설명
[문 서 번 호] 2180-2188
[발   신   일] 1951년 3월 19일 23시 00분
[수   신   일] 1951년 3월 20일 09시 20분
[발신지 및 발신자] 워싱턴/보네(주미 프랑스대사)

보안

절대우선문건

뉴욕 공문 제413-421호

우리 대사관의 고문이 오늘 오후 국무차관에게 극동에 대한 각하의 전보 제
2655호에 실린 첫 견해들을 전달했으며, 문제의 평화적 해결을 위한 유엔의 바
람과 매우 일반적인 용어로 한국문제를 담고 있는 결의안에 대해 우리가 관심
을 가지고 있음을 강조하였습니다.

러스크 씨는 그러한 것이 바로 미국 정부의 생각이라고 대답했습니다만, 이
번에 미국은 그러한 과정에서 만날 수 있는 주요 정치적·군사적 장애물들에
대해 강조했습니다.

군사적 관점에서, 그는 유엔군사령부는 38선 이북에서 대규모 지상 작전을
개시하고자 하지 않으며, 적군의 후방연락선들 위에 새로운 대영공(大領空)을
유지하기 위한 것뿐이었다고 재차 강조했습니다. 하지만 비록 중국군들이 퇴각
하면서 그곳을 지나더라도, 38선은 현재 육지에서 연락을 유지하는 군대에 있
어 절대적인 경계선으로 사용될 수 없습니다.

만일 유엔군이 이 지역의 방어진지에 주둔해야 한다면, 유엔군은 38선 위쪽

에 뚜렷이 위치한 지점에서 한국의 서쪽 해안에 닿는 북동쪽, 남서쪽 방향으로 있는, 서울 북쪽에 자리한 지역을 벗어나는 제8노선에나 주둔할 것이라고 그는 덧붙였습니다. 우리는 유엔군 사령관이 한국의 중서부에서 문제시된 38선 이북 쪽으로 끌고 가지 않기를 기대합니다.

북한군에 의해 먼저 개시되고 중공군에 의해 이어진 침략을 유엔군이 격퇴하기에 이르렀음이 사실임을 인정한 뒤, 러스크 차관보는 다리당 씨에게 현재 논의 중에 있는 대통령 성명 초안을 현재 상태 그대로 읽어주었습니다. 인명을 무모하게 희생하지 않으려는 의지를 천명하고 유엔군사령부는 적대행위를 멈출 방안을 모색할 준비가 되어있음을 선언할 것입니다. 그러나 동시에 그는 유엔의 목표가 자유통일민주 한국을 확립하는 것이고 유엔 안보리와 총회가 이와 관련해 채택한 결의에 의거한다는 사실을 상기시킵니다.

다리당 씨는 러스크 차관보에게 중공이 동의한다고 전제하더라도 대통령 성명이 이미 내려진 결정들에 바탕을 두고 한국 통일을 강조한다면 적대행위의 중단과 평화적 해결의 모색은 훨씬 더 어려워질 것이라고 강조하며 마지막 통일 부분은 언급하지 말 것을 제안했습니다. 이것은 이미 1950년 6월 사건들 이전에 유엔의 목표들 중 하나로 언급되었었고, 군사적 수단으로 그것을 실행할 능력이 없다는 것을 인식하고 있는 미 정부는 침략을 응징한다는 것을 정치적으로 보여주지 않고 그것이 필요하다고 발표하는 것을 포기할 수 없었습니다. 다른 한편, 그는 워싱턴이 유엔의 중재위원회와 의논하기를 희망하고 있고 그러기 위해서는 현재 준비 중인 문서가 구체화되기를 기다리고 있다고 설명했습니다.

저와 동료들은 며칠 간 국무부가 우리의 견해를 이해하도록 활발하게 의견을 개진하였습니다. 각하께서 보충 지시를 내려주신다면 매우 도움이 될 것입니다.

보네

【133】 한국의 영국 포로들에 대한 『데일리워커』 뉴스(1951.3.19)

[전 보]	한국의 영국 포로들에 대한 『데일리워커』 뉴스
[문 서 번 호]	491-AS
[발 신 일]	1951년 3월 19일
[수 신 일]	미상
[발신지 및 발신자]	런던/마시글리(주영 프랑스대사)
[수신지 및 수신자]	파리/로베르 슈만(프랑스 외무부장관)

공산당 기관지 『데일리워커』[1]는 신문 제1면에서 한국의 영국 포로들 이름을 알려줄 수 있고 그들과 가족 사이에 서신 교환을 보장할 수 있다고 전했습니다. 공산당 기관지는 3월 15일의 같은 호에 마침내 영국군 85명의 이름을 담고 있는 최신 리스트를 게재했으며, 그 대부분은 1월 전투 도중 포로가 되었다고 덧붙였습니다. 이제부터 베이징과 영국 사이에 실행될 수 있는 서신 교환에 대해, 『데일리워커』는 베이징 특사의 중재를 통해서만, 그리고 세계평화를 위한 중국 위원회의 도움으로만 가능할 것이라고 명시했습니다. 또한 베이징에 있는 이 위원회 주소로만 서신들을 보내야 합니다.

제가 1951년 2월 15일과 16일의 서신 제268호, 제270호를 통해 외무부에 알려드렸듯이, 영국 정부는 소련 정부의 중재를 통해 서울에 있는 본국인과 공사의 처지에 대한 내용을 알고 싶었고, 한편으로는 한국의 유엔군 포로와 관련해서는 국제적십자와 중국 정부 간에 베이징에서 회담이 열렸다고 하원에 전했습니다. 그 이후 영국 정부는 이러한 두 가지 시도에 따라 얻은 결과에 대해 언론에 어떠한 언급도 하지 않았습니다. 그러기에 지금까지 베이징에서 얻은 분명한 정보를 준 것은 공산당 기관지가 처음이자 유일한 곳이었습니다. 그 무엇보

---

[1] 『데일리워커Daily Worker』. 미국은 1924년, 영국은 1939년에 창간된 공산당 기관지.

다도 공산당 기관지가 싣고 있는 정보들이 한국에 있는 군인 가족들에게 일으키는 당연한 관심으로 인해 공산당 선전의 유일한 목적에 대해서도, 그것의 독점권으로부터 나온 것에 대해서도 아무도 의심하지 않았습니다. 그렇게 해서 『데일리워커』는 이미 영국 포로들의 여러 전갈들을 실었습니다. 그들의 양호한 건강과 그들이 받고 있는 훌륭한 대우에 대한 몇 가지 내용 이후, 이 서신들의 다른 것들은 공격이 유엔군으로부터만 나왔으며, 북한군은 자유를 방어했을 뿐이라고 주장하는 것을 잊지 않았습니다. 터무니없고 불의한 이 전쟁을 멈추자는 것이 바로 이러한 서신의 동기입니다.

『옵저버』[2]는 자신의 동료가 중국과 북한의 공산군에게 막중한 책임이 있는 인류의 비참한 상황을 근본적으로 정치적 목적을 위해 비굴한 방식으로 이용하고 있다고 평가했습니다. 신문은 『데일리워커』가 이러한 부류의 정보에 독점권을 가지고 있지 않으며, 그러한 정보들은 언론 전체가 필요한 모든 것들과 함께 다시 실을 수 있다고 주장했습니다.

마시글리

---

[2] 영국의 주간지.

【134】 38선 부근에서의 상황에 대한 논의(1951.3.20)

[전 보]	38선 부근에서의 상황에 대한 논의
[문 서 번 호]	2234-2237
[발 신 일]	1951년 3월 20일 22시 40분
[수 신 일]	1951년 3월 21일 06시 10분
[발신지 및 발신자]	워싱턴/보네(주미 프랑스대사)

2급 비밀

뉴욕 공문 제422-426호

오늘 오후 미 국방부가 외교사절단장들의 회합에 전달한 정보에 의하면, 유엔의 원칙적 노력은 제9군단이 자리한 홍천-춘전 지역에서 계속 실행 중이라고 합니다. 이 부대의 직접적 목표는 38선 남쪽으로 10마일 정도 떨어진 '캔자스' 전선이라고 불리는 곳입니다. 유엔군은 계속 전진해가고 있고 적군의 저항은 매우 미미합니다.

러스크 씨는 군사적 관점에서 두드러진 두 가지 사실에 주목하였는데, 하나는 적군이 우리 생각보다 빠르게 전략적 후퇴를 하고 있다는 점이며, 다른 하나는 전선 후방에 적군의 집결이 계속되고 있다는 점입니다. 러스크 씨는 지난 토요일, 일요일, 월요일 항공 시찰을 통해 중국 공산군 부대가 하루에 3, 4천 명씩 평양을 지나 남쪽으로 향하고 있음을 포착하였다는 사실에 대해 사절단 대표들의 주의를 촉구하였습니다.

극동담당 국무차관보는 이러한 상황이 유엔을 매우 심각한 전략적 문제 앞에 놓이게 한다고 설명했습니다. 왜냐하면 후방으로 계속 군대를 집결시키는 적군과의 대결에서 패배할 위험이 있기 때문입니다. 적군은 어떤 협상의 여지도 없이 38선 이북으로 즉시 후퇴할 수 있고, 거기서 차후의 반격을 준비할 수 있기 때문입니다.

러스크 씨가 상황에 대한 발표가 필요하고 유용할 수 있다고 강조한 것은 바로 그런 이유 때문입니다. 현재 구상 중에 있는 이러한 발표는 필시 3월 21일 아침 사절단 대표들에게 전달될 것입니다. 러스크 씨는 국무부가 아직 그러한 발표 주제를 가지고 유엔의 중재위원회와 접촉하지 않았는지에 대한 나의 질문에 분명히 답했습니다.

그가 작성한 문건과 개별적 면담을 통해 보건대, 그는 우리 대사관 참사관이 어제 그에게 전한 견해를 검토하고자 노력하고 있습니다.

보네

【135】 미국의 독가스 사용에 대한 중국 언론의 규탄(1951.3.21)

[전보(우편 전달)] 미국의 독가스 사용에 대한 중국 언론의 규탄
[문 서 번 호] 151
[발　신　일] 1951년 3월 21일
[수　신　일] 1951년 4월 4일 08시 00분
[발신지 및 발신자] 홍콩/조베즈[1](주홍콩 프랑스영사)

본인의 전보 제143호 참조

중국 언론의 미군에 대한 비난을 재차 언급하며, 중국 인민 의용병들의 기관지는 3월 16일 발표에서 한국전선에서 독가스의 사용을 다음과 같이 공식적으로 "미국 침략 군대는 4번이나 가스 폭탄을 사용했다. 2월 23일과 3월 3일 한강 전선에서, 그리고 3월 6일 구리 지역에서, 다시 말해 맥아더의 총사령부가 반박 성명을 발표한 다음 날 사용했다."라고 규탄했습니다.

발표는 다음과 같이 "평화를 사랑하는 모든 사람들의 공통의 적인 미국의 공격자들은 세계 평화의 거대한 움직임 앞에서 겁을 먹었다. 그것이 바로 미국 침략군대가 독가스 사용을 부인하는 이유이다", "중국 인민 의용병들은 그처럼 피에 목마른 백정들을 결코 용서할 수 없다. 그들은 한국 땅에 있는 침략 군대가 완전히 사라질 때까지 한국민중군대와 함께 싸워야 한다."고 계속되었습니다.

가스 사용을 비난하는 이러한 공식 발표가 국제법의 이름하에 책임자들의 처벌을 요구하는 '자율적' 여론 캠페인과 동조(同調)된 것임은 밝힐 필요도 없습니다.

조베즈

---

1) 로베르 조베즈(Robert Jobez, 1898-1980). 주홍콩 프랑스영사(1946-1951).

【136】 의장 성명서의 수정안 전달(1951.3.21)

[전 보]	의장 성명서의 수정안 전달
[문 서 번 호]	2294-2298
[발 신 일]	1951년 3월 21일 22시 45분
[수 신 일]	1951년 3월 22일 05시 40분
[발신지 및 발신자]	워싱턴/보네(주미 프랑스대사)

매우 긴급

극동담당 미 차관보는 오늘 저녁 우리 대사관의 공사참사관에게 의장 성명의 수정안을 전달했습니다. 별도 전보로 그것의 영문 수정안을 보내 드립니다.

러스크 씨는 다리당 씨가 그저께 지적했던 내용들을 새로운 미 국무부가 수정안에 반영했다고 주장했습니다. 그는 특히 원본에 담겨 있던 한국 통일에 대한 수많은 언급들을 "세계 공동체" 전략이 통일, 독립, 민주 한국의 건립이었음을 상기시키는 한 단락으로 대체했으며, 이러한 전략의 최종 내용은 1950년 10월 7일자 유엔총회의 성명에 담겨있다고 강조했습니다.

다리당 씨는 교섭 상대에게 10월의 결의안을 묵과해서는 안 된다고 다시금 요구했습니다. 러스크 씨는 이러한 결의안이 유엔 전략의 기틀 중 하나이며 그것을 언급하지 않기는 어려울 것이라고 대답했습니다. 그는 이러한 주제에 대해 런던주재 유엔대사가 자신에게 준 정보에 의하면, 모리슨[1] 씨는 그 자신이 내일 하원에서 내놓는 성명이 그러한 내용에 의거해야 할 것이라고 했습니다. 그는 아울러 통일이 한국에 대한 필요불가결한 의견 일치 조건으로서 뿐만 아

---

[1] 허버트 모리슨(Herbert Stanley Morrison, 1888-1965). 영국의 정치가, 영국노동당 간부. 1920-1950년대에 걸쳐 하원의원, 부총리 · 추밀원 의장, 외무장관(1951.3-1951.10) 등을 역임.

니라 유엔이 추구하는 목적의 하나로서도 의장 성명 계획안 속에 나타나 있다고 지적했습니다.

현재 상태에서의 성명 계획안이 1950년 안정보장이사회의 결의안에 따른 "한국의 평화와 안보 구축"에 방점을 두고 있다는 점과 이러한 사실로부터 이전 문서와 비교해 커다란 진전을 이루었다는 점은 부인할 수 없습니다. 미국 정부가 10월의 결의안에서 암시했던 모든 것을 삭제하려는 것이 아닌지 의심스럽지만 말입니다.

다리당 씨는 한편 교섭 상대에게 결의안에 두 번이나 사용된 "침략 중단을 확실시하는 데 알맞은 협정"이라는 표현이 뜻하는 바를 물었습니다. 러스크 씨는 38선 이남의 한국 영토의 어떤 부분에 대한 북한 혹은 중국의 모든 점령 가능성을 배제시키려는 목적에서였다고 대답했습니다. 저의 동료는 러스크 씨의 설명에 감사를 표하였으나, 그러한 주제들에서 미국의 의도가 지금의 계획안에 분명히 드러나지 않는다는 점도 지적하였습니다. 러스크 씨는 중국 공산당의 현재 입장에 대한 어떠한 정보도 가지지 못했으므로 그러한 패들을 두고 하나의 성명서 안에서 논쟁한다는 것이 어렵다고 반박했습니다.

보네

【137】 의장 성명 계획안(1951.3.21)

[전   보]　의장 성명 계획안
[문 서 번 호]　2301-2308
[발   신   일]　1951년 3월 21일 22시 50분
[수   신   일]　1951년 3월 22일 07시 00분
[발신지 및 발신자]　워싱턴/보네(주미 프랑스대사)

보안

2급 비밀

뉴욕 공문 제435-442호

오늘 오후 극동담당 차관보가 다리당 씨에게 전달한 다음과 같은 의장 성명 계획안 영문(英文)을 보십시오.

"나는 한국에서 통일된 지휘권을 행사하기 위해 유엔이 요청한 정부의 최고 책임자로서, 한국의 유엔군 지원 전투력을 제공하는 유엔 정부와 충분한 협의 이후 다음과 같이 진술한다.

한국의 유엔군은 6월 25일 처음으로 북한군의 한국 침략을, 이후 중국 공산군의 유엔 공격을 격퇴시키는 데 착수했다.

침략자는 지난 6월 처음으로 불법적 공격이 있었던 모든 지역에서 심각한 손실을 입고 격퇴 당했다.

1950년 6월 27일자 안전보장위원회 결의안 내용에 따라 이 지역에 국제적 평화와 안보를 회복시키는 것은 여전히 과제로 남겨져 있다. 유엔 헌장의 정신과 원칙은 적대감의 확산을 막고 침략자가 책임져야 하는 불행의 지속과 생

명의 손실을 막기 위해 모든 노력을 기울일 것을 요구한다.

이 지역에서 평화와 안보를 회복하기 위해 모두가 받아들일만한 근거가 있다. 어떠한 대가를 치르더라도, 침략자들이 계속하고자 하지 않는 한, 유엔군 사령부는 정전을 보장할 준비가 되어 있다. 그러한 준비는 한국으로부터 외국 군대를 철수시키는 것을 포함하여 한국을 위해 더 광범위한 분쟁 합의의 길을 열어줄 것이다.

유엔은 한국 국민에게 통일·독립·민주 국가를 수립하는 것이 허용된다는 세계 공동체 정책을 선언했다. 이러한 국제 정책의 최근 표현은 1950년 10월 7일 총회의 결의안에 포함되었다. 한국 국민은 평화를 누릴 권리가 있다. 그들은 그들 자신의 선택에 따라 그리고 필요에 따라 그들의 정치와 제도를 결정할 권리가 있다.

한국 국민은 세계 공동체의 전쟁으로 인한 폐허를 복구하는 데 있어 필요한 장치가 마련된, 그리고 제공할 준비가 되어 있는 유엔의 지원을 받을 자격이 있다. 평화를 위해 필요한 것은 재건이라는 창조 작업에 유엔의 자원을 활용하는 것이다.

한국에서 유엔 반대자들이 한국 분쟁 합의의 많은 기회들에 그렇게 소극적인 반응을 보인 것은 유감스러운 일이다.

한국문제의 신속한 합의는 극동의 국제적 긴장을 대폭 감소시킬 것이고, 유엔 헌장에 명시된 평화적 합의 과정에 의해 그 지역의 다른 문제들을 검토할 길을 열어줄 것이다.

침략을 멈추고 전쟁을 종결시키기 위한 만족스러운 조치가 취해질 때까지, 침략자들에 대항한 유엔의 군사행동은 계속될 것이다."

앙리 보네

【138】 미국과 영국의 의견 차이와 계속되는 논의들(1951.3.22)

[전 보]	미국과 영국의 의견 차이와 계속되는 논의들
[문 서 번 호]	679-687
[발 신 일]	1951년 3월 22일 08시 00분
[수 신 일]	1951년 3월 23일 11시 30분
[발신지 및 발신자]	도쿄/드장(주일 프랑스대사)

보안

워싱턴 공문 제281-289호, 뉴욕 공문 제238-246호, 사이공 공문 제500-508호
본인의 이전 전보에 이어

4. 상반되는 수많은 징후에도 불구하고, 중국 공산당 지도자들은 어떤 협정을 모색하고자 하였으며, 또 다른 난관들이 곧바로 나타났습니다. 그 난관들은 중국에 대한 영국인들과 미국인들 사이의 근본적인 의견 불일치에서 기인합니다. 베이징이 채택한 이전의 입장에서 볼 때, 한국 해결책을 대만과 유엔의 동의라는 문제에 연결시키지 않고 검토한다는 것은 다분히 허망한 일입니다.

그러한 상황에서, 레이크석세스에서 이전에 검토된 기본적 내용들을 근거로 하고, 소련, 중국 공산당, 미국, 영국, 프랑스, 그리고 1개국 혹은 2개국이 같은 테이블에 모이게 하려는 모든 협약들은 짧게 진행되거나 서구 상대국들이 그들의 공통의 적에게 위험한 분리술책을 드러낼 위험이 상당히 있습니다.

미국 측과 마찬가지로 영국 측에서도, 사람들은 극동에 관한 관점의 대립에 과도하게 몰두하지 않으려 합니다. 우리는 양쪽 모두 타협점을 발견하지 못했다고 봅니다. 하지만 만일 어떤 회의에서 강한 압력이 다소 고립되어 있던 미국 정부에 가해졌다면 의견 접근이 가능해졌을 것이라고 믿습니다. 미국인들의 경

우에는, 그러한 일들이 런던에서 가진 적지 않은 헛된 기대를 앗아가 버릴 것이라고 생각하고 있습니다.

당장 영국과 미국 간 불화의 지속은 분명 생각해봐야 할 주제이며, 또한 베이징과 모스크바를 고무시키는 주제입니다. 이곳에서 관찰되는 기관들 사이의 관계, 사람들 사이의 관계를 보면, 두 나라는 겉으로 드러날 때까지 오랫동안 곪아왔던 화를 돋우는 원인이 되고 있습니다.

5. 결국, 한국전쟁이 오래 지속되면서, 미국이 강경한 태도로 나오고야 말았습니다. 재무장과 징병의 절차가 따르는 군대와 자발적인 희생 쪽으로 점점 크게 기우는 마음은 거의 피할 수 없는 결과가 되었습니다.

마지막 공격이 상대적으로 작은 희생이 따르는 것이었음에도, 사령관이 조심스럽게 비밀리에 파악한 미국인 사상자는 3월 16일 106,000명을 넘어섰으며 그 중 62,000명의 시신을 거둘 수 있었습니다.

한국 주둔 미국부대 병력은 2달 전부터 보충이 되어 평소 수준에 가까워졌습니다. 현재 전투병력 146,000명과 예비병력 67,000명으로, 총 210,000명을 넘어섭니다. 공군, 해군 병력을 합치면, 340,000명을 넘어섭니다. 같은 기간에 극동의 공군 부대는 급속도로 증가했습니다. 그 병력은 해군 전투기와 항공모함 병력 4,000명을 포함하지 않고도 36,000명에서 1,000명을 넘어섰습니다.

전투기의 수도 아마 같이 증가했을 것입니다. 3월 14일부터 19일까지 모든 유형의 전투기가 단 하루에 1,400번도 넘게 5일 동안 매일 1,000번 이상 출격했습니다.

워싱턴이 국민군 2개 사단, 제40, 45 사단을 일본으로 좀 더 일찍 보내기로 한 결정은 소련 주요 부대와 공산주의에 승리한 전투의 옛 포로들로 구성된 일본 부대의 사할린과 쿠릴 반도 주둔에 관해 총사령부가 수집한 정보와 무관치 않습니다.

부대의 출동과 막대한 재무장 체제의 가동과 같은 큰 희생을 치르고 나서, 다소 불안정하고 실망스러운 타협안에 만족한다는 것은 미국 정부를 점점 힘들게 했습니다.

시간과 흐를수록 평화로운 해결과 분쟁 국지화의 기회가 줄어들었습니다. 제 생각으로는, 전투 확대를 막기 위해 필요한 모든 행동은 워싱턴과 런던에서 뿐만 아니라 서구 열강들 사이에서도 극동 공동 전략의 큰 방향을 결정에 있어 신중하고 끈질긴 노력을 통해 이루어져야만 한다고 봅니다. 베이징 정부와 연합국 정부들이 합의에 대한 준비가 되어 있다면, 그러한 태도는 모든 시도의 성공을 위해 필요불가결하다고 생각합니다. 여하튼 그러한 합의는 세상의 어딘가에서 폭동자들이 계속해서 평화를 위협하게끔 부추길 수 있는 요인들 중의 하나를 제거할 것입니다.

국방부에 전달 요망.

드장

【139】 한국 전선의 상황(1951.3.22)

[전　　　보]	한국 전선의 상황
[문 서 번 호]	689-691
[발　신　일]	1951년 3월 22일 08시 00분
[수　신　일]	1951년 3월 22일 23시 10분
[발신지 및 발신자]	도쿄/드장(주일 프랑스대사)

1. 공산군 부대의 퇴각이 동일한 속도로 순조롭게 이어지고 있습니다.

정찰대들이 38선으로부터 대략 15㎞ 정도까지 접근했고 적군과 교전 후 퇴각했습니다. 중국군이 거의 물러난 춘천에는 아직 유엔군이 들어오지 않았습니다.

제8병단은 그들 앞에 서쪽에서 동쪽으로 북한군 제1군단, 즉 중국군 제26, 38, 39, 40군과 북한군 제2, 3, 5사단을 두고 있습니다.

중국 제26군은 흥남부터 자취를 감춘 제3병단에 속합니다. 그 부대는 서울 북서쪽에서 제50군을 대체하였습니다. 어렵게 찾은 이 부대는 제42, 66군과 함께 재건되었습니다.

2. 총사령부는 제3병단에 속하는 다른 4개의 부대들로 제20, 24, 27, 37군이 철원, 금화, 평양의 삼각편대에 모여 있는 것으로 추정합니다.

다른 군대들의 집중은 진남포와 원산 주변에서 관찰되었습니다. 그 부대들은 제1병단에 속하는 것으로 보이는 북한군, 중국군 부대로 이루어졌을 것입니다.

3. 여러 유형의 미국 항공기는 어제 고사포[1]에 의해 격추당했습니다.

---

[1] 비행기 공격용의 지상화기.

4. 유엔의 지상군 병력은 3월 15일 현재 미군 213,000명, 남한군 136,000명, 유엔군 할당병력 20,000명을 합해 365,000명을 넘어섰습니다.

국방부에 전달 요망.

드장

【140】 휴전을 위한 북한 당국자들과의 협상 가능성(1951.3.22)

[전 보]	휴전을 위한 북한 당국자들과의 협상 가능성
[문 서 번 호]	692-693
[발 신 일]	1951년 3월 22일 08시 00분
[수 신 일]	1951년 3월 22일 19시 45분
[발신지 및 발신자]	도쿄/드장(주일 프랑스대사)

보안

워싱턴 공문 제291호, 뉴욕 공문 제248호, 사이공 공문 제516호

레이크석세스로부터 나온 정보와 언론에 실린 소식에 따르면, 유엔의 여러 대표들이 베이징의 계속된 침묵 앞에서 휴전을 위해 북한 당국자와 직접 접촉할 것이라고 합니다.

아마도 전쟁을 중단시키고 분쟁을 평화롭게 해결할 최소한의 기회도 소홀히 하지 않는 것이 좋아 보입니다. 하지만 여기서 그러한 계획들이 너무 동떨어져 보이는 실제 방안을 제시하는 것은 아닌지 알아차리기란 불가능합니다.

평양 정부가 어떤 결정의 권한을 가지고 있는 것 같지는 않습니다. 베이징의 지도자들에게 주어진 광범위한 자유는 필시 축소되어 있을 것입니다. 사태를 이끌어가는 곳은 분명 모스크바입니다. 만일 이 문제에 대해 최소한의 의문이 있을 수 있다면, 스탈린이 『프라우다』와 가진 최근의 인터뷰가 의문을 풀어줄 것입니다.

드장

한국전쟁 관련 프랑스외무부 자료 II(1951. 01. 01~1951. 05. 31)

【141】 휴전을 위한 소련과의 교섭(1951.3.22)

[전　　　　보]	휴전을 위한 소련과의 교섭
[문 서 번 호]	694
[발　신　일]	1951년 3월 22일 08시 00분
[수　신　일]	1951년 3월 22일 19시 45분
[발신지 및 발신자]	도쿄/드장(주일 프랑스대사)

보안

워싱턴, 뉴욕, 사이공 공문
본인의 이전 전보에 이어

3월 8일 트리그브 리가 검토하고 있는 절차가 좀 더 합리적일 것입니다. 그러한 절차는 소련 대표자들이 북한을 움직이게 하는 데 있습니다(본인의 전보 제663호). 모스크바가 중국-북한 군대가 매우 필요로 하는 막대한 물자를 보내는 데 전혀 열의를 보이지 않는 것이 사실이라 해도, 그게 반드시 소련이 유엔과 미국이 수용할 만한 조건으로 분쟁의 종식을 원한다는 말은 아닙니다.

여하튼 그러한 상황들에 대한 사전 합의가 서구 열강들 사이에서 이루어지는 일은 유익할 것으로 보입니다.

드장

【142】 한국 군대 상황의 보고(1951.3.22)

[전   보] 한국 군대 상황의 보고
[문 서 번 호] 2331-2333
[발   신   일] 1951년 3월 22일 22시 00분
[수   신   일] 1951년 3월 23일 07시 00분
[발신지 및 발신자] 워싱턴/보네(주미 프랑스대사)

보안

2급 비밀

뉴욕 공문 제459-461호

　오늘 오후 열린 외교공관장 회의에서 미 국방부 대표자들은 한국 군대 상황에 있어 지난 48시간 동안 어떤 중요한 변화도 일어나지 않았다고 발표했습니다. 유엔군은 천천히 그리고 조심스럽게 진격을 계속했습니다. 서울 북쪽이나 춘천 북서쪽에서 조금 거세지긴 했어도 적군의 저항은 미미한 채로 있습니다. 동쪽 지역에서는 몇 시간의 교전 후 북한 사령관과 122명이 남한 군대로 투항했습니다. 이는 북한쪽의 약해진 사기를 반영하는 것으로 보입니다.

　러스크 씨는 상대방의 연락이 지체되고 예비 병력이 약해지자, 유엔군은 커다란 신중함을 보여야 했다고 지적했습니다. 미 국방부 대표들은 1950년 6월 25일과 1951년 3월 2일 사이 적군에 의한 사망자 일람표를 제출했습니다. 같은 기간 동안의 전투에서 북한군 사망자 수는 272,336명까지 증가했습니다. 다른 사망자 수는 66,876명, 포로들의 수는 138,879명에 달했습니다.

　전투에서 중국군의 사망자 수는 216,098명에 달합니다. 다른 사망자 수는 30,158명, 포로들의 수는 1,694명에 달합니다. 그리하여 총 적군 사망자 수는 대

략 725,000명에 이릅니다.

러스크 씨는 이러한 수에 적군이 전선이나 후방에 배치한 500,000명을 더해 총합에 이를 것이며, 침략 전쟁에 1,000,000명 이상이 참여한 후, 적군은 거의 출발지점으로 돌아와 있다고 하였습니다.

보네

【143】 일본에서 미군 피습 사건(1951.3.23)

[전 보]	일본에서 미군 피습 사건
[문 서 번 호]	695-696
[발 신 일]	1951년 3월 23일 00시 00분
[수 신 일]	1951년 3월 23일 15시 40분
[발신지 및 발신자]	도쿄/드장(주일 프랑스대사)

21일 새벽 3시 도쿄 유흥가 아사쿠사에서 군복 차림의 미국인 5명이 피습을 당했습니다. 몇 백 명의 위협적인 사람들로부터 자동차로 피신하려던 군인들은 도망치다 200미터도 못가 추격을 당해 돌에 맞았습니다. 일본군 경찰이 빠르게 개입했으나 한 군인의 죽음을 막을 수는 없었습니다. 다른 한 사람은 중상을 입었고, 나머지 두 사람은 경상을 입었습니다.

언론은 평상시의 습관대로 공격자들이 한국인들이었다고 주장했음에도, 지금까지 체포된 60명 범죄자들의 공개된 이름들은 대부분 일본인 이름이었습니다. 여론은 1946년 이후 가장 심각한 그 사건에 대해 매우 유감스럽게 생각했고, 그것의 결과들에 걱정을 표했습니다.

미국 당국과 관련해서는, 미국은 별것 아닌 일로 돌려버리는 것 같았습니다.

드장

【144】 성명서 초안에 대한 프랑스의 수정 요구(1951.3.23)

[전 　 　 보] 성명서 초안에 대한 프랑스의 수정 요구
[문 서 번 호] 미상
[발 　 신 　 일] 1951년 3월 23일 16시 00분
[수 　 신 　 일] 미상
[발신지 및 발신자] 파리/파로디(프랑스외무부 사무국장)

절대우선문건
매우 긴급

워싱턴 공문 제2832-2833호
런던 공문 제4745-4746호
뉴욕 공문 제1105-1106호

귀하의 전보 제2294-2308호 참조

　본인은 전적으로 귀하의 생각에 동의합니다. 만일 성명의 기본 목적이 러스크 씨의 말대로 베이징과의 협정을 가능하게 하는 데 유익하다면, 귀하가 알려준 성명서 계획안 속에 사용된 용어들이 일부 적절해 보이지 않습니다. '침략' 혹은 '침략자'란 표현은 일곱 번 이상 사용되었고, 마지막 항에서 두 번 사용한 것은 특히 계제에 맞지 않아 보입니다.
　앞서 전달한 지시대로 몇몇 부분의 민감한 표현들을 완화하도록 계속해서 애써 주길 바랍니다. 일례를 들면, 성명서 계획안의 마지막 항은 그 뜻을 잃지 않은 채 "침략과 최후의" 와 "침략자에 대항하여"라는 단어를 삭제하는 것이 좀 더

수긍이 갈 것입니다.

파로디

【145】 한국의 상황에 대한 미국 정부의 논의(1951.3.24)

[전 보]	한국의 상황에 대한 미국 정부의 논의
[문 서 번 호]	1185-1186
[발 신 일]	1951년 3월 24일 17시 00분
[수 신 일]	1951년 3월 24일 17시 15분
[발신지 및 발신자]	런던/르 로이(주영 프랑스대사관외교관)

보안

　금요일 하원에서 케네스 영거 국무위원은 유엔군이 한국에서 진격을 멈추도록 지시해야 할 때라고 생각지 않는다고 주장했습니다. 그러한 지시는 중국군이 어떤 합의에 동의할 의지가 있는지 어떤 신호를 보여줄 때에만 주어질 수 있다는 것입니다.

　하지만 관련 정부들은 유엔이 한국 개입을 통해 도달해야 할 목표에 대해 전반적 성명을 내는 것이 바람직하지 않은가라고 검토하는 중이었습니다. 그는 신중함이 요구되는 상황과 부과된 안보조건들에도 불구하고 그러한 성명이 발표되기를 희망했습니다.

　장관은 전술작전에 있어 유엔군의 지휘권이 가상의 노선으로는 단단하게 결속될 수 없음을 영국 정부가 깨달았다고 덧붙였습니다. 다른 한편으로는, 북한에서의 총 진격은 군사적인 성격 못지않게 정치적인 성격을 가집니다. 한국에 부대를 두고 있는 국가 대표들 사이의 사전 논의 없이는 그러한 진격이 있어서는 안 된다고 한 것은 바로 그 이유에서입니다.

르 로이

【146】 한국 사태에 대한 캐나다 정부의 입장 표명(1951.3.24)

[전 보]	한국 사태에 대한 캐나다 정부의 입장 표명
[문 서 번 호]	154-156
[발 신 일]	1951년 3월 24일 12시 15분
[수 신 일]	1951년 3월 25일 00시 10분
[발신지 및 발신자]	오타와/게랭(주캐나다 프랑스대사)

보안

하원에서의 부처 예산에 대한 논의 중 짧게 주어진 기회에, 외무부장관은 한국 사태에 대한 캐나다 정부의 태도를 다시금 명확히 했습니다.

레스터 피어슨 씨는 38선을 넘어서는 결정은 단지 군사적 명령일 뿐만 아니라, 아마도 군사적인 성격 이상으로 정치적일 수도 있는 정치적 명령이라고 주장했습니다. 그는 사령관 교체를 원한다는 점을 부인했고, 적과의 합의를 위해 이용될 수 있는 전선의 안정화, '사실상의 전쟁 중단'을 향해 진전되는 군사적 상황을 바라보는 자신의 바람을 말했습니다. 그도 유엔이 한국으로부터 명예롭게 '빠져나올' 해결책에 이르려 시도하는 일은 '정치적'이라는 점을 인정했습니다.

"왜냐하면 한국은 가장 위험한 지역이 아니기 때문입니다."

레스터 피어슨 씨의 동료들에 따르면, 그는 그러한 문제에 대한 논의들이 워싱턴에서 이루어지던 순간에, 바람직한 동시에 가능해 보이는 것을 좀 더 분명한 방식으로 표명해주기를 원했습니다.

그는 워싱턴에서 캐나다 대표가 보여주는 노력에 좀 더 무게를 실어주기 위해 그것을 공개적으로 하고자 하였습니다.

위베르 게랭

【147】 38선을 향한 유엔군과 한국군의 전진 상황(1951.3.24)

[전 보]	38선을 향한 유엔군과 한국군의 전진 상황
[문 서 번 호]	704-706
[발 신 일]	1951년 3월 24일 03시 00분
[수 신 일]	1951년 3월 24일 17시 00분
[발신지 및 발신자]	도쿄/드장(주일 프랑스대사)

보안

사이공 공문 제524-526호
전쟁부에 긴급 전달 요망

전선 전체에서 38선을 향한 느리고 계속된 전진이 이루어지고 있습니다. 춘천의 주요 지역은 남한군 제1사단에 의해 교전 없이 쉽게 점령되었습니다. 유엔군 행로는 현재 의정부 남쪽 15km, 가평 북쪽 변두리, 춘천, 강릉을 지나고 있습니다. 춘천을 돌출부로 철각(凸角)을 형성하며 말입니다.

3월 22일 어제 아침부터, 제1사단은 춘천 고지에서 본격적으로 싸우기 위해 의정부와 문산 방향에서 전쟁을 개시했습니다. 이러한 작전이 용이하도록 제187공정연대가 3월 23일 아침에 임진강 남쪽의 문산 지역에서 공중 투하를 실시했습니다. 적군은 퇴각하면서 매우 지친 제4군단을 제2병단의 소대들로 계속 대체시켰습니다. 제26군이 가평 서쪽에서 출현한 이후, 제20군이 춘천 북서쪽에서 모습을 보였습니다.

반대로, 제50, 38, 42, 66군단은 전투 지역을 떠났습니다. 총사령부는 혹시 제4군단이 즉시 투입 예비 병력으로 대기하고 있는 것인지 또는 우리가 생각하는 39선 주변에서의 즉각 지원 임무는 제1군단에게 맡기고 재조직과 재편성을 위해 만주로 보내질 것인지에 대해 궁금해 하였습니다.

드장

【148】유엔군의 38선 돌파에 대한 한국 정치계의 입장(1951.3.24)

[전 보]	유엔군의 38선 돌파에 대한 한국 정치계의 입장
[문 서 번 호]	714-717
[발 신 일]	1951년 3월 24일 09시 00분
[수 신 일]	1951년 3월 25일 00시 45분
[발신지 및 발신자]	도쿄/드장(주일 프랑스대사)

브리옹발 씨의 3월 19일자 부산 발송 공문 제11호, 3월 24일 도쿄 수신.

유엔군의 승리와 전진이 확인됨에 따라 한국의 정치적 감정이 다시 표출되고 있습니다. 나날이 좀 더 분명하게 표출되고 있으며. 매일 38선이 가까워짐에 따라 외교적·군사적 망설임이 얼마 전부터 일종의 폭력적 언사를 유발시켰습니다.

NBC[1] 한국 주재 대표의 질문에 대한 이승만 대통령의 답변에서 현재 한국의 동향이 처음 공식적으로 드러났습니다. 이번 경우에, 이승만 박사는 특히 38선 돌파의 필요성을 의문시해서는 안 되며, 유엔 한 중심의 누군가가 공산주의자들의 승리를 원한다면 그것은 소련과 그 위성국가들일 뿐이라고 지적했습니다. 그는 압록강 너머로 공산주의자들을 쫓아내야 하며, 이러한 목적에서 필요하다면 중국을 폭격해야 한다고 덧붙였습니다. 이 점에 대해, 그는 "우리가 그와 같은 결정이 내포한 모든 위험을 감수할 준비가 되어 있다면 한 침략자를 몰아내는 선택을 할 수 밖에 없다"면서, 세계를 공산주의자들에게 모두 내어주지 않는 한 어떤 식으로든 소련과의 결전을 피할 수 없다고 유엔에 주장했습니다.

이러한 주제는 그 당시 여러 방식으로 여러 공직자들(다른 나라의 군부장관

---

1) NBC 방송국(National Broadcasting Company). 1926년 설립된 미국 텔레비전 및 라디오 방송국.

들) 사이에서, 또한 필시 무분별한, 그렇지만 명령대로 하는 언론에서 다시 들춰졌습니다. 이러한 주제는 결국 부산시청이 지원한 어느 한 민중 시위에서 슬로건으로 사용되었습니다.

3일 전 외무부차관은 제게 다음과 같이 말했습니다.

"당신은 우리의 38선 분단에 대한 가능한 한의 노력이라는 생각에 대한 우리의 공포를 이해해야 합니다."

그러한 지적은 아마 리지웨이 장군의 다음과 같은 성명이 있고 난 그 이튿날의 전반적 감정을 반영하는 것 같습니다.

"전체적으로 적군에게 가한 막대한 인명 손실을 감안하여 38에 도달한 것을 커다란 승리로 여겨야 할 것입니다."

그러한 예민함은 엄청난 방침을 앞에 두고 유엔이 가지는 당연한 망설임을 고조시킵니다. 한국인들의 눈에 그것은 유엔군사령부와 워싱턴 혹은 레이크석세스 사이에 이루어질 결정의 책임 전가를 잘 숨기지 못하는 망설임입니다. 아무런 얘기도 새어나오지 않았던 리지웨이 장군, 무초 대사, 이승만 대통령 사이의 비밀회담은 모든 것이 충동적으로 발생하는 그러한 반응들을 누그러뜨리지 못하는 것 같습니다.

하지만 지역 신문의 평상시의 유치함과 서투름을 감안할 때, 맥아더 장군의 최근 성명들을 언급하고 군사 문제의 해결책에서 요구되는 극단의 조치들을 강조하는 몇몇 신선한 논설들의 관점과 문체에 우리는 놀라지 않을 수 없습니다.

드장

【149】 미국의 성명 발표에 대한 프랑스의 수정 요구 사항(1951.3.24)

[전 보]	미국의 성명 발표에 대한 프랑스의 수정 요구 사항
[문 서 번 호]	2392-2998
[발 신 일]	1951년 3월 24일 21시 30분
[수 신 일]	1951년 3월 25일 05시 15분
[발신지 및 발신자]	워싱턴/보네(주미 프랑스대사)

보안
우선문건

이전 전보에 이어

유엔이 한국에서 통합 지휘권을 행사하도록 임무를 맡긴 정부의 수장으로서
트루먼 대통령이 성명을 발표하게 될 것입니다.
다리당 씨는 미국 계획안에서 다음의 수정을 제안했습니다.

- 2항: "agression"에 's' 덧붙이기. "first on June 25 1950 by north Korean
  Forces"와 "subsequantly by chinese communist forces" 삭제하기.
- 4항: "misery" 앞의 "the" 삭제하기. "loss of life"와 "for which the
  agresseurs are responsible" 삭제하기.
- 5항: "unless the agression"으로 시작하는 문장의 숫자 삭제하고 "nation
  which sincerely desire peace"로 대체하기.

러스크 씨는 이 단락에 대해서는 미국 정부가 지금은 완전히 삭제할 생각이
라고 밝혔습니다.

- 6항: "would assure the ending of the agression" 삭제하기.
- 7항: "the latest"로 시작하는 2번째 문장 삭제하기.
- 마지막 항: "the agression and for conclusion"와 "against the agresseur" 삭제하기. 이 단락은 다음과 같은 새로운 방향으로 읽힐 수 있을 것입니다. "Until satisfactory arrangements for ending the fighting have been reached, United Nations military action … continued."

이 마지막 단락이 삭제되는 것에 대해 프랑스 정부가 혹시 반대하지 않을까 지적하는 저의 동료에게 국무차관보는 미국 정부는 유엔 "군대의 정신"을 위해 필요한 태도라고 대답했습니다.

러스크 씨는 전체적으로 우리가 제시한 수정안의 합당성을 인정하는 것으로 보였고, 성명서의 최종 작성 때 진지하게 고려될 것으로 보입니다.

애치슨 대사는 지금은 한반도 작전에 능동적으로 참여하지 않은 유엔회원국들을 따로 분리하는 것처럼 보이지 않기 위해 한국에 군사적으로 참여한 정부들의 참조를 첫 단락에서 삭제하려 한다고 밝혔습니다.

보네

【150】 한국 전선의 상황과 중공군의 동태(1951.3.26)

[전 보]	한국 전선의 상황과 중공군의 동태
[문 서 번 호]	721-723
[발 신 일]	1951년 3월 26일 00시 00분
[수 신 일]	1951년 3월 26일 10시 30분
[발신지 및 발신자]	도쿄/드장(주일 프랑스대사)

보안

사이공 공문

1. 최근 이틀 동안, 적군의 저항이 특히 약화되었고, 38선을 향한 유엔군의 전진이 이어졌습니다.

3월 23일 문산에서 148대의 공군기(100 C-119와 480-46)에 의한 공중투하는 애초에는 그 사이 유엔군의 수중에 들어간 춘천 북쪽에서 실행하려 계획했던 것입니다.

공정부대와 공병부대, 보병부대, 전차부대를 포함한 군대 사이의 결합이 이루어진 순간 이미 임진강을 건넌 북한군 제1군단의 후방을 공격하는 데까지는 성공하지 못했습니다. 그리 많지 않은 포로들은 북한군 제19사단(북한군 제6군단)에 속했습니다.

2. 군대의 커다란 움직임이 한국 국경 쪽 만주의 내부 정보를 통해 밝혀졌습니다. 군사작전 초기 이후로 해서 가장 중요한 정보입니다.

제1병단의 대형이 평양 위쪽에서 발견되고 제3병단의 사단들이 □□□ 전선에서 모습을 드러내는 한편, 중국의 제2병단의 소대들은 압록강 지역에서 발견되었습니다.

총사령부는 중국의 지휘권이 5월 1일 이전에는 총 방어전을 펼칠 수 없을 것이라고 생각하고 있습니다. 지금부터 그때까지, 적군은 국지적인 혹은 대규모의 역습을 해올 수 있으리라 여겨집니다.

국방부에 전달 요망.

드장

【151】 38선 돌파에 대해(1951.3.26)

[전　　　　　보]	38선 돌파에 대해
[문 서 번 호]	730
[발　　신　　일]	1951년 3월 26일 03시 00분
[수　　신　　일]	1951년 3월 26일 11시 00분
[발신지 및 발신자]	도쿄/드장(주일 프랑스대사)

보안

사이공 공문 제538호

3월 24일 14번째 한국 방문에서 돌아오는 길에, 맥아더 장군은 언론에서 읽은 발표문에서, 다음과 같이 경계선의 실제적 침범이라는 주제에 대해 이야기하였습니다.

"워싱턴, 런던, 그리고 다른 수도들에서 나온 최근 발표들의 심도 깊은 논쟁들의 대상이 된 38선과 관련해서는 어떤 다른 부연 설명도 필요치 않은 것 같습니다."

그것은 어떤 군사적 중요성도 가지지 않은 일입니다.
우리의 해군과 공군은 그곳을 기꺼이 통과했고, 두 나라의 육군도 마찬가지로 예전에 그렇게 했습니다.
저는 제8군에 만일 그리고 그것이 전략적 관점에서 안보를 위해 시의적절한 것으로 보일 때에는 마찬가지로 행동할 것을 지시했습니다.

드장

【152】 맥아더 장군이 외교계에 일으킨 파문(1951.3.27)

[전 보]	맥아더 장군이 외교계에 일으킨 파문
[문 서 번 호]	731-733
[발 신 일]	1951년 3월 27일 00시 00분
[수 신 일]	1951년 3월 27일 10시 50분
[발신지 및 발신자]	도쿄/드장(주일 프랑스대사)

보안

워싱턴 공문 제307-309호
뉴욕 공문 제258-260호
사이공 공문 제539-541호

본인의 전보 제718호 참조

정치 분야에서 그만큼 기습적인 일련의 표명들을 앞두고 있었음에도 불구하고, 14번째 한국 방문 전후로 한 맥아더 장군의 3월 24일 성명은 도쿄의 외교계에 파문을 불러왔습니다.

일반적으로 외국의 대표들, 특히 영국의 대표들은 확실히 전쟁 확대 의사를 숨긴 위협보다는 협상 제안의 중요성에 훨씬 덜 관심을 가집니다.

최근의 군사적 성공, 유엔의 교섭 제안에 대한 중국의 불응, 총사령관의 지위를 통해 행사하는 폭넓은 수단들을 끝까지 이용하고 공화당의 지원을 받고 있는 유력한 맥아더 장군이 정부의 결정들을 최종적으로 이끌려 한다는 게 지배적인 느낌입니다.

많은 사람들은 잘못 정해진 전략과 전술의 끝까지 발전시킨 맥아더 장군의 태도와 교묘함에 충격을 받았습니다.

 분명 그는 군대 수장으로서의 자신의 역할의 한계를 강조하면서, 무엇보다 고유한 책임이 시작되는 지점을 가리키고 정부 인사들의 무능력을 지적하려 했습니다.

 워싱턴이 최근 몇 달 동안 반대의 표시로 해석될 수 있는 어떤 말도 어떤 태도도 내보이지 않았다는 점에 우리는 매우 놀라워하고 있습니다.

드장

【153】 한국 전선의 상황(1951.3.27)

[전　　　　보]	한국 전선의 상황
[문 서 번 호]	2422-2445
[발 　 신 　 일]	1951년 3월 27일 23시 00분
[수 　 신 　 일]	1951년 3월 28일 09시 10분
[발신지 및 발신자]	워싱턴/보네(주미 프랑스대사)

보안

2급 비밀

뉴욕 공문 제477-480호

　미 국방부 대표는 오늘 사절단장 회의에서 대구로부터 온 제187연대전투단의 공군작전 성공을 알렸습니다.

　현재 시간 유엔군 배치는 서쪽을 떠나 그 다음 장소에 있습니다.

　남한군 제1사단은 문산에 도착했고, 마찬가지로 임진강 남쪽 강변에 자리했습니다.

　미군 제3사단은 문산 동쪽으로부터 약 10㎞에 있으며, 미군 제25사단은 의정부 북쪽으로 13㎞ 가까이에 있습니다.

　제9본대 지역에서는, 미군 제24사단이 몇몇 저항 세력과 맞붙은 후 춘천 북북서쪽 8㎞에 있습니다.

　제1기갑사단의 부대들이 이러한 작전에 똑같이 참여한 해군을 우측에 두고 이 마을 북쪽을 정찰 중입니다.

　미군 제3, 7사단은 한국군 제3사단과 함께 제10군 지역에서 아직도 조금 눈에 띄는 적군을 격퇴 중입니다.

전선 극동 쪽에서 국방부의 정찰대들은 남한군 '주력' 사단 소속의 한 부대가 오늘 아침 38선 북쪽 약 4㎞에서 발견되었다고 밝혔습니다.

맥아더 장군의 최근 성명에 관해, 별도 전보로 제가 외무부에 전달해드린 바 있는 논평을 하기 전에, 극동담당 차관보는 미국 정부가 중국 제1작전부대가 천천히 한국으로 향하고 있음을 보여주는 몇몇 징표들을 눈치 채고 있었다고 가르쳐 주었습니다. 이러한 정보는 사람들이 지금 가지고 있는 느낌을 굳히게 하며, 러스크 씨는 베이징이 침략 방침을 고수하기로 정했다고 결론 내렸습니다.

보네

【154】 맥아더 장군의 성명과 워싱턴 정부의 태도(1951.3.27)

[전 보]	맥아더 장군의 성명과 워싱턴 정부의 태도
[문 서 번 호]	2474-2477
[발 신 일]	1951년 3월 27일 23시 00분
[수 신 일]	1951년 3월 28일 09시 10분
[발신지 및 발신자]	워싱턴/보네(주미 프랑스대사)

보안

2급 비밀

뉴욕 공문 제481-484호

극동담당 국무차관보는 오늘 외교사절단장 회의에서 지난 금요일 맥아더 장군의 성명이 워싱턴 정부에게는 얘기치 않은 일이었으며, 결과적으로 지시하지도 않았다고 전했습니다. 러스크 씨는 이러한 성격의 일이 재발하지 않도록 좀 더 높은 단계의 조치들이 취해졌다고 덧붙였습니다.

국무차관보는 이 문제에 대해 이틀 전부터 언론에 실린 내용들을 확인시켜줄 뿐이었습니다.

한편, 러스크 씨는 워싱턴 정부가 전선의 현재 상황 때문에 이틀, 혹은 사흘 동안 다시금 성명 계획안 문제를, 특히 그것의 공개 시점과 성격과 관련하여 검토할 필요가 있다고 생각했습니다.

히커슨 씨 쪽에서는 제 동료에게 미국 국무부가 성명 계획안에 담긴 공격 관련한 7개 중 5개를 삭제하는 데 동의한다고 알려왔습니다.

마지막으로 러스크 씨는 공산당 사령관이 맥아더 장군의 교섭 제안에 응했다면, 장군은 곧바로 정부의 공식적 지시를 받았을 것이라고 강조했습니다.

성명이 결실을 맺기 위해 워싱턴 정부가 현재 장군의 주도적 행동을 상당히 끌어안고 있음을 되풀이해 설명할 필요는 거의 없으며, 지금은 마침내 평행선을 지났으며 성명서가 공개되어야 하는 순간입니다.

그렇지만 맥아더 장군의 소환이 요구되는 경우, 여기서는 있을 법하다고 보지 않지만, 워싱턴은 성명 공개를 며칠간 연기해야만 합니다.

그러한 연기는 성명서를 공개해야 할 순간에 얻게 될 많은 부분을 잃게 할 위험이 있습니다.

보네

【155】 맥아더 장군에 대한 다양한 언론의 태도(1951.3.28)

[전 보]	맥아더 장군에 대한 다양한 언론의 태도
[문 서 번 호]	1197-1199
[발 신 일]	1951년 3월 28일 20시 45분
[수 신 일]	1951년 3월 28일 20시 55분
[발신지 및 발신자]	런던/르 로이(주영 프랑스대사관외교관)

영국 신문은 전반적으로 맥아더 장군의 최근 성명이 시의적절하지 않으며 미국 국무부로부터 분명 승인받았을 것으로 생각합니다.

『맨체스터가디언』은 사령관이 만일 정치적으로 납득할만한 이유들이 있다 해도, 그 자신이 2월 25일 38선을 통과해서는 안 된다고 발표하면서 분명히 내세운 태도를 유지했어야 한다고 평가합니다. 『데일리헤럴드』[1]는 북한으로의 전반적 진격은 정치적 의미를 지니고 있을 것이며, 이 문제에 대해 취해진 모든 결정은 관계국 정부의 우선적 논의를 필요로 했을 것이라고 말했습니다. 사방에서, 『뉴스크로니클』은 간접적으로 맥아더 장군을 비난했으며, 미국 군대 사령관은 마침내 자리에서 물러나야 할 것이라고 쓰기를 주저치 않았습니다.

보수적 일간지들은 반대로 맥아더 장군의 정치에 대한 변호 아니면 적어도 그 개인에 대한 변호 자세를 취하고 있습니다. 아마도 『데일리메일』[2]은 신중치 못한 개입을 인정하는 데까지는 가지 않겠지만, 가장 큰 실수는 맥아더 장군에게 있다고 강조합니다. 신문은 미국 정치가 명확한 지시의 부재, 망설임, 궁극적으로 결정 장애와 같은 특성을 지녔듯이 워싱턴에서 가진 성명이 다소 모순적이었다고 언급합니다. 『데일리익스프레스』[3]의 경우는, 좀 더 멀리까지 나아갑

---

1) 『데일리헤럴드Daily Herald』. 영국 노동당 기관지로, 1919년에 일간지로 출발했다가 1923년 노동당의 기관지로 되었고, 1964년에 폐간됨.
2) 『데일리메일Daily Mail』. 1896년 창간한 영국 조간신문.

니다. 신문은 맥아더 장군을 영원한 희생양으로 만드는 것은 불공정하며, 그에게 최종적인 작전 지휘 책임이 있으므로 맡겨진 일들을 잘 처리할 수 있도록 신뢰와 필요한 권력을 주는 것이 필요불가결하다고 전합니다.

르 로이

---

3) 『데일리익스프레스Daily Express』. 영국 런던에서 발행되는 보수성향의 조간지.

【156】 한국 사태 해결을 위한 영국 외무부의 제안에 대해(1951.3.28)

[전 보]	한국 사태 해결을 위한 영국 외무부의 제안에 대해
[문 서 번 호]	1206-1207
[발 신 일]	1951년 3월 28일 21시 55분
[수 신 일]	1951년 3월 28일 22시 10분
[발신지 및 발신자]	런던/르 로이(주영 프랑스대사관외교관)

보안

방금 비밀리에 우리 대사관의 첩보원들 중 한 사람에게 알려진 사실에 의하면, 외무부가한국사태의 평화로운 해결을 위해 다음 절차의 제안을 검토한다고 합니다.

첫째, 최근 맥아더 장군의 개입에 너무 가깝지 않게 트루먼 대통령의 성명 발표를 며칠 연기한다.

둘째, 성명 발표와 동시에 공개될 이전의 것과 유사한, 그렇지만 한국전쟁에 실제 참전하고 있는 14개국에 공통된 또 다른 성명을 준비한다. 이러한 성명은 중국 정부에게 가능한 한 명확하게 한국에 개입한 주요 국가들의 의견 일치를 보여줄 것이다.

셋째, 그러한 두 성명이 공개됨과 동시에, 서구 열강 3개국이 평화협상의 재개를 목적으로 소련 정부가 중국과 북한에 관여하도록 요구하는 절차가 모스크바에서 진행될 것이다.

넷째, 베이징에서도 아마도 스웨덴 정부의 중재를 통해 유사한 절차가 진행될 것이다.

물론 워싱턴이 그것을 비웃더라도, 외무부는 완전히 침묵을 지키기로 결심한 것으로 보이는 중국에 대해 이러한 연합된 행동이 중재위원회의 접근보다 더 나은 성공의 기회를 가질 수 있을 것이라고 판단합니다.

오늘 모리슨 씨가 수상의 승인을 받기 위해 이러한 계획을 제출할 것입니다. 그런 다음 워싱턴과 파리로 전달될 것입니다.

르 로이

【157】 추가조치위원회의 업무에 대한 영국과 프랑스의 논의(1951.3.28)

[전 보]	추가조치위원회의 업무에 대한 영국과 프랑스의 논의
[문 서 번 호]	1438-1440
[발 신 일]	1951년 3월 28일 16시 36분
[수 신 일]	1951년 3월 28일 13시 50분
[발신지 및 발신자]	뉴욕/라코스트(주유엔 프랑스대표대리)

보안

긴급

어제 3월 27일 영국과 프랑스의 대표들은 다시금 추가조치위원회의 업무계획 수립에 대해 길게 논의했습니다.

회의의 큰 부분은 미국의 새로운 요약문의 제3, 4, 5항목을 이루는 문제에 대한 논의가 차지했습니다. 미국 동료는 그러한 질문들이 각각 위원회 비망록에서 별도 언급 대상이 되도록 요구하지 않았지만, 최종 요약문이 "국가별 할당병력의 활용 속에서 즉흥적인 부분을 축소시키는 결과를 가져오는 방법들"이라고 이름 붙여진 항목을 포함시킬 것을 여러 번 강조했습니다. 그는 제1444호에서 전해드린 내용 속의 제6항목의 대상이 되는 문안 작성에서 영국 동료와 제가 전개시키고 합의한 논의에 양보했지만, 기분 좋게 그런 것은 아니있습니다.

제468호 공문 첨부 문건을 통해 전해드린 바 있는 영국의 이전 계획안을 기초로 한 이번 내용은 우리가 3개국 정부의 승인 보장 하에 임시적으로 동의한 새로운 계획을 담고 있습니다.

만일 이 계획안이 각하의 승인을 필요로 할 경우, 가능하다면 4월 2일 월요일 이전 다시 알려드리겠습니다. 마침내 공식적으로 위원회의 업무 일정을 준비하는 분과위원회의 첫 회의는 그 다음 날 열릴 것입니다.

라코스트

【158】 유엔 추가조치위원회의 업무 계획 초안 내용(1951.3.28)

[전 보]	유엔 추가조치위원회의 업무 계획 초안 내용
[문 서 번 호]	1441-1447
[발 신 일]	1951년 3월 28일 17시 40분
[수 신 일]	1951년 3월 29일 01시 00분
[발신지 및 발신자]	뉴욕/라코스트(주유엔 프랑스대표대리)

보안

긴급

본인의 전보 제1439호와 공문 제463호 참조

열강 3개국 대표들은 유엔 사무총장에게 처음에 3명 혹은 4명 정도로 매우 적은 수의 군사전문가만을 임명할 것을 제안하기로 합의하였습니다. 이들은 상근 직원의 권한을 얻게 될 것이며, 몇몇 연구를 수행하고 유엔 사무국에 협력할 것입니다.

이러한 안정된 소수 그룹과 별도로 일련의 관료들을 교육시킬 것입니다. 그들은 자신들의 조국에 필요한 활동을 펼칠 것이고, 결의안의 제10항에 예정된 일들과 같은 성격을 지니는 모든 임무들을 위해 단순히 '대기 상태'로 있게 될 것입니다.

대표들 각자는 이러한 형식을 자국 정부들에 승인 요구하는 것이 바람직했습니다. 제 동료의 주장에 따르면, 미국과 영국 정부는 호의적일 것으로 보입니다.

외무부에서도 혹시 반대한다면, 가능한 한 빨리 알려주시기 바랍니다.

한편, 미국 대표는 미국 혹은 다른 나라 지원자들의 이름을 곧 건네줄 수 있을 것이며, 미국도 이러한 분야 전문가들의 임명을 유엔 사무총장에게 요청하려 한다고 말했습니다.

우리 쪽에서도 그러한 직무를 위해 선출될 수 있는 프랑스나 다른 국적의 관료들 명단을 작성할 준비를 하는 것이 시급할 것입니다.

추가조치위원회의 업무 계획 초안 내용

1. 결의안의 C단락에 따라 유엔에 신속하게 배치될 수 있는 회원국 군대의 부대들을 포함하여 약속한 원조의 범위와 성격에 대해 상세한 내용을 밝힐 것을 회원국들에게 권유함
2. 경제적·재정적 조치들
3. 정치적 조치들
4. 위원회에 의해 전달된 군사 전문가들 배치의 성격과 임무
5. 군사 전문가 배치 회원국에 대한 사무총장의 지명 승인
6. 위의 1항에 따른 제안의 검토와 협력과 유엔활동을 추구하는 국가별 할당병력을 포함한 회원국들의 분담금과 협력 방법의 검토
7. 추가조치위원회의 연장과 '평화 연합' 프로그램을 가동시키기 위해 유엔에 영구적인 기구의 설치 논의

□□□ 씨는 미국 국방부가 한국 사태로부터 교훈을 얻고, 협력 증대의 가능성이 가장 많은 조치들을 정하고, '또 다른 한국'이라는 가정 속에서 유엔의 새로운 공동 활동의 효율성을 증대시키기 위한 검토를 시작했다고 밝혔습니다.

이러한 검토는 대략 2주 안에 우리에게 전달될 것이며, 3개국의 군사 전문가에 대한 첫 논의의 주제가 될 것입니다.

미국 동료는 영국과 프랑스 정부도 미 국방부 및 국무부의 검토한 같은 일을 해주기 바라는 마음을 표명했습니다.

라코스트

【159】 미국의 군사작전에 대한 마셜 장군의 설명(1951.3.28)

[전　　　보]　미국의 군사작전에 대한 마셜 장군의 설명
[문 서 번 호]　2478-2482
[발　신　일]　1951년 3월 28일 20시 00분
[수　신　일]　1951년 3월 29일 04시 30분
[발신지 및 발신자]　워싱턴/보네(주미 프랑스대사)

뉴욕 공문 제485-489호

　마셜[1] 장군은 어제 언론 간담회 도중 38선 북쪽으로의 군대 파견은 리지웨이 장군이 자신의 '지휘권의 안전보장'에 따라 해결해야 했던 문제였다고 말했습니다. 반대로 국방부차관은 '전반적 진격'은 '정치적 고려'에 달려 있다고 주장했습니다.

　마셜 장군은 38선 이북에서의 실제 군사작전에 관한 워싱턴의 지시를 기자들에게 설명하면서, 근본 문제는 리지웨이 장군이 후퇴하는 적군과 유엔 군대가 교전을 중단할 때 해야 할 것에 대해 알고 있느냐라는 것이었다고 말했습니다.

　국방부장관에 따르면, 교전이 계속되는 상태가 매우 긴박했다고 합니다. 제8사단의 지휘권에 있어 중요한 문제는 결국 이러한 결과에 대해 정찰이 끊이지 않고 계속되었다는 점입니다. 위기가 찾아왔을 때, 리지웨이 장군은 부대들을 북쪽으로 진격시키도록 결정했어야 했습니다.

　만일 문제의 명령이 압록강까지 가도록 유엔군 부대에 떨어졌다면 하고 질문한 기자에게 국방부장관은 '아니다'라고 답했습니다. 왜냐하면 그것은 그러한

---

1) 조지 마셜(George Marshall, 1880-1959). 미국 국방부장관 역임. 유럽의 전후 재건을 위한 마셜 플랜의 공로를 인정받아 1953년에 노벨 평화상을 수상함.

명령에 대한 '너무 지나친' 해석이기 때문입니다.

그는 또한 맥아더 장군이 정치적 성명을 내기 전에 사전에 워싱턴의 승인을 명령받았는지에 대한 정확한 내용 설명을 거절했습니다.

마셜 장군이 방금 한 말은 중요해 보입니다. 미국 정부의 한 인사가 결국 처음으로 유엔 군대의 38선 북쪽으로의 진격이 갖출 수 있는 규모를 엿보게 해주었습니다. 만일 압록강을 향한 진군에 대한 국방부장관의 답변이 만족스러운 것이라면, 리지웨이 장군이 "교전을 유지하기" 위해 북쪽으로 멀리까지 이끌고 가지 않았을지도 몰라 보입니다.

제가 최근 알려드린 바 있듯이, 미 국방부는 이 경우 평양-원산 전선 저지에도 유리해 보입니다.

마셜 장군은 또한 언론과의 간담회에서 아마도 이번 주 돌아오는 목요일에 일본 파견 국민군 두 개 사단이 미국을 떠날 것이라고 밝혔습니다.

오클라호마의 제45사단은 뉴올리언스에 정박하고, 캘리포니아의 제40사단은 서부 해안 항구를 떠날 것입니다.

보네

【160】 미군의 한국에서의 유독가스 사용(1951.3.28)

[전   보] 미군의 한국에서의 유독가스 사용
[문 서 번 호] 191-AS
[발   신   일] 1951년 3월 28일
[수   신   일] 미상
[발신지 및 발신자] 홍콩/조베즈(주홍콩 프랑스영사)

1951년 3월 9일자 제143호 전보를 통해 한국전선에서 미군의 유독 가스 사용에 대한 중국의 항의에 관해 전해 드린 바 있습니다. 상해의 공산당지는 이러한 정보에 관해 광범위하게 선전을 하고 있으며 아주 명명백백하게 그것의 진실성을 전하려 합니다.

중국인민지원군의 대변인 성명에는 다음과 같이 적혀 있습니다.

> "한국 민주주의공화국 영토를 침범한 군대의 잔인하고 비인간적이 범죄, 평화로운 마을과 도시들에 대한 무차별적인 일제사격과 포격, 전 세계 어디에서나 선량한 남녀에 대한 잔인한 학살. 미군 침략자들의 잔인하고 포악한 행위는 최근에 극도에 달했지만 한국에서의 정의롭지 못한 그들의 지속적인 전쟁 패배로 힘겨워하고 있다."

> "그들은 단지 한국의 마을과 도시들을 잔인하게 폐허로 만들고 평화로운 주민들과 여인들 및 아이들을 살해한 것뿐만 아니라, 국제법을 명백하게 위반하였다. 그들은 전쟁터에서 포로들을 대량 총살했으며, 침략에 반대하고 평화를 위해 싸우는 중국 병사들을 독살하기 위해 독가스 사용을 통해 그러한 행위를 지속하고 있다."

> "지난해 12월 1일 오후 4시, 미군 제2사단의 한 부대는 평양 남쪽의 개천 지역의 청시리에서 중국군 포로 31명과 무고한 한국인 35명을 학살했다. 이러한 잔인한 절망적 행위를 고발하는 성명이 2월 18일 북한 인민군사령부에서 발표되었다. 무고한 민중의 반대를 아랑곳 않은 채, 피에 굶주린 미군들은 한

강 전선에서 독가스 사용을 계속하고 있다. 미국 침략자들에 의한 이러한 일련의 범죄는 그들이 오늘 날 세계에 존재하는 가장 잔인하고 가장 미개한 군대이며 히틀러 일당과 일본 파시스트들의 후손임을 보여준다."

"한강 전선에서 미군 침략자들의 반복적인 독가스 사용이 전 세계인들에게 폭로되었을 때, 맥아더 장군의 진영과 극동 미군부대 대본영의 지휘관들은 3월 5일 부끄러움도 모른 채 그러한 비인간적이고 불법적인 행위를 부인했다. 그렇지만 그러한 사실들이 명백한데 어떻게 엄청난 범죄행위를 부인할 수 있겠는가?"

"미국 침략자들은 한강 전선에서 2월 23일과 26일, 3월 3일 세 번이나 독가스를 사용했다. 맥아더 장군 진영이 부인한 그 이튿날, 한국에 두 번의 또 다른 독가스 포탄을 쐈다. 미국의 그러한 얼토당토않은 부인은 미국 침략자들이 손이 피로 얼룩져 있는 백정일 뿐만 아니라 파렴치한 거짓말쟁이임을 증명해준다."

"미국 정부와 군 당국자들이 중국 북서쪽의 상공을 침범하면서 자극하고 포격했으면서 그러한 사실을 부정했던 일은 익히 알려져 있다. 미국 침략자들이 한국에서 자행한 범죄는 극도로 심각하다. 그들은 이미 중국 인민들과 한국인들, 전 세계의 평화주의자들에게 적대감을 불러일으켰다. 중국과 한국의 군대는 이 잔인한 짐승들 무리로 인한 힘겨운 시련을 계속해서 버텨내고 있고, 전 세계 평화 운동의 물결은 끊임없이 일고 있다. 그러한 물결은 모든 침략자들을 수몰시킬 것이다. 평화주의자들의 공동의 적인 미국 침략자들은 이 거대한 평화 운동 사태 앞에서 공포에 사로잡힐 것이다. 이것이 바로 그들이 가스 사용을 부인한 이유이다."

"중국 인민들의 '의용병들'은 그러한 피에 굶주린 백정들을 결코 용서할 수 없다. 그들은 한국 땅을 침범한 군대가 완전히 전멸되고 그들이 죄에 대한 정당한 벌을 받을 때까지 끝까지 한국의 인민군대와 더불어 싸울 것이다."

이러한 성명의 순전한 선전의 성격을 무시한다면, 유독가스 사용은 오직 상상의 소산일 것입니다. 하지만 미국 군대가 부대의 움직임을 감추기 위해 연막탄을 과용했을 수 있으며 이것이 명분상의 필요에 의해 꾸며낸 이야기를 탄생시켰을 수 있다고 봅니다.

【161】 베이징라디오 방송의 내용(1951.3.29)

[전 보]	베이징라디오 방송의 내용
[문 서 번 호]	748
[발 신 일]	1951년 3월 29일 09시 00분
[수 신 일]	1951년 3월 29일 16시 10분
[발신지 및 발신자]	도쿄/드장(주일 프랑스대사)

워싱턴 공문 제310호, 뉴욕 공문 제261호, 사이공 공문 제552호

3월 29일 오늘 아침 한 방송에서 일본 신문이 밝힌 바에 의하면 베이징라디오 방송은 맥아더 장군이 23일 공산군 사령관에게 전한 협상을 알렸습니다.

맥아더의 제안은 베이징 정부의 인민에게는 모욕적인 협박 시도로 간주되며 미국에 대항하고 한국을 지원하는 중국인민투쟁연맹 의장에 의해 거절당했습니다. 그러한 제안은 한국을 통해 미국 제국주의가 목표하는 것은 중국이며 워싱턴과 런던 정부가 중국 대륙을 직접 침략하려 준비하고 있음을 확인시켜 준다고 본 것입니다.

베이징라디오는 조국 땅을 지키고 한국에서 침략자들을 몰아내기 위해 모든 중국인들이 단합할 것을 촉구했습니다.

국방부에 전달 요망.

드장

【162】 성명서에 대한 프랑스의 수정 요구(1951.3.30)

[전   보] 성명서에 대한 프랑스의 수정 요구
[문 서 번 호] 2528-2534
[발   신   일] 1951년 3월 30일 23시 47분
[수   신   일] 1951년 3월 31일 08시 40분
[발신지 및 발신자] 워싱턴/보네(주미 프랑스대사)

보안

뉴욕 공문 제496호, 제502호
본인의 전보 제2926호 참조

밀레[1] 씨는 오늘 극동담당 국무차관보에게 현재 검토 중인 성명서의 끝에서
세 번째 단락과 마지막 단락의 삭제에 관한 외무부의 견해를 전달했습니다.

밀레 씨는 이때를 이용해 러스크 씨에게 혹시 맥아더 장군의 메시지에 대한
베이징의 공식적 답변에 의거해 미국 정부가 항상 그러한 성명 발표에 우호적
이었는지를 물었습니다.

국무차관보는 공산군 진지에서 얻어낸 결과와 관련해 그가 암시했던 답변과
중국 부대의 38선 주변으로의 집결이 분명 점점 더 이론적인 성명에 관심을 갖
게 했다고 대답했습니다. 러스크 씨는 그럼에도 지금까지 미국 당국은 자신들
의 계획을 포기하지 않았다고 덧붙였습니다. 왜냐하면, 다음과 같은 이유들 때
문입니다.

---

1) 르네 밀레(René Millet, 1910-1978)로 추정됨.

워싱턴은 아직 모든 관심국가들로부터 답변을 얻지 못했습니다. 각하의 전보 제3005호에 언급된 지시들을 전달 받은 영국 대사관은 국무부에 알리지 않았습니다.

이러한 성명은 비공산국 여론에 38선 관통에 관한 유엔의 입장을 베이징 정부에 설명하기 위해 했던 모든 노력을 강조하는 데 사용할 수 있을 것입니다. 러스크 씨는 더불어 미국 당국은 필시 영국의 새로운 제안에 대해 검토한 후 원안을 수정할 것이라고 덧붙였습니다. 우리의 안들은 런던의 제안에 의거하여 검토되었을 것입니다. 그러므로 미국 정부가 우리에게 전반적 문제에 대한 관점을 알려주기까지 며칠이 더 필요할 것입니다.

접견의 말미에, 러스크 씨는 우리 동료 밀레 씨에게 프랑스 정부가 런던 및 워싱턴 정부와 협력하여 한국전쟁의 평화적 해결을 이끌도록 베이징 정부에 영향력을 행사할 것을 러시아 정부에 요구하기 위한 준비가 되어 있는지를 물었습니다.

물론 밀레 씨는 이 문제에 대해 명확한 표현은 쓰지 않았습니다. 이 문제는 분명 라코스트 씨가 제1229호 전보를 통해 외무부에 전달한 바 있는 내용으로, 그가 최근 트리그브 리 씨와 가진 면담에 관련됩니다.

극동담당 국무차관보에게 이 부분에 대해 어떻게 답해야 할지 알려주시기 바랍니다.

보네

【163】 한국의 군사적 상황(1951.3.31)

[전   보] 한국의 군사적 상황
[문 서 번 호] 2558-2560
[발   신   일] 1951년 3월 31일 23시 10분
[수   신   일] 1951년 4월 1일 07시 25분
[발신지 및 발신자] 워싱턴/보네(주미 프랑스대사)

보안

뉴욕 공문 제503-505호

어제 외교사절단 회의에서 한국의 군사적 상황을 신속히 전달하는 도중, 국방부 대표는 38선 북쪽 바로 접한 지역에 중국 공산군 부대의 집결에 대해 주목하게 했으며, 그는 좀 더 일반적인 방식으로 베이징 정부가 현재 진행하고 있는 군대의 움직임들을 강조했습니다.

만일 4개의 부대, 특히 제38, 50군단이 지난 2달의 반격에 심각하게 타격을 입은 것으로 보인다면, 그렇지 않은 다른 9개의 부대들은 현재 전선 부근에 있습니다.

10,000명 정도가 되는 중국 공산군 제19군단은 남쪽으로 내려오기 위해 만주 국경을 통과하고 있는 중입니다.

다른 중요한 부대의 이동이 마찬가지로 중국 대륙에 있을 것입니다. 그러한 정보는 분명 유엔군의 보충 병력이 미약한 점을 염려하는 워싱턴 당국을 긴장시킵니다. 또한 슈만 씨는 그것을 어제 한국문제에 대한 딘 애치슨 씨와의 담화에서 확인할 수 있었으며, 별도의 전보로 그 내용을 전달합니다.

보네

【164】 딘 애치슨 국무장관과의 담화(1951.3.31)

[전   보]   딘 애치슨 국무장관과의 담화
[문 서 번 호]   2563-2569
[발   신   일]   1951년 3월 31일 22시 15분
[수   신   일]   1951년 4월 1일 07시 25분
[발신지 및 발신자]   워싱턴/보네(주미 프랑스대사)

보안

뉴욕 공문 제506-512호

어제 저녁 국무장관과 가진 담화는 주로 한국에 대한 것입니다.

미국 당국은 중국과 한국의 공산주의자들이 여전히 배치하는 병력들의 규모에 고심하고 있습니다. 한반도 38선 이북에서만큼 중국에서도 가속화되는 전쟁 준비는 결국 베이징 당국 쪽에서 다음 대규모의 공격을 하려는 욕망을 보여줍니다. 리지웨이 장군이 가져온 성공에도 불구하고, 이제 영국 소대와 프랑스 대대만이 유일한 보충 병력으로 있는 유엔군의 상황은 불안정합니다. 중재위원회의 교섭 제안에 대한 베이징의 침묵 고수와 정치적 분야를 고려할 때, 적어도 다음 중국의 공격 결정 이전까지 긴장이 완화될 가능성이 있다고 생각지는 않습니다.

그러한 상황 속에서 딘 애치슨 씨와 저는 영국의 새로운 제안에 대응했습니다. 그것에 대해서는 극동담당 국무차관보가 우리에게 알려주었으며 런던을 통해 직접 전해 들으신 바 있습니다. 그러한 제안들이 깊이 검토할만한 가치가 있다는 데에 우리들은 동의했지만, 현재는 이론적으로만 머물 위험이 있습니다. 애치슨 씨는 특히 워싱턴이 미국의 성명 계획안에 대한 의견을 물은 14개국 정

부 중 2개국 정부가 어느 하나의 국가 집단이 유엔의 이름으로 말할 자격이 없었다는 점을 이미 인식하고 있으면서도 영국의 제안이 이미 제출되었을 때 다른 견해를 펴는 일은 없을 것인지에 대해 주목했습니다.

게다가 최근의 협의 경험은 단독적인 절차들을 실행에 옮기기가 얼마나 어려운가를 미국에 증명시켜 주었습니다. 런던이 제안한 형식들을 조심스럽게 전반적으로 검토하는 상황에서도, 미국 정부는 대통령의 성명 계획을 포기할 것 같지는 않습니다. 딘 애치슨 씨는 또한 맥아더 장군의 최근 공개 발언이 문제를 복잡하게 만들었다고 자연스럽게 인정합니다. 최종적인 결정은 여하튼 워싱턴이 문의한 모든 정부들이 답변을 한 후에 취해질 것입니다. 하지만 국무장관은 성명이 발표되는 것이 바람직하다고 생각합니다. 성명은 미국 국민들이 상황을 더욱 잘 이해하도록 도울 것이라고 그는 생각합니다. 한편, 이러한 성명은 이번 기회에 새로운 정치를 표명하는 것이 아니라 유엔이 몇몇 상황의 목적 달성에 있어서는 군대를 통해 어떠한 해결책을 찾으려 존재하기도 하며 평화적인 방식을 통해 그것을 이루려한다는 것을 밝히는 것입니다. 우리는 모든 경우에 있어 관련 국가들이 성명이 표명한 정치적 구상들이 드러내는 새로운 상황들을 현실적으로 조정할 수 있도록 가능성을 열어두는 것이 중요함을 인정합니다.

보네

【165】 신형 대형 헬기(1951.3.31)

```
[ 전        보 ]   신형 대형 헬기
[ 문 서 번 호 ]   미상
[ 발   신   일 ]   1951년 3월 31일
[ 수   신   일 ]   1951년 4월  1일 07시 25분
[발신지 및 발신자]   도쿄/드장(주일 프랑스대사)
[수신지 및 수신자]   파리/로베르 슈만(프랑스 외무장관)
```

지난 3월 23일 한국 문산의 공중 투하 작전에서 신형 헬기가 처음으로 미국 공군에 의해 사용되었습니다.

C-124 글로브마스터[1]가 도쿄로 수송해온 H-19 시코르스키가 문제의 헬기이며, 그것은 전선에 곧바로 투입되었습니다.

이전의 H-5보다 좀 더 큰 H-19 시코르스키는 10명 정도의 사람과 8개의 들것, 조종사와 보조 통신 기사를 태울 수 있습니다. 프래트 앤 비트니 사(社)의 600마력 모터를 장착한 헬기는 시속 160㎞의 속도를 냅니다. 헬기의 양력을 주는 날개폭은 15미터입니다. 기체의 길이는 12.20미터입니다. 완전 적재 상태로 이륙할 수 있는 무게는 3톤 인상이며, 대략 3시간 동안의 자동 비행은 400㎞ 이상의 항속거리를 허용합니다.

---

[1] 대형군용수송기.

【166】 소련 언론의 미국에 대한 반응(1951.4.1)

[전　　　보]	소련 언론의 미국에 대한 반응
[문 서 번 호]	822-823
[발　신　일]	1951년 4월 1일 11시
[수　신　일]	1951년 4월 1일 15시 45분
[발신지 및 발신자]	모스크바/샤테뇨¹⁾(주소련 프랑스대사)

본인의 전보 제815-816호 참조

러시아의 타스통신의 파리 주재 특파원은 오늘의 보고서에서 그로미코²⁾ 주 유엔 소련대사의 최근 제안이 프랑스와 영국의 여러 신문에서 불러일으킨 호의적 반응과 미국의 완강한 태도를 대조시키면서 서양 전선의 균열을 간파해보려 애쓰고 있습니다.

러시아 문학 주간지 『가제트리테레르』³⁾의 연대기작가도 같은 주제를 선택하여 제섭⁴⁾ 특사가 독일 재무장에 관해 "허위와 은폐 정책"을 실시한다고 단호히 비난합니다. 그러나 그는 민중들이 직접 평화를 수비하는 지금에 있어 이 정책은 아무도 속일 수 없을 것이라고 결론 짓고 있습니다.

『프라우다』는 여전히 같은 어조로, 물론 트루먼 대통령이 머지않아 마오쩌둥 정부에게 제안할 타협적 제안의 효과를 무력화시키기 위해서이겠지만, 미국이 유럽과 극동에서 추구하고 있는 제국주의 정책의 앞잡이인 대만에 관해 베이징

---

1) 이브 샤테뇨(Yves Chataigneau, 1891-1969). 주소련 프랑스대사.
2) 안드레이 그로미코(Andreï Gromyko, 1909-1989). 유엔 안보리 대표. 주미 소련대사, 외무장관 등을 역임.
3) 『가제트리테레르Gazette littéraire』. 러시아의 가장 오래된 문학 주간지.
4) 필립 제섭(Philip C. Jessup). 1946-1952년 트루먼 미국 대통령의 국제문제 특사로 활동.

주재 자사 특파원의 긴 기사를 오늘도 싣고 있습니다.

샤테뇨

【167】 트리그브 리 유엔사무총장의 서한 계획안(1951.4.1)

[전 보]	트리그브 리 유엔사무총장의 서한 계획안
[문 서 번 호]	1482-85
[발 신 일]	1951년 4월 1일 14시 37분
[수 신 일]	1951년 4월 1일 21시 30분
[발신지 및 발신자]	뉴욕/라코스트(주유엔 프랑스대표대리)

매우 긴급

워싱턴 공문 제908-911호

　본인의 전보 제1229호를 귀하께 보내드린 날과 동일한 날짜인 3월 9일 트리그브 리 유엔사무총장은 제섭 특사에게 전달한 편지 계획안 사본을 "정보용으로" 저에게 주었습니다.

　계획서는 그가 유엔의 사무총장으로서 딘 애치슨 국무장관이 할 수 있는 것과 마찬가지로 자신도 미국 대표에게 지시 또는 제안을 할 수 있는 위치에 있었기 때문에 제섭 특사에게 쓸 수도 있었을 내용이라고 제게 말했습니다.

　다시 말해, 유엔 사무총장은 직접적으로 보낼 수 없었던 이 편지 원본을 그에게 전달함으로써 자신이 생각하던 방향에서 미국이 유용하게 할 수 있는 일을 미국 정부에 알려주고자 했었습니다. 그 당시 그는 이 생각들을 저에게 설명했고 저는 상기 전보에서 이를 보고했습니다. 또한 글래드윈 젭 영국 유엔대사가 저에게 얘기해준 바에 따르면 영국 정부는 이러한 그의 생각에 부정적인 반응을 보였으며 저는 전보 제1358호를 통해 이러한 영국의 반응을 전달했습니다.

　트리그브 씨는 이 계획안 본문을 저에게 전해주면서 그로스 씨가 10여일 전에 국무부의 부정적 의견을 자신에게 알려왔으나 자신의 제안이 결국 강대국들의 관심을 끌게 될 것이라는 희망을 버리지 않는다고 말했습니다.

극동담당 국무차관보가 밀레 씨에게 트리그브 씨의 계획안에 영향을 받은 듯한 거동을 보일 수 있는 프랑스 정부의 잠정적 조처에 대하여 질문했다고 워싱턴 주재 우리 대사관이 부서로 보내온 제2528호 전보 말미에서 두 번째 문단에서 특기하고 있으므로, 저는 다음호 문서로 트리그브 리 씨가 마침 저에게 전달해준 문서에서 가장 중요한 대목들을 보내드립니다.

라코스트

【168】 트리그브 리 씨의 편지 계획안 주요 내용(1951.4.1)

[전 보]	트리그브 리 씨의 편지 계획안 주요 내용
[문 서 번 호]	1486-1491
[발 신 일]	1951년 4월 1일 14시 48분
[수 신 일]	1951년 4월 1일 21시 15분
[발신지 및 발신자]	뉴욕/라코스트(주유엔 프랑스대표대리)

보안

긴급

본인의 이전 전보에 이어

워싱턴 공문 제912-917호

제섭 특사에게 보내기 위해 3월 초 트리그브 리 씨가 작성한 편지 계획안의
주요 대목.

트리그브 리 사무총장은 지난 12월과 1월 중공 앞에서의 유엔군 철수, 그리고
한국문제와 유엔 중국 대표단 대만 문제 사이에 밀접하게 이루어진 관련성을
언급한 후, 상황이 회복되었고 주도권은 이제 유엔군사령부에 있으며 이 유엔
군은 38선에 접근하고 있고 중재위원회는 지금까지 베이징으로부터 어떤 대답
도 얻지 못했다고 인정합니다. 그는 또 다음과 같이 이어갑니다.

본인은 베이징은 덮어두고 극동의 모든 다른 문제들을 다음으로 미루고 한국
전쟁을 종식하려 노력하면서, 문제에 대응할 새로운 방법을 채택해야 할 때가
아닌가 생각하게 되었습니다. 본인이 염두에 두고 있는 것은 중재위원회를 통
해서든, 또는 북한당국에 직접 접촉하든 유엔이 교섭을 시작하는 것입니다.

북한당국과의 협상이 가능한 것으로 보인다면 다음의 네 가지 요소가 견제의 기본으로 쓰일 수 있을 것입니다.

1. 정전과 함께 가능하면 38선을 따라 비무장지대 설치
2. 통제 하에 모든 외국군의 철수
3. 정해진 기간 안에 유엔의 감시 하에 한국 전역 선거
4. 유엔의 구제요원이나 현물구호를 위한 한국 전역에의 접근 가능

트리그브 리 씨는 이 모든 사항이 수용될 가능성은 희박하다는 것을 인정합니다. 그러나 그는 모든 협상에서 필연적인 손해 부분을 제공해야 한다는 것입니다.

그는 유엔에서 영국 대표단이 관심을 가진 북한에 억류되어있는 전쟁포로 관련하여 성공을 거둘 수 있다고 믿는 이유들을 이어 설명합니다. 우슈취안 장군은 이것은 전적으로 북한 정부에 달려있는 문제라는 입장을 취했습니다.

12월 4일 트리그브 리 씨는 시로키 체코슬로바키아 외무장관과 대담을 가졌는데 장관은 그에게 6월 25일 이전 상태로 복구함으로써, 즉 38선 군사분계선의 복구와 외국군대의 철수, 그리고 앞날은 한국 국민 스스로가 결정할 수 있도록 배려한다면 한국문제는 해결될 수 있다고 말했습니다.

> "만약 이 두 회담이 소련 진영의 입장을 정확히 반영하는 것이라면, 둘 다
> 북한에 직접 접근해야 함을 말한다고 볼 수 있습니다."

그는 이 방법이 '사실상의' 유엔의 입장을 재확인시키는 것으로 본다고 말합니다. 반면, 이 방법은 한국문제를 중공의 야합에서 빼내어 그 자체만의 이익을 볼 수 있게 한다는 장점이 있다고 봅니다. 물론 모든 것은 중공의 피로 정도에 달려 있을 것입니다. 트리그브 리 씨는 중공이 '무르익음'의 지점에 곧 도달하거나 적어도 앞으로 두 달 정도 후면 도달할 가능성이 매우 높다고 생각합니다.

결론적으로 그로미코 주미 소련대사에게 할 교섭의 구체적 제안은 다음과 같습니다.

"제가 다소 길지만 이러한 견해를 특사께 설명하는 이유는 파리 회담 때 특사께서 이 주제에 관해 그로미코 대사에게 비공식적 접근을 고려해 보는 것이 무익하지 않을 것으로 판단되기 때문입니다. 유엔과 북한 당국 사이의 협상을 통한 한국분쟁의 해결에 대해 어떠한 입장이라도 소련 정부가 가지고 있는지 그에게 질문해 볼 수 있을 것입니다. 그리고 이러한 견해가 마음에 들지 않는다면 다른 어떤 방법을 생각하고 있는지 물어 볼 수 있을 것입니다.

라코스트

【169】 이승만 대통령의 발표(1951.4.1)

[전   보]   이승만 대통령의 발표
[문 서 번 호]   795
[발   신   일]   1951년 4월 1일
[수   신   일]   미상
[발신지 및 발신자]   도쿄/드장(주일 프랑스대사)

브리옹발 씨의 문서 전달

　　3월 24일 새벽, 38선 돌파의 조건부적 가능성이 인정되자마자(또한 맥아더 장군의 놀라운 발표를 계기로 삼아), 이승만 대통령은 현 단계와 압록강 사이에 정전과 "완충지대" 설치에 대한 가정이 불러올 수 있는 두 번째 장애물을 지금부터 약화시키려 노력하고 있습니다.

　　그저께 했던 어느 발표에서 이 대통령은 "한국 정전과 관련된 유엔의 몇몇 정치가들의 토론"을 비난하며 "자국의 통일 실현을 바라는 한국 사람들의 합법적 요구와 유엔총회의 결정을 잘 마무리하고 소련의 호전적 계획을 저지하기 위해 압록강까지 그리고 한국과 만주 사이에 역사적이고 정치적인 군사분계선을 이룰 뿐 아니라 군사적 입장에서 절대적으로 방어가능한 선이기도 한 두만강까지 진군해야할 유엔군의 의무"를 강조했습니다.

　　"유엔군이 이 지점을 손에 넣는다면 무엇보다 정예부대를 잃은 공산중국은 유엔군에게 더 이상 저항하는 것이 무의미함을 깨달을 수 있을 것이고, 한국에서의 유엔의 승리에 용기를 얻은 중국 민족주의자들은 엄밀한 의미의 중국 본토를 공격할 수도 있으며, 또는 국민들 중 충성된 무리들의 "단일적 지지"를 받은 이들이 아마 공산군을 소멸시킬 수도 있을 것"이라고 그는 덧붙였습니다.

　　"만약 유엔군이 만주 국경에 도달한 후 한국에서 철수하기를 바란다면 그들의 본래 사명을 완전히 다 이루고 나서 당연히 그렇게 할 수 있겠지만, 통일 민주 한국을 건설하기 이전에, 그리고 예비 병력으로 소집되어 현재 한국 군대에 편입된 500,000명의 군사들이 한국-만주 국경 방어를 용이하게 책임질 수 있도록 교육시키기 전에 철수해서는 안 될 것"이라고 이 대통령은 말했습니다.

"만주 국경을 획득하기 전의 휴전은 아무런 의미가 없을 것"이라고 이 대통령은 결론 지었습니다.

분명 이 대통령은 맥아더 장군의 충격적 발표가 충분히 달구어 놓은 것으로 보이는 쇠를 단김에 내려치려 애쓰는 것입니다. 또한 중국(공산주의와 민족주의)의 반응에 대한 그의 예상은 분명 매우 동양적인 배려에서 오는 것으로 보입니다. 그러나 순전히 국가적 걱정들이 매우 자연스레 불러온 한국 대통령의 자주적 행동을 참작하더라도, 이 대통령의 발표(그것이 자주적이든 아니든)는 맥아더 장군이 발표한 당혹스러운 계획의 사실상 "한국 버전"이 아닌지 사람들은 궁금해 할 수도 있습니다.

유엔 위원회의 회원들은 여기서 대통령이 대구에서 표명했던 극단적 견해를 맞이했던 것(본인의 이전 전보 참조)과 동일한 황당함으로 그것을 받아들이는 것 같습니다.

미국 대사관에서는 이 대통령의 이 새로운 발표 역시 침묵 가운데 받아들였습니다(부수적으로 무초[1] 씨가 마침 북쪽으로 간단한 여행을 가느라 이틀 전부터 자리를 비웠습니다). 이 침묵은 맥아더 장군의 '뜨거운 감자'인 계획이 되풀이되었을 3월 25일 미국공보원의 '소식지'를 폐지하기까지 했던 도쿄 발표에 대한 침묵에 이은 것입니다.

브리옹발

드장

---

[1] 존 무초(John J. Muccio, 1900-1991). 초대 주한 미국대사(1949-1952).

【170】 맥아더 장군과 미국 정부의 관계(1951.4.2)

[전   보] 맥아더 장군과 미국 정부의 관계
[문 서 번 호] 786-792
[발   신   일] 1951년 4월 2일 8시
[수   신   일] 1951년 4월 2일 17시 15분
[발신지 및 발신자] 도쿄/드장(주일 프랑스대사)

도쿄에서 볼 때, 돌발적 사건들로 가득한 맥아더 장군과 워싱턴 사이의 보고들은 사전에 합의된 게임 또는 일전일퇴의 격전으로 보일 수 있습니다.

가장 사실과 가까운듯한 두 번째 가정으로 볼 때, 지금 판단으로는 맥아더 장군이 우세를 점한 상태입니다.

몇몇 신문들은 3월 23일 같은 종류의 일련의 의사표명들 후에 일어난 그의 자주적 행동은 미국 정부의 매우 강렬한 반응들을 유발하게 될 것이라고 암시했습니다.

통신사들의 속보는 백악관과 국무부와 국방부가 장시간 밀담 끝에, 모든 미 정부의 구성원들과 모든 해외주재 미국 대표들에게 대외정책에 관한 모든 발표 사항을 국무장관에게 사전에 제출하라고 명령하면서, 맥아더 장군에게 지난 12월 공문에 대한 주의를 촉구하기로 24일 결정했다고 알렸습니다.

도쿄 총사령부에서는 그런 권고는 전혀 모른다고 주장하며 그러한 조치가 검토될 수 있었다는 것에 대단한 놀라움을 표명했습니다. 그들은 맥아더 장군의 선언에서 가장 비판을 받은 부분, 즉 확전의 경우 공산중국의 군사적 붕괴는 불가피하다고 발표한 것은 심리전의 일환이며, 이것은 그만큼 전적으로 증명되었다고 옹호할 준비를 하고 있었습니다.

사실, 미국 정부와 유엔군 최고사령관 사이에 오고간 비밀 메시지가 무엇이

었든 간에 어떤 공식적인 발표도 맥아더 장군의 철회로 해석될 수는 없습니다.

38선 또는 경우에 따라 압록강까지의 전반적 북진에 대한 정치적 연루에 관한 3월 27일 마셜 장군의 발언에는 어떤 비난의 흔적도 보이지 않았습니다. 실제로 지난 11월 패배 이후, 총사령관은 현재 상황에서 만주 국경까지 밀어붙이려는 또는 38선 이북으로의 전반적 전진에 착수하려는 의향조차도 표명한 적이 없습니다. 그가 현재의 "제한"에 순응하는 한 오히려 군의 안전을 위한 작전 차원의 움직임만을 계획할 뿐입니다. 그가 관심을 갖는 것은 많든 적든 북으로 전진하는 것이 아니라, 그가 불만을 가지고 있는 "제한"의 폐지를 얻어내는 것, 특히 만주 적군기지 폭파 권한을 얻어내는 것입니다.

이틀 후 트루먼 대통령은 마셜 장군의 의견을 인정했고 더 나아가 맥아더 장군에 호의적인 방향으로까지 가기도 했습니다. 그는 총사령관이 적을 격퇴하는 데 필요한 군사력과 더불어 38선을 넘는 모든 자유권은 가지고 있고 또 항상 가지고 있었다는 점을 명확히 했습니다. 그는 군사작전이 어떻게 전개될지는 아무도 모르는 일이라고 지적했습니다. 새로운 지시가 이어서 도쿄에 내려진 것은 아니라고 부인했습니다.

트루먼 대통령의 선언들은 점령지들에 의해 의기양양한 제목들로 기술되었습니다. 이 신문들은 맥아더 장군이 대통령과 참모총장과 한뜻으로 한국 상황을 완전히 통제하고 있다고 주장했습니다.

공식적 비판으로는 특히 영국 언론에서 맥아더 장군이 평화의 기회들을 위태롭게 만들었다고 전했으며 총사령관의 지지자들은 이러한 영국의 태도가 공산 중국에 지지와 격려를 보태어 주는 것이라고 항변했습니다.

어쨌든 이러한 논쟁들로부터 마찰은 총사령관에게 유리하게 끝나고 극동에 관한 미국과 영국의 입장 차이를 전혀 좁히지 못하는 것 같아 보입니다.

사실 맥아더에게 힘을 실어주는 것은 지금까지 어떤 경우에도 최소한의 협상 의지조차 표명하지 않은 베이징 지도자들의 태도입니다.

사건들이 어떤 국면으로 돌아설지 모르는 미국 정부로서는 장차 맥아더 장군의 행동 자유권을 제한할 수 있는 어떤 것도 하지 않는 데에 신경을 쓰고 있는 것이 역력합니다. 미국 정부에게 문제는 막다른 골목에서 출구를 찾는 일이지 몇몇 탈출구를 미리 막아버리는 것이 아니기 때문입니다.

드장

【171】 트리그브 리 씨의 편지 계획안에 대한 총회의장과 멕시코 대표의 의견 (1951.4.3)

[전 보]	트리그브 리 씨의 편지 계획안에 대한 총회의장과
	멕시코 대표의 의견
[문 서 번 호]	1496-1498
[발 신 일]	1951년 4월 3일 15시 15분
[수 신 일]	1951년 4월 3일 22시 30분
[발신지 및 발신자]	뉴욕/라코스트(주유엔 프랑스대표대리)

보안

워싱턴 공문 제918-920호

엔테잠 의장과 파디야 네르보 씨는 제가 본인의 전보 제1482-85호를 통해 부서에 알려드린 트리그브 리 씨의 편지계획서에 대해 서로 알고 있었습니다. 엔테잠 씨는 트리그브 리 씨가 처음에는 이 편지를 스스로의 서명 아래 제섭 특사에게 직접 보내길 원했고, 엔테잠 씨가 설득하여 국무부에 계획서 형태 또는 견해와 제안을 보고하는 형태로 제출하라고 조언했다고 제게 말해주었습니다.

총회의장과 멕시코 대표는 슈만 장관께서 워싱턴 부서에 보내신 제2563호 전보에서 표현한 것과 정확히 동일한 인상, 즉 한국에서 중국의 강력한 새로운 공세가 펼쳐질 수 있다는 것을 안 이후, 이 공격이 일어나지 않는 한 휴전을 위한 어떤 교섭도 기대할 수 없다는 느낌을 받았습니다. 소련을 통해 문제에 접근하는 시도에 대한 발상은 그 자체로는 나쁘지 않습니다만 문제는 무엇보다 시기를 잘 선택하는 일이라고 그들은 내다보았습니다.

반면, 북한정부에 관하여는 그들과 직접 시도한다는 것은 그들이 보기에는 허망한 일이라고 했습니다. 북한당국은 소련이나 중공이 동의하는 만큼의 존재 감밖에 없기 때문입니다. 최선의 경우 교섭의 구실은 될 수 있겠으나 좋지 않은 구실일 가능성이 크다고 보는 것입니다.

라코스트

[전 보]	트루먼 대통령의 발표계획안에 대한 중재위원회
	세 위원의 입장
[문 서 번 호]	1499-1505
[발 신 일]	1951년 4월 3일 15시 30분
[수 신 일]	1951년 4월 3일 23시
[발신지 및 발신자]	뉴욕/라코스트(주유엔 프랑스대표대리)

보안

2급 비밀

본인의 전보 제1468호 참조

워싱턴 공문 제921-927호

어제 저녁 저는 현재 국무부가 중국 공산군에 대항해 한국에 군사를 파견한 국가들의 대표들과 논의하고 있는 발표 계획안에 대해 중재위원회의 세 위원 각각과 대담을 가질 기회를 가졌습니다.

이 계획안은 1950년 6월 25일과 27일 안전보장이사회의 결의 실행을 위해 참여한 군사력의 "연합 사령"을 보장하도록 유엔이 책임을 맡긴 국가 원수의 발표문을 구성해야 하는 것처럼 그들에게 보였습니다.

엔테잠 씨와 그라프스트룀[1] 씨는 그로스 미 유엔대사가 트루먼 대통령의 발표에 어떻게든 참여한다고 생각하느냐고 물었을 때 즉시 부정적이었던 자신들의 반응을 재차 확인해 주었습니다. 그럼에도 그로스 씨는 이 발표가 "참고로" 사전에

---

[1] 스벤 그라프스트룀(Sven Grafström, 1902-1955). 유엔 주재 스웨덴대표.

전달되었다는 것을 적어도 발표문에 적시해야 함을 상당히 강조하였습니다.

엔테잠 총회의장은 그 원칙 자체는 비판하지 않는 것처럼 보이면서 이 발표에 참여하는 것을 더 이상 거절하기는 어려워보였으므로 거기에 "마지못해" 동의하고 말았다고 말했습니다.

그러나 그는 중재위원회가 정의상 그 성격이 외교보다는 "군사 정책"에 가까운 어떤 교섭을 가능하면 완전히 떠나 운영되는 것이 매우 바람직한 것으로 보인다고 밝혔습니다. 그로스 씨가 엔테잠 씨와 그라프스트룀 씨를 방문했을 때 멕시코 대표 파디야 네르보 씨는 뉴욕에 부재했던 관계로 아마 오늘 그로스 씨를 만나 자신의 의견을 알릴 것으로 보입니다. 그는 자신의 두 동료보다 훨씬 분명히 의사를 표명하려 한다고 제게 말했습니다. 그는 미국 대통령이 계획한 발표가 시기적절한 것인지에 의구심을 가지고 있습니다. 비록 맥아더 장군이 3월 23일에 했던 것처럼 공개적으로 표명하지 않았다고 하더라고 이 발표는 14개국이 베이징 정부에 주고자 했던 안심을 결코 불러일으키지 못할 것인데, 하물며 맥아더 장군이 의사표명을 하고 난 지금에는 더더욱 그러하다는 것입니다. "장군을 부인하는 모습을 보이고 싶다는 겁니까?" 그것은 잘못된 생각입니다. 유엔군 최고사령관의 위엄과 권위는 적의 눈에조차 손상되지 않는 것이 중요합니다. "그리고 그를 부인하지 않으면 그를 인정하는 것처럼 보일 것입니다."

요컨대 미국 대통령 또는 한국에 군대를 파견한 12개국 또는 14개국의 이름으로 문제를 정치적 국면으로 접근하는 것이 적절하다는 것입니다. 이것은 이 국제기구를 통해 모두가 협력하여 내린 정치적 결정의 군사적 실행에 이런 저런 이유로 참여해야 한다고 판단하지 않았거나 단지 적극적으로 참여할 수 없던 유엔의 국가들에 비해 특권을 가진 강대국들 중 몇 나라들의 문제가 아니라 모든 유엔 가입국들의 문제인 것입니다.

좀 더 조심스럽게 의사를 표명하긴 했지만 엔테잠 의장 또한 이러한 입장에서 벗어나지 않아 보였습니다. 또한 이것은 장관께서 워싱턴 공문 제1089호로 제게 전달한 전보에 표명한 입장과도 일치합니다.

라코스트

【173】 극동담당 국무차관보의 미 정부 입장 설명(1951.4.4)

[전   보] 극동담당 국무차관보의 미 정부 입장 설명
[문 서 번 호] 2646-2649
[발   신   일] 1951년 4월 3일 23시
[수   신   일] 1951년 4월 4일 9시 20분
[발신지 및 발신자] 워싱턴/보네(주미 프랑스대사)

보안

2급 비밀

뉴욕 공문 제517-520호

1. 극동담당 국무차관보는 오늘 오후 대표단장 회의에서 단장들과 다음 금요일 회의에서 38선 돌파와 한국에서의 유엔의 목표에 관한 발표 문제를 계속 다루려한다고 밝혔습니다. 이 주제에 관해 질문을 받은 모든 국가들의 답신은 이 날짜까지 워싱턴에 도착할 것입니다. 또 러스크 차관보는 미국 정부가 이 발표를 어떤 일이 있어도 절대적으로 고집하는 것은 아니라고 덧붙였습니다.

2. 국무차관보는 이어 얼마 전부터 자국 정부는 가까운 미래에 유엔에 대항한 공산군들의 대대적인 공중전 개입의 가능성을 배제하지 않고 있다고 밝혔습니다. 최근의 적의 공군 활동 증가와 정보기관이 수집한 정보를 통해 이러한 염려를 하게 되었다고 합니다.

미 참모부에 의하면, 미그기들은 현재 38선 이남에 전혀 개입할 수 없다고 합니다. 반면 이와는 달리 공산군들이 사용하는 트윈엔진 폭격기들은 남한 전체와 유엔군 군함들을 쉽게 폭파할 수 있다고 합니다.

이런 가능성 위에서, 지금까지 전쟁을 제한하기 위해 모든 노력을 해온 미정부는 이러한 태도를 유지할 수 없다고 판단하고 군의 안전에 심혈을 기울이는 유엔 사령부는 적의 영토, 특히 미 제8군의 병사들과 군사 시설을 공격하기 위해 비행기들을 이륙시키는 군사기지들을 폭격할 수밖에 없을 것이라고 러스크 차관보는 밝혔습니다.

　　본인의 전보 제2558호에서 알려드린 바와 같이 중국 군대들의 집결과 움직임에 미국 당국이 점점 예의주시하고 있습니다.

　　오늘 러스크 차관보가 표명한 공산군의 대규모 공중 공세에 대한 염려는 이러한 긴장감에서 나온 것입니다.

보네

【174】 맥아더 장군의 발언(1951.4.5)

[전 　　　 보]	맥아더 장군의 발언
[문 서 번 호]	1296-1298
[발 　신 　일]	1951년 4월 5일 21시 15분
[수 　신 　일]	1951년 4월 5일 21시 40분
[발신지 및 발신자]	런던/마시글리(주영 프랑스대사)

『데일리텔레그래프』 통신원인 H.G. 마틴 중령에게 한 맥아더 장군의 발언은 오늘 아침 보수 신문에 보도되었는데 큰 반향을 일으킬 것이 확실해보이며 총사령관과 유엔 그리고 워싱턴 사이의 의견을 갈라놓은 격차를 더욱 분명히 보여줄 것입니다.

한국전쟁의 지휘에 있어 현실적으로 존재하는 부자연스러운 상황 때문에 유엔군은 마비된 상태에 있다고 강조한 후 맥아더 장군은 필시 자신의 앞선 발언들에 따른 반응에 빗대어 "군인이 정치인의 영역을 침범한 것이 아니라" 그 반대의 일이 발생한 것이라고 말했습니다. "전쟁 시 지휘권의 목적은 맞서 싸우는 적군을 무너뜨리는 것입니다. 그런데 한국에서는 그렇지가 못합니다." "인간의 생명을 걸지 않는다면 상황은 우습게 될 것입니다."

그리고 맥아더 장군은 유엔군이 입은 인명피해 숫자를 인용하면서 이런 정도의 피해는 제대로 정해진 목표를 이룰 수 있다는 조건 아래 용납 가능한 것이라고 덧붙였습니다. "정치인들이 현실을 직시해야 할 때입니다. 만약 유엔이 자신에게 자유를 준다면 중국 공산군들을 얼마든지 쉽게 쳐부술 수 있을 것입니다." 또한 중국인들은 산업적 잠재력이 없고 물자가 턱없이 부족하다고 총사령관은 강조했습니다. 그리고 그들은 점점 규모가 늘어만 가는 게릴라 조직에 대항해야 한다는 것입니다. "그러므로 유엔군은 그들의 해안을 봉쇄하고 철도를 못 쓰게 만들어 재빨리 그들을 무력하게 만들어버리면 되는 것입니다. 이 경우 소련이 개입하지 않을 가능성이 많습니다."

맥아더 장군은 이어 유엔군의 전진이 중공의 반격을 지연시켰지만 5월에 필시 반격이 있을 것으로 내다본다고 설명했습니다.

마시글리

【175】 영국의 제안(1951.4.5)

[전　　　보]	영국의 제안
[문 서 번 호]	1299-1301
[발　신　일]	1951년 4월 5일 21시 25분
[수　신　일]	1951년 4월 5일 21시 45분
[발신지 및 발신자]	런던/마시글리(주영 프랑스대사)

각하의 전보 제5325호 참조

저의 동료 중의 한 사람이 영국 외무부에 최근 영국의 제안이 파리에서 많은 관심 속에 검토되었다고 알리고 그에 대한 우리 쪽의 검토 사항도 알려주었습니다.

그가 들은 바에 의하면, 국무부는 이 제안들에 대해 원칙적인 호의로 받아들였다고 합니다. 인도 정부는 예정된 선언에 참여할 준비가 되었다고 알려왔으며 여기에 덴마크와 스웨덴을 더해 17개국이 개입될 것으로 보입니다.

영국 외무부는 총회의장에 의해 소개되는 것보다는 17개국에 의해 발표되는 선언을 중공이 받아들일 가능성이 좀 더 많다고 보고 있습니다. 전례를 볼 때 중국 공산 정부는 중재위원회와 협상에 들어가는 것을 거절해왔습니다. 중공이 정말 협상할 의지가 있다면 유엔의 형식적인 틀을 벗어나 이전 의견을 취소하지 않고 체면을 지킬 수 있는 기회가 주어지는 것입니다.

트루먼 대통령의 발표는 17개국 발표와 내용이 겹치는 것을 피하기 위해 약간 수정될 것으로 보입니다. 특히 동시에 발표될 17개국 정치적 선언의 군사적 개입에 대해 상세히 설명하게 될 것입니다. 이 17개국 선언은 영국 외무부가 발표계획안을 작성하고 있는 중이며 이를 관련 정부들이 검토할 수 있도록 제출할 것입니다.

이제 남은 문제는 한국전선의 소식을 통해 내다볼 수 있는 공중공세를 포함한 중공의 반격이 있기 직전인 이 시점에 외교적인 활동을 개시하는 것이 적절한 것인지에 관한 것입니다. 이에 관한 우리 부서의 의견을 전달해주시면 감사하겠습니다.

마시글리

【176】 추가조치위원회의 부수적 결정(1951.4.5)

[전 보]	추가조치위원회의 부수적 결정
[문 서 번 호]	1522-1527
[발 신 일]	1951년 4월 5일 12시 05분
[수 신 일]	1951년 4월 5일 21시 40분
[발신지 및 발신자]	뉴욕/라코스트(주유엔 프랑스대표대리)

워싱턴 공문 제933-938호
본인의 전보 제1493호 참조

추가조치위원회는 3차 회의 중에 부수적으로 다음과 같은 결정을 내리거나 검토하였습니다.

1. 소위원회는 작업계획의 주요 안건 검토를 위한 방법론을 위원회에 제안할 임무를 가진다.

2. 회원국에 전달할 통지 기간은 소위원회에 의해 결정된다.

3. 아래 조항 II, III, IV에 대한 검토는 영국 대표단이 제안한 다음과 같은 구성의 한정된 그룹 또는 소위원회들에게 맡겨진다.
  1) 조항 II(경제적 조치): 미국, 이집트, 호주, 베네수엘라, 미얀마
  2) 조항 III(정치적 조치): 영국, 필리핀, 유고슬라비아, 멕시코, 벨기에
  3) 조항 IV(군사 전문가 배치의 결정 및 운행): 프랑스, 캐나다, 유엔 사무국 대표 1인(원칙적으로 카친 대령이 될 것임) 합류

4. 제6항의 검토는 당분간 비공식 플랜에 따라 이루어질 것이다.

위원회의 회장 무니즈 씨는 총괄 결집의 역할을 고수하기로 한다.

각하의 반대가 없으시다면, 늦어도 위원회의 차기 회의 날짜인 오는 4월 9일까지 제게 전보로 알려주시면 감사하겠습니다. 이 조치들은 만족스럽게 보입니다. 위원회의 각 회원이 소위원회를 통해 위원회 연구의 일부 구상에 직접 참여하도록 해 주기 때문입니다. 그와 동시에 프랑스, 미국, 영국 세 대표단이 각 그룹에 참여함으로써, 검토할 여러 주제에 관하여 이 세 대표단은 구상에 대해 사전에 합의할 수 있으므로 그에 대한 실질적 방어를 책임질 수 있도록 해 줄 것입니다.

우리가 군사 전문가를 배치하는 문제의 기본 검토에 참여하는 일에는 물론 불리한 점보다는 이점이 더 많습니다. 그리고 이런 관점에서 캐나다 대표단의 소위원회 참여는 우리에게 유용한 도움을 줄 것으로 보입니다.

마지막으로 사무국 산하 조직의 구성에 대한 사전 검토에 사무국의 대표가 합류하는 것은 정당한 것으로 보입니다. 카친 대령이 지명되는 것은 충분히 가능한 일로서, 그가 특별히 이 경우에 우리의 견해와 매우 가까운 영국의 제안에 전반적으로 유순한 태도를 보인다는 점에 주목하시기 바랍니다.

라코스트

【177】 미-영-프 대표단의 새로운 초안 문서(1951.4.5)

[전　　　　보]	미-영-프 대표단의 새로운 초안 문서
[문 서 번 호]	1530-1531
[발　신　일]	1951년 4월 5일 13시
[수　신　일]	1951년 4월 5일 20시 30분
[발신지 및 발신자]	뉴욕/라코스트(주유엔 프랑스대표대리)

워싱턴 공문 제941-942호

소위원회 1차 회의에서 영국 대표단에 의해 소개될 집단조치 위원회의 사업 계획에 대한 프랑스-영국-미국의 새로운 초안 작성문서

사업 사전 계획
1. 결의안 6절의 실행을 위해 유엔의 감독 하에 복무할 수 있도록 신속하게 배치할 수 있는 군대 요소 포함 약속된 원조의 성격과 규모의 자세한 사항 제시를 회원국들에게 권유
2. 경제적, 재정적 조치
3. 정치적 조치(제2항과 3항은 사무국 문서의 1, 2, 5절에 근거하게 됨)
4. 군사전문가 배치의 성격과 역할
5. 군사전문가 배치는 사무총장이 지명하고 그에 대하여 승인
6. 위의 단락 1에 따라 이루어진 제안들의 검토, 유엔 활동의 실행을 위한 국가 할당병력을 포함한 회원국들의 분담금 공조 방법론에 대한 검토
7. 군사전문가들에게 내릴 일반 강령에 대한 검토
8. "평화연맹" 계획 실행을 위해 필요한 설립 기구들에 대한 검토

라코스트

【178】 미 국무부 소련담당 과장의 답변(1951.4.6)

[전 보]	미 국무부 소련담당 과장의 답변
[문 서 번 호]	2711-2713
[발 신 일]	1951년 4월 5일 22시 16분
[수 신 일]	1951년 4월 6일 06시 20분
[발신지 및 발신자]	워싱턴/보네(주미 프랑스대사)

보안

2급 비밀

본인의 이전 전보에 이어

우리 대사관 직원이 행정부가 받은 새로운 정보가 하원의장의 경고를 뒷받침하는 것인지를 라인하르트[1] 미 국무부 소련담당 과장에게 물었습니다.

라인하르트 씨는 이에 관해 자신이 알기로는 애치슨 국무장관과의 대담에서 슈만 장관에게 전달되었던 내용 외의 정보는 담당국이 받지 않았다고 설명했습니다. 그리고 중국 군사들이 북한과 만주에 결집하고 있다는 정보는 들었다고 말했습니다. 그렇지만 정확한 의미에서의 러시아 군대들이 북한에든 만주에든 가담했다는 소식은 지금까지 알려진 적이 없다는 것입니다.

라인하르트 씨는 레이번 씨의 발언은 넓게 보면 요컨대 미국 군사력 강화를 위한 행정부의 대책에 유리하도록 하원의 표를 얻기 위한 의도로 해석될 수 있다고 덧붙였습니다.

그러나 공군력의 대대적인 지원을 받을 것으로 보이는 공산군의 새로운 공세

---

[1] 프레데릭 라인하르트(G. Frederick Reinhardt, 1911-1971). 미 국무부 동유럽부 담당관(1948-1951).

한국전쟁 관련 프랑스외무부 자료 II(1951. 01. 01~1951. 05. 31)

가 한국에서 시작될 것이라고 워싱턴이 내다보고 있다는 사실에는 변함이 없습니다. 만약 이러한 추측이 확인되면 대규모의 공산 공군력 개입에 대해서는 더욱 직접적으로 소련의 책임을 물을 수 있고, 또 한편으로는 미 사령부가 현재의 작전지역을 벗어난 지역에도 행동개시를 하도록 만들 수 있습니다.

이 새로운 정보는 당연히 전쟁 확산의 가능성을 높일 위험이 있습니다.

보네

【179】 한국 상황에 대한 트루먼 대통령의 기자회견(1951.4.6)

[전 보]	한국 상황에 대한 트루먼 대통령의 기자회견
[문 서 번 호]	2724-2726(2)
[발 신 일]	1951년 4월 5일 22시 18분
[수 신 일]	1951년 4월 6일 06시 20분
[발신지 및 발신자]	워싱턴/보네(주미 프랑스대사)

보안

뉴욕 공문 제534-538호

오늘 아침 기자회견에서 트루먼 대통령은 극동의 상황이 악화되고 있다는 소식에 대한 구체적 언급을 피하려고 애쓰며 전반적으로 현재 한국의 위기가 전쟁 초기만큼이나 위태롭다고 밝혔습니다.

중공군이 아닌 공산 군대들이 한국과 만주에 집결하고 있는 것 같다는 레이번 하원의장의 어제 발언에 대해 질문을 받자 대통령은 직접적인 설명을 거부하고 다만 레이번 의장은 믿을 수 있는 사람이라고만 덧붙였습니다.

한국에서 중공이 대대적 공중공세를 펼칠 경우 맥아더 장군에게 만주 군사기지를 폭격할 권한이 주어졌다는 오늘 언론 보도에 대해 대통령은 단호하게 언급을 거부했습니다. 그것은 대통령 스스로가 논할 수 없는 군사작전의 문제라는 이유였습니다.

지난 1월 25일 기자회견에서(본인의 전보 제735호 참조) 트루먼 대통령이 한국전쟁 관련하여 결정해야 하는 모든 조치는 모든 다른 우방국들과 의논되어야 한다고 했던 발표에 주목해야 할 것입니다.

만주 군사기지 공중 폭격은 분명히 유엔군사령부가 내릴 수 있는 가장 심각한 조치입니다. 이에 관해 지난 화요일 러스크 씨가 했던 발언을(본인의 전보 제2646-2649호 참조) 근거로 저는 내일 금요일 회의에서 러스크 극동담당 국무차관보에게 1월 25의 트루먼 대통령의 발언을 상기시키면서, 대통령의 오늘 발표는 그 절차에 사실상 동의하는 것으로 해석될 수 있는데 우리 의견으로는 만주 폭격 결정은 단지 유엔군사령부의 판단에만 맡기기에는 너무나 막대한 정치적, 군사적 결과를 불러오는 것이라고 강조할 생각입니다.

보네

【180】 한국문제(1951.4.6)

[전 보 (발 신)]	한국문제
[문 서 번 호]	미상
[발 신 일]	1951년 4월 5일 22시 18분
[수 신 일]	미상
[발신지 및 발신자]	파리/외교단(프랑스외무부 회의사무국)

2급 비밀

절대 우선

보안

오타와, 슈만 의장, 뉴욕 · 런던 · 워싱턴에 발송

뉴욕 공문 제1232-1237호

워싱턴 공문 제3254-3259호

런던 공문 제15316-5321호

4월 2일자 영국의 각서에 대한 우리 외무부서의 답변으로 오늘 영국 대사관에 제출한 외교 각서의 원문을 아래에 전달합니다.

"프랑스 외무장관은 영국 대사관이 전해준 한국분쟁을 종식시키기 위해 시도될 수 있는 새로운 노력에 대한 귀정부의 견해를 담은 각서를 관심을 가지고 검토하였습니다.

장관은 영국 정부가 제안한 다음과 같은 내용의 행동계획을 검토했습니다.

> 1. 한국에 군대를 파견한 국가들의 공동 선언: 한국 사태는 군사적 조치보
>   다는 타협을 통해 해결되기를 바라는 희망을 강조할 것

2. 트루먼 대통령의 동시적이며 추가적인 선언: 유엔군사령부가 이전의 발표에서 규정된 정책적 목적을 수행함에 있어 군사상 수반되는 모든 결과를 감수한다는 내용을 분명하게 적시할 것
3. 중화인민공화국 그리고 가능하면 소련 정부와도 어떤 해결에 이르기 위해 이들 정부가 고려하고 있는 절차에 대한 정보를 얻을 수 있도록 추후에 교섭할 것

프랑스 정부는 각서에 전개된 행동계획에 나온 두 가지 선언 구상에 대하여 영국 정부에 동의하는 바입니다. 실제로 프랑스 정부는 트루먼 대통령의 선언과 더불어, 그 원칙이 최종적으로 수락된다면, 그 자체로 아마도 중국공산당국의 반응을 좀 더 얻어낼 만한 국제적 성격을 띤 두 번째 선언이 유리하게 작용할 수 있다고 보고 있습니다.

장관은 이 선언이 한국에 군대를 파견한 14개국이 서명한 문건의 주체가 없는 형식을 띠지 않기를 바라고 있습니다. 장관의 견해로 이 선언은 중재위원회 위원장의 자격으로가 아니라 유엔의 이름으로 발언하는 총회의장이 발표를 기꺼이 맡아 국제사회의 자체 교섭의 성격을 부여한다면 더 효력이 있을 것이라고 봅니다. 그러나 장관이 알고 있는 바에 의하면, 중재위원회의 위원장으로서 그리고 "의장 엔테잠"으로서 이미 여러 번에 걸쳐 발언을 한 바가 있는 엔테잠 씨가 자신이 나타내는 국제적 권한을 다시 한 번 내세우려 할지는 확실치 않습니다. 그러므로 장관은 영국 정부가 제안한 방책에 가담할 각오가 되어 있습니다.

그럼에도 장관은 다음과 같은 견해를 표명해야 한다고 생각하고 있습니다.

1. 영국 계획 자체를 따르자면 트루먼 대통령의 선언은 더 이상 한국에서의 유엔 활동에 군사적으로 참여하고 있는 국가들의 이름으로 발표되지 않을 것입니다. 그러면 현 계획에서 이 후원을 언급하는 문단을 삭제할 필요가 있습니다.
2. 영국 정부가 제안하는 것처럼 트루먼 대통령은 유엔군사령부를 지명한 국가 원수로서 발언하는 것이며 유엔군사령부는 대통령의 선언과 14개

국 선언에 연결되어 있음을 대통령 스스로가 실제로 분명히 할 수 있을 것입니다. 그러나 두 선언의 표현들 자체에서 발생되는 군사적 결과에 대한 유엔군사령부의 "감수"에 대한 암시는 피하는 것이 좋을 것으로 보입니다. 이러한 감수에 대한 구상은 백악관이 분명 쉽게 받아들이지 않을 것이며 유엔군사령부가 유엔이나 미국 정부에 대해 유지해야하는 복종적 성격에 들어맞지 않아 보입니다.

3. 또한 장관은 각서에 표명된 의견과는 반대로 14개국 외의 국가들을 선언에 참여시키지는 못할 것으로 보고 있습니다. 국가들 사이에서 차별하지 않고 한국에 군대를 파견한 국가들에만 그치는 것이 더 합리적이고 공평해 보입니다.

장관은 베이징 정부와 가능하면 모스크바 정부와도 교섭하자는 영국 정부의 제안에 이의가 없습니다. 그는 만약 이런 종류의 교섭 원칙이 수락되면 이 교섭들은 베이징과 모스크바 두 수도에서 이루어져야 할 것이라고 보고 있습니다.

영국 정부와 마찬가지로 장관은 중국공산 정부가 새로운 거절사유를 내세우더라도 모든 노력은 한국문제의 평화적 해결을 위해 이루어져야 한다고 생각하고 있습니다.

외교단

【181】 맥아더 장군의 3월 24일 발표 이후: 중공과 유엔(1951.4.5)

[공 　 　 　 문]	맥아더 장군의 3월 24일 발표 이후: 중공과 유엔
[문 서 번 호]	미상
[발 　 신 　 일]	1951년 4월 5일
[수 　 신 　 일]	미상
[발신지 및 발신자]	창하이/로이에르(주창하이 프랑스총영사)

　5일의 숙고 이후, 중화인민정부는 맥아더 장군의 지난 3월 24일 선언에 대해 간접적이지만 단호하게 답했습니다. 유엔 총사령관이 표명했던 제안에 대한 거절과 이 제안을 동반한 심각한 협박 앞에 굴복하지 않는다는 중국의 의지를 세계에 분명히 알리는 역할은 세계평화중국인민위원회(세계평화평의회 지부)가 맡았습니다.

　아래 번역본을 첨부해 드리는 이 기구가 발표한 공식성명은 한국의 사건에 직면한 인민정부의 입장을 다시 한 번 설명하고 "한국 전체를 해방하고 중국을 침략할 의도를 가진 침략자들을 몰아낼" 필요성을 주장하고 있습니다. 아무런 변화가 없는 이러한 태도는 중공·북한군이 겪은 패배에도 불구하고 전쟁 이전 상태를 기초로 하는 타협의 가능성은 당분간 배제하는 것으로 보입니다.

　그러나 한 문장이 유엔에 관한 인민정부의 입장에 큰 변화가 있음을 감지하도록 해줍니다. "유엔과 미국 침략자들이… 중국에게 입힌 모욕을 우리 동포 모두가 기억해야 할 것입니다." 사실 지금까지 중국 정부와 언론은 "유엔의 가면을 쓰고" 행동하지만 미국만 "침략"과 한국의 군사작전 지휘의 책임자로 간주하는 것처럼 보였습니다. 그런데 이 성명의 표현들은 당연히 세밀하게 검토된 것입니다. 특히 문제의 이 문장은 모든 언론이 인용하고 논평했습니다. 세계평화평의회 베를린 회의가 끝나고 이미 중국 신문들은 "영-미 독점자들"의 손에서 결국 세계평화를 유지할 수 없는 도구일 뿐이며 중국을 한국의 침략자로 규정하는 "중상 모략적" 결의를 통해 이를 증명한 유엔을 이 기구가 대신할 것이라는 사실을 시사했었습니다. 이에 관하여는 스탈린 원수가 『프라우다』와의 인터뷰에서 모범을 보였습니다.

이러한 무관심의 이유가 총회 내부에서 이제 실질적 권한을 갖춘 다수에 직면한 소련진영 국가들의 일반적 방침의 틀에서 꽤나 분명히 드러나지만 그에 대한 정확한 영향력을 파악하기는 좀 더 어렵습니다. 베이징 정부는 유엔에서 중국을 대표할 모든 희망과 의지를 포기한 것일까요? 그것을 파악하기는 매우 어렵습니다. 그렇지만 이 정부가 유엔에 관해 현재 더 이상 "요구하는 입장"이 아닌 점과 가능성이 있는 협상이 이루어질 때 유엔의 문턱을 넘을 권리를 위해 어떤 양보도 수용하지 않을 것이라는 점은 확실해 보입니다.

이러한 사실로부터 지금까지 유엔 총회에서 중화인민공화국 대표단장으로 그다지 주의를 끌지 않는 임무를 수행해왔던 장원텐[1] 씨를 최근 소련 주재 중국대사 직위에 임명한 것을 대비해볼 수 있을 것입니다.

중국인민세계평화수호위원회의 입장 표명이 있자 중국 언론은 수많은 기사를 쏟아냈습니다. 중국 『인민일보』는 3월 29일자 신문에 유엔군 총사령관의 오류와 모순에 중점을 두면서 한국전쟁 초부터 있었던 맥아더 장군의 발표문 선집을 실었습니다.

거기에는 "크리스마스는 고향에서 보내게 해주겠다!"던 그 유명한 11월 공세에 대한 상기도 물론 빠지지 않았습니다. 이러한 정치선전은 특히 내부의 용도로 만들어진 것 같습니다. 말하자면 맥아더 장군의 발언들에 강렬한 인상을 받을 수도 있었던 중국 국민들에게 그토록 수많은 실수를 한 장군이 중국 대륙에 대항해 공중전을 벌일 경우 "공산 중국은 즉각적인 군사적 붕괴를 겪게 될 것"이라고 장담하며 또 한 번 실수를 범한다는 것을 보여주기 위한 것입니다.

언론은 또한 맥아더 선언이 파리와 런던에서 불러일으킨 비판적 반응을 보도하고 미국 "시민" 사회의 유보적 반응을 위선이라 평하며 비난했습니다.

---

[1] 장원텐(Chang Wen-Tien, 1900-1976). 중국공산당총서기(1935-1943), 초대 소련주재 대사(1951 -1955).

【181-1】 별첨 1—맥아더의 후안무치한 선언에 대한 세계평화중국인민위원회의 반박문

중국인민세계평화수호위원회가 맥아더의 후안무치한 선언에 대해 반박하다
(베이징 신화통신 3월 28일)

미국의 침략을 반대하고 세계평화에 찬성하는 중국 인민위원회의 대변인은 오늘 3월 24일 맥아더가 발표한 호전적 선언에 반박하여 다음과 같은 입장을 발표한다.

한국에서의 미국 침략의 수장 범죄자 맥아더는 3월 24일 중국과 한국 국민들을 모욕하는 발표를 하였다. 그는 중국-북한 인민군에게 자신과 타협에 착수할 것과 미국의 침략에 순종할 것을 거만하게 요구하였다. 동시에 그는 중화인민공화국에 대항하여 미-영 침략군들이 임박한 공세를 개시할 것이라며 중국 국민을 위협하였다.

조롱거리가 되는 것조차 아까운 그의 수치스러운 호언장담은 맥아더의 다른 거짓말과 마찬가지로 실패할 수밖에 없는 운명이다. 그러나 미-영 침략군이 중국에 직접적 침공 개시를 준비하고 있다는 맥아더의 협박은 중요한 사실이다. 중국 국민은 여기에 특별한 주의를 기울여야 한다.

미국, 영국, 그리고 여러 나라들에 의해 주도된 한국침공 초기부터 우리는 침략자들의 실제 목표는 중국임을 분명히 설명하였다. 따라서 중국 국민은 한국 상황에 무관심해서는 안 되었다.

이제 유엔이 중국을 침략자로 고발하는 중상모략의 결의를 철회하지 않는 한, 그리고 미국 침략자들과 그 공범자들이 한국문제의 평화적 해결과 대만에서의 미군 철수에 관한 중국과 여러 국가들의 제안을 거부하는 한, 맥아더와 미국 침략자들은 불가피하게 위협적인 전쟁을 연장시키고 확장시키게 될 것임은 너무도 자명한 일이다.

이런 이유로 중국 국민은 경계심으로 무장해야 하고, 한국을 지원하고 조국과 가정을 방어함으로써 한국 국민과 협력하여 한국을 해방하고 중국을 침략하려 의도하는 침략자들을 이 나라에서 물리치는 순간까지 미국에 맞서 저항투쟁을 강화해야 하는 것이다.

모든 우리 동포들은 유엔과 미국 침략자들이 중국에 가한 능욕을 기억해야 할 것이다. 제국주의자들의 호전적 세력을 마지막까지 뿌리 뽑기 위해 우리는 모두가 투쟁하기로 단호히 결심해야만 한다.

【182】 맥아더 장군의 권한에 대한 기사(1951.4.6)

[전 보]	맥아더 장군의 권한에 대한 기사
[문 서 번 호]	1554-1547
[발 신 일]	1951년 4월 6일 12시 45분
[수 신 일]	1951년 4월 6일 19시 30분
[발신지 및 발신자]	뉴욕/라코스트(주유엔 프랑스대표대리)

매우 긴급

워싱턴 공문 제949-952호

제가 부서에 별도의 전보로 알려드린 바 있고 미국 대표단 부단장 그로스 씨가 글래드윈 젭 경을 호출했던 어제 오후 회의 초반에 그로스 씨는 국무부가 워싱턴 주간지 『뉴위크』가 4월 9일자 신문에 낸 다음과 같은 짧막한 기사에 대한 보고를 받았다고 말했습니다.

　　"그는 만주를 칠 수 있다. 이는 유엔의 몇몇 우리 동맹국들을 놀라게 할 수도 있겠으나, 만약 적이 현재 3,000대의 항공기로 추정되는 공군력을 한국 유엔군에 맞서기 위해 끝까지 사용한다면 미 합동참모본부는 공산군들의 만주 성역을 향해 미 공군과 해·공군을 즉각 출동시킬 수 있는 권한을 맥아더 장군에게 부여했다. 참모총장들의 의견은 맥아더 장군이 자신의 지휘 아래 놓인 군사들을 보호하기 위해 지체 없이 처신할 수 있어야 한다는 것이다."

그로스 씨는 이 뉴스의 발간이 알려진 즉시 국무부가 이에 관해 국방부에 물어보았다고 밝혔습니다. 국방부는 즉각 사실이라고 확인해 주었습니다.

이 확인사실을 우리에게 알리는 일을 맡은 그로스 씨는, 이 사실은 동맹국들과의 회담 중에 미국 정부가 추측이 사실화될 경우 맥아더 장군이 취할 수밖에 없는 독자적 행동을 사전에 정당화하기 위해 가설의 상황과 유사한 상황에 놓인 총사령관의 정당방위 권리를 지속적으로 내세워왔으므로 우리가 놀랄 일은 전혀 없다고 덧붙였습니다.

라코스트

【183】 미국 발표계획안에 관한 타 정부들의 견해(1951.4.7)

[전 보]	미국 발표계획안에 관한 타 정부들의 견해
[문 서 번 호]	2744-2750
[발 신 일]	1951년 4월 6일 23시
[수 신 일]	1951년 4월 7일 08시 40분
[발신지 및 발신자]	워싱턴/보네(주미 프랑스대사)

보안

뉴욕 공문 제543-549호

극동담당 국무차관보는 오늘 대표단장 회의에서 한국에 관한 미국 발표계획
안에 관해 질문을 받은 정부들은 현재 모두가 이 안건에 대한 입장을 워싱턴에
알려왔다고 밝혔습니다.

이 답변들 중에 가장 자주 언급되는 4가지 견해는 다음과 같습니다.

1. 유엔 14개국이 이 기구의 이름으로 발언할 권리를 사용하는 것이 바람직
한 것인가? 이 질문은 중재위원회 회원들이 제기한 것입니다. 국무장관의 입장
에서는 상기 위원회든 총회의 제1위원회든 지금까지 미 당국의 주목을 끈 어떤
대안도 내놓지 못했다는 것입니다.

2. 발표계획안 작성은 중공의 "체면"을 충분히 고려하지 않는다.

이것은 주로 침략과 침략자에 관한 7번의 언급에 관한 것입니다. 러스크 씨
는 이점에 관해 미 정부는 비판의 요구를 충족시킬 수 있는 준비가 완전히 되어
있다고 덧붙였습니다.

3. 한국 통일이라는 수년 전부터 유엔이 추구해온 정책과 38선 이북으로 침략자들을 격퇴한다는 유엔군의 목표를 어떻게 절충할 것인가? 다시 말해 이 국가에 대한 유엔의 정책적 목적이 전쟁의 목적으로 바뀌는 것을 어떻게 피할 것인가?

러스크 차관보는 거기에는 "명확히 해소될 필요가 있는" 어려운 문제가 있다고 시인했습니다.

38선에서 멈추는 것은 사실상 한국 통일정책을 암묵적으로 포기하는 것이나 마찬가지라는 것입니다. 이 국무차관보에 따르면 게다가 순전히 군사적 관점에서도 남한 사람들은 이러한 입장표명에 매우 격하게 반응할 것입니다.

4. 계획안의 마지막 문단에서 표명된 바와 같이 전쟁을 지속하겠다는 유엔의 결단은 적을 타협으로 이끌어낼 수가 없다.

최근 몇 주간 이루어진 위와 같은 검토와 전개상황을 고려할 때 미 정부는 질문을 받은 모든 국가가 동의하는 대목들, 즉 유엔의 짧은 보고서 안에 집약시키기 위한 한국 유엔군사령부 활동의 기본에 관련된 부분들을 발표계획안에서 발췌하는 것이 가장 좋은 방법이라고 생각하기에 이르렀다고 러스크 차관보는 말을 이었습니다. 요컨대 유엔군사령부의 지휘에 관한 보고서가 될 이 문건은 국무부로서는 한국에 대한 미국의 활동 목적에 대해 미국 여론이 제기하는 질문에 답을 제시하지 못한다는 부정적인 측면이 있습니다. 그러나 워싱턴 당국은 이 부정적인 측면을 일시적으로 모면하기 위해서 국무장관의 발표를 동시에 병행하려 검토하고 있다고 했습니다.

마지막으로 러스크 씨는 다음 주에 국무부가 현재 계획하고 있는 보고서 계획안을 우리에게 제출할 수 있기를 바라며 그 계획안에 대한 우리의 견해를 받아볼 수 있기를 바란다고 밝혔습니다.

보네

【184】 유엔담당 국무차관보와의 대화(1951.4.7)

[전 보]	유엔담당 국무차관보와의 대화
[문 서 번 호]	2754-2758
[발 신 일]	1951년 4월 6일 23시 35분
[수 신 일]	1951년 4월 7일 09시 25분
[발신지 및 발신자]	워싱턴/보네(주미 프랑스대사)

1급 비밀

뉴욕 공문 제550-554호, 오타와 공문 20-24호
슈만 의장께 긴급 전달 요망

제가 뉴욕에 묶인 관계로 오늘 대표단 회의에 밀레 씨가 저를 대신해 참석하도록 임무를 부여했습니다. 이 회의가 끝나자 밀레 씨는 맥아더 장군 군대의 만주 군사기지 공중 폭파의 가능성에 대한 러스크 씨의 발표에 의거하여 정치·군사적으로 그토록 심각한 결과를 가져올 수 있는 조치를 취하기 전에 미 정부가 관련 정부들과 상의할 작정인지 히커슨 유엔담당 국무차관보에게 물었습니다. 먼저 히커슨 씨는 공산군의 대대적 공중공세가 펼쳐질 경우 장군은 중국 영토의 군사기지에 폭격으로 대응할 권한을 워싱턴에 요청해야 한다고 극비리에 밝혔습니다.

국무차관보는 또 관련 정부들과 사전에 상의하는 문제에 관해서는, 프랑스 정부에 22일 제출된 각서(각하의 전보 제700호)에 이미 이런 경우 미국 정부의 태도, 즉 미국은 이 국가들과 상의하기 위해 인도적으로 가능한 모든 일을 다할 것임을 상세히 설명하고 있다고 덧붙였습니다.

저의 협력자는 그것을 실행하기 위해 공산군의 대규모 공중폭격이 일어나기

를 기다리는 것은 이미 우리를 기정사실 앞에 처하게 만드는 것과 거의 다름없으므로, 지금부터 이런 협의를 진행하는 편이 좋겠다고 지적했습니다. 히커슨 씨는 프랑스 정부는 1월 22일 각서의 제1항에 설명된 의견에 이의를 제기하지 않았다고 말하며 자국의 정부에게 있어 또 다른 상의 방식을 고려해보는 것은 불가능하지 않을 것이라고 답했습니다.

저의 협력자를 지지한 네덜란드 대사는 중국이 한국에 대대적 공중폭파를 실행하면 자동적으로 만주에 유엔군의 유사한 대응이 따를 것이라고 중국 정부에 알리는 것을 검토해볼 수 없는지 물었습니다. 히커슨 씨는 중국 당국은 이런 경우 유엔군의 대응에 대해 의심의 여지가 없기 때문에 그러한 처리방식은 유용해보이지 않는다고 답했습니다. 이것은 정치선전 차원에서 오히려 위험할 수도 있다는 것입니다.

히커슨 씨의 논거는 상대자들에게 유난히 약해보였습니다.

이 대화를 통해 미국 정부가 이 문제에 있어 행동의 자유를 뺏기지 않으려고 단호하게 결심한 것이 뚜렷이 보였습니다. 이러한 태도가 내포할 수 있는 위험을 강조할 필요는 없어 보입니다.

보네

【185】 한국에 수용된 영국 포로들과의 서신 교환(1951.4.6)

[전 　 　 보]	한국에 수용된 영국 포로들과의 서신 교환
[문 서 번 호]	602 AS
[발 　 신 　 일]	1951년 4월 6일
[수 　 신 　 일]	미상
[발신지 및 발신자]	런던/마시글리(주영 프랑스대사)
[수신지 및 수신자]	파리/피에르 슈나이더[1](프랑스 외무장관 대행)

저는 1951년 3월 19일자 서신 제491호를 통해, 좌파 일간지 『데일리워커』가 한국의 영국 포로들의 명단을 게재했다는 정보를 부서에 전달하고 베이징의 세계평화위원회의 중재 덕분에 포로들과 가족 간의 서신 교환이 성사될 수 있을 것 같다고 알렸습니다. 이 정보는 3월 29일자 항무부장의 발표로 재차 확인되었습니다. 한국에 있는 포로들에게 보내는 편지는 다음과 같은 주소로 우체국에 제출될 수 있다는 내용이었습니다.

　　"조선민주인민공화국. C/O 세계평화수호자들의 중국지부 위원회. 베이징.
　　중국."

한 국회위원의 서면 질의에 답하면서 스트레이치[2] 영국 전쟁부장관은 이 비공식적 루트를 통해 영국 포로들과 접촉할 가능성이 열릴 수 있음을 시사했습니다. 장관은 더욱 공식적으로 서신 교환을 해결하고 영국정부가 포로들에 관련된 모든 정보를 받을 수 있도록 하는 협정이 이루어지도록 하기 위해 교섭이 계속되고 있다고 덧붙였습니다.

---

1) 피에르 슈나이테르(Pierre Schneiter, 1905-1979). 프랑스 외무장관 대행.
2) 존 스트레이치(John Strachey, 1901-1963). 영국 전쟁부장관.

【186】 아시아 대표단의 중공에 대한 교섭 구성(1951.4.8)

[전 보]	아시아 대표단의 중공에 대한 교섭 구성
[문 서 번 호]	1583-1588
[발 신 일]	1951년 4월 7일 19시 25분
[수 신 일]	1951년 4월 8일 02시 45분
[발신지 및 발신자]	뉴욕/라코스트(주유엔 프랑스대표대리)

보안

2급 비밀

워싱턴 공문 제974-979호

4월 5일 아랍 국가들과 아시아 국가 대표단들 사이에 있었던 두 회의에 대해 다양한 진영에서 제가 수집한 정보에 의하면, 지금까지 한국의 군사적 상황과 이 나라에서 유엔군과 중국공산정부군이 대항하는 갈등의 정치적 국면에 대한 의견만 나누었다고 합니다. 어떤 결정도 내려지지 않았고 자문과정은 더 길어질 수 있다는 것도 예상해야 합니다.

더구나 이 자문 과정은 아랍-아시아 국가들의 대표단 또는 외국인 인사들까지로 확대될 수 있습니다. 그리하여 4월 5일 오후 회의는 부분적으로 중재위원회 멕시코 회원인 파디야 네르보 씨의 의견을 청취하는 데 할당되었습니다. 그는 여러 질의에 응답하고 다양한 구상에 대한 자신의 의견을 내놓았습니다.

13개국(필리핀 대표들이 합류했기 때문입니다) 대표들은 무엇보다 38선을 넘지 말라고 '양 진영'에 요청하기 위해 동시 개입에 중점을 두는 것 같습니다.

이러한 제안은 5일 인도네시아 대표단에 의해 표명된 것으로 보이지만, 최초의 구상은 인도 대표단에서 나온 것으로 알고 있습니다. 8일 전에 인도 대표 베네갈 라우 경은 38선 이하에 유엔군을 유지하도록 권유하려고 아시아 국가들의 유엔 호출(그 당시에는 베이징 정부에 호소하자는 문제가 아니었습니다)의 적절함에 대해 미국 대표 그로스 씨와 의논했습니다.

그로스 씨는 이 이상한 방책을 정중히 거절했었습니다. 이 방식에 따르면 13개국(한국에 군대를 파견한 여러 국가가 포함되어 있는)은 모든 회원의 이름으로 실행하는 정책에 자신들의 특별한 견해를 반영하라고 요구하기 위해 기관에 전체적으로 알렸을 것이라는 것입니다.

이 구상은 다시 나타난 듯 보이지만 이번에는 중공의 동시 호출 그리고 총회 의장에 의해 마련된 제안에 중국공산 정부가 응하도록 촉구하는 외교적 교섭방식을 갖춘 것입니다. 13개국 모임은 이 교섭에 대해 중재위원회에 통지할 것이고, 중공이 아시아 국가 모임의 대변인에게 호의적인 답을 내어놓는 데 있어 사기를 저하시킬 수 있는 어떤 행동도 유엔군사령부가 먼저 하지 않도록 위원회가 유엔군사령부 측에 개입해 줄 것을 요청할 것입니다.

이 모든 것은 아직 논쟁의 재연과 구상 사이의 중간 상태에 있으며 끝없는 토론을 야기하고 있습니다. 이 토론에서 가장 많이 제기되는 질문들 중 하나는 모두의 이름으로 발언하기 위한 중공 주재 인도대사의 자격입니다.

이 다양한 구상들이 행동계획으로 구체화되기까지는 며칠 걸릴 것 같습니다.

라코스트

【187】 부산 유엔묘지 낙성식(1951.4.7)

[전   보] 부산 유엔묘지 낙성식
[문 서 번 호] 820-830
[발   신   일] 1951년 4월 7일 08시
[수   신   일] 1951년 4월 7일 10시 35분
[발신지 및 발신자] 도쿄/드장(주일 프랑스대사)

국방부에 전달 요망

총사령관에 의해 전달된 리지웨이 장군의 초대로 저는 유엔묘지 낙성식에 참여하기 위해 4월 6일 부산에 갔습니다.

한국전쟁에 군대가 참여한 국가들의 대표단장들에게도 동일한 초대장이 보내졌습니다. 이동은 맥아더 장군의 개인 전용기로 이루어졌습니다.

무초 대사와 제8군 부사령관 콜터[1] 장군의 마중을 받은 우리는 이승만 대통령, 남한 국무총리, 국회의장, 그리고 국방부장관과 점심식사를 했습니다.

리지웨이 장군은 기념식을 위해 도착했고 우리는 출발 시 그를 다시 비행장에서 만났습니다. 그는 지나가면서 저에게 프랑스 대대에 대해 다정한 몇 마디를 건넸습니다.

우리 군사들을 위해 예약된 두 군데의 묘지에는 세어보니 90개의 무덤이 있었습니다.

저는 이 짧은 방문과 몇 가지 관찰한 점 그리고 대화를 통해 미 사령부는 한국에서의 길고도 점점 힘들어지는 전쟁을 위해 만반의 준비를 갖추고 있다는

---

1) 존 콜터(John B. Coulter, 1905-1979). 미 제8군 부사령관.

인상을 받았다고 보고했습니다.

드장

【188】 프랑스 대대의 상황(1951.4.7)

[전   보] 프랑스 대대의 상황
[문 서 번 호] 836-837
[발   신   일] 1951년 4월 7일 10시
[수   신   일] 1951년 4월 7일 11시 30분
[발신지 및 발신자] 도쿄/드장(주일 프랑스대사)

국방부와 몽클라르 장군에게 긴급 전달 요망

정보국의 뉴스는 지난 48시간 사이에 프랑스 대대가 최근의 재편성에 따라 제10군단 구역에 포함된 춘천 북쪽지역으로 가기 위해 한 달 전부터 휴식을 취하고 있던 소곡리 지대를 떠났다고 전하고 있습니다.

오늘 열린 참모부 회의에서 프랑스 대대는 보병대 제23연대와 함께 전선에 배치된 부대들 중 하나로 언급되었습니다. 이 뉴스에 의하면 프랑스 대대는 4월 6일 적의 저항 없이 내평 북서쪽까지 진군했다고 합니다.

우리 부대가 어떤 조건에서 전방으로 복귀하는지 알아보겠습니다. 이는 어제 부산으로 떠나기 전에 알지 못했던 사실입니다.

저는 유엔군사령부가 진행 중인 군사작전상의 이유와 예비군의 부족으로 우리의 예비 별동대의 도움을 청해야 하는 상황에 놓이지 않을까 염려하고 있습니다.

게다가 다른 부대들은 진군하는데 자신들은 얼마 전부터 도로 재건에 투입되었다고 우리 군사들이 저에게 격한 불만을 토로한다고 들었습니다.

드장

【189】 한국 전선의 상황(1951.4.8)

[전 보]	한국 전선의 상황
[문 서 번 호]	2764-2767
[발 신 일]	1951년 4월 7일 21시
[수 신 일]	1951년 4월 8일 04시 05분
[발신지 및 발신자]	워싱턴/보네(주미 프랑스대사)

뉴욕 공문 제555-558호

미 국방부 대표는 어제 대표단장 회의에서 특별히 3가지 사실이 미 참모부의 주목을 지속적으로 끌고 있다고 밝혔습니다.

1. 38선 이북에서의 적의 병력 수송차량의 대대적 움직임(지난 주 약 10,000대의 차량 운행, 그중 2/3가 남쪽을 향함)
2. 남쪽 수문 몇 개가 열린지 얼마 되지 않은 화천 저수지 지역에 공산군의 일정한 증가. 중공 제1야전군의 19군 집단이 영덕 가까이에 머물고 있음을 확인함
3. 신의주 남쪽 공산군들의 공군 활동, 지난 화요일부터 유엔군 공군은 두 전투에 74대의 미그기를 투입하여 그중 6대가 파괴되었고 15대가 파손되었다고 함. 한 대의 미군 비행기가 파손되었다고 함

미 국방부는 공산군이 적어도 750대의 항공기를 배치하지 않는다면 대규모의 공중 공세는 개시하지 못할 것으로 보고 있습니다. 정보국에 의하면 적은 현재 만주에 소련 공군기 250기를 배치하고 있고 북한 공군기 100대, 거기다 350기의 전투기(제트기와 피스톤 엔진 전투기), 전술지원 항공기 175기, 경폭격기 150기

그리고 75대의 수송기를 배치하고 있으므로 이 가능성을 배제해서는 안 되는 것입니다.

압록강 남쪽 지역의 몇몇 비행장은 보수 중인 것 같습니다.

4월 3일부터 6일까지는 유엔군의 경미한 전진이 있었습니다. 적의 저항은 주로 제1 군단의 우측과 춘천 북쪽에서 느껴졌습니다. 이 지역은 의정부 북쪽 도로와 마찬가지로 지뢰가 많이 설치되어 있는 곳입니다.

프랑스 대대는 제10군단 구역의 서쪽 끝에 있는 위치의 전선으로 되돌아왔고, 아직 38선을 통과하지는 않았습니다.

보네

【190】 맥아더에 관한 영국 정부의 입장(1951.4.9)

[전   보] 맥아더에 관한 영국 정부의 입장
[문 서 번 호] 1350-1351
[발   신   일] 1951년 4월 9일 16시 30분
[수   신   일] 1951년 4월 9일 16시 40분
[발신지 및 발신자] 런던/마시글리(주영 프랑스대사)

영국 정부의 여러 구성원들이 정치적 입장에서 맥아더의 발언들이 얼마나 유감스럽고 위험천만한 것으로 보이는지 매우 분명하게 표시했습니다.

지난 토요일 카디프에서 있었던 한 연설에서 영국 외무부 정무장관 케네스 영거 씨는 "유엔 또는 유엔 회원국들 중 하나의 정부라도 허락하지 않으면 고위층에서 빈번하게 이루어지는 무책임한 발표로 중국도 우리도 그릇된 길로 끌려 들어가서는 안 될 것"이라고 밝혔습니다.

영국 내무성장관이자 하원의장인 츄터 에드[1] 씨도 일요일 한 연설에서 같은 주제를 다루었습니다.

> "우리가 맥아더의 급여를 지급하는 것이 아니기 때문에 그를 통제할 수 없습니다. 저는 미국 지도자들이 정치를 책임지는 이는 바로 정치가인 자신들이고 군인인 그는 군사작전의 지휘에 만족하고 정치가들의 지시를 따라야 한다고 총사령관에게 분명히 하지 않았다는 사실을 유감스럽게 생각합니다."

마지막으로 오늘 아침 『뉴스크로니클』에 의하면 부총리 허버트 모리슨 씨가 곧 하원의회에서 이 주제로 발표할 것이라고 합니다.

마시글리

---

1) 제임스 츄터 에드(James Chuter Ede, 1882-1965). 영국 내무성장관, 하원의장.

【191】 소련과 우방국들 간의 관계에 대한 고찰(1951.4.9)

[전 보]	소련과 우방국들 간의 관계에 대한 고찰
[문 서 번 호]	1593-1596
[발 신 일]	1951년 4월 9일 15시 35분
[수 신 일]	1951년 4월 9일 22시 10분
[발신지 및 발신자]	뉴욕/라코스트(주유엔 프랑스대표대리)

보안

워싱턴 공문 제980-983호

　본인의 전보 제1575-1582호를 통해 보고 드린 대담 중에 유고슬라비아 대표 베블러 씨는 자연스럽게 한국문제를 제게 언급하며 특히 그의 생각에 소련과 중공 정부 사이에 존재할 엄청난 난관에 대해 말하고자 했습니다. 아마 극동에서 그들의 이해관계는 유엔의 개입에 직면하여 당분간은 가장 밀접하게 연결되어 있을 것이라고 제게 말했습니다. 그러나 오래전부터 내려오는 본질적인 이유와 관계없이 소련 정부와 모든 중국 정부는 동북아시아 정책 전개에 있어 서로 불신하는 이유가 있는데 이 두 국가 사이의 조화롭고 평온한 협력을 믿는 것은 소련과 그 우방국 관계의 성격을 잘 모른다는 얘기일 것입니다.

　소련 정부는 무기가 바닥나지 않는 데 많은 중요성을 부여하게 될 어느 순간 무기고에서 나와야 하는 전쟁물자의 빠른 소모를 걱정하지 않을 수 없다고(이 개념은 트리그브 리 사무총장이 3월 9일 제게 자세히 말했던 것과 같은 것입니다: 본인의 전보 제1229호 참조) 그는 말했습니다.

　다른 한편으로는, 소련의 우방인 유고슬라비아가 1946년과 1947년에 군사 장비를 현대화하려고 했을 때처럼 지금보다 덜 혼란스러운 시절에도 소련보다 더 사납고 불쾌한 상대국이자 납품업자는 상상하기 힘들다고 베블러 씨는 말했습니다.

가장 하찮은 주문의 배달에도 끝없는 논란을 일으키고 무한 기간 동안 기다리게 하는가 하면, 납품업체는 계약서에 명시된 사항을 전혀 준수하지 않았고, 의논을 하려하면 잔인하고 거친데다 가격은 초현실적이었다고 합니다.

이러한 1947년 러시아-유고슬라비아 간의 관계에 대한 회고는 도쿄 주재 인도대사가 드장 씨에게 털어놓은 정보에 추가적 가능성을 더하는 것입니다. 드장 대사는 그 정보를 3월 23일자 전보로 보고했습니다.

라코스트

【192】 한국전쟁과 맥아더 장군(1951.4.10)

[전　　　보]	한국전쟁과 맥아더 장군
[문 서 번 호]	839/851
[발　신　일]	1951년 4월 9일 19시
[수　신　일]	1951년 4월 10일 19시 15분
[발신지 및 발신자]	도쿄/드장(주일 프랑스대사)

보안

사이공 공문 제608-620호
워싱턴 공문 제356-368호
뉴욕 공문 제293-305호
런던에 전달 요망

1. 최근 며칠 사이에 한국전쟁은 맥아더 장군이 병행한 두 군사작전의 양상을 띠고 있습니다. 하나는 중공-북한군 그리고 거의 인정된 그들의 동맹국에 맞선 전쟁이고 또 다른 하나는 주어진 책임을 다하지 않고 군사작전 실행과 그에 따른 유엔군의 안전도 위험에 빠트린다는 비난을 점점 확실하게 받는 미국 정부에 맞선 전쟁입니다.

2. 38선 북쪽에서 오늘 거의 끝난 공산군의 후퇴와 함께 한국전쟁은 공개적 개입의 위험이 커지는 가운데 소련의 위장된 개입 국면이 될 수도 있는 새로운 국면으로 진행되는 것 같습니다.

1월 중순부터 제8군이 중국군에게 입힌 필시 매우 중요한 인명피해는 한국에서 적의 병력수를 감소시키는 결과를 초래하지는 못했습니다. 오히려 중공 제4

병단으로 특별히 검증된 몇몇 부대들은 전방에서 물러나고 다른 거대 편대(제1, 제2, 제3군, 제19 그리고 아마 제18, 제20군)에 속하는 대규모의 소집 병사들이 중국 내부에서 만주 쪽으로, 또 그곳에서 한국 쪽으로 향하고 있다고 합니다. 동시에 북한군은 빠르게 회복해서 8개 군단이 완전히 재편성되었습니다. 현재 한반도의 공산군 보병대의 병력에 대한 최소한의 추산은 600,000명에 육박합니다. 이에 비해 유엔군의 육군병력은 남한군대를 포함해 380,000명에 달합니다. 3월 중에 9개의 포병대대가 도착함으로써 미국 쪽의 화력이 배로 증가했습니다.

다른 한편, 중장비 전쟁물자와 공군력에서 필수적인 도움을 중국 보병에 공급해달라는 중국 지도자들의 압력을 받은 소련이 소위 자원병으로 이루어진 국제군을 조직하려 하고 있으며, 이 군은 중국이 인수하지 않는 무기들을 갖추고 있지만 소련의 밀접한 통제 아래 놓이게 될 것이라는 정보가 속출하고 있습니다.

중국병사들 외에 높은 비율의 옛 일본 전쟁포로들, 북한인들과 몽고인들이 매우 많은 전문가들을 포함하는 이 군대를 구성하게 될 것입니다. 정확한 자료는 구할 수 없지만 소련제일 수밖에 없는 수많은 비행기들이 지금부터 만주에 집결하거나 이 지역으로 향하고 있다는 사실은 명백합니다. 수치로는 1,500에서 1,800대가 가능해 보입니다. 양진영 간의 제트기 전투는 점점 빈번하고 중대해지고 있습니다. 매일 30에서 40대의 비행기가 투입되는 일은 압록강 지역에서는 이제 일상이 되고 있습니다. 4월 7일 하루에만 공산군과 유엔군의 비행기 90대가 전투를 벌였습니다.

만주에서부터 작전을 벌이는 공군부대들은 소련제 비행기만 사용하는 것이 아니라 25% 정도로 추산되는 소련 조종사를 이용하고 있습니다. 이에 관해 이들이 유엔군 전선에서 일정한 거리를 두고 떨어져 있으려 조심하는 게 눈에 띕니다. 그러나 소련의 지휘 아래 많은 중국 비행사들이 훈련을 받았습니다.

대포와 장갑차는 되도록 일본인과 북한인들에게 맡겨진 것으로 보이고 중요한 요직은 엄격히 소련에 의해 감시되고 있습니다.

이러한 소련의 개입방식은 스페인 전쟁의 개입방식과 유사해 보입니다.

3. 이러한 사실과 예측, 그로 인해 유엔군에 가해지는 위험, 모든 평화협상 앞에서의 중공의 끈질긴 침묵과 결부된 미래에 대한 불확실성이 맥아더 장군을 유리한 입장에 놓이도록 만듭니다. 이러한 상황에서 그는 유엔총회에서 자신의 극동정책의 핵심노선을 강조하며 전쟁 초부터 끊임없이 주장해온 조치를 채택해달라고 요청하는 것입니다.

총사령관은 그것을 이용합니다.

스트러블[1] 제독의 최근 대만 방문 이후, 3월 20일 맥아더 장군이 마틴 대표에게 보낸 편지가 발표되자 다시 한 번 민족주의중국군의 이용가능성에 대해 주목을 끌었습니다. 장군은 현재 대만에 주둔한 군대의 파견은 상황의 요구와 부합한다고 평가하고 있습니다. 그는 공개적 책임 앞에 놓이게 된 워싱턴에 자신의 견해를 전달했다고 분명히 적시하고 있습니다. 더구나 중국 본토에 제2의 전선을 여는 문제는 미 국회에서 공공연하게 제기되었습니다.

자신의 편지에서 주제를 넓힌 총사령관은 아시아가 유럽만큼 자유세계의 안전을 위해 중요하다고 주장 넘어서까지 논쟁을 넓혀갑니다. 그는 자신과 자신의 군사들이 무기를 손에 들고 극동에서 "유럽의 전쟁"을 벌이고 있는 동안 외교관들은 말로 싸우고 있다고 말합니다. 이렇듯 그는 자국의 모든 대외정책을 꽤나 무례한 표현으로 정면공격하고 있습니다.

4. 다른 한편, 맥아더 장군은 남한 군사시설에 대해 미국 정부의 책임을 물었습니다. 미국 정기 간행물『프리맨』은 한국군 예비병력 40,000명이 무기를 받지 못하고 양식과 시설 부족으로 이승만 정부가 120,000명을 귀가시켜야 했다는 것이 사실인지 그에게 물었습니다.

4월 6일 같은 잡지에 발표된 편지에서 장군은 이 정보들을 은연중에 인정하며 "미국 정부와 남한 정부가 처리한 문제는 그 권한의 도를 넘은 정치적 결정

---

[1] 아서 듀이 스트러블(Arthur Dewey Struble, 1894-1983). 한국전쟁 당시 복무한 미국의 제독.

을 내포하고 있다"고 강조했습니다.

5. 매우 중요한 또 다른 문제에 있어, 더구나 적의 증가하는 공군활동에 힘을 얻은 맥아더 장군이 워싱턴에 가하는 압력은 성과를 거두고 있는 것 같습니다. 4월 5일 워싱턴 발 UP통신이 맥아더 장군은 몇 주 전부터 적의 대대적 공중공세가 있을 경우 만주를 폭격할 권한을 부여받았다고 하자 극동 공군참모부는 이 소식을 인정하지도 부정하지도 않았습니다. 그러나 도쿄의 공군지도자들은 어떤 놀라는 기색도 표현하지 않고 그들로서는 명령이 내려지는 순간 행동을 개시할 준비가 되어 있다고만 밝혔습니다. 이 기회에 스트라이트마이어[2] 장군은 전쟁 초부터 자신의 군대는 미그기15 30대를 포함한 275대의 적군 비행기를 쓰러뜨렸다고 알리며 지금에 오기까지 적의 공군력이 무시할 수 있는 정도가 아니었다는 것을 시사했습니다.

UP통신의 속보가 발표될 때, 국회의 두 구성원, 즉 공화당 의원 1명과 민주당 의원 1명이 한국 전방을 방문한 뒤 도쿄에서 "만주 성역" 보존은 용납할 수 없고, 미국 군인들은 등에 손이 묶인 채 싸우고 있으며 맥아더 장군과 그 보좌관들은 그들이 필요하다고 판단되는 모든 군사조치를 취하는 데 자유로워야 할 것이라고 발표했습니다. 압록강 이북에서 공중전을 개시할 권한은 이미 얼마 전 미 국방부가 적군의 비행기 600에서 800대가 국경 가까이에 출현했다는 사실을 인지했을 때 주어졌다고 보도한 동일한 속보가 제공한 정보는 이 시기에 만주에 600대의 소련 비행기 파견되고 그때부터 모든 기종의 비행기 1,000여 대가 이어 파견되었다는 정보와 유사합니다.

공산군의 공중전 준비에 대해 워싱턴에 도착한 정보는 자신의 책임을 면하고 정치인들의 책임을 부각시키려 주의를 기울이는 맥아더 장군의 노력과 그가 국회에서 누리는 후원, 그리고 당연히 미군의 안전을 걱정하며 길고 힘든 전쟁에 화가 난 대중의 빠질 수 없는 찬동 등이 총사령관이 필요할 경우 신속히 대응할 수 있게 되었다는 것을 설명해줍니다. 이러한 요인들은 4월 5일 이 주제에 대해

---

[2] 조지 스트라이트마이어(George Edward Stratemeyer, 1890-1969). 미 극동공군사령관.

질문을 받았을 때 전술적인 문제라고 내세우며 직접적 언급을 피한 트루먼 대
통령의 태도 또한 해명해줍니다.

드장

암호과 추신: 이 전보는 공문 제5762-5774호로 런던 보고됨.

【193】 장면 국무총리의 발표(1951.4.10)

[전   보]   장면 국무총리의 발표
[문 서 번 호]   857
[발   신   일]   1951년 4월 9일
[수   신   일]   미상
[발신지 및 발신자]   도쿄/드장(주일 프랑스대사)

주한 프랑스 대리공사 브리옹발 씨의 4월 4일자 부산 발송 공문 제13호, 1951년
1951년 4월 9일 도쿄 수신.

인용

장면 국무총리는 "모든 관련 국가들에 한국 공산주의 문제의 해결에 관해 한
국 정부가 취하려 하는 입장을 설명하기" 위한 발표문을 언론에 제출했습니다.
저는 그 번역 전문을 다음 호 공문으로 부서에 전달합니다.
저의 지난 두 전보에서의 상황 표현을 요약하면서도 구체화하고 있는 이 발
표문은 특별히 중요해 보입니다.

- 그 표현의 명확성과 매우 예리한 문체로 볼 때
- 국무총리의 서명에 부침으로써, 그리고 공보부의 배려와 언론(영어로 외
  국 대표들 앞으로)을 통한 가장 광범위한 배포 방식을 택하면서 한국 지
  도자들이 이 발표문에 명백히 부여하고자 하는 영향력과 그 공식적 성격
  으로 볼 때
- 마지막으로 특히 발표문이 공표된 한국어와 영어 문서에서 한국어가
  번역문처럼 보이는 것으로 볼 때(이를 위해 최근에 한 미국 참사관이

공보부 사무실에 합류된 것은 무관하지 않을 것 같음)

저는 아직 이 새로운 발표에 대한 유엔위원단 단원들의 반응도 미국 대사관의 반응도 전달받지 못했습니다. 반면, 오늘 아침 저와 대화를 나눈 영국 동료는 국무총리의 비난은 특히 자신의 정부를 향한 것 같다는 느낌 속에서 꽤나 격하게(약간의 편파성도 섞어) 이 발표문을 논평했습니다. "자신들의 통일을 구제하기 위해 세계 전쟁을 요구하는 "이 구역질나는 한반도 지도자들의 갑작스러운 거만함"을 일종의 유머를 섞어 강조했습니다.

그러나 이 발언들 중 가장 눈에 띄는 점은 무엇보다 사오위린[1] 중국대사가 어느 한국 신문 기자에게 털어놓은 "의견"에 오늘 저녁 언론이 여러 단락을 할애할 정도로 중요성이 부여되었다는 것입니다. 사오 씨는 다음과 같이 말했다고 합니다. "만약 유엔 가입국들이 침략자를 격퇴하기를 원한다면 발을 맞추어 같이 나아가는 것이 필요합니다. 침략자에 대한 저항의 원칙 관련한 유엔 회원국들 사이의 모든 의견 대립은 적의 계획을 도우면서 유리하게 만들어주는 결과를 가져오게 될 것입니다." 그러므로 그는 "속속 드러나는 망설임과 유엔 회원국들 중 일부분에 의한 공산주의자들에 대한 간접적 옹호"를 매우 유감스러워 했다고 합니다.

더 나아가, 농민봉기와 장제스 장군의 지휘 아래 조직된 저항운동의 진전이 공산중국에 불러일으키는 불안감을 강조한 사오 대사는 3월 24일 맥아더 장군의 발표에 의거하여 유엔군에게 기대할 필요가 있을 공군과 해상운송수단의 원조가 주어진다면 자유중국은 군사적으로 중국대륙에 반격을 개시할 준비가 되어있다고 설명했습니다.

더 일반적인 여러 의견을 피력한 후 중국대사는 유엔군은 "전적인 합의하에 전진하면서 침략자를 압록강 저편으로 몰아내야 할 것"이라고 결론지었습니다.

행동지침의 명목이든지 한국 체류 이후에 흔히 털어놓는 피로와 무기력 때문이든지 평소 극도로 신중함을 강조하는 사오위린 대사의 이러한 토로는 적잖이

---

[1] 사오위린(邵毓麟, 1909~1984). 중화민국 초대 주한 대사.

놀라운 것입니다. 이러한 갑작스러운 태도는 현재 도쿄에서 허잉친[2] 장군이 펼치고 있는 것으로 보이는 특별활동과 연관을 지어야 하는 것인지도 모르겠습니다. 허잉친 장군은 예정된 부산 방문을 약 3주 전부터 계속 연기하고 있습니다.

그런데 얼마 전부터 보이는 한국적 의도의 확대, 표명 어조, 이러한 양상 중 일부분에서 보이는 전문성, 그리고 어떤 특정한 환경에서 한국이 직면하는 설명의 부재 등을 미루어 짐작할 수 있는 이러한 전체적 조합은 지휘자의 존재를 떠올리게 할 수 있습니다.

외무부에 전달 요망.

드장

---

[2] 허잉칭(Hé Yìngqīn, 何应钦, 1890-1987). 중화민국 국민당 육군대장.

【194】 장면 국무총리의 성명문 전문(1951.4.9)

[전 보]	장면 국무총리의 성명문 전문
[문 서 번 호]	858
[발 신 일]	1951년 4월 9일
[수 신 일]	미상
[발신지 및 발신자]	도쿄/드장(주일 프랑스대사)

주한 프랑스 대리공사 브리옹발 씨의 1951년 4월 4일 부산 발송 전보 제14호,
1951년 4월 9일 도쿄 수신

본인의 이전 전보에 이어

장면 국무총리가 언론에 제출한 공식성명문

인용

　　이 정부가 한국 공산주의 문제의 해결 관련하여 취하고자 하는 입장을 모
든 관련 국가들에게 설명할 시간이 도래했습니다.
　　이 정부는 엄청난 희생을 치르며 이 전쟁에 참여하는 국가들의 국민들에게
드리는 한국 정부와 국민들의 깊은 감사의 마음을 모든 동맹국들이 알아주시
길 진심으로 바라고 있습니다. 그런데 이 공화국은 또한 공산주의의 명분에
공감하는 모든 다른 국가들이 군사작전 수행을 방해하려는 노력을 단념해주
시기를 진심으로 바랍니다. 유엔군과 한국 군대들이 목숨을 바치며 수호하고
자 한 신성한 명분에 이미 많은 손실이 일어났습니다. 모든 자유국가들의 공
동의 적인 공산주의와 싸우면서 우리는 모든 민족들의 자유를 수호하고 도처

에서 민주주의를 지키고자 합니다. 공산주의 관점을 간접적으로 지지하면서 자기의 원칙을 위태롭게 할까봐 약간 걱정하는, 자유의 대가로 평화를 열망하는 소수에 의해 이 수호가 무너져서는 안 됩니다.

한국전쟁의 유일한 목표는 통일된 독립 민주주의 한국을 실현하는 것입니다. 이것은 미국과 유엔이 수도 없이 반복한 말입니다. 만약 어떤 나라라도 오늘날 이 명분이 그것을 위해 투쟁할 가치가 없다고 생각한다면 그것을 공개적으로 솔직하게 밝히십시오. 사람들은 유엔이 무력으로 자유보장을 약속한 적이 결코 없었다고 암시했습니다. 이런 태도는 가소로운 것입니다. 유엔이 침략자들을 박살내기 위해 전쟁에 뛰어들었을 때는 전쟁이 의미하는 것이 무엇인지 완전히 의식하고 시작했습니다. 자유와 민주주의의 명분은 싸우고 피를 흘릴 가치가 있다고 유엔은 믿었던 것입니다. 피할 수만 있다면 전쟁을 원하는 사람은 아무도 없습니다. 한국 사람들은 평화로운 민족이고 모든 국가와 좋은 관계를 맺고 살고자 합니다. 그렇지만 어떤 한국인도 그들의 원칙을 위태롭게 하지 않을 것이고 싸움 없는 자유를 포기하지도 않을 것입니다. 어떤 한국인도 "강제적 정치" 또는 "국제적 대립"이 자유를 앗아가거나 이미 한 희생을 헛되이 만드는 것을 허락하지 않을 것입니다.

세계 수많은 나라의 젊은이들이 오늘날 원칙보다 회유를 선호했던, 또는 "무조건적 평화"의 허술함과 불안정을 대가로 공격을 제재하기로 했던 정치인들의 실수에 비싼 대가를 치르고 있습니다.

한국은 한국인들이 모르는 사이에 체결되어 버린 합의에 따라 북한과 남한으로 분단되었습니다. 이로 인해 전쟁은 피할 수 없는 결과가 되었습니다. 이는 더 이상 되풀이되어서는 안 됩니다. 합법적으로 설립된 주권정부의 시민인 한국인들은 자신들의 국가를 분단하는 어떤 결정에도 절대 찬성할 수가 없습니다. 한국의 통일만이 지속적 평화를 보장할 수 있을 것입니다. 모든 다른 해결은 최선의 경우라도 임시적인 것에 지나지 않을 것입니다. 일단 우리나라가 다시 통일이 되고 합당하게 무장이 되면 우리는 우리의 군대로 스스로를 방어할 것입니다. 이 책임을 우리는 동맹국들에 맡아달라고 요청하지 않을 것입니다.

반은 민주주의 반은 공산주의인 한국은 존속할 수 없을 것입니다. 따라서 우리는 한국의 어느 부분에서든지 공산주의 체제를 복구하기를 바라는 모든 이들은 그들의 헛된 노력을 포기하기를 요구합니다. 이들은 세계평화를 위험에 빠트릴 뿐 아니라 유엔이 선언한 목적을 의미 없는 말로 만들어버립니다.

브리옹발

드장

【195】 맥아더 장군에 대한 비난과 옹호(1951.4.19)

[전 보]	맥아더 장군에 대한 비난과 옹호
[문 서 번 호]	2791-2795
[발 신 일]	1951년 4월 9일 22시
[수 신 일]	1951년 4월 10일 06시 50분
[발신지 및 발신자]	워싱턴/보네(주미 프랑스대사)

도쿄 공문 제29-33호

뉴욕 공문 제555-563호

맥아더 장군이 미국 하원의 공화당 의장에게 보낸 편지는 장제스 군대를 통한 아시아 제2의 전선의 개시에 유엔총사령관이 호의적 의사를 표명하는 내용을 담고 있습니다. 이 서한의 발간(본인의 전보 제2741호)은 언론과 국회에서 매우 격한 반응을 불러일으켰습니다. 이와 관련해 부각될 만한 여러 가지 사실들이 있습니다.

처음으로 주요 신문들이 만장일치로 장군의 성명들을 비판했습니다. 『뉴욕헤럴드타임스』는 그 자체가 공화주의자 경향임에도 불구하고 유럽 현지는 공산주의에 대항한 투쟁에 있어 미국 다수 여론의 지지를 받는 워싱턴의 정책에 철저히 반대로 가고 있다고 강조했습니다.

또한 장군은 평가에 있어 처음으로 상원의원들에게 공개적으로 비난 받았습니다. 맥아더 장군이 권장하는 정책의 몇 가지 행위는 "미국을 전쟁의 종결을 돕는 것이 아니라 전쟁에 더 깊이 빠뜨릴 위험이 있다고 강조한 후 장군이 계속 단독행동을 한다면 유엔총사령관은 경질되어야 한다는 의견을 제시했습니다.

반면, 현재 대만에 체류하고 있는 첸노트[1] 장군, 중국 주재 대사였던 패트릭 힐리[2] 씨, 그리고 여러 공화당 상원의원들은 장군을 강력하게 옹호했습니다.

미시간 주의 상원의원 퍼거슨[3) 씨는 현장에서 상황을 검토하고 유엔총사령관의 입장에 대한 설명을 들어볼 국회 위원단을 도쿄에 보내자는 의견을 밝혔습니다. 하지만 공화당 의원들 모두의 지지를 받지 못한 이 제안은 상원에서 중대한 언쟁을 불러올 위험이 있습니다. 이 언쟁은 오늘 아침 월터 리프만이 지적한 것처럼 현 상황에서는 "공익에 반대되는" 일일 것입니다. 행정부는 우선 무엇보다 맥아더 장군의 최근 발표들에 몰두하는 모습을 보였습니다. 이 발표들은 사실 트루먼 대통령이 주말 사이에 그의 주요 군인과 민간인 고문들, 특히 마셜 장군, 브래들리[4) 장군과 가진 여러 회담의 대상이 되었습니다. 이 회담이 끝나자 토요일 저녁부터 대통령이 맥아더 장군을 호출하려 한다는 소문이 퍼졌습니다만 지금까지 그런 일은 일어나지 않았고 백악관은 본인의 전보 제2741호로 알려드린 공문으로 그쳤습니다.

무엇보다 한국에 있는 미군의 보호를 생각하는 미국 여론은 사실 장군의 정치선전의 쉬운 먹잇감입니다. 이것이 이곳의 격렬한 유감, 그리고 최근 해외에서 그를 향했던 비난들을 설명해줄 수 있습니다.

보네

---

1) 클레어 리 첸노트(Claire Lee Chennault, 1893-1958). 중화민국 공군을 지휘한 미국 군인.

2) 패트릭 제이 헐리(Patrick Jay Hurley, 1883-1963). 미국 공화당 정치가, 주중 미국대사 역임.

3) 호머 퍼거슨(Homer S. Ferguson, 1889-1982). 미시간 주 상원의원.

4) 오마 넬슨 브래들리(Omar Nelson Bradley, 1893-1981). 미 합참의장. 제2차 세계 대전 시 미 육군을 지휘한 주요 사령관 중 한 명. 미국 합동참모본부의 초대 의장 역임. 한국전쟁 시 합참의 장이었던 브래들리는 "미국을 시험하는 소련의 공산주의를 조기에 진압하기 위하여" 파병 지원을 주장. 맥아더의 인천상륙작전 성공한 후 트루먼 대통령으로부터 미국이 낳은 가장 유능한 야전 사령관이라는 찬사와 함께 원수 계급으로 진급. 1951년 4월, 북한과 중국에 핵공격과 확전을 주장하는 맥아더를 강하게 질책함으로써 맥아더의 해임에 기여.

【196】 워싱턴의 성명 준비 상황(1951.4.10)

[전 보]	워싱턴의 성명 준비 상황
[문 서 번 호]	1617-1622
[발 신 일]	1951년 4월 10일 15시 30분
[수 신 일]	1951년 4월 10일 23시 50분
[발신지 및 발신자]	뉴욕/라코스트(주유엔 프랑스대표대리)

보안

2급 비밀

워싱턴 공문 제1001-1006호

저의 지난 전보를 통해 보고한 대담에서 저는 그로스 씨에게 워싱턴의 성명 준비는 어느 정도 진척되었는지 물었습니다. 그는 자신이 알기로는 문제의 마지막 단계는 다음과 같다고 말했습니다. 즉, 15 또는 17개국 성명 계획은 유엔 군사령부를 맡은 국가의 이름으로, 이 국가의 정부 대표로써 행정부 수반의 자격을 지닌 트루먼 대통령이나 유엔의 미국 대표단장인 오스틴 상원의원과 같은 인물이 발표하는 성명으로 대체될 것이고, 이것은 '유엔'의 성격 그리고 어쨌든 문서의 집단적 공동결의라는 성격을 좀 더 현저하게 나타낼 수 있다는 장점이 있을 것 같다는 요지입니다.

이 문서의 내용은 자문을 구한 여러 국가들의 의견 표현의 '최소공통분모'가 될 것입니다. 저는 그로스 씨에게 만약 예를 들어 인도가 한국에 군대가 아니더라도 적어도 위생병 또는 다른 성격의 공식 직할부대를 파견한 국가들 사이에 들어간다면 공통분모는 정말 작아지고 성명의 가치는 특별히 줄어들 위험이 있다고 지적했습니다.

그는 그것에 대해 부정하지 않았습니다. 그리고 저는 이 주제에 관해 의견을 낸 국가 명단에 전쟁 책임이 없는 국가들을 포함시킨 것은 이 성명계획을 한 주요국들이 얻어내기를 원하는 중국을 안심시키는 효력이 실제로는 줄어들 것으로 그로스 씨가 보고 있다고 이해했습니다.

또 한편, 14 또는 17개국 성명이 배포됨과 동시에 발표하기로 되어있던 트루먼 대통령의 성명은 국무장관의 성명으로 대체될 것입니다. 이 성명은 유엔과 미군 개입의 이유와 목적을 다시 한 번 설명하게 될 것입니다.

그러나 저는 그로스 씨가 이 성명들이 실재적으로 시의적절한지에 대해 약간의 의혹을 가지고 있다고 느꼈습니다. 약 3주 전만 해도 굉장히 유용했을 이 성명들은 지금에 와서는 만약 중공 총사령관이 정말로 한국에서의 공격 개시를 결정했다면 그것을 막기에는 너무 늦은 것이고, 그 공격이 격퇴될 경우에는 그렇지 않을 것입니다만 성명이 충분한 효력을 발휘하기에는 너무 이른 것입니다.

반면, 영국 대표단은 이 성명들이 여전히 중공의 공격을 제지할 수 있을 것으로 기대하며, 반대의 경우에는 나중에라도 전쟁의 종식을 용이하게 하기 위해 필요하다면 그것을 반복하는 이점만 있을 것으로 기대하는 것 같습니다.

마지막으로 중공의 공격 준비는 특혜를 위해 기선을 제압하기 위한 목적밖에 없을 것이라는, 아랍국 대표단들 사이에서 생성된 추측은 무엇보다 사실이므로 주목할 만합니다.

라코스트

【197】 아시아 국가들의 중공과의 중재 구상(1951.4.10)

[전   보] 아시아 국가들의 중공과의 중재 구상
[문 서 번 호] 1624-1632
[발   신   일] 1951년 4월 10일 15시 30분
[수   신   일] 1951년 4월 10일 22시 45분
[발신지 및 발신자] 뉴욕/라코스트(주유엔 프랑스대표대리)

보안
2급 비밀

워싱턴 제1008-1016호
본인의 전보 제1583호 참조

미 대표단에 의하면, 아시아 대표단들, 그중에서도 인도와 인도네시아 대표
단들이 현재 가지고 있는 생각은 미국과 중공 사이를 자신들의 노력으로 중재
한다는 것입니다. 베네갈 라우 경보다도 먼저 이 구상을 내놓았다는 인도네시
아 대표 팔라르 씨는 이에 대하여 어제 그로스에게 충분히 해명하였습니다.

그는 자국 정부 인도가 극동에서의 전면전을 극도로 두려워하고 있다고 했습
니다. 그는 전면전이 이루어진다면 공산주의는 동남아시아에서 적어도 초기에
는 매우 신속하고 결정적인 성공을 거둘 것이며 그로 인한 정치·경제·사회적
손실은 사실상 돌이킬 수 없을 것으로 확신하는 듯합니다. 또 그러한 재난이
전략적으로 그리고 다른 방식으로 나머지 세계에 초래할 결과들은 말할 것도
없다는 것입니다. 이러한 확신 속에서 팔라르 씨는 아시아 13개국의 유엔 호소
는 다시 한 번 운명적 경계선을 넘지 말 것을 요청하기 위해 미국의 자존심을
상하게 하지 않으면서 미국 정부에 호소하여 서태평양 전체를 전면적 갈등에

빠트리지 않게 하는 우회적 방법일 뿐이라고 생각했을 것입니다.

중공을 요컨대 엔테잠 의장의 접근방식에 응하도록 이끌기 위해 베이징 정부와의 동시교섭을 하는 구상은 최근 베네갈 라우 경과 이루어진 아시아 국가들 간의 초기 담소들에서 시작되어 탄생했다고 합니다.

미국 대표단은 자연적으로 이 13개 아시아 국가들의 유엔 '호소' 발의에 매우 격렬하게 반발했습니다. 이 발의는 당장 같은 아시아국 그룹(특히 파키스탄과 필리핀) 안에서조차도 매우 현저한 반대를 불러일으켰습니다. 그로스 씨는 이 점에 관하여 팔라르 인도네시아 대표와의 회담에서 다시 한 번 매우 분명하게 설명했다고 제게 전했습니다.

반면, 미국 정부는 베이징 정부에 대한 아시아 국가들의 공동행동계획에 대하여는 훨씬 긍정적인 의향을 보이는 것 같습니다. 미국 대표단과의 접촉을 통하여, 그리고 유엔의 미국인들은 물론 뉴욕 미국인들 사이에서 모을 수 있는 일체의 정보와 반응을 통해 제가 판단한 바로는 미 행정부의 가장 중요한 관심사는 여전히 최대한 빠른 시일 내에 가장 적은 비용으로, 그러나 명예롭게 이 위험한 한국문제의 난관에서 벗어나는 것입니다.

미 행정부는 대항하는 중공 군사력의 붕괴가 있지 않는 한, 중공과의 어려운 협상의 대가를 치를 때만 이 다양한 요구조건들이 충족될 수 있다는 사실을 매우 잘 알고 있습니다. 그래도 어쨌든 베이징 정부가 응해주어야 합니다. 만약 유엔군사령부의 전술 효과 위에 소련으로부터 중장비를 보급하는 데 심각한 어려움이 더해지고, 또 한편으로 아마도 좋은 의도를 가진 아시아 국가들이 중공의 방침에 비위를 맞추는 영리한 외교적 행동을 보인다면 어쨌든 유럽의 영향을 받아 행동하는 것보다 덜 의심을 받을 것이며 현재 한국을 위협하는 중공의 공세가 일어나기 전이든 후든 이 요청이 이루어질 약간의 가능성이 있을 것으로 미국 대표단은 생각하고 있습니다.

저는 그로스 씨에게 함마스트룀 씨가 엔테잠 의장의 이름으로 3개월 전부터 제시하는 대화 제의를 베이징 정부가 더 이상 못들은 체 하지 않을 경우, 미국 정부는 일들이 어떻게 진행될 것으로 내다보는지 물었습니다. 그로스 씨는 만약 엔테잠 씨 또는 그에 상당하는 자격의 다른 인물이 중공 당국과 접촉할 수 있다면 휴전협상 제안에 주력하는 것이 바람직할 것이며, 이러한 관점에서 그리튼베르그 장군과 자신이 1950년 12월 표명하고 지난 1월 2일 발표되었던 제안들이 여전히 유효할 것이라고 밝혔습니다.

만약 이러한 기초 위에 휴전이 이루어질 수 있다면 한국문제에 관한 협상에 대해 고려하는 것이 가능하게 될 것입니다.

라코스트

【198】 추가조치위원회의 사업계획문서(1951.4.10)

[전   보] 추가조치위원회의 사업계획문서
[문 서 번 호] 1636-1642
[발 신 일] 1951년 4월 10일 18시 20분
[수 신 일] 1951년 4월 11일 06시 30분
[발신지 및 발신자] 뉴욕/라코스트(주유엔 프랑스대표대리)

4월 10일 오늘 소위원회가 승인하고 목요일인 모레 추가조치위원회에 제출될 사업계획문서

사전 사업계획
결의문 376(5)의 단락 C의 실행
1. 회원국들에게 결의문 376(5)의 단락 C에 따라 유엔의 지시 아래 복무하도록 신속하게 준비될 수 있는 그들의 군부대와 관련된 대책을 포함한 그들이 결정했거나 고려하고 있는 대책을 추가조치위원회에 알려달라고 요청하는 통지문을 보낼 것을 권고한다.

군전문가 관리자 체제에 관한 과제들
2. 군전문가 관리자 지위의 성격과 전반적 임무 규정.
3. 사무총장의 군전문가 관리자 지명 승인.

제안된 검토 계획
4. 경제적·재정적 조치 검토.
5. 정치적 조치 검토.
소위원회는 이 두 항목 아래 수행되는 검토는 해당 분야에서 국가들이 취한

한국전쟁 관련 프랑스외무부 자료 II(1951. 01. 01~1951. 05. 31)

조치의 기술적 방식과 조정 방법에 초점을 맞추고 특정 조치의 상대적 효율성에 초점을 두지 말 것을 권고한다, 즉 소위원회는 이러한 검토가 안전보장이사회 또는 유엔 총회가 어떤 특정한 경우 하나 또는 여러 특정조치를 결정하거나 권고하도록 하는 의견이 아니라 안전보장이사회나 총회가 결정했거나 권고한 조치의 효과를 극대화할 수 있는 방법, 절차 및 조정 구조를 고려할 것을 권고한다.

6. 상기 제1항에 따라 이루어진 제안의 검토와 유엔활동의 실행을 위한 각국의 군부대를 포함한 회원국들의 할당액 조정 방법 검토.

7. 군전문가들의 임무 수행을 위해 내려야 할 전반적 지침 검토.

8. '평화 연맹'의 결의에서 고려된 집단조치의 계획을 이행하기 위해 필요할 수 있는, 차후 창시해야 할 기관들에 대한 검토.

추가조치위원회의 작업 방법

소위원회는 1. 위원회가 회원국들로부터 사전 정보를 얻을 수 있도록 상기 제1항을 최대한 빠른 시일 내에 검토하여 승인할 것을 권고한다.

2. 상기 제2항 또한 위원회가 가능한 한 빨리 검토하여 사무총장이 신속하게 군전문가 관리자들을 지명할 수 있도록 권고한다. 이를 위해 위원회는 프랑스, 캐나다, 터키로 구성된 실무그룹을 구성하여 이 주제에 관한 보고서를 신속히 제출한다.

3. 위원회는 호주, 이집트, 미국, 필리핀, 베네수엘라로 구성된 소위원회를 설립하여 제4항을 검토하고 벨기에, 버마, 멕시코, 영국, 유고슬라비아로 구성된 소위원회를 설립하여 보고를 한다.

4. 소위원회 또는 실무그룹의 활동과 관련하여, 위원회의 모든 위원은 원할 경우 문서 또는 견해를 제출할 수 있다.

5. 소위원회는 제6, 7, 8항을 검토할 소위원회 또는 실무그룹의 설립을 현 단계에서 권장하지 않는다. 그러나 위원회의 작업이 진행되면서 그 설립이 바람직해질 수도 있음을 인정한다.

6. 추가조치위원회가 수행하게 될 검토는 유엔사무국 목록(작업문서 제1호)

에 상응하는 부분에 열거된 항목들을 적절한 조치로 고려해야 한다.

7. 위원회와 소위원회는 최대로 가능한 한 작업 초안문서와 작업을 용이하게 할 수 있는 모든 문서의 준비를 위해 유엔사무국에 도움을 요청할 것을 권고한다. 소위원회는 또 이와 관련하여 위원회가 구상된 모든 검토 계획을 조사하라고 사무국에 요청하기를 권고한다. 그리하여 사무국이 각 위원회들과 협력할 준비가 되어있음으로써 어떤 항목이 위원회 또는 소위원회에서 토론될 때마다 이들이 비교적 짧은 시간 내에 사무국에 도움을 요청할 수 있도록 하려는 것이다.

라코스트

【199】 추가조치위원회의 편지계획안 검토(1951.4.10)

[전 보]	추가조치위원회의 편지계획안 검토
[문 서 번 호]	1643-1646
[발 신 일]	1951년 4월 10일 20시 37분
[수 신 일]	1951년 4월 11일 03시 40분
[발신지 및 발신자]	뉴욕/라코스트(주유엔 프랑스대표대리)

오늘 아침 4월 10일 회의에서 추가조치위원회 소위원회는 12일 목요일에 위원회에 제출될 편지계획안을 검토하였습니다. 확실치는 않지만 이 편지는 사무총장에 의해 회원국들에게 발송될 것입니다(작업계획서 제1항).

제가 제553-SC호 문서로 각하께 보내드리는 이 승인된 문서는 애치슨 결의안의 제8항, 제9항 및 제11항을 상기시키고 있으며 추가조치위원회가 이 편지의 수신 정부에게 "상기 제8항의 조항을 실행에 있어 결정했거나 검토 중인 대책들"을 알려주기를 바란다는 내용을 첨부하고 있을 뿐입니다.

저는 큰 반대에 부딪힘 없이 사무국이 준비한 계획안에서 영국 대표단의 제안에 포함되었던 4가지 문제를 삭제하려고 노력했습니다(본인의 전보 제1542호).

마지막 항은 위원회가 회원국들에게 "임시적이고 예비단계에 있더라도 가장 빠른 시일 내에" 보내달라고 요청한 정보를 통지해달라는 의향을 표하려는 미국 대표의 요청에 따라 첨부되었습니다.

라코스트

【200】 추가조치위원회의 편지계획안 검토(1951.4.10)

```
[ 전        보 ]   추가조치위원회의 편지계획안 검토
[ 문 서 번 호 ]   1646-1647
[ 발    신    일 ]   1951년 4월 10일 21시 13분
[ 수    신    일 ]   1951년 4월 11일 04시 45분
[발신지 및 발신자]   뉴욕/라코스트(주유엔 프랑스대표대리)
```

저는 각하께 추가조치위원회 소위원회의 요청(본인의 전보 제1543호)에 따라 사무국이 준비한 군전문가 관리자 지위의 성격과 역할 관련 검토 자료를 항공우편 제544호 문서로 송부합니다.

보시다시피 이 문서는 그들의 원조를 요청하는 국가에서 군전문가들이 행사할 수 있는 권한에 관한 문제와 군전문가 관리자의 입헌적 목록과 그 구성원의 선정에 관해 제기되는 주요 문제들을 나열하는 데 그치고 있습니다. 이 문서는 어떤 특별한 해결책도 권하지 않으며 작성된 문서에 비치는 전반적 의도는 우리의 견해와 근본적으로 다르지 않습니다.

그렇지만 저는 이 검토문서를 어디에도 배포하지 말고, 만일의 경우 도움이 될 수 있도록 의제 제2항을 검토할 임무를 맡은 실무그룹 3개국(프랑스, 캐나다, 터키)에만 제출할 것을 소위원회에 제안하는 게 좋다고 생각했습니다.

라코스트

【201】 자유중국군의 개입 가능성(1951.4.10)

```
[ 전      보 ]   자유중국군의 개입 가능성
[ 문 서 번 호 ]   91-92
[ 발  신  일 ]   1951년 4월 10일 17시 30분
[ 수  신  일 ]   1951년 4월 11일 15시 30분
[발신지 및 발신자]   타이베이/시귀레¹⁾(주타이베이 프랑스영사)
```

비공식 출처이긴 하지만 신뢰할 수 있는 소식통에 의하면 다음과 같습니다.

"중국 군사계에서는 한국과 만주에서 공산군 일체의 잠재력이 증대함에 따라 4월 말 이전에 전반적 공격이 개시될 가능성이 없지 않다고 생각하고 있습니다. 그들이 실시한 대치병력 간의 비교를 볼 때 유엔군이 불리합니다. 이러한 상황에서 한국에서나 대륙의 어떤 다른 지점에서 가능한 국민주의 군대의 개입은 앞으로의 상황 전개에 비추어 신중하게 검토해야 할 것입니다."

다시 말해 정치선전의 통상적인 방식을 떠나 적어도 자유중국의 몇몇 부대는 승리가 절대적으로 확실치 않아 보이는 공격에 그들의 개입이 요청될 경우 신중하고 조심스러운 태도를 취할 준비가 되어 있는 것 같습니다.

시귀레

---

1) 조셉 시귀레(Joseph Siguret), 주타이베이 프랑스영사(1951-1953).

【202】 극동에 대한 견해차와 문제점(1951.4.10)

[전 보]	극동에 대한 견해차와 문제점
[문 서 번 호]	852-854
[발 신 일]	1951년 4월 10일 08시 30분
[수 신 일]	1951년 4월 11일 17시 15분
[발신지 및 발신자]	도쿄/드장(주일 프랑스대사)

본인의 이전 전보에 이어

워싱턴 공문 제369-371호
뉴욕 프랑스대표단 공문 제293-308호
사이공 공문 제621-623호
런던에 전달 요망

그것이 초래하는 결과와 더불어 만주에서의 공중전 확산 관련하여 모든 판단 권한은 이제 맥아더 장군에게 남겨진 것임에는 변함이 없습니다. 이것은 적어도 몇몇 국가들의 수도에서 다소의 우려를 불러일으키지 않을 수 없습니다.

한편, 미 합동참모본부의 결정이 개입된 상황에서 그것이 마치 맥아더 장군이 자국 정부에 승리를 안겨다준 것처럼 보이는 것은 안타까운 일입니다. 더구나 한국문제를 협상의 길로 해결하기 위해 새로운 교섭이 계획되고 있는 상황에서 이러한 선전이 나온 것은 유감스러운 일입니다.

극동에 관한 런던과 워싱턴 사이의 견해차는 이 두 국가와 그 연합국들에게 심각한 우려를 낳고 있는 상황에서, 한 온건파 노동당 의원이 4월 6일 하원에 제출한 불신임안은 그 이후의 일이 어떻게 진행되었든 영국에서 일어난 파문을 잘 드러내는 것입니다. 미국에서는 트루먼 대통령과 맥아더 장군의 관계가 개인적 갈등의 양상을 띠고 있습니다. 총사령관의 태도는 미 국회에서 맹렬한 토론, 더 나아가 격한 논쟁을 불러일으킬 만큼 문제가 됩니다.

특히 이렇게 중대한 시점에서 이러한 불편한 관계를 보여주는 것은 베이징과 모스크바를 전혀 신중하게 있도록 하지 못합니다. 오히려 그들에게 더욱 위험한 개입의 형태를 부추기는 데 적격인 것입니다. 이것은 전쟁을 제한할 수 있는 기회와 평화적 해결 가능성을 현저히 감소시킬 뿐입니다.

국방부에 전달 요망.

드장

【203】 한국의 군사 상황(1951.4.10)

[전 보]	한국의 군사 상황
[문 서 번 호]	2810-2814
[발 신 일]	1951년 4월 10일 22시 00분
[수 신 일]	1951년 4월 11일 06시 45분
[발신지 및 발신자]	워싱턴/보네(주미 프랑스대사)

보안

외무부 송부
뉴욕 공문 제571-575호

오늘 오후 사절단장 선발위원회에서 미 국무부 대표는 유엔군이 "캔자스 선"
이라 불리는 방어선을 포진하고 있다고 밝혔습니다.

이 방어선의 경로는 서쪽 끝으로 임진강 하구로부터 38선 이북으로 최대 10
km 지점까지 북상한 지점에서 화천까지 동쪽으로 이어집니다. 이어 화천 저수
지의 남쪽을 따라 마지막 지점인 양양까지 이어집니다. 이 선은 약 120마일에
이르며 부산의 둘레보다 짧을 것입니다. 이 선이 1945년부터 남한의 방어지점
배치에 가장 적당한 지대를 사용하고 있음에 주목해야 합니다. 더구나 이를 위
해 몇 가지 공사가 진행되기도 했었습니다.

이 선의 서쪽 부분은 전선의 중앙 지역에서 15km밖에 떨어져 있지 않은 유엔
군에 의해 이미 점령되었고 몇 지점에서는 약간 선을 넘기도 했습니다.

최근 4일간의 전쟁에서 주목할 점은 다음과 같습니다.

1. 캔자스 선을 향해 계속되는 진군

2. 화천 저수지의 서쪽 못을 점령하기 위한 제9군단의 노력. 공산군들의 수문 개방은 지금까지는 미미한 효과밖에 가져오지 못했음

3. 며칠 전부터 미 제7사단이 추양강을 지나 38선 이북으로 진군한 점. 미 국방부 대표는 프랑스군 대대와 미국 제2사단의 제23연대가 제10군단 지역의 서쪽에서 매우 강력하게 전투를 벌이고 있다고 알려옴. 여기까지 그들의 진군은 적에 의해 제지됨

왕립해군의 코만도가 소련 국경에서 약 100km 떨어진 송진에 상륙하고 100m 가량의 철도를 폭파시킨 후 피해 없이 물러났습니다. 이어 둘째 날에는 유엔군이 도로와 철도 교통을 금지하기 위해 원산 지역을 폭파하였습니다.

화천 저수지 남쪽에 위치한 제9군단의 동쪽 지역 전선에서 해군 제1사단이 기갑부대 제1사단을 대체하였습니다.

도쿄 참모부는 새로운 중공군 군단이 한국에 도착했음을 알렸습니다. 이 제18군단은 원칙적으로 180,000명의 군사를 보유하고 있습니다.

보네

【204】 사절단장 회의(1951.4.10)

[전 보]	사절단장 회의
[문 서 번 호]	2818-2822
[발 신 일]	1951년 4월 10일 22시 00분
[수 신 일]	1951년 4월 11일 06시 45분
[발신지 및 발신자]	워싱턴/보네(주미 프랑스대사)

보안

뉴욕 공문 제576-580호

각하의 전보 3482호 참조

미 국무부차관보 히커슨 씨는 오늘 사절단장 회의에서 자국 정부가 4월 6일 극동담당 차관보 러스크 씨가 언급한 보고계획을 여전히 검토하고 있다고 밝히고 미 국무부는 다음 주 금요일 이전에 이에 관해 관련 정부 대표들의 의견을 필시 물을 것이라고 말했습니다.

더구나 이 보고는 지난 7월 7일 안전보장이사회 결의를 준수할 것이라고 러스크 씨는 강조했습니다. 실제로 이 결의의 마지막 계획 부분에서는 유엔군사령부를 맡은 미 정부가 유엔군사령부의 감독 아래 이루어지는 활동의 전개에 관하여 알맞은 이사회 회기에 맞추어 적당량의 보고서를 제출해달라고 요청했습니다(외무부로 송부한 1950년 7월 7일자 쇼벨 씨의 전보).

미 정부는 지금까지 이 요청에 따르지 않았다는 사실과 맥아더 장군이 정기적으로 사령부에 대한 보고서를 정기적으로 유엔에 보냈다는 사실이 눈에 띕니다.

히커슨 차관보는 현재 검토 중인 문서는 함께 의논한 정부들이 동의하여 몇 주 전 우리에게 배포된 성명서의 원칙들 즉, 분쟁의 국지화, 평화 회복, 한국의 통일 등을 되풀이하게 될 것이라고 설명했습니다. 결국 상기 언급된 정부들의 한국문제 관련한 의견의 "공통분모"가 될 이 보고서는 유엔군사령부 원수 자격으로 미국 대통령이 서명할 것이고 유엔 회원국들이 '참고하도록' 유엔 사무총장에게 송부될 것이라고 합니다.

오늘 오후 회의에서는 만주에서 있을 수 있는 공중 폭격 문제에 관한 어떤 언급도 없었습니다.

보네

[전   보] 한국문제
[문 서 번 호] 34 SC
[발   신   일] 1951년 4월 10일
[수   신   일] 미상
[발신지 및 발신자] 미상/회의사무국

장관에게 올리는 보고서

한국에서의 유엔의 정치적 목적에 관한 트루먼 대통령의 성명 구상에 동조한 영국과 프랑스 정부가 미 국무부와 함께 원고를 조정하려고 노력하고 있던 그 시기에 필시 3개국 간의 의견교류에 대해 알게 된 맥아더 장군이 3월 23일 자신의 성명을 발표하였습니다.

이 3국 열강의 생각으로는 유엔군이 또다시 38선에 접근하고 있더라도 유엔과 특히 미국 정부는 언제나 전쟁중단과 한국문제에 관한 평화적 해결을 검토할 준비가 되어 있다는 사실을 공개적으로 알리는 대통령 성명이 이루어져야 하는 것이었습니다. 군사상의 안전을 이유로 부분적 돌파가 필요했던 38선에서 군대의 진격을 정지하는 것에 관해서는 약속을 하지 않더라도 사실 평화에 대한 공동의지를 재확인하는 데 좋은 시기로 보였습니다.

이렇게 규정된 대통령 성명의 목적 자체를 고려하여 우리 외무부는 중국 쪽을 비협조적으로 만드는 역효과의 발생을 피하고 싶다면 일곱 번에 걸친 공산주의의 "침략"이라는 표현의 반복이 가져올 수 있는 위험에 대해 미 국무부의 주의를 촉구하도록 앙리 보네 미국대사에게 임무를 내렸습니다.

그런데 이 대통령 성명 내용에 비해 맥아더 장군의 성명은 그의 결론에도 불구하고 사실상 최후통첩이었습니다. 게다가 베이징 당국도 이렇게 해석하였습니다. 중국의 경제적·군사적 취약함에 대한 집요한 주장과 위협들이 번갈아 뒤를 이었습니다. 마지막 문장만이 망설임과 함께 맥아더 장군은 "또 다른 유혈 없이… 신중한 노력을 기울여 유엔의 정치적 목적을 실현할 수 있는 군사적 해결책을 찾기 위해 허허벌판에서 적군 사령관을 만나 논의할 용의가 있음"을 언급하고 있습니다.

대사관 차원에서 비밀리에 그 내용을 다듬고 있었던 대통령 성명의 효과를 뒤흔들어버린 이 성명은 런던, 오타와, 파리에까지 최악의 반응을 불러일으켰습니다. 국무부 대표는 한국에 군대를 파견한 국가들의 주간 사절단장 회의에서 이 성명은 허가나 동의를 받은 적이 없음을 분명히 하면서 이런 종류의 사고가 번복되는 것을 피하기 위한 "가장 수위 높은" 조치가 결정되었다고 덧붙여 밝혔습니다.

3월 28일부터 영국 외무부는 미국 정부의 당혹감을 이용하여 우리 외무부가 첫눈에 보아도 흥미로워 보이는 새로운 제안을 구상하였습니다. 이 새로운 제안은 트루먼 대통령 성명의 연기 이외에 한국에 병력을 파견한 16개국에 의한 비슷한 성명의 동시 준비, 그리고 이 두 성명의 공표 후 서양 강대국들이 모스크바와 베이징에서 동시에 개시할 교섭 등을 포함하고 있었습니다. 우리 외무부는 원칙적으로 동의하지만 14개국 성명보다는 유엔의 이름으로 표명하는 유엔 총회의장 또는 사무총장의 성명을 선호한다고 밝혔습니다.

4월 2일 영국 외무부는 유엔군사령부가 14개국 선언에 의해 규명된 정치적 목적이 군사적 차원에 미치는 영향을 전적으로 수용하겠다는 것을 분명히 하기 위해 대통령 성명에 트루먼 대통령이 유엔군사령부를 지명한 국가 원수의 자격으로 표명함을 명시하는 구절을 삽입해야 한다고 강조하면서 위에서 설명한 제안 사항들을 우리 외무부와 워싱턴에 공식적으로 알렸습니다.

영국의 제안을 우리 외무부는 개략적으로 수용한 반면 워싱턴에서는 난감한 상황을 불러일으켰습니다. 그것은 여러 정부들 사이에서 회담의 주제가 되고 있던 대통령 성명의 내용에 이론을 제기하였기 때문입니다.

다른 한편, 미국 정부는 공세를 위해 중공군이 집결하고 있다는 정보를 인용하면서 제안된 여러 교섭들을 시도하기에 적합한 시기인지 의구심을 가졌습니다.

실제로 이달 초에 유엔군이 여러 곳에서 38선을 돌파했습니다. 북한에서 대규모의 중공군 집결이 두드러졌습니다. 또한 중장비와 항공기들을 갖춘 지원병으로 이루어진 국제군의 구성과 만주로 떠난 중공군들로 인해 빈 지역들에 러시아 군대의 출현 소식이 전해지기도 했습니다. 이 정보들은 중공을 규탄하기 직전에 이미 그랬듯이 맥아더 장군이 그 규모를 부풀렸을 가능성도 있지만, 중공군이 유엔군에 대항해 대량의 공중 공격을 감행할 경우 미 국방부가 만주 비행장들을 폭격하도록 허락할 수 있다는 불안감을 조성하기에 충분해 보입니다.

그로스 씨와 러스크 씨가 영국과 프랑스 대화 상대자들에게 이 허락에 대해 인정하자 우리 외무부는 4월 6일과 7일 두 전보을 통해 이 문제에 대한 프랑스의 입장, 즉 1월 19일 미국대사에게 프랑스 정부가 제출한 각서를 통해 명확히 규명된 입장을 상기시켰습니다. 그것은 전쟁을 확장시킬 위험이 있는 모든 결정은 유엔의 이름으로 평화를 회복해야할 공동의 임무를 승인한 정부들 간의 사전 합의를 받아야 한다는 내용입니다.

언론을 통해 유엔군사령부에 부여된 이 허락 소식이 알려지자 분출된 전 세계 여론의 흥분은 언급할 필요도 없습니다. 미국 자체에서도 공화당과 민주당, 맥아더 장군 지지자와 비방자들 사이에 의견대립이 극명해지고, 이와 동시에 영국과 프랑스 신문들도 "맥아더 사태"에 대해 논평을 쏟아냈습니다.

3월 23일 성명 이후 모두가 맥아더 장군에게 "가장 수위 높게" 이루어진 권고가 결실을 맺기를 희망하고 있을 때, 맥아더 장군은 북한에 자신의 성명 내용을 복사한 전단을 뿌리도록 했습니다. 이 엉뚱한 실수도 모자라 그는 자신의 군사 행동에 가해진 제한에 대해 불평하며 기자들에게는 성명을, 미국 정치 인사들에게는 편지를 반복해서 보냈습니다.

그의 이 모든 행위들은 영국 정계를 심하게 동요시켰으며 런던주재 우리 프랑스대사는 4월 9일자 제1355호 전보를 통해 "프랑스의 눈에 띄는 대응 부재"에 대한 영국 정부쪽이나 의회 사람들의 놀라움을 전했습니다. 영국 정계에서는 영국 정부와 전적으로 동일한 견해를 가진 프랑스 정부의 외교적 행동이 영국의 영거 외무장관 대리 또는 모리슨 부총리의 성명 차원에 해당하는 장관의 성명을 동반하기를 희망하는 것으로 짐작할 수 있습니다.

한편 워싱턴 주재 우리 대사는 아주 최근의 전보(제2796호)에서 미국과 미국회의 지배적 분위기를 볼 때 즉각적 3자 회담을 열어 장관이 브루스 주불 미국대사에게 구체적이고 공식적인 제안을 해줄 것을 제안하면서 이 회담이 내포할 수 있는 이득에 대한 관심을 촉구했습니다.

【206】 모리슨 부총리의 발표(1951.4.11)

[전　　　　보]	모리슨 부총리의 발표
[문 서 번 호]	1384-1388
[발　신　일]	1951년 4월 11일 22시 40분
[수　신　일]	1951년 4월 11일 23시 15분
[발신지 및 발신자]	런던/마시글리(주영 프랑스대사)

　오늘 오후 영국하원에서 발표한 한국문제 관련 성명에서 모리슨 부총리는 먼저 한국에서의 유엔 개입의 목적을 상세히 설명할 성명의 사항들을 명시하기 위해 현재 당사국 정부들과 의논이 이루어지고 있다고 밝혔습니다. 그는 이 의논이 곧 결실을 맺기 바란다고 했습니다.

　모리슨 부총리는 영국의 입장은 여전히 동일하며, '침략에 대한 대항, 자유 독립 통일 한국, 어떠한 전쟁 확산도 반대'라는 세 가지 항목으로 정리될 수 있다고 덧붙였습니다.

　이어 유엔과 군사령부의 관계에 대하여 언급하며 부총리는 한국에 군사를 파견한 정부 대표들이 규칙적으로 연락을 하고 있으며 영국 정부는 자국의 견해를 언제든지 주장할 수 있다고 밝혔습니다. 그리고 모리슨 부총리는 영국 정부가 승인하고 군사령부에 내려진 일반적 지침들을 다음과 같이 열거하였습니다.

　1. 유엔의 목적 실현이 반드시 북한에 대한 무력 제압을 필요로 하는 것은 아니다. 그러나 군대배치는 엄격하게 38선와 관련하여 이루어져서는 안 되며, 무엇보다 적의 새로운 공세 가능성 때문에 필수불가결한 전략적 필요성들을 고려해야 할 것이다.
　2. 한국전쟁을 국지화하고 중국과의 전면전을 피하는 것이 유엔의 의지이므로 군사작전은 한국 영토를 넘어 확대되어서는 안 된다.

3. 군사령부 권한은 유엔이 결정한 정치적 지침 차원을 벗어나서는 안 된다.

모리슨 부총리는 트루먼 대통령이 오늘 아침 맥아더 장군에 관해 내린 결정을 암시하며, 영국은 전통적으로 군사령부가 정치권력에 종속되어 있기를 원한다고 간단히 언급했습니다. 이어 부총리는 맥아더 장군이 받았던 연합국들에게 받은 온갖 찬사와 감사를 상기시키면서 그를 널리 칭찬했습니다.

야당 쪽에서는 처칠 씨가 맥아더 장군이 세운 공에 대한 내용만큼이나 정치적 공조 우선주의 재확인에 협조할 것을 강조했습니다.

마시글리

【207】맥아더 장군의 해임 소식(1951.4.11)

[전   보] 맥아더 장군의 해임 소식
[문 서 번 호] 1389
[발   신   일] 1951년 4월 11일 22시
[수   신   일] 1951년 4월 11일 23시 20분
[발신지 및 발신자] 런던/마시글리(주영 프랑스대사)

보안

본인의 전보 제1884-88호 참조

　매우 확실한 출처로부터 수집한 정보에 따르면, 모리슨 부총리는 오늘 맥아더 장군의 최근 제안에 매우 강력히 반박하는 입장을 발표할 계획을 가지고 있었다고 합니다. 영국 외무부가 맥아더 장군의 본국 소환명령 소식을 오늘 아침에야 알았으므로 그가 최종적으로 낭독한 발표문은 마지막 순간에 작성되었습니다.

마시글리

【208】 14개국 성명계획에 대한 영국의 입장(1951.4.11)

[전 보]	14개국 성명계획에 대한 영국의 입장
[문 서 번 호]	1396-1398
[발 신 일]	1951년 4월 11일 22시 50분
[수 신 일]	1951년 4월 11일 23시 20분
[발신지 및 발신자]	런던/마시글리(주영 프랑스대사)

보안

　영국 사무차관은 이곳 영국에서 매우 중요성을 두고 있는 14개국 성명계획을 두고 워싱턴에서 지속되는 반발에 대해 제게 알려주었습니다. 올리버 하비[1] 경은 이 주제에 관해 올리버 프랭크스 경에게 방금 보내진 전보를 우리 외무부에 전달하라는 지시를 받았습니다.

　영국은 유엔군사령부의 이름으로 이루어지는 트루먼 대통령의 성명만으로는 전혀 충분치 못하므로 14개국의 개입이 절대 필요하다고 판단하고, 오히려 거기에다 추구하는 목적을 규명하고 군사적 상황이 협상 기회를 제공한다는 사실을 명시하기 위해 유엔군사령부의 이름으로 트루먼 대통령이 유엔 사무총장 앞으로 보내는 전문을 추가할 것을 제안했습니다.

　중공 내의 상황 변화에 따른 걱정이 무엇이든, 맥아더 장군의 적절치 못한 발언들과 군령이 외관상의 명분을 제공한다는 점에서 장군의 제명은 베이징의 의심과 염려를 해소하는 데 많은 기여를 할 수 있다고 영국은 판단하고 있습니다. 또 한편 영국은 중공의 대반격이 임박했다고 전혀 믿지 않고 있습니다. 그러므로 지금이 한국문제를 외교적으로 풀어나가기에 특히 유리한 시점으로 보

---

[1] 올리버 하비(Oliver Harvey), 1948-1954 주불 영국대사.

는 것입니다.

이 문제에 관해 최근 의견을 교환하던 중, 미 국무부는 딘 애치슨 국무장관이 트루먼 대통령의 성명에 대한 논평 발표를 제안한 것으로 보입니다. 이곳 영국에서는 추가적인 표명이라면 거기에 어떤 부정적인 면도 없다고 보고 있습니다. 그러나 이러한 발표가 14개국의 입장을 분명하게 하는 것을 대신할 수는 없습니다.

마시글리

【209】 추가조치위원회 사업계획 검토(1951.4.11)

[전   보] 추가조치위원회 사업계획 검토
[문 서 번 호] 1662-1666
[발   신   일] 1951년 4월 11일 19시 20분
[수   신   일] 1951년 4월 12일 02시 30분
[발신지 및 발신자] 뉴욕/라코스트(주유엔 프랑스대표대리)

각하의 4월 7일 전보 참조

　추가조치위원회 소위원회가 4월 10일 회의를 열어 내일 목요일 위원회에 제출될 사업계획을 검토하였습니다. 저는 어제 최종적으로 채택된 문서의 임시 번역본을 본인의 전보 제1636호를 통해 보내드렸습니다.
　이 검토를 통해 이루어진 토론은 주로 다음과 같은 사항을 대상으로 하였습니다.

　1. 제4항(경제적 재정적 조치)과 제5항(정치적 조치)에 관해 저는 유엔 사무국이 준비한 목록의 1, 2, 5단락에서 모든 특별 참조를 없애는 것이 상황에 적절하다고 소위원회를 설득하는 데 성공했습니다. 그러나 위원회의 작업 방식이라는 제목의 단락에서 특별 참조가 이번에는 모호하고 가벼운 형태로 다시 나온 것을 수락해야만 했습니다. 이 점에 대한 저의 임무는 영국 대표단이 다음과 같은 점을 밝히는 수정안을 제출했기 때문에 까다롭게 되었습니다.
　1) 유엔 사무국의 목록은 위원회 작업의 기초로 쓰이게 된다.
　2) 위원회는 권고된 조치들을 추진하는 데 필요불가결한 행정적 입법적 조항들을 검토하도록 회원국들에게 권고하는 것이 적절한지 검토해야 할 것이다.

결국 저는 제5단락에 이어 "다시 말하자면"으로 시작되고 "결정되고 권고된"으로 끝나는 문장을 삽입하자고 하는 미국 동료의 제안에 동의했습니다.

2. 우리 외무부의 요망에 따라 저는 군전문가 관리자 관련 문제를 검토할 실무그룹에 유엔 사무국 대표를 포함시키는 것을 피할 수 있었지만, 유고슬라비아 대표가 무엇보다 이집트 같은 다른 국가들도 포함시키자고 제안했으므로 터키의 포함에 반대하는 것은 어려웠습니다.

다른 두 실무그룹의 구성도 처음에 계획했었던 것과 거의 비슷하게 이루어졌습니다.

라코스트

【210】대만 국민군의 한국 군사작전 참여 가능성(1951.4.11)

[전 　 　 보]　대만 국민군의 한국 군사작전 참여 가능성
[문 서 번 호]　93-96
[발 　 신 　 일]　1951년 4월 11일 16시 25분
[수 　 신 　 일]　1951년 4월 11일 12시 50분
[발신지 및 발신자]　타이베이/시귀레(주타이베이 프랑스영사)

긴급

　AFP통신의 로친 씨가 일반 전보로 보낼 수가 없어 AFP통신 사장 네그르 씨에게 긴급 전송을 부탁한 다음의 정보를 전달합니다.

　본인의 전보 제91호 내용을 좀 더 상세하게 확인해주는 이 정보의 중요성을 볼 때, 이 역시 외무부 앞으로 보내진 것입니다.

　미 정부는 참모본부 합동위원회에 현재 진행 중인 군사작전에 국민군들의 참여 가능성에 대해 대만 국방부의 설문조사를 실행하도록 권고하였습니다.

　4월 3일 해군무관, 주재무관인 자렛 해독의 부서가 비공식적으로 전달한 이 여론조사는 다음과 같은 세 가지 질문을 포함하고 있습니다.

　　1. 한국에서 철수해야 할 정도로 유엔군을 전복시킬 수도 있는 공산주의자
　　　들의 대량 공격이 한국에서 일어날 경우 국민정부는 대륙에 연막공세를
　　　펼칠 수 있는가?
　　2. 이 연막공세로 중공이 한국의 자국군대들 중 일부를 소환하게 만들 수
　　　있는가?
　　3. 이 경우 즉각적으로 필요한 수단은 무엇인가?

그럼에도 불구하고 설문조사는 다음의 두 가지 사항을 강조합니다.

1. 작전 인명수는 100,000명 이하가 되어서는 안 된다.
2. 작전은 "특공대" 정신으로 진행되어야 한다. 그리고 상륙한 부대들의 본국 송환은 변수가 없는 한 공산군이 한국에서 자신들의 군대 일부를 소환할 때로 정해 둔다.

대만의 답은 아직 통지되지 않았습니다. 그런데 아래의 세 가지 이유로 첫 반응들이 호의적이지 않을 수 있습니다.

1) 만약 미 당국이 그토록 염려를 한다면 중화민국으로서는 3차 대전을 발발 케 했다는 책임을 져야할 위험이 있는 이 모험에 뛰어들 시점이 전혀 아닌 것입니다.
2) 이런 종류의 작전은 대만을 방어하는 데 있어 국민군의 역량을 심각하게 저하시킬 것이고 대만을 미군의 힘으로는 더 이상 대항할 수 없는 강력한 공세의 위협에 처하게 만들 것입니다.
3) 재탈환한 영토를 포기하는 것은 국민군 자체 뿐 아니라 중국 대륙에도 심 각한 위신 실추를 초래할 것입니다.

게릴라를 키울 수 있는 훌륭한 수단이라고 생각하고 있는 게릴라부대 대장이 유일하게 작전에 찬성하고 있습니다. 미 당국은 중화민국이 보여준 미지근한 반응에 낙담했지만 의사를 표명하기 이전에 비공식적인 답을 기다리고 있습니다. 그러나 미 당국은 짧은 기간 내에 몇 가지 재정적 대책을 내놓지 못하면 필요한 경우 국민군에게 협동심을 발휘하도록 의무를 지울 수 있다는 사실도 숨기지 않고 있습니다.

사이공과 도쿄에 전달하지 않음.

암호과 추신: 이 전보문서는 AFP통신에 전송되기 전에 철저하게 소멸되어야 할 것임.

시귀레

【211】 미 해군 제7함대의 전투(1951.4.11)

[전 보]	미 해군 제7함대의 전투
[문 서 번 호]	871-872
[발 신 일]	1951년 4월 11일 08시
[수 신 일]	1951년 4월 11일 12시
[발신지 및 발신자]	타이베이/시귀레(주타이베이 프랑스영사)

보안

1급 비밀

확실한 소식통에 의하면 4월 9일 오전부터 미 해군 제7함대가 마틴[1] 제독의 지휘 아래, 대만 해협에서뿐 아니라 중국 남쪽 해안을 따라 광동성 강 입구에서까지 대규모로 전투를 벌였습니다.

27,000톤 항공모함 2대가 여러 전함들 사이에서 작전에 참여하였다고 밝혔습니다.

공산군 사령부 사이에 어떤 상륙작전에 대한 공포를 유발하거나 유지하고 그 세력을 분산시키기 위하여 경함대들과 항공기들이 연안지대로 접근하여 강의 하구와 강가를 정찰하라는 명령을 받았습니다.

약 2주 정도 지속될 것으로 보이는 이 전투에는 어떤 영국 함선도 참여하지 않았습니다.

긴급히 통지를 받은 영국 정부는 평화적 해결을 위한 협상에 착수할 방법들을 여전히 찾고 있는 이 시점에서 이러한 행동은 적절치 않아 보인다며 일종의 흥분을 표명했다고 합니다.

---

1) 해럴드 마틴(Harold M. Martin, 1896-1972). 미 해군 제7함대 사령관(1951-1952).

저에게 이 정보를 준 인물은 제가 외무부에 알리는 것은 이해하지만 절대적으로 비밀을 지켜달라고 부탁했습니다.

이 사건은 이곳에서 전적으로 비밀에 부쳐졌습니다.

드장

【212】 한국 군사작전 상황 보고(1951.4.12)

[전　　　　보]	한국 군사작전 상황 보고
[문 서 번 호]	873-876
[발　신　일]	1951년 4월 12일 00시 00분
[수　신　일]	1951년 4월 12일 15시 45분
[발신지 및 발신자]	도쿄/드장(주일 프랑스대사)

보안

사이공 재전달 제633-637호
국방부에 전달 요망

1. 미 제8군의 선발부대들이 서에서 동으로 임진강을 따라 한탄강과의 합류
지점까지 이어져 38선으로부터 약 5㎞ 지점까지 이어지는 전선을 이루고 있는
데, 이 선은 창남을 지나 화천 저수지 남쪽 지점에 이르는 선입니다. 이어 전선
은 소양강 물줄기를 따라 인제, 가리산리를 지나 이전의 경계선에서 20㎞ 북상
한 지점인 대포리 연안으로 이어집니다.

2. 4월 11일, 제1군단은 철원을 향해 공세를 재개했고 이 도시의 남쪽 6㎞
지점까지 전진한 것으로 보입니다. 평행으로 흐르는 물길을 이용하기 위해 육
로를 포기한 것이 틀림없는 중공군 제26군단에 의해 연천과 철원 사이에 만들
어진 수많은 진로방해 때문에 진군은 아마도 어려워질 것입니다. 화천 근처에
서도 상당한 저항이 나타나고 있습니다. 화천을 점령한 기동부대는 북한산과
저수지 사이에 방위태세로 포진하고 지원부대를 기다리고 있는 것 같습니다.
예정대로 이 구역에는 해군사단이 기갑사단을 대신하고 기갑사단은 그리스와

태국 여단들과 함께 예비 병력으로 비축시키기 위해 전선에서 물러나게 됩니다. 제10군단은 막 점령한 지역인데도 인제 서남쪽까지 주목할 만한 저항세력과 마주치지는 않았습니다. 남한군 제3군단과 제1군단이 점령하고 있는 연안 구역에는 어떤 움직임도 없었습니다.

3. 참모부에 내려진 지시를 전체적으로 볼 때, 한반도의 중앙에 결집한 중공 부대들은 제18, 19군이 이미 집결해 있는 금촌·난촌 전 지역 쪽으로 점차 이동하고 있는 것으로 보입니다. 이러한 움직임은 서울 방향으로 연안 평야를 가로지르기 위한 적의 공격 계획에 해당할 수 있을 것입니다.

유일하게 교전이 가능한 공산부대는 북한군 제1군단, 중공군 제26, 제40, 제39군, 그리고 북한군 제3군단입니다.

4. 프랑스 대대는 화천 남쪽 1㎞ 지점, 아리산 북쪽에 머물고 있습니다. 지금까지는 어떤 적군도 마주치지 않았습니다.

드장

【213】 트루먼 대통령의 맥아더 장군 해임(1951.4.11)

[전　　　보]	트루먼 대통령의 맥아더 장군 해임
[문 서 번 호]	2825-2826
[발　신　일]	1951년 4월 11일 03시 20분
[수　신　일]	1951년 4월 11일 15시
[발신지 및 발신자]	워싱턴/보네(주미 프랑스대사)

절대우선문건

뉴욕 공문 제587-588호

트루먼 대통령은 극동의 모든 지휘권에서 맥아더 장군을 해임하고 리지웨이 장군을 임명했다고 미 국무부가 제게 알려왔습니다.

이러한 결정은 즉각 집행효력을 가집니다. 3일 전부터 침묵을 지키고 있던 대통령은 이러한 조치를 취할 수밖에 없는 데 대해 유감을 표명하며 유엔의 특권을 침범하거나 유엔과 공동 승인으로 결정한 정책을 공공연히 위태롭게 할 의도도 없음을 밝혔습니다.

결국 그는 미국의 주요 동맹국들의 권고로 마땅히 이러한 결정을 내리게 되었습니다. 트루먼 대통령은 여론을 선동하려 애쓰면서 이 유명한 사령관의 해임이 불러일으킬 흥분을 최대한 이용하려 들 야당을 향해 매우 커다란 용기를 보여주었습니다. 동시에 그는 맥아더 장군의 사소한 실수로 인해 극도로 위험해지고 있었고 금방이라도 중공과 공공연한 전쟁으로 이르게 할 수 있었던 상황을 모면했습니다.

보네

【214】 맥아더 장군 해임과 증거 문서들(1951.4.11)

[전 보]	맥아더 장군 해임과 증거 문서들
[문 서 번 호]	2827-2830
[발 신 일]	1951년 4월 11일 12시 00분
[수 신 일]	1951년 4월 11일 20시 45분
[발신지 및 발신자]	워싱턴/보네(주미 프랑스대사)

긴급

뉴욕 공문 제587-588호
도쿄 공문 제34-37호

트루먼 대통령은 워싱턴 시간으로 아침 시간에 맥아더 장군의 모든 지휘권을 박탈한다는 결정을 발표함과 동시에 수개월 전부터 백악관과 맥아더 장군 사이에 지속되어 오던 갈등을 드러내는 일련의 문서들을 발행하도록 했습니다.

이 문서들은 세 가지로 나뉩니다. 첫 번째는 워싱턴 참모본부가 1950년 12월 6일 장군에게 보낸 전언입니다. 이 편지는 주요 행정기관의 지도자들에게 군사 문제와 해외정책 문제에 대한 공식성명을 최소한으로 줄이고 반드시 국방부 또는 국무부의 사전 허가를 받은 후에 진행할 것을 요청하는 12월 5일자 대통령 각서를 그에게 알려주고 있습니다.

이 전언에 이어 이 지침을 위반한 장군의 성명 시리즈와 3월말 워싱턴 참모부가 총사령관에게 보낸 동일지침에 대한 경고까지 첨부되어 있습니다.

문서의 두 번째 부분은 38선 이북으로의 새로운 전진이 있기 전 공산주의자들과의 협상 개시와 연관이 있습니다. 이에 관한 "참모총장"의 메시지 뒤로 기대했던 협상을 거의 불가능하게 만들어버린 장군이 3월 25일 적의 사령관에게 보낸 소환 문건이 이어집니다.

"증거물"의 마지막 시리즈는 남한의 군사력을 증강시킬 기회와 연관이 있습니다. 이 문제에 관해 올해 초 워싱턴이 작성한 의견서에 장군은 처분 가능한 물자를 일본 경찰대 무장에 쓰는 것이 좋을 것이라고 답했습니다.

이 답변을 공개한 것은 싸우기를 원하는 수많은 남한사람들이 필요한 군수품 부족으로 각자 집으로 보내졌다는 장군의 발표 때문에 며칠 전 이곳에서 일어난 캠페인에 종지부를 찍기 위함입니다.

보네

【215】 맥아더 장군 해임과 미국의 정책(1951.4.11)

[전 보]	맥아더 장군 해임과 미국의 정책
[문 서 번 호]	2834-2839
[발 신 일]	1951년 4월 11일 22시 05분
[수 신 일]	1951년 4월 12일 06시 05분
[발신지 및 발신자]	워싱턴/보네(주미 프랑스대사)

긴급

뉴욕 공문 제593-598호

　미국의 극동정책을 놓고 미 행정부와 맥아더 장군을 대립하게 만든 긴 논란에서 장군은 정부의 등을 떠밀어 강요하려는 시도에 다시 한 번 실패했습니다. 그는 세계대전 중에도 승리는 무엇보다 아시아에서 이루어져야 한다는 자신의 견해를 관철시키지 못했습니다. 그러나 그는 루즈벨트 대통령과 마셜 장군이 자신에게 반대한 것이 옳았다는 사실도 절대 인정하려 들지 않았습니다. 사람들은 그가 미국에서 중국 문제가 유발하는 흥분을 이용하여 설욕의 기회를 잡고 극동에서 공산주의에 대항하는 십자군의 선두에 서는 데 성공하지는 않을까 궁금해 했습니다.

　트루먼 대통령의 결정은 모든 것을 정돈했습니다. 미국 정책은 여전히 유럽 방어를 최우선시하는 것입니다.

　그렇지만 워싱턴이 아시아에서 공산진영에 더 큰 양보를 할 준비가 되었다고 생각한다면 오산입니다. 무엇보다도 서양의 보호를 보장하는 것, 동시에 지구 반대편에서의 공산주의 확산을 차단하기 위해 할 수 있는 것을 하는 것, 이것이 백악관이 전적으로 동의하는 미국 정책입니다. 이것은 이 문제가 워싱턴에서 트루먼 대통령과 영국 총리 사이에 논의되었던 시절부터 제가 개인적으로 여러 번 확인할 수 있었던 것입니다. 이곳 미국에서는 계속 중공의 대만 점령에 맞설 것이고, 가능하면 안전보장이사회에서 중공 정부를 배제하며 태평양 안보체제와 전술에 일본의 참여를 구할 것입니다. 어려움은 이런 전체적 범위 내에서 한국문제의 흡족한 해결에 도달하는 데 있습니다. 그런데 뜻밖의 사건 전개가 없는 한 적어도 도쿄 군사령부의 갑작스런 결정으로 만주까지 전쟁이 확산될 위험에서는 벗어난 것입니다.

좌절하고 분노한 야당 공화당은 행정부와 특히 국무부에 맞서 극동의 "뮌헨"으로 결론내기 위해 맥아더의 목을 얻어냈다고 비난하는 과격한 캠페인을 벌일 것입니다.

물론 이루어진 결정을 다시 문제 삼을 수는 없지만 수주일 간의 과격한 논쟁은 각오해야 할 것입니다. 어쨌든 미국 정책의 전체적 노선은 바뀌지 않을 것입니다. 소련 정부에 대한 저의 불신과 완고함은 줄어들지 않을 것이며, 이에 대한 워싱턴과 유럽국가 수도들 간의 입장은 지속적으로 조정이 필요할 것입니다. 그러나 적어도 서양의 안전에 관한 유엔군 간의 견해는 변함없이 일치합니다. 유럽의 강화는 대통령의 방문을 계기로 우리에게 여러 차례 확인시켜 주었던 전반적 발상에 따른 미국의 전적인 경제·군사적 참여가 있을 때 이루어질 수 있습니다.

보네

【216】 맥아더 장군 교체에 대한 국무차관보의 설명(1951.4.11)

[전 보]	맥아더 장군 교체에 대한 국무차관보의 설명
[문 서 번 호]	2842-2845
[발 신 일]	1951년 4월 11일 21시 35분
[수 신 일]	1951년 4월 12일 05시 05분
[발신지 및 발신자]	워싱턴/보네(주미 프랑스대사)

보안

뉴욕 공문 제599-602호

극동담당 국무차관보는 한국에 파병을 한 국가들의 특별 대표 회의에서 맥아더 장군의 교체에 관하여 다음과 같이 설명하였습니다.

1. 미 정부는 동일한 인물이 일본 최고사령부, 한국의 유엔군 총사령관과 극동 미군총사령관의 지위를 겸직하는 것이 더 바람직하다고 보고 있다.
미 제8군의 사령관 리지웨이 장군의 직무이행 불능 시 대행할 자로 밴 플리트[1] 장군을 선택한 것은 몇 주 전에 이루어졌다. 당시에는 행정적 대비책이었다.

2. 대통령은 매우 내키지 않는 마음과 유감을 가지고 이 결정을 내린 것이다. 미 정부는 맥아더 장군에 관한 모든 개인적 논란들이 이제부터 중단되기를 간절히 바라고 있다.
당연히 러스크 국무차관보는 맥아더 장군이 최근 해외에서 맹렬한 비판의 대

---

1) 제임스 밴 플리트(James Van Fleet). 미 제8군과 유엔군 총사령관(1951-1953).

한국전쟁 관련 프랑스외무부 자료 II(1951. 01. 01~1951. 05. 31)

상이 되었던 것을 염두에 두고 한 말이었다.

3. 대통령의 이 결정이 한국이든, 일본이든, 대만이든 또는 중국 공산주의 체제에 대해서든 미국의 극동정책의 변동을 의미하는 것은 전혀 아니다. 세계 전략에 있어 유럽과 아시아 각각의 중요성에 관한 미국의 견해는 물론 변함이 없다.

4. 한국에서의 유엔 활동의 목표를 재확인하는 성명발표 계획은 맥아더 장군의 사임으로 인해 적어도 당장은 덜 시급하게 되었다고 국무부는 보고 있다. 장군의 사임은 사실 어떤 면에서는 이 성명으로 기대하던 효과를 일부분 나타낼 수 있기 때문이다.

미 당국은 이 문제를 지속적으로 검토하고 있습니다.

반면, 워싱턴 정부는 유엔의 대변인이 아니라 순전히 '국내적' 차원에서 한국, 더 나아가 극동에서의 미국 정책의 목적, 그리고 대통령이 내린 이 결정에 대하여 미국인들에게 설명할 것입니다.

당장 오늘 저녁 트루먼 대통령은 라디오를 통해 대국민 발표를 할 것입니다.

보네

【217】 국제적십자위원회 회장의 극동 방문(1951.4.11)

```
[  전      보  ]   국제적십자위원회 회장의 극동 방문
[  문 서 번 호  ]   689 AS
[  발  신  일  ]   1951년 4월 11일
[  수  신  일  ]   미상
[발신지 및 발신자]   베른/주스위스 프랑스대사관 공보과
```

뤼에게[1] 회장의 베이징 방문 이후
『노이에차이퉁』(1951년 4월 6일자 제731호)

『뉴욕타임스』와 『홍콩스탠더드』의 극동 국제적십자위원회 사절단에 관한 몇
몇 정보의 부정확함으로 인해 뤼에게 회장은 자신이 월요일 개최해야 하는 회
담 이전에 제네바 주재 특파원들에게 몇 가지 정확한 자료를 제공할 필요가 있
다고 판단했다.

그는 전쟁 피해자 보호라는 엄격히 비정치적인 차원에서 검증되지 않은 거짓
된 정보들은 무엇보다 그것들이 초래할 수 있는 최소한의 불행한 결과를 볼 때
인도적 관점에서 매우 유감스럽다는 사실에 주목했다.

국제적십자위원회 회장이 제공한 정확한 자료는 다음과 같다.

"『뉴욕타임스』와 『홍콩스탠더드』는 극동의 국제적십자위원회 사절단에 관
하여 잘못한 정보를 보도하였다. 무엇보다 북한에서의 전쟁 피해자 보호 차원
에서 제네바 국제위원회와 중국 적십자 사이에 이루어지고 있는 만족스러운
협력관계에 피해를 주게 되므로 국제적십자위원회 회장은 이를 신속히 바로

---

[1] 폴 뤼에게(Paul Ruegger). 국제적십자위원회 회장(1948-1955).

잡고자 한다. 이 협력은 베이징 국제적십자위원회 사절단의 성과이다."

이 신문들의 주장과는 달리 뤼에게 회장은 중국이 전쟁 피해자들에게 유리한 최근 수정된 새로운 제네바협정이 모든 당사국들에 의해 채택되기를 기대한다는 것을 확인할 수 있었다. 이 주장은 이택천 보건부 여성 장관이 이끌고 있는 중국 적십자가 1949년 8월 12일의 제네바 4대 협정의 막대한 번역 작업을 최근 끝낸 사실을 통해 더욱 확증되었다.

뤼에게 회장이 주재하는 국제적십자위원회의 극동 사절단이 이루어낸 고무적 성과에 관한 다른 정보들은 월요일로 예정된 기자회견에서 전달될 것이며 이 회견에서 회장은 자신의 극동 방문에 대한 보고를 할 것이다.

【218】 추가조치위원회 사업에 관한 영국의 견해(1951.4.12)

[전 보]	추가조치위원회 사업에 관한 영국의 견해
[문 서 번 호]	1403-1408
[발 신 일]	1951년 4월 12일 21시 30분
[수 신 일]	1951년 4월 12일 22시
[발신지 및 발신자]	런던/마시글리(주영 프랑스대사)

　　영국 외무부의 주무관이 저의 협력자 중 한 사람에게 한 발언에 따르면, 군전문가 관리자 및 추가조치위원회 사업 전반에 관한 영국의 견해는 다음과 같습니다.

　　영국 외무부는 전문가들을 총지휘하는 임무를 맡은 상설 군인 집단을 유엔에 구성하기 위한 미국의 계획에 망연해진 것으로 보입니다. 이 계획에 관해 의논을 한 영국 육군성은 참모 위원회와 어떤 유사성이라도 가진 모든 상설기구에는 원칙적으로 반대하는 입장을 보이는 것 같습니다. 그러나 어느 정도는 절대적으로 반대하기에는 어려울 것 같으므로 미국의 관점을 감안하기 위해 영국 육군성과 외무부는 새로운 위원회를 구성하지 않고 이미 현장에 있는 장성들(그들은 '정례그룹'을 생각했습니다)이 쟁점이 되는 주제에 관하여 조언과 견해를 작성하여 위원회와 전문가들을 도와줄 수 있다는 생각에 동의한 것 같습니다. 워싱턴은 이러한 영국의 제안을 받아들이지 않았습니다. 그래서 이 문제는 미결상태로 보류되었고 영국 외무부 당국은 항구적으로 되는 어떤 일도 하지 않을 것이라고 저의 협력자에게 알려주었습니다. 하지만 또 다른 면에서 영국 외무부는 사전 작업계획 제1항에 규정된 것처럼 여러 국가들에게 전달된 권고에 따라 그들이 보낼 보고서들을 수집하고 검토하는 임무를 맡은 군인들로 구성된 분과위원회를 창설하는 데 반대하지는 않을 것으로 보입니다. 사실 영국 외무부는 군인들만이 이러한 조사를 성공적으로 수행할 수 있는 자격 요건을 갖추었다고 보았습니다.

　이어 주무관은 애치슨 결의의 의미와 영향을 가능하면 최대한 넓혀보고자 하는 미국의 희망이 영국 외무부에 불러일으킨 근심에 대해 길게 강조하였습니다. 영국은 미국에 이끌려 신성동맹이 구축되는 것으로 보이고 이에 따라 소련이 유엔에서 탈퇴할 그럴듯한 이유를 찾는 것을 피하고자 합니다. 그러므로 영국은 경제적·재정적 대책과 마찬가지로 군사적 대책의 차원에서 정밀한 약속들이 결정되는 것을 피할 궁리를 하고 있습니다. 영국 외무부는 따라서 정치적 대책 같은 큰 위험이 없는 주제에 대해서, 또는 이루어질 가능성이 거의 없거나 유엔의 어떤 군대 창설계획 같이 세우려면 매우 오래 걸리는 계획들에 대한 토론을 유도하기 위해 애쓸 것으로 보입니다. 주무관은 또한 대담 중에 호주에 대해서도 보고했습니다. 최종적으로 그는 영국의 견해는 근본적으로 프랑스의 견해와 매우 유사하며 단지 전략적 판단에 있어 특정한 사항에 대해 약간의 차이가 있을 수 있다고 본다고 밝혔습니다.

마시글리

【219】 맥아더 장군의 해임에 대한 소련의 반응(1951.4.12)

[전 보]	맥아더 장군의 해임에 대한 소련의 반응
[문 서 번 호]	906-909
[발 신 일]	1951년 4월 12일 15시 45분
[수 신 일]	1951년 4월 12일 20시
[발신지 및 발신자]	모스크바/샤테뇨(주소련 프랑스대사)

보안

소련 언론은 맥아더 장군의 본국소환에 대해 타스통신의 속보를 단순히 인용하여 4면에 6줄로 다음과 같이 보도하는 데 그쳤습니다.

"맥아더 극동총사령관 직 해임: 트루먼 대통령의 명령으로 맥아더 장군이 극동총사령관 직에서 해임되었다. 맥아더 해임의 동기는 언론에 발표되지 않았다. 한국 상황을 극복할 능력의 부족에 따라 해임된 것으로 추측된다."

장군의 '파면'과 '좌천'에 대해 11시 45분 런던에서 극동으로 전파한 BBC 방송의 신중함과 비교될 만큼 소련은 거만한 어조로 이 소식을 무시하듯 전했지만 그렇다고 해서 강제조치라는 계산에서 미국 대통령의 결정이 모스크바에 가져다준 만족감을 표현하지 않은 것은 아닙니다.

크렘린으로서는 이 사건을 소련이 지지하는 중국 앞에서 미국이 뒤로 물러나는 것처럼 소련과 공산주의 여론에 소개하는 것은 쉬운 일입니다.

소련은 맥아더 장군이 공화당에서 지지를 받는 만큼 미국의 국가적 결속력이 와해되고, 미국 여론이 영국과 프랑스 정부의 간절한 요청에 굴복했다고 트루먼 대통령을 비난하는 만큼 대서양 동맹의 주요 국가들의 결속력이 와해되기를 기대하는 것이 틀림없습니다.

소련은 정치선전으로 의혹을 심어 프랑스 대통령 방문의 좋은 결과를 방해하여 프랑스에 대한 더 큰 비난을 이 여론에 떠넘기기를 바라고 있는 것이 아닐까 합니다.

샤테뇨

【220】 맥아더 장군 해임에 대한 대만의 반응(1951.4.12)

[전   보] 맥아더 장군 해임에 대한 대만의 반응
[문 서 번 호] 99-101
[발   신   일] 1951년 4월 12일 18시 30분
[수   신   일] 1951년 4월 12일 14시
[발신지 및 발신자] 타이베이/시귀레(주타이베이 프랑스영사)

　예상했던 대로 맥아더 장군의 파면 소식은 현지 미국 이주민들 사이에서 만큼이나 국민당 당국에도 엄청난 충격을 불러일으켰습니다.

　자신들의 충격과 실망을 감추지 않은 채 대만 정부 관계자들은 미국 내부 정책의 문제라고 생각되는 사령관 교체에 관해 처음부터 어떤 언급도 거절했습니다. 자유중국은 가장 의연하게 침착함을 유지하고 상황의 전개를 지켜봐야 한다는 입장입니다.

　오늘 국민당 언론은 만장일치로 그가 보여준 권리 존중을 바탕으로 하는 평화 추구 정신에 경의를 표하며 맥아더 장군의 하차에 유감을 표명했습니다. 그리고 앞으로는 "망설임" 쪽으로 밀고 가는 것이 염려되는 유엔과 미국의 정책을 경계해야 할 것이라고 밝혔습니다. 국민주의 신문 『데일리』는 장군에게 내려진 조치는 세계 공산주의 음모자들에게 또 하나의 승리를, 소련에게는 좋은 선물을 가져다주는 것이라고 쓰고 있습니다.

　이와 동시에 4월 11일, 3일 간의 타이베이 방문을 위해 도쿄에서 도착한 미주리주 공화당 국회의원인 암스트롱 씨는 공산주의가 중국 본토를 점령한 이후 가장 큰 공산주의의 승리로 여긴다고 격분을 토하며 말했습니다. 암스트롱 씨는 자신의 대만 체류목적이 국민군대를 고용하고 "충분한 장교와 병사들"을 갖춘 미국 파견 군대의 대만 주둔을 유지한다는 데에 대다수의 국회의원들이 동의한다는 원칙을 지지하기 위한 것이라고 밝혔습니다.

국민당 정부 쪽에서 자신들의 견해를 밝힐지에 대해 판단하기에는 아직 너무 이르지만, 최소한 나중 일을 생각할 때 대만의 현재 위치가 위험해지지 않는다는 조건하에 미국 정책의 모든 표면적 변화에 적응할 것으로 짐작되는 것은 당연합니다.

시귀레

【221】 추가조치위원회 사업계획 승인(1951.4.12)

[전 보]	추가조치위원회 사업계획 승인
[문 서 번 호]	1684
[발 신 일]	1951년 4월 12일 07시 18분
[수 신 일]	1951년 4월 13일 03시
[발신지 및 발신자]	뉴욕/라코스트(주유엔 프랑스대표대리)

추가조치위원회는 오늘 오후 열린 제3차 회의에서 사업계획을 승인하였습니다. 이 사업계획 문서는 본인의 전보 제1636호를 통해 전달해드렸습니다. 제가 서류명세서 제553/SC호와 함께 전달해드린 회원국들에게 보낼 편지계획서 또한 승인되었습니다. 한 달이라는 기간 내에 이 전언에 대해 답해야 한다는 사실을 적시하고자 했던 필리핀과 이집트 대표들의 요구를 부분적으로라도 들어주기 위해 끝에서 두 번째 문장은 "위원회의 보고는 9월 1일에 끝마쳐야 하므로"라는 말을 첨가하면서 보충 작성되었습니다.

라코스트

【222】 맥아더 장군 교체에 대한 버치어 장군의 설명(1951.4.12)

[전 보]	맥아더 장군 교체에 대한 버치어 장군의 설명
[문 서 번 호]	877-880
[발 신 일]	1951년 4월 12일 08시 00분
[수 신 일]	1951년 4월 12일 15시 45분
[발신지 및 발신자]	도쿄/드장(주일 프랑스대사)

보안

1급 비밀

본인의 전보 제871호 참조

1. 문제의 인물은 영국 참모장을 대표하는 버치어[1] 장군입니다. 우선 근본적으로 맥아더 장군에 호의적인 이 장교는 오랫동안 맥아더 전 총사령관의 입장을 설명하고 어떤 면에서는 정당화하려 애썼습니다. 몇 달 전부터 그는 여러 번에 걸쳐 중재하는 방향으로 개입해줄 것을 요청받았고 그와 개인적 교분이 있는 미 참모부 인사들은 이로 인해 난감해 했습니다. 그는 맥아더 장군이 아시아의 공산주의에 맞서 대승리를 거둠으로써 자신의 공직을 영광스럽게 마무리하고자 했고, 사실상 그는 한국문제에 관해 미군의 무기를 통한 확실한 승리 외의 다른 해결책에 대해서는 적대적이었음을 점차적으로 확신하게 되었다고 제게 털어놓았습니다. 버치어 장군은 이러한 신념을 런던에 알렸습니다.

그의 공문들은 여러 차례에 걸쳐 영국이 워싱턴과 교섭하도록 만들었고 도쿄에 개입하도록 만들어 사람들의 원성을 사기도 했습니다. 특히 그는 미군이 완

---

1) 세실 버치어(Cecil A. Bouchier). 영연방 공군 소장(1948-1949).

전히 사기를 잃고 한반도를 포기할 지경이라고 1월 초 런던에 보고했고 철수 계획 단계를 자신의 상관들에게 알렸습니다. 그래서 주미 영국대사 올리버 프랭크스 경의 워싱턴 교섭 후 반덴버그[2] 장군을 동반한 콜린스[3] 장군이 극동에 파견되었고 반전이 일어났습니다.

그 후에 버치어 장군은 총사령관에 대한 자신의 개인적인 노력이 무의미하다는 것을 알게 되었습니다. 맥아더 총사령관은 참모진의 이름으로 이루어진 조치들은 무조건 "영국의 정치인들"에게 책임을 돌렸고 이들을 중국 공산주의자들을 안심시키려다 잘못되어버린 사람들로 여기다가 점점 영국을 자신의 목표 실현에 주요 걸림돌로 여기게 되었으며 깊은 분개를 품게 되었습니다.

2. 버치어 장군 자신도 미 제7함대에 의해 수행된 작전에 감명을 받았습니다. 미국 대표에게 보낸 편지가 발표된 후에 이루어진 이 작전이 4월 11일 워싱턴의 결정에 어떤 역할을 했을 가능성도 있습니다.

3. 장군이 털어놓은 속내 이야기는 지난 1월 제게 도착한 정보, 즉 다른 방법으로 투쟁을 지속하기 위해 연초에 한국에서 철수할 것으로 구상된 계획에 대한 정보(본인의 전보 제137호)들과 일치합니다. 또한 이 정보들은 맥아더 장군의 파면으로 끝나버린 비극에 대해 약간의 설명을 더하고 있습니다.

드장

---

[2] 호이트 반덴버그(Hoyt S. Vandenberg). 미 공군참모총장(1948-1953).
[3] 로튼 콜린스(J. Lawton Collins). 미 육군참모총장(1949-1953).

【223】 맥아더 장군 교체에 대한 국무차관보의 설명(1951.4.12)

[전 보]	맥아더 장군 교체에 대한 국무차관보의 설명
[문 서 번 호]	2859-2868
[발 신 일]	1951년 4월 12일 22시 00분
[수 신 일]	1951년 4월 13일 07시 20분
[발신지 및 발신자]	워싱턴/보네(주미 프랑스대사)

뉴욕 공문 제603-612호

어제 저녁 라디오로 방송된 트루먼 대통령의 연설은 한국 사태 이후 그가 했던 연설 중 단연 최고에다 가장 유익했던 연설 중 하나일 것입니다. 대통령이 지체 없이 미국 국가를 대상으로 연설을 한 것은 이곳에서 지배적인 감동적 분위기에 매우 적합했고 맥아더 장군의 해임에 관한 모든 논쟁을 피한 배려는 매우 능숙한 것임에 틀림없습니다.

결국 무엇보다 대통령이 미국의 한국-극동 정책의 목적을 설명하며 보여준 명료성은 미국 국내 차원에서든 국제적으로든 유익한 효과를 가져다 줄 수밖에 없을 것입니다.

자신의 연설 초에 언급한 것처럼 대통령은 다음과 같은 사항을 설명하고자 했습니다.

    1. 한국에서 미국 활동의 자유
    2. 미국의 극동 정책

대통령은 첫마디부터 "우리는 세계 3차 전쟁을 피하려고 노력하고 있다"고 제1항에 대해 매우 명료하게 밝혔습니다. 그에 따르면 1930년부터 1939년까지 유럽에서 범한 과실을 되풀이하지 않기 위해 최근 그리스와 베를린에서처럼 침략이 일어나자마자 대항하는 것입니다.

그의 생각으로는 공산주의자들의 아시아 정복을 향한 첫걸음일 뿐인 지난해 6월 침략에 있어 소련의 책임에 관해 대통령은 절대적으로 단호했습니다.

이러한 지적은 본질적으로 다음과 같은 사항을 지향하는 정책을 명확히 규정하도록 이끌었습니다.

1. 아시아 국가들이 자신들의 문제를 스스로 자유롭게 해결할 수 있도록 한다.
2. 이 목표를 위해 이러한 대항이 전면적 갈등으로 변질되지 않도록 배려하면서 공산주의의 정복을 억제한다.

바로 여기에 그가 여러 번 반복한 트루먼 대통령 연설의 핵심적 구상이 드러납니다. 그에 의하면 한국에서 미국과 유엔의 활동은 지금까지 성공적으로 완수되었습니다.

한반도 침략은 저지되었고 이 저항은 동시에 "현재 인도네시아와 아시아 지역의 다른 국가들에서 투쟁하고 있는 자유군"에게 힘이 되었습니다.

이 인도네시아에 대한 언급은 주목할 만합니다.

이어 현재 한국에서 일어나고 있는 공산군들의 집결 위험에 대해 주의를 환기시키면서, 대통령은 만약 유엔군이 먼저 중국과 만주를 폭파한다면 전면전을 일으킬 위험이 있으며 이것이 바로 미국이 피하고자 하는 것이라고 밝혔습니다.

"우리의 목표는 전쟁 확산을 방지하는 것입니다." 그러므로 이 확산은 오직 공산진영에 달려 있습니다.

대통령은 소련과 중공이 그들의 침략 정책의 "광기"를 깨닫고, 유엔의 원칙과 목적에 적합한 해결이 한국에서도 가능하다는 것이 진실로 드러나길 바라고 있다고 했습니다.

그리고 맥아더 장군이 한국에서의 전쟁을 제한하는 정책에 관해 동의하지 않앉음은 확연한 사실이라고 대통령은 밝혔습니다. "세계 평화의 명분이 어떤 개인보다도 더 중요하기 때문에" 매우 유감스럽게도 대통령은 장군을 그의 모든 임무에서 해임할 수밖에 없었다는 것입니다.

사령부 안에서의 이러한 변화가 미국의 극동정책의 수정으로 해석되어서는 안 된다고 강조한 뒤 트루먼 대통령은 미국이 언제든지 이 지역의 평화 재건을 위한 협상에 들어갈 준비가 되어있다고 말했습니다. 다만 다음과 같은 조건하에서 말입니다.

1. 전쟁이 종결되어야 한다.
2. 또 다시 전쟁이 발발하지 않도록 구체적인 조치가 취해져야 한다.
3. 침략에도 종지부를 찍어야 한다.

따라서 그는 갈등의 확산을 피하면서 공세를 물리치고 평화를 재정립한다는 한국에서의 미국의 군사적 목적을 재확인했습니다.

이에 관해 대통령이 평화적 해결을 기다리면서 유엔군의 "보호"를 보장할 필요가 있다고 강조한 점을 주목해야 할 것입니다. 어쨌든 공산주의자들이 유엔군에게 대대적 공중 공세를 벌인다면 중국에서의 보복 폭격은 배제될 수 없다고 생각할 여지를 남겨두는 대목입니다.

그러나 대통령은 세계3차대전 발발은 오직 공산진영에 달려있다고 다시 한 번 강조하는 데 신경을 썼습니다. 갈등을 제한하려는 미국의 의지에 대한 언급으로 그의 연설은 끝을 맺었습니다.

소련에 대해서는 엄하고 강경하며 때로는 세계정세에 관해 비관적이기도 한 대통령의 연설은 오래 전부터 했던 것들 가운데 가장 함축적이고 신중했고 한국에 관한 평화협상을 위한 문을 가장 폭넓게 열어주었습니다. 이 연설의 약점은 물론 한반도에서의 군사적 휴전 후 아시아에서 대립되고 있는 분쟁에 관해 중공과 미국의 화해의 가능성에 대해서는 어떤 암시도 하지 않은 점입니다.

대통령의 성명에 대한 미국 언론의 논평은 아직 너무 이르지만 오늘 아침 극동위원회 회의가 끝난 후 이 위원회 회원국들의 대표들 대다수의 견해가 대통령 연설에 매우 호의적이었다는 사실에 대해 보고하는 것은 흥미로운 일입니다.

보네

【224】 맥아더 장군 해임에 대한 미국 국내 반응(1951.4.12)

[전 보]	맥아더 장군 해임에 대한 미국 국내 반응
[문 서 번 호]	2880-2885
[발 신 일]	1951년 4월 12일 22시 30분
[수 신 일]	1951년 4월 13일 07시
[발신지 및 발신자]	워싱턴/보네(주미 프랑스대사)

뉴욕 공문 제613-618호, 도쿄 공문 제38-43호

최근 『뉴욕타임스』의 군사 평론이 특필한 것처럼 맥아더 장군은 결국 자신의 파면으로 인해 "미국 정계 내에서 아주 중요한 정치 요소"가 되었습니다. 공화당이 1952년에 있을 선거에서 승리를 가져오기 위해 트루먼 대통령의 결정으로 국내에 형성된 흥분을 최대한 활용하기로 결정한 것에는 사실 의심의 여지가 없습니다. 행정부와 그 지지자들이 대통령의 행동을 군사력에 대한 시민 권력의 우위를 새롭게 표명한 것으로 제시하면서 논쟁을 좁히려 애쓰는 반면, 공화당은 오히려 1945년 이후 미국정부의 극동정책 전체를 다시 한 번 문제 삼으면서 논쟁을 확대하려 하고 있습니다.

이렇게 맥아더 장군은 미국으로 귀국하자마자 행정부에 대한 기소 목격자로 이용될 위험이 있습니다. 물론 민주당은 현재 시점에서 공화당의 가장 과격한 당원들이 요구하는 대통령 불신임안 표결을 막을 수 있을 정도로 충분히 강하고 단합되어 있습니다. 그러나 양원의 합동 회의가 아니면 적어도 의회의 위원회들에 의해, 그리고 어쨌든 이미 그를 초대한 수많은 협회들에 의해서라도 맥아더 장군이 발언을 하게 되는 것을 막는 것은 아마 불가능할 것입니다.

그러나 공화당의 전략에 위험이 없는 것은 아닙니다. 오늘 아침 『뉴욕타임스』에서 제임스 레스톤 기자가 지적한 것처럼 행정부는 사실 맥아더 장군에 맞설

문건을 가지고 있으므로 장군이 공공장소에서 토론에 부치기로 결정할 경우 그가 아직 누리고 있는 명성을 흔들기 위해 그 문건을 이용할 수 있을 것입니다. 또 한편으로는 로지[1], 샐튼스톨[2], 더프[3] 상원의원 같은 여러 영향력 있는 자유 공화당원들이 트루먼 대통령의 결정을 공개적으로 지지하였고, 마지막으로 대통령 선거에 맥아더를 후보로 지지하는 일부 공화당원들의 열렬한 의지는 이처럼 거추장스럽고 예기치 못한 경쟁 후보와 마주하게 될 태프트[4] 상원의원의 마음에 들지 않습니다.

현재 공화당의 가장 큰 에이스 카드는 장군의 파면 소식에 여론이 받은 충격입니다. 그러나 이 충격은 시간이 흐르면서 무뎌질 염려가 있으므로 몇몇 의원들은 쇠는 달구어졌을 때 두드려야 하므로 전 총사령관이 당장 다음 주에 비행기로 미국으로 들어와야 한다고 주장합니다.

신문에 실린 행인들의 인터뷰나 백악관에 보낸 전보들은 여론의 대다수가 지금까지는 맥아더 장군의 편임을 드러내고 있습니다. 그러나 제일 먼저 공공연히 말하는 사람들은 보통 불만이 있는 자들이라는 지적이 정확합니다.

비록 『뉴욕타임스』, 『뉴욕헤럴드트리뷴』, 『워싱턴포스트』, 『크리스천사이언스모니터』, 『세인트루이스 포스트-디스패치』 등 주요 신문들은 대통령의 결정을 지지하지만 언론 쪽은 의견이 매우 분분합니다. 과격한 주(州)의 정책을 대표하고 게다가 발행자가 영향력이 거의 없는 대중적 신문 라인의 캠페인은 놀라울 일도 아닙니다.

한편 국방부의 반응은 정확하게 진단하기가 어렵습니다. 우리 대사관 무관의 협력자들 중 한 사람은 오늘 중하층 계급, 그리고 적어도 맥아더 장군이 열렬한 지지자에 속했다는 사실이 잘 알려진 부서들 내부에서는 매우 실망스러운 감정이 지배적이었다는 것을 확인할 수 있었습니다. 반면 주요 지휘관들은 한국전쟁의 확산, 중국 대륙에 중국 국민당 정부군 투입, 그리고 유럽을 희생시켜가며

---

[1] 헨리 캐벗 로지(Henry Cabot Lodge). 공화당 상원의원(1946-1952).
[2] 러브렛 샐튼스톨(Leverett Saltonstall). 공화당 상원의원(1945-1967).
[3] 제임스 더프(James H. Duff). 공화당 상원의원(1951-1957).
[4] 로버트 태프트(Robert Taft). 공화당 상원의원(1939-1953).

아시아에 주력하는 것에 절대적으로 반대하는 입장을 고수하고 있음은 분명합
니다.

보네

【225】 경제적 조치를 서두르는 미국(1951.4.13)

[전 보]	경제적 조치를 서두르는 미국
[문 서 번 호]	1704-1705
[발 신 일]	1951년 4월 13일 20시 55분
[수 신 일]	1951년 4월 14일 04시 10분
[발신지 및 발신자]	뉴욕/라코스트(주유엔 프랑스대표대리)

중요

본인의 이전 전보에 이어
워싱턴 공문 제1027-1028호

미국대표단 스스로가 아마도 고의적으로 지체하며 한 달 전부터 다루었던 문
제에 대해 갑자기 서두르는 이유를 정당화하기 위해 내세운 이유는 맥아더 장
군이 소환됨에 따라 행정부는 의회(또는 적어도 야당인 공화당)에 자신들이 한
국의 중공 공산침략자에 대항하여 투쟁함에 있어 유화정책을 쓰는 것이 아니라
이전과 마찬가지로 단호하다는 것을 보여줄 필요가 있기 때문이라는 것입니다.
다른 한편 저의 미국 동료는 외교행낭을 통해 전달한 본인의 전보 제1688호
에 관계된 경제활동 계획을 위한 분과위원회를 프랑스, 미국, 영국과 함께 구성
하는 호주와 베네수엘라 대표단으로부터 도움을 약속받았다고 알려주었습니다.
그는 모든 다른 분야의 조치에 관하여 특히 영국과 프랑스 대표단으로부터
어떤 어려움을 예상해야 하는지 알고 있는 국무부는 경제적 조치 외의 다른 조
치들에 관해 당분간은 토론에 부칠 의향이 없다고 저에게 밝혔습니다.

라코스트

【226】 14개국 성명의 시기에 대한 미국의 입장(1951.4.12)

[전　　　보]	14개국 성명의 시기에 대한 미국의 입장
[문 서 번 호]	1706-1709
[발　신　일]	1951년 4월 13일 22시 20분
[수　신　일]	1951년 4월 14일 06시 15분
[발신지 및 발신자]	뉴욕/라코스트(주유엔 프랑스대표대리)

보안

본인의 전보 제1617호 참조

워싱턴 공문 제1029-32호

　미국 대표단에 의하면, 맥아더 장군의 해임과 트루먼 대통령이 그저께 4월 11일 저녁 국민에게 그에 대해 설명한 연설로 인해 14개국 성명의 시기가 적절한지에 대해 망설이고 있다고 했습니다. 미국 대통령의 연설이 한국에서 미 정부가 추구하는 목표를 너무나 잘 규명하고 있기 때문에 한국에 군대를 파견한 국가들이 또 다시 대통령이 표명한 것과 별반 다르지 않을 목표에 대해 규명하러 나오는 것은 불필요할 뿐 아니라 과할 수 있으며 서툴러 보일 수도 있다고 미 대표단은 판단하는 것 같습니다. 물론 미 대표단의 입장은 국무부 또는 적어도 국무부 산하 부서들의 입장을 반영하는 것입니다.

　그러나 대표단은 4월 11일 연설이 철저히 미국 대중에게 전달되는 것이었으므로 한국문제가 좀 더 본질적으로 국제적인 국면에 상응하는 버전을 유엔에 제출하는 것이 필요할 수도 있을 것이라고 인정했습니다. 하지만 대표단은 이를 위해 다시 한 번 유엔의 유엔군사령부 담당국의 이름으로 대통령 또는 국무장관 또는 유엔의 미 대표가 연설을 하는 것을 검토 중인 것으로 보입니다.

유엔의 유엔군사령부 담당국의 이름으로 선언문의 형태로 트루먼 대통령이 강조한 원칙의 단순한 되풀이를 선호하는 것은 한국 군대파견 14개국의 성명으로 가까운 미래에 또 있을 수 있는 새로운 성명 시도를 방해할 수도 있는 위험을 감수하지 않으려는 우려에 근거한 것으로 보입니다.

더불어 저는 앞의 모든 정보에 대한 전체적 이해를 돕기 위해 미 유엔대사 그로스 씨가 대통령 트루먼 대통령의 연설을 작성하는 데 개인적으로 매우 큰 공헌을 했음을 알려드립니다.

라코스트

【227】 한국 통일부흥위원단의 제안(1951.4.13)

[전 보]	한국 통일부흥위원단의 제안
[문 서 번 호]	1713-1718
[발 신 일]	1951년 4월 13일 23시 15분
[수 신 일]	1951년 4월 14일 07시 40분
[발신지 및 발신자]	뉴욕/라코스트(주유엔 프랑스대표대리)

보안

2급 비밀

극비리에 제게 도착한 정보(따라서 우리 부서에서도 비밀을 지켜주시기를 요청함)에 의하면, 부산에 소재하는 한국 통일부흥위원단은 며칠 전 호주를 제외한 5개 회원국의 만장일치로 북한당국과 접촉을 시도할 시기가 왔다고 평가했습니다.

이들은 각자 정부에게 이에 관한 지침을 요구했고, 자국 대표 플림솔[1] 씨에게 동료들과 분리되라는 권유는 하지 않고 그의 의견에 맞추어 반대의견을 내놓은 호주를 제외한 이 국가들(칠레, 파키스탄, 네덜란드, 태국)은 동의하였습니다.

그러나 칠레는 워싱턴 주재 자국 대사를 통해 미 국무부의 의향을 타진하였습니다. 국무부는 자국이 대표로 있지 않은 위원회가 검토하고 있는 계획에 대해 정식 의견을 내놓을 수는 없지만 이 구상은 적어도 시기상조인 것으로 보이며 어쨌든 위원단은 조정위원회의 의견을 듣지 않고는 계획하고 있는 어떤 행동도 절대 하지 말아야 한다고 대답했습니다.

그래서 위원단은 3일 전에 부산에서 유엔사무국으로 전보를 보내 "독립 통일

---

1) 제임스 플림솔(James Plimsoll). 한국통일부흥위원단(UNCURK) 호주 대표(1950-1953).

민주 한국의 건설에 관계된 모든 문제에 대해 토론하기 위해" 북한 당국에 위원단과의 접촉에 응해줄 것을 도쿄 라디오 방송을 통해 요청하는 것이 시기적절한 것인지 중재위원회에 문의해 달라고 부탁했습니다.

위원단은 "최근 중공과 북한군이 겪은 패배와 38선 방향으로의 후퇴는 이 교섭 제안에 특히 유리한 시점을 만들어 주었다"는 의견을 피력했습니다.

위원단은 자신들의 노력이 좋은 결과를 가져올 것이라는 "과장된 희망을 품을 필요는 없다"고 겸허히 인정했습니다. 마지막으로 위원단은 메시지의 내용과 그것이 평양당국에 보내질 것이라는 사실은 유엔이 중공 정부와 북한 당국 간 관계의 성격에 대해 오해하지 않고 있다는 사실과 북한의 이해관계와 중국의 그것을 구별할 줄 안다는 사실을 북한당국에 보여주게 될 것이라고 덧붙였습니다.

조정위원회는 이 제안에 대해 결정을 내리기 위하여 4월 11일 엔테잠 의장의 주재 없이 비밀회의를 열었습니다.

짧은 의결 끝에 조정위원회는 위원단이 당분간 이런 종류의 모든 자주적 행동을 조심해달라고 권고할 것을 사무국에 요청했습니다.

라코스트

【228】 맥아더 장군 교체(1951.4.13)

[전   보] 맥아더 장군 교체
[문 서 번 호] 888
[발   신   일] 1951년 4월 13일 08시
[수   신   일] 1951년 4월 13일 18시
[발신지 및 발신자] 도쿄/드장(주일 프랑스대사)

1. 어제 12시 도쿄에 도착한 리지웨이 장군은 맥아더와 이야기를 나누었고 명령서를 보여주며 4월 11일을 기하여 현재까지 전임자가 담당했던, 같은 날 대통령 결정에 열거된 모든 직무와 류큐 제도 통제지휘권을 자신이 확보했다고 알렸습니다.

그는 오늘 아침 한국으로 떠났습니다. 9일 도쿄에 도착하여 간단히 전선을 방문한 후 도쿄로 돌아가 곧 오키나와로 떠나야 하는 페이스[1] 육군성장관이 그와 동행하였습니다.

2. 맥아더 장군은 지금까지 어떤 공개적인 설명도 하지 않았습니다. 그의 측근 중 한 사람인 코트니 휘트니[2] 장군이 언론에 넘겨진 자신의 발표문에서 백악관이 증거자료로 제시했던, 맥아더 앞으로 내려졌던 일련의 비밀 명령들에 관해 몇 가지 지적을 하였습니다. 그는 전임 사령관이 자신에게 내려온 지시는 언제나 성실하게 준수한다는 의식을 가졌다고 단언하고 있습니다. 맥아더는 특히 단지 군사적 상황 문제와 관련된 자신의 3월 24일 성명과 마틴 의원에게 보낸 편지는 자신의 임무 범위 내에서 이루어진 것이라고 간주합니다. 더구나 이 두 문건 사이에는 어떤 연관도 없다고 합니다. 유엔군이 후퇴하고 있었고 전체

---

1) 프랭크 페이스(Frank Pace), 육군성장관(1950-1953).
2) 코트니 휘트니(Courtney Whitney, 1897-1969). 연합군 최고사령부에서 맥아더 장군의 최측근으로 활동(1945-1951).

적 상황은 철수 가능성을 보여주고 있던 1951년 초, 남한군대 무장에 대한 반대 의견은 맥아더에 의해 표명되었던 것으로 알려졌습니다.

3. 맥아더 장군의 부관이자 유엔군최고사령부 민정국 국장 코트니 휘트니 장군은 자신의 상관을 수행할 수 있도록 군 퇴임을 요청했습니다.

4. 제8군 신임사령관 밴 플리트 장군은 내일 도착할 것입니다.

5. 맥아더 장군은 자신의 가족을 동반하고 4월 16일 항공편으로 도쿄를 떠나 하와이를 거쳐 샌프란시스코로 가게 됩니다. 이렇게 하여 그는 14년간 떠나있던 미국으로 돌아가게 됩니다. 그의 차후 계획은 아무것도 알려진 것이 없습니다.

국방부에 전달 요망.

드장

【229】 신의주 상공의 대대적 공중전(1951.4.13)

[전   보]   신의주 상공의 대대적 공중전
[문 서 번 호]   889-890
[발   신   일]   1951년 4월 13일 08시
[수   신   일]   1951년 4월 13일 16시
[발신지 및 발신자]   도쿄/드장(주일 프랑스대사)

보안

워싱턴 공문 제381-382호
뉴욕 공문 제318-319호
사이공 공문 제644-645호

국방부에 전달 요망

한국전쟁 중 가장 큰 공중전이 4월 12일 신의주 상공에서 일어났습니다.
B-29 폭격기 32대가 신의주와 영흥을 잇는 매우 중요한 가교(도로와 철도)위
에 300톤의 폭탄 투하 임무를 맡았습니다. 이 폭격기들은 11대의 제트기의 호위
를 받았습니다. 이들은 만주에서 온 약 80대의 MIG-15 전투기의 공격을 받았습
니다.
매우 격렬한 전투 중에 8대의 적군기가 격추되었고, 8대는 십중팔구 격추가
추정되고 15대는 파손되었습니다.
모든 미 전투기들은 자신들의 기지로 돌아갔습니다. 그러나 B-29 폭격기 3
대가 파괴되었고 7대가 다소 심각한 파손을 당해 폭격기 총 손실은 25% 정도
입니다.

방공포[1]는 유달리 강력하고 효과적임이 증명되었습니다.

드장

---

[1] D.C.A.(Défense contre les aéronefs). 적의 항공기나 미사일의 공격을 방어하는 군사 활동.

【230】찰스 볼렌 씨와의 대담(1951.4.13)

[전 보]	찰스 볼렌 씨와의 대담
[문 서 번 호]	2893-2897
[발 신 일]	1951년 4월 13일 21시 30분
[수 신 일]	1951년 4월 14일 05시 45분
[발신지 및 발신자]	워싱턴/보네(주미 프랑스대사)

보안

2급 비밀

절대우선문건

『뉴욕타임스』는 오늘 아침 워싱턴 주재 특파원 중 한 사람의 기사를 통해 미국 정부 관료들이 대리인 교섭회의가 긍정적 결과로 이어질 수 있다고 믿지 않는다는 인상을 전한 데 반해, 우리 대사관의 공사참사관은 국무부의 찰스 볼렌[1] 씨와의 대담에서 본인의 전보 제2849호를 재확인시켜 주는 정보를 얻었습니다.

국무장관의 지시를 받은 후 내일 저녁 파리로 떠날 볼렌 씨는 제섭 대통령특사가 서양 국가들이 받아들일 수 있을 만한 의제 연구를 지속해야 할 것이며 그것이 불가능하면 대리인들은 "분열된" 의제를 놓고 다시 싸우게 될 수 있다고 믿고 있습니다. 그러나 그는 지금 사람들이 분열로 향하고 있다는 인상은 전혀 주지 않았습니다.

그는 다른 한편 프랑스 대리공사 다리당 씨에게 여러 회담 중에 소련이 실제로 협의를 바라고 있는지 간파하지 못했으며 그로미코 씨가 소련의 본질적 계획을 알고 있는지 의심스럽다고 덧붙였습니다. 그는 독일의 비무장화에 관해

---

1) 찰스 볼렌(Charles E. Bohlen), 소련 전문 미국 외교관(1929-1969).

소련이 초기에 보여준 관심은 지금은 특히 월슨 성명 이후 미국의 재무장 우려에 의해 잦아들었다는 인상을 가졌습니다. 결국 동시 군비축소 문제에 연합국은 어떤 것도 타협하지 말았어야 할 문제였다는 것입니다.

어쨌든 그는 소련이 항상 상대국들의 초조함을 이용하는 성향이 있는데다 틀림없이 그들이 미국의 협상 의지 표시라고 해석할 맥아더 장군의 해임 이후 더 까다롭게 보이려 할 것이므로 적당한 의제 작성에는 아직 긴 시간이 걸릴 수 있다고 보고 있습니다.

대화 중 소련의 한국 정책을 거론한 볼렌 씨는 소련이 중국을 앞세워 미국의 모든 평화 의지를 예상하면서 한국의 유엔군 폭격에 착수하지 않을까 심각하게 염려하고 있다고 되풀이했습니다.

그렇지만 그는 이런 가정 속에서도 만주 중공기지 폭격은 아직 워싱턴에서 결정된 것은 아니라고 덧붙였습니다.

마지막으로 파리의 3개국 대표단 사이의 지배적인 견해의 공통성을 언급하며 볼렌 씨는 데이비스 씨의 미숙함이 때로는 그들의 작업에 심각한 방해를 초래했다고 지적했습니다.

보네

【231】 맥아더 장군 교체에 대한 국무차관보의 설명(1951.4.12)

[전 보]	맥아더 장군 교체에 대한 국무차관보의 설명
[문 서 번 호]	2912-2915
[발 신 일]	1951년 4월 13일 22시
[수 신 일]	1951년 4월 14일 06시 18분
[발신지 및 발신자]	워싱턴/보네(주미 프랑스대사)

보안

뉴욕 공문(외교 행낭) 제624-627호

최근 3일간의 한국에서의 군사작전에서는 다음과 같은 점이 주목할 만합니다.

1. 전선 중앙구역에서의 적의 항전이 눈에 띄게 강경해짐
2. 12일 신의주 남쪽에서 개시된 공중전

공산군의 저항이 가장 많이 느껴진 곳은 화천 저수지 남쪽과 서쪽 지역에서입니다. 제1군단의 우측에서 미 제25사단과 터키 여단은 적을 그들의 진지에서 내몰기 위해 화염방사기를 사용해야 했고, "갤러웨이 기동부대"(제9군단)는 저수지 서쪽 제방 점령 시도를 하는 적을 공격한 것으로 보입니다.

15일 오전에는 프랑스대대가 같은 저수지의 남쪽 연안 상의 "캔자스라인"에 도달했습니다.

압록강의 교량들을 파괴하는 임무를 맡았던 미 폭격기와 전투기 편대가 12일 신의주 남쪽에서 적의 제트전투기 70-80대에 의해 차단당했는데 적의 전투기 8대가 파괴되었고 7대가 십중팔구 파괴되었으며 7대는 파손되었습니다. 미군 쪽에서는 B-29 폭격기 3대가 파괴되었고 6대가 파손되었습니다. 이 공중전은

지금까지 있었던 모든 공중전들과 반대로 압록강 상공에서 개시된 점과 중공 항공기는 지금까지 눈에 띄게 이 선 남쪽에서는 모험을 하지 않았다는 것이 주목할 만합니다. 또 한편 미 제트기가 MIG-15 전투기보다 현저하게 우수한지를 확인하는 것도 관심을 끄는 부분입니다.

미국 참모부는 전선 중앙에서는 단단하게 조직된 진지 위에 공산군의 주력이 집결되어있는 화천-천안-금화 삼각 기지를 이제 유엔군이 점령했다고 보고 있습니다. 그렇긴 하지만 미 국방부는 제8군이 가하는 지속적 압력으로 적어도 당장에는 적이 대대적 공격을 가하지 못할 것으로 생각하고 있습니다.

이상의 정보들은 오늘 열린 사절단장 회의에서 나온 것들입니다.

보네

【232】 한국문제(1951.4.13)

[전 보 (발 신)]	한국문제
[문 서 번 호]	미상
[발 신 일]	1951년 4월 13일 23시
[수 신 일]	미상
[발신지 및 발신자]	파리/파로디(프랑스 외무부 사무국장)

절대우선문건
보안

워싱턴 공문 제3693-3702호, 뉴욕 공문 제1390-1396호, 런던 제5950-5956호
본인의 전보 제1614-16호, 제1347-1396호, 제5869-71호 참조

영국 외무부는 그 성명 하나로 충분한 표명이 되지 않는다고 보고 트루먼 대통령의 성명과는 별개로, 영국 정부가 한국에서의 유엔의 추구 목적에 대한 14개국 공동 성명을 하기에 지금이 특별히 적절한 시기로 보고 있음을 재확인하기 위해 영국대사가 우리 부서에 교섭을 해왔습니다. 군사적 상황을 볼 때 이런 자주적 행동을 하게끔 지금과 같은 유리한 기회가 오랫동안 주어지지 않을 것이므로, 중공군의 새로운 공세가 유엔군에 의해 실패로 돌아가길 기다리지 않는 것이 적합하다는 것입니다.

더구나, 워싱턴 주재 영국대사는 본인의 전보 제3352-60호, 제1261-69호, 제5428-36호에서 알려드린 계획을 수용하도록 국무부를 재촉하라는 지시를 이미 받았다고 합니다. 영국 정부는 미국 대통령이 유엔군사령부의 이름으로 한국에서 유엔군이 추구하는 목표를 명시하고 실제로 군사적 상황이 협상을 개시하기에 유리하다는 것을 인정하는 메시지를 유엔 사무총장에게 보내기를 바란다고

대사는 덧붙였습니다. 영국 정부가 보기에 이런 성격의 메시지는 유엔군사령부가 유엔의 정책을 전적으로 수용함을 명백히 보여준다는 것입니다.

더구나 국무부는 만약 공동성명의 원칙을 거부한다면 영국 정부는 14개국 성명을 위해 영국이 제시한 제안들을 바탕으로 일방적인 성명을 하게 될 것이라는 통고를 받았습니다.

영국 정부는 우리가 의견을 같이하고 같은 방향으로 워싱턴에 대응하기를 희망한다고 표명했습니다.

대사관이 입수한 정보에 따르면, 주미 영국대사 올리버 프랭크스 경의 지침은 맥아더 장군의 파면 이후에도 변경되지 않았습니다.

미 국무부와 교섭한 이는 국무부가 14개국 성명의 시의 적절함과 런던이 검토한 계획에 동의한다는 입장을 들었습니다. 반면, 트루먼 대통령이 유엔사무총장에게 보내는 메시지에 관한 제안에 대해서는 맥아더 장군의 해임 직후 어떤 메시지가 동일한 명분과 동일한 긴급한 성격을 표명할 수 있겠는지 의문이 들 수 있다는 것입니다. 게다가 만약 이 발표 원칙이 채택된다면 이 메시지는 물리적으로는 트리그브 리 사무총장에게 전달되어져야 하지만 유엔 자체에 호소하는 것이어야 한다고 보았습니다.

더불어 영국 정부가 자신의 이름으로 자신의 책임 하에 계획하는 성명의 적합한 시기를 결정하는 것은 명백히 영국 정부에 달려 있음을 분명히 했습니다. 그러나 현 시점에서 미국 정부가 14개국 성명 초안에 가담하지 않도록 해야 하는 이유를 고려할 필요는 있었습니다. 실제로 미 정부는 맥아더 장군의 파면 직후 공화당 의원들이 정부를 상대로 착수한 난폭한 캠페인에 추가적 빌미를 부여하지 않으려고 조심할 수 있다고 해석했습니다.

여러분 쪽에서도 본 전보와 관련된 문제의 진행 상황들을 지속적으로 저에게 알려주시기를 부탁드립니다.

외교부
파로디

【233】 맥아더 장군의 해임에 대한 캐나다의 반응(1951.4.14)

[전   보]　맥아더 장군의 해임에 대한 캐나다의 반응
[문 서 번 호]　185-188
[발   신   일]　1951년 4월 14일 18시 30분
[수   신   일]　1951년 4월 15일 02시 30분
[발신지 및 발신자]　오타와/게랭(주캐나다 프랑스대사)

　캐나다 여론은 캐나다-미국 관계에 영향을 미칠 수 있는 모든 것에 매우 민감한 만큼 맥아더 장군의 강제 사임은 이곳에서 적지 않은 반향을 불러일으켰습니다. 이 사건을 다루며 하나 이상의 사설을 실은 것은 캐나다 신문 한 곳이 아닙니다. 거의 모든 언론이 트루먼 대통령의 결정을 인정하고 있습니다. 동시에 훌륭한 군사적 업적을 남긴 극동총사령관에게 경의를 표하는 것도 있지 않았습니다. 또한 미국 내의 갈등을 악화시키려 하는 것은 결국 소련을 계획을 돕는 일로 규정하며 반대하고 있습니다.

　평소 '미국 제국주의'를 비판하는 데 익숙한 프랑스어 신문은 트루먼 대통령의 결정을 정당화하기 위해 특히 맥아더 성격의 '파시스트적' 측면을 내세우고 있습니다. 이 신문은 장군의 정책이 예방 전쟁을 불러일으키는 것이라고 확신하며 "자유평화세계는 불과 몇 시간 전부터 숨통이 트였다"고 말했습니다. 영자 신문은 이 분야에 대한 논쟁을 피합니다. 트루먼 대통령의 결정에서 핵심은 민주세계에서는 시민의 권력이 군사력보다 중요하다는 원칙의 승리라고 신문은 정리하고 있습니다.

　이 신문은 대립하고 있는 두 견해 사이의 문제는 최종적으로 역사의 판단에 맡겨야 하며, 자유 국가에서 요구되는 전통과 원칙을 존중하는 맥아더 장군이 자신의 명예와 권위를 당파 싸움에 사용하지 않길 바란다고 쓰고 있습니다.

　그러나 무엇보다 사설위원들이 강조하는 것은 맥아더 장군의 해임이 보여주

는 선택, 주요 방어 전선에 대한 미국 정책의 선택입니다. 유럽을 최우선 순위로 하며 미국 대통령은 두 달 전부터 여론이든 정부의 견해든 자주 표명되는 캐나다의 의견과 일치하는 행보를 보인 것으로 분석합니다. 피어슨 외무장관이 워싱턴에서의 외교활동 또는 반복된 공개적 발표를 통해서 트루먼 대통령의 결심에 영향을 미쳤을 것이라는 두세 종류 일간지의 조심스러운 암시도 이런 맥락에서 이해될 수 있습니다.

위베르 게랭

【234】 유엔군 배치 상황(1951.4.14)

[전 보]	유엔군 배치 상황
[문 서 번 호]	892-896
[발 신 일]	1951년 4월 14일 02시 30분
[수 신 일]	1951년 4월 14일 18시
[발신지 및 발신자]	도쿄/드장(주일 프랑스대사)

보안

사이공 공문 제646-650호

국방부에 긴급 전달 요망

1. 송곡리와 창암리 사이에서 제1군단은 경화기와 박격포의 발포와 강력한 저항에 부딪혔습니다. 여러 군단들 사이에 신호가 전달되었습니다. 그럼에도 이 구역 전체에서 1km에서 2km 정도의 진군이 이루어졌습니다.

반면, 제9군단은 저수지 수문이 점령되지 못한 화천 지역을 제외하고는 단 한건의 미미한 저항을 만났을 뿐입니다. 제10군단은 친목정과 인제 사이에서 보통의 저항에 부딪혔습니다.

연안 지역에서는 초계 함대들의 충돌에 그쳤습니다. 그중 하나는 접선 없이 연안 도로를 따라 망포(38선 이북 30km) 남쪽 6km까지 도달했습니다.

2. 동쪽으로부터 서쪽까지의 유엔군 배치는 다음과 같습니다.

       제1군단 임진강 창암리 서쪽 5km까지
       남한군 제1사단: 창담-문산 구역

제29여단, 필리핀 대대와 함께 미 제3사단: 연천-청풍

터키 여단과 함께 제25사단: 소기리-추동

제24사단: 사정리-창암

제9군단: 제1군단 우측 화천 동쪽 10㎞까지

27여단: 판문점 지역

해군 제1사단: 개성-고성

그리스, 태국 대대와 기갑 제1사단: 화천-고성 지역 수도사단과 교대 중

제9군단 동쪽의 10군단: 한계리까지

프랑스 대대와 함께 제2군단: 참나무정-내평

미 제7군단: 두무리-어론리

남한군 제5사단: 인제 지역

남한군 제3군단: 오생리

제3사단: 가리산

제7사단: 하진주

남한군 제1사단: 바다까지

제16사단: 오상리-노동리

남한군 제9사단: 하봉 양양

후방, 남한군 제8사단: 전주 지역

남한군 제2사단: 포항 지역

제187공수연대와 남한군 제11사단: 대구

3. 작년 8월 말부터 파견된 영국 제27여단은 홍콩에서 오는 제28여단과 곧 교대될 것입니다.

드장

한국전쟁 관련 프랑스외무부 자료 II (1951. 01. 01~1951. 05. 31)

【235】 미 항공기 중공 상공 침범 소식(1951.4.15)

[전 보]	미 항공기 중공 상공 침범 소식
[문 서 번 호]	933
[발 신 일]	1951년 4월 15일 13시
[수 신 일]	1951년 4월 15일 18시
[발신지 및 발신자]	모스크바/샤테뇨(주소련 프랑스대사)

소련의 타스통신은 베이징의 신화통신을 인용하여 4월 11일 낮에 200대의 미 항공기가 중공 상공을 침범했다고 전했습니다.

이 분쟁은 푸젠 성(福建省) 연안에서 일어났다고 합니다. 대만과 마주하고 있는 이곳 특히 샤먼(厦門), 취안저우(泉州), 그리고 푸저우(福州)에서 여러 주민들이 일제사격에 죽음을 당했다는 것입니다.

샤테뇨

【236】 공산군의 공중전 준비에 대한 정보(1951.4.15)

```
[ 전        보 ]   공산군의 공중전 준비에 대한 정보
[ 문 서 번 호 ]   904
[ 발   신   일 ]   1951년 4월 15일 03시
[ 수   신   일 ]   1951년 4월 15일 17시
[발신지 및 발신자]  도쿄/드장(주일 프랑스대사)
```

본인의 전보 제5526-5527호 참조

4월 12일 신의주 상공에서 미국 전투기와 적군의 MIG-15 전투기 80대를 포함한 195대의 항공기가 대결했던 공중전 이후 극동공군사령관 스트라이트마이어 장군은 공중전을 강화하기 위한 공산군들의 전쟁준비에 대한 정보를 언론에 제공하였습니다.

1. 압록강과 유엔군 방어선 사이의 비행장들이 복구되고 거기에 위장 창고들이 지어졌다.
2. 필요한 토지를 논에서 취해 6개의 새로운 비행장이 북한에 건설 중이다.
3. 안둥 성의 주요 영토에 항공기 수의 증가가 눈에 띄고 최근에는 70대의 전투기가 포착되었다.

지금까지 유엔의 육군은 유엔군 공군력의 명실상부한 우월성 덕분에 공중전에 대해서는 거의 완전한 면제특권을 누려왔지만 이제 이 상황은 바뀔 수 있다고 장군은 말했습니다. 만약 적의 항공기들이 우쭐대며 우리 전선을 향해 공격에 나선다면 완전히 저지하기는 어려울 것이라고 밝혔습니다. 어떤 항공기들은 전선을 통과할 수 있으며 우리는 이 가능성에 대비해야 한다는 것입니다.

장군은 적의 전투기들이 연료와 "유엔군 진지를 갑자기 공격하기 위한 탄약들"을 재공급하는 데 유리한 북한 영토의 위험에 대해 시사했습니다. 그러나 무엇보다 그는 적에게는 압록강 북쪽 공군기지가 중요하다고 강조했습니다.

국방부에 전달 요망.

드장

【237】 중공군의 병력 상황(1951.4.15)

```
[ 전      보 ]   중공군의 병력 상황
[ 문 서 번 호 ]   905-906
[ 발   신   일 ]   1951년 4월 15일 08시
[ 수   신   일 ]   1951년 4월 15일 15시
[발신지 및 발신자]   도쿄/드장(주일 프랑스대사)
```

사이공 공문

　유엔군의 진군이 천천히 지속되고 있습니다. 전왕, 아금화, 화천을 잇는 간선 도로에서 격렬한 항전에 대항하고 있습니다.

　임진강 서쪽 제1군단의 좌측에서 중공군 제18병단을 뒤따라 제19병단 13개 군단과 9개 사단이 강의 우안으로 접근하고 있습니다. 이들은 탱크를 갖추고 있는데 이는 어제 해안평야에서의 이들의 전개 이유를 알게 해줍니다. 18개 사단을 소유한 이 군대가 곧 투입될 것으로 보고 있습니다.

　다른 한편, 제9군 소속 제3병단이 중앙에서 제4병단 부대들을 서서히 대체하고 있습니다.

　린뱌오[1] 부대가 중국 남쪽으로 돌아가고 있다고 추정할 수 있는 근거 있는 징후들이 보입니다. 그럴 경우 중공의 교전 병력은 1월 중순 유엔군의 대반격이 있기 직전과 거의 같은 약 27개 사단이 될 것입니다.

　공중 정탐을 바탕으로 한 예측에 의하면 현재 북한은 400대의 탱크를 보유하

---

1) 린뱌오(Lin Piao, 林彪, 1907-1971). 중국의 정치가, 군인. 대장정에 참여했고 항일전쟁에서 활약. 중화인민공화국 부총리 겸 총리 권한대행(1968-1971), 중화인민공화국 국방부 부장, 중화인민공화국 원수를 역임. 한국전쟁 시 유엔군이 북진했으나, 마오쩌둥의 조선민주주의인민공화국 출병 계획에 반대했고, 이후 린뱌오의 제4야전군은 펑더화이가 맡아 조선민주주의인민공화국으로 출병했음.

고 있는 것으로 보입니다.

드장

【238】 맥아더 사건에 대한 미 정계의 입장(1951.4.15)

[전 보]	맥아더 사건에 대한 미 정계의 입장
[문 서 번 호]	2925-2936
[발 신 일]	1951년 4월 15일 22시
[수 신 일]	1951년 4월 16일 05시 35분
[발신지 및 발신자]	워싱턴/보네(주미 프랑스대사)

절대 우선

뉴욕 공문 제629-640호

최근 워싱턴 정치계에서는 맥아더 사건에 대해 어떤 낙관적인 입장을 보였습니다. 국회의 영향력 있는 의원들, 인정받는 기자들과 평론가들은 사적인 대화에서 흥분과 과격함으로 가득한 몇 주가 지나고 나면 그 수위는 내려가고 야당도 내년 선거를 위해서 논쟁을 신중하게 이어가게 될 것이라는 기대를 표하고 있었습니다.

그런데 이러한 안심되는 추측들이 사실화될 가능성은 점점 낮아지는 것으로 보입니다. 지금 보이는 바로는 맥아더 장군 스스로가 싸움을 거부할 것 같지 않아 보입니다. 그는 어제 상원 군사위원회 비밀회의에서 증언하도록 초청한 의장에게 먼저 양원이 모인 앞에서 공개적으로 발언하기를 원한다며 거만하게 답했습니다. 이러한 자세는 이미 민주당 의원들로부터 거부감을 낳았습니다. 이 태도는 트루먼 대통령이 어제 저녁 주요 정치 연회에서 자신의 당에 연설했을 때 직접 반박을 하도록 영향을 미친 것이 확실합니다. 사전에 배포된 그의 연설은 한국과 중공에 관한 공화당의 견해에 가혹한 비판을 담고 있긴 하지만 전 극동총사령관에 대해서는 전혀 탓하지 않았습니다. 이전에 대통령은 이 위대한 군의 수장이 양원 앞에서 발언을 하고 그를 위한 대중들의 환영회가 준비되는 것은 당연한 것이라고 말하며 그에 대해 관대한 입장을 취하고 있었습니다. 맥아더 장군이 유연하지 못한 성격이라면 대통령은 보통 신속하고 단호한 반응을 보이는 편입니다. 대통령은 연설문 낭독을 포기하면서 자신은 중공군이 한국에서 공격하지 않을 것이라고 생각한 적이 없었고 자신의 정보제공자의 신망을 이유로 그를 믿었다고 회상하면서 이를 실제로 증명해보였습니다.

수천 명에 달하는 그의 청중은 이 즉흥 연설에 요란하고 긴 갈채로 화답했습니다.

트루먼 대통령의 연설은 무엇보다 미국 유권자를 향한 것이었습니다. 이 연설은 자신들의 외부정책을 지키고 특히 중공과 관련하여 야당의 공격에 분명하게 반격하려는 대통령과 그 지지자들의 결의를 잘 보여주고 있습니다. 최근 공화당 우파가 보여준 난폭한 말투들로 볼 때 절정의 며칠이 지난 후 논쟁이 가라앉을 것이라 생각할 수 없게 되었습니다. 오히려 지금은 워싱턴과 도쿄 사이의 비밀 서신들을 공표하고 주요 군 지휘관들이 입장을 표명하라는 공화당 쪽의 요구와 함께 국회의 위원회들에서 논쟁이 장기화될 지도 모르는 상황입니다. 모든 것이 흥분과 격동의 분위기입니다.

행정부의 주장은 특별한 변수가 없는 한, 두 가지 차원에서 폭넓은 지지층을 집결할 수 있을 것입니다. 무엇보다 그것은 군인은 합법적으로 시민권에 복종 관계에 있음을 내세울 것이고 반대자들의 정책은 제한 전쟁을 전면전으로 이끌고 있었다는 사실을 강조할 것입니다. 한국의 군사작전도 미국에서는 요란한 소수의 무리를 제외하고는 인기가 없고 전반적으로 미국 국민은 중국에서의 모험은 더더욱 반대합니다. 만약 여론이 이 문제를 이성적으로 생각하도록 이끌고, 맥아더 장군이 가장 나쁜 시기에 장제스의 지원을 받아 중공을 공산주의의 무덤으로 만들려고 했던 계획이 세계 분쟁을 가져올 수 있었다고 여론을 설득한다면 미 정부는 이길 수 있을 것입니다.

이것이 자신의 정당 참모들을 향해 호소하면서 트루먼 대통령이 추구한 목적입니다. 그는 필시 반대자들의 비방에 맞서기 위해 소련을 비난하는 연설에서 보여준 것 보다 좀 더 격렬하게 표명한 것으로 보입니다.

유화정책 반대자들에게 보여주기 위해 그는 세계침략 계획을 비난하며 소련에 대한 미국 정책의 완강함을 여러 번에 걸쳐 강조했습니다. 그의 발언은 당연히 미-소 관계의 긴장완화는 기대할 수 없게 만듭니다. 그러면서도 그는 동시에 한국에서 유엔이 추구하는 제한된 목표를 재차 확인하는 것을 잊지 않았습니다.

미국 내에서 시작된 투쟁의 전개에 어떤 미지수가 있습니다. 맥아더 장군의 독자적 행동과 성명들이 불러일으킬 수 있는 동요와는 상관없이 38선에서 진행 중인 군사작전의 추이가 이 논쟁에서 결정적인 요소로 작용할 것임은 분명합니다. 중공이 승리하면 여론을 극도로 흔들어 놓을 것이고 모든 판단력을 마비시킬 것이며, 명백한 사실에도 불구하고 맥아더 장군이 옳았다고 생각하게 될 것입니다.

아시다시피 중공의 실제적 계획에 대해서는 불투명함이 지배적입니다. 일부 관찰자들은 작전이 침체되어 있으며 아마 동남아시아 특히 인도차이나를 향한 공산주의의 노력이 배가될 것으로 믿고 있습니다. 그것이 가져올 수 있는 모든 상황의 복잡함에도 불구하고 한국에서의 봄 공세 가능성도 전혀 배제할 수 없습니다. 이런 여러 위협에 트루먼 대통령이 마지막 연설에서 표명한 바와 같이 워싱턴은 계속하여 가장 강경한 태도로 대응할 것입니다.

만약 적 쪽에서 신중함을 보여주고 휴전협상에 나선다면 상황은 타협점을 찾는 데 아주 유리할 것입니다.

보네

【239】 일본 라디오 방송 보도들(1951.4.16)

[전 보]	일본 라디오 방송 보도들
[문 서 번 호]	907
[발 신 일]	1951년 4월 16일 03시
[수 신 일]	1951년 4월 16일 12시 30분
[발신지 및 발신자]	도쿄/드장(주일 프랑스대사)

뉴욕 공문 제326호, 워싱턴 공문 제389호, 사이공 공문 제66호

일본 라디오 방송국들은 4월 15일 어제 저녁 한국에서의 미군의 비인간적 행위들에 반대하는 북한 외무상이 유엔에 보내는 항의문을 내보내는 평양방송 전파를 포착했습니다. 일본어 번역에 의하면 북한 외무상 박헌영[1]은 유엔이 한국에서의 미군들의 잔인하고 비인간적인 행위에 대해 책임질 것을 검토해야 하며 동시에 모든 침략군들에게 전투를 멈추고 한국문제를 평화적으로 해결해나가야 할 것이라고 발표했다고 합니다. 도쿄라디오에 의해 이렇게 요약되어 방송된 성명내용은 중공이 협상 개시를 요구했다는 소문까지 생성했는데 더 상세한 정보까지 나온 이 소문은 전혀 근거가 없어 보입니다.

더불어 도쿄라디오는 베이징 인민일보에 의해 보도된 기사도 그대로 전달했습니다. 중공이 미국의 침략에 맞서고 인민중국의 자원병들은 물론 북한 군대까지 절대적으로 지지하기 위해 군의 움직임을 강화할 것이라는 내용입니다. 맥아더의 파면은 중공과 한국 인민들의 승리를 의미하는 것이라고 이 사설은 단정합니다.

드장

---

[1] 1948-1952년 북한 내각 부총리 겸 외무상.

【240】 중공 라디오 정보(1951.4.1)

[전   보] 중공 라디오 정보
[문 서 번 호] 217
[발   신   일] 1951년 4월 17일
[수   신   일] 1951년 4월 27일 13시(우편 수령)
[발신지 및 발신자] 창하이/미상

보안

라디오 뉴스들은 주로 러시아인과 폴란드인들을 포함하는 '국제 지원병'으로 구성된 한 군단이 한국전쟁에 개입하기 위해 만주에서 준비 중이라고 언급했습니다. 만주에 대해 여기에 도착하는 모든 출처의 정보들(사실 매우 드물고 편파적인 정보들)은 지금까지 유럽 지원군에 대해 한 번도 보고한 적이 없습니다. 중국에 거주하는 중국인과 한국인으로 구성된 새로운 지원소집병력이 중국 북동쪽에 조직되었다는 소식만이 언급되었었습니다.

그런데 중국 항공대의 항공기들 대부분이, 특히 제트기들이 러시아 국적의 항공조종사들에 의해 조종되고 있는 것은 충분히 가능한 일입니다.

【241】 중공과의 교섭 제안에 대한 영국의 경향(1951.4.17)

[전   보]   중공과의 교섭 제안에 대한 영국의 경향
[문 서 번 호]   1469-1470
[발   신   일]   1951년 4월 17일 21시 35분
[수   신   일]   1951년 4월 17일 21시 50분
[발신지 및 발신자]   런던/크루이[1](런던 주재 프랑스외교관)

보안

뉴욕 전보 제1719-25호 참조

영국 외무부는 조정위원회에서 이루어진 인도 대표 베네갈 라우 경의 술회를 전혀 모르고 있었고 우리 대사관은 해당 당국에 매우 극비적인 성격을 강조하며 이를 알려주었습니다.

영국 측은 베네갈 라우 경이 이렇게 표명한 교섭 제안에 너무 큰 중요성을 부여하는 경향이 있습니다. 이들은 파니카 주중 인도대사가 오늘 수행할 중공 외무부 방문과 연관을 짓고, 최근 라디오를 통해 비록 신랄한 어조이긴 하지만 유엔과의 재접촉을 시도한 북한당국의 유엔 총회의장을 향한 촉구와도 관련 지었습니다.

물론, 영국 정부가 이 접촉을 너무도 간절히 재개하고 싶은 나머지 영국 관할당국은 때로 환상을 품는 경향이 있습니다. 그렇다하더라도 이곳에서는 중공 태도의 변화를 보여주는 것으로 보이는 몇 가지 부합하는 징후들이 실제

---

1) 에티엔 드 크루이샤넬(Etienne De Crouy-Chanel). 외교관. 프랑스 외무부차관(1955-1957), 주오스트리아 대사(1958-1961), 주네덜란드 대사(1961-1965), 주벨기에 대사(1965-1970) 역임.

있다고 보고 있습니다.

크루이

【242】 14개국 성명에 대한 미국의 재검토 제안(1951.4.17)

[전 　　　 보]	14개국 성명에 대한 미국의 재검토 제안
[문 서 번 호]	1471-1473
[발 　 신 　 일]	1951년 4월 17일 21시 25분
[수 　 신 　 일]	1951년 4월 17일 21시 50분
[발신지 및 발신자]	런던/크루이(런던 주재 프랑스외교관)

보안

뉴욕 전보 제1706-09호 참조

맥아더 장군의 해임에 따라 미 국무부는 영국 외무부에 한국문제에 대한 14개국 성명과 유엔군사령부의 잠재적 메시지의 모든 문제의 재검토를 위한 일정한 기한을 원한다고 알려왔습니다.

이 요청에 따른 답으로 영국 외무부는 어제 4월 16일 주미 영국대사 올리버 프랭크스 경에게 영국 정부는 미국이 주저하는 이유를 이해하며 영국이 권하는 전략의 채택이 미 내부정책 차원에서 미 정부를 심각히 곤란하게 한다면 고집하지 않겠으나 적어도 영국이 구상한 계획(14개국 성명과 대통령 또는 국무장관에 의한 유엔군사령부 성명)의 첫 두 항은 적절한 시기에 실행하려 한다고 애치슨 국무장관에게 알리라는 지시를 내렸습니다. 베이징과 모스크바의 외교적 경로를 통한 개입에 관한 제3항에 대하여 영국 외무부는 이 문제는 추후에 재검토되어야 할 것이라고 합니다.

영국 외무부는 우리 외무부도 알고 있는 성명 준비에 대한 국무부의 반응을 기다리고 있습니다. 그 반응은 어쩌면 부정적일 수도 있지만 십중팔구 수정의 형태로 표명될 가능성이 큽니다.

현시점에서 순전히 영국만의 성명을 발표하는 것은 있을 수 없는 일입니다.

전체적으로 영국의 입장은 우리의 입장과 상당히 비슷합니다. 왜냐하면 영국 정부는 원칙적으로 원래의 계획을 바꾸지 않으면서 당분간은 최근 미국 내부 상황의 최근 전개가 그 실행을 가능하게 하는지 미국 정부에 물어보는 데 그치고 있기 때문입니다.

크루이

【243】 미 개입 참여 위한 핀란드군 징집활동에 대한 타스통신의 보도(1951.4.17)

[전　　　보]	미 개입 참여 위한 핀란드군 징집활동에 대한 타스통신의 보도
[문 서 번 호]	947
[발　신　일]	1951년 4월 17일 11시 00분
[수　신　일]	1951년 4월 17일 16시 30분
[발신지 및 발신자]	모스크바/샤테뇨(주소련 프랑스대사)

　오늘 소련 언론이 그대로 옮긴 타스통신의 보도에 의하면 핀란드에서는 한국에서의 미국 개입에 참여하기 위한 징집활동이 속행되고 있다고 합니다.

　비록 이 기획의 중심은 헬싱키에 있지만 징병담당관 조직은 전국에 펼쳐져 있을 것으로 봅니다.

　타스통신은 이 징집이 핀란드의 해외 사절단들 중 한 단체의 제안에 의해 미국에 가장 호의적인 몇몇 핀란드 정치인들과의 협력으로 이루어지고 있다고 밝히면서 우익 정당인 사회민주당원들, 특히 이 당의 서기는 적극적으로 참여했다고 전했습니다.

　지원병에게는 비행장교에게 상여금 100,000핀란드마르크, 월간 수당 150,000마르크까지 부여될 정도로 높은 보수가 보장되는 것 같습니다. 경찰이 포함된 20명의 핀란드 군인들이 스톡홀름을 거쳐 한국에 가기 위해 헬싱키를 떠난 것으로 전해졌습니다.

　이 캠페인은 나치 친위대와 싸운 경험이 있는 핀란드 사람들에게는 특별히 긍정적인 반향을 불러일으키는 것 같습니다. 이들 중 일부는 이 문제가 전혀 비밀이 될 수 없는 도시 오울루[1]에서 모집되었습니다.

---

[1] Oulu. 핀란드 북포흐얀마 지역의 중심 도시.

이 보도는 이 활동을 모를 수 없는 비밀경찰이 이를 저지하지 않고 책임자에 대해 어떤 형사 기소도 촉구하지 않았다고 쓰고 있습니다.

샤테뇨

【244】 14개국 성명에 대한 미국의 우려 사항(1951.4.17)

[전 　　　 보]	14개국 성명에 대한 미국의 우려 사항
[문 서 번 호]	1741-1749
[발 　신 　일]	1951년 4월 17일 12시 30분
[수 　신 　일]	1951년 4월 17일 18시 35분
[발신지 및 발신자]	뉴욕/라코스트(주유엔 프랑스대표대리)

보안-긴급

워싱턴 공문 제1037-1045호
각하의 전보 제1390호 참조

저는 어제 미 대표단 부단장과 한국문제에 관한 성명 준비에 대해 이야기할 기회가 있었습니다. 그로스 씨는 각하의 공문에 설명된 방향으로의 영국 대사관의 새로운 개입에 따라 워싱턴에서 벌어질 수 있는 새로운 전개상황이라는 조건하에(그 개입이 실제 일어났다는 것을 그는 아직 모르고 있었습니다) 자국 정부는 한국에 군대를 파견한 14개국이 지금은 성명을 하지 않는 방향을 분명히 선호하는 것 같다고 저에게 말했습니다.

트루먼 대통령이 유엔군사령부 국가 원수로서의 자격으로 지금 상황에서는 유난히 바람직한 보편성을 부여하는 메시지를 유엔에 보내는 것이 당연한 일이겠으나, 적어도 미국 대표단의 의견(더구나 한국에서의 유엔 전쟁의 노력에 대한 기여도가 극도로 불공정한 의견)에 따르면 국가들의 한 그룹은 이처럼 심각한 문제에 있어 분리된 의지 표명에 집중하다가 다른 국가들로부터 고립되는 부작용도 있을 수 있다는 것입니다.

만약 문제의 이 14개국 그룹이 성명을 발표한다면 무슨 논거의 명목으로 그 다음 날 같은 유엔회원국인 또 다른 국가 그룹이 다른 성명을 발표하려 하는 것을 막을 수 있겠냐는 것입니다. 사실 인도, 이집트, 인도네시아가 주도하는 아랍 및 아시아 국가 그룹이 전체 회원국들과 구별되는 그들만의 특별한 견해를 나타낼 성명을 발표하는 것이 얼마나 쉬운 일인지 모릅니다. 또 이들은 다른 국가들, 특히 자신들의 정책 표명은 평화 사랑이며 그 목적은 즉각적인 평화의 추구라고 선언하며 한국에서의 유엔 전쟁 노력에 참여하고 있는 국가들 사이에서 얼마나 자신들의 견해를 특별하게 드러내고 싶어 하는지 모릅니다.

물론 다른 고려 사항도 이런 종류의 결정에 영향을 미칠 수 있으며, 국무부는 이 주제에 대해 의심의 여지없이 워싱턴 주재 영국 대사관이 펼칠 수 있는 논거에 많은 관심을 기울일 것입니다. 그러나 이 문제에서 그토록 어렵게 획득하고 그토록 어렵게 유지된, 그리고 아직은 불안정한 유엔 대다수의 승인은 그것을 손상하지 않도록 커다란 주의를 기울여야 만큼 소중한 것입니다. 그런데 14개국 선언은 가장 선한 의도를 가지고도 정확히 이 결과를 산출 할 수 있다는 것입니다.

이 주장은 매우 주의를 기울여야 할 것으로 보입니다. 저는 훨씬 더 온순한 남미 대표들의 진영에서조차 공동 활동에서 각국이 가져오는 기여도에 대한 정당화된 차별성과 관련하여 매우 날카로운 민감성이 존재한다는 사실에 주목할 기회가 있었습니다. 몇몇 국가들이 주장하는 것처럼 각국이 갖는 권한은 어느 정도 투자하는 기여도의 비율에 따라 정해져야 하고, 공동 활동에 있어 자신들이 감수하는 때로는 엄청난 희생의 불균등에 상관없이 매우 빈곤하거나 약하거나 이기적이거나 열의 없는 반응을 보이는 작은 나라들이 기구의 표결에 있어서는 평등한 몫을 요구하는 것은 불합리하고 가끔은 거슬리기까지 하는 부분이 있다고 하는 데는 물론 근거가 있습니다.

그런데 바로 이것이 현 국제기구 자체의 본질적 내부 결함이고, 이 불균등을 바로 잡을 가능성이 있고 시기가 적절한 사례들과 조직공동체 존재의 혜택을 상실하지 않기 위해 감당하는 것이 바람직한 사례들을 세심하게 판별하여야 합니다. 관련 문제는 많은 성찰을 요구하는 것으로 보입니다. 아랍-아시아 국가들에게 대립과 더 나아가 거리를 공개적으로 표명하는 데 이용할 수도 있는 이 기회를 활용하는 것이 너무 반가울 수밖에 없는 구실을 제공하는 상당한 위험 외에도, 서양주요국들과 현재 그들과 가장 가까운 가맹국들 그룹은 배제의 대상이 될 수 있다고 강렬히 느낄 수 있는 라틴아메리카 국가들과도 몇 유럽 국가들(예를 들면 스칸디나비아 반도 국가들)과도 충돌하지 않도록 주의해야 합니다.

라코스트

【245】 영국의 공동성명계획 실천 가능성(1951.4.5)

[전 보]	영국의 공동성명계획 실천 가능성
[문 서 번 호]	2961-2965
[발 신 일]	1951년 4월 17일 22시
[수 신 일]	1951년 4월 18일 05시 10분
[발신지 및 발신자]	워싱턴/보네(주미 프랑스대사)

보안

2급 비밀

뉴욕 공문 제641-645호

본인의 전보 제3696호 참조

오늘 오후 저의 협력자들 중 한 사람이 극동 문제를 위해 영국 대사관 참사관과 가진 대담을 볼 때 지난주의 사건들 때문에 영국의 공동성명계획은 미국 당국의 주의를 전혀 끌지 못했음이 명백합니다.

사실, 국무부는 이 주제에 관해 아직 공식적 답변을 하지 않았지만 톰린슨 참사관은 지금까지는 명목만 교환했을 뿐인 이 의견 교환의 해결책에 대해 매우 회의적이라고 말했습니다. 실제로 최근 다음의 세 가지 사건 또는 요소가 영국 계획뿐 아니라 모든 비슷한 행사에 대한 대부분의 관심을 앗아갔습니다.

    1. 맥아더 장군의 해임

    2. 한국에서의 미국 활동의 목적을 밝힌 수요일 저녁 트루먼 대통령의 연설

    3. 38선 이북에서 중공군의 위협 증대

마지막으로 국무부가 공동성명의 원칙을 거절할 경우 한국에 대한 영국 정부의 일방적 성명 가능성에 관하여, 제 생각으로는 영 당국이 적어도 당장에는 이 구상을 실천에 옮길 가능성이 거의 없다고 봅니다. 실제로 지난 주 미국 언론이 영국과 일본이 함께 중공체제를 평화협상에 참여시키길 원한다고 알리자 완전히 격앙된 움직임이 나타났고 이는 아직도 상당히 강해서 한국에 대한 영국 정부의 개별적인 견해 표명이 거의 확실하게 회유의 몸짓으로 규정되기는 힘들며, 따라서 이것은 자체의 장점이 무엇이든 받아들여질 가능성이 거의 없습니다.

이러한 상황에서 우리의 입장은 지난주 트루먼 대통령이 내린 조치 이후 미국 정부와 갈라서는 것처럼 보이는 것은 합리적이지 못한 것으로 여겨집니다.

제 의견으로는 미국 정부가 나중에 이런 종류의 우리 방책에 동의할 기회를 보존하고 싶다면 당분간 우리는 공동성명계획을 뒷전에 물려두는 것이 적합하다고 생각합니다.

보네

【246】 한국의 군사적 상황(1951.4.5)

[전 보]	한국의 군사적 상황
[문 서 번 호]	2966-2970
[발 신 일]	1951년 4월 17일 21시 55분
[수 신 일]	1951년 4월 18일 06시 35분
[발신지 및 발신자]	워싱턴/보네(주미 프랑스대사)

뉴욕 공문 제641-645호

오늘 열린 사절단장 회의 결과 미 당국이 38선 이북에서 중공군의 대대적 공세가 임박했음을 점점 확신하고 있다는 것이 분명해졌습니다.

임진강 북서쪽에서 원칙적으로 180,000명으로 이루어진 2개의 병단, 제18병단과 제19병단이 특히 주의를 끌고 있습니다. 이 병력은 중앙에서 이루어질 수 있는 공격의 서쪽 측을 수비하기 위한 것일 수 있습니다. 그러나 적이 이 두 개의 군을 먼저 전투에 투입하지 않으리라는 보장은 전혀 없습니다.

게다가 최근 포로로 잡힌 공산군들은 모두가 봄 공세의 임박을 말하고 있습니다. 이들이 소문을 퍼트리라는 지시를 받은 것일 수도 있지만 미 참모부는 위험을 무릅쓰지 않기로 결정한 듯합니다. 오늘 저의 협조자들 중 한 사람에게 비밀리에 전해진 것처럼 미8군 병력은 전선의 중앙 구역에서 북쪽으로 전진하는 모험을 하지 않고 앞에서 언급한 두 병단을 감시할 수 있도록 그들의 현재 전선 안팎에 머무는 것에 그치기로 했습니다. 제1기갑사단이 예비군으로 머물고 있는 서울 북동쪽 진지로 후퇴한 것도 같은 맥락입니다.

최근 4일 동안의 전선의 상황은 답보상태에 있습니다. 주말의 돌출 사건은 당연히 제8군의 모든 전선을 따라 펼쳐진 공산군들이 마을과 수풀에서 일으킨 화재에서 온 연막전술입니다. 이 연막은 지난 토요일과 일요일 8,000피트 높이까지 올라갔습니다. 따라서 그 길이는 장소에 따라 15㎞에 달했습니다. 미 국방부에서는 가장 먼저 공산군 공세의 전조 또는 동시 현상으로 해석한 이 방법의 정확한 의미를 미 참모부는 알아내려하고 있습니다.

최근 4일 동안 프랑스 대대는 미 제2사단 23연대의 도움을 받아 화천 저수지 남쪽 기슭을 굽어보는 지대를 조금씩 점령했습니다.

보네

【247】 북한 정부의 메시지(1951.4.17)

[전 보]	북한 정부의 메시지
[문 서 번 호]	2073-2074
[발 신 일]	1951년 4월 17일 22시 20분
[수 신 일]	1951년 4월 18일 07시 15분
[발신지 및 발신자]	워싱턴/보네(주미 프랑스대사)

북한 정부가 유엔 의회와 안전보장이사회의 의장들에게 러시아어로 보낸 메시지의 번역이 오늘 저녁에야 끝났습니다.

국무부는 내일 수요일에 그 내용을 알게 될 것입니다. 그런데 워싱턴에 도착한 초기 정보들은 이 메시지가 주로 한국의 미군들과 유엔군이 저지른 "잔혹한 행위들"의 8페이지에 달하는 상세한 목록으로 이루어져 있다는 사실을 보여줍니다. 이 목록에 세계평화평의회(World Peace Council)의 지난 2월 1차 회의의 결의에 따라 한국문제를 해결하기 위한 호소가 첨부되었다고 합니다.

이런 상황에서 사람들은 현재까지 북한 정부 메시지에 대한 미 국무부의 새로운 부연설명을 기다리지는 않을 것 같습니다.

보네

【248】 중공에 대한 경제 제재(1951.4.17)

[전 보]	중공에 대한 경제 제재
[문 서 번 호]	1778
[발 신 일]	1951년 4월 18일
[수 신 일]	미상
[발신지 및 발신자]	뉴욕/라코스트(주유엔 프랑스대표대리)

그로스 미 유엔대표는 추가조치위원회 소위원회에서 미 정부가 채택을 권고하는 행동계획을 설명하면서 자국의 대표단이 주장하는 중공에 대한 경제적 제재조치 결의 규정에 포함되어야 할 다음과 같은 세 가지 항목을 밝혔습니다.

1. 회원국들에게 중국으로의 수출에 있어 저의 전보 제1688호에 나열된 5가지 물품 종류를 대상으로 하는 선택적 금수조치를 실시할 것을 권고함.
2. 상기 권고의 실행 여부를 살피고 이에 관해 유엔총회에 보고할 임무를 가진 위원회 창설을 권고함.
3. 회원국들에게 한편으로는 각국의 의견으로 규정 제1항에 표시된 일반적 정의에 상응하는 물품 목록을 작성하고, 다른 한편으로는 유엔의 다른 회원국들이 결정한 금수조치의 효력도 무효화하지 않을 것을 권고함.

라코스트

【249】 '조선인민공화국' 외무상의 메시지(1951.4.18)

[전 보]	'조선인민공화국' 외무상의 메시지
[문 서 번 호]	1781-1782
[발 신 일]	1951년 4월 18일 20시 08분
[수 신 일]	1951년 4월 19일 04시 30분
[발신지 및 발신자]	뉴욕/라코스트(주유엔 프랑스대표대리)

워싱턴 공문 제1051-1052호

유엔 사무국은 4월 17일 어제 저녁 늦게 '조선인민공화국'의 외무상이 보낸 4월 15일자의 동일한 전보 2부를 공개했습니다. 하나는 유엔총회의장 앞으로 보낸 것이고 다른 하나는 안전보장이사회 의장 앞으로 보낸 것입니다.

타자기로 작성된 촘촘한 행간의 6페이지로 되어 있는 이 문서는 미군과 이승만 권력당국 소속 군사들이 저질렀다고 주장하는 잔혹한 행위들을 상세히 고발하는 내용입니다. 대량 살인, 개별 살인, 고문, 강간, 그리고 희생자들의 인명수, 희생 당한 날짜 및 장소에 관한 매우 자세한 정보를 열거하고 있습니다. 단지 다음의 마지막 일곱 줄만이 아무도 이것을 평화 제안으로 해석할 수 없었다는 내용을 담고 있습니다. "만약 유엔기구가 정말로 만민의 평화와 안전의 명분을 섬기고자 한다면 유엔은 즉각 한국에서 미국 제국주의자들의 악행을 멈추도록 하고 그것을 조직하거나 선동한 전범들을 처벌해야 할 것입니다. 유엔은 세계평화평의회 제1차 회의의 결의에 표명된 정의에 불타는 민중들의 의지에 따라 한국문제의 해결을 보장해야 합니다. 조선 인민공화국 정부는 이를 간절히 요청하는 바입니다."

이 메시지는 '조선인민공화국 외무상 박헌영'의 이름으로 서명되어 있습니다.

라코스트

【250】 '조선인민공화국' 외무상의 메시지(1951.4.18)

```
[ 전       보 ]   '조선인민공화국' 외무상의 메시지
[ 문 서 번 호 ]   918-923
[ 발   신   일 ]   1951년 4월 18일 11시 20분
[ 수   신   일 ]   1951년 4월 18일 14시 15분
[발신지 및 발신자]   도쿄/드장(주일 프랑스대사)
```

브리옹발 씨의 4월 13일자 부산 발송 제17호 문서, 4월 17일 도쿄 수신

맥아더 장군의 교체 소식은 한국에 청천벽력 같은 소식으로 받아들여졌습니다. 충격에 빠진 한국 지도자들은 지금까지 단지 공식적이고 진부한 문구로 떠나는 이에게는 유감을, 그리고 새로 부임한 리지웨이 장군에게는 환영을 표명했습니다.

그러나 이 결정이 맥아더 장군의 모든 보호국가들 중 하나인 한국을 강타할 절망에 대해 짐작하기란 어렵지 않습니다.

대통령의 측근 중 한 사람은 어제 저에게 전하기를 완전히 낙담한 이 대통령이 "우리는 오른팔을 잃었다"라고 계속 반복했다고 했습니다.

순전히 공식적인 반응은 여전히 신중한 반면, 트루먼 대통령의 결정에 대한 한국의 불만은 영향력 있는(말하자면 영향을 받는) 언론이 몰두하는 비판의 쓴소리로 속셈을 드러냅니다. 미국의 트루먼 대통령이 사용한 부정적 방법을 맥아더 장군이 권장한 "긍정적 방법"에 대조하면서 어제의 『동아일보』사설은 영국의 영향을 받은 이 방법은 평화적 해결의 주도권을 유엔으로부터 박탈하여 명백히 전쟁을 연장하기로 결정한 중국공산주의자들에게 넘겨준 것이나 마찬가지라고 평가했습니다. 그리고 이 사설은 만약 세계전쟁이 불가피하다는 것이 그토록 분명하여 "전쟁을 한국에 국한"하는 것이 "세계 평화를 수호하기 위해

한국을 희생시키는 것"을 의미한다면 "한국인들이 거기에 동의하겠는지"를 암시했습니다.

오늘 동일한 사설은 좀 더 신랄한 어조로 맥아더 장군의 해임은 트루먼 대통령이(그의 앞선 신조표명에도 불구하고) 예전에 휴전의 전제조건으로 이 조치를 요구했던 공산주의자들에게 제공한 회유라고 지적했습니다. 이 회유는 북한에 김일성 정부를 놓아두고 대만을 마오쩌둥에게 주자고 제안한 영국과 인도가 추천한 것들과 본질적으로 다르지 않다고 사설은 말하고 있습니다.

이런 정책은 "민주진영의 실패의 씨앗"을 내포하며…… "회유를 넘어 양도이며, 양도를 넘어 굴욕이고, 굴욕을 넘어 소련의 노예상태"라고 사설은 덧붙였습니다.

그런데 어떤 주장들은 한국 예비군의 무장에 대한 맥아더 장군의 반대가 얼마 전 불러일으켰던 유감을 감안할 때 고위층에서 느끼는 비애감은 절대적으로 순수한 것만은 아니라는 생각을 할 여지를 줄 수 있습니다. 특히 장군의 감정에서 일본이 누리던 특별 배려가 평화조약 직전에 불러일으킨 염려를 감안한다면 말입니다.

미국 대사관에서는 최근 상황전개와 관련하여 지금까지 극도의 신중함을 보이고 있습니다.

저의 영국 동료는 워싱턴의 결정에 대해 호의적으로 논평하면서도, 그것이 유발하는 회유라는 비난에 신경을 쓰는 것 같습니다. 또 한편 그는 자국을 향한 거슬리는 집요한 비판 때문에 어제 외무부차관과 회담을 할 수밖에 없었다고 조금 전에 저에게 털어놓았습니다. 저는 이것이 개인적인 솔선행위인지 런던에서 온 지시에 의한 것인지 파악하지 못했습니다.

자유중국대사는 워싱턴에서 결정된 조치를 평가하지 않는다면서도 동아일보 기자들에게는 "동양인으로서 맥아더 장군의 해임이 아시아의 모든 자유 국민들에게 초래하는 손실이 얼마나 개탄할 일인지 모른다"고 털어놓았습니다.

한국문제의 복잡함을 떠맡은 유엔위원회에서는 대표들이 전체적으로 트루먼 대통령의 결정을 비교적 긍정적으로 받아들였습니다.

드장

【251】 맥아더 장군에 대한 한국 언론(1951.4.18)

[전 보]	맥아더 장군에 대한 한국 언론
[문 서 번 호]	924-928
[발 신 일]	1951년 4월 18일 02시 30분
[수 신 일]	1951년 4월 18일 14시 50분
[발신지 및 발신자]	도쿄/드장(주일 프랑스대사)

브리옹발 씨의 4월 10일자 부산 발송 공문 제16호, 4월 17일 도쿄 수신

저의 앞선 전보들에서 전해드린 여론 운동이 끊임없이 전개되고 있습니다. 이 대통령에 의해(대구 성명) 시작되고 은밀하게 유지되어온 것으로 보이는 이 운동은 가능한 협상과 한국 분단을 극복할 수 있는 화해에 대한 강박관념이 만들어낸 것으로, 맥아더 장군의 3월 24일 성명을 중심으로 이제 전체적인 윤곽이 드러납니다. 현재 중공의 목소리를 자극하는 것으로 보이는 모든 국가적 노력이 이 성명의 방향으로 나아가고 있기 때문입니다. 4월 3일 국무총리가 언론에 내놓은 발표가 그때까지는 전적으로 이 대통령의 의견(본인의 전보 제13호)이라는 동향에 근거 없는 추측을 양산했다면, 이번 경우는 "국민의 대변인" 역할을 하는 국회의장 신익희[1] 씨의 발표를 통해 대중의 용인을 내세우려 노력하고 있습니다.

정부가 3월 24일 성명으로 해외에서 제기되는 논쟁들 때문에 워싱턴에서 일어난 망설임에 대해 염려하고 있는 때 발표된 이 새로운 성명은 맥아더 장군이 취한 입장에 호의적인 옹호의 양상을 띠고 있습니다.

신익희 씨는 특히 이렇게 말합니다. "이 나라에서의 유엔의 정책은 통일자유

---

[1] 신익희(申翼熙), 1950-1952년 대한민국 국회의장.

독립 한국의 수립을 목적으로 합니다. 유엔이 되풀이했던 결의문들 안에서도 표명되었던 이 정책은 이러한 결의들을 따르고 한국에서 유엔군의 총사령관으로서 임무를 다하고 있는 맥아더 장군의 지휘 하에 있었습니다. 그러므로 장군의 최근 성명들과 명령들은 합리적이며 충분한 근거가 있는 것입니다. 유엔 결의에 완전히 동의한 3천만 한국인들은 따라서 맥아더 장군의 성명과 결정을 전적으로 지지합니다. 한국인들은 그의 이러한 성명들과 결정들에 자신들의 소망과 희망을 거는 것입니다."

그 뒤 다소 자신이 주의를 기울여 구상한 공격을 부각시키며 국무총리는 다음과 같이 덧붙였습니다. "맥아더 장군은 당연히 유엔의 일원으로서 실제로 한국의 통일과 독립을 위해 싸우고 있지만 장군의 태도에 관하여는 여론이 분분합니다. 그러나 그것은 소수의 여론일 뿐입니다." 그리고 신씨는 "물론 평화적 해결은 적이 유엔의 권위와 선의에 고개를 숙이는 조건에서 가능하지만 정의의 군대만이 이 수락을 강행할 수 있습니다."라며 끝을 맺습니다.

이러한 의견들을 보도한 조간신문들이 "국회의장과의 대담 요약"이라는 제목으로 발표하는가 하면 오늘 저녁 신문은 같은 의견을 게재하면서 영국과 프랑스를 향해 요컨대 다음과 같은 쓴소리를 덧붙입니다. "무엇보다 우선 자기 국가부터 걱정하는 정치가들의 분파들이 정전과 38선을 복구할 수 있는 회유"를 권장하면서 워싱턴의 망설임을 부채질하고 있다고 말입니다.

그리고는 공산주의 명분에 간접적인 지지를 안겨다주는 유화적 대책들을 향해 국무총리가 언론에 내놓은 최근의 발표내용에 포함된 규탄을 인용합니다.

지금까지는 단지 영국과 인도를 향해서만 쏟아냈던 비판에서 프랑스에 대한 언급은 새로운 요소입니다.

드장

【252】중국에 대한 경제 제재(1951.4.18)

[보 고 서]　중국에 대한 경제 제재
[문 서 번 호]　미상
[발 신 일]　1951년 4월 18일
[수 신 일]　미상
[발신지 및 발신자]　파리/재정경제부 사무국

회의사무국을 위한 의견서

　회의사무국은 이달 13일자 의견서를 통해 재경부 사무국에 중국에서의 프랑스 자산의 총액을 산정하기 위해 재경부가 감행한 조사 결과를 알려줄 것을 요청했습니다.

　재경부 사무국은 이 의견서에 대한 답변으로 이 조사가 한편으로는 중국의 프랑스 은행시설들과 산업체 상사들의 자금을, 또 다른 한편으로는 개인들의 자금을 대상으로 한다는 점을 회의 사무국에 알려드리는 바입니다.

　첫 번째 경우와 관련하여 재정경제부는 여러 관련기업들을 상대로 계획된 조사를 자체적으로 벌이고자 하는 희망을 표명하였습니다. 부처는 지금부터 필요한 정보 자료들을 수집하고, 이 정보들에 힘입어 짧은 기간 내에 유엔주재 우리 대표들이 요청한 종합평가를 작성할 수 있을 것으로 보고 있습니다.

　두 번째 경우는 경제 사무국이 상하이, 톈진, 베이징 주재 우리 영사관들에 그들이 수집할 수 있는 모든 정보들을 보내달라고 당부하였습니다. 사무국은 이들 기관으로부터 아직 답변을 받지 못했습니다.

【253】 맥아더 장군의 해임에 대한 캐나다 정부의 입장(1951.4.19)

[전 보]	맥아더 장군의 해임에 대한 캐나다 정부의 입장
[문 서 번 호]	201-205
[발 신 일]	1951년 4월 19일 13시 53분
[수 신 일]	1951년 4월 19일 22시 35분
[발신지 및 발신자]	오타와/위베르 게랭(주캐나다 프랑스대사)

캐나다 외무부장관이 정치 분야에 난입했다며 더욱이 공개적으로 비난한 맥아더 장군의 해임 소식을 캐나다 정계는 매우 호의적으로 받아들였습니다.

제가 지난 금요일 이 문제에 대해 함께 이야기를 나눈 캐나다 총리는 트루먼 대통령의 결정 이후 "숨통이 트인다"고 말했습니다. 생로랑 총리는 레스터 피어슨 외무장관과 자신이 이미 한 번 이상 표명한 바가 있는 의견을 재차 언급하며, 중공에 대한 미국의 전투적 의도에 대한 공산주의자들의 고발은 정치 선전 목적뿐 아니라 베이징 정부가 실제로 느끼는 두려움의 표현이라는 점을 배제할 수 없다는 의견을 덧붙였습니다.

중공 지도자들의 차후 구상에 대해 지나친 낙관적으로 속단하지 않지만 어쨌든 맥아더 장군의 해임이 그 부분에서 분명 초래하는 효과에 진정 기뻐할 수밖에 없다는 것입니다. 한편 레스터 피어슨 장관은 트루먼 대통령이 내린 결정의 채택에 어느 정도 참여했음을 전혀 부인하지 않았습니다. 이 의견들의 표현은 자연히 맥아더 장군의 빛나는 전쟁 업적에 대한 경의의 색조를 띠고 있으며, 캐나다 정부의 한 일원 역시 전 총사령관이 일본에서 5년 전부터 이루어온 성과들이 중단되는 것은 유감스러운 일이라고 저에게 말했습니다.

다른 한편, 저는 캐나다 외무부의 한 고위관료에게 외무장관이 최근 반복적으로 미국 정책에 대한 캐나다 정책의 독립성에 관해 표명한 주장들은 어떤 특별한 상황 때문에 나온 것이냐고 물었습니다. 상대는 그것은 사실이 아니고 장관의 성명은 맥아더 문제 차원을 훨씬 뛰어넘어 주로 양국이 함께 관여하고 있는 국제회의에서 상호간의 상황에 대한 깊은 연구 끝에 나온 결과였다고 제게 대답했습니다. 더불어 레스터 피어슨 장관의 이 협력자는 "우리는 미국 정책에 대해 비판의 최선봉에 서야 합니다. 우리는 워싱턴에 대해 다른 많은 국가가 가지고 있지 않은 행동과 표현의 자유를 가지고 있는데다 우리의 지리적 위치 때문에 다른 국가들보다 우리의 대강국 이웃을 따라 지나치게 도를 넘을 위험이 더 크기 때문입니다. 그러므로 무엇보다 미국과 우리의 전통적 관계를 소홀히 하려는 우리 쪽의 의도로 해석되지 않으면서도 더 분명한 관계의 재확립이 필요한 것입니다"라고 밝혔습니다.

위베르 게랭

【254】 추가조치위원회 소위원회 2차 회의(1951.4.19)

[전 보]	추가조치위원회 소위원회 2차 회의
[문 서 번 호]	1797-1801
[발 신 일]	1951년 4월 19일 20시
[수 신 일]	1951년 4월 20일 03시 55분
[발신지 및 발신자]	뉴욕/라코스트(주유엔 프랑스대표대리)

워싱턴 공문 제1060-1064호

본인의 전보 제1780호를 통해 전해드린 문서를 "보고서"로 작성한 추가조치
위원회 소위원회의 제2차 회의에서는 다음과 같은 점들이 두드러졌습니다.

전날 회의에서 자신이 제안했었던 문구(본인의 전보 제1766호)에 대해 영국
외무부의 동의를 얻은 영국 유엔대사 글래드윈 젭 경은 다음과 같은 문안을 통
과시키려고 애썼습니다.

"소위원회는, 추가조치위원회가 추가조치에 대한 검토를 지속하는 것이 바
람직하다고 판단하는 즉시 경제적 조치, 특히 전략적으로 중요한 몇몇 물품들
의 중국 수출에 대한 금수 조치의 실행을 검토할 것을 권고한다."

이 영국대사는 소위원회가 선택적 금수조치를 권고하면서 방관하는 것이 아
니라 오히려 준비 작업에 전력을 기울였다는 것을 보여주게 될 것이라고 표명
했습니다.

한편, 저는 소위원회가 임무의 경계선을 넘지 않으면서도 확실한 경제적 조
치를 보고서에 규명할 수 있었다는 주장에 반론을 제기하고, 이것은 추가조치
위원회가 스스로의 권한에 대한 침해로 판단할 수도 있다고 말했습니다. 이러

한 입장을 취한 저의 주요 목표는, 무엇보다 비록 검토를 위한 것일 뿐이라 하더라도 확실한 조치에 대한 언급이 지금부터 초래할 수 있는 심리적 파급효과를 피하고, 너무 명백한 권고를 위원회에 송부함으로써 발생하게 될 위원회 활동의 가속화를 막기 위한 것이었습니다.

상당히 불확실한 태도를 보였던 미 대표 그로스 씨는 마침내 전화로 국무부와 상의를 하였습니다. 국무부는 즉시 미국 대중이 이 물품들의 무역이 지금까지 전적으로 자유로웠다고 상상할 수 없으므로 이에 대해 분개할 것을 염려하여 무기와 전략적 물품에 대한 금수조치에 대한 어떠한 언급도 삼가라고 지시했습니다.

또 한편, 그로스 씨는 결국 채택된 문안에 동의하면서도 경제적 조치 검토 이후 즉시 또는 이와 동시에 미 대표단은 "언제든지" 다른 조치, 특히 정치적 조치의 검토가 위원회에 의해 이루어지도록 요청할 권한을 가지고 있다고 강조했습니다.

라코스트

【255】 추가조치위원회 소위원회 2차 회의(1951.4.19)

[전 　　　 보]	추가조치위원회 소위원회 2차 회의
[문 서 번 호]	1802-1805
[발 　 신 　 일]	1951년 4월 19일 20시 20분
[수 　 신 　 일]	1951년 4월 20일 03시 55분
[발신지 및 발신자]	뉴욕/라코스트(주유엔 프랑스대표대리)

워싱턴 공문 제1065-1068호

본인의 이전 전보에 이어

소위원회는 이어 추가조치위원회 소집 문제를 검토했습니다. 미국 대표는 추가조치위원회가 '매우 빠른 시일 내에' 회의를 소집할 것을 주장하면서, 이를 위해 아직 지시를 받지는 않았지만 국무부가 자신에게 '곧' 위원회의 회의를 주도하라고 요청할 가능성은 이제 충분히 있다고 밝혔습니다. 따라서 위원회를 소집할 임무는 의장의 재량권에 달려있다고 주장한 영국 대표의 충고에 반대한 것입니다. 그래서 글래드윈 젭 경과 저는, 중재위원회가 문제가 없다고 판단한다는 내용을 중재위원회 의장이 사전에 확인해주지 않고는 추가조치위원회 의장은 어떤 경우에도 위원회를 소집하지 못한다는 사실을 잘 알아야 한다고 설명했습니다. 베네수엘라 대표의 지지를 얻은 미국 대표 그로스 씨는 소위원회가 사르페 의장에게 그러한 권고를 할 권한은 없다고 주장했습니다.

이 점에 대해 저는 소위원회의 권한에 대해 이러한 의혹이 있을 수 있다면 이 문제는 이 위원회를 구성하는 각 대표단이 스스로의 관심사를 개인적으로 해결해야 할 만큼 중요하다고 말하고, 저로서는 사르페 의장에게 그가 위원회를 소집해야 할 시간이 되었다고 확신하는 날 이러한 자문을 먼저 구하는 것이 꼭 필요하다는 사실을 알리는 데 주저하지 않겠다고 선언했습니다.

글래드윈 젭 경도 저에게 동의하면서 자신도 필시 그렇게 할 것이라고 말했습니다.

그동안 저는 폐회를 선언하였고, 위원회가 작성을 막 끝낸 보고서를 위원회 의장에게 전달하라는 소위원회의 임무를 즉시 이행했습니다. 그와 동시에 저는 제가 위에서 언급했던 내용을 프랑스 대표단의 이름으로 사르페 의장에게 전달했습니다. 그는 저의 의견에 절대적으로 동의하며 엔테잠 총회의장의 의견을 듣지 않고는 어떤 것도 하지 않겠다고 말했습니다.

라코스트

【256】 추가조치위원회 소위원회 2차 회의(1951.4.19)

[전　　　보]	추가조치위원회 소위원회 2차 회의
[문 서 번 호]	1806-1808
[발　신　일]	1951년 4월 19일 20시 53분
[수　신　일]	1951년 4월 20일 03시 40분
[발신지 및 발신자]	뉴욕/라코스트(주유엔 프랑스대표대리)

워싱턴 공문 제1069-1071호

본인의 전보 제1797호와 제1802호 참조

추가조치위원회 소위원회의 2차례의 회의가 진행된 동안 미 대표단이 즉각적으로 구체적 결과를 도출하라는 절대적 지시를 받은 것이 감지되었습니다. 더구나 미 대표단은 꾸준히 베네수엘라 대표단의 미미한 지지를 받았습니다. 한편 호주 대표단의 지지를 효율적으로 받은 영국과 프랑스 대표단은, 글래드윈 젭 경과 제가 배려하려고 애쓴 모든 노력에도 불구하고 미 대표단의 고집은 때로는 상당히 불쾌할 정도로 제지활동을 실행할 수밖에 없도록 만들었습니다.

여기에 거리낌이 없는 미국 언론은 회의가 끝난 즉시 통신사들과 신문들의 특파원들에게 "제재 체제가 드디어 가동되었다"는 인상을 주기위해 그들에게 소위원회의의 성과들 중 빈약하고 대수롭지 않은 결과에 중요한 무게를 부여하려고 애썼습니다.

그런데 그 기대와는 달리 특파원들은 형식보다는 발표 내용에 더 관심을 가졌으며, 맥아더 장군의 미국 귀환과 관련하여 쏟아지는 수많은 소식들 속에서 이 내용은 부차적인 자리를 차지할 뿐이었습니다.

라코스트

【257】 맥아더 장군(1951.4.19)

[전　　　　보]	맥아더 장군
[문 서 번 호]	929-934
[발　　신　　일]	1951년 4월 19일 03시 00분
[수　　신　　일]	1951년 4월 19일 15시 55분
[발신지 및 발신자]	도쿄/드장(주일 프랑스대사)

워싱턴 공문 제369-401호, 사이공 공문 제668-673호, 뉴욕 공문 제335-338호

　1. 4월 11일 점심때 도착한 맥아더 장군의 전적인 즉각 해임 소식은 장군 자신에게는 완전히 뜻밖의 일이었고 깊은 충격을 안겼습니다. 트루먼 대통령과 총사령관 사이의 불화는 8월 대만에 대한 어긋난 주장으로 백일하에 터져 나왔습니다. 패배(10월 14일)의 기간은 아무것도 개선시키지 못했습니다. 11월 말 패배 이후 미8군의 후퇴로 힘들었던 그 주에 대통령이나 마셜 장군 그리고 브래들리 장군은 그들의 모든 권한을 다하여 당시 무엇보다 의기소침하고 어느 정도 비관론에 빠져있던 맥아더 장군을 지원했었습니다. 콜린스 장군의 방문(1월 14일)에 이후 리지웨이 장군의 추진 아래 유엔군이 37도선에서 멈추고 제한된 목표물에 대한 일련의 공격으로 공산군에 매우 심각한 손실을 입히면서 이전의 군사분계선까지 몰아내면서 난관은 다시 시작되었습니다.

　군사적 상황의 회복과 동시에 맥아더는 옛날의 태도로 되돌아갔으며 전술적 특히 정치적 활동을 재개했습니다. 그는 38선에 대한 특별한 관심을 표명하지 않으면서 미국의 군사행동을 만주로 확대하고 장제스의 군사력을 중국 본토에 투입하여 제2의 전선을 개시할 필요성을 점점 더 강력하게 강조했습니다. 깜짝 놀랄만한 성명들, 그리고 국회의원들이나 발행부수가 많은 잡지들 앞으로 보낸 편지들을 통해 그는 미국 여론 앞에서 그리고 연합국 간의 의논 차원에서 의회

의 토론을 이끌었습니다.

총사령관으로서 자신의 권한으로 할 수 있는 모든 조치를 취했다고 단정하면서 그는 책임 앞에서 뒷걸음질치고 자신을 인위적 상황에서 절망적 전쟁을 지휘하도록 만드는 정치인들의 무능력을 비난했습니다. 결정적인 부분은 극동에서 일어난다고 그는 주장합니다. 아시아에서 공격당한 자유세계는 그곳을 지배하고 그곳의 전쟁에서 승리해야 한다는 것입니다. 총사령관은 명백한 사실과 필수불가결한 결정을 인정하려 들지 않는 정치가들의 망동과 소심함을 비난했습니다. 그는 공공연히 "오직 자신들의 상업적 이익만 생각하는" 몇몇 동맹국들에게 그러한 태도로 공산주의자들을 부추긴다고 비난하며 심지어는 공산주의자들과 다소 공모하는 관계로 의심하기까지 했습니다. 그의 이러한 발언들은 함께 평화적 해결을 모색해 나가는 것을 거의 불가능하게 만들었습니다.

2. 대통령과 맥아더 장군 간의 개인적 불화는 이렇게 외부 정책에 대한 두 가지 견해, 그리고 국가에 대한 두 가지 발상, 즉 헌법적 권한에 복종을 요구하는 견해와 공적 업무의 지휘권에 있어 불복종, 궁극적으로는 규율위반의 원칙을 도입하려는 견해 사이의 갈등 때문에 배가되었습니다.

장군은 그와 미국 대통령 사이에 놓인 사건에 관심이 없다는 것을 결코 숨기지 않았습니다. 조국에 제공했던 드물게 탁월한 군 지휘 능력으로 힘을 갖춘 그는 공화국 대통령을 제외한 어떤 민간 또는 군부 공무원도 자신에게 지시를 내릴 권리가 없다고 공공연히 주장했습니다. 게다가 그는 워싱턴이나 백악관, 국무부, 국방부의 그 누구도 극동문제에 대한 최소한의 이해나 최소한의 지식조차도 지니지 못했다고 확신하고 있었습니다.

이러한 경향과 결점들은 생각을 명확히 밝히기보다는 아부하는 데 급급했던 무능한 측근들 때문에 더욱 부추겨졌습니다.

드장

【258】 맥아더 장군(1951.4.19)

[전 보]	맥아더 장군
[문 서 번 호]	935-943
[발 신 일]	1951년 4월 19일 03시 00분
[수 신 일]	1951년 4월 19일 19시 20분
[발신지 및 발신자]	도쿄/드장(주일 프랑스대사)

보안

워싱턴 공문 제402호

뉴욕 공문 제339호

사이공 공문 제674호

본인의 이전 전보에 이어

보통 상황에서는 피할 수도 있었던 비극이 길어진 긴장의 시기였으므로 치명적이 되었고, 신중하지 못한 어떤 행위도 지금까지는 한국에 한정되었던 갈등을 전면전으로 바꿀 위험이 생긴 것입니다.

약 두 달 전부터 맥아더 장군이 베이징의 모든 평화협상의 최종적 거부를 활용하고, 중공군의 결집을 강조하며, 적의 공군력 증대를 내세워 불안을 조성하면서 점점 워싱턴을 설득한 것은 분명합니다.

비록 미국 정부가 명확히 인정하진 않았지만 맥아더 장군이 얼마 전 그가 그럴만하다고 판단하는 특정 조건에서 만주를 폭격할 수 있는 권한을 획득했음은 사실인 것으로 보입니다(뉴욕 공문 제1544호와 워싱턴 공문 제96호 참조).

또한 대만의 중립화 정책이 공식적으로 유지되면서도 장제스 군대의 장비를 갖추기 위해 예산이 지급되었습니다. 유엔군 최고사령부와 대만 사이의 교류는 증대되었습니다. 반공 게릴라들에 대한 원조가 대규모로 조직화되었습니다. 만주 상공을 거의 불가피하게 침범한 것 외에도, 중국 해안 제7함대의 최근의 해군 및 항공 활동은 심각한 분쟁을 일으킬 위험이 있었습니다.

곧 영국과 프랑스의 경고를 받아온 미 행정부는 돌이킬 수 없이 위태로운 상황과 기정사실에 대면하게 될 수 있다는 사실을 갑자기 자각한 것으로 보입니다. 미국과 유럽의 재군비는 여전히 초기단계에 있는데 미국은 그 책임에서 분명하게 자유롭지 못하면서 전면전이 발발할 수 있었습니다. 이렇게 감지된 위험의 심각성은 4월 11일 대통령의 결정이 보여주는 반동의 돌연성을 설명해줍니다.

3. 처음에 아연실색했던 맥아더 장군은 빠르게 냉정을 되찾았습니다. 도쿄를 떠나기 전 그는 모든 공개적 표명을 자제했습니다. 그러나 4월 12일부터 마닐라에서 전직 변호사였던 그의 심복인 휘트니 장군이 논쟁을 시작했습니다. 그는 백악관이 게재한 증거문서들에 관하여 일련의 비평을 내놓았습니다. 다음 날 그는 맥아더 장군이 전쟁의 전면화를 시도했다고 비난하는 거짓 선전은 공산주의자들의 계략이라고 비난했습니다. 전 총사령관은 자신이 패배했다고 여기지 않았습니다. 그는 자신이 항상 옹호해왔고 많은 군중에게서 누린 모든 명예를 다 거는 아시아 정책을 위한 투쟁을 계속하기로 결심하고 일본을 떠났습니다. 미국 여러 주요 도시들에서의 열렬한 시위에 참석을 약속하고 공화당에 장악당하여 의회와 외무, 군 위원회들 앞에서 의견을 표명하도록 초대된 그는 대통령 선거가 다가오면서 행정부를 심각한 곤경에 빠트릴 것입니다.

극동문제에 관한한 미 정부의 행동의 자유는 매우 제한될 수밖에 없습니다. 미국은 제한적 전쟁이라는 원칙을 고수하면서도, 그것이 한국 분쟁의 해결이든, 대만 문제든 또는 중화인민공화국에 대한 입장이든 이미 결정된 입장에 대해서도 매우 단호하게 대처해야만 할 것입니다. 한국문제를 보자면 4월 12일 연설에서 트루먼 대통령이 내놓은 매우 모호한 원칙들로는 가까운 미래에 구체적 해결책을 모색할 수가 없습니다. 다른 한편, 일본 평화협정에 관한 영국과 미국 간의 의견 교환은 중국 문제에 관한 미국 정책의 모든 완화가 당분간 배제되었음을 입증합니다. 한국에 관한 타협 가능성도 그만큼 줄어든 것입니다.

이 모든 문제에서 맥아더와 정부 간의 대립은 본질 보다는 다른 문제들에 비한 상대적 중요성에, 그리고 다른 모든 가능성들을 다 써보지도 않은 반면 특정 방법을 사용할 것인지에 관하여 부딪히는 것입니다.

근본적인 대립은 미국의 안전보장에 있어 우선권을 유럽에 둘 것인지 아니면 아시아에 둘 것인지에 있습니다. 게다가 총사령관은 전면전이 극동에서 전개되거나 유럽에서 터질 경우 이에 대한 책임에서 벗어나려는 자국 정부의 재정적 관심을 충분히 고려하지 않고 있었습니다.

이러한 상황에서 맥아더의 해고는 한국문제의 해결과 아시아 문제의 전반적 해결을 용이하게 하지는 않습니다. 그러나 그것은 전쟁 확산의 즉각적 위험은 배제하고, 적어도 자유 국민들에게는 한국에서 침략의 길을 막고 유럽과 다른 곳에서 방어 태세를 적극적으로 갖추어 나감으로써 3차 세계전쟁을 방지할 가능성의 소지를 남겨줍니다. 게다가 미국 지도부의 입장에서는 연합국들의 노력에도 불구하고 피할 수 없게 된다면 잠재적 전쟁 확산의 책임을 공산주의자들에게로 명백하게 넘길 수 있는 것입니다.

이곳의 이러한 염려, 근심과 희망 등이 11일 수차례의 망설임 끝에 트루먼 대통령이 가장 눈부신 공을 세운 자국민 중 한 사람에 대해 그 힘든 결정을 내릴 수밖에 없도록 만든 것입니다.

드장

【259】 애치슨 국무장관의 연설(1951.4.19)

[전 보]	애치슨 국무장관의 연설
[문 서 번 호]	2998-3002
[발 신 일]	1951년 4월 19일 16시 50분
[수 신 일]	1951년 4월 20일 01시 35분
[발신지 및 발신자]	워싱턴/보네(주미 프랑스대사)

절대우선문건

어제 저녁 전국여기자협회에서 했던 연설에서 국무장관은 자국의 극동정책을 장시간 설명하였습니다. 이 연회는 오래전부터 계획되었던 것이었고 애치슨 국무장관의 담화는 단지 우연적으로 맥아더 장군의 의회 연설 하루 전날에 잡힌 것입니다. 상황은 매우 난처하지만 국무부의 수장으로 하여금 자세하고도 명확히 가장 완전하게 행정부의 입장을 설명할 수 있도록 만들었습니다. 그는 맥아더 장군의 해임이 아시아 문제에 대해 미국이 취해온 태도에 어떤 변경도 가져오지 않을 것이라는 것을 극동의 여론뿐 아니라 미국 여론에 보여주려 애쓰면서, 대부분 오후에 있었던 일본과의 평화와 태평양에서의 안전에 관한 트루먼 대통령의 성명에 의거하여 발언하였습니다. 그는 또한 전 도쿄 최고사령관의 이름은 대지 않으면서 자연스럽게 유엔이 한국에서 추진하는 전쟁 확장 정책에 반대 의사를 표명하였습니다. 그는 이 주제에 대해 온건하지만 단호한 표현으로 두 번에 걸쳐 언급했습니다. 미국 정치에서 가장 중요한 책임자들은 맥아더 장군이 워싱턴에 도착하는 시점에서도 거리낌이나 모호함 없이 이같이 표명하였습니다.

오늘 이른 오후에 있었던 그의 의회 연설에 당연히 더 많은 관심이 모아졌습니다.

국무장관의 연설에서 청중은 매우 전형적이었습니다. 청중의 대부분이 현재 워싱턴에 모인 신문 발행인들과 정계인사들이었습니다. 상원 야당에서 가장 단호한 책임자들은 모두 참석했습니다.

그들 중 몇몇은 애치슨 장관의 발언에 아주 분명히 자신들의 적대감을 드러내보였고, 우선 보기에 청중의 다수가 그에게 호의적인 것 같지는 않았습니다. 그럼에도 불구하고 그는 깊은 인상을 남겼습니다. 만장일치는 아니었지만 연설의 결론에 화답한 긴 박수는 그의 논법이 실효를 거두었고 청중석의 폭넓은 지지를 얻었음을 입증하였습니다.

강렬한 격분이 계속 나라를 흔들고 있고 맥아더 장군에 찬성하는 감정적 반응의 강도는 무시할 수 없습니다. 그러나 유능한 관측통들은 극동에 새로운 사건들이 발생하지 않는 한, 단호함을 보여주기로 결정한 행정부는 곧 착수될 대책에 강력한 영향력을 집결할 수 있을 것이며 결집력을 유지해나갈 수 있을 것으로 일관되게 보고 있습니다.

보네

【260】 맥아더 장군의 의회 연설(1951.4.19)

[전 　　　 보]	맥아더 장군의 의회 연설	
[문 서 번 호]	3017-3023	
[발 　신 　일]	1951년 4월 19일 22시	
[수 　신 　일]	1951년 4월 20일 06시 15분	
[발신지 및 발신자]	워싱턴/보네(주미 프랑스대사)	

우선문건

뉴욕 공문 제651-657호

맥아더 장군의 연설은 그의 지지자들을 실망시키지 않았습니다. 행정부가 중 공이나 소련의 위협에 굴하지 않을 것이며 태평양의 안전을 위해 중요하다고 여기는 조건들 중 어떤 것도 더 이상 포기하지 않겠다고 거듭 약속을 했음에도 불구하고, 이제는 실제 시카고에서의 브래들리 장군의 성명과 어제 저녁 전국 여기자협회에서의 국무장관의 성명에 맥아더 장군이 내놓은 반박에 따라 국정 조사가 실시될 것이 확실해 보입니다.

야당은 이렇게 주어진 기회를 재빠르게 탈취할 것입니다. 특히 공화당원들은 박수를 많이 쳤고, 장군이 중공에 맞서 필요한 공격조치를 재차 강조한 후 자신 의 견해는 우리의 참모장들(합동참모본부)을 포함한 한국 군사작전에 관련된 모든 군 지도자들이 전적으로 동의하는 것이라고 주장할 때에는 박수가 환호로 변하기까지 했습니다. 그때 상하원과 모든 청중들이 연설자에게 환호하기 위해 일어났는데 민주당 의원들만이 자신들의 자리를 지키고 일어나지 않았습니다.

여당 의원들 대부분은 전체적으로 냉담하게 반응했지만, 연설은 예상대로 많 은 군중의 열광을 불러일으켰고, 비록 연설자는 정치적 분열을 불러일으키기를 원하는 것은 아니라고 부인했지만 공화당원들은 장군이 방금 주장한 정부와의 갈등의 진실을 밝히라고 요구할 것입니다. 그들은 이것을 국무장관에 대한 공격을 재개하는 데 이용할 것입니다. 들리는 소문에 의하면 전 일본점령군 최고 사령관은 중국에 대한 미국의 태도가 우유부단했으며 정치적 이유로 인해 군사작전의 최고 책임자가 전쟁을 성공적으로 이끌기 위해 계획한 조치들을 수행하지 못하게 막았음을 증명하는 문서들을 갖고 있다고 합니다.

하지만 맥아더 장군의 연설은 여러 면에서 설득력이 떨어집니다. 그의 반대자들은, 최대치의 노력을 다 써버린 중국이 자신이 권장한 강력한 조치에 효과적으로 반격할 수 없을 것이라고 장담한 맥아더의 주장은 근거 없는 것이었다고 지적합니다. 그리고 특히 동맹국인 중국을 위한 소련의 개입은 확실한 것이 아니었다고 지적합니다. 이것이 바로 그의 주장에 있어 가장 약한 점이며, 여론이 냉정을 되찾게 되면 행정부의 더 신중한 정책이 광범위한 해결책을 제시할 것입니다.

이런 반론들에도 장군은 당황하지 않았습니다. 결정적으로 미국에서뿐 아니라 극동에서는 더더욱 반향을 불러일으킬 만한 격한 표현으로 아시아에서의 식민지주의의 유물을 비난한 그는 미국 정책 자체가 특히 필리핀에서 직면할 수 있는 어려움은 정작 가볍게 다루었습니다. 다른 한편 그는 중국인들의 혁명적 열망을 규정하고 인정했지만 장제스 총통이 이 새로운 상황에 대처할만한 적절한 지도자라고 많은 사람들에게 확신시킬 수 있을지는 의심스럽다고 했습니다. 대만 정부에 대한 그의 찬사는 아시아 대륙 전체를 뒤흔드는 민중운동을 언급한 후 그것을 뒷받침할 논거로는 불충분해 보입니다.

반면 중공의 위협적인 신군사정권에 직면하여 캘리포니아 해안 보호를 보장하는 섬 방어선을 침범하지 못하도록 할 필요성에 대한 그의 언급은 온 나라를 불안하게 만들기에 충분합니다. 이 점에 대해 정부는 장군을 저지하는 위험을 무릅쓰지는 않을 것입니다. 대만 문제에 관한 미국의 비타협적 태도는 그 어느 때보다 커질 것입니다. 유엔에서 온 이들이 포함된 저의 몇 동료들은 외교 토론에서, 대만에 관한 그리고 태평양 방어에 관한 장군의 성명들과 그에 대한 미 의회의 환영 이후 중국이 침묵으로 대응한다고 가정하더라도 중국과의 협상 가능성이 커질 수는 없다고 인정했습니다.

보네

【261】 한국문제(1951.4.19)

[전 보 (발 신)]	한국문제
[문 서 번 호]	미상
[발 신 일]	1951년 4월 19일
[수 신 일]	미상
[발신지 및 발신자]	파리/외교단(외무부 회의사무국)

뉴욕 공문 제1473-1237호, 워싱턴 공문 제3914-3917호, 런던 공문 제6288-6289호
뉴욕 공문 제1390호, 워싱턴 공문 제3696호, 런던 공문 제5990호 참조

영국 대사관은 한국에서 추구하는 목표에 대한 성명 계획서에 관해 워싱턴
주재 영국대사에게 내려진 최근 지시에 대한 다음과 같은 정보를 우리 외무부
에 보내왔습니다.

영국 외무부는 맥아더 장군의 해임으로 인해 미 행정부가 당분간 해당 계
획서 재검토를 연기하기를 바랄 수 있다고 이해한다. 그러나 세계 여론이 집
중되어 있고 중국이 유엔이 직접가담하지 않은 제안이므로 중국이 회답할 최
고의 기회라는 두 가지 관점에서 현시점이 성명을 발표하기에 적절한 시점이
라는 확신을 초지일관 고수하는 바이다.

영국 정부는 항상 중재위원회에 철저하게 보고하고 필요하다면 위원회의
지위를 침해하는 것이 아님을 납득시키는 것이 옳다고 여겨왔다. 오히려 영국
정부는 위원회가 성명제안이 중국의 대답을 얻기 위한 가장 좋은 길이므로 기
꺼이 받아들이기를 희망한다. 영국 정부는 또한 아시아-아랍국가 그룹이 비록
참여하지는 않지만 긍정적 입장을 취해주길 희망하는 바이다.

영국 정부는 한국에서 추구하는 목표에 대한 재확인은 가까운 미래에 이루

어져야 하고, 이를 너무 미룬다면 지금의 호기를 놓칠 수 있는 위험과 아시아-아랍국가 같은 또 다른 그룹이 성공 가능성이 거의 없는 제안을 시도할 위험뿐 아니라 대규모의 군사작전 재개의 위험까지 감수해야 할 수도 있다고 본다.

중국과의 접근에 가장 적절한 시기와 절차에 관하여는 이 문제를 가장 신중한 고찰의 대상으로 삼아야 할 것이며 약한 인상을 주지 말며 직접적인 거절의 위험을 피해야 한다. 영국 정부는 당분간 성명에 집중해야 하며 다만 중국에 접근하기 위해 그 성명을 활용할 가장 적절한 시기에 대해서는 추후에 결정해야 할 것으로 판단하고 있다.

【262】 만주의 중공 병력(1951.4.19)

[서　　　신]	만주의 중공 병력
[문 서 번 호]	168-AS
[발　신　일]	1951년 4월 19일
[수　신　일]	미상
[발신지 및 발신자]	도쿄/드장(주일 프랑스대사)

한국전쟁 초기부터 만주는 중공-북한 군사들에게는 거대한 집결지이자 훈련 지대였고 중공군들에게는 통로였습니다.

미국 참모부에 따르면(1951년 4월 13일 비밀 보고서) 1951년 3월 16일 이 지방에 주둔하는 중공 병력은 476,000명에 이르며 다음과 같이 구성되었습니다.

- 제9병단을 대표하는 제3야전군 55,000명
- 70,000명이 북방 특별 병단 지원부대(포병대, 기갑부대, 기병대, 공병대) 소속인 제4 야전군의 229,000명과 지원부대 교체 그룹을 구성하는 159,000명
- 제19병단과 제20병단에 소속된 192,000명

마오쩌둥 군대의 예비군을 이루는 위의 병력 이외에도 일정수의 대부대들이 중국 서쪽에서 만주를 거쳐 한국 쪽으로 이동했습니다. 이들의 존재에 대한 상황 증거가 4월 초에 포착되었습니다. 이들은 특히 제18, 제19, 제20병단, 중화북방 집단군 그리고 중화북방특수집단군 병력들입니다.

제18병단

장제스 군대가 만주로 패주했을 당시(1948년), 쉬샹첸[1] 장군의 지휘 아래 있던 이 집단군은 후에 공산군 제59, 제60, 제61, 제62군이 된 부대들을 포함하고

있었습니다. 1949년 2월 이 군은 제18병단으로 불리게 되었고 쉬샹첸 장군은 중공군의 참모총장이 되었습니다.

1949년 5월 초에, 츄투체티 장군이 이 군의 지휘를 맡았고, 제4군단의 포병부대들의 지원을 받아 국민당 보루인 중국 북쪽의 타이위안을 점령하였습니다. 이 작전은 제19, 제20군의 원조를 받아 완수되었습니다.

얼마 후, 제18, 제19병단은 제1야전군에 배속되었고 시안, 란저우 같은 도시들을 포위하였습니다(1949년 7-8월). 1949년 9월, 제18병단은 제2야전군에 합병되었고 임무는 쓰촨성을 점령하는 것이었으며, 1949년 12월 충칭시의 항복을 이끌어낸 군사작전에 참여했습니다.

현재 제60, 제61, 제62군을 포함한 제18병단은 중국 서부를 떠나 만주로 향했고 1951년 4월 북한에서 포착되었습니다.

제19병단

양더즈[2] 장군의 지휘 아래 이 부대는 1949년 4-5월 타이위안시 포위에 참여했습니다. 이 도시가 점령되자 제19병단은 제1야전군에 병합되었고 중국 북서쪽에서 국민군 소탕에 착수했습니다. 이 군사작전 중에 제19병단의 한 기갑부대가 간쑤성 육로를 통해 신장 자치구에 들어가 국민당 부대의 잔병들과 맞서 싸웠습니다.

현재 제63, 제64, 제65군을 포함하고 있는 제19병단은 1951년 3월 말 북한 원산 서쪽 양덕 지구에서 포착되었습니다.

제20병단

타이위안시 점령 이후, 이 집단군은 양청우 사령관의 지휘 아래 후베이성, 산시성, 차하얼성, 쑤이위안성, 그리고 공산군에 의해 새로이 창설된 핑위안성, 후

---

[1] 쉬샹첸(Xu Xiangqian, 徐尚前, 서상겸, 1901-1990). 항일전쟁 중 제8로군 제129사 부사장, 제1종대 사령관 역임. 전후 내전시대에는 인민혁명군사위원회 부주석, 국방위원회 부주석, 원수 등을 역임.
[2] 양더즈(Yang Dezhi, 楊得志).

난성 황하 이북 부분을 포함한 지방들과 산둥성 후베이성의 몇몇 지역에 주둔 하였습니다.

제20병단은 제66, 제67, 제68, 제70군을 포함하고 있었는데 제66군은 현재로 서는 분리된 상태입니다.

중화북방 집단군

전에는 각각 제2야전군과 제1야전군에 속해있던 위의 제18병단, 제19병단과 제20병단이 지금은 후베이성, 산시성, 차하얼성, 쑤이위안성, 핑위안성 등에 펼 쳐져있는 중국 북방집단군에 합병된 것으로 보인다는 사실은 중공 전쟁포로들 의 심문에서 드러났습니다.

바로 이 공산부대들이 1948년 푸쭤이[3] 국민당 장성의 군대들에 맞서 싸우기 위해 돌격했던 부대들입니다. 1949년 1월 베이징과 톈진이 공산군의 손에 넘어 갔을 때 중화인민해방군 북방지역군에 중화북방집단군이라는 이름이 붙여졌고 제1, 제2, 제3, 제4야전군이라는 명칭으로 공산군의 새로운 배치가 이루어졌습 니다.

중화북방특수집단군

이 부대에 대해서는 알려진 것이 거의 없습니다. 약 200대의 탱크(일제와 미 제)와 대포를 보유한 기갑부대를 포함하고 있는 것으로 보입니다.

드장

---

3) 푸쭤이(Fu Zuoyi, 傅作義).

【263】 맥아더 장군의 의회 연설과 미국 여론(1951.4.19)

[서   신] 맥아더 장군의 의회 연설과 미국 여론
[문 서 번 호] 1726
[발   신   일] 1951년 4월 19일
[수   신   일] 미상
[발신지 및 발신자] 워싱턴/보네(주미 프랑스대사)

맥아더 장군이 의회에서 방금 마친 연설이 사전에 그 정도의 관심을 불러일으켰고, 미국에서 열광이라 해도 과장되지 않을 정도였던 것은, 일본 주재 연합국들에게 미 행정부와 전 총사령관을 대립시키는 논쟁 속에서 이 연설은 결론이자 동시에 시작이었기 때문입니다.

결론인 이유는 대통령에 의해 해임된 이후 처음으로 장군은 자신을 향한 비난에 응답하고 이번에는 자신의 정책을 자유롭게 설명할 수 있었으며 동시에 자신의 연설 마지막에 그가 했듯이 자신의 군직에 "안녕히"라고 작별을 고할 수 있었기 때문입니다.

시작인 이유는 개인적으로 자신을 합리화하려 않고 의회의 연단을 재판소 법정으로 이용하지도 않는 능숙함과 요령으로 장군은 즉시 극동에 관한 논쟁에 불을 지폈습니다. 보다 정확히 말하면 오늘부터 의회 구성원들이 아마도 수 주간 검토하게끔 만든 것입니다.

비록 지난 주 중에 민주당 행정부가 두 번에 걸쳐, 먼저는 8일 전 대통령이 직접, 그리고 애치슨 국무장관을 통해 극동의 전반적 정책을 규명하는 성의를 보였지만 맥아더 장군의 연설은 논쟁의 발단 기록으로 간주될 것입니다.

저는 다른 곳에서 장군의 연설을 분석하고 논평했습니다. 그러므로 그의 연설이 미국 여론에 미칠 수 있는 영향력을 알아보자는 목적만을 가진 이 공문에서는 재론하지 않겠습니다.

의심의 여지없이 정서적 측면에서는 이 영향이 적어도 당장은 막대할 것입니다.

전 일본점령군 최고사령관의 해임과 귀환 상황은 감동적인 전개를 좋아하는 미국 여론에 호사다마라고 실패 뒤에 성공을 이룰 언제나 비범한 인물인 장군의 인기를 드높여줄 수밖에 없었습니다.

더구나 태평양 전쟁의 승리자가 14년 만에 처음으로 자국으로 돌아왔고, 장군의 두 가지 측면이 뒤섞이면서 승리한 장군이 받을만한 "환영식"과 "파면당한" 장군, "약자"에게 부여된 열렬한 환영과 함께 피할 수 없는 혼란(대통령조차도 피하려 하지 않았습니다)은 행정부가 앞으로의 논쟁을 해명하며 직면하게 될 결코 무시할 수 없는 장애물 중 하나가 될 것입니다.

마지막으로 전 총사령관은 놀라운 대담함은 말할 것도 없이 연설가로서 훌륭한 자질을 지니고 있어 배우라고 쓰고 싶을 정도입니다. 오늘 오후 의회에서의 의례는 이에 대해 어떤 의심의 여지도 없음을 보여줍니다. "상하원 합동 회의"로 열 것을 결정한 의회 사무국, 정부와 연방대법원 구성원들, 그리고 외교단조차도 초청되지 않았습니다. 의회의 이러한 교묘한 노력은 애치슨 국무장관과 트루먼 대통령의 주요협력자들이 회의에 참석하지 않아도 되게 하려는 것이었습니다. 이것은 말할 필요도 없이 모두의 편의를 위한 것입니다.

의회 회의에 참석하기를 원했으나 그럴 수 없는 많은 사람들을 위해 다행히도 텔레비전이 있었습니다. 한국에 관한 안전보장이사회 토론 당시 저는 외부적으로나 내부적으로도 그 정치적 중요성이 점점 커지고 있는 텔레비전을 특별히 언급한 적이 있었습니다.

이렇게 볼 때, 오늘의 일은 행정부에게 불리할 것입니다. 왜냐하면 맥아더 장군의 연설을 청취했거나 시청한, 감정이 아직 고무된 상태의 대다수의 사람들은 애치슨 국무장관 또는 트루먼 대통령이 나중에 자신들의 정책을 옹호하고 정당화하려고 할 때 그 주장을 거의 읽으려 하지 않을 것이고 더더욱 듣거나 보려고도 하지 않을 것이기 때문입니다.

이렇게 여론의 관점에서 워싱턴의 "맥아더의 날"은 대통령과 행정부의 손해로 계산 결과가 나올 것이고, 그럴 수밖에 없는 것이었습니다.

그러나 그 강도 자체를 보더라도 장군의 해임을 둘러싼 흥분은 그러한 수준으로 오래 유지될 수는 없을 것이고, 결국 몇 주가 지나면 잠잠해진 분위기에서 극동에 대한 대대적 토론이 전개될 수 있을 것이라 생각할 수도 있습니다.

보네

【264】 맥아더 장군의 해임에 대한 소련의 입장(1951.4.20)

[전 보]	맥아더 장군의 해임에 대한 소련의 입장
[문 서 번 호]	967-971
[발 신 일]	1951년 4월 20일 16시 00분
[수 신 일]	1951년 4월 20일 20시 10분
[발신지 및 발신자]	모스크바/샤테뇨(주소련 프랑스대사)

크렘린의 주요 관심사는 유럽과 극동지역을 지배하던 긴장 악화를 예방하기 위해 서구가 취한 구상으로 여론에 형성된 인상을 지우는 일로 보입니다.

어제의 공식보도들은 서구 세력이 오직 파리의 토론을 무한 연장하여 그것을 구실삼아 전쟁 준비를 철저하게 해나가려는 생각 밖에 없다고 단정하는 반면, 오늘 아침 일간지 『이즈베스티야』는 맥아더 장군의 해임은 무엇보다 선거 전략이며 미 여론 상당수의 평화적 열망에 대한 민주당의 거짓된 양보라고 주장했습니다.

트루먼 대통령은 아마 서양 동맹국과 미국 여론의 두려움을 가라앉히고 무엇보다 아시아에서의 영미 전선의 단절을 막기 위해 "국민 영웅"을 희생시킬 필요성을 느꼈을 것이라고 합니다. 실제로는 미국 내부의 위기를 악화시킬 뿐, 한국문제의 난관은 여전히 남아있고 민주당 의원들은 트루먼 대통령의 최근 성명들이 증명해주듯 극동에서 적대행위를 계속하고 전쟁을 확대하는 데 공화당원들과 전적으로 뜻을 같이 한다는 것입니다.

맥아더 장군 문제에 대한 이 두 번째 해설에서 주목해야 할 것은 소련의 "소극적" 태도입니다. 소련 정부는 적대자들에게 내놓은 원칙은 단호하게 고수하면서도, 스스로는 아시아에서 긴장완화를 용이하게 만들 어떤 의향도 아직 표명하지 않고 있습니다. 그런데 한국문제의 평화적 해결을 위해 베이징과 평양이 기본적으로 제기한 내용과 같은 제안을 하지 않으려고 조심하는 것은 확실합니다. 다른 한편, 소련은 아시아에서 적대 행위가 끝나기를 바라는 모든 나라 사람들의 점점 열렬해지는 갈망을 반복해서 인용하고 있습니다. 즉 소련 외교의 본질적 목표인 5개국 조약의 필요성을 새로이 암시하는 것입니다.

타스통신이 최근의 호치민 각료회의에 대해 보고한 상하이 공식발표에는 비록 경미하긴 하지만 더욱 분명하게 드러나는 공산주의자들의 입장 변화를 볼 수 있습니다. 이 자료에서는 군사 상황의 변화는 거의 언급되지 않은 반면, "베트남 국가전선"과 평화지지자들이 제3차 세계대전을 막기 위해 펼치는 공동의 노력을 강조하는 것에 중점을 두고 있습니다. 마지막으로 호치민 각료회의에서 채택된 결의안은 인도차이나에서의 적대행위 악화 또는 확장의 문제가 아니라 공산품과 농산물의 증가 그리고 베트민의 후원아래 최근 설립된 인민전선 기구들의 강화에 관련된 것임을 주목할 수 있습니다.

샤테뇨

【265】 추가조치위원회에 대한 미국의 입장(1951.4.20)

[전　　　　보]	추가조치위원회에 대한 미국의 입장
[문 서 번 호]	3032-3038
[발　신　일]	1951년 4월 20일 22시
[수　신　일]	1951년 4월 21일 06시
[발신지 및 발신자]	워싱턴/보네(주미 프랑스대사)

보안

　유엔담당 차관보는 저에게 라코스트 씨가 우리 외무부에 전달한 제1049호 전보의 주제였던 추가경제조치 문제를 상의하기 위해 만나자고 요청해왔습니다.

　히커슨 차관보는 자신의 정부가 추가조치위원회가 총회에 결의계획서를 최대한 빨리 제출할 수 있도록 매우 빠른 시일 내에 추가조치위원회 회의 개최를 희망한다고 강조하면서 최근 그로스 유엔대사가 우리 대표에게 펼쳤던 논거를 되풀이했습니다.

　차관보는 특히 지난 2월 1일 이후 중공에 맞선 어떤 경제적 조치도 유엔 회원국들에 의해 효과적으로 선언되지 못한 사실을 매우 강조했습니다. 미국은 이제 중공에 대하여 전면적 금수조치를 취했습니다. 물론 영국과 프랑스도 이와 마찬가지겠지만 미국 여론이 그것을 인식하지 못했으므로 위원회 회의가 개최되면 미국 동맹국들이 취한 조치를 공개적으로 알릴 기회를 제공할 수 있으리라는 것입니다. 이에 대해 히커슨 씨는 이 문제에 있어 요즘 자신의 정부는 그어느 때보다 내부 정치 상황을 고려해야 한다고 솔직히 털어놓았습니다.

　그러므로 미 정부는 추가조치위원회가 최대한 빨리, 즉 4월 30일경에, 원자핵 재료, 무기, 탄환, 석유제품, 무기 생산에 포함되는 제품, 군수품과 전쟁 물자 같은 일정한 수출품에 대한 부분적 금수조치를 중공에 부과하는 결의 계획서를 총회에서 심의할 것을 제안하고 있습니다.

가장 폭넓은 합의에 도달하기 위해 미 정부는 앞의 범주(예를 들어 워싱턴으로서는 고무 종류)에 속하는 제품들을 각국이 결정하도록 일임할 생각입니다.

차관보는 총회에 의해 이렇게 채택된 결의가 중재위원회의 종말을 고해야 한다고 생각하지는 않습니다. 그에 따르면 오히려 그 반대로 중공은 양보하지 않겠다는 유엔의 의지를 깨닫게 될 것이고 유엔과 교섭하려고 할 것이라는 것입니다.

그래서 저는 차관보에게 이 문제에 있어 그의 정부가 행동에 나설 수밖에 없는 내부적 이유를 충분히 이해하지만 관계된 다른 정부들도 이 의견에 동의하기는 어렵다고 지적했습니다. 그가 좀 전에 표명한 가설은 특히 전혀 확실한 것이 아니었습니다. 그가 당분간은 여전히 경제적 조치에 대한 이론적 검토를 계속 하고, 남아있는 협상의 마지막 기회를 위태롭게 만들지 않기 위해 공적인 자리에서 토론에 부치지 않는 것이 좋아 보였습니다. 히커슨 차관보는 이 반론을 모르지 않는다고 대답했습니다. 특히 영국 정부는 이 주제에 관해 워싱턴이 보는 방식과는 전혀 다른 의견을 가지고 있었고, 그가 오늘 아침 만났던 올리버 프랭크스 주미 영국대사는 신중함과 기다림을 권장하는 런던의 입장을 알려주었다고 했습니다. 그리고 차관보는 매우 절박하게 임무 얘기로 되돌아와, 프랑스 정부가 다음 주에 뉴욕이든 워싱턴 또는 동시에 양 도시에서든 미국 정부의 예상으로 이달 말에는 위원회 회의가 이루어질 수 있도록 의견교환을 지속해나갈 수 있기를 바란다고 밝혔습니다.

저는 자연스럽게 각하께서 뉴욕에 보내고 제3897호 문서로 공보하신 4월 19일 전보의 지시사항을 설명했습니다. 첫 번째 조건에 관하여 국무부는 경제적 조치의 이론적 검토와 함께 소위원회가 이제 끝난 것으로 평가하고 있습니다.

위원회가 채택한 조치들의 추진(두 번째 조건)에 있어서는, 제가 각하께 드린 정보들이 이 문제에서 우리 미국 대화상대자들과 우리 사이에 상당한 거리가 있음을 보여주고 있습니다. 저는 히커슨 차관보의 설명에 대한 각하의 견해를 최대한 빨리 그에게 알리려고 합니다.

보네

【266】 미국의 극동정책에 대한 애치슨 국무장관의 연설(1951.4.20)

```
[ 서      신 ]  미국의 극동정책에 대한 애치슨 국무장관의 연설
[ 문 서 번 호 ]  1719
[ 발   신   일 ]  1951년 4월 20일
[ 수   신   일 ]  미상
[발신지 및 발신자]  워싱턴/보네(주미 프랑스대사)
```

4월 18일 전국여기자협회를 위해 애치슨 장관이 했던 연설은 제가 4월 19일자 공문을 통해 간단한 분석을 보내드렸던 것으로, 현재 미 행정부가 따르는 극동정책에 대해 분명하고 자세한 내용을 설명해주고 있습니다. 의회에서 이 주제에 대한 토론이 시작될 때 그는 대중의 주의를 핵심 요점들에 집중시키고 맥아더 장군의 해임을 피할 수 없는 토론을 건설적인 사안들 쪽으로 돌리려 애썼습니다.

애치슨 장관은 또 '미국 국민들의 천성적 양식' 덕분에 이 대 토론이 미군의 유럽파견에 관해 진행된 토론처럼 유익하고 이로운 토론이 될 것을 확신한다고 밝혔습니다.

미국은 '전체적 문제'에 대면하고 있으며 세계 각 지역과 관련된 문제들은 이 전체적인 차원에서 논의되어야 한다고 힘주어 강조하면서, 애치슨 장관은 유럽에서와 마찬가지로 아시아에서의 미국 정책의 두 가지 핵심 목표는 전쟁을 막는 것과 적이 전쟁을 일으킨다면 그 전쟁을 이기는 것이라고 못 박았습니다.

국무장관은 유럽 관련 토론에서 3가지 견해가 드러났다고 떠올렸습니다. 그 중 두 가지는 극단적 경향을 나타냈는데 격렬하게 표현되었지만 소수의 지지밖에 받지 못했고, 반대로 세 번째 견해는 대다수의 정서와 일치했습니다. 고립주의와 전쟁 불가피론에 대한 확신을 모두 거부하면서 여론 대다수는 전쟁을 막기 위한 미국과 동맹국들의 역량 강화에 찬성을 표명하였습니다. 이 그룹은 "공

격은 대적해야 하는 악이며, 무력의 위협에 항복하는 것은 유화정책을 따르는 것이고, 갈등의 협상과 평화적 해결은 유화의 동의어가 아님을" 확신했다고 애치슨 장관은 강조합니다.

국무장관은 이렇게 표명된 세 가지 견해가 미국의 극동정책에 대한 논쟁에서도 나타난다고 보고 있습니다. 그리고 그는 이 견해들이 극동정책의 세 가지 주요 국면, 즉 태평양 지역의 평화와 안보 체제, 아시아 국가들에 대한 경제적 군사적 원조, 그리고 한국전쟁에 대해 다소 강렬하게 표명될 기회가 있을 것이라고 봅니다.

태평양 지역의 평화와 안보 체제에 관하여 애치슨 장관은 미 여론의 동의를 얻기가 어렵지 않을 것으로 기대하고 있습니다. 일본과의 향후 평화조약의 주요노선은 이미 알려져 있습니다. 덜레스 씨는 이에 대해 일본 및 "우리처럼 신속한 평화를 이끌어낼 준비가 된 다른 정부들과" 전적으로 논의하였습니다. 그리고 이 주요노선은 맥아더 장군의 견해와 일치하며 그의 전적인 지지를 받고 있을 뿐만 아니라, 상원과 의회의 여러 위원회들에 의해 상세히 검토된 것들입니다.

또한 미국이 일본, 필리핀, 호주, 뉴질랜드와 체결했거나 체결하려하고 있는 "안보협정"에 관에서는 어떤 심각한 난관도 없을 것이라고 애치슨 장관은 이어갑니다. 이에 관해 트루먼 대통령이 4월 18일 오후에 발표한 성명을 인용하며 국무장관은 이 여러 국가들에 대한 미국의 입장을 차례로 설명합니다.

일본에 관하여는, 1945년 가을부터 주요 점령국으로서 우선적으로 일본의 안보를 담당한 미국은 평화조약이 침략을 노리는 흥분된 열강의 욕망과 야망에 한 비무장 국가를 노출시키는 결과를 초래하는 것을 원하지 않습니다. 그래서 "미국과 일본은 상호 합의에 따라 이 국가의 지속적 안보를 위해 양국 모두에게 중요한 관심사인 안보를 제공할 것입니다."

미국과 필리핀 사이에는 이미 양국의 협력관계(파트너십)를 인정하고 실질적 수단들을 준비한 협정들이 존재합니다. 그러나 "모든 공식 협정은 차치하고 미국은 어디로부터 오든 필리핀에 대한 그 어떤 침략도 용납하지 않을 것"이라고 애치슨 장관은 강조합니다.

호주와 뉴질랜드의 경우, 일본과의 평화조약에 관한 논의는 공식적 협의를 통해 제2차 세계대전 중에 보여준 협력관계를 공고히 하는 것이 바람직하다는 것을 보여주었습니다. 애치슨 장관은 이러한 협약은 "누구에게도 위협이 되지 않는 것"이며 트루먼 대통령이 지적한 바와 같이 그것은 태평양 안보체제를 이루는 여정의 "첫걸음"일 뿐이라고 강조합니다. 여기에 국무장관은 제안된 협력관계의 차후 확대를 위해 문을 열어두었는데 이것은 틀림없이 영국과 태평양의 다른 열강들의 신경을 건드리지 않기 위함일 것입니다.

그는 "이러한 협의들은 이 지역의 국가들이 발전시키기를 희망하는 더 큰 합의, 우리가 얘기했듯이 미국의 호의적인 관심을 받을 합의의 길에 도달하는 데 어떤 방해도 되지 않을 것입니다"라고 밝히고 있습니다.

애치슨 장관은 미국의 극동정책의 두 번째 국면, 즉 아시아 국가들에 대한 경제적·군사적 원조가 심각한 대립을 불러일으키지 않기를 바랍니다. 그는 지나가면서 필리핀, 인도차이나, 태국, 미얀마, 인도네시아, 대만에서의 미 경제협조처 ECA[1]의 임무와 필리핀, 인도차이나, 태국, 그리고 대만의 군사원조계획에 대해 언급합니다. 그는 또한 "절망적" 상황에 처한 인도의 식량부족의 절박함을 상기시킵니다. 이 모든 원조계획들은 침략을 저지하는 정책의 반대급부입니다.

한국이 남았습니다. 이것은 분명히 주요 논란이 되는 문제이지만 애치슨 장관은 이 한국문제가 과거에 내려진 결정에 어떤 영향을 미치지 않기를 희망합니다. 그는 이 점에 관해서는 맥아더 장군의 연설이 옳다고 인정하면서 다수의 여론이 지난 6월의 "신속하고 용감한" 전투를 인정하고 있음을 믿어 의심치 않는다고 말합니다. 그리고 이 전투로 침략자는 궁지에 몰리게 되었고 아시아에서의 모든 침략계획이 어긋나는 좋은 결과를 가져왔다고 강조합니다. 미국과 그 동맹국들은 "깨어나" 그들의 군사력을 발휘하기 시작했습니다. 집단안보의 원칙은 새로운 활력을 얻었습니다. "위성국들을 통한 침략" 방식은 유엔에서 정체가 드러났고 그것은 극단적으로 위험해졌습니다.

---

[1] 미 경제협력국(Economic Cooperation Administration). 제2차 세계대전 직후 유럽 부흥 계획을 관장하는 미국 정부의 한 기관. 1952년 폐지.

토론은 한국에 관한 현재와 미래 정책에 대해 이루어질 것이고 이를 계기로 앞에서 언급된 3가지 견해가 다시 두드러질 것입니다.

"성급함으로 부추겨진 극단적 견해가 있을 수 있습니다. 사람들은 오직 모든 위험을 무릅쓰고 적대행위를 확산할 때만 한국전쟁을 종식시킬 수 있을 것이고 한국문제를 평화적 방법으로 해결하고자 하는 모든 열망은 유화정책이나 마찬가지라고 말할 것입니다."

"또 다른 극단적 견해는 최선의 대책이 한국 철수와 노력 포기라고 할 것이 틀림없습니다."

이 두 가지 견해는 미국 국민이 애착을 갖는 두 가지 목표, 즉 세계전쟁 발발을 막고 세계전쟁을 가져올 수 있는 침략을 막는 것이라는 목표와 모순된다고 애치슨 장관은 힘주어 단정합니다.

국무장관은 토론의 주요 목적은 "침략행위를 종식시키고 그 침략이 세계전쟁에 이르지 않도록 저지하며 미국의 안보를 최대한 보호하기 위한 최선의 정책을 결정짓는 일"이라고 생각합니다. 그러므로 그는 이에 대한 행정부의 입장을 7가지로 규명합니다.

1. 침략자들이 그들의 공격을 멈춘다면 한국에서 평화는 확립될 수 있다. 침략자에게 원하는 것을 제공하면서 전쟁을 종식하는 것은 말 그대로 유화정책일 것이다.
2. 한국에서의 유엔의 군사 활동을 지지하는 모든 국가들은 한국문제를 평화적인 방법으로 해결하기를 항상 바래왔고 지금도 그러하다. 즉 그들은 정치적 문제를 무력으로 해결하려 한 적이 결코 없었고 지금도 그러하다. 그들의 군사적 목표는 침략을 종식하고 평화를 재확립하는 것이다.
3. 침략자들은 전쟁터에서 지속적으로 큰 손실을 입고 있다. 중국 국민은 자신들의 영토에서 점점 늘어나는 결핍을 겪고 있다. 침략자들의 지도층은 이러한 상황의 원인을 제공했으며 이것은 특히 중국에서 감출 수 없는 사실이다.

4. 한국에서의 투쟁과 침략에 맞선 국가들의 강화는 한국 침략의 토대가 되고 다른 폭력적 모험 계획을 위한 기준이 되었을 술책이 빗나가게 했다.

5. "현 상황에서 적대행위의 확대는 유엔군이 그들의 임무를 수행하는 데 도움이 되지 않는다. 이것은 세계평화를 심각한 위험에 빠트리게 할 것이다." 애치슨 장관은 그러한 관점에서 전날 브래들리 장군이 전날 했던 연설의 결론을 다시 언급합니다. "가능하다면 한국문제는 현재의 전쟁터에서 해결되어야 할 것이다."

6. 적대행위를 확산하고 세계평화를 위험에 빠트릴 결과를 초래할 행위의 책임은 "완전히" 침략자들의 손에 달려있다.

7. 침략자들이 경험을 통해 그들의 시도는 실패했고 그것을 지속하는 것은 너무 위험하다는 사실을 인정하기에 이른다면 한국 침략은 종식될 수 있다.

한국전쟁이 확대되거나 세계전쟁이 잇따른다면 그 책임은 "크렘린과 베이징의 대리인들"에게로 되돌아올 것이라고 다시 한 번 반복하며 애치슨 장관은 이렇게 외칩니다. 이것은 여지없이 그의 연설의 핵심 문구입니다.

"미국 국민은 절대 이 정책을 선택하지 않을 것입니다. 그것을 선택하는 함정에 빠지지 않을 것입니다."

애치슨 국무장관의 연설문과 이 공문에 언급된 트루먼 대통령의 성명문을 동봉합니다.

보네

【267】 전선의 상황(1951.4.20)

[전 보]	전선의 상황
[문 서 번 호]	945-947
[발 신 일]	1951년 4월 20일 20시
[수 신 일]	1951년 4월 20일 17시 15분
[발신지 및 발신자]	도쿄/드장(주일 프랑스대사)

보안

국방부에 긴급 전달 요망

한반도 중부지역에서는 적의 저항이 미미합니다. 중공군은 철원 남쪽 15㎞까지 후퇴했습니다. 화천 저수지 남쪽 연안은 거의 모든 부분을 유엔군이 점령했습니다.

그와 평행으로 북쪽 15㎞를 지나는 연합군 전선은 서에서 동까지 촉성, 와초, 북한강, 당곡, 오생, 화봉장으로 이어집니다.

미 제1군단과 제9군단을 위한 새로운 목표가 정해졌습니다. 달성해야 할 전선이 조령을 지나 금화 남쪽 그리고 화천으로 지나며 공산군 집결지로 사용되었던 그 유명한 삼각지를 거의 모두 포함하면서 아치 모양을 형성했습니다.

중공군 제19병단에 속하는 제63군이 임진강 우측 연안에서 포착되었습니다. 제4야전군의 부대들이 북서쪽으로 후퇴하는 움직임이 제3야전군으로의 교체와 함께 이어지고 있습니다.

프랑스 대대는 저수지 남쪽에 위치하고 있습니다. 이 부대는 전선에 되돌아온 이후 적과 어떤 교전도 없었습니다.

연합공군은 북한 비행장들을 계속해서 폭격하고 있습니다. 이들은 적의 대규모 공군 개입을 예상하고 있는데, 미국 공군의 대변인이 워싱턴에서 낸 성명서에 따르면 한 달 동안 하루에 500-700번의 출격을 실행할 수 있을 것으로 봅니다.

드장

【268】 맥아더 장군의 해임과 중국 여론(1951.4.20)

[공 문]	맥아더 장군의 해임과 중국 여론
[문 서 번 호]	127
[발 신 일]	1951년 4월 20일
[수 신 일]	미상
[발신지 및 발신자]	창하이/장 로이에르(주상하이 프랑스대사관 참사관, 총영사)

　4월 11일, 12일부터 외국 라디오들과 영문 공산언론(『상하이뉴스』)에 의해 대중에게 알려진 트루먼 대통령의 맥아더 장군의 해임 소식은 3일 후에야 중국 언론에 보도되었습니다. 사건의 공식적 설명을 제공하는 논평을 조절하는 데 시간이 걸렸던 것입니다.

　외국 관측통들은 처음에는 베이징의 반응에 대해 의심의 여지가 없었습니다. 1950년 10월부터 인민 정부의 정치 노선은 주목할 만한 주제에 있어 유럽 언론이 어떤 공유를 기대하기에는 어려울 만큼 너무 확고합니다. 아래 번역문을 동봉한 중국 『인민일보』의 4월 15일자 논평은 모든 면에서 예측한대로입니다. 요컨대 이 공산신문은 맥아더의 해임이 중국과 한국 인민의 승리이며 제국주의자들의 곤란한 처지와 내부적 모순을 드러내고 있긴 하지만 그와는 오히려 반대로 이 제국주의자들이 극동지역 민중 및 중국 점령계획에 있어 침략정책을 포기하는 것은 전혀 아니라고 쓰고 있습니다. 중국 인민은 한국 인민과 함께 그들의 지휘자가 리지웨이 장군이든 맥아더 장군이든 침략자들에 맞서 투쟁을 지속하며 강화해야 한다는 것입니다. 때마침 중국 상공에 미 공군침입 관련 소식이 이미 여론에 모든 섣부른 낙관론과 반(反)제국주의의 긴장 해이에 대해 경계하며 이 입장표명에 앞섰습니다. 그리고 미국의 지속적 위협에 대한 새로운 언론 캠페인이 시작됩니다. 이를 증명하는 사진들과 신문들은 미군의 습격으로 안둥성에 초래된 파괴 현장을 묘사합니다. 푸젠성 상공의 비행과 역시 미 항공기의 대규모 부대(공식 보도에 따르면)에 의한 푸저우 시 일제사격, 대만 해상의 제7함대 군사훈련 등도 마찬가지로 변함없는 미국의 침략의지를 보여주는 수많은 증거들처럼 언급되었습니다.

이 참고문헌을 통해 한 가지 난감함이 드러납니다. 이번에야말로 미국을 무너뜨려야 할 적으로 내세운 공식선전으로서는 날마다 전쟁범죄자, 제1의 전쟁도발자, 미 제국주의의 화신, 그리고 눈길을 끄는 자체적 행동들로 날마다 미국에 대한 비난을 뒷받침하는 새로운 논거를 끊임없이 제공하던 군인으로 규탄받던 인물이 미국 대통령에 의해 극동정책의 무대에서 제거되었음을 알려야하는 것은 난처한 일입니다. 그리고 여론을 지배한 안도감에 맞서 반드시 대응을 하고 여론이 이 사건으로 인해 제국주의자들에 대한 "유화"정책에 우호적 결론을 도출하지 못하도록 막아야 합니다. 인민 정부가 한국전쟁을 명예롭게 종식시킬 수 있는 외교적 공세를 통해 맥아더의 해임으로 인한 부인할 수 없는 심적 승리를 활용하려는 시도를 했을 수도 있다는 생각이 들었을 것입니다. 또 양식있는 많은 중국인들은 당연히 그것을 희망했습니다. 인민정부가 그렇게 하지 않은 것은 "제국주의자들에 의해 제공된" 것이 아닌 "스스로의 노력으로 획득한", 명확히 말하자면 협상된 평화가 아닌 전쟁과 완전한 승리를 통한 평화를 원하기 때문(『문회보(文匯報)』, 4월 19일)이라는 것입니다. 모든 일은 마치 중국공산당이 자신들이 만들어낸 외부의 적을 유지하기 원하는 것처럼 진행됩니다. 이 적의 존재는 그들이 전쟁의 필요성을 내세우며 자신들의 내부정책계획을 가장 철저하고 가장 피비린내 나는 방식으로 실행할 수 있도록 만들어줍니다.

그러므로 중국 지도자들은 미국정책의 맥아더 해임이라는 이 마찰에서 약점과 혼란의 징후만 보이는 척합니다. 게다가 정통 공산주의자는 그 인물이 아무리 훌륭하더라도 한 사람의 행동 자체가 사건에 결정적인 영향을 미칠 수는 없다고 봅니다. 그런데 맥아더는 사라졌지만 그가 반영하고 주동하던 경제적 이해는 살아남아 제국주의로 정의되는 미국정책을 여전히 좌지우지한다는 것입니다.

장 로이에르

【268-1】 별첨 1—중국 『인민일보』 사설

한국에서의 미국 침략자들의 패배는 확실하다
(1951년 4월 16일자 베이징 『인민일보』 사설)

극동에서의 미 침략군 총사령관 맥아더의 해임은 중국과 한국 인민의 반미투쟁 덕분에 이루어진 성공이자 동시에 세계평화 수호를 위해 침략전쟁 반대운동에 참여한 전 세계 인민들의 승리이다.

미 제국주의자들에 의해 극동 인민들을 노예화하도록 지시를 받은 '총독' 맥아더 장군은 제2차 세계대전 이전부터 침략과 약탈의 과업을 이루기 위해 아시아에 파견되었었다. 1945년 이래 유엔군의 최고 사령관으로서의 지위를 이용하여 일본 인민을 복종시키는 제국주의 정책을 실시했다. 1950년 한국 침략전쟁이 시작된 이후 맥아더는 '유엔군 총사령관'으로 임명되었다. 그는 미국 침략군과 그 공범자들의 선두에 서서 한국 민간인들을 학살하고 중국 섬인 대만을 점령하고 중국 국경지대를 폭격하도록 하였다.

미 침략자들은 한국전쟁에 미국 지상군의 절반 이상을 투입했다. 그들은 처음부터 해군과 공군뿐 아니라 무기와 군수품 분야에서도 우세함을 지니고 있었다. 그러나 한국 인민군은 특히 중국자원병 부대들의 한국 도착 이후 거듭된 패배를 그들에게 안겨주었다.

미국이 한국에서 정복 전쟁을 시작한지 거의 10개월이 지났다. 미 정부관계자들도 한국에서의 미군 인명 손실이 2차 세계대전 당시 미군에 가한 인명피해의 5분의 1에 달한다는 사실을 인정할 수밖에 없는 상태이다. 더구나 침략자들의 군사적 전망은 점점 더 어두워지고 있다. 이러하여 미국 지도자들 세력과 제국주의 진영 안에서 의견 대립이 발생하고 있다. 서로 간에 비난을 주고받고 있다. 이러한 상황에서 트루먼은 자신이 "미국의 훌륭한 군인이자 정치가"라고 불렀던 맥아더를 해임할 수밖에 없게 되었다. 맥아더는 중국과 한국 인민들의 반미저항에 의해 패배했다. 그의 해임은 미 제국주의의 침략과 전쟁정책의 실패를 의미하는 것이다.

미 침략자들은 그들이 직면한 난관에도 불구하고 한국에서의 침략전쟁을 지속하겠다는 결의에 차있고 심지어는 확장하려 하고 있다. 이는 맥아더가 한국 침략에 참여한 미 8군 사령관 리지웨이 장군으로 교체된 것을 통해 확실해졌다. 맥아더의 해임 전, 3월 30일, 31일 그리고 4월 7일, 미 침략자들은 안둥성, 관탄, 장강, 시안 시의 중국 도시들을 80대의 비행기로 폭격했다. 맥아더 해임 당일 4월 11일에는 200여 대 이상의 미국 항공기가 푸젠 성(城) 상공을 비행하고 푸저우 시의 평화로운 인민을 향해 일제사격을 가했다. 맥아더 해임 다음 날 4월 12일에는 70대 이상의 미 항공기가 안둥 성 도시와 교외지역을 폭격하고 중국 민간인들을 살해했다. 이는 미 도적떼들이 잘못을 뉘우치기는커녕 침략활동 영역을 점차 확장시키고 있음을 증명하는 것이다.

트루먼은 맥아더를 리지웨이로 대체함으로써 한국에서의 침략실패에 대한 책임을 회피하고 적대행위를 지속하며 더 나아가 확대하려는 자신의 술책을 숨기려 애쓰고 있다. 따라서 중국인민은 미 침략자들을 완전히 박살내기 위해 반미저항운동과 한국원조운동을 강화해야 할 것이다.

【269】 맥아더 장군(1951.4.19)

[공   문] 맥아더 장군
[문 서 번 호] 182-AS
[발   신   일] 1951년 4월 19일
[수   신   일] 미상
[발신지 및 발신자] 도쿄/드장(주일 프랑스대사)

2급 비밀

　미국 대통령이 충격적인 권력행사를 통해 맥아더 장군을 사령관에서 해임한 이 시점에, 최근 몇 달 동안 그 행동이 그토록 많은 논란을 불러일으킨 한 인물의 행적과 우리 시대에 가장 비범한 인물 중 한 사람으로 남은 그의 특성을 간단히 짚어보는 것이 유용해 보입니다. 맥아더 장군의 출세의 여러 단계를 따라가 보면 그의 정치적 철학, 점차적으로 그의 성격을 형성하기까지 끼친 영향들 그리고 한국전쟁에서의 그의 행동에 대한 이유를 정의해볼 수 있습니다.

　자신의 추종자들에게는 전설적인 영웅이며 현대사에서 가장 탁월한 인물 중 한 사람으로 추대되는 그가 비방자들에게는 자신의 직업 때문에 왜곡되어버린 과대망상 허세꾼으로 취급됩니다. 이러한 판단들은 모두 극단적인 것으로 보이며, 사실, 전(前) 유엔군 최고사령관이 자국의 역사에서 어떤 역할을 했을지 충분한 객관성을 가지고 판단하기에는 아직 너무 이릅니다. 그러나 태평양 전쟁과 일본 점령은 그의 개인적 영향이 너무도 강하게 드러났기 때문에 지금부터 지난 10년 동안의 그의 업적으로 그를 판단해볼 수는 있습니다.

　그의 아버지도 장군이었던 더글러스 맥아더는 1880년에 알칸사스에서 태어났습니다. 군의 전통과 권위에 대한 존중의 분위기에서 성장한 그는 자신도 군직을 택했습니다. 1899년 웨스트포인트에 진학하여 4년을 보내고 필리핀 수비대에 젊은 장교로 파견되었습니다. 1905년 러일전쟁 중 그는 미 관측통으로 임명된 자신의 아버지의 보조자로 도쿄에 체류하였습니다.

상사들의 눈에 띄고 공화당의 영향력 있는 동지들의 지지를 받아 그는 1906년 시어도어 루즈벨트[1] 대통령의 부관이 되었습니다. 1차 세계대전 초부터 미 총사령관의 협력자 중 한사람이었던 그는 퍼싱[2] 장군의 휘하에 프랑스로 파견된 미국 원정군 연대의 지휘권을 획득합니다. 전쟁 중 두 차례 부상을 입으면서 그의 용감성, 솔선수범과 군인으로서의 자질 등이 주목받으면서, 전쟁이 끝나갈 즈음 제84보병여단과 그 유명한 "레인보우 사단"을 지휘하였습니다. 1919년 미국으로 귀국한 그는 웨스트포인트 사관학교 교장으로 취임하였고 3년 후에는 필리핀 마닐라 미 주둔군 사령관으로 임명되었습니다. 샌프란시스코 주둔군의 사단장을 역임한 후 1930년에는 후버 대통령의 부름을 받아 미군의 최고 직위인 육군참모총장이 되었습니다. 당시 그의 나이는 50세였습니다.

2년 후, '노병들의 보너스 군' 사건[3]에서의 태도로 인해 그는 처음으로 여론과 민주당 언론으로부터 격렬한 비난의 대상이 되었습니다. 의회로부터 그 원칙을 승인받은 병역 상여금의 즉각적이고 전적인 지급을 요구하기 위해 워싱턴에 모인 수십 명의 실업 참전용사들을 그는 대통령의 지시에 따라 군을 동원해 난폭하게 해산시킨 것입니다. 총격이 발생하지는 않았지만 많은 시위자들이 부상을 입었고 그때부터 특정 언론은 맥아더 장군을 대중의 적이자 가장 이기적인 자본주의의 하수인으로 표현했습니다.

참모총장으로서 맥아더는 여론을 설득하여 미군의 재구성과 현대화의 필요성을 수용하려고 노력하였습니다. 그는 다음 전쟁에서 기계화 부대가 수행해야 할 역할을 예측할 줄 알았고 탱크 및 기관총 장갑차와 모든 기동 무기의 옹호자를 자처했습니다. 그는 또 미국 공군의 창시자였습니다.

---

[1] 시어도어 루즈벨트(Theodore Roosevelt). 26대 미국 대통령(1901-1919).

[2] 존 퍼싱(John J. Pershing). 제1차 세계대전 당시 미국 원정군의 총사령관.

[3] 보너스군 투쟁(Bonus Army Conflict). 보너스 군은 1932년 춘하기에 워싱턴 D.C.에서 병역 인증서에 대한 보다 빠른 현금 상환화를 위해 모인 약 43,000명가량의 가두 행진 참가자들 통틀어 칭하는 것으로, 17,000명의 세계 1차 세계대전 참전용사, 그들의 가족들 또 그들과 연계된 그룹들로 구성되었음.

필리핀이 독립을 얻은 1935년, 그는 친구인 케손[4] 대통령으로부터 새 공화국 군대를 조직하러 와달라는 요청을 받았습니다. 그는 미국 속령이었던 필리핀의 방위 조직에 헌신하기 위해 참모총장에서 퇴역하였습니다. 필리핀 육군원수로 임명된 그는 전쟁이 시작되기 5년을, 1942년 초 압도적인 수적 우위로 인해 미군의 항복을 초래했던 일본군의 공격에 안타깝게도 저항하지 못했던 방어시스템을 구축하기 위해 헌신했습니다.

1941년 7월부터 맥아더 장군의 군인으로서의 자질을 높이 평가하고 그를 당연히 태평양 방어문제 최고 전문가로 여기고 있던 루즈벨트 대통령은 맥아더를 현역으로 복귀시키고 극동 미국 극동군 최고사령관으로 임명했습니다.

1942년 초 필리핀에서 일어났던 비극적 사건들은 아직도 모든 이들의 기억 속에 선명히 남아있으므로, 코레히도르 전투의 영웅적 방어와 워싱턴의 명령으로 웨인라이트[5] 장군에게 군 지휘권을 넘겨주고 가족과 모든 참모들과 함께 잠수함으로 호주 이송되었던 맥아더 장군의 후퇴는 상기시킬 필요조차도 없습니다.

브리즈번과 멜버른 소재 사령부에서 맥아더는 모든 사람들이 기꺼이 인정하는 끈기, 열정, 대담함과 군사적 지식으로 태평양 재정복을 준비합니다. 또한 이 기간 동안 그는 자기선전과 관심을 끄는 행동들을 좋아하는 취향을 마음껏 펼칩니다. 그는 낙관적이고 철저하게 부정확한 보고서들을 이용하여 심리전을 이끌고 이것은 효과적이었던 것으로 밝혀집니다. 바로 이 시기에 그는 자신의 모든 행동들을 미화된 선전으로 꾸미고 가장 극적인 상황에서 찍은 사진의 수많은 자기 사진들을 언론에 배포하면서 스스로의 전설을 만들어내게 됩니다. 그가 "그의 군대, 그의 공군 및 그의 해군"에 대해 언급한 선언문들은 유명하게 남아 있으며, 아마도 가장 주목을 받은 것은 그가 필리핀 영토에 다시 상륙하면서 필리핀인들에게 했던 선언일 것입니다. 그것은 다음과 같은 말로 끝맺었습니다.

"나는 하나님의 은혜로 돌아왔습니다. 나에게로 모이시오. 하나님은 우리

4) 마누엘 L. 케손(Manuel L. Quezon, 1878-1944). 필리핀 자치령 연방정부 1, 2대 대통령(1935-1944).
5) 조너선 웨인라이트(Jonathan Mayhew Wainwright, 1883-1953). 1942년 맥아더 장군의 필리핀 탈출이후 미-필리핀 유엔군을 지휘함.

에게 길을 보여 주십니다. 정의의 승리의 성배에 새겨진 그의 이름으로 나를 따르시오."

맥아더 장군은 자신의 명령을 받고 지휘한 장군들의 때로는 눈부신 전투와 영웅적 행위에 대해 침묵하면서, 특히 위험한 전장에서의 미군 장병들의 용감한 투쟁이 자유세계에서 불러일으키는 열광을 자신에게 돌아오도록 독차지할 줄 알았습니다. 자신의 전략을 완벽히 다스릴 줄 아는 그는 필리핀을 탈환할 필요성에 대해 루즈벨트 대통령을 설득하고 마닐라에서 일본 요새에 대한 최종 공격을 준비합니다.

소련과의 전쟁 이후 일본의 항복과 원자폭탄 폭발은 그에게 새로운 지위상승을 가져다주게 됩니다. 연합국들의 결정에 의해 그는 8천만 일본인의 유일하며 진정한 통치자가 되었습니다. 그의 평화회복의 업적과 일본의 민주적 재교육 시도는 깊이 연구해볼 가치가 있으나, 점령군이 내린 엄청난 대량의 조치들 중에서 맥아더가 개인적으로 부과한 조치들을 구분하는 일은 어렵지 않습니다. 그의 첫 번째 관심사는 천황의 인격을 인간의 수준으로 되돌려놓음으로써 황제의 신화를 무너뜨리는 일이었던 것으로 보입니다. 그가 최근 5년 동안 천황 폐하를 대했던 부자연스러운 친밀감과 그가 천황에게 부과한 예속은, 많은 일본인들이 신성의 출현으로 여겼던 천황을 잠시 최고권의 핵심적 속성이 박탈된 단순한 헌법적 국가원수 차원으로 축소하기 위한 것이었습니다.

일본이 갖춘 헌법은 대부분 많은 조항을 직접 작성했던 맥아더의 작품입니다. 재정 개혁, 일본 재벌 해체, 민족주의와 군국주의적 요소의 제거, 전범들의 체포, 비밀경찰의 철폐, 학교 조직의 개혁, 농지 개혁 등 이 모든 조치들이 최고사령관이 규정하거나 신중하게 연구한 것들입니다. 이 조치들은 지난 3년 동안 일본 국민이 생존하고 만족스러운 생활수준에 이를 수 있도록 하는 경제조치들을 동반했기 때문에 별 저항 없이 환영을 받을 수 있었습니다. "죽어가고 있던" 경제의 부활에 힘입어 최고사령관은 일본 국민에게 생계와 노동을 보장했으며 국민들은 전체적으로 이에 대해 실질적으로 감사함을 느끼고 있었습니다.

1945년 자신이 점령한 국가의 통치권을 잡으면서 맥아더 장군은 즉시 포츠담에서 선포된 일반 원칙의 틀 내에서 '미국식' 민주주의 제도를 일본에 갖추게 하려고 노력했습니다. 그런데 그때부터 그는 자신의 사업이 지속될 수 있기 위해서는 이 새로운 제도들에 대한 엘리트들과 일본 국민의 자발적 지지를 불러일으켜야 할 필요성을 깨달았습니다. 무엇보다 우선 본래 성향에 따라 그는 이미 자신의 상당한 명성에 폭넓은 인기를 더하려 애썼습니다. 천황을 그 권좌에서 내려오게 만든 후 그는 자신을 일본천황만큼 근접불가 인물로 만들고 자신의 주변을 찬사 분위기로 유지하면서 군중의 숭배를 받을 수 있다고 믿었습니다.

1945년 9월부터 미국 대사관저에 거주하기 시작한 그는 날마다 1㎞ 떨어진 곳에 위치한 다이이치 빌딩에 있는 자신의 사무실로 가기 위해서만 외출하였습니다.

일반대중은 날마다 총사령부 안뜰에서 그의 엄숙한 도착과 출발을 목격할 수 있었습니다. 사실 그는 1950년 6월 한국전선을 처음 방문하기 전까지 도쿄를 떠난 적이 없었습니다. 사람을 자신의 식탁에 초대하는 일은 극히 드물고 어떤 초대에도 응하지 않았으며 어떤 행사에도 참여하지 않았습니다.

그의 행동은 지속적으로 일본인들의 존경을 유지하는 데 성공했습니다. 일본대중은 다만 그가 사면해줄 수 있었던 도조 장군과 6명의 전범들을 처형한 것에 대해서만 비난을 한 것으로 보입니다. 게다가 점령이 지속됨에 따라 맥아더 장군은 점차 통제를 완화하고 점점 일본 정부에 주도권과 책임감을 부여하려고 노력하였습니다. 동시에 행정기구의 지방분권화는 지역 및 지방 차원의 업무 관리에 사람들이 참여하도록 했습니다. 이러한 개혁은 일본이 민주주의 체제를 지지하고 자유 민족 공동체로 진입하는 데 긍정적인 환경을 조성했습니다. 이러한 지지가 어느 정도로 진지하고 심오하며 지속적인 것일지는 시간이 지나야만 알 수 있을 것입니다.

게다가 최고사령관의 행동은 경험에만 의존하는 즉흥의 결과가 아니라 깊은 확신과 확고한 사상의 표현이었던 것으로 보입니다.

맥아더 장군은 무엇보다 명령과 권위에 강한 감각을 지닌 군인입니다. 태평양 문제의 전문가인 그는 서남아시아 사람들의 자주독립운동이 제기하는 모든 문제를 연구했습니다. 필리핀 국민들과의 접촉을 통해 배운 그러한 문제를 접한 그는 이 신생국들의 시민들에게 오랜 기간의 교육이 이루어지기 전에는 시민의식과 민주주의적 감각을 심는 것이 얼마나 어려운 일인지 헤아릴 수 있었습니다.

수많은 미국 정치인들에 앞서 그는 공산주의가 아직은 원시적인 이 국민들에게 가하는 위험을 알아챘습니다. 공산사회주의 교의들과 소비에트 러시아에 대한 그의 혐오감은 강박관념 수준이며 그의 모든 전략적 정치적 활동은 국제 공산주의의 물결에 대항하여 방향을 정한 것입니다.

일종의 메시아신앙에 취한 그는 스스로가 신의 섭리로부터 기독교 문명과 민주주의 세계를 지키라는 임무를 부여받았다고 믿었습니다. 그는 마셜⁶⁾ 장군과 국무부가 중국에서 추구한, 그의 의견으로는 "처참한" 정책에 대한 비판을 결코 서슴지 않았습니다. 25년 동안 그가 알아야 할 모든 문제에 대해 최종결정을 내리는 데 익숙해진 그는 태평양 방위를 조직하고 일본을 서양 체제에 통합하기 위하여 미국 정부에 자신의 견해를 강요할만한 힘이 있다고 생각한 것입니다.

또한 나이가 들면서 그의 판단력은 대대적인 일종의 결정체 현상을 겪은 것으로 보입니다. 비난으로 고통을 받아본 적이 없고 성격이 곧은 사람이나 인재를 측근으로부터 체계적으로 제거함으로써 그는 오늘날 논쟁 하나도 이끌 수 없어 보입니다. 그가 수락하는 인터뷰는 동일한 문구와 거의 같은 단어로 자신에게 소중하며 사건들이 조금도 바꾸어놓을 수 없는 주장들을 오랜 시간 동안 늘어놓는 화려한 독백의 기회입니다.

이러한 성격의 기질과 오만함은 트루먼 대통령이 엄하고 갑작스러워 보일 수 있는 그러나 분명 어쩔 수 없었던 조치를 통해 수습한 시국을 설명해 줍니다.

제가 수차례에 걸쳐 외무부에 알려드린 바와 같이, 한국전쟁에의 중국 개입 이래 맥아더 장군은 미국 정부의 공식적 견해와 유엔의 주요 정부들의 정서에 완전히 반대되는 보복정책을 끊임없이 주장해왔습니다. 그는 가장 단호한 지침들조차도 대충 성의 없이 다루었습니다. 행정부에 압력을 가하고, 정치적 친구

---

⁶⁾ 조지 마셜(George Marshall). 미 국무장관으로 마셜플랜을 세워 전후 유럽 부흥에 기여(1947
-1949).

들을 이용하고, 여론에 호소하고, 필요에 따라 자신의 매력을 사용하기도 하면서 그는 워싱턴이 그에게 보낸 특사들에게 강렬한 감동을 주었고 대부분은 동요되거나 매료되어 떠나곤 했습니다. 그를 방문했던 모든 저명인들 중에 애버럴 해리먼[7] 씨는 제 생각에 그가 통제할 수 없었던 유일한 사람입니다.

이러한 상황에서 맥아더는 워싱턴 행정을 공식적 정책에서 벗어날 위험이 있는 길로 서서히 이끄는 데 성공했습니다.

총사령관의 자주적 행동들과 성명들은 날마다 더 큰 위험을 부추겼으므로 그에게 내려진 결정은 불가피한 권위의 표현일 뿐 아니라 신중한 반응으로 고려되어야 할 것입니다. 장군은 그것을 당당히 받아들였습니다. 군 생활은 끝났지만 그는 어떤 정당도 지지하고자 하는 것은 아니라고 부인하면서 여론 앞에서 자신의 아시아 정책을 변론하고 싶어 하는 것처럼 보입니다. 그러나 사실 아시아 정책은 민주당에 반대하는 공화당이 핵심적으로 자주 끄집어내는 주장입니다. 이러한 상황에서 그는 좋든 싫든 간에 정치적 싸움에서 대다수의 미국인들 사이에서 누리고 있는 아직은 손상되지 않은 명성을 위태롭게 할 위험에 휩쓸리게 될 것입니다.

인물과 상황을 감안할 때 '맥아더 오디세이'는 아직 끝나지 않았으며 그의 인격과 행동을 둘러싼 논쟁들은 금방 끝나지는 않을 것으로 보입니다.

드장

---

7) 윌리엄 애버럴 해리먼(William Averell Harriman, 1891-1986). 미 상무장관(1946-1948), 상호안전보장 본부장(1951). 미 대통령 특별보좌관(1950-1952), 국무부차관(1963-1965).

【270】 중공정부에 북한 외무상의 메시지 설명 요청(1951.4.21)

[전   보] 중공정부에 북한 외무상의 메시지 설명 요청
[문 서 번 호] 1826-1827
[발 신 일] 1951년 4월 19일 11시 17분
[수 신 일] 1951년 4월 20일 18시 30분
[발신지 및 발신자] 뉴욕/라코스트(주유엔 프랑스대표대리)

엄격 보안

1급 비밀

본인의 전보 제1781-1825호 참조

13개국 그룹이 중공 정부에 비공식적으로 베이징 주재 인도대사관을 통해 제기한 질문에 관계없이, 4월 15일 북한 외무상이 유엔총회 회장과 안보리 회장에게 보낸 메시지에 관한 중공의 입장에 대해, 어제 4월 20일 뉴욕에 있었던 중재위원회의 두 위원은 워싱턴에 머물고 있던 그들의 회장 엔테잠 씨에게 직접 베이징 정부에 이 메시지의 의미와 중요성에 대한 설명 요청을 보낼 것을 제안하려고 계획하고 있었습니다.

그들은 엔테잠 회장이 유엔 소련상임대표 말리크 씨나 모스크바 주재 스웨덴대사의 중재로 소련정부에 설명 요청을 보내달라고 부탁할 수 있다고 생각합니다.

그러나 만약 미국 정부가 동의하지 않을 경우 이러한 접근법을 시도하는 것은 부적절할 것으로 보았으므로 자신들의 제안을 동시에 엔테잠 씨에게는 직접, 국무부에는 유엔 미국 대표단을 통해 전달해야 했습니다.

라코스트

【271】 북한 외상 박헌영의 메시지에 대한 의견들(1951.4.21)

[전 보]	북한 외상 박헌영의 메시지에 대한 의견들
[문 서 번 호]	1837-1842
[발 신 일]	1951년 4월 21일 19시 28분
[수 신 일]	1951년 4월 22일 02시 36분
[발신지 및 발신자]	뉴욕/라코스트(주유엔 프랑스대표대리)

보안

1급 비밀

본인의 전보 제1781호에 이어, 본인의 전보 제1826호 참조

유엔에서는 사무국, 공식 언론, 대표단들 중에서도 특히 아랍-아시아 그룹 13 개국 대표단 그리고 중재위원회 대표단까지 조선 인민공화국 외무상 박헌영이 유엔총회와 안보리 회장에게 보낸 메시지를 두고 강력한 추측들을 내놓는 데 열중했습니다.

미국언론은 그 발송에 대한 첫 발표 이후 며칠 동안 이 메시지에 대해 일종의 홍보를 한 후 4월 17일 사무국이 완료한 내용의 최종 완성을 기다리지 않고 워 싱턴의 공식 입장이 결정되자 모든 평화적 의미가 결여된 채 이를 발표하였습 니다. 그렇게 소란스럽고 급작스레 마치 단순한 선전도구로 배척할 것이 아니 라 처음부터 이 메시지에 자극적인 가치를 덜 부여하는 게 나았을 것으로 보입 니다.

저는 가장 합리적인 사람들이 실시한 검토의 결과를 알 수 있게 되었는데 그 것은 다음과 같이 나타납니다.

1. 박헌영의 메시지에는 소련의 열망을 드러내는 여러 징후가 있습니다. 먼저 평양에서 뉴욕으로 전달된 전보가 러시아어로 되어있다는 사실입니다. 그리고 긴 비난 사항을 나열하고 짧은 도덕적 결론을 맺는 구성, 공산당 정보국 코민포름의 결단성에 대한 암시, 마지막으로 이러한 메시지가 존재한다는 소식이 있자마자 심지어 대략적인 내용도 알려지기 전에 그가 이미 알고 있었다는 것을 보여주는 폴란드 대표 카츠 수치[1] 씨가 한 여러 발언 등이 있습니다.

2. 유엔에서는 이미 오래전부터 소련이 서방 강대국이 갈등을 종식시키기 위해 북한과 대화하기를 정말로 원한다면 모스크바를 통해야 한다고 이해시켰을 것이라는 말이 있습니다. 진첸코 씨는 아마도 한 달 전에 트리그브 리 씨에게 말했다고 합니다. 카츠 수치 씨는 4월 16일 힌두의 신기루와는 달리 북한 메시지는 분명 신중한 제안이라고 말했습니다. 다른 한편, 저는 시로키 체코 외무장관이 유엔 사무총장에게 알려준 비밀내용을 전합니다(본인의 전보 제1229호).

3. 마지막으로 눈에 띄는 것은 평양의 메시지는 특히 중국 전쟁의 목표(대만, 베이징 정부를 통한 유엔의 중국대표 문제)에 대한 어떤 암시도 없다는 점입니다.

4. 어쩌면 여기에 정말로 완전히 러시아의 술책이 있을 수 있으며 또 그것은 실제로 활용될 만한 가능성도 있습니다. 왜냐하면 만약 북한정부와 어떤 "휴전"을 합의하기에 이른다면 한국의 중국 "지원병"들의 상황은 정당화하기가 힘들게 될 것이고 소련은 그들에 대한 지지를 철회할 근거가 있게 될 것입니다.
당연히 이러한 가정이 전혀 가치가 없다고 주장할 근거는 없습니다. 그러나 한국전쟁의 평화적 해결책을 찾고자하는 열렬한 바람을 가진 국가의 대표들에게는, 그리고 이 해결책을 모색하는 중재위원회 회원들처럼 사적 임무를 맡은 자들에게조차도 여기에는 상세하게 연구해볼 부분이 있습니다.

---

1) Katz Suchy.

이러한 추측과 의도를 바탕으로 13개국 그룹이 최근 평양 메시지에 대해 베이징 정부에게 질문을 제기(본인의 전보 제1825호)한 것이고 3개국 위원단은 모스크바를 통해 평양에 직접 질문을 제기할 계획인 것입니다.

외교행랑을 통한 워싱턴 공문 제1078-1083호.

라코스트

【272】 추가조치위원회 소집 계획(1951.4.21)

[전   보] 추가조치위원회 소집 계획
[문 서 번 호] 1843-1847
[발   신   일] 1951년 4월 21일 19시 52분
[수   신   일] 1951년 4월 22일 02시 30분
[발신지 및 발신자] 뉴욕/라코스트(주유엔 프랑스대표대리)

본인의 전보 제1802호와 1806호 참조

추가조치위원회 의장 사르페 씨는 제게 총회의장 엔테잠 씨와 가질 것이라고 말했던 만남에 대해서는 아무런 언급도 없이 어제 저녁 대표단의 한 구성원에게 특별한 변수가 없는 한 목요일이나 다음 수요일에 추가조치위원회를 소집할 계획이라고 털어 놓았습니다.

그는 자신이 의장을 맡고 있는 기구의 모든 급한 회의를 피하려는 많은 대표단들의 바람을 잘 알고 있다고 강조했습니다. 그러나 그는 미 여론이 유럽의 몇몇 동맹국들의 무력감을 점점 걱정하는 분위기로 가고 있으며 그가 버몬트에서 버지니아에 이르기까지 여러 대학교를 방문하던 중 이런 감정의 징후들을 확인할 수 있었고 이러한 의견은 유엔이 중대한 판단 오류를 저지르지 않고는 모를 수 없는 요인이라 생각한다고 덧붙였습니다.

사르페 의장은 티네[1] 씨에게 호주 선거가 4월 28일에 열리고, 모두가 알고 있듯이 적극적으로 영국을 지지하는 호주 대표단의 태도 변화는 선거 결과에 달려있는 것으로 들었다고 말했습니다. 그리고 이러한 상황에서는 특히 추가조치위원회가 10여 일간은 소집되지 않는 것이 바람직할 수 있음을 강조했습니다.

---

[1] 자크 티네(Jacques Tiné). 프랑스 외교관.

그러나 이러한 연장기한은 터키대표 사르페 의장에게는 과도해 보이므로 위원회 회의 날짜를 4월 26일로 결정하면서 영국, 프랑스, 호주대사가 어제 국무부에서 제재 조치에 관해 가졌던 회담을 고려한 후 런던, 파리, 캔버라 정부에게 뉴욕 주재 그들의 대표단들에게 내릴 지시를 전달하는 데 필요한 시간을 줄 것이라고 했습니다. 이 회담에 대해서는 사르페 의장도 이제 막 알게 되었습니다.

저는 유엔에서는 금요일 하루 동안 추가조치위원회가 다음 날 소집될 것이라는 소문이 확산되었음을 꽤나 중요한 소식으로 추가합니다. 이는 미 대표단이 몇몇 내밀한 정보를 털어놓은 후 일어난 것으로 보입니다.

라코스트

【273】 맥아더 장군의 의회 연설 중 논쟁이 되는 부분(1951.4.21)

[전 보]	맥아더 장군의 의회 연설 중 논쟁이 되는 부분
[문 서 번 호]	3046-3051
[발 신 일]	1951년 4월 21일 20시 55분
[수 신 일]	1951년 4월 22일 05시 50분
[발신지 및 발신자]	워싱턴/보네(주미 프랑스대사)

뉴욕 공문 제665-670호

맥아더 장군의 의회 연설 중 이곳에서 논쟁의 중심이 되고 있는 부분은 당연히 연설자가 자신의 한국전쟁의 전략적 개념이 참모들의 공감을 얻었었다는 대목입니다. 격정적 요소가 우세한 역할을 하는 이 논쟁들은 지금까지 판단하기에는 어제 국회의사당에서 민주당 상원의원 두 명과 한 명의 공화당 의원이 벌린 난투극 때문에 그 자극적 요소가 증대되었을 뿐입니다.

맥아더 장군의 연설에서 제가 위에서 언급한 대목은 이틀 전 시카고에서 브래들리 장군이 오히려 미 국방부는 분쟁을 한국에 국한시키려 한다고 발표했기 때문에 더욱 주목을 끌었습니다.

백악관은 국방부 대변인에게 맥아더 장군의 해임은 참모들을 포함한 대통령의 주요 민간인 및 군사 고문들의 만장일치 권고 위에 트루먼 대통령에 의해 결정되었음을 선언하도록 허용하면서, 분명히 할 수 있는 모든 범위(그러나 현재 분위기에서 백악관의 영향력은 매우 약합니다) 내에서 논쟁을 막으려고 노력했습니다.

이 간접적인 답변은 명백히 전 일본최고사령관의 발언에 대한 해석의 차이에 충분한 여지를 남깁니다.

더구나 맥아더 장군은 참모들이 압록강 이북의 중국 기지 폭파에 찬성했었다고 말하지 않았습니다. 그는 단지 참모들이 중국 해안과 만주의 공중 정찰 제한을 끝내야한다고 생각한다는 뜻을 내비쳤을 뿐입니다. 그래도 이는 두 가지 견해 사이의 주요 차이점입니다. 어쨌든 본인의 전보 제3017호에서 예견했듯이 앞으로 몇 주 동안 의회 조사를 통해 미국의 극동정책, 특히 중국과 한국에서의 미국의 전략을 검토하게 될 것입니다.

미국 정부와 그 주요 동맹국이 베이징 정부를 타협으로 이끌기 위해 최상의 교섭을 시도하고 있는 시점에, 눈길을 끌기 위한 모든 미국식 방법이 동원되어 진행될 이런 논쟁은 그 시기의 부적절함과 위험조차도 지적할 필요가 거의 없습니다. 뉴욕 타임스에 실린 웨이크 섬 회담[1])의 보고서가 증명하듯 이미 시작된 논쟁에서 행정부가 무기가 없는 것은 아닙니다. 저는 이 보고서 분석을 별도의 전보로 우리 부서에 보냅니다.

불행히도 이 논쟁은 현재 흥분의 절정에 이르렀고, 사람들은 걱정과 더불어 언제쯤이나 이곳에서 흥분이 가라앉히고 헛되이 쏟아내는 비난들이 아니라 논리적 논거를 고려하는 토론을 할 수 있을지 의아해하고 있습니다.

바로 여기에 맥아더 장군의 연설의 큰 위험이 도사리고 있습니다. 장군은 새롭거나 결정적인 논거를 가져온 것이 아니라 미국 대중의 감정적 기질에 호소하여 사람들의 흥분을 불러일으켰기 때문입니다.

보네

---

1) 1950년 10월 15일, 태평양 웨이크 섬에서의 트루먼 대통령과 맥아더 장군의 회합.

【274】『뉴욕타임스』에 공개한 웨이크 섬 회담의 의사록(1951.4.21)

[전 보]	『뉴욕타임스』에 공개한 웨이크 섬 회담의 의사록
[문 서 번 호]	3052-3060
[발 신 일]	1951년 4월 21일 23시 30분
[수 신 일]	1951년 4월 22일 07시
[발신지 및 발신자]	워싱턴/보네(주미 프랑스대사)

뉴욕 공문 제671-679호

도쿄 공문 제44-53호

　미 행정부는 지금까지 맥아더 장군의 연설에 대한 회답에 간접적인 방법을 택해왔습니다. 트루먼 대통령과 참모장들의 동의 아래 국방부 대변인의 그제 성명에 이어 대통령은 전직 일본총사령관의 행동을 미국 여론 스스로가 판단할 수 있도록 웨이크 섬 회담의 의사록을 『뉴욕타임스』에 전달하기로 결정했습니다.

　이 결정은 국제적 관점에서는 심각한 지장을 초래하는 것이었습니다. 별도의 전보의 주제였던 인도차이나 방문 외에도 아시아 국가들의 감수성을 건드릴 수 있고 공산주의 선전에 유리한 수단을 제공할 수 있는 여러 가지 새로운 사실들이 폭로됩니다. 백악관이 이정도의 고려사항을 무시할 결심을 했다는 사실은 현재 미국에서 맥아더 장군의 지지자들과 반대자들 사이에 벌어지고 있는 싸움이 격렬하다는 것을 나타내는 척도입니다.

　웨이크 섬 토론의 주요 대상은 한국전쟁, 대만, 일본이었습니다. 첫 번째 사항에 관하여 의사록에서는 맥아더 장군이 11월 23일(추수감사절)에 한국에서 조직된 모든 항전은 끝날 것으로 예상했고 크리스마스에는 미8군을 일본으로 귀환시키려 계획하고 있었음이 드러납니다.

　중공 또는 소련의 개입 가능성에 대한 질문에 장군은 그 어느 것도 일어나지 않을 것으로 믿는다고 단언했습니다. 왜냐하면 만주에 배치된 300,000명의 중국 병력 중 125,000명만이 압록강을 따라 배치되어 있고, 그중 50,000명에서 60,000명은 강을 건널 수 있겠지만 만약 그들이 평양을 향해 공격하려 한다면 공중 지원이 없는 한 그들은 "학살"될 것이라고 설명했습니다.

러시아의 경우 시베리아에 B-25, 그리고 B-29 유형의 항공기들과 제트기들을 포함한 1,200대에서 1,300대의 항공기를 보유하고 있는데 이 공군력은 미국 공군력과 맞설 상대가 되지 않는다고 합니다.

물론 중공군의 개입이 있을 경우 러시아는 중국 공산군들에게 항공 지원을 제공할 수 있지만 장군은 중공군과 러시아 공군의 합동훈련이 없었으므로 그러한 지원이 효과적이라고 믿지 않았습니다. 대만에 관하여 웨이크 섬 회담의 의사록은 미국 내부전선에서는 트루먼 대통령의 입지를 강화할 수 있으나 국제사회 차원에서는 오히려 그 입지를 흔들어놓을 위험이 있습니다. 사실 두 인물 간의 견해차는 단지 방법론의 문제일 뿐임을 의사록은 드러내고 있습니다. 트루먼 대통령은 장군에게 대만을 중국 공산주의자들 손에 포기할 의사가 절대로 없음을 못 박았지만, 미 행정부는 아시아 국민들에게 미국이 그들의 영토에 제국주의적 목표를 가지고 있지 않다는 것을 입증하길 바라기 때문에 미국이 대만을 점령하는 것에는 반대했습니다. 그들은 두 사람 사이의 의견 차이가 방법적 문제에만 관련이 있음을 보여줍니다.

따라서 제7함대는 유엔에 의해 지위가 결정될 때까지 "제압하기"를 계속할 것입니다.『뉴욕타임스』의 동일 기사에 실린 행정부의 또 다른 해명은 "유엔에 의해 결정되는"이라는 표현이 미국 정부가 이 문제의 해결을 유엔에 내맡기겠다는 의미는 전혀 아니라고 주장하고 있습니다. 미국은 이 문제에 대한 어떠한 논의에도 참여하고자 하며, 행정부는 국민당 중국에 대만을 넘겨주면서 미국은 카이로 선언의 의무를 다하는 것이라고 설명합니다. 실제로 미국은 권력을 장악할 수 있는 새로운 체제에 대만을 넘기겠다고 한 적이 전혀 없다는 것입니다.

웨이크 회합에서 트루먼 대통령이 자신의 입장을 설명하자 맥아더 장군은 자신의 대만에 대한 4월 발언으로 일으킨 물의와 곤경에 대해 사과했습니다. 일본에 관하여, 맥아더 장군은 평화 조약이 최대한 빨리 체결되어야 한다고 주장했습니다. 그는 이러한 관점에서 평화회담을 열어 러시아와 중공을 초대하고 이 두 강국이 참여하기를 거부한다고 하더라고 이 회담은 개최되어야 한다고 주장했습니다. 당연히 장제스 정부의 마음에는 들지 않을 의외의 세부사항까지 내놓은 것입니다.

『뉴욕타임스』의 또 다른 폭로는 비록 부차적 관심사이긴 하지만 인도 정부를 난처하게 할 수도 있습니다. 네루 씨는 실제로 유엔의 승리 이후 한쪽으로는 한국과 다른 한쪽으로는 만주와 소련 사이의 국경을 따라 인도와 파키스탄 군대의 주둔을 검토했지만 이러한 계획은 이후 포기된 것으로 보입니다. 유엔군에 관해서는, 장군은 평양 남쪽으로 20마일 정도 떨어진 곳에 그들을 배치할 계획을 가지고 있었습니다.

보네

【275】미 행정부와 맥아더 장군 간의 갈등 확장(1951.4.21)

[전 보]	미 행정부와 맥아더 장군 간의 갈등 확장
[문 서 번 호]	3070-3079
[발 신 일]	1951년 4월 21일 23시 10분
[수 신 일]	1951년 4월 22일 05시 50분
[발신지 및 발신자]	워싱턴/보네(주미 프랑스대사)

보안

우선문건

뉴욕 공문 제689-698호

　미 행정부와 맥아더 장군 간의 갈등의 결과가 확장되기 시작했습니다. 첫 번째는 예상대로 중국에 대해 미국의 입장이 강경해진 것입니다. 어제 "제재"에 대한 신속한 조치에 찬성하는 유엔담당 국무차관보가 제게 내세운 논거들이 이를 증명하고 있습니다.

　여러 전문가들에 둘러싸인 히커슨 국무차관보는 당연히 베이징에 대한 집단적 금수조치 결정에 있어 미 정부가 두는 관심에 대해 가장 집요한 방식으로 주장할 것을 지시받았습니다. 그가 자신의 임무를 완수하는 방식을 볼 때, 우리는 워싱턴이 다시 시도할 것이고 이와 관련 자국의 여론을 만족시키기 위해 끈질기게 노력할 것임을 예상해야 합니다.

　우리는 이러한 작전이 신중한 것인지 의심해볼 수 있습니다. 미 정부의 반대자들은 그것을 맥아더 장군이 옳았다는 증거로 보게 될 것이며, 이 나라의 대부분이 상상을 초월하는 과도한 흥분상태에서 그들의 논쟁이 이어질 것입니다.

　다른 한편, 이러한 시점에서 유엔에서 복잡한 논쟁을 불러일으킬 필요는 전혀 없습니다. 그것이 도발하게 될 자극은 동맹국들에게 화로 되돌아올 것입니다. 이미 그러한 화는 적어도 대중들 사이에서 큰 규모로 퍼져있고 미국의 제안에 대해 반대할 때 그것은 더 커지고 확대될 수밖에 없습니다.

그러므로 우리는 시간을 확보해야 하는 어려운 협상을 예상할 수 있지만 현 상황에서 미 정부가 유엔에 중공에 대한 새로운 제재를 요구하지 않으리라고는 거의 기대할 수 없습니다.

대만으로의 군대파견 문제도 비슷한 우려가 제기됩니다. 이런 종류의 다른 사건들은 놀라운 일이 아닐 것입니다. 미 행정부는 반대자들에 반격할 준비도 하고 있습니다. 트루먼 대통령과 맥아더 장군 사이의 웨이크 회담에 관해 발표된 비밀 누설은 맥아더가 워싱턴 수뇌부에 표명한 비판들에 대한 반박입니다.

이 의사록에 대한 공식적 확인은 없습니다. 그러나 저는 바로 장군이 자신의 정부와 가졌던 교류에 대해 사실을 폭로한다고 주장한다면 그 역시 스스로의 판단의 통찰력에 의문을 제기할 문서들이 나올 수 있음을 각오해야 한다고 주장했습니다. 아직 공식적인 것은 아니지만 논쟁은 이 방향으로 나아가는 것 같습니다. 제가 알려드렸듯이 토론은 일련의 청문회와 의회의 조사를 통해 즉석에서 이루어질 것임에는 의심의 여지가 없습니다.

맥아더 장군이 자신은 당파 분열과는 상관이 없고 야당의 가장 열렬한 지도자들의 취향과는 맞지 않는 의견들을 내놓은 것이라고 주장한다 하더라도 물러설 수 없는 대통령은 자신의 해임이 불러일으킨 흥분을 끝까지 활용하기로 결정한 것처럼 보입니다. 더욱이 전 총사령관도 자신이 과거에 수없이 설명하고 그저께 의회에서도 했던 주장들을 잊어버리게 내버려둘 의향이 없을 가능성이 굉장히 높습니다.

그의 표현들 중 몇몇, 예를 들어 '전쟁에서 승리를 대체할 수 있는 건 아무것도 없다' 같은 말은 성공을 거두었습니다. 따라서 인기 없는 전쟁을 신속하게 해결하려는 목표 외에는 다른 목표가 없는 사람으로 보입니다. 전투가 오래 계속될수록 특히 중공의 새로운 공세가 시작된다면 조사는 평온하고 공정한 분위기 속에서 진행되지 못할 맥아더 장군이 취한 입장은 행정부의 정치적 결정에 위협으로 다가올 것입니다.

미 행정부는 동요가 지금처럼 지속되지 않기를 바라고 있습니다. 뉴욕의 시위는 분명 예상보다 규모가 컸으며 군중들은 맥아더 장군과 그의 가족을 환영하기 위해 이웃 마을에서도 왔습니다. 정치계의 논쟁은 보기 드문 난폭한 상태에 이르렀습니다. 대중 전단지들은 분노를 유지시키기 위해 할 수 있는 모든 것을 하고 있습니다. 그러나 주요 신문들은 개략적으로 행정부에 호의적이며 민주당 지도자들은 정부가 당하는 공격에 최선을 다해 대응하고 있습니다. 그러나 미국과 동맹국들 간의 관계가 극동지역에 관하여 시험의 대상이 될 수 있는 어려운 시기가 남아있습니다.

보네

【276】 4월 22일 중공-북한군의 전격적 공세(1951.4.23)

[전 보]	4월 22일 중공-북한군의 전격적 공세
[문 서 번 호]	970-972
[발 신 일]	1951년 4월 23일 10시
[수 신 일]	1951년 4월 23일 16시 40분
[발신지 및 발신자]	도쿄/드장(주일 프랑스대사)

보안

뉴욕 공문 제357-359호, 워싱턴 공문 제426-428호, 사이공 공문 제703-705호
국방부에 긴급 전달 요망

　참모본부에 도달한 최신 정보에 따르면 중공-북한군이 22일 낮에 전선 전반
에 반격을 시작했다고 합니다. 제한된 군사작전인지 오래전부터 예고되어온 춘
계 공세인지는 아직 판단하기가 어렵습니다.
　적이 상당한 초기 승리를 거둔다면 계속 추진력을 발휘하고 확장해나갈 것이
라고 미 사령부는 보고 있습니다. 중공군과 멀리 떠났던 북한군까지 임진강변
으로 합류했습니다. 화천(연천에서 초량까지의 길)과 파나미 사이의 미 제1군단
의 구역에 특히 강하게 압박해오고 있습니다. 적은 중공군 제3병단에 속하는
제59군과 제60군을 전선에 투입했습니다. 이들은 제1군단과 제9군단의 합류점
에서 공격하고 있습니다. 꽤나 깊이 침투했습니다. 터키군은 화천 북동쪽에서
포위되었다고 합니다. 화천 저수지의 동쪽과 서쪽도 침투되었습니다.
　적군은 또한 대한민국군의 제3군단 구역(신촌과 화양 사이)에서 활발한 전투
를 벌이고 있습니다.

드장

【277】 북한 메시지에 대한 베이징 정부의 평가(1951.4.24)

[전 　 　 보]	북한 메시지에 대한 베이징 정부의 평가
[문 서 번 호]	1860-1862
[발 　 신 　 일]	1951년 4월 24일 21시 45분
[수 　 신 　 일]	1951년 4월 25일 06시
[발신지 및 발신자]	뉴욕/라코스트(주유엔 프랑스대표대리)

1급 비밀

절대 보안

워싱턴 공문 제1095호

본인의 전보 제1815호의 마지막 문단에서 제기된 질문에 뉴델리가 베네갈 라우 인도 유엔대표에게 파니카 대사의 회신을 통보한 전보는 너무 모호해서 베이징 주재 인도대사가 상기 저의 공문에 보고된 정보 및 평가를 인도 외무부장관에게 보내기 전에 중공정부와 연락을 취했는지의 여부를 추론하는 것이 불가능합니다.

어쨌든 중화인민공화국 지도자들과의 최근 협의를 언급하지 않은 파니카 대사의 이 새로운 메시지를 볼 때 인도대사는 그들이 이전에 제시한 정보들을 전적으로 시인한다는 결론이 나옵니다.

한편 그는 인도 정부를 통하여 아랍-아시아 13개국의 이름으로 제기된 4월 15일 북한 메시지에 관한 질문에, 중공 정부는 이 메시지의 마지막 단락에 있는 협상 요청이 전혀 심각하게 받아들여져야 할 이유가 없다고 본다는 대답을 했다고 합니다.

당연히 이 부정확한 북한의 메시지에서 격려의 요소를 찾고자하는 가장 큰 희망을 지닌 대표단 구성원들은 베이징 정부가 이 메시지의 가치에 대해 내리는 부정적 판단은 한쪽으로는 중공 다른 쪽으로는 소련과 북한 사이의, 적의 진영 내에서의 어떤 분열(본인의 전보 제1837-4호)을 드러내는 것일 뿐이라고 생각하는 경향이 있습니다.

그러나 바로 이것이 지속된 불확실한 징조이고 지금까지도 고립된 채로 지속되고 있음을 인정해야 합니다.

라코스트

【278】 춘계공세 전선의 상황(1951.4.24)

[전   보] 춘계공세 전선의 상황
[문 서 번 호] 3112-3119
[발   신   일] 1951년 4월 24일 22시
[수   신   일] 1951년 4월 25일 08시 10분
[발신지 및 발신자] 워싱턴/보네(주미 프랑스대사)

보안

2급 비밀

뉴욕 공문 제699-706호

미 국방부 대변인은 오늘 오후의 사절단장회의에서 한국 공산군 공세에 관한 리지웨이 장군의 보고서를 낭독했습니다.

이 문서를 볼 때 지난주 일요일에 시작된 공세가 맥아더 장군 후임인 리지웨이 장군의 의견으로는 그토록 예고되었던 춘계 공세라는 것이 분명해졌습니다.

어쨌든 적의 병력수가 그것을 증명하는 것 같습니다. 실제로, 유엔군 제1군단 구역을 공산군은 12개의 중공군대와 북한군 군단 1개를 동원하여 공격했습니다. 그 상황은 다음과 같습니다.

- 임진강 서쪽과 북서쪽: 제18병단의 제60군, 제61군, 제62군과 제19병단의
  제63군, 제64군, 제65군
- 중앙: 제24군, 제26군, 제27군. 좀 더 동쪽으로: 제10군, 제11군, 제12군

이 구역의 북한군은 전선의 서쪽 끝에서 군사작전을 벌입니다.

위 부대들은 총 337,000명으로 추산됩니다.

- 유엔군 제9군단 구역 앞: 세 개의 중공군대 제20군, 제39군, 제40군 총 149,000명
- 유엔군 제10군단 구역 앞: 북한군 제2군단, 제3군단, 제5군단 총 67,000명

제1군단 전선에 대한 공격의 중심은 명백하게 서울 쪽으로 향하고 있습니다. 제9군단 구역에서 적의 노력은 북한강 계곡과 춘천 쪽으로 향하고 있습니다.

리지웨이 장군에 따르면 현재의 공세는 한국 분쟁 시작 이래 공산군이 개시한 가장 강력한 공격이며 지금까지는 인명손실(한국인을 포함하지 않은 874명의 사망자와 부상자)이 약했고 군 장비 피해도 미미했으며 부대들의 지휘도 훌륭했다고 합니다.

그러나 이러한 평가는 공세 시작 이래 제9군단의 전선 서부에서 55㎞ 후퇴한 한국군 제6사단에는 해당되지 않습니다. 이 사단은 오늘 아침 38선 남쪽에서 약 16㎞ 떨어진 가평 북쪽에 있었습니다. 이 사단은 거의 모든 군 장비를 잃었는데 그 병력이 약 1,800명으로 추산되므로 심각한 손실을 입었음을 알 수 있습니다.

적의 이 대대적 돌파와 더불어 덜 중요하지만 역시 한국군의 구역에서 일어난 또 다른 적의 침투가 눈에 띕니다. 한국군 제1군단 서쪽에서 제1사단이 임진강 남쪽으로 10여㎞ 후퇴한 것이 그 첫 번째입니다. 두 번째는 한국군 제10군단의 서쪽에서 제5사단이 산악지역으로 약 8㎞ 퇴각한 것입니다.

리지웨이 장군은 공세 시작 이후 공산군의 인명손실을 약 25,000명으로 추정합니다.

프랑스 대대는 공세가 발발했을 당시 후방에 머무르고 있었습니다. 미 참모부는 사실상 예상하고 있던 이 대대적 공세를 결국 저지할 능력이 있다고 자신하는 것 같습니다. 이러한 기대 속에서 제18군 사령부는 대포, 탱크 및 군용기에 있어서의 절대적 우세와 더불어 공산군의 수적 우위를 제압할 수 있는 심층 방어체계를 조직했습니다. 그러나 우리는 이 시점에서 지금까지 공산군이 그들의 모든 군사력을 다 펼치기에는 아직 멀었다는 점을 명심해야 합니다.

요약하면, 제9군단 구역에의 중공군 침투의 중요성을 경시하지 않는 국방부는 현 공세 결과에 확실한 자신감을 보여주고 있는 것 같아 보입니다.

미 군관계자들에 따르면 현 공세는 현재 그들이 점령하고 있는 지역의 남쪽

에서 유엔 병력을 끌고 올 수 있지만, 지금과 같은 공세가 지속된다면, 즉 그들의 공격이 만주로부터 오는 대대적 공중 개입에 의존하지 않는다면, 또는 소련군으로부터 다소 공개적인 도움을 청하지 않는다면 공산군은 그 명령을 거두지 않을 것으로 보입니다.

보네

【279】 소련 선전활동의 목적(1951.4.25)

[전 보]	소련 선전활동의 목적
[문 서 번 호]	1006-1013
[발 신 일]	1951년 4월 25일 16시 30분
[수 신 일]	1951년 4월 25일 19시
[발신지 및 발신자]	모스크바/샤테뇨(주소련 프랑스대사)

트루먼 대통령의 용기 있는 결정에 한 순간 당황했고, 무엇보다 극동의 평화를 결정적으로 위태롭게 하지 않으려는 의지에 의해 분명히 규정된 구상을 서구 선전이 보다 널리 이용하는 것을 두려워하고 있던 소련은 맥아더 장군의 해임이 미국에서 초래한 격렬한 반응을 지체 없이 최대한 이용했습니다.

또한 소련 언론은 매일 트루먼 대통령의 행동은 사실 정부의 아시아 정책의 실패로 인해 미국에서 발생한 내부 위기를 악화시켰을 뿐이며 격심한 영-미 간 대립을 전혀 줄이지 못했다고 날마다 주장하고 있습니다. 모스크바는 사실 미국의 극동정책이 아무것도 바뀐 것이 없다고 봅니다. 트루먼 대통령과 미 국방부는 한국에서 적대행위를 지속하고 아시아 침략을 확장해나갈 필요성에 대해 맥아더 장군과 근본적으로 의견을 같이 한다는 것입니다.

결국 언론은 덜레스 씨가 재무장된 일본을 미국의 동맹으로 만들고 중국에 대항하여 계획된 태평양 조약에 일본을 포함시키려고 열심히 노력하는 동안 맥아더 장군의 해임 직후 체이스[1] 미 군사고문단을 대만에 파견한 것은 중국에 대항한 직접적 행동의 서곡으로 간주될 수 있다고 지적하는 것을 잊지 않았습니다.

이러한 선전의 목적은 당연히 미국의 "위선"과 "이중적 태도"를 세계 여론에

---

[1] 윌리엄 커티스 체이스(William Curtis Chase). 대만주둔 미군군사고문단 단장(1951-1955).

입증하려는 것입니다. 미국과 그 "유럽 추종국들"은 유럽이나 극동에서 전쟁준비를 완료하고 군비를 보충하기 위해 무엇보다 시간을 벌기 원한다는 소련의 기초적인 논리를 이 선전이 뒷받침해 줍니다.

타스통신이 대리인들의 마지막 회의 보고서에 곁들인 설명의 거친 어투, 여러 구절이 굵은 글씨로 인쇄되어 있을 정도로『프라우다』가 오늘 주코프[2]의 기사에 부여한 중요성(본인의 전보 제1014호)은 소련의 태도가 다시 강경해졌음을 보여주는 것 같습니다. 아마 윤곽이 잡힌 것뿐인 이러한 변화는 중공-북한이 38선 전선에서 미국으로 하여금 바다에 내던져지는 위험을 감수하지 않기 위해 만주로 적대행위를 확산하도록 만들 수도 있는 대대적 공세를 시작하는 시점에서 주목할 만합니다.

파리에서 그로미코 소련대사의 방해는 대리인 회의의 최종적 성공을 예측할 수 없도록 만들고, 끈질기고 지속적인 선전 활동 아래 유럽과 특히 미국 대중들의 긴장감은 커져만 가는 시점에서 모스크바는 인공위성으로 유고슬라비아에 대한 위협을 강조하는 동안 극동 지역에서 1년간 지속되어 온 무력분쟁의 악화 가능성은 크렘린이 그 규모를 따져보지 않을 수 없는 엄청난 위험을 내포하고 있습니다.

그런데 평화 지지자들의 압력 아래 미국이 극동지역의 영토를 양보하도록 압박하기 위해서 소련은 유럽이 두려워하고 미국은 준비되어 있지 않은 이 세계 분쟁의 위협을 이용할 시기가 왔다고 보는 것 같습니다.

평양의 최근 공보와 소련 대표 말리크 씨의 최근 성명들에 비추어 볼 때, 모스크바의 현재 목표는 "한국에서 외국군 철수"와 마오쩌둥의 체면을 살리기 위해 유엔으로 하여금 "한국에서 미국의 잔학 행위"에 대한 비난으로 중공의 침략에 대한 비난을 벌충하도록 만드는 것입니다.

대만 문제와 중국의 유엔가입 승인은 더 이상 공식적으로 언급되지 않았습니다. 모스크바는 분명 이 문제들이 한국의 최종 지위 문제와 함께 평화주의자들이 요구하고 있고 크렘린의 최종 목표이기도 한 5개 상임이사국 회의에서 의논

---

[2] 게오르기 주코프(Guergui Joukov). 소련의 군인이자 정치가.

되어야 한다고 생각하고 있을 것입니다.

샤테뇨

【280】 엔테잠 총회의장과의 회담(1951.4.25)

[전 보]	엔테잠 총회의장과의 회담
[문 서 번 호]	1883-1887
[발 신 일]	1951년 4월 25일 15시 50분
[수 신 일]	1951년 4월 25일 22시 50분
[발신지 및 발신자]	뉴욕/라코스트(주유엔 프랑스대표대리)

2급 비밀

보안

워싱턴 공문 제1113-1120호

저는 어제 엔테잠 의장과의 대화(본인의 전보 제1875호)를 통해 한국에서의 유엔의 목표를 재확인하고 그들의 의도에 대한 안심할 수 있는 설명을 통해 가능하다면 휴전 및 분쟁 해결로 나아가는 길을 열기 위해 주요 서구세력이 제안한 다양한 성명서 문제에 관해 토론했습니다.

물론 4월 21일 시작된 중공 공세와 정확히 어제 알려진 대만에 미 군사고문단을 크게 강화한다는 미국 정부의 결정으로 인해 이 성명 계획서들의 현실성과 잠재적 구속력이 상당 부분 떨어집니다. 그러나 공산군의 공세가 약해지는 순간이 올 것이고(희망을 가져야 하겠습니다) 이런 의도 표명의 재검토가 가능할 것입니다.

저는 엔테잠 의장에게 그가 이런 종류의 성명 발표를 꺼리는 것(각하의 전보 제1261호)이 사실인지 물었습니다. 그리고 이런 주제에 접근하는 것이 저의 임무는 아니라고 명확히 하면서 프랑스 정부는 유엔 총회의장이 특히 한국문제에 있어 유엔의 목적 공식 발표를 책임질 수 있는 적격자라고 생각하고 있음을 전했습니다.

그는 이에 관해 확고한 의견이 없다고 대답했습니다. 그리고 당연히 총회의 명시적 위임 없이 이런 종류의 선언에 참여하는 것이 조금 망설여질 것이라고 했습니다. 본질적으로 자신은 그 위임을 정당화시킬 총회의 의장으로서의 이 기회가 단지 자신의 것만이 될 수 없고 유엔의 대다수의 생각을 정확하게 반영하기 위해 공개적이고 엄중한 의사 표명을 해야 하기 때문이라는 것입니다.

그러나 많은 것이 이 성명의 내용에 달려 있을 것이며, 자신이 책임을 지면서 평화의 명분을 유용하게 섬길 수 있다고 생각할 수 있다면 그는 당연히 긍정적인 방향으로 생각해볼 생각이 있다고 했습니다.

그래서 저는 그에게 영국의 14개국 성명 계획(4월 11일자 제322Sc호 공문으로 각하께서 보내신 원문)을 알고 있는지 물어보았습니다. 그는 그것에 대해 어렴풋이 들어본 적은 있지만 그 내용을 정확하게는 알지 못한다고 말했습니다. 저는 그에게 물론 기밀로 하고 낭독해 주었고 그는 매우 고마워하는 것 같았습니다. 그는 이 계획서가 매우 적절히 공감을 사는 내용이라고 보았습니다. 또한 저는 그에게 이런 성명문 발표 시점을 둘러싼 특히 프랑스와 영국, 미국 간의 토론에 대해 알려주었습니다. 그리고 저는 한국에 군대를 파견한 14개국 성명은 다른 국가들 특히 아랍-아시아 13개국 그룹이 자기들 나름대로 다른 성명을 발표하도록 자극할 수도 있는 위험을 우려하는 그로스 미 유엔대사의 의견도 설명했습니다.

엔테잠 의장은 그 점에 있어 미국 대표단의 의견이 정당하고 그 우려는 근거가 있어 보인다고 밝혔습니다. 유엔군은 그 어느 때보다 불안정하고 맥아더 사건 때문에 복잡해진 한국문제는 유엔군대를 매우 힘든 상황에 처하게 할 것으로 보았습니다. 최대한 주의하여 그 취약성을 드러낼 수 있는 모든 것을 피해야 했습니다. 모든 방면의 긴밀한 정보를 듣고, 더불어 13개국 그룹의 회원국들 중 한 국가의 워싱턴 주재 대사를 만난 총회의장의 이 점에 관한 견해는 특히 주목할 만한 가치가 있어보였습니다.

엔테잠 의장은 물론 자신의 최종적 결론은 아니지만 때가 되면, 당연히 매우 자세히 그 어법을 검토하겠지만 내용은 위에서 언급한 영국 계획안을 본뜬 성명문을 자신이 책임지는 데 원칙적으로 반대하지 않을 것이라고 결론 지으며 말을 맺었습니다.

라코스트

【281】 한국전쟁 상황(1951.4.25)

[전　　　　　보]　한국전쟁 상황
[문　서　번　호]　256
[발　신　　　일]　1951년 4월 25일 03시
[수　신　　　일]　1951년 4월 25일 18시
[발신지 및 발신자]　도쿄/드장(주일 프랑스대사)

　　리지웨이 장군은 4월 24일 어제 전방을 방문한 이후, 현재 이루어지고 있는 공세는 자국의 손실과 범죄적 황폐는 감안하지 않고 한국에서 유엔군을 몰아내고 소멸시키기 위한 적의 대대적인 새로운 노력으로 보이며 동시에 아직 총력을 동원하지 않았다고 하더라고 지금까지 보지 못한 가장 강력한 공세로 보인다고 밝혔습니다.

　　시작된 전투가 결정적일 수 있습니다.

　　스트라이트마이어 장군은 월요일 『US뉴스&월드리포트』에 압록강 북쪽의 공군기지를 폭격할 수 없다면 그는 공산군의 단호한 공중 공세를 멈출 수 없다고 밝혔습니다. 이 극동공군사령관은 만주와 중국 북부에서 벌어지고 있는 적의 공군력 집결에 대한 우려를 표명했습니다. 그는 이 군사력을 항공기 400에서 700대 또는 그 이상으로 추산했습니다.

　　이 위협에 직면하여 그는 현 상황에서 미그 15대가 사용할 수 없도록 만들기 위해 지속적으로 북한의 50여 개 비행장을 지속적으로 폭격하는 데 그치고 있습니다.

　　스타이런 장군의 지휘 하에 있는 미군 제45사단(주방위군) 부대는 제40사단이 요코하마에 도착한 지 2주 후인 4월 24일에 일본에 상륙했습니다.

　　이 두 부대는 일본 북부의 안전을 보장할 예비군단의 대부분을 구성하게 될 것입니다. 제45사단은 홋카이도에 주둔하게 됩니다.

  국방부에 전달 요망.

드장

【282】 서울의 분위기(1951.4.25)

[공   문] 서울의 분위기
[문 서 번 호] 992(파리 외교단)
[발   신   일] 1951년 4월 25일
[수   신   일] 미상
[발신지 및 발신자] 도쿄/드장(주일 프랑스대사)

브리옹발 씨의 4월 18일자 부산 발송 공문 제18호, 4월 25일 도쿄 수신

인용

  "영국인 동료와 저의 요구에 따라 미국 대사는 어제 중국대사도 우리와 서
울까지 비행기로 같이 동행할 것을 제안했습니다. 수도에서 몇 시간의 방문
덕분에 저는 영사관에 갈 수 있었고, 그곳은 제가 지난 1월 5일 서울에서 피난
을 떠났을 때의 상태 그대로였습니다. 최근 군사작전에 전혀 손상을 입지 않
은 건물들은 첫 점령 시 북한군에 의해 지켜졌거나 또는 옛 표지판들이 제거
된 것뿐이어서 공산군들에게 점령된 것으로조차 보이지 않았습니다. 마지막
으로 저는 서울 수복이 알려지자마자 제가 요청한대로 영사관에 대한 경찰의
철저한 경비가 이루어졌다는 사실을 확인했습니다.
  칙령과 기본적인 자원의 완전한 단절을 무시하고 이전 거주자들이 끊임없
이 침투해 들어와 인구수가 거의 300,000명에 이르렀음에도 불구하고, 드물게
군인이나 경찰들에 의해 점거되고 파괴 정도는 추정수치에서 15%가 늘어난
도시는 유령도시 같아보였습니다.
  철저하게 치우는 일 외에 어떤 시립 재건 사업도 시행되지 않는다는 사실
은 현재 상황을 이끄는 불확실성 속에서 수도로의 복귀는 예측불가능하다는

것을 시사하고 있습니다."

인용 끝.

드장

【283】 한국 지도자들에게 영향을 미치는 미국 인사들(1951.4.25)

[공 문]	한국 지도자들에게 영향을 미치는 미국 인사들
[문 서 번 호]	992(파리 외교단)
[발 신 일]	1951년 4월 25일
[수 신 일]	미상
[발신지 및 발신자]	도쿄/드장(주일 프랑스대사)

브리옹발 씨의 4월 20일자 부산 발송 공문 제20호, 4월 25일 도쿄 수신

인용

　"한국 지도자들은 공식적으로 침묵을 계속 지켜보고 있습니다. 4월 12일까지 한반도 중앙에서의 유엔의 망설임을 반박하려고 애쓰던 웅변의 물결과는 급격히 대조를 이루는 맥아더 장군의 해임 직후라 아연실색할 놀라움을 반영했던 이 침묵이 지금은 고의적으로 보입니다.

　문제의 범위와 진정한 심각성 그리고 한국문제가 거기서 실제로 차지하는 부분에 대한 뒤늦은 인식입니다. 그들이 "유엔 정치가들로부터 영감을 받은 유화정책"이라고 부르는 것에서 시간 벌기를 넘어 "가공의 세계 평화"의 가격에 대한 선불로 보는 한국지도들은 이제 공식적으로 언짢은 기분을 드러내는 것이 어떤 것을 포기하게끔 구실을 제공한다 해도 그것을 피하려고 집착하지 않습니다.

　이런 경우 이승만 대통령에게 미국 인사들이 미치는 영향력은 어떤 것인지 궁금해 할 수 있습니다.

　비록 미국 대사관이 여전히 극단적인 신중함을 고수하고 있지만 틀림없이 제 느낌은 미 국무부의 경향을 충실히 따르고 있다고 볼만한 충분한 이유가 있습니다. 그리고 실제로 국무부 자체 보도담당국이 리지웨이 장군이 "맥아더

장군 해임을 이끈 견해를 실질적으로 공유했다"고 워싱턴의 기자들에게 폭로하는 암스트롱 씨의 진술에 4줄을 할애한 반면, 거기서 열렬히 촉발된 기사들에 대해 이 보도국은 최근 한국 언론 번역에서 슬쩍 무시하고 넘어갔습니다.

실제로 현지 언론은 매일 더 격렬한 표현으로 저의 이전 공문으로 설명된 바와 같은 맥락에서 맥아더 장군의 의회 연설에 갈채를 보내며 계속적으로 "유화정책"을 규탄하고 이제 특히 애틀리 영국 수상과 모리슨 영국 외무장관을 지명하여 "친-공산주의적"이고 "적의 편을 든다며" 그들의 태도를 비난합니다.

그런데 이 사설들의 기법은 정보와 선전 측면에서 아마도 "이 대통령의 새로운 고문"의 영향으로 날마다 강화되는 것 같습니다. 미 기관들의 "적대적 무시"와 한국의 무능함에 내재한 어려움들 때문에 동시에 고통 받는 "두 의자 사이"에 놓인 자신의 입장에 대해 기꺼이 불평하는 전(前) 미 공군 중령인 이 대통령의 고문은 4월 14일 AP통신 한 특파원에게 허심탄회하게 자신의 의견이 최근 맥아더 장군에 의해 확산된 가장 극단적인 견해와 모든 점에서 일치한다는 것을 보여주었습니다."

인용 끝.

드장

【284】 인도 언론과 맥아더 장군의 해임(1951.4.25)

[공 문]	인도 언론과 맥아더 장군의 해임
[문 서 번 호]	299 AS
[발 신 일]	1951년 4월 25일
[수 신 일]	미상
[발신지 및 발신자]	뉴델리/다니엘 레비[1](주인도 프랑스대사)

　한국전쟁 발발 이후 그리고 무엇보다 유엔군이 38선을 돌파한 이후 인도가 추진해온 타협정책은 분쟁의 합의적 해결에 가장 완강한 요소로 꼽히던 맥아더 장군의 해임을 현지 언론이 당연히 찬성하도록 만들었습니다.

　전체적으로 인도 언론은 이 견해를 제가 이전에 지적한 이유들(본인의 1951년 4월 13일자 공문)로 조심스럽게 표명하는 것을 잊지 않습니다. 그리고 무엇보다 맥아더 장군의 군사적 자질과 한 신문이 탁월한 업적이라 묘사하는 일본에서의 업적을 칭찬하면서도 트루먼 대통령이 이번 기회에 보여준 용기에 경의를 표합니다. 예기치 못한 예상 밖의 행동으로 트루먼 대통령은 위대한 대통령 루스벨트의 합당한 계승자임이 증명되었다고 언론은 쓰고 있습니다.

　맥아더 장군의 퇴임은 유엔의 위상을 강화시킬 뿐만 아니라 미국의 위신 또한 높인다고 인도 신문들은 강조합니다. 그들의 의견으로는 유엔군 총사령관의 해임은 사실 한국전쟁의 지휘에 대해 미국과 서방 동맹국들 간에 의견차가 존재한다는 인상에서 유엔이 느끼던 불편함을 종식시키는 것입니다. 또 다른 한편, 장군의 해임이 군대 권력에 대한 시민 권력의 우위를 확인시켜주고 그 기본 원칙이 민주주의 국가들의 선두에 있는 국가에서 행해졌음을 보는 것은 뿌듯한 일이라고 그들은 평가합니다. 마지막으로, 트루먼 대통령의 행동은 유엔군의 작

---

[1] 다니엘 레비(Daniel Lévi). 주인도 프랑스대사(1947-1951).

전 지휘에 관한 다른 국가들의 의견이 워싱턴의 발표에 유효하게 영향을 미칠 수 있음을 보여준 것이라고 그들은 생각합니다.

일부 신문은 이러한 원칙의 적용은 적어도 미국 내부 정책 차원에서 초래될 수 있는 난관과는 상관없이 일어났을 것이므로 미국의 위신은 더욱 높아졌을 것이라고 평하고 있습니다.

그러므로 인도 언론은 국제 상황의 관점에서 전적으로 미국 대통령의 행동에 찬성하는 반면, 트루먼 대통령이 맥아더 장군의 해임을 계기로 발표하게 된 성명들은 한국과 중국 문제에 있어 미국과 인도 간에 아직도 견해차가 여전히 남아있음을 보여준다는 지적을 잊지 않습니다. 인도 정부는 실제로 중공이 유엔에서 인정되어야 하고 미국의 대만 정책을 첫 논의에 포함시켜야 한다는 주장을 계속할 것이라고 합니다. 그러나 이런 의견차가 남아있어도 지금은 그다지 드러나지 않고 더 이상 공개적으로 표명되지는 않을 것으로 인도 기자들은 보고 있습니다. 결과적으로 맥아더 장군의 해임은 극동지역 정책에 대한 미국과 인도의 입장차를 줄이는 데 도움이 되었다고 볼 수 있습니다.

인도인들은 미국과의 관계가 아직 제대로 정립되어 있다고 보지 않기 때문에 인도-미국 관계의 진전은 무엇보다 양국이 지키기로 한 상호 침묵 원칙에서 더욱 표면으로 드러날 것입니다. 그들은 이에 대한 증거가 2백만 톤의 미국 곡물을 인도에 부여하는 법안이 의회 위원회에서 처리가 되지 않은 채 오랫동안 겪고 있는 정체를 내세웁니다. 그들은 이 긴 지체의 원인을 인도의 외교정책에서 찾아서는 안 되며 미국 내부정책의 굴곡에서 찾아야 한다고 생각합니다. 그들은 명확히 미국의 이익에 반하는 이 지체의 책임이 미 공화당에 있다고 주장합니다.

어쨌든 이곳에서 가장 일반적으로 표명되는 견해는, 맥아더 장군의 해임으로, 미국이 한국전쟁의 우호적 해결의 기회를 최대한 확대하기 위해 국가적 영웅의 타파를 주저하지 않았다는 것입니다.

미국의 이 행동은 홍콩에서의 중국 달러의 하락으로 볼 때 군사적·경제적 상황이 나쁜 것으로 드러난 중공이 서양의 평화 제안에 답하도록 자극할 수 있을 것이라고 인도 신문들은 평가합니다.

그들은 중국의 평화 염원에 너무 많은 희망을 걸기에 아직은 너무 이르다고 생각합니다. 그럼에도 불구하고 중국뿐 아니라 아시가 국가들 전체를 위해서도 전쟁의 연장보다는 한국에서의 적대행위 중단이 더 바람직하다고 중공이 평가할 수 있도록 어떤 노력도 경시되어서는 안 된다고 생각합니다.

다니엘 레비

【285】 5월 1일 소련공산당중앙위원회의 호소문(1951.4.26)

[전   보] 5월 1일 소련공산당중앙위원회의 호소문
[문 서 번 호] 1018-1020
[발   신   일] 1951년 4월 26일 16시 00분
[수   신   일] 1951년 4월 26일 18시 15분
[발신지 및 발신자] 모스크바/샤테뇨(주소련 프랑스대사)

관습에 따른 5월 1일 소련공산당중앙위원회의 호소문에는 전통적 순서에 따라 나열되는 인사말로, 소비에트 노동자들의 여러 계층에 인사한 후 모든 민족의 노동계급과 외국인들을 대상으로 한 일련의 인사말들이 포함되어 있습니다. 오늘 아침 언론에 의해 발표된 호소문은 작년의 호소문에 비해 다음과 같은 주요 차이점을 드러냈습니다.

1. 1950년 공산당중앙위원회는 "인민민주주의국가"에게, 올해는 "인민민주주의국가의 노동자들"에게 경의를 표했습니다.
2. 위원회는 1950년처럼 "통일, 독립, 민주, 평화적 독일"이 아닌 "통일, 독립, 민주, 평화적 독일을 위해, 독일 민족의 절대적 이익을 위해 싸우는 독일 민주주의 세력"에 경의를 표했습니다.
3. 한국인민은 금년에 별도의 언급 대상이 됩니다.
4. 특별 단락이 "미국, 영국, 프랑스 및 기타 지역의 백만장자와 억만장자들의 군사공격 범죄 계획"을 저지하고자하는 평화 옹호자들을 언급합니다.
5. 특별 단락이 소련의 외교정책인 "인민들 간의 평화, 안보, 평등, 우정 정책"을 찬양하고 있습니다.

내부 관습에 따른 호명과 인사말의 긴 목록 역시 1950년에 비해 몇 가지 변동

사항이 보입니다. 그러므로 어업 산업 근로자(최근 장려된 활동)와 지질학자 역시 특별 언급의 대상에 들어갑니다.

　마지막으로, 콜호스[1] 일원들에게 보내는 일상적 호소와 "콜호스인의 규약과 콜호스인의 생활 수칙을 경건하게 준수하라"는 권고에 "집단 대소유지의 장점을 전적으로 사용하라"는 권고가 추가되었습니다.

샤테뇨

---

[1] 콜호스(Kolkhoz). 소련의 농업 집단화에서 생겨난 여러 집단농장을 총칭.

【286】 중국에 대한 금수조치(1951.4.25)

[전   보] 중국에 대한 금수조치
[문 서 번 호] 1903-1908
[발   신   일] 1951년 4월 26일 17시 32분
[수   신   일] 1951년 4월 27일 01시 20분
[발신지 및 발신자] 뉴욕/라코스트(주유엔 프랑스대표대리)

보안

워싱턴 공문 제1128-1133호

저는 워싱턴 주재 우리 프랑스대사가 각하께 송부한 공문 제3032호 전보에서 언급한, 추가조치위원회 회의가 가지는 여러 장점들 중에서도 영국과 프랑스가 이미 그들의 중국 수출품의 일부에 대한 금수조치에 들어갔음을 공개적으로 알릴 수 있는 기회를 제공한다고 보는 히커슨 국무차관보의 설명에 반박하고자 합니다.

이 점은 지금까지 미국 대표단에 의해 다루어지지 않았지만, 그들은 매우 짧은 시간 안에 미국의 주요동맹국들이 침략자 중공에 대한 전략적 원료 제공 중단의 실행을 발표하게 하려고 고심하고 있음이 틀림없습니다.

다른 한편, 미 대표단이 위원회에서 자국은 이미 중국에 대한 모든 수출에 대해 금수조치를 내렸다고 강조하는데 우리가 이 주제에 대해 침묵을 지킨다면 우리는 미국 여론에 대해서도 곤란한 입장에 놓이게 될 것입니다.

영국 대표단은 저의 질문에 영국 정부는 중공에 전략물품 제공을 중단했다는 사실을 이미 선언했고 그 결정이 유엔에 알려지는 것에 문제가 될 것이 없다고 본다고 말했습니다. 그런데 저의 영국인 동료는 이 점에 대해서는 지시를 받지

않았으며 위원회에서 취하게 될 태도는 아직 확실치 않다고 했습니다.

우리 역시 한국사태가 시작된 이후 중국에 대한 우리의 수출을 통제했으며, 이에 관한 2월 12일자 각하의 제625호 전문은 매우 철저한 지시사항을 제공했습니다. 그런데 이 지시들은 저에게 기밀로 전달되었으므로, 저는 현재 실행된 조치들의 차별적 성격을 드러내지 않으면서 프랑스 정부는 "상당수의 희귀 물품이 금지될 수도 있는 수출 통제를 설정했다"고만 언급했습니다.

상황을 고려하여 각하께서 우리 동맹국들에게 미칠 심리적 효과의 관점에서, 이 표현을 더 전개하고 우리의 중국에 대한 중요 전략물품 수출이 실제로 중지되었다고 발표하는 것이 유리하다고 판단하실 경우 제가 위원회에서 할 수 있는 선언의 표현들을 명시해주시면 감사하겠습니다.

이 위원회는 사적인 것이지만 제 경험에 따르면 거기서 의논된 것이 언론에 무시당하는 것보다 더 큰일은 없습니다.

라코스트

【287】 미 국무부의 입장(1951.4.26)

[전 보]	미 국무부의 입장
[문 서 번 호]	1919-1924
[발 신 일]	1951년 4월 26일 20시 30분
[수 신 일]	1951년 4월 27일 06시 40분
[발신지 및 발신자]	뉴욕/라코스트(주유엔 프랑스대표대리)

보안

2급 비밀

워싱턴 공문 제1143-1148호

사르페 의장은 어제 저녁 자신은 '큰 압박감'을 느끼고 있으며 '머지않아' 추가 조치위원회를 소집하도록 '강요될' 것이라고 저에게 알려왔습니다.

저는 어쨌든 그가 위원회의 작업 속도를 차분하게 조절할 수 있고 특히 다음 회기부터 나머지 업무를 소위원회에 회부할 수 있기를 바란다고 말했습니다. 그는 자신의 생각도 그러하다고 답했습니다. 그러나 그 자신이 곧 양보하게 될 것이라 알린 압박은 줄어들지 않을 가능성이 큽니다.

현재 15일 동안 휴가 중인 그로스 미 유엔대사를 대신하고 있는 모스 씨에게 저는 어제 오후 각하의 전보 제151호에 상술된 의견들에서도 착상을 얻어 각하의 전보 제1482호의 지시를 이행했습니다. 그는 저에게 미 국무부의 관점을 매우 명료하게 설명해주었습니다.

그는 이 문제에 있어 특히 중공의 대대적 춘계공세가 시작되어 한창 확대되고 있는 지금에 영국과 프랑스의 태도를 '전혀' 이해하지 못합니다. 적어도 실제로 당분간 평화적 협의에 관해서는 베이징 정부에 아무것도 희망할 것이 없다는 것이 분명하지 않느냐는 것입니다. 최근의 어떤 것에서도 희망을 가질만한 게 없었다는 사실도 분명하지 않느냐는 것입니다.

이런 종류의 공세는 2주 만에 준비되는 것이 아니며 외교적 활동을 지원할 목적으로만 기획되는 것이 아니기 때문이라고 합니다. 그리고 이러한 상황에서 유엔의 공식조치로 이 방면에서의 협력이 실제로 효과적인 국가들이 이미 오래 전부터 실행해온 금수조치 선언을 왜 망설이냐는 것입니다.

많은 대표단의 이 조처에 대한 망설임에 대한 논거 제시는 이 문제가 곧 총회에 도달하면(본인의 전보 제1849호) 좀 더 나올 것 같습니다. 그러나 미 정부의 비중과 그 희망사항을 뒷받침하는 에너지가 결국 모든 저항을 이겨낼 것이라는 확신으로 가득 차있는 미 대표단은 중국을 상대로 한 경제 제재(특히 전쟁 수행에 직접 사용되는 물품에만 국한된) 결의안에 대해 지난 2월 3일 총회에서 채택된 중국의 한국침략 규탄 결의안에 대해 최종적으로 승리한 것과 대등한 과반수를 획득할 수 있을 것이라고 확신하는 것 같습니다.

제가 이러한 태도를 언급하는 것은 우리의 노력 감소를 권고하기 위해서가 아니라 오히려 그 반대이지만, 우리 외무부의 정보 및 판단에 도움이 되는 요소로서 보고 드립니다.

라코스트

【288】 4월 22일 중공-북한군의 전격적 공세(1951.4.23)

[전   보] 4월 22일 중공-북한군의 전격적 공세
[문 서 번 호] 998-1001
[발   신   일] 1951년 4월 26일 03시
[수   신   일] 1951년 4월 26일 14시 20분
[발신지 및 발신자] 도쿄/드장(주일 프랑스대사)

보안

국방부에 긴급 전달 요망
사이공 공문 제725-728호

1. 적군이 전방 전체에 압박을 강화하고 있습니다. 적의 병력 규모는 예상을 초과하는 것으로 보입니다. 미 참모부는 임진강 서쪽 연안에서 제2야전군의 제3병단 소속인 제10군과 제12군의 존재를 포착했습니다. 미 제1군단의 구역에만 적은 현재 진행 중인 군사작전을 위해 36개의 사단을 배치한 것으로 보입니다.

이 지역에서 적의 압박은 특히 서울로 통하는 두 개의 주요 도로에서 이루어지고 있는데 하나 청옹에서 다른 하나는 용평에서 서울에 이르는 도로들입니다.

이 두 도로를 방어하던 영국군 제27여단과 제24기갑연대는 심각하게 몰아붙여졌습니다.

가장 중요한 침투는 심각하게 손해를 입은 한국군 제5사단이 관남과 신동을 포기하고 가평 남쪽으로 후퇴해야만 했던 제1군단과 제9군단의 합류점에서 일어났습니다. 영국군 제27여단과 제28여단은 가평의 북쪽 근처를 방어하고 있습니다. 제1기갑사단은 이미 약 25km의 깊은 틈을 봉쇄하기 위해 파견되었습니다.

미군 제10군단 한국군 제3군단의 합류지점인 화천 저수지 동쪽에서 적은 임

진강을 계속 침투하여 인제를 장악했습니다.

2. 유엔군의 총체적 퇴각은 동해안을 따라 평행한 방향으로 남쪽을 향해 약간 구부러진 춘천 근처의 의정부에서 북쪽으로 약 10㎞ 떨어진 문산 남쪽을 지나 38선 훨씬 아래쪽 전선을 향해 진행되고 있습니다.

공격 예비포격이 강력했던 거에 비해 공산군이 이전에 사용했던 것보다 더 강력한 수단이 드러나지는 않았습니다. 지금까지는 전선에서 탱크나 비행기는 사용되지 않았습니다.

미 참모부는 4월 22일 그들의 반격이 시작된 이후 중공-북한군은 25,000명의 병사를 잃은 것으로 추산하고 있습니다.

드장

【289】 동독과 소련에 관한 소문(1951.4.26)

[전 보]	동독과 소련에 관한 소문
[문 서 번 호]	3203-3204
[발 신 일]	1951년 4월 26일 20시
[수 신 일]	1951년 4월 27일 03시 45분
[발신지 및 발신자]	워싱턴/보네(주미 프랑스대사)

AP통신의 한 특파원은 4월 26일자 베를린 속보에서 동독 당국으로부터의 정보에 따르면 30명의 독일 장교 파견단이 현재 러시아 사관학교에서 하고 있는 실습이 끝날 때, 즉 6월에 한국으로 떠날 것이라고 합니다. 그들이 귀환하면 경찰대 간부의 일부를 맡게 될 것이라고 합니다.

이 미국 기자에 의하면, 동독은 이미 6천만 동독 마르크 상당의 군수품과 군비를 한국 공산군에 보냈을 것이라고 합니다. 이 특파원은 또한 소련은 만약 그들이 독일의 중립화를 달성할 수 없거나 서독의 재무장을 막을 수 없으면 현재 50,000명, 25사단으로 추산되는 경찰대 병력을 늘리려 했다는 사실을 지난주 동독 당국이 폭로했다고 특필하고 있습니다.

비록 국무부 관계 부서는 이 소문들은 지금까지 확인된 바가 전혀 없으며 동부 지역 독일 당국의 어떤 발언과 태도가 미국 특파원이 말하려는 폭로로 해석될 수 있는지 모르겠다고 밝히고 있지만 저는 만일의 경우를 대비하여 우리 외무부에 알려야 한다고 생각했습니다.

보네

【290】『뉴욕타임스』 속보에 대한 해명(1951.4.26)

[전 보]	『뉴욕타임스』 속보에 대한 해명
[문 서 번 호]	3205-3208
[발 신 일]	1951년 4월 26일 20시
[수 신 일]	1951년 4월 27일 06시 45분
[발신지 및 발신자]	워싱턴/보네(주미 프랑스대사)

보안

뉴욕 공문 제724-727호

오늘 『뉴욕타임스』는 자사 유엔 특파원의 속보를 발표했습니다. 이 속보에 따르면 미 정부가 한국에 군대를 파견한 유엔 회원국들에게 만약 공산군이 대대적 공중 공세를 시작한다면 연합공군에 의해 만주기지는 폭격을 당할 것이라고 통고했고 관계국들은 이의를 제기하지 않았다고 유엔 대표부 대변인이 발표했다고 합니다.

저는 오늘 아침 히커슨 유엔담당 국무차관보에게 이 기사가 미국 정부의 입장이 바뀌었음을 의미하는 것인지 물었습니다. 차관보는 제가 언급한 속보는 어떤 "권위"도 없으며 이 문제에 대한 미국 정부의 입장은 변함이 없으므로 예상 가능한 상황에서 워싱턴은 관련 정부들과 사전에 협의할 수 있는 모든 것을 다 할 것이라고 답했습니다.

그런데 자신의 기자 회견에서 이 기사에 대한 질문을 받은 트루먼 대통령은 어떤 설명도 거부했습니다.

히커슨 씨의 대답은 『뉴욕타임스』 속보와 관련하여 사태를 분명히 하고 있지만 본인의 전보 제2754호에서 지적했듯이 언젠가는 기정사실이 될 수 있는 위험이 여전히 남아있다는 의미이기도 합니다. 적어도 급속한 변화가 워싱턴과 한국에 군대를 지원한 다른 정부들 간의 의논을 말뿐인 것으로 만들어버릴 위험에 직면한 상태에서는 그럴 수밖에 없는 것입니다.

그러나 미국의 일방적 독자행동의 위험은 맥아더 장군의 퇴임과 리지웨이 장군의 교체로 인해 줄어들 것으로 보입니다. 사실 이제 만주 기지를 폭격할 수도 있는 결정은 궁극적으로 워싱턴에 의해 이루어질 것이며 한국의 미 총사령관의 압력으로 이루어진 결과는 아니라고 생각할 수 있게 되었습니다.

『뉴욕타임스』의 기사는 일본의 전 최고사령관의 연설 이후 이곳 행정부를 "맥아더주의"에 개입하도록 밀어붙이는 사람들의 경향을 적잖이 반영하고 있는 것입니다.

보네

【291】 중공-북한 공세 이후 피해상황과 적의 전투대형(1951.4.27)

[전 보]	중공-북한 공세 이후 피해상황과 적의 전투대형
[문 서 번 호]	1000-1013
[발 신 일]	1951년 4월 27일 09시
[수 신 일]	1951년 4월 27일 14시 10분
[발신지 및 발신자]	도쿄/드장(주일 프랑스대사)

보안

워싱턴 공문 제445-449호
뉴욕 공문 제389-393호
사이공 공문 제730-734호

1. 5일 동안 공세를 펼쳤으나 중공-북한군은 결정적 승리를 거두지 못했습니다. 유엔군은 일부 적의 침투에도 불구하고 심각하게 손상되지 않은 예정해둔 전선(본인의 전보 제981호)으로 후퇴했습니다.

남동쪽 연안이 여전히 점령되어 있는 화천 저수지 동쪽에는 유엔군이 아직 점령하고 방어하려고 하는 진지가 이 전선보다 북쪽, 38선 위쪽으로 약 15km 떨어진 곳에 위치하고 있습니다.

적군이 지치기 시작했든지 아니면 새로운 추가공격을 준비하고 있든지 간에 여전히 매우 강력하긴 하지만 압박이 어제부터 줄어들기 시작했습니다. 한강과 의정부 사이 지역이 가장 위협을 받고 있습니다.

2. 양측 모두의 손실이 상당했습니다.

미국 부대의 경우 인명 손실이 2,000여 명에 달합니다. 한국인들은 약 7,000

명의 인명 손실을 입었는데 그중 제6집단군에 속하는 실종자 6,000명은 아마 부분적으로 전선으로 복귀할 것입니다. 유엔군은 1,600명의 인명손실을 입었고 그중 영국군 제29여단이 1,030명의 피해를 입었습니다. 영국군의 손실은 주로 중공군 전선 뒤쪽으로 약 10여㎞ 지점에 아직도 위치하고 있는 글로스터 연대[1]가 포위된 것에 기인합니다.

미 참모부는 5일간 적의 피해는 35,000명에 이르는 것으로 추산합니다. 프랑스 대대는 손실이 없었습니다. 이 부대는 기갑분견대와 정찰부대를 포함하고 있고 유천 지역에서 제10군단의 서쪽전방의 방위를 맡았던 '제브라Zebra' 기동부대에 통합되었습니다.

3. 최근의 교전으로 적의 전투대형을 정확하게 파악할 수 있게 되었습니다. 서쪽에서 동쪽으로 적의 병력 약 36개의 사단이 교전 중입니다. 북한군 제1군단 문산 남쪽. 중공군 제64, 65군 문산과 의정부 영신 도로 사이. 제10, 12, 60군은 가평까지 펼쳐져 있음. 제27, 20군은 화천까지. 제40, 39군은 양구. 북한군 제3, 제2, 제4군은 해안까지. 즉각적인 준비가 되어있는 예비 병력은 중공군 제19, 제3, 제18병단 소속인 제65, 11, 63, 61군들입니다.

4. 적의 공군 활동은 압록강 이북에서 평소와 같은 접전으로 제한되어 있습니다. 연합공군은 북한 영토를 계속 폭격하고 있습니다. 극동공군사령관 스트라이트마이어 장군은 여전히 전선 이북 또는 미군 기지에 대한 적의 공군개입을 예상하고 있습니다.

국방부에 전달 요망.

드장

---

[1] 글로스터 연대(Glosters Regiment), 영국군 보병 제29여단.

【292】 한국 군사 상황에 관한 미 국방부의 정보(1951.4.27)

[전 보]	한국 군사 상황에 관한 미 국방부의 정보
[문 서 번 호]	3219-3223
[발 신 일]	1951년 4월 27일 22시
[수 신 일]	1951년 4월 28일 07시 25분
[발신지 및 발신자]	워싱턴/보네(주미 프랑스대사)

뉴욕 공문 제732-736호

2급 비밀
보안

이제부터 에티오피아 대표가 초청되는 대표단장 회의에서 한국의 현재 군 상황에 관하여 미 국방부가 제공한 오늘의 핵심 정보는 다음과 같습니다.

1. 9개 군의 중공군과 4개 군단의 북한군은 미 제8군과 교전 중에 있다. 후방에는 7개 군의 중공군이 포착되고 다른 5개 군은 그 진지가 확실치 않다. 적의 압박이 제9, 제10군단 구역에서 감소했다. 반면 제1군단에 대항하는 중공의 공세는 동일한 속도로 지속되고 있다. 공세 6일째에 중국이 돌파한 가장 앞선 지점은 문산의 남동쪽 약 8km 지점이다.
   이 지역에서는 유엔군의 후퇴가 차례로 계속되고 여러 부대들 간의 교전이 유지되고 있다. 한국군 제6사단이 거의 무너졌던 가평 지역에서 적은 유리한 입장을 이용하지 않았다.
   전방 구역에서는 인제 남쪽 제10군단과 남한군단의 합류점에만 위험이 남아 있다. 상대 쪽에서는 여전히 기갑부대가 눈에 띄지 않는다.

2. 미 참모부는 4월 22일부터 공산군이 겪은 인명 손실을 약 35,000명으로 추산하고 있다. 유엔 사령부는 적이 12일간(그중 6일은 이미 지났음)은 현재 속도로 공세를 지속할 수 있다고 보고 있다.

   미국의 인명 피해(다른 유엔군과 남한군대의 인명 피해는 제외한 피해)는 중공 공세 초기 4일 동안 사망자 117명, 부상자 885명, 실종자 257명에 이른다.

   유엔군의 예비 병력은 현재 제1기갑사단과 제187연대전투단으로 구성되어 있다. 이 두 부대는 현재 서울 근교에 머물고 있다.

3. 미 정부는 1950년 6월 25일부터 12월 31일까지 남한군대의 인명손실을 약 136,000명으로, 같은 해 6월 25일부터 12월 15일까지의 한국 민간인의 인명손실을 대략 444,000명으로 추산하는데 이는 38선 이남 전체 인구의 3%에 달하는 수치이다.

요약하면, 미군 당국은 항상 전선 서쪽의 공산군의 우위에 대해 지나치게 염려하지 않는다는 인상을 주고 있습니다. 남한군 제6사단의 붕괴로 발생한 공백은 이제 메워진 것으로 보입니다. 더욱이 유엔군의 후퇴는 은밀한 저항 전술에 해당하는 것이 분명합니다.

보네

【293】 맥아더 장군의 시카고 연설(1951.4.27)

[전 보]	맥아더 장군의 시카고 연설
[문 서 번 호]	3231-3239
[발 신 일]	1951년 4월 27일 22시
[수 신 일]	1951년 4월 28일 09시
[발신지 및 발신자]	워싱턴/보네(주미 프랑스대사)

맥아더 장군의 시카고 연설은 의회에서 했던 연설에 비해 상위정치(high politics)에 대한 고찰에서 당파 투쟁과 대중 정서에 대한 선동적 호소로 옮겨가는 경향을 보여줍니다.

장군의 말은 부분적으로 그의 성공과 인기를 증명하는 사람들을 끊임없이 혼미하게 만드는 경향이 있습니다. 그는 청중들의 국가에 대한 긍지를 자극하며 "미국 병사들의 생명을 구하기 위해 승리로 평화를 신속히 되찾아주는" 정책을 촉구한다고 밝혔습니다. 사상자 수가 계속 증가하고 있다고 강조하면서 그는 병사들의 영웅적 정신에 경의를 표하지만 이 병사들을 공산주의와의 전쟁으로 끌고 나갈 위험이 있습니다.

이어 장군은 한국전쟁에 상징적인 참여만 하는 나라들이 미국의 정책을 지시하려고 드는 것에 놀랐다고 했습니다. 청중이 환호에 그는 이 정책은 해외의 압력을 고려하지 말고 미국인에 의해 결정되어야 한다고 말을 이었습니다. 그는 "내가 섬기게 된 것을 영광으로 여기며 미국은 미국을 위대하게 만든 조상들의 이상에 충실할 것"이라며 "나는 미국인입니다"라고 말을 맺었습니다. 이 외국인 혐오 발언은 맥코믹[1] 장군의 논리와 혼동될 정도입니다. 그러니 『시카고트리뷴』이 배포되는 이 지역에서 맥아더 장군의 인기가 최고조에 이른 것입니

---

[1] 로버트 맥코믹(Robert R. McCormick). 『시카고트리뷴Chicago Tribune』 편집장(1910-1955).

다. 영국대사가 받은(저도 받은) 편지들, 즉 맥아더 장군의 논리를 답습하면서 다소 모욕적인 표현을 쓴 편지들의 80%가 일리노이 주(州)와 그 주변 주에서 보내진 것들입니다.

시카고 연설의 톤은 다음 주 있을 의회 청문회가 극심한 열광적 분위기에서 열리게 될 것임을 예상케 합니다. 신속한 승리 덕분에 가능했던 미국 자손들의 혈통 보호의 명목으로 장군과 그 후원자들은 힘의 정책을 요구할 것입니다. 그 결과는 그들이 추구한다고 주장하는 목표와 반대가 될 수 있는데도 말입니다.

고의로든 아니든 장군은 그들의 목적, 즉 다음 선거에서의 공화당의 승리를 이루기 위해 민족주의와 외국인혐오주의에 호소하기를 망설이지 않는 가장 반동적인 사람들의 손에서 일종의 무기가 되었습니다. 우리는 태프트[2] 상원의원의 격렬한 의회 발언을 통해 보수파 공화당이 어느 정도의 극단까지 갈 수 있는지를 판단할 수가 있습니다. 그가 "국무장관은 중공의 승리를 희망했음이 확실하다"고 발언한 것입니다.

이어 그는 행정부의 유화정책과 중국을 향한 보다 공격적인 전쟁을 주장한 맥아더 장군의 정책 사이에서 선택을 해야 한다고 말했습니다. 분개한 여당 상원의원들, 특히 맥마흔과 스파크맨의 논쟁 참여로 여러 번 말을 중단했던 태프트 의원은 소련이 전쟁에 개입할 수 있는 위험이 우리를 물러나게 할 수는 없다고 덧붙였습니다.

행정부는 위험을 과소평가하지는 않고 이러한 공격 앞에서 침착함을 유지하고 있습니다. 해리먼[3] 씨는 월요일 로스앤젤레스의 한 라디오 연설에서 사람들의 혼돈을 해소하고 장군이 권장하는 정책의 위험과 그가 내놓은 분쟁의 신속한 종료에 대한 장담들의 기만적 성격을 여론에 증명하는 데 전념할 것이라고 발표합니다.

정부 내에서는 장군과 그 주변 인물들이 곧 극단주의에 휩쓸릴 것이고 따라서 여론은 결국 문제의 좀 더 정확한 이해를 바라고 있습니다. 장군의 대변인

[2] 로버트 태프트(Robert A. Taft). 미 공화당 상원의원(1938-1953).
[3] 윌리엄 해리먼(William Harriman). 미 대통령 특별 보좌관(1950-1952).

휘트니 장군은 이미 몇 가지 실수를 저질렀습니다. 『뉴욕타임스』도 『뉴욕헤럴드트리뷴』도 시카고 연설의 전문을 보도하지 않았습니다.

이제 정치 마당으로 내려온 맥아더 장군은 극도로 복잡한 당파적 투쟁의 게임에 연루될 것이며 지금까지 누려온 영광으로 가득한 영웅의 영역보다 훨씬 더 어려운 상황에 부딪힐 수 있습니다.

5년 전부터 나라를 점차적으로 둘러싸면서 오늘날 최고조에 다다른 열광의 분위기 속에서, 비록 가장 원초적이고 덜 합리적인 사람들의 감정에 호소하긴 했지만 장군이 구사한 간결한 문장들과 구호들은 다수 대중들을 열광하게 만들고 국내에 격앙된 민족주의의 위험한 고조를 촉발시킬 가능성이 있습니다.

보네

【294】 한국전쟁에 공헌한 뉴욕 주재 대표국가들에 파견된 한국친선사절단
    (1951.4.27)

[공   문] 한국전쟁에 공헌한 뉴욕 주재 대표국가들에 파견
                 된 한국친선사절단
[문 서 번 호] 662-AS
[발   신   일] 1951년 4월 27일
[수   신   일] 미상
[발신지 및 발신자] 뉴욕/라코스트(주유엔 프랑스대표대리)

저는 어제 오후 대한민국 정부의 승인과 후원 아래 시민단체들과 애국단체들에 의해 준(準)공식적으로 미국에 파견된 '친선사절단' 2명의 방문단을 접견했습니다.

한국 국회의원인 김동성 박사와 서울의 '이화여자대학교' 총장이자 한국 기독교여자청년회(YWCA) 회장인 김활란(앞 사람과 가족 관계 아님) 박사는 미국 정부와 한국 유엔 전쟁의 노력에 직접 공헌한 국가 대표들에게 한국 국민의 감사를 전달하는 임무를 띠고 왔다고 설명했습니다.

둘 다 기독교인이며 미국에서 유학하고 귀국하여 영어를 유창하게 쓰는 이 두 사람은, 특히 대한민국 명분의 존엄성과 대한민국을 위한 유엔의 투쟁의 존엄성, 그리고 유엔의 노력으로 얻어져야 할 승리에 대한 신념을 유지 또는 고양하는 임무를 띤 것으로 보였습니다. 또한 그들은, 특히 김동성 박사는 한국에서 가장 지적이고 종교적인 화법으로 말을 하는 대상에게 그 효과를 확실히 얻어낼 수 있는 선전용의 핵심적인 말들을 완벽하게 배운 것 같은 인상을 주었습니다. 이승만 대통령은 그들의 여행의 결과를 필시 칭찬할 수밖에 없을 것 같습니다.

그들은 매우 친절하고 상당히 적절한 어조의 감동적인 각서를 통해 프랑스대대의 병사들과 그들을 파견해준 프랑스 정부, 그리고 한국이 상징하는 자유의

명분에 이 지원병들을 제공해준 프랑스 국민들에 대한 감사 메시지를 저에게 전달했습니다. 저는 그들이 표현한 감사의 마음을 프랑스 정부에 전달하겠다고 약속했습니다.

라코스트

【295】 미국 여론과 맥아더 장군(1951.4.27)

```
[ 공        문 ]  미국 여론과 맥아더 장군
[ 문 서 번 호 ]  1831-AS
[ 발   신   일 ]  1951년 4월 27일
[ 수   신   일 ]  미상
[발신지 및 발신자]  워싱턴/보네(주미 프랑스대사)
```

맥아더 장군의 역사적 의회 연설이 있은 지 8일이 지났습니다. 뉴욕에서의 "승리"의 날에 절정에 다다랐던 민중소요는 많이 진정되었습니다. 그러나 날마다 이 기사들에 여러 단을 할애하는 신문들에 편지들이 쏟아지고 있긴 하지만 이 편지들이 장군의 해임 직후에 그랬던 것처럼 전적으로 친(親)맥아더 성향은 전혀 아닙니다. 백악관은 지금까지 대통령에게 전달된 90,000통의 편지 중 52% 는 맥아더 장군에게 호의적이고 48%는 대통령의 결정을 지지합니다. 4월 11일 부터 4월 18일 주에는 장군에 대한 호의적 편지가 5대 1의 비율이었습니다.

시카고에서 열광적 환영이 있었던 어제를 제외하고 대중 시위는 많이 잠잠해 졌는데 이것은 우선 장군이 대중 앞에 모습을 드러내지 않고 불과 얼마 전까지 는 뱅상 오리올[1] 대통령이 묵고 있던 월도프 호텔 37층 자신의 아파트에서 칩 거했기 때문입니다. 전 일본 총독을 숭배하는 신봉자들은 신앙심을 맥아더 삼 위일체의 다른 두 멤버, 즉 맥아더 부인과 아들에게로 옮겨야 했습니다. 언론은 바넘 서커스부터 야구 선수들까지 캡을 과시하듯 쓰고 특히 누가 함께 있어주 는 것을 좋아하는 것으로 보이는 어린 아더의 미국, 뉴욕 생활에 대한 소개를 상세하게 다루고 있습니다.

최근 장군을 맞이하게 될 중서부 도시들을 방문할 때 다시 한 번 대중적 열광

---

1) 뱅상 오리올(Vincent Auriol). 프랑스 제4공화국 대통령(1947-1954).

이 예상됩니다. 그러나 이제 진짜 관심은 다음 주부터 열릴 의회 청문회에서의 장군의 심문에 쏠리고 있습니다.

진실을 말하자면, 정치적 차원에서의 관심이 증가한 데다 군사위원회 의장의 자격으로 의회 청문회를 이끌게 될 조지아 주의 민주당 상원의원 리차드 러셀이 장군과 주요 인물들에 대한 청문회가 대부분 "비공개"로 이어지는 것으로 결정을 내린 데 대해 장군은 기쁘게 생각하고 있습니다.

또 한편 장군은 월도프 호텔 안에서 방관한 채 머물러 있지 않았습니다. 그는 자신의 주요 고문들과 함께 의회의 담당위원회 앞에서 할 증언을 준비하고 있었습니다. 안전판 역할을 하는 그의 수석 보좌관 휘트니 장군은 거의 날마다 대중이 숨 돌릴 겨를을 주지 않고 성명을 발표했습니다. 맥아더 장군은 전직 변호사이자 명백히 민간 권력이 군 권력보다 우세한 데 대해 어떤 문제도 없다고 보는 이 이상한 인물보다 말을 더 많이 한 적은 결코 없습니다.

그런데 맥아더 장군에 가장 호의적인 언론 기관들은 그의 수석고문이 말을 너무 많이 하고 자주 능숙하지 못하게 대처한다고 느끼기 시작했습니다. 휘트니 장군이 자신의 상관을 그토록 치열하게 방어한 나머지 왜 그토록 정당한 명분에 그 정도까지의 변론이 필요한 지 궁금해 하게 된 일부 대중에게 오히려 역효과를 일으킬 위험이 있습니다. 행정부 역시 두 말할 필요 없이 적극적으로 5월 3일 시작되는 청문회를 준비하고 있습니다.

백악관과 국방부는 처음에는 장군의 공격(트루먼 대통령의 결정에 대한 그들의 동의에 대한 '참모부'의 공문—웨이크 섬 회담에 대한 『뉴욕타임스』의 폭로)에 대응하기 위해 간접적인 방법을 택했었습니다. 그러나 행정부와 국방부는 이 방법을 신속하게 포기했고, 행정부 대표들은 청문회 외에서는 더 이상 진술하지 않을 것이라고 공식적으로 발표했습니다. 이에 관해 애치슨 국무장관과 국무부는 맥아더 "사건"이 시작된 이래 가장 침묵을 지켰다는 점이 주목할 만합니다.

사실, 청문위원회가 다루어야 할 것은 얄타회담 이후의 미국 극동정책 전체입니다. 맥아더 장군 이외에 민과 군을 포함한 이 정책의 주요 설계자들(물론 트루먼 대통령은 제외하고)이 증언하기 위해 수도로 올 것입니다.

미국 국내 관점으로나 국제적 관점으로도 현재 상황은 청문회가 최상의 객관성을 가지고 진행되기에 최선의 상황은 아닙니다. 우선 장군에 의해 여론에서 생성되고 교묘하게 유지되는 감정적이고 극적인 측면이 있습니다. 또한 제가 별도의 공문에서 지적하는 바와 같이 야당은 미국 해외 정책 전반의 이해득실에 개의치 않고 이 문제를 붙잡고 국내 정치에 이를 이용하려고 단단히 벼르고 있습니다. 마지막으로 특히 극동지역의 국제 분쟁이 한창 확산되고 있으며 한국의 군사적 상황은 앞으로 몇 주 안에 무차별하게 장군과 그 지지자들의 논리에 논거를 제공하거나 제공하는 것처럼 보일 수 있고, 아니면 행정부의 신중한 태도를 정당화할 수도 있습니다.

이제 시작된 지 2주일 이상이 흐른 논란에서 한 가지 사실이 드러납니다. 바로 행정부와 맥아더 장군의 지지자들은 미국의 태평양 정책의 핵심 목표, 즉 유럽과 마찬가지로 이 지역에서도 공산주의의 진격을 막으려는 의지에 본질적으로 동감하고 있다는 사실입니다.

이 두 논리의 중요한 차이점은 모스크바의 의도와 기획을 방해하기 위해 사용하는 수단에 있습니다. 맥아더 장군에게 있어 공산진영과 민주진영 사이의 전쟁은 이미 발발했습니다. 그러므로 중요한 것은 무슨 수를 써서라도 그리고 어떤 위험도 감수하고 승리를 획득하는 것입니다("전쟁에는 승리 외에 다른 대안은 없다"). 중국과의 전면전 위험 또는 소련군의 개입의 위험이라도 말입니다.

반대로 미국 정부로서는 적대행위를 한국으로 제한하는 것이 중요합니다. 제3차 세계대전의 불가피성은 아직 받아들여지지 않았고 미국은 장군이 자신의 의회 연설에서 그 이름조차도 언급하지 않은 유엔의 주요 동맹국들의 견해를 고려해야만 합니다.

또한 아시아에서의 공산주의의 확산을 막는 적절한 방법과 관련하여 맥아더 장군과 민주당 행정부와의 차이점을 과장해서는 안 됩니다. 이 부분에서는 제가 보름 전부터 여러 번에 걸쳐 지적할 기회가 있었듯 워싱턴 정부는 국내 정치 문제 때문에 실패를 피하기 위해 어쩔 수 없이 "물러서야" 했습니다. 여기서 중공에 대한 경제 제재의 적용을 유엔에서 결정하도록 우리의 대화 상대자들의 최근 노력과 대만의 방어를 강화하기 위한 미군군사고문단의 파견에 대한 지난

주 발표를 예를 들면 충분할 듯합니다.

두 의견이 경우에 따라 신속하게 합의될 수 없는 것이 만주 기지의 공중 폭격까지는 아닙니다. 실제로 미 정부가 이미 몇 주 전에 우리에게 알려준 바와 같이, 워싱턴은 만약 공산군이 한국 유엔군에게 대규모 공습을 이행한다면 이 폭격은 필요할 것이라고 평가하고 있습니다.

앞에서 검토한 내용들로 인해 다음 달 초에 의회 청문회에서 시작될 논쟁의 중요성이 분명해집니다. 미국 국내 정치에 대한 영향 외에도 이 청문회는 미국 정부가 자국의 극동정책을 구체화할 수밖에 없도록 만들 것입니다. 미국의 극동정책은 내부 및 외부 상황으로 인해 이제부터 소련과 소련의 아시아 추종국들에 대해 태도를 강화하는 방향으로 나아갈 것으로 예상됩니다.

나머지 국가들에게 있어서도 청문회의 중요성은 이 정도의 설명으로 충분할 것입니다.

보네

【296】중공에 관한 핀란드 외교관의 기밀정보(1951.4.28)

[전　　　보]	중공에 관한 핀란드 외교관의 기밀정보
[문 서 번 호]	290-291
[발　신　일]	1951년 4월 28일 19시 40분
[수　신　일]	1951년 4월 28일 18시
[발신지 및 발신자]	뉴델리/다니엘 레비(주인도 프랑스대사)

보안

2급 비밀

자국의 정부로부터 중공과 외교 관계를 수립하라는 임무를 맡아 베이징을 방문하고 모스크바를 거쳐 헬싱키로 돌아온 저의 핀란드 동료는 저에게 극비사항으로 다음과 같은 정보를 저에게 말했습니다.

1. 베이징 정부는 한국전쟁을 끝내고 싶어 하고 평화 협상에 참여하기를 원하는 것처럼 보였으나 모스크바에 의해 저지될 것 같다.
2. 중국은 공산주의보다는 좀 더 민족주의로 향하는 것으로 보였다.

제가 그 사리분별을 높이 사는 동료의 이러한 인상은 주목할 만한 가치가 있어 보입니다. 끝으로 그는 공사 한 명이 곧 베이징에 임명될 것이라고 덧붙였습니다.

다니엘 레비

【297】 한국 전선의 상황(1951.4.29)

[전 보]	한국 전선의 상황
[문 서 번 호]	1031-1034
[발 신 일]	1951년 4월 29일 08시
[수 신 일]	1951년 4월 29일 12시 40분
[발신지 및 발신자]	도쿄/드장(주일 프랑스대사)

보안

뉴욕 공문 제378-81호, 워싱턴 공문 제467-60호, 사이공 공문 제743-46호
워싱턴, 국방부, 런던 주재 프랑스대사관에 전달 요망

1. 28일 낮, 중공-북한군과의 접전이 상당히 미미한 상태에서, 유엔군의 후퇴
움직임이 두드러졌습니다.

적은 서울의 서쪽과 북쪽을 통해 근접하고 있고 후퇴는 특히 서울의 북쪽에
서 두드러졌습니다.

이 구역에서의 후퇴로 어제 아침 춘천, 양구 그리고 양양 북쪽을 통과하는
전선에서 전체적으로 교전중단이 불가피하게 될 것입니다.

횡성으로 이동하고 있으며 제38연대로 교체되는 제23기갑연대(프랑스 대대
를 포함한)가 특히 타격을 입었습니다.

악천후로 곤란을 겪는 연합공군은 어제 180회의 출격밖에 실행하지 못했습
니다.

2. 참모부에 따르면 중공 공세 이후 미국만의 인명손실이 3,000명에 이릅니다.

3. 탱크용 특수 폭탄 5,000개가 비축될 일본에 막 도착했습니다. 이 폭탄은
스탈린 중(重)탱크가 전선에 모습을 드러낼 경우 배포될 것입니다. 최근 국방부

의 승인을 얻은 새로운 종류의 중장비무기용 탄환들도 배송되었습니다.

4. 일련의 정보와 관측에 따르면 4개 부대 제1,3,4,5 사단을 보유한 제4야전군 특수부대소속 몽골 기갑부대 2개 사단 정도가 전방 근처에 머물고 있습니다.

5. 먼저 계획된 저항 전선이(본인의 전보 제998호) 포위되면서, 다음 방어진지는 한반도 중앙과 동쪽으로 필요한 연장전선과 더불어 한강 서쪽 구역에 세워질 것입니다.

드장

런던 공문 제4275-4278호(1951년 4월 29일).

【298】 중재위원회에 대한 미 국무부의 통지(1951.5.1)

[전 보]	중재위원회에 대한 미 국무부의 통지
[문 서 번 호]	1955-1956
[발 신 일]	1951년 5월 1일 10시 15분
[수 신 일]	1951년 5월 1일 17시
[발신지 및 발신자]	뉴욕/라코스트(주유엔 프랑스대표대리)

엄중 보안

본인의 전보 제1826-1863호 참조

워싱턴 공문(외교행낭) 제1162호

미 정부는 그것이 존중할 만하고 위원회가 한국의 적대행위 종식을 촉진시킬 수 있다고 믿는다면 그 어떤 시도라도 저지할 권리가 없다고 미 국무부가 중재위원회에 통지했습니다.

따라서 비록 검토한 접근법(4월 15일 박헌영 북한 외무상이 유엔 총회의장과 안보리 의장에게 보낸 메시지의 의미와 범위에 대해 소련을 통해 평양 정부에 직접 명확한 설명을 요청하는 문제)의 어떤 결과를 기대하지는 않지만, 정말 그러한 시도가 유용하고 시기적절하다고 평가한다면 위원회의 제안을 실행하는 데에 미 정부는 이의를 제기하지 않는다는 것입니다.

사실 위원회 위원들은 자신들의 제안을 워싱턴에 소개함과 더불어 중공의 대대적 공세가 터지는 바람에 적어도 당분간은 이 제안의 실행이 호의적인 반응을 얻을 가능성은 없다고 생각하는 것 같습니다.

라코스트

【299】 한국 전선의 상황(1951.5.1)

[전 보]	한국 전선의 상황
[문 서 번 호]	3278-3279
[발 신 일]	1951년 5월 1일 22시
[수 신 일]	1951년 5월 2일 08시 50분
[발신지 및 발신자]	워싱턴/보네(주미 프랑스대사)

보안

2급 비밀

뉴욕 공문 제744-747호

미 국방부 관계자들은 오늘 오후 열린 사절단장 회의에서 유엔군이 김포 반도에서 서울 북서쪽까지 한강 남쪽 연안을 따라 가다가 양평에서 북쪽으로 약 8마일 떨어진 지점까지 동쪽으로 이어져 동해안 근처의 38선을 넘어 북동 쪽까지 이어지는 약 130마일 정도 길이의 방어선으로 후퇴하고 있다고 전했습니다. 1개 중대 병력에 해당하는 적의 공격을 한국군이 성공적으로 격퇴한 전방의 동쪽 끝 구역을 제외하고는 지난 24시간 동안 지상 활동이 크게 감소했습니다.

반면, 연합공군은 매우 적극적이었습니다. 한국에서의 5월 1일 출격 수는 1,314회로 기록적인 수치에 도달했습니다. 서부 전선에서 장갑차의 존재가 보고되었습니다. 다섯 대의 탱크가 서울의 북동쪽에서 공중 공격을 받았고 결과는 불확실합니다. 또 다른 17대의 탱크가 같은 지역에서 발견되었습니다.

따라서 4월 22일 적에 의해 개시된 공세는 정체된 것처럼 보이지만 서울 동쪽 지역에서 새로 시도를 할 것으로 예상됩니다. 미 국방부 관계자들은 중공군 13-14개의 사단이 아직 전투에 참여하지 않았다고 지적했습니다.

미 정부는 전쟁 초부터 4월 29일까지 모든 한국군을 포함한 유엔군 전체의 인명손실을 210,949명으로 추정합니다. 이 수치에다 미국과 한국을 제외한 다른 국가들이 파견한 징집병의 인명피해 4,508명(사망자 848명, 부상자 2,312명, 실종자 1,348명)을 추가해야 합니다.

지난 4월 22일 이래 적의 손실은 4월 30일 저녁까지 계산하여 53,000명을 넘어설 것으로 보입니다.

보네

【300】 미국의 태도와 영국의 입장(1951.5.3)

[전   보] 미국의 태도와 영국의 입장
[문 서 번 호] 2011-2013
[발   신   일] 1951년 5월 3일 01시 25분
[수   신   일] 1951년 5월 3일 11시 15분
[발신지 및 발신자] 뉴욕/라코스트(주유엔 프랑스대표대리)

보안

2급 비밀

본인의 전보 제1966-1995호 참조

　제가 그제 추가조치위원회를 주제로 영국 유엔대표 글래드윈 젭[1] 경과 가진
회담에 참석했던 벨기에 유엔대표 반 랑겐호프[2] 씨는 젭 경이 단순한 검토를
위해 제재 문제를 소위원회에 넘기자는 제안에 동조했다고 믿은 나머지 그것을
브뤼셀에 전보로 알리고 내일 회의에서 이 방향으로 발언할 수 있도록 허락해
달라고 요청했습니다.

　또 한편, 캐나다 대표는 그저께, 호주 대표는 오늘 오후에 자신들의 정부로부
터 이 주제에 관해 같은 태도를 채택하라는 지시를 받았다고 저에게 알려 왔습
니다.

　이집트가 십중팔구 같은 방향으로 선언할 것이기 때문에 영국 대표단이 확고
부동한 모습을 보인다면 12개국 중 적어도 6개국, 어쩌면 그 태도가 확실하지

---

1) 글래드윈 젭(Gladwin Jebb, 1900-1996). 주유엔 영국대사. 1945년 유엔 초대사무총장 역임.
2) 페르낭 랑겐호프(Fernand van Langenhove, 1889-1982). 주유엔 벨기에 대표(1947-1957). 1948년
　유엔안보리 의장.

않은 멕시코까지 포함하여 7개국 대표단이 소위원회에 회부하기로 표결했을 것입니다. 사실, 영국 정부 또는 유엔 영국 대표단이 내린 것으로 보이는, 미국의 의사에 반대하지 않는다는 이 결정은 필시 미국이 원하는 결정을 얻어내도록 해주는 결과를 가져올 것입니다. 그리고 이 첫 번째 결과는 미국이 자국의 희망에 따른 결의안을 위원회가 신속히 채택하도록 재촉하고, 그 후엔 총회의 정책위원회에 이 계획안을 제출하도록 압력을 가하며 당연히 자신들의 이익을 추구하도록 유도하게 될 것입니다.

또한 미국은 몇 달 전부터 여러 번 표명하였고 오늘 저녁 그로스[3] 미 대표가 되풀이한 바대로, 그들이 정말 어떤 결과를 얻고자 할 때는 충분한 단호함만 보여주면 확실히 얻을 수 있다는 신념을 더욱 확고히 하게 될 것입니다.

딘 애치슨 결의안과 중국의 침략을 규탄한 결의안에 대한 총회의 대다수 표결에서, 두 경우 모두 이 결과를 위해 우리가 미국에게 얻어낸 사전 양보에도 불구하고 다른 수많은 경우와 마찬가지로 미국은 자신의 힘을 드러냈습니다.

미국은 어쩌면 영국이나 우리 프랑스보다 덜 능숙하다는 생각을 가지고 있을 수도 있습니다. 동시에 그들은 영토, 인구, 경제 및 군사력 면에 있어 우리보다 월등히 큰 자체 영향력을 누린다고 생각할 뿐 아니라, 그들이 매우 가깝다고 느끼는 서유럽 사람들보다 자신들이 훨씬 진지하고 열렬한 신앙심을 바탕으로 도덕적으로 매우 높이 고양된 명분에 대한 정당성도 가지고 있다는 감정도 있습니다.

미국은 현재 중국에 대해 공식적으로 유엔에 요청하는 조치들이 정당하고 시기적절할 뿐 아니라 오히려 이미 매우 늦었고 필수불가결하다고 확신하고 있습니다. 또한 미국은 라틴 아메리카 같은 국가들이 보이는 실제 행동에서의 미온적 태도, 그리고 영국과 우리 프랑스 같은 국가들의 정신적 안이함에 분노하고 있습니다. 마지막으로 미국은 영국과 우리 프랑스가 그들에게 내세우는 중공 정부에 대한 조치들의 심리적 영향에 관한 계산이 부질없음을 확신하고 있습니다.

[3] 어니스트 그로스(Ernest A. Gross, 1906-1999). 주유엔 미국 대리대사(1949-1953).

영국에 대해 말하자면, 미국 여론 절대 다수가 영국을 바라보고 있는 불쾌한 입장, 아니면 이 여론의 대다수에서 점점 확산되고 있는 맥아더 장군 해임의 결정적 책임의 일부분은 영국 정부에 있다는 생각을 악화시키지 않고 가능하면 정정하고 싶다는 매우 강렬한 의지가 최근 영국의 변화에 영향을 미치는 것 같습니다. 끊임없이 반복되는 이 주장은 영국에 엄청난 피해를 입히고 있으며 당연히 영국은 여기에 무관심할 수가 없습니다.

게다가 이 주장은 이제 '유엔' 전체로 옮겨오고 있으며 주요 주동자이자 지도자로 간주되는 영국에 특히 더 충격을 가하는 것은 여전합니다.

라코스트

【301】 한국 전선의 상황(1951.4.2)

[전   보] 한국 전선의 상황
[문 서 번 호] 1051-1055
[발   신   일] 1951년 5월 2일 08시
[수   신   일] 1951년 5월 2일 16시 15분
[발신지 및 발신자] 도쿄/드장(주일 프랑스대사)

보안

국방부에 전달 요망

4월 30일과 5월 1일, 이틀 전부터 전선 전반에 고요함이 지배하고 있습니다. 무인 지역으로부터 10㎞ 너머 정찰대들 사이에서 몇몇 교전이 발생하고 있습니다.

전쟁 포로들의 정보에 따르면 공세의 첫 단계는 끝났다고 합니다. 재편성 후, 중공-북한군은 속히 진격을 재개할 것입니다. 미 제8군은 휴식시간을 이용하여 전투대형을 개편합니다.

제10군단 소속 제7사단은 1군단으로 옮겨져 양지촌 지역에서 제25보병사단 우측 한강에 진을 쳤습니다.

또 미 제10군단은 양평 북쪽 제24보병사단우측에 최근 자리를 잡은 한국군 제2사단을 9군단에 넘겼습니다.

제7사단은 한국군 제5사단 우측 제10군단에 통합되고 지금까지는 예비 병력이었던 한국군 제9사단에 의해 대체되었습니다.

제1해병사단 역시 알몬드[1] 장군의 손에 맡겨집니다.

프랑스 대대는 '제브라[2]' 기동부대의 다른 소대들과 함께 홍천 북쪽으로 약

10km 떨어진 전선으로 배치되었습니다.

미 해군의 비행기는 7발의 어뢰를 발사한 후 화천댐 수문들을 파괴하는데 성공했습니다.

유혈지역의 미 제1군단과 제9군단 구역에 있는 총사령부의 견해에 따르면 적은 지금까지 18개 사단 177,000명의 병력을 투입했습니다. 또 같은 지역에 13개의 다른 사단 140,000명의 예비 병력을 두고 있습니다.

적은 미 제10군단과 남한군대 앞 동부 지역에 17개 보병사단 124,000명을 전선에 투입했고 아직 9개 사단 55,000명의 병력을 보유하고 있습니다.

적의 사령부는 현재 진행 중인 공세에 약 500,000명에 해당하는 57개 사단을 제공하고 있는데, 그중 300,000명은 투입되었고 200,000명은 언제든지 전투에 투입될 수 있습니다.

반면 부서들까지 포함한 유엔군 지상군은 4월 22일 이후 발생한 손실로 보강된 병력이 380,000명으로 추산됩니다.

점점 더 많은 항공기가 실행하는 야간공군감시는 적의 전선들 내의 도로 교통량은 현저한 증가를 보여줍니다. 4월 30일 하루 밤에만 3400대의 차량이 관찰되었습니다. 5월 초부터 평균 차량은 2,000대입니다.

이 움직임을 새로운 군대의 도착을 나타내는 것으로 해석하는 언론과는 달리, 상급 참모부는 이것이 공격을 지원하는데 필요한 보급품을 운반하는 것이라고 생각했습니다.

드장

---

1) 에드워드 알몬드(Edward M. Almond, 1892-1979). 한국전쟁 중 미 제10군단장(1950-1951). 인천 상륙작전과 원산상륙작전 지휘.
2) Zebra.

【302】 맥아더 장군 해임에 관한 미 의회청문회 직전 분위기(1951.5.2)

[전 보]	맥아더 장군 해임에 관한 미 의회청문회 직전 분위기
[문 서 번 호]	3295-3299
[발 신 일]	1951년 5월 2일 22시
[수 신 일]	1951년 5월 3일 08시 30분
[발신지 및 발신자]	워싱턴/보네(주미 프랑스대사)

뉴욕 공문 제748-752호

저는 최근 발행된 한국에 관한 1947년 웨더마이어[1] 보고서의 간단한 분석을 별도의 전보로 우리 외무부에 보냅니다. 이 보고서는 맥아더 장군의 해임에 관하여 내일 열리는 상원 청문회에서 야당인 공화당에 의해 사용될 것이 확실합니다.

여러 공화당 의원들은 이 문서의 발행이 왜 그렇게 오랫동안 지연되었는지 그리고 행정부는 왜 평양 정권의 잠재적 공격에 저항할 수 있을 정도로 남한에 군비를 갖추라는 웨더마이어 장군의 충고를 따르지 않았는지에 대해 이미 물었습니다.

민주당 지도자들은 상기 문서 출판에 대해 눈에 띄게 당혹스러워 합니다. 보고서에서 장군에 의해 표명된 견해들이 당연한 상식들의 결과인데다 그가 자국 정부에 제출한 제안들은 별 어려움 없이 실현될 수 있었던 것이라는 점에서 그들은 더더욱 당황스러운 것입니다.

사실, 오늘 기자회견에서 행정부는 미국 지휘 하의 한국 '정찰대' 구성 권고를

---

1) 앨버트 코디 웨더마이어(Albert Coady Wedemeyer, 1897-1989). 1947년 트루먼 대통령이 중국으로 보내 미국 행동방침에 대한 보고서를 쓰게 한 미 육군 사령관. 중공을 경계하고 대만 원조를 주장.

제외한 웨더마이어 장군의 한국 관련 모든 권고들을 이행했을 것이라고 말한 애치슨 국무장관의 논리를 받아들이기 힘들 것으로 보입니다.

양원청문위원단 의장인 민주당 러셀 상원의원은 민주당에서 지금까지 이 주제에 대하여 매우 간단하더라고 논평을 한 유일한 당원입니다. 그는 자신이 웨더마이어 보고서 공개의 책임자였다고 진술하는 데 그쳤습니다.

동시에 그는 국무부에 다음과 같은 사항을 요청했다고 알렸습니다.

1. 『뉴욕타임스』에 의해 공개된 웨이크 섬 회담 비밀 보고서의 '대비 방식'에 관한 상세한 정보(본인의 전보 제3052호)
2. 한국 분쟁의 특정한 사태에서 취해질 결정에 관한 참모본부 기밀문서 전달

공화당에 따르면, 올해 1월 날짜로 되어있는 이 문서는 맥아더 장군이 의회 연설에서 중공에 좀 더 공격적인 군사행동을 취하는데 있어 참모장들은 자신과 동의했다고 밝힐 당시 어떤 생각을 갖고 있었는지를 설명해 줄 수 있을 것이라고 합니다.

관련 상원위원회들은 지난 월요일 보안상의 이유로 내일 시작되는 청문회가 비공개로 계속될 것이고 각 입회 말미에 최대한 명료한 심의내용 보고서를 제출할 것이라고 밝혔습니다.

이 대비책 결정에 야당인 공화당의 강력한 반대가 없었던 것은 아닙니다. 청문회를 앞둔 술렁이는 분위기는 이상의 내용을 통해 충분히 짐작할 수 있습니다.

보네

【303】 웨더마이어 장군의 보고서(1951.5.2)

[전 　 　 보]	웨더마이어 장군의 보고서
[문 서 번 호]	3300-3303
[발 　 신 　 일]	1951년 5월 2일 22시
[수 　 신 　 일]	1951년 5월 3일 08시 30분
[발신지 및 발신자]	워싱턴/보네(주미 프랑스대사)

뉴욕 공문 제753-756호

맥아더 장군의 해임에 관해 내일 조사에 들어가는 군무 및 외무 관련 상원위원회들이 1947년 9월에 작성된 웨더마이어 장군의 한국 관련 보고서를 방금 공개했습니다.

이 문서는 1947년 8월 5일(같은 날짜의 본인의 전보 참조) 발행된 중·미 관계 백서에 첨부되었던 웨더마이어 장군 중국 관련 보고서의 후속편입니다. 웨더마이어 장군은 이 보고서에서 그 당시 남한의 정치적, 경제적, 문화적 상황을 묘사한 후, 미국의 전략적 이익에는 이 국가의 군사적 상황이 "잠재적으로 위험하다"고 진단하고 있습니다.

그는 미군과 남한의 경비대[1]는 내부의 교란에는 대처할 능력이 될 것 같다고 보았습니다. 반면 이 군사력으로는 '소련이 통제하는' 침략에는 맞설 수 없을 것으로 관측했습니다. 그러나 그는 이 잠재적 가능성이 일반적으로 있을법한 일로 여겨지지는 않는다고 덧붙이고 있습니다. 모스크바에 의해 군비를 갖춘 북한군대의 우월성 때문에 웨더마이어 장군은 예전에 필리핀에 있었던 부대와 비슷한 남한 경비대[2]의 장비를 갖추게 하고 훈련시키도록 미 정부에 권고했습니다.

---

[1] 국방경비대. 육군의 전신.

미군이 통제하고 처음에는 장교들이 미국인이 될 것인 이 부대는 미국과 소련이 한국을 철수했을 때 북한으로부터의 공격을 상당히 제압할 수 있을 것으로 그는 내다보았습니다. 또 장군은 더 이상 관리가 필요 없을 정도로 충분히 강력한 북한군대를 조직한 소련이 철수한 이후에도 군사주둔을 계속할 수밖에 없는 상황에 미국이 직면할 수 있다고 밝혔습니다.

결론적으로 웨더마이어 장군은 다음과 같이 권고했습니다.

1. 최대한 빨리 한국에 미국의 정신적 물질적 지원을 부여할 것.
   목적: 1) 유엔의 원칙에 따른 평화 수립
   　　　 2) 미국의 전략적 이익 보호
2. 1945년 12월 모스크바 협정에 따라 대한민국 임시 정부와 가장 유사한 정부 수립을 위해 워싱턴은 노력을 지속할 것.

발행된 그대로의 웨더마이어 한국 보고서 텍스트를 차기 외교행낭으로 보내드립니다.

보네

---

2) 정찰대(scout force).

【304】 맥아더 장군의 의회 청문회 전날(1951.5.2)

[전   보] 맥아더 장군의 의회 청문회 전날
[문 서 번 호] 3304-3309
[발   신   일] 1951년 5월 2일 21시 32분
[수   신   일] 1951년 5월 3일 06시 00분
[발신지 및 발신자] 워싱턴/보네(주미 프랑스대사)

보안

우선문건

맥아더 장군의 시카고 연설 이후 극도의 흥분에 달했던 정치적 열광은 상원 외교위원회 및 국방위원회에 의해 이루어진 장군에 대한 청문회 전날 거의 최고조에 달했습니다.

오늘처럼 내일도 전 극동총사령관의 지지자와 반대자들은 아시아와 유럽에 대한 비난을 더 높일 것입니다. 그런데 이들은 이 토론에서는 무엇보다 국내 정치가 쟁점이고 내일 회기는 일종의 사전 선거 운동의 시작을 알리게 될 것이기 때문에 이것은 당연히 정당 간의 투쟁이라고 볼 수 있습니다. 맥아더 장군은 이제 자신의 견해를 변호하기보다는 국가 앞에서 행정부를 피고인의 입장에 몰아넣기로 결심한 것으로 보이는 만큼 가장 선동적인 감정적 본능에 호소할 것입니다.

그는 이미 많은 말을 했습니다. 휘트니[1] 장군이 말한 대로 만약 그가 받은 최대한의 초대장을 수락하기로 결정한다면 더 많은 말을 하게 될 것입니다. 그

---

[1] 코트니 휘트니(Courtney Whitney, 1897-1969). 유엔군 최고사령부에서 맥아더 장군의 최측근으로 활동(1945-1951).

는 이제 논쟁 차원에서 대선 후보 차원으로 넘어가는 것일까요? 불가능한 것도 아닙니다. 수많은 공화당원들이 이를 추진하고 있으며, 맥코믹[2]은 이미 맥아더-태프트[3] '대통령-부통령 후보' 정하기까지 제안합니다. 이것은 태프트 상원의원을 기쁘게 하는 솔선행위라고 짐작할 수 있지만, 대통령이 되겠다는 야망을 끊임없이 키우고 있고 장군을 너무 앞세우고 그의 명성을 이용하지 않을까 우려하는 그는 '맥아더를 대통령으로'라는 슬로건이 너무 세게 너무 멀리 나간다면 제일 먼저 장군을 걸어 넘어뜨릴 사람일 수 있습니다. 그러나 이것은 아직 미래의 일입니다. 오늘은 정부의 평판을 떨어뜨리는 것이 중요한 일이며 이를 위해 공화당의 공격수의 대다수가 자리를 잡았습니다.

위원회가 장군을 비공개로 청문하기로 한 결정은 공화당에 의해 48시간 동안 너무도 심하게 공격당한 나머지 행정부와 남부 민주당을 결속시켰기 때문입니다. 남부 민주당은 자기 쪽 사람인 유엔군 위원단의 의장, 러셀 상원의원을 향해 공화당 쪽에서 쏟아낸 비난으로 격노한 상태였습니다. 그러나 상원은 오늘 오후 43대 41로 내일 청문회를 공개적으로 할 가능성을 검토하기로 결정하였습니다. 그리고 민주당 상원의원들은 늦은 오후에 이 방향으로 결정되는 것을 피하기 위해 '필리버스터[4]'에 전력을 다했습니다. 청문회가 비록 비공개로 남게 되었지만 논쟁에 유입될 군사 문서를 보호하기 위해 상원에서 취한 주의조치에도 불구하고 비밀 유지는 적어도 환상일 가능성이 높습니다.

행정부와 민주당 상원의원들은 물론 강력히 반격할 것입니다. 이들에게는 논거도 방어수단도 부족하지 않습니다. 논쟁의 결과는 그 과정에 있을 난폭함보다 훨씬 더 불확실합니다. 아마 절대로 극동에서 즉각적 결과를 기대할 수는 없을 것입니다. 맥아더 장군 해임 이후 미국 정부의 강경함은 사실 행정부에서 이제 아무도 중공을 '진정시킬' 수도 없고 원하지도 않는다는 점을 뚜렷이 보여

---

2) 로버트 R. 맥코믹(Robert Rutherford 'Colonel' McCormick, 1880-1955). 공화당계 『시카고트리뷴』 소유주이자 편집장(1910-1955). 시카고 시의회 의원.

3) 로버트 태프트(Robert Taft, 1889-1953). 미 공화당 상원의원(1939-1953). 노사관계법인 태프트하틀리법 입법화에 노력. 공화당의 상원 원내총무로서 아이젠하워 대통령에 협력.

4) 의회에서의 의사진행 방해 연설.

주는 것입니다. 이 같은 사실은 한국전쟁의 성공적이고 신속한 종식을 요구하
는 여론분야 자체도 전면전의 대가를 치르고 그토록 원했던 결과를 얻을 준비
가 전혀 되어있지 않다는 점을 보여주고 있기도 합니다.

보네

【305】 맥아더 장군의 의회 청문회 전날(1951.5.2)

[전 보]	맥아더 장군의 의회 청문회 전날
[문 서 번 호]	3310-3312
[발 신 일]	1951년 5월 2일 22시
[수 신 일]	1951년 5월 3일 08시 40분
[발신지 및 발신자]	워싱턴/보네(주미 프랑스대사)

보안

본인의 이전 전보에 이어

다른 한편, 내각 구성은 현재 수정되기 어렵습니다. 국무장관에 대한 비난은 분명히 배가될 것이며 그의 퇴임을 바람직하다고 보는 민주당원들도 있겠지만 대통령은 자신의 정책을 부인하지 않는 한 자신의 주요 협력자와 쉽게 헤어질 수 없을 것이고 싸움의 절정기에 상대방에게 눈부신 승리의 기회를 제공하기가 쉽지 않을 것입니다.

승리하거나 약화되거나 행정부는 현재의 입장을 유지할 수밖에 없습니다. 스타슨[1] 씨의 충고처럼 맥아더 장군과의 타협을 시작하기란 거의 불가능할 것입니다. 스스로를 변호할 수밖에 없는 행정부는 어쩌면 맥아더 장군의 평판을 실추시키는데 성공할 수도 있습니다. 그러나 도를 넘은 상대방의 공격에 대한 방어는 정부의 망설임이 몇 달 전부터 여론에 형성한 동요된다는 이미지를 더 두드러지게 합니다. 며칠 만에 대중은 파면되어 14년 만에 자신의 나라로 귀국한

---

[1] 해럴드 스타슨(Harold Edward Stassen, 1907-2001). 미네소타 변호사 및 주지사를 거쳐 샌프란시스코 국제 연합 창립 총회 미국대표, 유엔 군축위원회 미국대표를 역임. 9번에 걸쳐 공화당 대통령 경선에 도전(1948-1992).

맥아더 장군이 전쟁 중인 시기에 정부에 맞서 일종의 선전 캠페인을 시작하는 것을 볼 수 있었습니다. 정부는 자신의 책임을 참모장들에게로 돌립니다. 참모장들은 상원에서 자신들을 임명했고 자신들이 섬기고 있는 정부에 반대하는 입장에 서지 않았다고 비난받습니다. 이렇게 하여 악취야 남겠지만 격정적 흥분은 당연히 가라앉을 것 것입니다.

불행히도 이것은 차기 회계 연도의 군사원조 예산에 대한 상원의 표결 이전이 아닐 것이고, 맥아더 장군이 미 동맹국들을 비난하는 연설에서 불러일으키는 적개심은 이 새로운 논쟁에서 중요한 역할을 할 것입니다.

보네

【306】 맥아더 사건에 대한 캐나다의 판단(1951.5.2)

[공 문 (우 편)]	맥아더 사건에 대한 캐나다의 판단
[문 서 번 호]	641AM
[발 신 일]	1951년 5월 2일
[수 신 일]	미상
[발신지 및 발신자]	오타와/라불레[1](주캐나다 프랑스대사관 참사관)

보안

최근 3주간 맥아더 장군에 대해 한 번 이상의 사설을 내놓은 캐나다 신문이 한두 곳이 아니고 '이 사태'를 공식적 또는 비공식적으로 열렬히 토론하는 회의도 한두 군데가 아닙니다. 미국과의 근접성이 이 열렬한 관심을 일부분 모두 설명할 수는 없습니다. 캐나다 여론은 이웃나라 미국을 뒤흔드는 이 논쟁이 캐나다 정책과 유엔 정책의 기초에 암묵적으로 도입하는 여러 원칙과 구상에 악영향을 미칠 수 있다고 느낍니다.

무엇보다 이곳에서는 심지어 민족주의 성향의 기구나 퀘벡 주(州) 성직자 기구들조차 만장일치로 맥아더 장군의 태도와 견해에 반대하는 경향이 있는가 하면, 거의 모든 언론은 파면당한 장군이 자신을 위해 해명하고 자신의 태도를 변호할 권리를 주장하는 '정정당당한 싸움'이라는 입장을 고수하고 있기도 합니다. 또 어떤 이는 군인으로서 장군의 능력에 가장 진실한 경의를 표하고 유혈전쟁에 투입된 수천 명의 군인들을 대변하는 지도자로서의 그에게 존경을 표하기도 합니다. 장군의 연설을 논평하는 많은 이들은 아시아에서의 공산 침략이 유

---

[1] 프랑수아 르페브르 드 라불레François Lefebvre de Laboulaye, 1917-1996). 주캐나다 프랑스대사관 참사관(19?? -1954). 브리질, 일본, 미국 주재 대사 역임.

럽에서 두려워하는 침략과 분리될 수 없음을 인정합니다. 결국 거의 모든 이들이 맥아더를 해임하면서 미 행정부가 리지웨이 장군에게 똑같이 제기되는 한국 문제를 해결한 것도 아니고 자국의 극동정책에 명확하고 합리적인 방향을 제시한 것도 아니라고 지적합니다. 이들은 각자 이 정책의 실수와 혼동과 망설임에 대해 회고하고 설명하기도 합니다.

그러나 동시에 장군의 주장에 반대하는 일치감 역시 형성되었으며, 이렇게 표명된 주장에는 적잖은 논거들이 끊임없이 발견되고 있습니다.

이리하여 저마다 먼저 장군이 권고한 정책과 민주주의 체제에서 용납될 수 없는 것으로 보는 대통령 입장에서의 태도를 철저히 구분합니다. 독재는 반감을 불러일으킬 뿐 아무도 군의 권력이 민간 권력에 대항할 수 있다고 믿은 맥아더를 용서하지 않습니다. 장군은 해야만 했던 것처럼 사임하는 대신에 자신의 반란을 정당에 의지하는 것이 옳다고 판단했는데 그 논리가 캐나다에서는 어떤 불신을 불러일으킵니다. "트루먼 대통령에게는 다른 방법이 없었다"는 것이 가장 빈번하게 회자되는 의견입니다. "캔자스시티의 한 상인이 5성 장군을 해임하고 후에 그 장군에게 미국 의회에서 자유로이 자신의 의견을 변호할 수 있도록 허락할 수 있는 것은 민주주의에서만 있을 수 있는 일이다!" 이 전형적 발언은 "정정당당한 싸움"이 맥아더에게 유리하다면 트루먼 대통령에게 역시 유리할 수 있으며 그의 정치적 용기에 찬사를 보낸다는 것을 보여줍니다.

매우 심각한 또 다른 비난이 전 극동사령관에게 쏟아집니다. 그의 워싱턴 연설에서 언급조차 하지 않은 유엔에 대한 무관심과 '그가 진심으로 지지할 수 없었던' 유엔 지침에 관한 무관심에 대한 비난입니다. 이러한 태도는 캐나다의 유엔에 대한 매우 깊은 애착뿐 아니라 이 국가의 독립심과 충돌합니다. 맥아더의 승리는 미국의 정치적 헤게모니의 승리로 인식되었고 동맹국과의 사전 협의 없이 해결책을 강요하는 미국의 경향을 강화시켰을 것으로 보는 것입니다. 그런데 미국은 이런 방식으로 그들의 의견을 앞세우면 안 됩니다. 오히려 맥아더를 정치적 집결의 중심으로 만들어버리면 세계에서 미국의 '지도력'을 잃게 될 것이기 때문입니다.

또한 캐나다의 반응에서 매우 중요해 보이는 것은 장군의 인격과 그의 정책이 캐나다 정책의 근간이 되는 대서양 국가들 간의 단결, 특히 영국과 미국의 단결에 심각한 위협을 가한다는 것입니다. 장군의 논리들이 국제적 불화를 불러 일으켰고 너무나 자주 원망과 분열을 일으키는데 집중하는 미국의 특정 정치 단체들에 의해 지지를 받았기 때문에 캐나다에서는 비난을 받을 수밖에 없습니다. 미국 고립주의자들은 자신들의 지지가 포함하는 모순에도 불구하고 맥아더 장군을 지지함으로써 오히려 미국 여론에서 장군에게 해를 끼쳤습니다. "신께서 맥아더를 그의 친구 매카시[2]와 맥코믹으로부터 보호하길"

그들은 또한 극도로 흥분한 미국 청중의 동요 속에서 심각한 정치적 논쟁을 해결한다고 주장함으로써 장군에게 해를 입힙니다. 말하자면 캐나다는 미국의 어떤 극단적 면을 억제하고 강력한 이웃국가의 정치적 열광을 유럽 국가들에 설명하는 것이 자국의 사명이라고 느끼고 있습니다. 또 캐나다는 유럽 문제에 주된 관심을 가지고 있고, 비록 태평양 쪽에도 해안이 접하고 있지만 아시아 쪽보다 유럽 방어에 우선권을 둡니다. 이러한 방침도 전 도쿄 주재 미국총사령관 맥아더에 대한 판단에 있어 영향을 미칠 수밖에 없습니다.

그러나 캐나다 정책이 유럽에 두는 중요성이 아시아인들을 이해하기 위한 매우 현실적인 노력을 배제하는 것은 전혀 아닙니다. 최근 보여준 콜롬보 플랜[3]이나 인도 기근에 대한 노력을 예로 들 수 있습니다. 그러나 이러한 감정은 오히려 맥아더 장군에게 불리하게 작용합니다. 혹자는 실제로 장군이 옹호하는 해결책에 가장 반대하는 이들이 바로 아시아인들이라고 지적합니다. 마지막으로 장군의 정책은 평화에 깊은 애착을 가지고 있고 호전성으로 간주되는 모든 것, 더 나아가 모든 모험에 적대적인 사람들을 불안하게 할 수 밖에 없다는 사실은 분명합니다. "맥아더의 퇴임은 평화를 위한 또 하나의 기회"라고 혹자는 속내를 털어놓습니다. 어느 누구도 방어전 앞에서 물러나지 않을 것입니다. 그러나 어느 누구도 전쟁 발발의 도덕적인 책임이 명백히 적에게 있지 않다는 사

---

[2] 조셉 매카시(Joseph Raymond McCarthy, 1908-1957). 미 공화당 상원의원이자 냉전 선동가로 활동(1946-1954).
[3] 아시아·태평양 국가들의 경제발전을 위한 기술적·재정적 원조를 제공하기 위해 1951년 콜롬보에서 수립된 계획.

실은 인정하지 않을 것입니다. 그런데 미국의 극동정책은 모든 의심에서 자유롭지 못하며, 맥아더 장군의 주장이 만약 받아들여졌다면 '아시아에서의 미국 제국주의'라고 비난하는 공산국가들과 동양 국가들의 비난을 정당화하게 될 것이라는 생각이 이곳에서는 매우 강합니다. 바로 "대만 문제를 미국 안보의 필요성에만 의거하여 해결하려는 것은 정치적 도덕적 파산을 불러올 것"이라는 비난입니다.

캐나다가 유엔이 자신의 결정을 강력히 존중하도록 만드는데 무력하다고 간주하고 있다고 결론을 내려서는 안 됩니다. 국제사회의 고귀한 도덕적 원칙에 따라 설립된 이 기구에 대한 캐나다 정책은 동시에 현실적입니다. 오헌[4] 씨는 외무부로부터 착상을 얻은 것으로 보이는 캐나다의 극동정책에 관한 책에서 "오직 새로운 세계전쟁이 절대적으로 불가피할 때만 유엔은 침략국가에 군사적 제재를 가한다는 결정을 할 수 있다"라고 쓰고 있습니다.

맥아더 장군이 요구한 군사 조치는 캐나다 정책의 근간이 되는 평화 유지에 대한 관심과 유엔의 역할에 대한 개념에 정면으로 모순되는 것이었습니다.

결론적으로 캐나다 외교 정책의 방침은 맥아더 장군의 행동에 대한 비판에서 드러나는 것처럼 한국문제에 대한 캐나다의 결정을 통해 이미 반영되었다는 점이 흥미롭습니다. 이 방침에 따라 레스터 피어슨[5] 캐나다 외무장관은 맥아더 장군에 반대한다는 입장을 반복해서 표명했고, 워싱턴의 의사 결정에 대한 이 입장의 영향력이 공문을 통해 설명했었습니다.

맥아더 사건이 가져올 앞으로의 영향과 관련하여 캐나다 평론가들은 장군이 일본에서 수행해오던 임무의 갑작스러운 중단이 내포할 수 있는 위험에 대해서는 전혀 우려하지 않는 것처럼 보입니다. 어떤 이들은 이 임무가 곧 민간고등판무관에게 위탁되기를 기대하기도 했습니다. 반면, 많은 관측통은 미국에서 일어난 소요가 전체적으로 만족스러운 극동 상황의 해결 방법을 방해하는 건 아닐

---

[4] O'Hearn.

[5] 레스터 B.피어슨(Lester B. Pearson, 1897-1972). 캐나다 외무장관, 국제연합 안전보장이사회 의장, 제7차 국제연합총회 의장 역임. 국제연합 감시군 파견으로 1957년 수에즈 위기를 해결한 공로로 노벨평화상을 수상. 자유당의 당수, 총리 역임.

까 우려하고 있습니다. 베이징 체제의 인정, 대만 포기 등은 이제 야당에 의해 '유화적 조치'로, 더 나아가 미국 행정부에서는 금지된 이름인 항복으로 간주되는 것은 아닐지 모르겠습니다.

결국, 캐나다 여론은 캐나다가 확고히 애착을 갖는 정치적 원칙에 있어 맥아더 장군에 의한 잠재적 실패에는 최대한의 단호함으로 대응했지만 이 분쟁의 장본인에 대한 판단에 있어서는 어떤 관대함을 보입니다. "맥아더 장군은 죄인은 아니지만 그의 솔직성에도 불구하고 위험한 인물이다", "그는 과거의 고귀한 군사적 덕목의 상징이지만 우리 불행한 시대의 문제에 답해 줄 수는 없다" 같은 표현들이 나옵니다. 이 폭풍우의 결과에 관해 여론은 "두려워하지 말고……", "이것은 미국 방식이다", "그런데 지금까지는 재앙이 초래된 것은 아니다" 등의 표현과 더불어 철학적으로 고찰해야 한다고 봅니다.

라블레

【307】 미 유엔대표에 내린 워싱턴의 강경한 지시(1951.5.3)

[전 보]	미 유엔대표에 내린 워싱턴의 강경한 지시
[문 서 번 호]	2001-2010
[발 신 일]	1951년 5월 3일 00시 43분
[수 신 일]	1951년 5월 3일 10시 15분
[발신지 및 발신자]	뉴욕/라코스트(주유엔 프랑스대표대리)

보안

2급 비밀

워싱턴 공문 제1192호 참조

오늘 오후 휴가에서 돌아온 미 유엔대표 그로스 씨는 안전보장이사회가 끝나자 내일 5월 3일 목요일 소집되는 추가조치위원회(본인의 전보 제1933호)에 관해 미 대표단이 워싱턴으로부터 받은 '강경한' 지시를 영국 대표 글래드윈 젭 경과 저에게 알려주며 설득했습니다.

미 국무부는 미 대표단이 우선 내일부터 위원회(이 회의는 우리가 원했기 때문에 '비공식'입니다)와 언론에 경제 제재에 관한 미 행정부의 의견을 설명하고 이 분야에서 미국이 유엔으로부터 기대하는 것을 표시하는 것이 '필수불가결'한 것으로 보고 있다고 밝혔습니다.

미 대표단은 당장 '결의 계획안'을 제출하지는 않겠지만 5월 7일 월요일에 열리는 다음 회의에서 제출할 내용의 본질을 위원회에 설명하려 한다고 했습니다. 4월 11일부터 '맥아더 사태'라는 표현으로 요약되는 극동에서의 미국의 정치적 군사적 문제 전반에 대해 정확히 내일 열리는 의회 청문회의 시작 때문에 국무부가 갑작스럽게 위원회 작업진행에 속도를 내기로 결정했다고 우리의 질문에 대답하는데 있어 그로스 대표는 전혀 곤란해 하지 않았습니다.

던 애치슨 국무장관은 그제 월요일부터 위원회가 이 '행동적' 1차 회의가 열리지 않은 것을 유감스러워 했다고 합니다. 그는 맥아더 장군이나 의회의 압력을 받고 행동한다는 인상을 주고 싶지 않았습니다. 그런데 행정부가 보기에는 장군이든 의회든 또는 어쩌면 처음부터 언젠가는 둘 다 이 청문회 과정에서 유엔과 행정부의 정책을 문제 삼는 것이 불가피하다는 것입니다.

저는 이 문제를 소위원회 검토에 회부하자는 의견을 다시 한 번 내세웠습니다. 그로스 미 대표는 당연히 미 국무부의 목적은 빨리 진행하는 것이기 때문에 자신은 이 제안에 호의적일 수 없다고 대답했습니다. 제가 직접 비난한 글래드윈 젭 경은 영국 외무부에 우리의 견해를 전달했으나 만약 미 대표단이 동의하지 않으면 제가 제안했던 것을 지지하지 말라는 권고를 받았고, 이에 관해 미 대표단이 취할 입장을 거역하라는 지시는 내려오지 않을 것으로 예상한다고 밝혔습니다.

중국에 대한 군사 물품 수출(본인의 전보 제1903호)에 있어 한국 사태 초기부터 영국과 프랑스 양국 정부가 따라온 정책에 대해 우리의 발표에서 공개해야 하는 문제가 이 부분에서 자연스럽게 제기되었습니다. 왜냐하면 만약 미 정부가 자국의 설명을 발표하는데 우리가 완전히 침묵을 지키고 있으면 특히 이 부분에 격분해있고 예민한 이곳 여론에 가장 나쁘게 비춰질 수 있기 때문입니다.

오늘 저녁 글래드윈 젭 경과 저는 위원회에서 계획된 발표(본인의 전보 제1964호, 각하의 전보 제1577호)를 하는 것으로만 예정되어 있습니다. 그러므로 우리는 이 발표의 그야말로 공개적 측면은 내일 재론해야 합니다.

저는 만약 위원회가 정말로 국무부의 예상대로 한다면, 특수위원회에서 논의를 통해 금방 우리의 어려움이 완화될 가능성은 없어도 우리가 시작한 일의 중요성을 강조하고 싶었습니다.

앞으로 10여일 이내에 우리가 제동을 걸지 않으면 우리는 위원회에서 미국 계획안이 반대하는 다수에 의해 기각되는 것을 보거나, 이 계획안이 총회의 정책위원회에 제출되어 실패의 위험이 증가되고 우리에게 큰 손해가 될 수 있는 공개 토론이 확실해지게 될 것입니다.

그로스 대표는 이 시간 계산과 전망들이 정확하다고 인정했습니다. 그래서 저는 글래드윈 젭 경에게 현재 총회의 중국에 대한 제재 프로그램 채택을 영국 정부가 반대했다는 것이 정확한 것인지 물었습니다. 그는 그에 대해 시인하면서 자국 정부가 결정을 내려야 할 것이라고 밝혔습니다.

글래드윈 젭 경 역시 그가 직전에 언급한 미 내부 정책의 위험과 유엔의 실패 위험 사이에서 미 국무부가 선택을 해야 한다는 것이 보이지 않는지 물었습니다.

그로스 씨는 솔직하게 그것을 인정하고 결국은 "대다수가 미국을 따를 수밖에 없을 것으로" 확신하기 때문에 미 국무부는 이 두 위험 사이에서 정서적 선택 즉 유엔에 가능성을 걸기로 선택 했다고 설명조로 덧붙였습니다.

라코스트

【308】 맥아더 장군의 의회 청문회 증언(1951.5.2)

[전   보] 맥아더 장군의 의회 청문회 증언
[문 서 번 호] 3345-3351
[발   신   일] 1951년 5월 3일 23시
[수   신   일] 1951년 5월 4일 06시 20분
[발신지 및 발신자] 워싱턴/보네(주미 프랑스대사)

뉴욕 공문 제757-763호

　마지막 순간 민주당 국회의원들의 양보에 따라 맥아더 장군은 군무와 외무 두 상원위원회뿐 아니라 상원 위원들 전체 앞에서 증언하였습니다.

　워싱턴 주재 AFP통신은 장군의 발표에 대한 매우 철저한 보고서를 파리에 보냈는데 저는 이 발표를 세부적으로 분석할 필요는 없다고 생각 되며 며칠 내로 상원 청문회의 핵심 요소만 추려내려고 합니다. 오늘 있었던 맥아더 장군의 긴 증언의 요점은 다음과 같습니다.

　1. 유엔군

　미 유엔군과 남한의 유엔군을 제외하고 유엔군은 '토큰 병력'[1]이다. 수적으로 불충분하다.

　2. 아시아에서의 소련

　현 상황에서 소련이 일본을 정복할 수 있을 지는 매우 의심스럽다. 그러기 위해서는 사실 미 공군 및 해군에 의해 제지당할 수 있는 육해 공동작전이 필요하다.

---

[1] Token forces. 수적으로 적어서 명목상일 뿐인 병력.

시베리아에서의 소비에트 전략 또한 매우 방어적이다. 무엇보다 산업기지가 멀리 떨어져 있기 때문에 유지와 관련된 어려움을 극복해야 한다.

이 지역의 러시아 공군(이에 관해 장군이 언급한 수치는 삭제되었음)은 주로 매우 뛰어난 제트 전투기로 구성되었다.

러시아 해군은 초기 단계에 있다. 이 해군은 인도양에서 큰 위험이 될 수 있다. 소련 태평양 함대는 미국 함대에게 확실한 위협이 되는 경장비 함선과 잠수함으로 주로 구성되어 있다.

장군은 현재 한국과 극동에서 진행되는 사건들이 모스크바가 전면적 분쟁에 뛰어들거나 또는 평화를 유지하는데 영향을 미칠 것이라고 생각하지 않는다.

3. 한국

장군은 끊임없이 더 많은 군대를 요구했다. 미 공군은 전술 작전에만 참여할 수 있다. 현재 상황에서 유엔군은 압록강까지 갈 수 없고 거기서 유지하기는 더욱 불가능하다.

그 주된 이유는 중공군의 수와 유엔군 사령부에 부과된 '특별 제한' 때문이다.

장군은 한국에서 대만 국민당 병력의 사용을 요청한 사실을 인정한다. 대만 군대는 그에 따르면 '매우 뛰어나다'.

4. 만주 폭격

장군은 의회 공동회의에서 자신이 말했던 것을 되풀이하며 국방부는 만주 폭격을 명령한 적이 결코 없다고 덧붙였다. 당연히 그는 여전히 이 폭격에 찬성하며, 만약 미국이 이 결정 때문에 동맹국들로부터 버림을 받는다면, 다른 국가들이 공산주의의 위험이 어디에 있는지 볼 수 있는 "충분한 감각이 없다면" 미국은 홀로 투쟁을 계속해 나가야 할 것이라고 밝혔다.

5. 맥아더 장군과 워싱턴의 관계

장군은 올해 1월 12일 참모부에서 온 문서를 읽었다. 이 문서는 다음과 같은 사항을 권고하고 있다.

1) 중국의 경제 봉쇄 강화

2) 중국 해안 봉쇄 준비

3) 중국 영토 공중 정찰

4) 연막작전에 대만 국민당 병력 사용

그러나 장군은 이 '권고들'을 수행하라는 명령을 워싱턴으로부터 받지 못했다고 시인했다. 또한 그는 중국 대륙에 국민당 군대가 상륙하는 것을 지지하지 않는다.

장군은 자신이 한국에서 '정책적 공백' 상태에서 작전을 수행했다고 평가한다. 사실 그는 그 지역에 대한 자국 정부의 정책이 무엇이었는지 몰랐고 아직도 모른다.

그의 임무의 주요 목적은 그에게 다음과 같이 묘사되었다.

1. 군대의 안전

2. 일본의 보호

장군에게 있어 '이것은 임무가 아니다.'

장군은 자신의 증언과 더불어 오늘로 모든 것을 끝내고자 하는 희망을 표했습니다. 그러나 상원의원들은 분명히 아직 며칠 동안 그를 심문할 것이라 기대하고 있기 때문에 그의 바람이 이루어지기는 매우 힘들어 보입니다.

보네

【309】 웨이크 섬 회담 보고서(1951.5.3)

[공 문 (우 편)]   웨이크 섬 회담 보고서
[문 서 번 호]   1976/AS
[발 신 일]   1951년 5월 3일
[수 신 일]   미상
[발신지 및 발신자]   워싱턴/보네(주미 프랑스대사)

지난 4월 27일자 공문 제1846호를 통해 저는 4월 21일『뉴욕타임스』에 발행된 트루먼-맥아더의 웨이크섬 회담 요약 번역문을 각하께 전해드렸습니다.

이 발표로 인해 미국에서 일어난 동요와 이를 계기로 이 회담의 보고서를 폭로하는데 백악관이 쓴 방법에 관하여 백악관을 향한 미 언론의 비판 때문에 행정부는 오늘 열리는 의회 청문회를 맡은 상원 위원회들이 상기 회담의 공식 문서를 공개하도록 해야만 했습니다.

이렇게 공개된 텍스트는『뉴욕타임스』의 텍스트에 비해 덜 완전하다는 사실에 주목할 수 있습니다. 실제로 이 문서에는 래드포드[1] 제독의 짧막한 발표를 제외하고는 인도차이나에 대한 어떤 언급도 없습니다. 또 이 문서는 대만에 관한 발언으로 물의를 일으켜 죄송하다고 일본 주재 미 최고 사령관 맥아더 장군이 트루먼 대통령에게 표명했다는 사과에 관한 문구도 포함되어 있지 않습니다. 트루먼-맥아더의 개인 대화 기록도 문제의 이 문서에 수록되어 있지 않습니다.

나머지는 전체적으로 두 상원위원회에 의해 발표된 텍스트와『뉴욕타임스』의 내용이 일치합니다.

이 문서는 제섭[2] 특사의 비서와 트루먼-맥아더의 회담이 있었던 곳의 바로

---

[1] 아서 래드포드(Arthur W. Radford, 1896-1973). 미 태평양함대 사령관(1949-1953).
[2] 필립 제섭(Philip C. Jessup, 1897-1986). 트루먼 미국 대통령의 국제문제 특사(1946-1952).

옆방에 있던 대통령의 민간인 및 군사 고문들의 메모를 통해 웨이크 섬에서 돌아오는 여행 중 작성되었습니다.

맥아더 장군은 어제 휘트니 장군을 통해 이 회담 중 이런 메모가 작성되었는지 몰랐다고 밝혔습니다.

웨이크 섬 회담에 대한 보고서를 아래 첨부합니다.

보네

【310】 미 대표단이 제안한 결의안(1951.5.4)

[전 보]	미 대표단이 제안한 결의안
[문 서 번 호]	2043-2047
[발 신 일]	1951년 5월 4일 19시 15분
[수 신 일]	1951년 5월 5일 06시
[발신지 및 발신자]	뉴욕/라코스트(주유엔 프랑스대표대리)

워싱턴 공문 제1204-1209호

미 대표단은 머지않아 아마 5월 7일 월요일 추가조치위원회에 제출할 것을 제안하는 결의계획안 원문을 저에게 전달했습니다. 미 대표단은 이 계획안이 승인될 것이고 빠른 시일 내에 총회의 정책위원회로 넘어갈 것이라고 보고 있습니다. 이 원문의 임시 번역문은 다음과 같습니다.

인용

"총회는 1951년 2월 1일 제4984호 결의를 상기하면서,

2월 1일 결의에 의해 설립된 추가조치위원회가 한국 침략에 대항하기 위하여 사용할 추가조치를 검토하였고, 침략자의 군사력에 대한 원조를 막기 위한 일정한 조치들이 이 침략을 종식하는데 기여할 것으로 보고서에서 결론 내렸다는 사실에 주목하며,

한국 침략에 맞서는 유엔의 군사적 활동을 지원하고 보완하는 것이 중요하다고 확신하며 각 국가에 다음과 같이 권고한다.

1. 각국은 중화인민공화국 중앙정부와 북한 당국에 의해 통제되는 지역에

군비, 군수품과 전쟁물자, 원자력 생산에 필요한 원자재, 석유 그리고 군비, 군수품과 전쟁물자 생산에 유용할 수 있는 제품들의 모든 발송을 금지한다.

2. 각국은 자국 영토로부터 수출되는 어떤 물품이 이 금수조치에 해당하는지를 규명하고, 이 금수조치에 효력을 발생시키기 위하여 필요한 통제를 가한다.

3. 각국은 이 금수조치가 효과적일 수 있도록 타 국가들과 협력하고, 이 결의에 따라 타 국가들이 적용하는 제재 조치가 화물 옮겨 싣기, 재수출 또는 거래 부피 가중 등으로 변질되지 않도록 필요한 조치를 취한다.

4. 30일 기한 이내에 추가조치위원회에 보고서를 제출하고, 이후 자국이 실행하는 제재 조치의 성질과 규모에 대하여 수시로 보고한다.

총회는 추가초치 위원회에 다음과 같이 요청한다.

1. 위원회는 앞 단락에 명시된 바에 따라 제출받은 보고서들을 검토하고 총회에 보고하면서, 금수조치의 잠재적 효력과 그 적용을 지속, 확대 또는 제한하는데 있어서 시의 적절함에 대한 적당한 권고사항들을 총회에 전달한다.

2. 위원회는 만약 중재위원회가 추가조치위원회의 활동이 만족스러운 진척을 통지한다면 그 보고서 제출 기간은 조정할 수 있으므로 한국 침략에 대항하기 위해 결정될 수 있고 이에 관해 총회에 보고할 수 있는 추가조치에 대한 검토를 지속한다.

그리고 총회는 유엔 정책의 목적이 한국에서의 적대행위 중단을 추구하는 것과 평화적 수단으로 그 목표를 이루는 것임을 재확인하고, 중재위원회가 이 목적을 위해 가능한 모든 기회에 중재를 계속 해 주기를 요청한다."

인용 끝.

라코스트

【311】미 정부의 공식입장에 대한 『뉴욕타임스』 사설 분석(1951.5.4)

[공 문 (우 편)]	미 정부의 공식입장에 대한『뉴욕타임스』사설 분석
[문 서 번 호]	2052-2061
[발 신 일]	1951년 5월 4일
[수 신 일]	1951년 5월 7일
[발신지 및 발신자]	뉴욕/라코스트(주유엔 프랑스대표대리)

2급 비밀

엄중 보안

워싱턴 공문(외교행낭) 제1210호

저는 전보 제1719호에서 중재위원회가 미국 유엔 부대표에게 4월 13일 베이징 주재 인도대사를 통하여 중공 정부에 대한 개입 계획서를 제출하라고 국무부에 요청했다고 설명했습니다. 이 계획서는 만약 중공 정부가 유엔총회의장 엔테잠[1] 씨와의 대화를 기꺼이 요청한다면 지난 1월 3개국 위원회에 의해 작성된 '5개 원칙'을 대화의 기초로 하자고 중공 정부에 제안하기 위한 것입니다.

또한 전보 제1726호에서 저는 이 제안이 엔테잠 의장 또는 그 대표들과 중화인민공화국 정부 간 논의의 기초로서 이 '5개 원칙'의 채택에 대해 사전에 동의를 한다거나 또는 동의를 하지 않는다고 말해야 하는 상황에 놓인 미 정부가 얼마나 난처할 수 있는지를 설명했습니다.

이후 미 정부가 이 계획의 실행에 동의했고(본인의 전보 제1764호와 제1815호), 파니카[2] 대사가 자국 정부에게 보내는 공문들의 아마도 계산된 모호함(본

---

[1] 나스롤라 엔테잠(Nasrollah Entezam, 1900-1980). 주유엔 이란대사(1947-1950)였으며 1950년 제5차 회의 유엔총회 의장. 주미 이란대사(1950-1952).

인의 전보 제1815호) 때문에 불확실성으로 둘러싸인 상황에서 이 계획이 베이징에서 실패한 것으로 보이지만, 그래도 국무부는 한국문제 해결의 가능성에 관한 미 행정부의 입장을 중재위원회에 분명히 밝혔으며, 어떤 의미에서 이것은 신중히 주목할 필요가 있습니다.

그로스 미 대표는—제가 이것을 알아낸 것은 그에게서도 미 대표단에게서도 아님— 자국 정부가 '휴전'과 중공군의 한국 철수(물론 단지 일시적일뿐인 철수)를 대가로 대만을 베이징 정부에 넘겨주고 유엔의 중국 의석을 베이징정부에 내주는 것을 검토하는 식의 분쟁 해결은 검토할 수 없다고 중재위원회 회원들에게 설명했습니다.

이 입장이 미 정부의 공식입장으로서 중재위원회에 통지된 것은 비밀리에 이루어졌고 실제로 위원회에서 비밀처럼 다루어진 반면 이 입장 자체에 대한 정의는 지난 5월 2일 『뉴욕타임스』 사설들 중 하나로 발표되었습니다.

두세 달 전부터, 특히 '맥아더' 논쟁이 터진 후부터 매우 유행하고 있지만 그 본질은 너무나 애매하고 범위는 너무도 신축적인 '유화'라는 단어의 개념을 비난하면서 이 기사를 쓴 익명의 저자는 먼저 행정부에 대해 비난할 때 쓰는 이 단어의 남용에 분개합니다.

> "우리가 적의 집결지인 만주에 즉시 폭탄을 날리지 않으면 그건 유화다. 우리가 즉각 중국의 모든 항구 봉쇄를 확립하지 않으면(그리고 당연히 그곳 진입을 시도하는 러시아와 영국 함대에 포탄을 발사하지 않으면) 그건 '유화'다. 그리고 중국 국민당 군대가 중국 본토를 침략(아마 너무 이른)할 때에 필요한 공중 보호를 해주지 않으면 그것도 역시 '유화'다."

중요한 것은 검토된 조치들의 효력이라며 이 논설위원은 다음과 같이 이어갑니다.

> "이 조치들이 한국전쟁을 단축시킬 수 있는가? 아니면 소련이 거기에 간섭

---

2) 사르다르 파니카(Sardar Panikkar, 1894-1963). 주베이징 인도대사(1950-1952). 이집트 및 프랑스 주재 대사 역임.

하게 만들면서 분쟁을 확산시킬 것인가? 이 조치들이 세계의 다른 지역에서 우리로부터 우리 동맹국들을 멀어지게 할 것인가? 이 경우 이 조치들이 우리에게 이익을 가져다주기 보다는 고통을 더 많이 가져다 줄 것인가? 이것들은 중요한 질문들이다. 이 문제들은 '유화'와 아무런 상관이 없다."

"…한국에서의 유화의 진정한 위험은 다른 곳에 있다. 위험은 예전이나 지금이나 언제나 "중공에 대만 그리고 유엔의 중국 의석을 내줄 수도 있는" 한국 문제의 '해결'이다. "이것이야말로 분명히 침략에 대한 보상이며 가장 교묘한 형태의 유화책일 것이다."

마지막으로 이 기사의 결론이 나오는데, 양식 있는 사고를 갖춘 영향력 있는 사회 계층의 상당 부분을 현재 지배하고 있는 감정이 심오하게 여기서 드러나는 것으로 보입니다.

"분명 국무부의 지시에 따라 우리 미 유엔대표단은 1월 13일 희미하게나마 이 방향에 가까워지는 결의를 지지함으로써 실수를 저질렀다. 그 이후로 우리의 정책은 다시 강경해졌다. 아직 좀 더 강해지는 것이 좋을 것 같다. 국무부가 다음과 같은 두 가지 점에 대하여 의도하는 바를 간단히 발표한다면 모든 '유화' 비난을 종식시킬 것이다."

"1. 우리는 지금도 차후의 어떤 순간에도 대만이라는 전략상 중요한 섬과 공산화되지 않은 그 국민을 공산중국의 달콤한 관심에 넘겨줄 생각이 없으며,
2. 중공 정부가 권력을 유지할 수 있을 뿐 아니라 평화를 사랑하고 책임 있는 정부로서 처신할 수 있음을 보여줄 때까지—시간이 오래 걸릴 것이다— 우리는 중공이 유엔에 가입하는 것을 막기 위해 거부권을 사용할 것이다."

바로 이것이 양식 있는 사고를 갖추었을 뿐 아니라 필시 고위 지도부와 정계 사람들의 깊은 생각입니다. 지난 1월의 5개 원칙 수용은—전반적 철수, '해군' 최고 사단들의 포위, 군의 엘리트 간부들을 잃을 위험 등— 차라리 잊어버리고 싶은 상황 속에서 후회하고 뉘우치는 절망의 순간에 저지른 유약한 행동이었다

는 것입니다.

이제 미군은 저항할 수 있습니다. 중공군이 아무리 거대한 인간 보고에서 병력을 끌어온다 하더라도 최정예 부대와 무한히 갱신할 수 없는 물자를 잃고 나면 느끼지 않을 수 없는 점차적 약화로 인해 미국은 언젠가는 이들을 무찌를 수 있습니다. 그러므로 할 수 있는 한 미국은 한국전쟁에서 승리해야 하는 것입니다.

이 점에서 미 정부의 정책이 방법의 선택 또는 적어도 그 방법을 소개하는 방식에 있어서는 맥아더 장군이 주장한 정책과 다르지만 그 목표는 전혀 다르지 않다는 것은 인정해야 합니다. 그리고 역설적으로 트루먼 대통령의 행정부, 국무부와 국방부는 오늘날 그의 해임 이전보다 더 맥아더 장군이 주장하는 의견을 철저히 따라야 할 수 밖에 없다고 느끼는 상황에 처했다고 할 수도 있을 것입니다. 그때는 그들이 멀리 있는 맥아더 총사령관의 행동 아니면 글과 말을 저지할 수 있었다면 지금은 맥아더가 옹호한 정책과 본질적으로 다른 정책을 그들 스스로가 실행할 자유가 있습니다.

이러한 추세는 이제 미국의 주요 상대국에 대한 정책 결정에 고려될 만큼 강해 보입니다.

라코스트

【312】 영국의 중국 수출(1951.5.4)

[공 문 (우 편)]	영국의 중국 수출
[문 서 번 호]	775-AS
[발 신 일]	1951년 5월 4일
[수 신 일]	미상
[발신지 및 발신자]	런던/마시글리(주영 프랑스대사)

5월 3일자 제758호 전보에서 제가 지적한 바와 같이, 그제 하원에서 중국 수출에 관한 영국 정부의 입장 표명을 요구받은 샤인웰[1] 장관이 상세한 설명과 확신을 주지 못했던 논쟁을 계기로, 이제는 이 문제에 관해 남아있을지 모르는 의심에 공식 성명으로 종지부를 찍는 것이 반드시 필요하다고 판단됩니다.

유엔에서 추가조치위원회가 소집됨과 동시에, 한편으로 미 국무부는 중국에 대한 경제 제재 가능성이 빠른 시일 내에 검토되기를 주장하고 있고, 또 한편으로는 미 여론의 일부가 특히 홍콩 항구를 통하여 중국과의 중요한 무역을 유지한다고 영국을 너무 비난하기만 한다는 것을 누구나 알고 있으므로 이러한 명확한 설명은 더더욱 필요합니다.

오늘 아침 영국 언론이 대거 보도하고 있는 미 상원의원들 앞에서 맥아더 장군이 했던 발표는 영국이 지나치게 자국의 상업적 이익에 따른 정책을 추구한다는 미국의 특정 계층 사람들의 의혹, 그리고 이러한 감정을 강화할 뿐인 모든 징후가 가져오는 파문 같은 이미 알고 있었던 사실을 재확인해 줍니다. 상무원이 발표한 대중국 영국 수출총액, 이 수치들과 국방장관의 주장 사이의 모순, 국방장관의 당혹스러워하는 대답 등은 모든 가설에 날개를 달아줄 수 있으며

---

[1] 엠마뉴엘 샤인웰(Emanuel Shinwell, Baron Shinwell, 1884-1986). 영국 노동당 정치인. 한국전쟁 당시 영국 국방장관(1950-1951).

미국 언론이 영국의 이중성을 둘러싸고 고발할 가능성을 배제할 수 없습니다.

제가 우리 외무부에 그 텍스트를 전달한, 어제 날짜 『데일리헤럴드』에 실린 정부의 영향을 받은 한 성명서는 이미 일정한 상세정보를 제공해 주었습니다. 애틀리 영국 수상은 본인이 스스로 모든 설명을 하는 것이 좋다고 판단하였고 그것이 어제 하원에서 했던 성명의 목적이었습니다. 수상은 다시 한 번 어떠한 전략 물자도 중공에 보낸 적이 없고, 수출에 대한 통제가 특히 홍콩 같은 영국 식민국가들 뿐만 아니라 대영제국 자체에까지 이루어졌었다고 확언했습니다. 이 통제는 미국의 완전한 합의를 얻은 것이었습니다. 애틀리 수상은 자신의 발표와 상무원이 발표한 통계 사이에 나타날 수 있는 모순을 설명했습니다. 상무원이 발표한 통계는 관세청에서 보통 사용되는 일반 분류법 아래에서 모든 종류의 물품들을 포함하고 있기 때문이라는 것입니다. 예를 들어 '차량'이라는 표시는 적혀 있으나 실제로는 중국에 수출된 적이 없는 '기관차와 비행기' 두 종류의 항목만 포함하는 것이 아니라 자전거나 어린이 자동차 같은 다른 항목들도 포함되어 있었다는 것입니다. 1950년 7월부터 1951년 3월까지 중국에 대한 공급량이 12만 톤에 달하는 고무와 관련하여 수상은 과도한 물량이 베이징으로 수출되는 것을 방지하기 위한 조치를 지난 4월 9일 취했다고 밝혔습니다. 야당의 요청에 애틀리 수상은 현재 교역에 대한 상세한 수치를 곧 발표하기로 약속했습니다.

수상은 미국에서의 효과도 불리할 수 있었고 국내에서도 영국군이 최근 입은 막대한 인명피해 소식이 발표된 이후 곤란한 인상을 남길 수 있는 이 논란에 종지부를 찍으려고 노력했습니다.

우리 외무부 앞으로 영국 수상의 발표 원문을 아래와 같이 동봉합니다.

마시글리

【313】 영국의 중국수출금지 물품 목록 제안(1951.5.5)

[전   보]   영국의 중국수출금지 물품 목록 제안
[문 서 번 호]   2062-2064
[발   신   일]   1951년 5월 5일 00시
[수   신   일]   1951년 5월 5일 07시 45분
[발신지 및 발신자]   뉴욕/라코스트(주유엔 프랑스대표대리)

보안

워싱턴 공문(외교행낭) 제1211호

영국대표단은 간단명료한 금지물품 리스트에 포함시킬 것을 제안하는 물품 목록을 아래와 같이 미국과 프랑스 대표단에게 기밀로 전달하였습니다(본인의 전보 제1966호).

그 목록은 다음과 같습니다.

1. 석유, 중유, 윤활유
2. 핵분열성 물질
3. 무기, 탄환, 폭약
4. 전쟁 도구들
5. 1) 공작기계, 병기 제조를 위한 금속
   2) 군용 차량과 타이어를 포함한 일체 부속품
   3) 전자 장치
   4) 방탄 판
   5) 니켈, 몰리브덴(수연(水鉛)), 바나듐, 코발트, 티타늄, 텅스텐, 페로몰

리브덴, 페로바나듐, 페로티타늄, 페로망간, 페로니오브, 페로텅스텐 등
군비 목적을 위한 특수강 생산에 사용되는 비철금속 및 철 합금, 그리고
이들 금속 또는 기계를 바탕으로 제조된 특수강철
6) 도로 및 비행장 건설용 기계

라코스트

【314】 추가조치위원회에서의 미국 발표(1951.5.5)

[전 　　　 보]	추가조치위원회에서의 미국 발표
[문 서 번 호]	2065-2069
[발 　 신 　 일]	1951년 5월 5일 00시 30분
[수 　 신 　 일]	1951년 5월 5일 08시
[발신지 및 발신자]	뉴욕/라코스트(주유엔 프랑스대표대리)

긴급

2급 비밀

보안

워싱턴 공문 제1212호

5월 3일 어제 열린 추가조치위원회 회의가 시작되자 사르페[1] 의장은 제게 소위원회 의장의 자격으로 소위원회가 준비한 보고서(본인의 전보 제1780호)를 소개해달라고 요청했습니다. 저는 짧은 발표로 보고를 마쳤습니다. 내일 아침 뉴욕을 떠나는 외교행낭을 통해 그 원문을 보내드립니다. 이어 이집트 대표는 3월 8일로 거슬러 올라가는 추가조치위원회의 마지막 회의 이후 위원회의 작업에 영향을 미칠만한 새로운 사건이 발생했는지 사르페 의장에게 물었습니다. 사르페 의장은 파우지 베이[2] 이집트 대표가 중재위원회 활동을 시사하고자 하는 것이라면 위원회를 소집하기 전에 그 의장과 연락을 취했으며 엔테잠 총회 의장은 이 소집에 전혀 반대하지 않았다고 대답했습니다.

---

[1] 셀림 사르페(Selim Sarper, 1899-1968). 주유엔 터키 대표. 외무장관(1960-1962).

[2] 마흐무드 파우지 베이(Mahmoud Fawzi Bey, 1900-1981). 주유엔 이집트대사. 주영 대사, 외무장관, 총리, 부통령 등을 역임.

미 대표는 이어 발언권을 신청했고 신중하지만 단호한 표현으로 발표를 하였습니다. 이는 저의 5월 2일 전보를 통해 알려드린바 있습니다.

1. 중공에 대한 전 해상 또는 항공을 통한 모든 종류의 수출에 대해 미국에서는 전적 금수조치를 적용함을 상기시킴
2. 추가조치위원회 회원들이 총회에 권고하여 모든 회원국이 중국에 대하여 저의 앞 전보에서 이미 언급된 5개 물품 종목을 포함한 모든 전쟁물자의 발송 금지를 실행하도록 해달라는 절박한 호소
3. 모든 국가들이 취한 조치에 대해 주기적으로 보고할 새 위원회 또는 추가조치위원회 자체의 감시기구 설립
4. 국제연맹이 인정했던 의미 즉, 목적 그 자체로서의 경제적 제제가 아니라 한국 내 군사 행동에 대한 보완 행동으로서의 제재라는 사실을 강조
5. 중재위원회의 노력에 피해를 주는 것이 아니라 오히려 제안된 조치들의 적용, 더 일반적으로 유엔의 단호함, 결단력, 단결력과 영향력은 중공에 이것이 진정 자국에 이익인지를 깨닫게 만들에 협상에 임하도록 촉구하게 될 것임.

라코스트

[전   보]   추가조치위원회에서의 호주 및 타 국가들의 발표
[문 서 번 호]   2073-2076
[발   신   일]   1951년 5월 5일 01시 07분
[수   신   일]   1951년 5월 5일 08시 50분
[발신지 및 발신자] 뉴욕/라코스트(주유엔 프랑스대표대리)

워싱턴 공문(외교행낭) 제1214호
본인의 이전 전보에 이어

다음으로 호주 대표가 다음과 같은 길고 강력한 발표를 했습니다.

중재위원회가 시도한 바와 같이 합의를 통한 한국문제의 평화적 해결 전망이
현재 그다지 긍정적이지 않다고 하더라도 이러한 해결은 유엔의 가장 중요한
목표이자, 또한 가장 중요한 목표로 남아야 합니다.

호주대표단은 추가조치위원회가 경제적 조치를 검토하는 것과 중공에 대한
이러한 조치의 잠재적 적용문제가 적당한 시기에 총회 정책위원회에 제출되는
것에 찬성합니다. 그러나 그것이 지금은 아니라고 봅니다. 공세가 끝날 때까지
기다려서 예상되는 실패가 제공할 수 있는 전망을 보아야 할 것입니다.

다른 한편, 이런 주제에 대한 정책위원회에서의 토론은 관련 조치의 실행이
적에게 일으킬 수 있는 효과보다 유엔의 단결력, 결속력, 자부심에 훨씬 해로운
효과를 초래할 수 있습니다.

유엔 회원국들 간의 심한 대립을 공개적으로 드러내는 것과 그로 인한 조직
내 분열은 한국에서의 전투가 이토록 치열한 시기에 특히 더 매우 유감스러운
일일 것입니다.

그럼에도 불구하고 호주는 다른 많은 국가들과 마찬가지로 계획된 조치들을

이미 이행하고 있습니다. 이 조치의 일반화에는 실질적인 효과가 크지 않을 것입니다.

> "적에게 공포를 쏘는 것은 우리에게 아무런 이익도 없으며 오히려 그렇게 함으로써 우리 진지에서 수많은 실탄을 폭발시킬 위험이 있습니다."

호주 다음으로 벨기에와 캐나다가 보다 절제되었지만 같은 의견을 분명하게 표명했습니다. 뉴질랜드, 브라질, 베네수엘라, 필리핀, 터키는 미국이 권고한 즉각적인 행동 계획에 찬성했습니다.

라코스트

【316】 맥아더 장군의 의회 청문회 증언 분석(1951.5.5)

[전 보]	맥아더 장군의 의회 청문회 증언 분석
[문 서 번 호]	3361-3368
[발 신 일]	1951년 5월 5일 22시
[수 신 일]	1951년 5월 6일 05시 25분
[발신지 및 발신자]	워싱턴/보네(주미 프랑스대사)

5월 4일 어제 상원에서 있었던 맥아더 장군의 증언에서 가장 눈길을 끄는 부분—오늘 아침 신문들의 헤드라인을 장식한 부분—은 마샬[1] 장군이 중공의 유엔 가입에 대한 논의와 마오쩌둥 정부에 대만을 양도하는 문제는 모든 평화적 협의에서 배제하려 했던 합동참모장들의 권고를 거부했을 것이라는 진술입니다.

그런데 장군의 정치 철학에 대해 가장 확실한 실마리를 제공한 것은 미국의 주적은 소련이 아니라 공산주의라고 진술한 발표입니다. 장군의 증언 중 그가 강조했던 일련의 결론들은 이 전제로부터 나온 것입니다.

한편, 그는 세계 곳곳에서 공산주의와 싸워야한다고 믿고 있습니다. 그는 "나는 공산주의가 생겨나는 곳이면 어디든 그것을 격퇴할 수 없다는 것을 인정하지 않습니다"라고 주장합니다. 그는 자신이 규정하는 공산주의는 "세계의 많은 아름다운 민주 국가들" 내에 존재하는 공산주의에도 적용이 된다고 분명히 밝히고자 했습니다. 만약 어떤 국가라도 공산주의에 물들었다고 의심되면 공산주의의 모든 대항자는 미국의 동맹으로 간주되어야하며, 바로 이 때문에 장제스 총통을 도와야 한다는 것입니다. 장군은 "그에게 지원이 제공될 수 있는 근본적 이유"는 "미국의 이익이 공산주의에 대항하는 모든 이의 이익과 일치한다는 사

---

[1] 조지 마샬(George Catlett Marshall, 1880-1959). 미국의 군인이자 정치가. 미 국방장관(1950-1951). 마샬플랜 제창자. 제2차 세계대전 중에는 참모총장 역임. 유럽의 경제부흥에 대한 공적으로 1953년 노벨평화상 수상.

실 때문"이라고 강조했습니다. 그런데 "평범한 아시아인"에게 있어 장제스 총통은 반공산주의의 위대한 상징이라는 것이 장군의 의견입니다.

이렇게 언제나 어디서나 이겨내야 한다고 단호히 주장한 후, 장군은 이러한 정책의 실행에 필요한 수단에 대한 토론으로 끌려들어 가기를 거부했습니다. 일반적으로 "자신은 미국의 부분적 준비 상태에 대해 전적으로 찬성하지만 미국 군대의 성장이 만족스러운 속도로 진행되고 있는지의 여부는 판단할 수 없으며, 이것은 바로 합동참모본부장들의 관할에 속하는 문제"라고 덧붙였습니다. 그리고 한편으로는 맥아더 플랜을 채택하고 다른 한편으로는 미군 병력 50만과 군대 예산 200억 달러를 감소하자는 태프트 상원의원의 제안이 모순으로 보이지 않는지를 물어본 풀브라이트[2] 상원의원의 분명한 질문에 장군은 그것은 정치적 질문이고 그에 대해 논쟁하고 싶지 않다고 대답했습니다.

빠져나가려고 하는 증인에게 민주당 상원의원들이 제기한 질문들은 전임 유엔사령관이 가끔이라도 일반적인 영역을 벗어나도록 할 만큼 불분명하지는 않았습니다. 이런 식으로 맥마흔[3] 상원의원은 장군으로 하여금 합동참모본부장들만이 미국의 전반적 전략을 책임지고 있음을 인정하게 만들었습니다. 사실 장군은 합동참모본부장들이 내린 결정은 공개적으로 의문이 제기될 수 있고 최종적으로 대중의 판단에 맡겨질 수 있다고 생각하고 있습니다.

마찬가지로 로지[4] 상원의원은 전쟁이 날 경우 소련 산업의 잠재력이 공격을 받을 수 있는 유럽 공군기지를 유지하는 것이 미국에게 있어서는 중요하다는 장군의 자백을 받아냈습니다. 그러나 이것이 장군으로 하여금 동맹국들이 따르지 않아도 자신의 계획은 미 정부로부터 채택되어야 한다고 여기는 장군의 생각을 막지는 못합니다.

전임 극동사령관의 위원회 증언은 오늘 그리고 어쩌면 월요일까지 연장될 것입니다.

---

[2] 제임스 윌리엄 풀브라이트(James William Fulbright, 1905-1995). 미 민주당 상원의원(1945-1975).
[3] 브라이언 맥마흔(Brien McMahon, 1903-1952). 미 민주당 상원의원(1945-1952).
[4] 헨리 로지(Henry Cabot Lodge, 1902-1985). 미 공화당 상원의원(1947-1953) 유엔 상임대표, 베트남 주재 대사, 파리회담 수석대표 역임.

오늘 아침『뉴욕타임스』가 발행한 사설은 어제 청문회에서 맥아더 장군과 행정부 간에 나타난 세 가지 근본적인 견해차를 지적했습니다. 첫째, 장군은 전직 지역작전사령관으로서 발언하지만 자신이 주장하는 조치의 채택은 고집하면서 국제적 투쟁에 미치는 영향 또는 그 조치의 직접적 영향을 받게 될 국가들의 미래에 대한 영향에 대한 모든 책임은 거부합니다. 둘째, 장군은 일단 전쟁이 시작되면 어떤 정치적 고려사항도 전쟁에서 승리하기 위해 노력하는 군대 지도자들을 방해해서는 안 된다고 보는 반면, 행정부는 평화 시와 마찬가지로 전쟁 시에도 시민 권력의 우위를 주장합니다. 마지막으로, 장군은 상사와 의견이 맞지 않는 군 지도자는 대중의 여론에 호소할 수 있고, 여론은 최종적으로 따라야 할 정책을 결정해야 한다고 믿습니다.

『뉴욕헤럴드트리뷴』은 마침내 오늘 아침 맥아더 장군에 대한 어떤 불신을 나타냈습니다. 실제로 이 신문의 한 사설은 맥아더 장군이 중공의 함정에 빠진 것이라고 상기시키며 그가 미국을 더 크고 더 비극적인 함정으로 끌고 가지 않을까 두렵다고 밝혔습니다.

보네

【317】 맥아더 장군의 의회 청문회 핵심 이슈(1951.5.6)

[전 보]	맥아더 장군의 의회 청문회 핵심 이슈
[문 서 번 호]	3396-3402
[발 신 일]	1951년 5월 6일 21시 11분
[수 신 일]	1951년 5월 7일 06시
[발신지 및 발신자]	워싱턴/보네(주미 프랑스대사)

맥아더 장군의 상원 청문회는 위원회 구성원들이 3일 연속 장시간 동안 의례적 공격과 놀라운 육체적 지구력을 보여주면서 어제 저녁 마감되었습니다.

1. 극동: 장군은 한국에서의 승리는 미국에 대한 소련의 공격을 막는 데 필수적이며 태평양에서의 패배는 유럽의 이익에 큰 타격이 될 것이라고 말하면서 항상 같은 주장을 반복하고 있어 이날은 극동 문제에 전혀 새로운 것을 가져오지 못했습니다. 그의 의견에 따르자면 한국 육군병력을 증가시키지 않고 두 그룹의 B-36[1]을 추가하기만 해도 중공군이 압록강 이북으로 되돌아가게 만들고 한국군에 나라 전체의 통제권을 되돌려주는데 만족스러운 결과를 만주에서 거둘 수 있다고 합니다.

이를 계기로 조사단은 총사령관이 지난 11월 29일 대만 국민당 병력을 한국에서 사용하게 해달라고 요청했고 국방부는 허가를 거부했다는 사실을 알게 되었습니다.

2. 의무 병역: 반면 이 점에 관해 장군은 물론 조사단이 기대하지 않았던 입

---

[1] 콘베어 B-36피스메이커(Convair B-36 Peacemaker). 1949-1959년까지 미국의 핵 안보를 담당한 대형 전략폭격기.

장을 취했습니다. 조사단은 여기에 마샬 장군에 의해 계획되고 상원에 의해 승인되었으나 현재 상원과 하원의 합동위원회에서 중단된 '일반국민 군사훈련[2]'을 제정하는 법안의 열렬한 옹호자인 민주당 상원의원 린든 존슨[3]을 끌어들였습니다. 맥아더 장군은 사실 일반국민 군사훈련의 원칙에 반대하지 않는다고 밝혔지만, 위기의 절정에서 인력 산업과 전문 군대가 필요한 시기에 의무 병역이 목표 달성을 위한 최선의 방법인지는 의심스럽다고 평가했습니다.

3. 유럽 군대 파견: 아마 이번에 장군이 그의 열렬한 지지자들 사이에서 가장 예기치 못한 실망을 야기한 것은 당연히 이 부분에서입니다. 아무도 이 토론에 선정한 적이 없는 후버[4] 전 대통령과 태프트 상원의원에 관한 문제입니다. 후버 전 대통령의 견해에 대해 어떻게 생각하는지와 미국이 공군과 해군을 수단으로 국경 너머 외부에 개입할 가능성에 대한 질문을 받은 그는 실제로 "한 나라의 군사력 사용에 있어 행해질 수 있는 가장 심각한 실수는 효과적이기 위해 절대적으로 '통합되어야' 하는 수단의 사용에 경계선을 긋는 것"이라고 대답했습니다. 태프트 상원의원의 고견에 관하여, 해외로 파견될 병력의 규모에 관해 의회가 부과하는 제한의 적절성에 관해 그는 그것을 '바보스럽다'고 묘사하며 그것은 적의 준비사항에 따라 규정되는 우발적 사태를 해결하는 문제이지 학문적 공식에 의해서 해결될 문제가 아니라고 덧붙였습니다.

물론 최근 청문회에서 맥아더 장군의 도덕적이고 인간적인 인격은 어떤 식으로든 실추되지 않았습니다. 그는 언제나 부드럽고 질문을 교묘히 피해가며 능숙하게 찌를 줄 아는 표현방법을 찾아내는 지적 검술에 매우 뛰어나고 당당한 모습을 보여 주었으며 어제 자신의 만주 개입 계획 때문에 영국에서 일어난 반발에 대해 말하면서 영국의 태도를 '협박'이라 규정지은 것을 제외하고는 언제나 신중했습니다. 그의 주장에 관해 말하자면, 이미 설득된 청중들을 설득했을 뿐입니다. 사실에 대한 검증을 제외하고는 반대 의견에 집착하기보다는 만주기

2) Universal Military Training.
3) 린든 존슨(Lyndon B. Johnson, 1908-1973). 미 상원의원(1949-1961), 미 36대 대통령(1963-1969).
4) 허버트 후버(Herbert Hoover, 1874-1964). 미 31대 대통령(1929-1933).

지 폭발이 소련의 개입을 자극하지 않고 한국문제를 해결할 수 있다고 생각하는 경향 역시 만족스러울 수 있는 것이었습니다. 이것은 개인의 분별력과 직감의 문제입니다. 그러나 이 문제에 관해 대다수의 미국인들이 장군의 과거 예견들에 비추어 신중한 태도를 보이는 것은 다행한 일입니다. 동시에 초기 반응으로 판단해 볼 때, 자신이 세계 문제에 대해 비교적 무지하다는 전 총사령관의 자백에 적잖은 사람들이 충격을 받은 것으로 보입니다. 가장 완강한 반대자들은 어제 그들 지도자의 두 가지 이론에 쏟아진 비난에 더욱 민감할 것이고, 이에 대해 장군은 지금까지 그를 자극해온 일종의 야망보다 훨씬 더 많은 용기를 증명해 보였습니다. 그러나 야당은 너무나 권력에 굶주렸고 행정부의 권위를 떨어뜨리는데 혈안이 되어 있으므로 냉정한 퇴짜 정도는 그들에게 문제가 되지 않습니다. 야당은 계속적으로 극단적 공화당원들이 마다하지 않을 비열한 행동들 속에서 싸움을 조장하기 위해 때마침 발생하는 논란을 최대한 이용할 것입니다. 그런데 내일부터 마셜 장군, 애치슨 국무장관, 참모장들의 증언이 일부 논객들에게 어제 그들의 영웅이 초래했던 실망보다 더 심각한 실망감을 가져다주지는 않을지를 지켜볼 일입니다.

보네

【318】 영국의 중국에 대한 수출 통제와 홍콩 항구(1951.5.7)

[공 문 (우 편)] 영국의 중국에 대한 수출 통제와 홍콩 항구
[문 서 번 호] 813-AS
[발 신 일] 1951년 5월 7일
[수 신 일] 미상
[발신지 및 발신자] 런던/마시글리(주영 프랑스대사)

지난 며칠 동안 중국에 대한 전략적 물자 수출 통제에 관해 하원에서 논의된 논쟁은 맥아더 장군의 최근 발언에 이어 새로운 국면을 맞이하게 되었습니다. 맥아더 장군은 실제로 홍콩 주재 미 총영사관이 전달한 정부에 따르면 지난 2월과 3월에 홍콩 발 수출품 덕분에 중공에 상당히 실질적인 원조가 제공되었다고 미 상원들에게 밝혔습니다. 그는 특히 석유 수출의 사례를 인용했습니다. 영국 수상은 실제로 오늘 오후 하원에서 성명서를 통해 이 주제에 대한 몇 가지 설명을 할 가능성이 있습니다. 어쨌든 오늘 아침부터 영국 언론은 홍콩의 공식 인사에게 나온 절대적인 반박문을 게시하고 있습니다. 이 공식 인물에 따르면 맥아더 장군의 진술은 근거가 없습니다. 석유 수출은 작년 7월 17일 이후 금지되어 왔습니다. 전략물자 수출 역시 통제될 것입니다. 이 홍콩 정부 대변인은 이 물품들 중 일부는 중국 영토에 밀입국으로 침투하기도 하지만 그 양이 매우 제한적이며 이 불법 거래를 종식시키기 위한 정부의 대대적 노력이 시작되었다고 덧붙였습니다.

만약 중국과 영국의 무역 규모에 대하여 양쪽에서 인용된 수치와 신고 자료에 모순이 존재한다면 영국정부의 베이징 정책에 대한 이곳 여론에서도 이러한 모순이 존재합니다. 미국의 견해를 고려해야하며 중공에 맞선 제한된 경제 제재의 원칙에 반대하지 말아야 한다는 매우 분명한 경향이 최근 특히 한국에서 영국군이 입은 심각한 인명피해가 알려진 이후에 나타났습니다. 그러나 다른

한편으로는, 엄격한 수출 통제는 홍콩의 특별한 상황과 정도는 낮지만 싱가포르의 특별 상황으로 인하여 매우 심각한 어려움에 직면한다는 사실을 강조하는 것도 빠지지 않습니다. 싱가포르 항구는 특히 고무 수출이 이루어지고 있는데, 심각한 수출규제는 중국으로 하여금 남아시아 생산국들로부터 이 고무를 직접 들여오도록 하는 결과를 가져와 싱가포르만 손해를 보게 될 것이라고 지적합니다. 홍콩이 훨씬 더 심각한 이유는 홍콩의 식민지 상태가 주요 장애물이 된다는 데 있습니다. 어떻게 보면 영국 영토에 포함되어 홍콩은 영국의 물품들을 자유롭게 받습니다. 따라서 통제는 항만의 출구에만 적용되며 효과적인 감시를 확립하는 것이 매우 어렵다는 사실은 의심의 여지가 없습니다. 이 장애물을 제거하는 유일한 방법은 항구 입구 통제, 그리고 영국과 그 식민지 사이의 거래에서도 통제조치를 의무화하는 것이고 이것은 사실상 홍콩을 스털링 지역[1]에서 제외시킨다는 의미입니다.

홍콩 중립화 또는 항만 활동의 '소독' 결과는 더더욱 명백하고 우리는 다시 한 번 기억해야 합니다. 그것은 우선 식민지에서 오는 영국의 이익에 심각한 손실을 가져오고 십중팔구 홍콩의 결정적인 폐쇄로 이어질 것입니다. 왜냐하면 중국은 외부 세계에 대한 이 개방성이 제공하는 이점을 이용할 수 없는 시점이 되면 더 이상 영국 점령을 남겨둘 이유가 없기 때문입니다. 이 점에 대한 맥아더의 긍정은 필요한 경우 그것을 재확인시켜줄 뿐입니다. 이토록 불리한 전망 앞에서 영국인들은 맥아더 장군과 같은 태연함을 보여줄 수 없는 것은 확실합니다. 결국 전문가들은 중국과의 평화적 해결을 멀고 어렵게 만들고 특히 인도와 같은 몇 아시아 국가들의 반발에 부딪히게 될 결과를 가져올 경제적 투쟁 조치들이 일반적으로 나타내는 심각한 불리함 외에 홍콩 폐쇄는 중국행 물품 발송을 막기에는 충분하지 않다고 지적합니다. 중국은 홍콩 외의 다른 항구에서 필요한 원료들을 얻을 수 있다고 믿기 때문에 다른 길이 열려 있는 한 구멍 하나를 막는 것은 소용이 없다는 것입니다.

---

[1] 스털링 지역(Sterling area). 영국 파운드(스털링)를 중심으로 금융·경제적으로 결합되어 있는 나라 또는 지역.

경제 제재 문제의 이 두 번째 측면은 홍콩이나 싱가포르 발 속보들에서 종종 발표되지만 여기서는 큰 반향을 일으킵니다. 현재 추세가 미국 견해에 절대적으로 반대하지 않고 사실상 이미 제정된 것과 다른 통제가 아닌 부분적 금수조치를 인정하는 것이라 해도 이 노선에서 더 이상 나아갈 생각이 없을 가능성이 매우 높습니다. 오늘 저녁 의회에서 발표될 사항들이 아마도 이 점에 대해 우리에게 정확히 알려줄 것입니다.

마시글리

【319】 영국 상무원 총재의 중국 무역 관련 발표(1951.5.8)

[전 보]	영국 상무원 총재의 중국 무역 관련 발표
[문 서 번 호]	1768-1770
[발 신 일]	1951년 5월 8일 14시 15분
[수 신 일]	1951년 5월 8일 14시 30분
[발신지 및 발신자]	런던/마시글리(주영 프랑스대사)

영국 상무원 총재는 어제 오후 중국과의 무역에 관련된 발표를 했는데 그 주요 대목은 다음과 같습니다.

"군사적으로 중요한 모든 제품과 한국에서 중국의 군사작전을 촉진할 가능성이 있는 수많은 다른 제품들의 수출은 완전히 금지되어 있다. 이 금지령은 모든 군사 장비, 모든 종류의 항공기, 특수기동차량, 구리, 아연 및 그 합금 그리고 모든 공작기계를 포함한 수많은 산업제품 등에 적용된다"고 하틀리 쇼크로스[1] 총재는 밝혔습니다.

그는 잠시 후 "우리는 지금까지 미국처럼 중국 무역에 전면 금수조치를 내리지는 않았다. 유엔 정책이 중국에 경제 제재 조치를 취한 것이 아니었고 우리는 모든 무역을 금지하지는 않았다. 그러나 우리는 우방국들과 긴밀한 접촉을 유지하고 있으며 현재 우리의 실행 정도가 미국을 제외한 타 국가들만큼은 제한적이다"라고 말했습니다.

홍콩과 관련하여 상무원 총재는 영국이 중국으로 재수출하기 위해 식민지로

---

[1] 하틀리 쇼크로스(Hartley Shawcross, 1902-2003). 영국의 변호사 및 정치가. 뉘른베르크 전범재판의 영국 측 검사 및 영국 법무장관, 영국 유엔대표단(1945-1949), 영국 상무원 총재(1951) 역임.

의 수출을 증가시켰다는 것을 강력히 부인했습니다. 그는, 실제로 올해 1/4분기 동안 홍콩으로의 수출이 전 분기들 보다 더 낮았으며 1950년 1/4분기보다도 낮다고 말했습니다.

마시글리

【320】 일본의 한국 사절단 성명(1951.5.8)

[전　　　보]	일본의 한국 사절단 성명
[문 서 번 호]	1076
[발　신　일]	1951년 5월 8일 08시
[수　신　일]	1951년 5월 8일 20시
[발신지 및 발신자]	도쿄/드장(주일 프랑스대사)

　5월 7일 일본의 한국 사절단은 전쟁과 관련된 한국 정부의 정책에 관한 성명을 언론에 제출했고 이것은 부산에서도 동시에 발행되었을 것입니다. 이 성명은 현 분쟁 속에서 한국 정부의 유일한 목적은 압록강과 두만강으로 이루어진 이전의 역사적 국경선으로 복귀함으로써 통일국가를 이루는 것이라고 주장합니다. 이것은 남한 정부가 민주, 자유, 통일, 독립 한국을 위해 요구할 수 있는 최소한의 것이라고 밝히고 있습니다.

　이승만 정부는 공산주의와의 투쟁에 도움을 준 유엔에 감사하며 국경 밖에서도 공산주의자들과 싸울 준비가 되어 있다고 발표했습니다. 그런데 이를 위해서는 적절한 방법으로 군대 장비를 갖추어 훈련시켜야 할 것이고, 특히 되도록이면 중국 국민당 병력을 위해 준비된 물자를 이들에게 할당해야 할 것이라고 했습니다.

　유엔군이 한국에 해군과 공군의 보호를 지속적으로 제공하기 위해서는 현재 한국 육군의 병력과 더불어 당장에는 10개 사단을 더 창설하면 될 것이라고 주장합니다. 여기에 다른 10개 사단이 추가될 것이라고 합니다. 만약 한국군 장교가 모자라면 미국 장교들이 보충할 수 있을 것이라고 합니다. 이 병력은 한국 영토의 국경 방어를 굳건하게 보장할 수 있을 것이라고 말입니다. 공산주의와의 전투는 이 국가의 예비 병력이 충분히 활용되면 더욱 효과적일 것이라고 합니다.

드장

【321】 맥아더 사건에 관한 영국의 정보(1951.5.8)

[전 보]	맥아더 사건에 관한 영국의 정보
[문 서 번 호]	1077-1078
[발 신 일]	1951년 5월 8일 08시
[수 신 일]	1951년 5월 8일 17시 33분
[발신지 및 발신자]	도쿄/드장(주일 프랑스대사)

보안

런던에 전달 요망

워싱턴 공문 제484-485호

뉴욕 공문 제406호

국방부에 긴급 전달 요망

맥아더 사건에 관해 영국 대리대사는 지난 1월 7일 순방 중에 있던 브라인
드[1] 제독이 맥아더와 회담을 가졌었고 거기서 그는 한국 철수가 진행되고 있었
다는 확신을 가지게 되었다고 제게 말했습니다.

이 대화가 있고 난 후 주미 영국대사 프랭크스 올리버[2] 경은 유엔군이 '자발
적으로' 한반도를 떠나서는 안 된다는 트루먼 대통령과 애틀리 수상 사이의 합
의를 미 정부에 상기시키라는 지시를 받았습니다.

총사령관의 머릿속에서 계획된 철수와 일본으로의 후퇴는 해군과 공군 전투
를 계속하기 위한 계획의 예비단계였다는 것이 영국이 받은 인상이었습니다.

---

[1] 패트릭 브라인드(Patrick Brind, 1892-1963). 북유럽 유엔군 총사령관(1951-1953). 영국 제독.

[2] 올리버 프랭크스(Oliver Franks, 1905-1992). 주미 영국대사(1948-1952). 애틀리 및 베빈과 뜻을
함께함.

저는 같은 시기에 수집된 다양한 정보를 보충하고 구체화해주는 이 정보를 기밀로 간직해주기를 우리 외무부에 요청합니다.

1951년 5월 8일 영국 공문 제7836-7837호.

드장

【322】 맥아더 장군의 비판에 대한 미 행정부의 대응(1951.5.8)

[전 　 　 보] 　 맥아더 장군의 비판에 대한 미 행정부의 대응
[문 서 번 호] 　 3432-3443
[발 　 신 　 일] 　 1951년 5월 8일 22시
[수 　 신 　 일] 　 1951년 5월 9일 04시 45분
[발신지 및 발신자] 　 워싱턴/보네(주미 프랑스대사)

보안

우선문건

긴급

　미국을 뒤흔드는 위기 상황에서 맥아더 장군의 비난에 대한 정부의 대응이 증대될 것입니다. 행정부는 특히 두 가지 측면에서 여론을 안심시키기 위해 노력해야 합니다. 장군은 상원 위원회들 앞에서 만약 자신의 계획이 수락되었더라면 한국에서 젊은 미국 병사들의 학살을 종식시켰을 것이라고 지겹도록 되풀이했습니다. 한편, 그는 미국은 극동에 대한 정책이 없었고 구체적 행동 계획이 필요한 곳에는 아무것도 없었다고 밝혔습니다. 한국전쟁이 근본적으로 민심을 얻지 못하고 있는 나라에서 이 두 가지 비난은 깊은 영향을 미칩니다. 귀국한 맥아더 장군을 환호한 군중들은 의회에서의 논쟁들과 긴 토론은 전혀 기억하지 못하고 이 직접적인 비방들만 떠올리며 승리를 통해 즉시 평화를 가져올 수 있었던 지도자를 대통령이 해고했다고 계속 분개하고 있습니다. 상원 위원회에서 제기된 수많은 다른 문제들이 있었습니다. 이것들은 정계 사람들의 관심거리이며 긴 토론의 대상이 될 수 있습니다. 예를 들면 군 권력의 민간 권력에 대한 종속 문제나 세계를 분열시키는 분쟁 속에서 채택해야할 세계 전략의 문제 등이 그것입니다. 서방과 소련의 상대적 영향력, 그리고 세계 공산주의 활동에서

과격주의 볼셰비즘 러시아의 책임 등에 관한 장군의 발언들 역시 계속 논란을 불러일으킬 것입니다. 장제스 총통이 아시아 반-볼셰비즘의 유명한 투사라는 주장도 마찬가지입니다. 그러나 전 일본 주재 최고사령관에 의해 직접적 비난을 당한 트루먼 대통령과 군사 및 민간 행정부에게 있어 무엇보다 중요한 것은 그들의 정책이 달성해야 할 목적의 명확한 개념에 부응하고 미국 병사들의 피를 소중하게 생각한다는 것을 보여주는 것입니다.

어제 상원에서 마샬 장군이, 그리고 라디오 방송 연설에서 대통령도 증명하려 했던 것이 바로 이것입니다. 분위기를 교란시키는 불만과 흥분에도 불구하고 군사적 관점에서 볼 때 이 일은 상대적으로 쉬워 보입니다. 참모장들이 대통령과 국방장관을 도울 것입니다. 미국은 며칠간 가장 권위 있는 당국자들로부터 만약 맥아더 장군의 계획이 실행되었다면, 사실상 중국에서 장기적이고 치명적인 전쟁 또는 전면전으로 이어졌을 것이라는 진술을 반복적으로 듣게 될 것입니다. 비록 중국에 대한 부분적 공세라도 유럽에 미쳤을 위협은 드러났을 것입니다. 이성적으로 생각하는 미국인들에게 맥아더 장군은 동맹국들과 갈라서는 것도 주저하지 않을 전적인 민족주의 투사로 보입니다. 여론의 상당부분도 유럽에서의 아이젠하워 장군의 존재를 오히려 서구 국가들과 연대할 필요성을 상징하는 것으로 여깁니다. 결국, 분쟁 확산에 직면해 소련이 중국 쪽으로 개입했다는 것이 소련의 공격 의도를 확신하고 있는 사람들을 안심시키지 못한다고 주장하는 것으로는 충분하지 않습니다. 이 문제에 대해서 사람들은 맥아더 장군에게 중공 공세에 관한 그의 잘못된 예측을 반드시 상기시킬 것이며, 이 공세의 성공 자체도 앞으로 몇 주 내에 그에게 신랄한 비난이 되어 돌아올 것입니다. 물론 이 모든 것은 문제의 군사적 측면에 대한 논쟁이 지속되는 동안 야당이 결사적으로 싸우려들려는 것과, 요즘 지배적인 격렬한 혼란 분위기를 유지하려 하는 것을 막지는 못할 것입니다.

그러나 정치적으로 행정부가 점수를 얻고 신뢰를 회복하는 것이 가장 어렵다는 것을 알게 될 것입니다. 어제부터 트루먼 대통령은 한국에서 적용해온 신중함과 단호함의 정책, 볼셰비즘에 대한 강경한 저항, 동맹국들과의 연합, 그리고 현재 진행 중인 거대한 군사력 대비가 평화를 지키고 전쟁 없이 적의 패배를 이끌 수 있는 가장 좋은 기회를 제공한다는 사실을 청중들에게 설득하려고 노력했습니다. 이 문제에 관해 야당의 주장을 반박하는 것은 민간 행정부에 달려 있습니다. 참모장들은 이와 관련해 간접적인 도움밖에 제공할 수 없습니다. 그런데 문제는 전 세계를 가로지르는 볼셰비키의 위협에 대응하는 행정부의 정책 전략이 아닙니다. 맥아더 장군의 발표로 흥분한 여론은 당장 어떻게 한국전쟁을 종식시킬 것인지에 관심이 있는 것입니다. 동시에 여론은 미국과 중국이 대립하고 있는 문제에 대한 협상을 고려할 준비가 전혀 되어있지 않으며, 이러한 인식 상태는 대만에 대한 입장 또는 중국 유엔 가입 문제에 대해 정부가 입장을 변경할 수 없도록 만듭니다.

공산군의 공세 실패가 확정된다면 정부에게는 강력한 도움이 될 것입니다. 맥아더 장군의 비난에 마샬 국방장관은 어쩌면 중국을 타협으로 끌어들일 수도 있는 진정한 방법은 중국이 소모전에서 위험 없이는 더 이상 견딜 수 없는 희생을 하게 만드는 것이라고 대답했습니다. 한국에서 벌어진 고통을 유지하는 것이 볼셰비키 국가들, 특히 소련의 정확한 목적인지는 불행히도 전혀 알 수가 없습니다. 또한 베이징은 대만과 유엔 가입을 보장하지 못하는 타협안은 오랫동안 검토하고 싶지 않을 수도 있습니다. 그러므로 중국의 태도와 미 정부 자체의 입장은 미국의 여론이 기대하는 한국전쟁 종식이라는 답을 재빨리 제공할 가능성이 매우 적습니다. 상대적으로 가까운 미래에 있을 수 있는 유일한 가능성은 현상 유지를 기초로 한 합의 가능성입니다. 이것은 중공 정부가 국경 보호 단지를 소유하고 더 큰 야망을 포기하면서 38선 북쪽에 완충국으로 만족할 것이라는 전제하에서 가능합니다. 한반도를 휩쓴 끔찍한 재난 이후, 이러한 해결책은 당연히 미국 여론에게 끌리는 일은 아닐 것입니다.

길고 불확실한 기간이겠지만 그래도 유엔의 후원 아래 한국의 통일 계획을 동반한 이 해결책은 인정될 수 있을 것입니다. 그리고 현재 상황에서, 미 사령부가 인정하는 바에 따르면, 한국의 지리적 범위 내에서 군사적 승리로 해결될 수 없는 분쟁이 끝없이 연장되는 것 외에 다른 대안을 찾기는 어렵습니다.

보네

【323】 추가조치위원회: 중국 제재(1951.5.8)

[공 문]	추가조치위원회: 중국 제재
[문 서 번 호]	SC
[발 신 일]	1951년 5월 8일
[수 신 일]	미상
[발신지 및 발신자]	파리/회의사무국

장관을 위한 보고서

추가조치위원회는 1951년 2월 1일 날짜로 유엔 총회의 결의로 창설되었습니다. 이 결의는 작년 11월 초 미국 대표단이 베이징 공산정부의 한국 침략을 유엔에 고발하면서부터 유엔에서 진행된 협상의 성과입니다. 이와 같은 침략을 규탄하면서 문제의 결의문은 추가조치위원회에게 중공에 대항해 취해질 수 있는 조치들을 검토하고 이에 관해 총회에 보고하는 임무를 맡기게 됩니다.

원래 추가조치위원회는 14개국[1] 위원으로 구성되었습니다. 그러나 관련 정부들 중 2개국은 인정되지 않아 이후 12개국 대표로만 구성되어 있는데 그것은 호주, 벨기에, 브라질, 캐나다, 이집트, 미국, 프랑스, 영국, 멕시코, 필리핀, 터키, 베네수엘라입니다. 추가조치위원회와 동시에 위에서 언급한 결의는 베이징 정부와 함께 한국에 대한 중국의 무력 개입에 종지부를 찍기 위한 협상의 모든 가능성을 철저히 고찰하는 임무를 맡은 '중재위원회'를 창설했습니다. 만약 중재위원회가 '만족스러운 진전을 이루었다'고 알리는 경우 위원회는 총회에 베이징 정부에 대한 제재를 취해달라는 요청을 연기할 것임은 물론입니다. 이것은

---

[1] [원주] 1950년 11월 3일 총회의 결의로 창설되었고 중국 제재만 다루는 추가조치위원회와 혼동해서는 안 될 '공동대책위원회'와 같은 구성.

1951년 2월 1일 결의 이전 3개월 동안 핵심적으로 프랑스와 영국 대표들이 보여 준 절제의 노력에 대한 성과입니다.

2월 말 3월 초 설립된 이래 위원회는 전적으로 절차 문제에만 할애한 극소수의 회의를 개최하였습니다. 무엇보다도 프랑스, 미국, 영국 등 5개국으로 구성된 실무협의회를 구성하기로 합니다. 이 협의회, 특히 앞에 언급한 3개국 대표들 간의 비공식적 회담 중에 위원회가 총회에 제출할 권고사항의 방향을 정하는 기본 추세들이 표명되었습니다.

한편 우리 프랑스 외무부는 처음부터 우리 대표(지시는 그에게 2월 말에 전달됨)에게 워싱턴 정부가 표명하는 성급한 열성을 완화시키기 위해 영국 동료와 행동을 같이 하라는 지시를 내립니다. 사실 프랑스 정부는 마오쩌둥 체제에 맞선 너무 과시적인 조치가 인도차이나에 미칠 수 있는 파급효과를 염두에 두었던 것이 틀림없습니다.

반면 런던에서는 중국에 대한 강압적 행동이 영연방 내부에 유발할지도 모르는 의견대립을 두려워하면서도 중공 체제가 소련의 궤도에서 분리될 수 있는 기회를 위태롭게 하지 않기를 바라고 있습니다. 마지막으로 파리와 런던은 분쟁의 확산 위험을 키우고 서유럽 방어를 위태롭게 만들 수 있는 극동지역의 만만찮은 모험에 미국이 끌려들어가지 않기를 바라고 있습니다.

이를 염두에 두고 우리는 위원회가 중국에 대한 군사 조치 검토를 덮어둔다는 원칙을 관철시키는데 성공했습니다. 그런 다음 실무위원회는 정치적 검토 자체가 일시적으로 연기됨에 따라 경제 조치 검토를 계획의 최우선으로 올리기로 결정했습니다. 이리하여 지금까지 특정한 경제적 차원의 조치만이 실무위원회에 의해 검토되었던 것입니다.

따라서 프랑스-영국의 때를 기다리는 지연정책 견해가 미국 정부의 신경을 자극했습니다. 맥아더 사건으로 매우 동요된 여론을 만족시키고자하는 미국은 조만간 총회에 보고할 수 있도록 3주 전부터 위원회 토론을 서두르고자 하는 의지를 표명하였습니다. 미국의 탄원으로 지난 3월 3일부터 모이지 않았던 위원회가 이달 3일과 7일 소집되었던 것입니다.

5월 3일 회의에서 미 대표는 자국 정부에 의해 이미 결정된 중공에 대한 조치들(모든 종류의 그리고 항해와 항공을 통한 수출에 대한 전적인 금수조치, 미국에 중공 자산 차단)을 열거한 후, 위원회가 모든 유엔 회원 국가들이 전쟁 물자를 생산하는데 사용할 수 있는 특정범주의 물품에 대한 대중국 금수조치를 내리라고 총회에 권고하도록 압박했습니다. 이 대표는 이러한 목적으로 결의계획안을 5월 7일 제출하겠다는 의사를 발표했습니다.

영국 대표는 미국 대표가 주장한 조치들에 전체적으로 동의했지만 총회를 통해 선포하도록 하는 것이 적절한지에 대해서는 의구심을 나타냈습니다. 사실 위원회는 비공개로 열리는 반면 총회에 제출될 보고서에 대한 논의는 공개적으로 진행될 것이므로, 바로 이 기회에 한국문제에 관계되는 주요 국가들을 분리시키는 의견대립이 대낮에 터져 나올 수도 있습니다. 게다가 영국 대표는 이렇게 결정된 조치의 선포가 베이징 정부에 미칠 수 있는 심리적 효과에 의문을 제기했습니다.

또 우리 프랑스 측 라코스트 대표는 외무부가 사전에 표현방식을 결정한 성명서를 발표했습니다. 그는 분쟁을 국지화하려는 프랑스 정부의 끊임없는 관심을 상기시킨 후, 프랑스가 중국에 대해 이미 취한 조치들을 열거했습니다. 전쟁 물자와 전략적 성격상 전쟁 수행을 용이하게 할 수 있는 특정 물품들을 중국에 수출하는 것에 대한 금지, 그리고 특히 운송 서비스에 사용되는 제품과 같은 특정 제품에 대한 특별 통제 같은 조치들입니다.

이러한 조치는 대서양 조약에 따른 의무로 인하여 프랑스 정부가 취했던 조치임을 유념해야 합니다. 비밀인 이러한 약속은 단지 그 출처를 밝히지 않는 것입니다. 우리 프랑스 외무부는 마오쩌둥 당국도 당연히 알고 있는 이같은 조치가 있다는 것을 위원회의 비공식 회의에서 알리는데 문제가 없다고 판단했습니다.

그럼에도 불구하고 이 문제에 시간을 끌고 싶지 않은 미국의 의지 때문에 논쟁은 총회에서 낱낱이 드러날 가능성이 큽니다. 우리의 유엔대표는 미 정부에 이 논쟁이 가져올 수 있는 위험을 계속 설명했습니다. 소련 대표들과 그 추종국들이 참석하는 불편함 외에 1951년 2월 1일 결의안에 투표한 다수도 그 결과를 추진해 나가는 적절성에 대해 서로 분열될 수 있습니다.

당연히 프랑스 정부는 서구의 연대를 유지하려고 노력할 것입니다. 이것은 또한 런던의 관심사이기도 합니다. 바로 이 때문에 양국 정부 대표들이 추가조치위원회에서 미국 결의안에 서로 단결하는 것이 용납되는 것입니다. 이것은 총회 토론에서도 서로 연대해야 하는 것을 의미하는 것으로 보입니다.

【324】 프랑스대표단의 입장 정리(1951.5.9)

[전 보]	프랑스대표단의 입장 정리
[문 서 번 호]	2156-2161
[발 신 일]	1951년 5월 9일 21시
[수 신 일]	1951년 5월 10일 05시
[발신지 및 발신자]	뉴욕/라코스트(주유엔 프랑스대표대리)

보안

본인의 전보 제2097호와 제2118호 참조
워싱턴 공문 제1250-1255호

5월 3일 추가조치위원회 회의에서 제가 중국 제재를 다룬 미국 제안에 대한
토론에 깊이 들어가지 않으려고 주의했기 때문에 5월 7일 회의에서는 전언의
취소라는 인상을 주지 않고 프랑스 정부는 이날 미 대표단이 제안한 결의계획
안의 원칙에 필시 찬성할 수 있다고 판단한다는 말을 듣게 되었습니다.

이러한 관점에서 우리의 입장은 다른 대표단, 특히 그때 마다 캔버라의 속달
지시에 따라 행동하며 4일 간격으로 이전 의견을 취소하는 호주 대표단 보다는
훨씬 여유로울 것입니다.

우리도 이미 실행했을 뿐더러 우리 쪽으로서는 바람직한 것으로 보았던 급속
한 변경(영국 쪽의 절박함이 느껴졌던 각하의 전보 제1512호와 제1614호, 본인
의 전보 제2001호와 제2085호 마지막 전 단락)은 중재위원회와 총회 의장의 제
안에 대응하는 베이징 정부의 완강한 침묵과 4월 23일 중공 공세 개시를 볼 때
타당한 것 같습니다. 본인의 전보 제2085호에서 지적했듯이 중요한 것은 프랑
스-영국 정부가 이 문제에 대한 정책을 완전히 협의하는 것과 미국 정부와 큰

견해차를 보이지 않는 것입니다.

프랑스와 영국의 태도 일치는 런던과 파리, 그리고 이곳 대표단끼리의 긴밀한 연계로 잘 이루어졌습니다. 그러나 미국과 영국 정부 간의 초기 의견 대립은 불행히도 상당히 불거졌고 영국 대표들은 미국 언론이 그들의 '돌변'을 서툴게 보도함으로써 불편을 겪고 있다고 제게 말했습니다. 우리 프랑스는 지금까지 비교적 이런 피해를 입지 않았고 견해 변경도 거의 눈에 띄지 않고 지나갔습니다.

그러나 우리는 총회 정책위원회에서 곧 있게 될 발표(본인의 전보 제2148호) 시점에는 중공과의 무역 제재 관련 결의 계획안에 대해 여론에 우리 정책의 논리적인 결과를 보여주기 위해 신경을 써야 할 것입니다.

저는 이 점에 관해 한편으로는 우리도 실제로 오래전부터 실행하고 있는 중국과의 무역 제재 제도를 유엔을 통해 공식화한다는 구상에 지지한다는 논거를 명백하게 표명하는 것, 그리고 다른 한편으로 우리는 이 조치에 '처벌적' 성격을 부여하는 것이 아니라 한국에서 유엔이 수행하고 있는 군사행동에 필요한 당연한 결과라는 의미를 부여한다는 것을 강조하는 것이 좋을 것으로 생각됩니다.

라코스트

【325】 한국 전선의 상황(1951.5.9)

[전 보]	한국 전선의 상황
[문 서 번 호]	1079-1083
[발 신 일]	1951년 5월 9일 00시
[수 신 일]	1951년 5월 9일 11시 30분
[발신지 및 발신자]	도쿄/드장(주일 프랑스대사)

보안

사이공 공문 제773호
국방부에 긴급 전달 요망

1. 미 제8군은 며칠 동안 중립지대를 가로질러 공격형 정찰대를 진격시킨 후 5월 7일 어제 아침 두 가지 제한적인 공세를 펼쳤습니다. 하나는 한강을 따라 남한군 제1사단 구역에서, 다른 하나는 음양과 동부 해안 사이 전선에서 동쪽으로 50㎞ 떨어진 남한군대 구역에서 공세를 펼친 것입니다.

이 두 번째 공세는 북촌과의 합류 지점까지 임진강을 따라가다가 38선에서 북쪽으로 약 40㎞ 떨어진 곳의 황포리 근해에서 만나는 선에 도달하는 것을 목표로 합니다. 이 지역에서의 진군은 지금까지 한국군 제3군 전선을 제외하고는 그다지 큰 저항에 부딪히지는 않았습니다.

한강 우안의 서쪽으로 서울에서 20㎞ 떨어진 곳에서 한국군 제1사단은 여러 적군부대들을 만나 진행된 총격 때문에 진전 속도가 늦춰졌습니다. 나머지 전방 부분에서 유엔군은 방해 받지 않고 깊이 침투했습니다. 이리하여 그들은 칙통 남쪽으로 5㎞, 용양 남쪽으로 3㎞ 떨어진 의정부 북쪽과 가평 부근에 도착했습니다. 그들은 춘천을 가로질러 음양과 용곡 근교에 다다랐습니다.

2. 공중 정찰과 포로들의 진술에 따르면, 적군은 병력 중심을 동쪽으로 이동시키는 것으로 보입니다. 적의 전술은 아마도 북한 군대가 10군단에 비교적 약한 압력을 가하는 동안 군의 주력을 제9군단과의 전투에 투입하려는 것 같습니다. 군사작전은 서울과 인천을 앞에 두고 교란작전의 성격을 띠게 될 것입니다. 하룻밤에 2,800대에 달하는 차량이 남쪽으로 내려오는 움직임은 공세를 지속하려는 적의 계획을 드러내는 것입니다. 연합공군의 금지활동에도 불구하고 교통량은 계속해서 증대되고 있습니다.

관찰한 비에 따르면 월간 자동차 수는 1월 7,338대에서 4월 31,478대로 증가했습니다. 철로 교통은 상당히 일정하게 유지되었습니다. 일주일 전부터 전선을 지배하고 있는 일시적 소강상태는 중국의 습성을 볼 때 공격 재개가 임박했다는 전조를 보여주는 것 같습니다.

3. 적의 방공작전[1]이 계속 증가하고 있습니다. 사리원 폭격으로 전략폭격기 B-29 한 대가 격추되고 10여 대의 미 전투기가 파손되었습니다. 이 지역에서 70곳의 방공 진지가 관측되었습니다. 적군 측 전투기의 새로운 모델이 눈에 띄었습니다. 이것은 메서슈미트 Me- 262[2] 복제품인 Type-8 제트기 같습니다.

드장

---

[1] 방공작전(D.C.A.: Defensive Counter Air). 영공을 침투하거나 아군에 대하여 공격을 시도하는 적 공군력을 탐지, 식별, 요격 및 격파하는 작전.
[2] 메서슈미트 Me-262(Messerschmitt Me-262). 2차 세계 대전 중 독일 메서슈미트사가 개발한 세계 최초의 실용 제트 전투기.

【326】 미국과의 관계, 그리고 한국문제에 대한 캐나다의 입장(1951.5.10)

[공 문 (우 편)]	미국과의 관계, 그리고 한국문제에 대한 캐나다의 입장
[문 서 번 호]	267
[발 신 일]	1951년 5월 10일
[수 신 일]	1951년 5월 15일 17시
[발신지 및 발신자]	오타와/위베르 게렝1)(주캐나다 프랑스대사)

　　외무부 예산 검토에 관한 토론이 있었던 캐나다 하원에서 5월 7일 피어슨 외무장관은 현시점에 이 나라에서 가장 이슈가 되고 있는 두 가지 문제에 대한 캐나다 정부의 정책을 발표했습니다.

　　피어슨은 자신의 토론토 연설(주캐나다 프랑스대사관의 1951년 4월 11일자 급전 제555AM호)을 비난했던 야당 총수의 공격에 먼저 답하면서 캐나다-미국 관계에 관한 최근 성명들이 초래했을 수 있는 오해를 풀려고 노력했습니다. 그는 캐나다와 미국의 관계가 두 가지 주된 이유로 새로운 국면에 접어들었다고 전했습니다. 첫째, 미국이 자유세계의 지휘권을 잡았기 때문입니다. 둘째, 캐나다는 단순한 이웃 국가에서 미국의 동맹국이 되었기 때문입니다. 그렇다고 캐나다-미국 관계가 과거처럼 친밀하고 친근해서는 안 되고, 그리 될 수도 없다는 의미는 아니라고 장관은 덧붙였습니다. 그러나 동맹의 결속 자체를 보호하기 위해서 각 회원국은 자유롭게 의견을 표명하고 경청될 기회와 함께 자국의 견해를 행사할 수 있어야 하는 것은 필수적입니다.

　　이어 한국문제를 거론하면서 피어슨 장관은 유엔의 한국 정책의 목표와 목적이 "아시아 국가들의 국가적 문제에 개입하거나 어떤 체제를 다른 체제로 교체"

---

1) 위베르 게렝(Guerin Marie Hubert Guerin, 1896-1986). 프랑스군 장교이자 외교관. 캐나다(1949-1955), 브라질(1946-1949), 네덜란드(1945-1946) 주재 대사.

하는 것이 아님을 무엇보다 먼저 상기시키고자 했습니다. 그 유일한 목표는 침략을 저지하고 침략은 보상이 되지 않는다는 것을 보여줌으로써 모든 다른 침략 시도를 막는 것입니다. 어쩌면 제한적 목표일지 모르지만 제한된 전쟁에 의해 성취될 수 있습니다. 더 넓은 목표로는 캐나다 정부가 강경하게 반대하는 분쟁의 확산이 필요 할 수 있습니다. 이런 점에서 장관은 아주 단호하게 다음과 같이 반복했습니다. 캐나다 정부는,

1. 한국에 군대를 파견한 국가들의 사전 협의 없는 만주 폭격에 반대한다. 그러나 캐나다 정부는 군사적으로 절대적으로 필요한 동기가 있다면 사령부가 만주에서 특정 공중 작전을 결정할 수 있다는 데에 찬성할 수 있다. 캐나다 정부는 가능한 한 중국을 폭격하거나 봉쇄로 중국을 제압하는 것을 피하는 것이 좋다고 생각한다. 이러한 조치들은 적대행위를 종식시킬 수 있다는 확신도 주지 않으면서 동시에 분쟁이 확산으로 이어질 가능성이 아주 크기 때문이다.
2. 장제스 군대가 한국에 사용되어서는 안 되며 중국에 대항하여 투입되어서도 안 된다고 생각한다.
3. 대만은 적어도 한국전쟁이 끝날 때까지는 중립화 되어야 한다고 생각한다.
4. 중공이 한국 주재 유엔군에 계속 도전하는 한 베이징의 체제 인정과 중공의 유엔 가입은 배제한다.
5. 베이징 정부도 대만 정부도 한국전쟁이 끝날 때까지는 일본평화조약에 관한 협상에 참여하지 않아야 한다고 생각하다.

이어진 논의에서 외무장관이 설명한 정책은 거의 만장일치로 하원의 승인을 받았으며 특히 한국에서 유엔이 추구하는 목표는 캐나다의 전반적인 견해와 일치하는 것으로 나타났습니다.

위베르 게렝

[공 문]	중공에 대한 영국의 수출 문제
[문 서 번 호]	843-AS
[발 신 일]	1951년 5월 10일
[수 신 일]	미상
[발신지 및 발신자]	런던/마시글리(주영 프랑스대사)

8일 전부터 하원이나 언론(저의 급전 제758, 775, 813호, 저의 공문 제1747, 1760호)에 논의되고 있는 영국의 대중공 수출 문제는 매우 다른 두 가지 측면을 지니고 있습니다. 하나는 몇 달간의 베이징과 영국의 무역 상황을 조사하는 것, 또 하나는 앞으로의 경제 제재와 통제 정책을 검토하는 것입니다. 첫 번째 경우는 숫자의 전쟁인데 상무원 총재가 제공한 매우 철저한 설명이 있고 난 지금이 전쟁은 정부가 이긴 것으로 볼 수 있습니다. 샤인웰 국방부장관과 수상의 부정확한 개입에 이어 맥아더 장군의 주장이 있은 후, 이곳에서는 모든 정확한 설명이 제공되어야하며, 정부는 증거 수치와 함께 영국의 수출이 중공의 전쟁 계획에 대단한 도움을 제공할 수는 없었다는 것을 증명해야 한다고 보고 있습니다. 보수주의자들과 전반적 언론은 지난 월요일과 목요일 하원에서 있었던 하틀리 쇼크로스 상무원 총재의 상세한 발표가 그 목적을 달성했고 며칠 전부터 지속되어오던 논란에 당분간은 일단락을 지었다고 인정했습니다. 저는 이 발표 문서들을 우리 외무부에 동봉합니다. 상무원 총재가 인용한 수치 중 특히 1951년 1/4분기 홍콩의 중국 수출이 4,300만 파운드였는데 그 전년도에는 9,100만 파운드인 것은 주목할 만합니다. 같은 기간 동안, 영국의 대중국 수출은 1951년 1/4분기에 130만 파운드였고 1950년에는 360만 파운드였습니다. 하틀리 쇼크로스 경은 또한 이전에는 단지 포괄적으로 기입되었기 때문에 부정확한 해석들을 초래한 다양한 수출 품목에 대해 자세히 설명했습니다. 야당의 가장 격

렬한 발언을 이끌어내고 최근 처칠의 개입을 촉발시킨 부분인 고무에 관하여 상무원 총재는 중국으로의 수출이 1950년을 통틀어 77,624톤에 달했었던 반면 올 1/4분기 동안 46,000톤을 기록했다는 것을 인정했으나 월간 수출량을 2,500톤으로 제한한다는 결정이 내려진 것은 4월 9일이었다고 덧붙였습니다. 결국 목요일 회의에서 하틀리 쇼크로스 경은 영국 정부가 이 축소 할당량을 폐지하고 연말까지 중국에 대한 모든 고무 수출을 금지하기로 결정했다고 발표했습니다.

상무원 총재의 연설로 전반적으로 호의적으로 된 인상은, 맥아더 장군이 제시한 자료들은 틀린 것이고 작년 7월부터 중국으로의 어떤 석유 수출도 홍콩 정부가 허용하지 않았다는 홍콩 주재 미국 총영사의 반박 자료가 발표되자 더욱 강화되었습니다. 하틀리 쇼크로스 총재도 최근 의회 논쟁에서 이 점에 대해 다시 언급하고 맥아더 장군의 발표들은 근거가 없는 것이라고 지적했습니다. 장군이 사용했던 문서들은 홍콩 정부에서 나온 것이 맞고 석유나 전쟁 물자 같은 특정 물품에 대해 언급되어 있는 것은 맞지만 그에 비해 명시된 양은 거의 전무하거나 무의미한 정도라고 밝혔습니다.

마지막으로 언론은, 특히 5월 9일자 『뉴스크로니클』은 이 논쟁에 대해 홍콩발 수출이 문제가 되는 것이었다면 중공에 대한 일본 수출은 매우 규모가 크고 한국 개입 초부터 줄곧 성장해왔다는 사실도 잊지 말아야 할 것이라고 지적했습니다.

간단히 말해서, 베이징에 대한 '유화'정책을 펼친다며 언제든지 영국을 비난하려는 태세를 취하는 미국의 특정 세력들과의 갈등을 심화시키지 않으려고 조심하고, 오히려 특히 제한적 경제 제재의 원칙에 관해 미국의 견해에 다가가기를 원하는 영국 정부관계자들과 언론이지만 그들에게 쏟아진 비판이 근거 없는 것임을 매우 분명히 지적하려는 노력도 아끼지 않습니다. 앞으로의 영국 정책에 관해서는 수상의 발표에서도 하틀리 쇼크로스 총재의 발표에서도 원칙적으로는 아니지만 적어도 실제로 이미 취해진 통제 조치에 커다란 변화를 가져올 것으로 여겨지지는 않습니다. 물론 상무원 총재가 분명히 명시한 것처럼 영국 대표단이 추가조치위원회가 곧 유엔 총회에 제안할 부분적 금수조치 원칙에 동조할 것이라는 것은 모두가 알고 있습니다. 그러나 어쨌든 이것은 특정 범주의 수출에만 국한되는 금지 조치를 확대 또는 더 효과적으로 만드는데 그칠 뿐이라는 것입니다. 영국 언론은 앞으로 취해질 결정에 딱 이 정도까지만 호의적입니다. 최근 영국 여론에 나타난 변화의 전조현상은, 예를 들어 베이징에 대해 너무 급진적인 정책에 항상 반대해온 자유주의 신문인 『맨체스터가디언』[1]이 지금은 제한적 금수조치에 효과를 더 하기 위해 미국과 영국이 자신들의 선박에—사실상 핵심적으로 태평양 상선— 다른 국가에서 와서 중국으로 가는 물품들의 운송을 금지하자고 제안하는 것에서 나타납니다. 그러나 사설의 두 번째 부분에서 『맨체스터가디언』은 분명 홍콩을 잃게 되는 결과를 가져오게 될 대중국 무역의 전적 금지에 찬성한다는 것은 아니라고 명확하게 강조하고 있습니다. 저의 급전 제813호에서 지적했듯 이러한 견해가 여기서 일반적으로 인정되는 것은 의심의 여지가 없습니다. 현 통제가 조정될 것을 예상하면서도 일정한 한계를 넘어설 의도는 전혀 없으며 대중국 전면 금수조치 설정을 불러올 수 있는 모든 정책은 분명 격렬한 저항에 부딪히게 될 것입니다.

마시글리

---

1) 『맨체스터가디언Manchester Guardian』. 1821년 영국 맨체스터에서 창간된 주간지. 1959년에 명칭을 바꾸어 『가디언Guardian』이라는 일간지로 발행됨. 공정한 논조와 참신한 보도가 조화된 진보성향의 유력지로서, 보수 성향의 유력지인 『타임스』의 새로운 대항지임.

【328】한국 전선의 상황(1951.5.13)

[전   보]   한국 전선의 상황
[문 서 번 호]   1094-1097
[발   신   일]   1951년 5월 13일 08시
[수   신   일]   1951년 5월 13일 14시 30분
[발신지 및 발신자]   도쿄/드장(주일 프랑스대사)

보안

워싱턴 공문 제493-496호
뉴욕 공문 407-410호
국방부에 전달 요망

1. 적군은 공세를 재개하기 위해 한반도 서부 쪽에 최대 20㎞에 이르는 비점령 구역 후방으로 계속 집결하고 있습니다. 새로운 돌격은 5월 하반기 중, 아마 18일과 21일 사이 만월에 일어날 것으로 추산됩니다. 입수한 정보에 따르면 주요 공세는 중앙 구역에서 일어날 것이라고 합니다.

2. 중공 측 사령부는 총 41개 사단, 5개 군단에 속하는 부대의 공세를 준비하고 있습니다.

이 부대에 북한군 12개 사단이 추가됩니다.

전방 또는 인접한 후방의 총병력은 약 50,000명에 이릅니다. 더 북쪽에 주둔하는 부대까지 계산하면 한반도에 존재하는 중공-북한군은 총 775,000명으로 추산됩니다.

만주에 아직 남아있는 중공 병력은 경우에 따라 560,000명의 민병대원을 구

성할 수 있는 예비 병력과는 따로 정규군이 373,000명, 국토방위군이 370,000명으로 추산됩니다.

미국 사단은 그 병력이 충분하거나 초과되기까지 합니다. 사무국들과 남한군대를 포함한 유엔군 지상군의 총 인원수는 5월 12일 현재 400,000명에 달하고 사실상 이들은 모두 전선에 배치되어 있습니다.

적의 공군 활동은 대규모 병력이 투입되지 않고 신의주에서 계속 나타납니다. 9일 신의주 작전지 두 곳 중 한 곳에 있었던 유엔군 항공기 312대에 의한 대대적 공세 당시 약 100여 대의 MIG 15 항공기 중 31대가 지상에서 파괴되었다고 합니다.

미주리 전함을 대체할 뉴저지 전함은 곧 도착할 것으로 예상됩니다.

드장

【329】 변영태 한국 외무장관의 워싱턴 방문(1951.5.15)

[전 보]	변영태 한국 외무장관의 워싱턴 방문
[문 서 번 호]	1110-1112
[발 신 일]	1951년 5월 15일 02시 30분
[수 신 일]	1951년 5월 15일 11시 55분
[발신지 및 발신자]	도쿄/드장(주일 프랑스대사)

브리옹발[1] 씨로부터의 문서(부산 5월 8일 발신, 도쿄 5월 13일 수신)

인용

어제 저녁 언론의 토막 기사는 신임 외무장관 변영태[2] 씨가 "5월 9일 열릴 유럽을 위한 미국 원조위원회 5주년 기념 회의에 참석차" 워싱턴으로 가기 위해 5일 부산을 떠났다고 간략히 발표했습니다.

장관은 1주 후에 부산으로 귀국할 것이라고 전했습니다.

마치 일부러 숨기려는 듯 지체되긴 했으나, 이 소식은 오늘 아침 간략하지만 공식적으로 재개되어 미국 대사관을 제외한 이곳 여러 외국계 사람들을 매우 놀라게 했습니다.

변영태 장관이 임명된 지 얼마 되지 않아 아직 직무에 준비가 되어있지 않은 상태이고 무엇보다 새로 부임한 워싱턴 주재 한국대사와 같은 비행기로 떠나는 것은 엄밀하게 정부에 비밀 우편을 전할 최고의 기회를 주는 것인 만큼 더더욱 수상해 보이는 이 기획의 진짜 의도를 공식적이라는 미약한 구실로 알아낼 수는 없습니다.

---

[1] 주한 프랑스 대리공사
[2] 변영태(卞榮泰, 1892-1969). 외무장관(1951-1955), 국무총리, 7,8,9차 UN총회 한국 대표 역임.

상황에 비추어 볼 때 유일하게 그럴듯한 설명은 한국 정부가 장관이라는 인사를 통해 맥아더 장군이 떠난 이후로 대외적 차원에서 한국 지도자들의 절대적 관심사가 된 것으로 보이는 50만 군대 무장이라는 절박한 요구에 대한 지지를 얻으려는 의도일 수 있습니다.

오늘 아침 장관의 이상한 거동에 대해 함께 이야기를 할 기회가 있었던 미국 대사관 직원들은 공식적으로 제시된 이유 외에 변영태 장관의 여행에 대한 다른 이유를 알지 못한다고 대답했습니다.

인용 끝.

드장

【330】브래들리 장군의 청문회(1951.5.15)

[전   보] 브래들리 장군의 청문회
[문 서 번 호] 3610-3614
[발   신   일] 1951년 5월 15일 22시
[수   신   일] 1951년 5월 16일 06시 30분
[발신지 및 발신자] 워싱턴/보네(주미 프랑스대사)

뉴욕 공문 제826-830호

상원 청문회 위원단들 앞에서 이루어진 브래들리[1] 장군의 증언 첫날에는 순전히 군사적 관점에서 합동참모본부장들이 맥아더 장군이 권고한 계획 채택에 반대한 사실이 부각되었습니다. 때문에 참모장들에 대한 민간당국의 압력 때문에 자신의 제안이 거부되었다는 맥아더 장군의 주장이 힘을 얻게 되었습니다.

브래들리 장군은 참모장들의 의견은 군사 상황의 분석을 기반으로 한 것이었고 현지 관점에서는 맥아더 장군이 권고한 조치가 훨씬 유리할 수 있었다고 인정했습니다. 그러나 그는 참모장들은 전체적 책임을 지고 있었을 뿐만 아니라 전면전의 위험과 거기에 대처하기 위해 가능한 수단을 전장의 어떤 지휘관보다 잘 평가할 수 있었다고 즉시 덧붙였습니다.

참모장들은 맥아더 장군이 제안한 조치의 실행은 전면전의 위험을 증가시킬 것이라는 의견을 가지고 있었다고 밝힌 뒤 브래들리 장군은 미국이 소련과 결

---

[1] 오마 브래들리(Omar Nelson Bradley, 1893-1981). 미 합참의장(1949-1953). 제2차 세계 대전 시 미 육군을 지휘한 주요 사령관 중 한 명. 미국 합동참모본부의 초대 의장 역임. 한국전쟁 시 합참의장이었던 브래들리는 "미국을 시험하는 소련의 공산주의를 조기에 진압하기 위하여" 파병 지원을 주장. 맥아더의 인천상륙작전 성공한 후 트루먼 대통령으로부터 "미국이 낳은 가장 유능한 야전 사령관"이라는 찬사와 함께 원수 계급으로 진급. 1951년 4월, 북한과 중국에 핵공격과 확전을 주장하는 맥아더를 강하게 질책함으로써 맥아더의 해임에 기여.

판을 볼(show down) 준비가 되어있지 않았다고 주저없이 단언했습니다. 이런 사건이 그에게 반드시 가져다 줄 비난을 자초하며 브래들리 장군은 자신은 제 공한 적이 없는 정보를 공산주의자들이 이미 모두 보유하고 있으며 이미 알고 있었다고 말하며 민주주의에서 자신의 군사 준비 수준을 적에게 숨길 수 없기 때문이라고 지적했습니다. 그렇지만 공산주의자들은 우리가 그들에게 최후통첩을 보낼 준비가 되어있지는 않지만 그들이 우리 또는 우리 우방국에 공세를 개시하면 우리는 그들에게 많은 해를 가할 수 있다는 사실을 완벽하게 알고 있다고 그는 말했습니다.

맥아더 장군의 계획에 대한 참모장들의 반대를 충격적 표현으로 요약하며 브래들리 장군은 미국을 '잘못된 전쟁, 잘못된 장소, 잘못된 적과 함께 잘못된 시간에' 끌어들이는 결과를 낳을 것이라고 선언했습니다.

소련의 극동 개입 능력에 관한 결정적 문제에 대해 브래들리 장군은 맥아더 장군과 완전히 다른 의견을 가지고 있었습니다. 맥아더 장군은 소련군의 아시아 방어능력과 군수 물자 보급의 어려움 때문에 공세로 전환하기가 불가능할 것이라고 단정한 반면, 참모총장은 다음과 같이 선언했습니다.

1. 길게 말하지 않더라도 이 군대는 '미국에 수많은 어려움을 안겨줄 수 있다.'
2. 물자 보급 문제가 극동에서 소련의 약점 중 하나였으나 시베리아 횡단 노선이 배가되었고 수송능력도 확장되었다.
3. 아시아에서 러시아 전쟁 물품 생산이 증가하여 극동의 소련 군대가 유럽의 러시아에 덜 의존하게 되었다.
4. 소련군은 상당한 기간 동안 그들의 물자보급을 보장할 만한 충분한 비축량을 확보했다.

러시아와 미국 간 갈등의 세계적 성격에 대한 브래들리 장군의 주장은 미국이 그 동맹국들을 유지하고 그들과 협력하여 행동할 필요성을 강조하게 만들었습니다. 만약 소련이 유라시아 대륙 전체를 장악하게 되면 소련과 그 추종국들의 제국주의는 세계를 지배할 군사력을 지닐 수 있는 기초를 갖게 될 것이라고 그는 외쳤습니다.

미국은 자체적 힘을 키워야할 뿐만 아니라 공통의 이상과 목표를 지닌 다른 국가들과 협력함으로써 그들의 영향력을 증가시켜야 한다고 브래들리 장군은 강조했습니다.

보네

【331】 중국 공산당에 대한 정보(1951.5.13)

[공 　 　 문]	중국 공산당에 대한 정보
[문 서 번 호]	249-253
[발 　 신 　 일]	1951년 5월 13일 08시(제346-350호 문서로 베이징 경유 5월 16일 발송)
[수 　 신 　 일]	1951년 5월 16일 19시 20분
[발신지 및 발신자]	창하이[1]/장켈레비치[2](주창하이 프랑스대표로 추정)

보안

1951년 5월 7일, 창하이

1. 저는 가장 신뢰할 만한 출처로부터 다음과 같은 정보를 얻을 수 있었습니다.

1) 중국 공산당 지도자들은 비축된 물자 및 훈련과 군비를 갖춘 병력을 소진하며 국가 재원의 상당 부분을 흡수하는 한국전쟁의 장기화에 대해 매우 우려하고 있습니다. 그러나 그들은 적어도 모스크바가 아직 원하는 것 같지 않은 분쟁의 평화적 해결을 유엔에 촉구하고자 하지 않았으며 게다가 위신 문제 때문에 할 수도 없습니다.

2) 베이징 정부관계자들 사이에서는 만주의 주요 기지에 대한 공습 가능성을 두려워하고 있습니다. 이 가능성에는 극동지역에서 미국과 정면충돌에 관

---

[1] 중국 랴오닝성 다롄에 있는 현.

[2] 레옹 장켈레비치(Leon Jankélévitch). 1951년 당시 주창하이 프랑스 대표로 추정됨. 한국전쟁 후 프랑스특사 및 전권공사로 있었음(1955-1959).

심을 두지 않는 것으로 생각되는 소련의 직접적인 개입을 계산하지 않고 있기 때문에 더욱 두려운 것입니다.

3) 중국 공산당 지도부는 그들이 중국 남부와 남서 지방의 아주 일부 지역만 통제하고 있음을 인정합니다. 게다가 그들은 북동부와 남동부의 무슬림 소수 민족의 충성도에 대해 강한 우려를 품고 있습니다. 최근 상하이에서 있었던 몇 가지 검거에 의해 확인된 정보에 의하면 중국은 상당히 큰 규모의 '숙청'을 겪고 있고, '서민'행정은 너무 많은 결함을 드러냈습니다. 두 달 전부터 계속되는 비, 토지개혁이 가져다준 혼란 및 중국 남부와 남서쪽에 퍼지고 있는 불안 때문에 특히 쌀 생산에서 심각한 흉작을 예상하고 있습니다.

2. 눈에 띄게 피곤해하고 살이 찐 마오쩌둥은 5월 1일 베이징 행사에 참석했습니다. 언론은 중국 공산당 지도자들에 관한 소문(본인의 전보 제242호)에 대처하기 위해 실제로 참석했다는 점을 강조했습니다.

3. 4월 27일의 '대량검거'(본인의 전보 제246호)에 따른 첫 번째 집단 처형이 창하이에서 일어났습니다. 불법 라디오 방송으로 기소된 한 미국인이 체포 48시간 만에 총살되었다고 합니다.

장켈레비치

【332】 중국 경제 제재에 대한 인도의 입장(1951.5.16)

[전 보]	중국 경제 제재에 대한 인도의 입장
[문 서 번 호]	321-314
[발 신 일]	1951년 5월 16일 15시 05분
[수 신 일]	1951년 5월 16일 13시 20분
[발신지 및 발신자]	뉴델리/다니엘 레비1)(주인도 프랑스대사)

　　인도 신문들은 중국에 대한 경제 제재를 다루는 수많은 논설에서 미국과 영국의 견해를 논평하는데 그칠 뿐, "중국에 전략적 제품을 수출하지 않기 때문에 이 문제와 상관이 없는" 인도가 취할 수 있는 주장에 대한 모든 언급을 피하고 있으나 사실 이 주장은 제품 목록에 황마를 포함시키지 않는 한 현실에 부합하는 것입니다.

　　이 신중한 태도는 베이징 당국에 대한 원칙적 규탄을 가중시키는 조치의 채택을 고려하면서도, 적어도 당분간은 2백만 톤의 미국산 곡물 구입에 대한 차관 부여가 결정되어야 하는 시점에 미국의 강경한 여론을 경직을 초래하고 싶지 않은 인도 정부의 당혹감을 반영합니다.

　　그렇다고 해도 추가조치위원회의 제안을 유엔 총회에서 검토할 때 인도의 입장은 이쪽으로 한 단계 자리 잡기 위해 아마도 런던이 최종적으로 채택할 입장을 고려하면서도 궁극적으로 베이징을 배려하는 쪽으로 결정될 것입니다.

　　　　　　　　　　　　　　　　　　　　　　　　　　　다니엘 레비

---

1) 다니엘 레비(Daniel Lévi). 인도 주재 프랑스대사(1947-1951). 핀란드, 체코, 네팔 주재 대사 역임.

【333】 중공에 대한 영국의 수출(1951.5.17)

```
[ 공        문 ]  중공에 대한 영국의 수출
[ 문 서 번 호 ]  878-AS
[ 발   신   일 ]  1951년 5월 17일
[ 수   신   일 ]  미상
[발신지 및 발신자]  런던/마시글리(주영 프랑스대사)
```

대중국 수출 문제에 관한 최근 하원 논쟁의 중요성 때문에 5월 7일과 10일의 공식회의 기록을 우리 외무부에 보내는 것이 유익할 것 같았습니다. 이 회의에서 상무원 총재는 매우 자세한 발표를 하게 되었고 이 주제에 대한 영국 정책을 규명했습니다. 5월 7일 회의에 관련된 첫 번째 '의회 의사록'에서 주목해야 할 것은 영국과 중국 간 무역의 상세한 통계(1598쪽)입니다. 제가 아래 동봉하는 『이코노미스트』 최근호에 실린 한 기사는 특히 홍콩 무역과 관련하여 더 자세한 정보를 제공합니다.

5월 10일 회의 '의회 의사록'에서 주목할 만한 대목 중 하나는 언론에 부분적으로만 보도되었던 부분으로 하틀리 쇼크로스 경이 홍콩의 수출에 관한 맥아더 장군의 이전 진술은 근거가 없다고 말한 대목(의회 의사록 2194쪽)입니다. 상무원 총재 쇼크로스 경에 따르면 장군이 사용한 문서는 홍콩 정부가 미국 당국에 2주마다 보내는 문서들입니다.

이 문서들에는 휘발유, 석유 및 전략 제품을 포함한 수출 가능한 제품의 전체 목록이 언급되어 있습니다. 그러나 맥아더 장군이 말하지 않은 것은 이 여러 품목의 맞은편에 '무(無)' 표시나 '무의미한 양' 등이 적혀있었다는 것입니다. 따라서 장군이 여러 수출품 중 특히 언급했었으며, 2월 19일부터 3월 4일까지의 기간 동안 단 한 대만을 포함하고 있던 사진 카메라의 예를 상무원 총재는 인용했습니다. 이렇게 맥아더 장군의 주장에 대해 공식적으로 반박한 후, 그가 이전에 제공한 정보에 대해 올해 중국에 대한 모든 고무 수출을 중단한다는 결정이 곧 취해질 것이라고 설명한 상무원 총재는 "왜 더 많은 제약을 부과하지 않는지"에 대한 질문에 대답하며 이 중요한 부분에 대한 영국 정책의 주요 정보 (2194쪽 마지막 단락과 2195쪽 첫 단락)를 몇 마디로 요약합니다. 바로 '홍콩의 특수 상황', 그리고 '아시아에서의 분쟁 확산을 초래할 수 있는 모든 행동을 피하기'입니다. 추가로 하틀리 쇼크로스 경은 1950년 초와 1950년 말 사이 중국에 대한 일본의 수출 증가를 언급하는 것을 빠트리지 않습니다.

마시글리

【334】 한국전쟁에 대한 소련과 중공의 입장 관련 소문(1951.5.18)

[전 보]	한국전쟁에 대한 소련과 중공의 입장 관련 소문
[문 서 번 호]	2334-2340
[발 신 일]	1951년 5월 18일 11시 30분
[수 신 일]	1951년 5월 18일 18시 30분
[발신지 및 발신자]	뉴욕/라코스트(주유엔 프랑스대표대리)

보안

워싱턴 공문 제1374-1380호
워싱턴 공문 제3550호 전보 참조

워싱턴 주재 우리 대사가 상기 참조 공문으로 우리 외무부에 전해온, 미국 정부가 어떤 식으로든지 한국전쟁을 끝내려는 소련의 열망에 대한 고무적인 징후를 얻었다는 소문은 자연스럽게 금방 유엔에 퍼졌습니다. 3-4일 전부터 소련 정부의 이러한 경향은 정확히 말하자면 뉴욕에서 감지되었다는 말이 반복되어 나왔습니다.

5월 21일자 판 『뉴스위크』에서 「평화의 시작인가? 말리크 소련 대표의 접근 방식이 한국에 관해 뭔가 새로운 소식이 있음을 시사한다」라는 제목의 기사가 어제 5월 17일 공개됨으로써 자연스럽게 이러한 소문을 다시 신뢰할 수 있게 했습니다.

이 기사는 이렇게 말합니다.

"스탈린 대원수가 마오쩌둥에게 한국 국경에서 그의 병력을 철수시킬 것을 설득하고, 그래서 휴전 협상을 하고, 따라서 트루먼 대통령은 학살이 끝났으며 유엔군은 곧 각자의 가정으로 돌아갈 수 있을 것임을 알릴 수 있다고 가정해보자. 지난주까지도 대통령의 지지자들은 맥아더 지지자들과의 대대적 논쟁에서 행정부 전략에 대한 이러한 승리를 기대하지 않았다. 비록 이러한 해결책이, 예를 들면 영-미 논쟁에서 대만 문제에 즉각적 우선순위를 부여할 수 있다는 점 등 소련에게는 다양한 이점을 제공할 수 있지만 말이다. 그러나 유엔에서의 대화에서 소련은 한국전쟁의 외교적 난관을 타개하기 위해 비밀리에 갑작스럽게 주도권을 잡았다."

기사는 다음과 같이 이어집니다.

"지난주 유엔에서 야코프 말리크[1] 소련 대표는 워렌 오스틴[2] 미국 대표를 찾아가 한국전쟁이 진행되고 있는데 미국과 소련 부처 간의 직접 대화에 의해 해결되어야 할 것이라고 진솔하게 밝혔다. 소련 정부의 의견으로는 중국은 한국 자체에는 관심이 없지만 미 제7함대가 대만을 중립화할 것이라는 작년 6월 26일 대통령의 성명 이후 '미국에 점령되어 있는' 대만에 대한 그들의 권리를 보호하기 위해 개입한 것이라고 말리크 씨는 설명했다. 말리크는 자신이 지금 최종 평화 제안의 교섭 개시를 하는 것이 아니라 단지 미국이 이것을 염두에 두기를 제안하는 것임을 시사했다. 오스틴 대사와 그 당시 함께 있었던 어네스트 그로스 대리대사는 답변으로 어떤 약속도 하지 않았다."

이 기사는 이어 베이징 주재 철의 장막 뒤의 외교관들과 한국 전선의 중공 포로들로부터 나온 정보들을 언급하고 있습니다. 이에 따르면 한편으로는 미 정보기관이 중국의 새로운 공세가 임박했다는 정보를 입수했음에도 불구하고 중국은 자국 손실의 막대함과 여력이 고갈된 중국 군대에 대한 무관심에 심하게 화가 났다고 합니다.

라코스트

1) 야코프 말리크(Yakov Aleksandrovich Malik, 1906-1980). 주유엔 소련대사(1848-1952, 1968-1976).
   일본 주재 소련대사, 소련외무차관, 영국 주재 소련대사 역임. 한국전쟁 시 정전을 제안.
2) 워렌 오스틴(Warren R. Austin, 1877-1962). 주유엔 미국대사(1946-1953).

[전 보]	한국전쟁에 대한 미국의 당면 과제
[문 서 번 호]	2341-2350
[발 신 일]	1951년 5월 18일 15시 40분
[수 신 일]	1951년 5월 19일 00시 20분
[발신지 및 발신자]	뉴욕/라코스트(주유엔 프랑스대표대리)

보안

워싱턴 공문 제1381-1387호
본인의 이전 전보에 이어

이에 관해 어제 제가 질문한 그로스 씨는 두 대표단의 대표들 간 최근 회담
소식에서 한국의 적대행위 중단 가능성에 대해서는 아무것도 사실이 아니라고
단호하게 밝혔습니다. 그는 오스틴 대사가 말리크 씨와 단 한 번도 회담을 가진
적이 없고, 특히 4-5개월 전부터는 단 두 마디도 교환하지 않았다고 말했습니다.
그리고 그로스 씨 자신도 소련 대표와는 최근 2개월간의 외교단 리셉션에서 아
주 우연히 가끔씩 대화를 가졌을 뿐이었고, 늘 일반적인 주제에 말리크 씨 쪽에
서는 현실적이고 구체적인 어떤 문제도 논의하려는 노력이 없는 대화였다고 말
했습니다.

기자들은 베를린 문제와 그리스 문제에 갑자기 찾아온 긴장완화에 앞서 각각
있었던 말리크-제섭 및 러스크[1]-그로미코[2] 특별회담이라는 선례에 사로잡혀

---

[1] 데이비드 딘 러스크(David Dean Rusk, 1909-1994). 국제연합담당관, 극동 담당 국무차관보
(1950-1952), 록펠러재단 이사장, J.F.케네디 정부의 국무장관 역임. 한국전쟁 당시 확전을 주장
하는 맥아더의 의견을 반대하는 트루먼을 도움.

있습니다. 또 이런 종류의 깜짝 놀랄만한 뉴스 특종을 따고자하는 욕구는 객관적 정보가 지닌 엄격함과는 양립할 수 없는 흥분상태로 기자들을 빠져들게 합니다.

강한 흥분에 사로잡힌 이 나라에서 더구나 중대한 소식이나 급작스러운 대사건에서 오는 것이 아닌 단지 언론이나 영향력 있는 정계의 매우 다양한 요소에 영향을 받는 이 특별한 심리상태는 이러한 소문들이 얼마나 쉽고 빠르게 구체화되고 확산되는지 설명해줍니다.

그러나 이것을 한국전쟁에 대한 혐오감, 그 전쟁이 요구하는 노력에 대한 피로감, 그리고 전쟁이 가져오는 손실에 대한 공포의 반영으로만 보는 것은 아마도 잘못된 것일 것입니다.

지배적으로 보이는 정서는 그 무엇보다 이 노력을 끝없이 계속하고, 다음 전망이나 어떤 해결책에 대한 확실한 희망도 없이 손실을 겪어야한다는 예상으로 인한 반감입니다. 미국 여론은 지쳤다기보다 오히려 초조합니다.

그리고 분명 맥아더 장군 인기의 비밀이 바로 여기에 있는 것입니다. 맥아더는 단지 1942-1945년 태평양 전쟁의 승자, 일본에 주둔한 미국 민주주의의 명망 높은 총독만이 아니라 한국전쟁의 막다른 골목에서 빠져나오기 위한 과감한 행동의 사도로 간주되는 것입니다.

또한 트루먼 정부와 최고사령부가 오늘날 의회에서 당면한 문제의 본질도 분명 여기에 있습니다. 국가 자존심이 전쟁에서 지는 것을 용납하지 않을 것이고 물론 포기하는 것 또한 용납하지 않을 전투를 지속하자고 미국 지도자들을 설득하는 것이 아닙니다. 느리고 비용이 많이 들며 우울한 소모전 대신에, 맥아더 장군이 제안하는 미국 자녀들의 피를 아낄 수 있고 전략적, 경제적, 정치적 이익과 영광을 크게 누릴 수 있는 찬란한 행동을 선호하는 그의 열정적 취향대로 육해공군과 보충병까지 모든 수단을 동시에 다 동원하여 강력하고 폭발적이며 신속한 전쟁으로 대체하는 것을 미국 국민이 지혜롭게 포기하도록 설득해야 하

---

2) 안드레이 그로미코(Andreï Gromyko, 1909-1989). 유엔 안보리 대표. 주미 소련대사, 외무장관 등을 역임.

는 것입니다.

그리고 또한 미 국무부가 모든 국가가 참전을 지지하도록 설득할 수 있는 이 정책을 뒷받침하는데 동원하기 위해 한 달 전부터 유엔 내에서 그토록 놀라운 에너지로 쏟아온 노력의 깊은 이유도 여기에 있다고 저는 생각합니다.

국무부로서는 이 문제에서 미국 여론에 미국이 혼자가 아니라고 답하고, 미국이 가장 강하므로 물론 가장 큰 짐을 지지만 동시에 선두의 자리에서 선의의 모든 국가들을 효과적으로 이끄는 고귀한 역할을 하는 십자군의 소명이라고 여론을 사로잡는 것이 관건입니다.

유엔 주재 미 외교관들은 이 논리를 자국민들뿐 아니라 외국 동료들에게도 설명하고 변호하는 임무를 띠고 있어 의회 의원들과 회의를 갖고 온갖 종류의 모임에서 연설을 하고 다양한 청중에게 라디오를 통해 말하느라 끊임없이 불려 다닙니다.

그들은 그렇게 함으로써 자국 지도자들과 정부의 정책을 옹호할 뿐 아니라 집단안보의 대의를 섬기므로 당연히 미국 자체뿐 아니라 외국 동맹국들의 이익에까지 도움을 준다고 신중하게 믿고 있는 것 같습니다.

라코스트

【336】 브래들리 장군의 청문회(1951.5.18)

[전 보]	브래들리 장군의 청문회
[문 서 번 호]	3747-3752
[발 신 일]	1951년 5월 18일 22시
[수 신 일]	1951년 5월 19일 07시 45분
[발신지 및 발신자]	워싱턴/보네(주미 프랑스대사)

보안

2급 비밀

극동문제에 관해 포스터 덜레스[1] 국무부 고문과 이야기하면서 저는 그가 한국전쟁 종식에서 있을 수 있는 중대한 이익에 대해 완전히 인식하고 있음을 확인할 수 있었습니다. 물론 그는 중공 침략에 굴복하는 것으로 보이는 것은 있을 수 없다고 언급했습니다. 중국 공산정부에 대한 유약한 태도는 그들의 욕구를 자극하기만 할 뿐일 것입니다. 반면 한국 통일을 바탕으로 한 평화의 회복은 이루어질 가능성이 전혀 없습니다. 덜레스 국무장관 특별고문은 시베리아와 만주 국경지대와 다롄 항, 뤼순 항에도 위협을 가하는 것으로 보이는 것은 현명하지 못하다고 여겨왔습니다. 그는 지난 10월 유엔에서 미국 대표단에 이 견해를 이미 주장했었다고 저에게 기밀로 말해주었습니다. 대한민국의 경제 상황을 개선하기 위해 그때 국경을 38선 북쪽으로 약간 더 멀리 두는 것이 가능할 수도 있었습니다. 그럼에도 불구하고 오늘날 확실한 것은 현재 상태에 기초하여 합의가 구상될 수 있다는 것입니다. 미 여론은 당연히 대만 양보와 중국의 유엔

---

[1] 존 포스터 덜레스(John Foster Dulles, 1888-1959). 미 국무부 고문. 초당파 외교의 공화당 대표. 각종 국제회의에 미국대표로 참석. 아이젠하워 행정부의 국무장관 역임.

가입을 대가로 교섭하도록 허용하지 않을 것이기 때문입니다.

최근 떠돌았던 평화 교섭에 대한 소문은 근거가 없습니다. 중공의 공세는 적어도 당분간 볼셰비키 전략이 극동에서 불붙은 분쟁을 연장하고 유지하는 것이라는 대체적인 추측을 확인시켜줍니다. 중국의 광신적 병사들이 또 한 번 실패로 갈 것인지, 그리고 새로운 실패가 분명 적보다 자국을 더 고갈하게 만드는 소모전을 베이징 정부로 하여금 포기하도록 만들지는 가까운 미래가 알려줄 것입니다. 그렇다면 덜레스 고문의 표현처럼 세계는 둘로 쪼개지고 한국 역시 그럴 것이라는 사실을 인정해야 하지 않을지 알게 될 순간이 올 것입니다.

마샬 전 국무장관과 브래들리 장군의 연속 조처가 미 여론에 매우 상당한 영향을 미쳤지만 한국전쟁이 지속되는 한 아시아 분쟁의 확산 위험은 여전히 첨예하게 남아있을 것입니다.

한국 분쟁 자체로는 인기가 없지만 한국은 폭력 행동에 대한 구상을 받아들이도록 부추기는 역설적인 효과를 지니고 있습니다. 이 위협은 미국을 계속 흔들어대고 있는 내부 위기의 뿌리를 없애는 것으로만 막을 수 있습니다.

보네

【337】 맥아더 해임에 대한 상원의 조사(1951.5.18)

[공 문 (우 편)]	맥아더 해임에 대한 상원의 조사
[문 서 번 호]	2349-AS
[발 　 신 　 일]	1951년 5월 18일
[수 　 신 　 일]	미상
[발신지 및 발신자]	워싱턴/보네(주미 프랑스대사)

맥아더 장군 파면에 관한 상원 진상위원회 조사단의 작업은 15일 때 이루어졌으나 언제 종료될지는 아직 대략적으로도 예측할 수가 없습니다. 어제 현재, 논쟁에 대한 공식 보고서(삭제 포함)는 750,000자를 포함하고 있는데, 이곳에서 말하기를 소설책 11-12권에 해당하는 분량이라고 합니다. 미국에서 소설가는 일반적으로 유럽보다 말이 장황하다는 것도 참고로 해야 합니다.

마샬 장군은 이 마라톤 조사에서 육체적 지구력 관점에서만 보면 맥아더 장군을 이겼습니다. 마샬 국방장관은 실제로 5월 7일부터 14일까지 일요일을 제외한 주중 매일 아침과 저녁에 증언을 했으며 곧 다시 조사단에 의해 소환될 것으로 예상됩니다.

브래들리 장군이 '대통령 비밀'이라는 예외 문제를 제기했던 지난 화요일까지 별 열정 없는 논쟁이 계속되었습니다. 신문들은 위원단의 작업에 여전히 매우 중요한 분량을 할애하고 있고 그들의 논평은 일반적으로 행정부에게 유리합니다. 행정부는 지금까지 논쟁을 경청할 뿐이었습니다. 그런데 지금은 오히려 반대인 것처럼 보입니다. 브래들리의 증언은 실제로 놀라운 방식으로 맥아더 장군에 대한 행정부의 결정을 증명해냈고, 국회의사당에 소환된 주요 증인들의 기술적이고 반복적인 긴 발표들에 점점 싫증이 난 대중에게 일종의 피로감이 덮치기 시작합니다.

더구나 행정부는 극동 정책의 정당화를 위해 이미 한국전쟁에 질렸듯이 여론이 지루해하고 있는 상원 조사위원단의 논쟁보다는 한국 군사작전의 추이에 대한 더 많은 기대를 걸고 있는 것처럼 보입니다. 지난 주말 한반도의 적대행위 중단이 임박했다는 소문에 즉각적으로 부여된 신빙성은 이런 심리상태를 잘 나타내고 있습니다.

그러나 조사의 끝없는 연장이 행정부에게 이점만 제공하지는 않는 다는 사실을 무시해서는 안 됩니다. 실제로 키포버[1] 법에 따른 조사 기간은 행정부에 대한 대중의 관심을 전혀 감소시키지 않았습니다. 사실 맥아더 조사의 경우와는 달리 이 특별 논쟁의 대상은 끊임없이 충격적인 폭로가 유출될 것입니다.

더욱이 현재 진행 중인 논쟁은 한국에서 싸우고 있는 미군과 다른 국가 병력들 사이의 불균형을 강조할 수 있는 기회를 제공하면서 미국과 그 주요 동맹국 간의 연대를 해칠 가능성이 높습니다. 게다가 동맹국 중 일부는 적과 무역을 유지한다고 비난받고 있습니다.

마지막으로, 만약 공산군이 가까운 시일 내에 한국 유엔군에 대한 대규모 공습에 착수하거나 유엔군이 한반도 내의 중요한 영토를 양보할 수밖에 없는 상황이 되면 미 정부는 자신에게 쏟아지는 비난이 매우 깊은 반향을 가져오는 토론회를 보강하는 것은 바람직하지 않습니다.

어쨌든 지금까지 국회의사당 논쟁은 야당에게 유리하게 돌아갈 가능성은 거의 없는데다 오히려 정부의 입장을 강화시켰음을 부인하기는 어렵습니다. 그런데 여기서도 정부 입장의 강화에 대한 의미를 규명할 필요는 있습니다. 마샬 장군과 브래들리 장군의 주장이 견고하긴 하지만 매우 특별한 예외가 없는 한 정부 논리의 올바름에 대해 야당을 설득하는데 성공할 가능성은 희박합니다. 반면 조사위원단의 상세한 보고서를 전혀 또는 거의 읽지 않는 미국 대중은 여전히 맥아더 장군의 갑작스러운 해임으로 야기된 흥분 속에 머물러있으며 극동 문제에 대한 평가에 있어 감정이 이성으로 대체되는 데에는 일정한 시간이 필요할 것입니다.

제가 앞에서 언급한 정부 입장의 강화는 어떻게 보면 다소 상대적인 것 같습

---

[1] 에스테스 키포버(Estes Kefauver, 1903-1963). 미 민주당 상원의원(1949-1963).

니다. 그것은 주로 야당의 '미달량'으로 이루어진 것으로, 현재와 같은 여론의 흥분 상태에서는 이미 훌륭한 결과라고 말하는 것이 더 정확할 것 같습니다.

그럼에도 불구하고 최근의 '갤럽 조사'[2]가 증명하는 바와 같이 여론의 가장 '식견 있는' 사람들 사이에서는 어떤 변화가 나타나고 있습니다. 저는 이 갤럽 조사에 관해 별개의 공문으로 우리 외무부에 보고합니다.

* * *

상원 조사의 결정적 원인인 맥아더 장군의 해임 상황은 위원단에 의해 시야에서 신속하게 사라졌습니다.

이와 관련하여 미국 여론은 전체적으로 트루먼 대통령이 맥아더 장군을 해임시킬 완전한 자격이 있었다고 인정합니다. 그러나 미국인들은 대통령이 장군을 '처단한' 방식(문제가 되는 것은 무엇보다 예의부족입니다)이 매우 유감스럽다는데 거의 만장일치를 보입니다. 민주당 정부가 차기 대통령 선거에서 이 태도에 대해 책임을 져야 할 것이라는 데는 의심의 여지가 없습니다.

논쟁의 핵심인 미국의 극동 정책과 미국의 한국 전략에 관하여 마샬 장군과 브래들리 장군의 증언은 전 일본 주재 최고사령관 맥아더에게는 가혹한 것이었습니다. 국방부장관과 합동참모총장은 실제로 맥아더 장군의 발표와 반대되는 증거 자료들을 입증했습니다.

1. 국방부는 한국전쟁 수행 방식에 대해 집행부와 합의했다.
2. 맥아더 장군은 올해 1월 13일 대통령의 메시지만으로도 미국의 극동정책과 한국에서의 활동에 대한 본질적 목표에 대해 알고 있었고, 따라서 미국이 이 지역에 대한 정책과 전략의 '부재' 상태에서 행동했다고 주장하는 것은 악의가 없는 이상 있을 수 없는 일이다.

---

[2] 여론 조사 및 컨설팅을 하는 미국의 기업에 의해 이루어진 조사.

국방부장관의 증언 마지막에서 가장 의미 있는 대목은 첫째 공산주의와의 투쟁에 있어 유럽과 아시아 현장 제각각의 중요성, 둘째 장제스 정권에 대한 워싱턴 정부의 정책에 관한 것이었습니다.

첫 번째는, 미국은 왜 유럽에서의 '예상된 위험'은 감수했으면서 중공의 만주 기지를 공격함으로서 한국에서의 또 다른 위험 감수는 거부했냐는 히킨루퍼[3] 공화당 상원의원에 질문에 대한 답으로, 마샬 장군은 미 정부가 유럽에서는 선택의 여지가 없었지만(이를 계기로 그는 자국의 '대서양' 관계의 중요성을 강조하기도 했습니다) 극동에서는 같은 상황이 아니었고 게다가 저의 5월 12일자 공문에서 보고 드렸던 그 이유 때문에 이 지역에 대한 소련 개입의 위험이 실제로 서유럽에서보다 더 컸다고 설명했습니다.

마샬 장군은 단연 이 점에 대해 가장 공개적으로 그리고 가장 설득력 있게 맥아더 장군에 맞섰습니다. 그의 대서양 연대에 관한 발표는 미국의 '글로벌' 전략에 있어 유럽이 '부차적 당면과제'로 떨어지길 두려워하는 사람들을 안심시킬 수밖에 없었습니다.

2차 대전 이후 그가 맡았던 중국에서의 중재 임무 덕분에 마샬 장군은 이 기회에 장제스와 마오쩌둥을 합의로 이끌기 위한 자신의 노력에 대해 여러 가지 상세한 사항과 얄타회담 이후로 중국에 대한 미국의 정책을 더 일반적으로 설명할 수 있었습니다.

사실 국방부장관은 1949년 8월 미국 '백서'에 이미 있는 내용 외에는 아무것도 말하지 않았는데, 상원의원들이 제기한 질문들은 그들 중 많은 이들이 이 문서를 잘 모르고 있다는 것을 보여주었습니다.

중국 문제로 제기된 가장 중요한 쟁점에 관해, 마샬 장군은 차례로 맥아더 장군과 다른 의견 그리고 일치하는 부분을 피력했습니다. 맥아더 장군과는 달리 이 국방장관은 중국 대륙과 한국에 국민당 병력을 사용하는 것은 반대한다고 밝히고 현재 대만 군대의 군사력에 대해서는 매우 신중한 태도를 보였습니다.

반면, 마샬 장군은 전 일본 주재 최고 사령관과 마찬가지로 미국은 중공에

---

3) 버크 히켄루퍼(Bourke B. Hickenlooper, 1896-1971). 미 공화당 상원의원(1945-1969).

대만을 금지해야 하며(그는 참모장들이 1949년 말부터 이 방향의 권고문들을 제출했다고 밝혔습니다) 미 정부는 필요하다면 거부권을 사용해서라고 베이징 체제의 유엔 가입을 막아야 한다고 강조했습니다. 이 점에 대하여 국방장관은 내각보다 더 나아간 셈입니다. 왜냐하면 애치슨 국무장관은 그제 이 문제에 대한 자국 정부의 입장은 변함이 없으며, 다시 말해 중공 정부의 유엔 가입을 금지하도록 노력하지만 워싱턴은 이 경우 거부권은 사용할 수 없다고 평가한다고 밝혔습니다.

대사관이 전신을 통해 이 정보를 우리 외무부 전달했으므로 마샬 장군의 증언의 다른 부분은 제가 다시 언급할 필요가 없을 것으로 보입니다. 그러나 이 증언의 두 대목은 주목할 만합니다. 3월 24일 그가 공산군 총사령관에게 직접 연락을 취한 시기에 맥아더 장군은 한국에 군사적 원조를 지원한 국가들에 의해 워싱턴에서 작성된 대통령 성명의 초안을 '좌절시켰다'고 주장하며 이 문서를 소유하고 있지 않았던 국방장관은 문제의 문서가 실제로는 의도를 담은 성명일 뿐이었지만 마치 휴전 제안을 담고 있는 것 같은 인상, 사실상 착각을 일으키게 만들었습니다. 다른 한편, 마샬 장군이 표명한 한국 분쟁에서 승리할 수 있는 유엔군사령부의 능력에 대한 확신은 분명 지난 주말 미국 수도에 퍼진 평화에 대한 소문의 원천이었습니다. 이 주제에 대해 장군이 발표한 내용 중 여러 대목이 삭제된 만큼 소문은 더 쉽게 퍼져나갔습니다.

* * *

국방부장관의 증언이 맥아더 체계의 토대를 이미 심각하게 뒤흔들어 놓았다면, 지난 화요일 브래들리 장군의 증언은 그것을 완전히 때려눕혔습니다. 5월 15일 저의 공문을 통해 우리 외무부에 이 합동참모총장이 펼친 주장에 대해 알려드렸습니다. 전임 일본 주재 최고사령관이 권고한 적대행위의 확산에 관한 맥아더 스타일의 표현 "잘못된 전쟁, 잘못된 장소, 잘못된 시점, 잘못된 적과의 전쟁"은 마샬 장군이 전개한 모든 증언보다 훨씬 더 미국 대중에게 충격을 주었습니다. 저의 상기 공문에서 제가 강조했던 것처럼 브래들리 장군의 주장의 힘은 그의 발표 초부터 논쟁을 '글로벌' 차원에서 시작했다는 사실에서 오는 것입니다.

중공 공산군에 대항해 전쟁을 이끌어가는 방식에서 행정부와 참모장들의 비협조를 다시 한 번 과장된 방식으로 비난하면서, 브래들리 장군은 맥아더 장군의 권고를 따를 경우 미국이 처하게 될 위험은 중국과의 공개 전쟁이 아니라 아시아는 물론 유럽에서도 소련과의 전쟁임을 강조했습니다.

그런데 이 두 대륙에서, 특히 극동 지역에서 소련은 전 일본최고사령관의 주장과는 달리 이미 상당한 군사력을 배치하고 있었습니다. 미국과 그 동맹국들은 현 시점에서 그러한 전투에 참여할 수 있는 수단을 보유하고 있지 않았습니다. 그들은 물론 이러한 가능성에 대처하기 위해 적극적으로 준비하고 있었지만 당장은 아직 열등한 상태였습니다. 그래서 브래들리 장군에 따르면 미국 정부가 현재 극동에서 전면전에 가담하는 것이야말로 모스크바의 더 잘 충족시키는 것이라고 합니다. 이 전면전에서 미국 정부는 자신의 군사력을, 간접적으로는 그 동맹국들의 힘을 분산시킬 것이며 게다가 이 동맹국 중 일부를 잃을 수도 있습니다.

* * *

지난 화요일부터 브래들리 장군이 맥아더 장군의 해임 이전 며칠 동안 자신이 트루먼 대통령과 가졌던 대화내용을 밝히는 것을 거부하자 상원의 조사가 중단되었습니다. 이러한 폭로는 사실 대통령 군사고문으로서의 자신의 입장을 '망칠' 것이라고 그는 말했습니다.

이달 17일자 저의 공문에서 지적한 바와 같이 공동조사위원회의 극단적인 공화당 상원의원, 특히 놀랜드4) 씨와 월리5) 씨는 합동참모총장의 태도에 격렬하게 항의하고 그에게 떠나라고 주장했습니다. 이 상황에서 '법정에 대한 모독'이라는 단어까지 나왔습니다. 맥아더 장군의 해임 상황에 대한 논쟁을 이끌어가

---

4) 윌리엄 놀랜드(William F. Knowland, 1908-1974). 미 공화당 상원의원.
5) Wiley.

려고 애쓰면서 이 극단주의 상원의원들은 정부의 극동 정책에 대한 부분 조사를 포기시키기 바랐다는 것은 의심의 여지가 없습니다. 마샬 장군과 브래들리 장군의 증언 이후 이 부분에서 야당은 점점 불편해지고 있습니다.

트루먼 대통령은 백악관 대변인을 통해 결국 18대 8로 상원위원회의 승인을 받은 합참의장의 의견을 당연히 지지했습니다. 6명의 공화당 의원이 대다수와 함께 투표했고 2명의 민주당 의원이 극단주의 공화당 의원들과 합류했습니다.

2명의 '소수파' 민주당 의원 중 하나인 풀브라이트 상원의원은 브래들리 장군의 입장에 찬성했지만 투표 후에 그는 야당이 조사가 '정치적 색조'를 띠었다거나 지난 수요일 놀랜드 씨가 말한 것처럼 행정부가 '스스로에게 철의 장막을 치려고' 애쓴다고 주장하는데 이 사건을 이용하기를 바라지 않았다고 자신의 결정에 대해 설명했습니다.

그리고 우리 부서에 알려드린 것처럼 트루먼 대통령은 어제 기자회견에서 특히 '1년 전부터' 맥아더 장군을 교체할 생각을 해왔으며 마틴 의원[6]에게 보낸 편지 때문이 아니라 맥아더가 중공 총사령관에게 3월 24일 했던 제안 때문에 해임을 결정하게 되었다고 설명하며 브래들리 장군이 밝히기를 거부했던 세부 사항 중 몇 가지를 직접 밝힌 것은 주목할 만합니다.

위원단의 업무는 브래들리 장군이 증언을 계속하게 될 5월 21일 재개될 것입니다. 그 후 세 명의 참모장들과 애치슨 국무장관의 증언이 뒤따라 있을 것입니다.

보네

---

[6] 맥아더 장군이 1951년 3월 20일 공화당 원내 총무 조 마틴에게 보낸 답장을 4월 5일 조 마틴이 공개하면서 맥아더 해임을 부채질하게 됨. 편지에서 맥아더는 트루먼 행정부의 한국전 정책을 비판하면서, 장제스 군대가 유엔군과 함께 공산군과 싸워야 한다는 조 마틴의 의견에 동의한다고 함. 이후 4월 10일 트루먼 대통령이 맥아더를 해임함.

【338】 적대행위의 중단 권고 결의에 대한 소련의 태도(1951.5.19)

[전 보]	적대행위의 중단 권고 결의에 대한 소련의 태도
[문 서 번 호]	1149-1152
[발 신 일]	1951년 5월 19일 11시 00분
[수 신 일]	1951년 5월 19일 15시 45분
[발신지 및 발신자]	모스크바/브리옹발(주소련 프랑스대사관 참사관)

모든 신문은 오늘 아침 날마다 한국 상황을 전하는 난의 주요 면을 할애하여 38선을 경계선으로 6월 25일 적대행위의 중단을 권고하는 존슨[1] 상원의원의 결의문 전문을 실었습니다.

비록 이 전문에 어떤 논평도 달지 않았지만 그것이 공개되었다는 사실 자체, 그리고 특히 그것에 부여된 중요성은 놀라운 것입니다. 왜냐하면 모두가 알고 있듯 크렘린(스탈린 원수 자체)가 '미국을 한국에서 몰아내고자'하며, 어떤 경우에도 적대행위의 중단 가능성에 한반도에서의 외국군 철수를 조건으로 내세우는 평양 정부의 확고한 태도를 끊임없이 지지한 터이기 때문입니다. 물론 이 구상이 무엇보다 미국에서 평화주의자들의 활동을 강조할 기회만 노리는 정치 선전으로 사용할 목적을 가지고 있을 가능성이 있습니다.

그러나 여기서 소련의 입장 변화 신호로 보아야 하고, 일본에서의 4자회담 제안을 점검하면서, 극동에서 모든 타협을 거부하든지 또는 어떤 식으로든 중공이 받아들여지게 될 전체적 논의에 이를 수밖에 없는 타협의 원칙을 수용하든지 워싱턴 정부가 신속하게 결정하도록 하기 위한 제2의 여론조사로 간주해야 할 것입니다.

---

[1] 린든 존슨(Lyndon B. Johnson, 1908-1973). 미 상원의원(1949-1961), 제36대 미국 대통령(1963-1969).

이 타협은 아마 순전한 소련의 이익에는 부합하지 않지만 현재 모스크바에서는 중공의 '체면을 지킬 수 있는' 최선의 방법으로, 그리고 소련 정부가 그의 동맹국에 언젠가는 제공해야 할 군사적 원조 의무(본인의 우편전달 전보 제1145호)를 벗어날 수 있는 유일한 방법으로 여겨지고 있습니다.

브리옹발

【339】 리지웨이 총사령관과의 회담(1951.5.21)

[전   보]   리지웨이 총사령관과의 회담
[문 서 번 호]   1160-1171
[발   신   일]   1951년 5월 21일 00시
[수   신   일]   1951년 5월 21일 17시 30분
[발신지 및 발신자]   도쿄/드장(주일 프랑스대사)

보안

워싱턴 공문 제520-531호, 유엔 공문 제429-440호
국방부에 전달 요망

리지웨이 장군과의 회담에서 저는 한국문제에 대한 프랑스 정부 입장의 원칙과 우려에 대해 간략히 설명하게 되었습니다. 우리의 정책은 여전히 단호하게 분쟁을 제한하려는 쪽으로 향해 나아가고 명예로운 협상을 지향하지만 동시에 모든 침략을 부추기는 처사는 거부한다고 말했습니다.

리지웨이 사령관은 자신도 자국 정부의 정책을 그 이상 더 잘 정의할 수 없다고 말했습니다.

그런데 다른 미국 인사들과의 의사 교환과 회담에서 저는 약간의 뉘앙스가 남아있다는 인상을 받았습니다.

1. 미국인들이 현재 한국에서 추구하는 목표가 적에게 손실을 입히고 약화 또는 낙담시켜 타협에 이르게 하는 것이라고 선언할 때 그들은 부분적으로만 신중할 뿐 완전히 확신하지는 않습니다.

사실 이 방법이 결정적인 효과를 가져 올수 있을지는 의문입니다. 중공군은

분명히 매우 큰 소실을 입었습니다. 그러나 가장 고전한 사단들은 새로운 부대로 교체되었습니다. 상당한 증원군이 투입되었습니다. 리지웨이 장군이 총사령관 자리에 오른 후 모든 중공군 부대(제6군 제외)가 교체되었습니다. 현재 한국에는 과거보다 훨씬 많은 수의 중공 병력이 있습니다. 참모부에 따르면 그들은 543,000명에 이르고 북한군 200,000명까지 합치면 740,000명에 달하고, 압록강 북쪽에 주둔하고 있어 즉시 보강될 수 있는 중국 정규군 370,000명을 보유하고 있습니다. 징병과 훈련은 대규모로 계속 이루어집니다. 4월 22일 개시되어 5월 17일 재개된 공세 중 파상공격은 전혀 없었습니다.

적의 장비 손실은 쉽게 교체될 수 있습니다. 중공군의 주요 무기이자 병력인 보병은 매우 경미한 장비를 갖추고 있으며, 이들이 갖춘 용품은 소련에 의해 풍부하게 제공될 수 없습니다. 군인들 중 적어도 3분의 1 이상은 몇 개의 수류탄만 지니고 있을 뿐입니다.

현재 마오쩌둥 군의 손해율을 볼 때 인명과 장비 손실은 메울 수 있는 것으로 간주됩니다. 군사적 관점으로만 보면 현재 상황 하에서 전쟁은 무한정 지속될 수 있습니다. 반면 중공 정부는 타협을 희망한다는 최소한의 신호도 보이지 않았습니다.

모든 징후는 오히려 반대입니다. 이 상황은 아마도 모스크바가 행사한 영향력 때문입니다. 그런데 모든 상황이 적어도 당분간은 이러합니다.

2. 중국을 파괴하는 것이 주어진 목표라면, 근본적 목표는 사실 시간을 버는 것입니다.

먼저 주어지는 명예로운 해결의 어떤 기회도 소홀히 하지 않기 위해, 그리고 서유럽의 방어태세를 유지하고 미국의 비약적인 재무장을 가능하도록 하기 위하여, 또한 몇몇 동맹국의 의견과 감정을 배려하고 미국 정책과 그들의 정책을 조화시키는데 필요한 시간을 주기 위해 시간이 필요한 것입니다.

시간이 지남에 따라 우리는 자유세계가 힘과 결속력을 얻길 희망할 수 있습니다. 어느 날 소련과 전체적 해결에 이를 수 있는 가능성은 높아질 것입니다. 만약 이러한 타협이 불가능하다고 드러나면 동맹국들은 자국민들의 눈에도 세계 여론 앞에서도 책임감 없는 것으로 비춰질 것입니다.

3. 미국 정책이 전쟁을 불가피하게 보지 않는다고 하더라고 평화를 수호할 수 있는 가능성은 불확실해보이며, 세계 다른 지역에서와 마찬가지로 극동에서 세계 분쟁 가능성에 대비해야 할 필요성이 지배적입니다.

미국 측에서는 한반도 문제의 국지적 해결을 믿지 않습니다. 특히 리지웨이 장군은 현재 투쟁이 미군과 동맹군을 중국군과 싸우게 만들뿐만 아니라 자유세계와 소련의 지배를 받는 세계 사이에서 미국과 소련간의 대결을 구성한다는 사실을 명백히 인식하고 있습니다. 그런데 소련의 확장 계획에서 한국은 가장 중요한 위치를 차지합니다. 소련은 강압적인 방법에 의해서만 한국을 자기 영향권에 통합시키려는 일을 포기할 것입니다. 독일과 오스트리아 그리고 인도차이나에서처럼 한국에서도 같은 문제에 직면하게 되는데 바로 모스크바와 서방 세력 간의 관계 문제입니다. 러시아는 언젠가 전쟁을 원하는지 평화를 원하는지, 모든 타협안을 거부하는지, 현재 보류 중인 가장 심각한 문제가 해결될 수 있는 범위 내에서 일반적이고 공정한 협상에 참여하기를 원하는지 말을 해야 할 것입니다.

그러나 미국 측에서 이러한 합의는 이성적으로 도달하기를 희망할 수 있는 구체적인 목표라기보다는 이론적 가능성처럼 여겨집니다.

리지웨이 장군은 소련과의 결정적 해명의 시간이 아직 오지 않았다는 것을 잘 알고 있습니다.

그가 가장 중요하게 생각하는 것은 무엇보다 한국전쟁을 지연작전으로 이끌어야 한다는 것입니다. 만약 가능성이 제시된다면, 완전한 해결책을 제시하지 않더라도 적은 비용으로 시간을 벌 수 있는 휴전 또는 명예로운 타협에 그는 당연히 반대하지 않을 것입니다.

4. 장군은 동맹국의 방위 계획 전반에 걸쳐 자신에게 부여된 역할을 완벽히 이해하는 에너지가 넘치고 개방적이며 차분하고 사려 깊은 사람이라는 인상을 제게 남겼습니다. 이 새로운 사령관에게는 연극적인 제스처 또는 위험한 독자

적 행위를 우려할 이유가 없습니다.

그러나 저는 그의 마음에 그리고 그의 상사들의 마음에서도 당연히, 분쟁이 발생할 경우 승리를 보장하는 것에 대한 관심이 평화를 유지하려는 희망보다 더 큰 자리를 차지하고 있다는 인상을 받았습니다.

이것이 프랑스와 미국 입장 사이에서 인지했다고 생각된 주요 뉘앙스 차이입니다.

리지웨이 장군은 만주 폭격이 중국을 항복하게 할 수 있다고 생각하지 않습니다. 이제부터 연합공군은 적의 병참선 500km 거리에서 마음대로 폭격할 수 있습니다. 적을 대대적으로 방해하면서도 연합공군은 병력과 물자의 이동을 막지 못하고 있으며 중공-북한군은 여전히 강력한 집결을 이행하고 있습니다. 유엔군이 만주 공중작전을 확대하면 적의 어려움을 악화시킬 것입니다. 그러나 반드시 결정적인 결과를 가져오지는 않을 것이며 또한 일본이나 오키나와에 주둔 중인 폭격기들은 상당한 보강이 필요할 것입니다.

또한 장군은 공중작전의 확대가 소련의 개입을 부추길 것으로 확신합니다. 어쨌든 그가 생각하기에 절대적 필요성 없이는 대치할 수 없을 정도로 위험은 너무나 큽니다.

드장

【340】 한국 전선의 상황(1951.5.23)

[전   보] 한국 전선의 상황
[문 서 번 호] 3887-3891
[발   신   일] 1951년 5월 23일 03시 18분
[수   신   일] 1951년 5월 23일 10시 30분
[발신지 및 발신자] 워싱턴/보네(주미 프랑스대사)

뉴욕 공문 제863-867호

오는 대표단장회의에서 국방부 당국자들은 최근 4일 동안 적의 압력이 전반적으로 감소했고 특히 전선 동쪽에서 많이 줄었다고 발표했습니다. 20일 제1군단 구역에서, 그리고 21일 제9군단 구역에서 개시된, 제10군단과 한국군에 가해지는 압력을 줄이려는 목표를 가졌던 서쪽 유엔군의 반격은 지금까지는 성공한 것으로 보입니다.

공산군 공세의 안정화는 적에게 상당한 손실을 입힌 대포와 항공기의 대대적 사용으로 이루어졌습니다. 5월 17일부터 20일까지 공산군은 실제로 69,000명의 인명 손실을 입었다고 합니다. 5월 20일 하루 동안에 공산군은 35,000명이 사망하고, 14,000명이 부상을 입었으며 약 200명이 포로로 잡히는 손실을 입었습니다.

위에서 언급한 기간 동안 거의 해체되어 있고 피해를 아직 평가할 수 없는 한국군 제3사단과 제9사단은 제외하고, 유엔군은 총 약 1,000명의 병사만 잃었으므로 두 진영 간의 불균형은 매우 현저합니다.

지금까지 공산군은 전선에서 "기갑부대"도 공군도 사용하지 않았습니다. 그러나 지난 토요일 28대의 F-80 전투기가 신의주 지역에서 17대의 MIG기를 상대했는데 이 전투로 인해 3대의 MIG기가 격추되고 1대는 아마도 격추를 당한 것으로 보이고 5대는 훼손되었습니다. 3대의 F-86기가 격추되고 그중 일부는 기지

에 착륙하면서 격파되었습니다.

미 참모부는 여전히 중공군이 동쪽 침투를 이용하거나 한반도 중심부에 공격을 가함으로써 새로운 공세를 벌일 수 있다고 보고 있습니다.

과거처럼 포기한 것은 한국 군대들입니다. 이번에는 5사단과 좀 낮은 수위로 7사단이 포기한 것입니다. 그 결과 동쪽에 한국군이 장악하고 있는 지역들과 제10군단 구역을 연결하는 도로가 절단되어 인명과 장비에 큰 손실을 입은 한국군 제9사단과 제3사단이 고립되었습니다.

단절된 한국군 제9사단과 제3사단을 대신하기 위해 미 제3사단의 3개 연대 중 2개 연대가 신속히 동쪽으로 이동했습니다.

그럼에도 불구하고 한국군 제7사단은 미 제3사단 제3연대의 지원으로 전선에 남아있을 수 있었습니다.

한반도 중심에는 미 제2사단이 특히 격렬한 중국의 공격을 계속 막아내고 있습니다. 프랑스와 네덜란드 대대는 현재 제187공정연대가 예비 병력으로 대기하고 있는 특별한 목표 구역 전선에 투입되었습니다.

보네

【341】 러스크 국무차관보의 태도(1951.5.23)

[전 보]	러스크 국무차관보의 태도
[문 서 번 호]	3892-3896
[발 신 일]	1951년 5월 23일 15시 20분
[수 신 일]	1951년 5월 23일 12시 40분
[발신지 및 발신자]	워싱턴/보네(주미 프랑스대사)

오늘 오후 대표단장회의가 끝나고 러스크 국무차관보는 금요일 뉴욕에서 발표한 자신의 성명에 대하여 몇 가지 설명을 덧붙였습니다.

중공과 한국 분쟁의 해결 가능성에 대한 미 당국의 입장은 실질적으로 변하지 않았다고 차관보는 말했습니다. 그는 금요일 자기 연설의 구상은 지난 5월 4일 맥마흔 상원의원의 주도로 의회에서 의결된 모든 국민들(소련 국민 포함)에 대한 '우정'의 결의안을 촉발시킨 것과 같은 것이었다고 했습니다. 그가 원했던 것은 중국 국민의 열망과 전통적 제도에 대한 미국의 신뢰를 재확인하는 메시지를 던지는 것이었습니다.

미 정부는 여전히 한국에서 휴전에 이를 수 있도록 베이징 정부와 대화할 준비가 되어있다고 러스크 씨는 말했습니다.

저는 러스크 국무차관보에게 어떤 기반 위에 그런 협정이 현재 이루어질 수 있으며 특히 한국의 분단으로 돌아간 상태를 기초로 한 해결이 가능하다고 보는지 물었습니다. 러스크 씨는 베이징의 침묵이 이에 관한 모든 평가를 어렵게 만들지만 현 상황에서 말할 수 있는 것은 모든 것이 마치 중공정부가 '38선의 포기' 즉, 유엔군의 완전한 한국 철수 위에서만 교섭하려는 것처럼 모든 것이 진행되고 있다고 덧붙였습니다. 중국이 태도를 바꾼다면 그때는 특히 그가 이 기구 내에서 계속 토론의 대상이 되고 있다는 사실을 모르지 않는 베이징 체제의 유엔 가입 같은 다른 문제들이 발생할 것이라고 그는 말했습니다.

그러나 곧이어 간단한 사적 대화에서 러스크 차관보는 사실 미국 여론의 상태를 볼 때 적어도 당분간은 중공의 유엔 가입은 불가능할 것이라고 말했습니다. 결과적으로 그는 평화 협상이 한국의 지리적 범위 내로 제한되고, 38선 북쪽에 완충지대를 유지하는 것을 목표로 한다는 것을 인정하는 것처럼 보였습니다.

물론 이것도 중국이 소모전 연장을 포기하고 만주 지방 보호를 보장하는데 만족할 경우에 가능합니다.

보네

【342】 유엔군의 반격(1951.5.25)

[전 보]	유엔군의 반격
[문 서 번 호]	3985-3990
[발 신 일]	1951년 5월 25일 21시 50분
[수 신 일]	1951년 5월 26일 06시 55분
[발신지 및 발신자]	워싱턴/보네(주미 프랑스대사)

보안

2급 비밀

뉴욕 공문 제878호(우편 전달)

국방부가 오늘 제공한 정보에 따르면 이번 주 초에 한반도 서쪽에서 미 제8군이 개시한 반격은 지금 전선의 모든 구역에서 성공적으로 계속되고 있습니다.

적은 이 공세에 놀랐고 4월 22일 그들이 차지했던 전선 밖에서는 사실상 효과적인 저항을 할 수 없다고 여기서는 보고 있습니다. 이에 관해 러스크 차관보는 대표단장회의에서 유엔군 공격의 목적은 임진강 입구에서부터 한반도를 가로질러 화천 저수지에 이르는 선을 손에 넣는 것이라고 기밀로 밝혔습니다. 그러므로 어제 언론에 인용된 밴 플리트[1] 장군의 발표가 추정할 수 있게 하는 것처럼 적에 대한 무제한 추적이 아니라고 차관보는 분명히 하고자했습니다. 미제24사단은 신속한 진군 후에 북한강을 이미 건넜으며 이 부대의 '기동부대[2]'는 현재 이 지역에서 이제 적이 빠져나갈 수 있는 유일한 통로인 춘천과 영천 간의

---

[1] 밴 플리트(James Award Van Fleet, 1892-1992). 한국전쟁 당시 리지웨이 장군을 이은 미군 제8군 사령관 및 유엔군 사령관(1951-1953).

[2] Task force.

도로를 막으려고 애쓰고 있습니다.

남한군 제6사단 역시 북한강을 건넜으며 미 제7사단은 현재 춘천에 있습니다. 제10군단 구역에서 해병대는 진격했으며 지금까지 그들이 마주친 저항은 미미한 수준에 그칩니다.

매우 광범위한 전선에서 극도로 힘든 전투에 투입된 미 제2사단의 경우는 다릅니다.

이 부대를 돕는 제187 연대전투단이 어제 소양강에 도착하여 오늘 아침 인제에 들어갔다고 합니다.

동부 지역에서는 미군과 남한군이 똑같이 진군하고 있습니다. 유엔군 배치에 있어 다음과 같은 변경사항이 발생했습니다. 남한군 제3군단은 해산되어 남한군 제1군단에 귀속되었고, 남한군 제9사단은 이제 미 10군단에, 남한군 제3사단은 남한군 제1군단에 속하게 되었습니다.

영국군 제29여단은 제1기갑사단과 함께 전투를 벌이는 터키 부대와 교체할 준비를 하고 있습니다.

미 국방부의 통계에 따르면 작년 6월 25일부터 올해 5월 16일까지 적의 손실은 다음과 같습니다.

> 1. 북한: 전투 중 사상자: 336,663명
>   전투 외 사상자: 80,561명
>   포로: 144,922명
> 2. 중국: 전투 중 사상자: 311,625명
>   전투 외 사상자: 58,319명
>   포로: 3,964명

5월 16일까지 총인원이 935,000명 이상이며 지금은 분명 백만 명이 넘습니다. 현재 한국에는 21개 군의 중공군과 24개 사단의 북한군이 8개 군단, 총 93개의 사단으로 나뉘어 구성되어 있습니다.

보네

【343】 콜린스 장군의 증언(1951.5.25)

[전   보]   콜린스 장군의 증언
[문 서 번 호]   3996-3999
[발   신   일]   1951년 5월 25일 22시
[수   신   일]   1951년 5월 26일 07시 05분
[발신지 및 발신자]   워싱턴/보네(주미 프랑스대사)

뉴욕 공문(외교행낭) 제879-882호

콜린스 장군[1]의 증언 첫날 맥아더 장군 해임에 관한 상원위원회의 조사는 전 극동총사령관이 지난 가을 한국에서 군사작전을 지휘한 방식에 대한 비판적인 방향으로 진행되었습니다. 이에 관해 콜린스 장군은 다음과 같이 공개했습니다.

1. 합동참모부는 9월 27일자 지침서를 통해 맥아더 장군에게 소련 국경이나 만주 국경을 접한 곳에 위치한 북동부 지방에서는 비(非)한국군을 사용해서는 안 된다고 지시했다.
2. 맥아더 장군은 10월 24일 자신의 부하들에게 이전에 내려졌던 북한 북부 지역에서의 비(非)한국군 사용 제한조치를 해제한다고 통보했다.
3. 같은 날, 합동참모부는 맥아더 장군에게 그가 부하들에게 내린 명령은 9월 27일 지침서와 일치하지 않는다고 통보했다.
4. 맥아더 장군은 같은 날 자신의 명령은 '군사적 필요'에 따른 것이고, 자신의 행동과 9월 27일 지침 사이에 어떤 충돌도 없다고 응답했다.

---

[1] 죠셉 '라이트닝 조' 로턴 콜린스(Joseph 'Lightning Joe' Lawton Collins, 1896-1987). 미 육군 참모총장(1949-1953).

10월 26일 기자회견에서 트루먼 대통령이 만주에 인접한 북한 '국경 지역'이 유엔군이 아니라 한국군에 의해 점령될 것이라고 단언(같은 날 저의 공문으로 각하께 알려드린 바와 같이)한 것이 눈길을 끕니다.

한편 코네티컷 주 대표인 맥마흔 상원의원에 질문에 콜린스 장군은 맥아더 장군이 압록강 경계선으로부터 5마일 남쪽에서 멈추라고 지시한 합동참모본부의 '지침'을 거부했다고 인정했습니다.

마지막으로 콜린스 장군은 합동참모본부가 곧 리지웨이 장군에게 새로운 지침을 보낼 것이라고 밝혔습니다. 이 미래의 지침서에 대한 콜린스 장군의 모든 설명은 검열을 통해 삭제되었습니다.

콜린스 장군의 증언은 내일 아침에 재개될 것입니다.

보네

【344】 유엔 사무총장의 한국문제에 대한 입장(1951.5.26)

[전 보]	유엔 사무총장의 한국문제에 대한 입장
[문 서 번 호]	2467-2474
[발 신 일]	1951년 5월 26일 09시 00분
[수 신 일]	1951년 5월 26일 14시 15분
[발신지 및 발신자]	뉴욕/라코스트(주유엔 프랑스대표대리)

2급 비밀

보안

워싱턴 공문 제1452-1459호

5월 24일 어제 트리그브 리[1] 사무총장과의 회담에서 제가 행정적인 질문을
모두 끝내자 그는 스스로 한국문제에 대한 얘기를 꺼냈습니다. 그는 자신이 이
에 대해 끊임없이 생각하고 있으며 현재 가장 중요한 문제라고 말했습니다. 그
는 일주일 전에 미 대표 그로스 씨와 로스 [2]씨의 수행으로 워싱턴에서 자신을
만나러 온 미 근동담당 국무차관보 맥기[3] 씨와 미 유엔담당 국무차관보 히커
슨[4] 씨를 상대로 5시간 동안 대화를 나누었습니다. 그러나 그는 그 전날 만났던
영국 대표 글래드윈 젭 경에게 얘기했던 것보다 그리고 저에게 얘기할 것보다
많은 말을 하지는 않았다고 합니다.

---

[1] 트리그브 리(Trygve Halvdan Lie, 1896-1968). 노르웨이 출신의 유엔 초대 사무총장.

[2] Ross.

[3] 조지 맥기(George C. McGhee, 1912-2005). 미 근동담당 국무차관보(1949-1951).

[4] 존 히커슨(John Hickerson, 1989-1989). 미 국무부 유엔담당 차관보(1949-1953). 이후 핀란드와
필리핀 주재 대사 역임.

사무총장은 한국전쟁이 매우 빨리 종결될 수 있다고 봅니다. 며칠 전부터 계속 퍼지고 있는 평화에 대한 근거 없는 소문 때문에 그렇게 얘기하는 것이 아니라, 상황이 무르익었기 때문이라는 것입니다. 모든 이들이 지쳤기 때문에 때가 되었다는 의미입니다. 미국인들은 수많은 인명피해와 비용이 들고 결국 아무것도 없는 한국전쟁에 진력이 난 상태입니다.

러시아도 이 전쟁에 지쳤습니다. 왜냐하면 이제 기대할 수 있는 모든 효과를 다 초래했고, 결국에는 중국과의 관계도 손상시켰으며, 이제 여하튼 그들이 처음에 기대했던 위대한 결과, 즉 북한 손에 의한 유엔의 완전한 패배는 더 이상 발생할 수 없다는 것을 알기 때문입니다. 마지막으로 중국은 러시아에 대한 원망으로 가득 차있을 것이 분명합니다. 대지공격기와 포병을 최상으로 갖춘 유엔군의 공격에 맞서기에는 중국 사령부에 비참할 정도로 부족한 양의 몇 가지 물자로 형편없는 원조를 제공한 것을 빼고는 러시아가 중공 보병대를 위해 아무것도 하지 않고 죽음의 전장으로 가도록 내버려 두었기 때문입니다. 트리그브 리 사무총장은 중공군에게 있어서는 너무도 치명적인 최근 공세를 위해 베이징 정부는 필사적인 노력을 기울였으나 소련정부를 그 무기력함에서 나오도록 결심하게 할 수는 없는 헛된 노력일 뿐이라고 생각합니다.

따라서 지금이 드물게 유리한 시점이므로, 이 기회를 이용하여 원하는 분위기를 조성하고, 미국의 자존심을 지켜주고, 중국의 체면을 살리며, 서로에 대한 제재를 자제하고, 어쨌든 협상을 시작하도록 도와야 한다는 것입니다. 리 사무총장은 지금까지 성공하지 못했던 것처럼 중국이 시작하는 것이 아니라 미국이 시작하는 것이 적절한 방법이라고 여깁니다. 그는 미 국무부가 과거 실수에 스스로 사로잡혀 있으며 동시에 유엔군처럼 반대세력에 대한 두려움으로 마비되어 있다고 했습니다.

이 계획은 먼저 현 총회가 그 임무를 마무리하도록 설득하는 것이었습니다. 어떠한 예외적인 국제 위기에도 대응하기 위해 언제든 총회를 소집해야 할 경우 항상 시간을 할애해야 하기 때문입니다. 그러나 중국이 보기에 총회는 직접 창설한 중재위원회나 마찬가지로 신뢰를 잃었기 때문에 사라지는 것이 중요합니다. 이제 베이징 정부가 총회 의장인 엔테잠 씨와도 그리고 중재위원회의 구성원인 파디야 네르보5) 씨나 그라프스트룀6)씨와도 접촉하지 않기를 바람으로 써 그것은 증명되었다는 것입니다. 그들은 아무 것도 할 수 없을 것이고 그렇게 때문에 무익한 것보다 더 해로운 것입니다.

그들의 존재는 평화협상의 시작에 걸림돌이 될 뿐이었습니다. 엔테잠 총회 의장은 미국 정부가 "잘 보시다시피 총회와 중재위원회 의장이 했던 모든 시도를 다 거부했으므로 중국과는 아무것도 할 수가 없다"라고 중공 정부의 악의를 비난하도록 빌미를 줄 뿐이었습니다. 이런 상황이 지속되는 한 미국과 중국이 협상에 동의할 수 있는 희망은 없었습니다. 이 장벽이 무너져야 했고 영국과 프랑스 정부는 미국 정부가 총회의 휴회에 동의하고 이 휴회 전에 현재 진행 중인 회기의 마지막 회의에 참석하도록 설득해야 했습니다. 이 회의에서 중재위원회 위원들은 일종의 부실 보고서를 제출하게 될 것입니다. 엔테잠 총회 의장은 위원회의 임무가 그것을 포함하지 않기 때문에, 그리고 실패 결산보고서의 제출은 중국과의 협상에 대한 모든 희망을 공개적으로 포기하는 것에 해당하기 때문에 그 보고서를 제출할 필요는 없다는 생각이라고 말했습니다.

그러나 오히려 그것은 협상을 위한 구실이 될 것입니다. 왜냐하면 총회는 마침내 폐기된 이 7개국위원회 활동 결과에 대한 헛된 기대를 접고, 마지막 활동으로 10월 7일 결의문에 의해 설립되었던 해당 위원회가 한국 분쟁을 종결하기 위해 그 동안 찾아낸 가능성에 대해 보고하도록 다음 회의에 청할 수 있을 것이기 때문입니다.

리 사무총장은 다른 약속이 있어 그의 설명에서 분명 가장 중요한 이 점에 대해서는 더 이상 전개하지 않았습니다. 그는 제게 그것을 설명하기 위해 다음 주초에 다시 만나러 오라고 부탁했습니다. 그런데 전체적인 방향은 이제 원한다면 새로운 기구를 눈앞에 두고 있는 베이징 정부가, 중재위원회에게 퍼부었던 각하사유로 대응하지는 않을 것이므로 이 기구와 관계를 맺는데 좀 더 편안하게 될 것으로 보입니다.

5) 루이스 파디야 네르보(Luis Padilla Nervo, 1894-1985). 주유엔 멕시코대사(1945-1952). 제6차(1951) 유엔총회 의장.
6) 스벤 그라프스트룀(Sven Grafström, 1902-1955). 유엔 주재 스웨덴대표(1948-1952).

그러나 사무총장은 프랑스와 영국이 자신의 계획 실행에서 제외되면 평화의 실현 가능성이 크게 늘어나는 것이 이점 중의 하나라고 제게 설명했습니다. 그러면 미국 정부는 새로운 강제조치에 동의하라고 설득하기 위해 더 이상 두 나라에 압력을 가하지 않을 것입니다. 곧 전면 금수조치, 정치적 조치, 군사적 조치들이 프랑스와 영국을 난처하게 만들고 중화인민공화국과의 평화의 기회는 점점 멀어질 것이라는 것입니다.

라코스트

【345】 유엔 사무총장의 변화(1951.5.26)

[전　　　　보]	유엔 사무총장의 변화
[문 서 번 호]	2476-2478
[발 　신 　일]	1951년 5월 26일 08시 30분
[수 　신 　일]	1951년 5월 26일 13시 30분
[발신지 및 발신자]	뉴욕/라코스트(주유엔 프랑스대표대리)

엄중 보안

워싱턴 공문 제1461-1463호
본인의 전보 제2467-2470호 참조

　저는 리 사무총장과의 회담 후 제가 받은 인상을 영국 대표 글래드윈 젭 경과 비교해 보고자 했습니다. 그러나 전날 켄터키로 떠나 며칠 후에나 돌아오는 그는 사무총장과 자신의 대화에 대한 정치적 측면에 대해 주요 측근에게 아무런 말도 하지 않은 것 같았습니다. 사무총장은 글래드윈 젭 경이 자신의 계획을 매우 높이 평가했으며 그날 저녁으로 런던에 보고했을 것이라고 말했습니다. 제가 글래드윈 젭 경과 얘기하기 전에 영국 외무부에 기대를 걸지 않는 것이 좋을 것입니다.

　어쨌든, 확실한 소식통의 정보에 의하면, 리 사무총장은 어제 오후에 열린 업무회의에서 사무총장 보좌관들에게 제게 밝혔던 것보다는 자세한 세부사항에 들어가지 않고 자신의 계획에 대한 개요를 밝혔다고 합니다. 즉 베이징과 있을 수 있는 협상에 도움이 되는 분위기를 조성하기 위해 가능한 빨리 의회의 휴회를 주도하기, 추가조치위원회의 활동도 동시에 중단하기 등입니다. 그는 보좌관들에게 만약 상황에 따라 필요하거나 정당화한다면 적대행위의 즉각적 중단에 유리한 심리적 분위기를 조성하기 위해 자신이 한국으로 갈 준비도 되어 있다고까지 밝혔습니다. 이것은 저와의 대화에서는 언급하지 않았던 사항입니다.

진첸코[1] 씨는 "그것이 한반도 문제의 해결을 목표로 할 것이므로" 이 계획에 대해 명백하게 찬성을 표명했다고 합니다. 이것은 당연히 논란을 불러일으키게 됩니다.

이러한 트리그브 리 사무총장의 시도는 밝혀진 동기 외에 그를 행동으로 유도하는 특별한 이유가 무엇인지를 알아내기는 힘듭니다. 개인적으로 훌륭한 역할을 하고자 하는 열망을 지닌 그의 성격이 조직 내에서 약간 거추장스럽다고 느끼는 엔테잠 의장의 입장에서는 약간 성가시기도 합니다. 어떤 이들은 현재 그의 태도에서 이제 자신의 임기 연장에 대한 감사의 빚을 충분히 갚았다고 생각하는바 미국 정부로부터 해방되고 싶은 어떤 열망을 인지합니다. 그리고 그가 워싱턴에 대한 사의를 표하기 위해 거리를 두어야 했던 기간이 지난 후 기관의 중심에서 자신의 균형을 회복하고자 하는 일종의 관심인 것 같기도 합니다. 어쨌든 그 변화는 주변의 여러 사람들에게 큰 충격을 줄 만큼 충분히 감지됩니다.

라코스트

---

[1] 콘스탄틴 진첸코(Constantin E. Zinchenko). 소련 출신의 유엔정치안보위원회 사무차장(1949-1953).

【346】 반덴버그 장군의 증언(1951.5.28)

[전   보] 반덴버그 장군의 증언
[문 서 번 호] 4062-4064
[발   신   일] 1951년 5월 28일 10시 30분
[수   신   일] 1951년 5월 29일 09시
[발신지 및 발신자] 워싱턴/보네(주미 프랑스대사)

뉴욕 공문 제887-889호

　예상했던 대로 반덴버그[1] 장군은 상원조사위원회 증언 초반부터 맥아더 장군이 권고한 만주 기지 폭파에 반대한 이유를 질문 받았습니다.

　이전 증인들과 마찬가지로 장군은 러시아와의 전쟁 위험을 주요 이유로 꼽았습니다. 반덴버그 장군은 러시아가 주요 적으로 간주되어 미국이 자국의 노력을 분산시키거나 자원을 부수적 목표 추구에 낭비해서는 안 된다고 믿습니다. 그런데 미 공군은 현재 소련의 산업자원과 중공 기지를 동시에 파괴할 정도로 강력하지는 못하다고 강조했습니다. 대대적 공중 개입이 아마도 중국을 협상으로 이끌 수는 있지만 (그것도 절대적으로 확실하진 않지만) 미 공군의 손실로 인해 미국은 몇 년 동안 극도로 위험한 상황에 빠질 것이라는 것입니다. 그러나 반덴버그 장군은 공습에 대한 두려움이 유일하게 소련이 전쟁을 수행하지 못하게 제지하는 요소라고 확신하고 있습니다.

　반덴버그 장군의 증언 중에서는 다음 사항을 명시하게 되었습니다.

---

[1] 호이트 샌포드 반덴버그(Hoyt Sanford Vandenberg, 1899-1954). 미 공군참모총장(1948-1953).

1. 맥아더의 계획을 실행하려면 미국은 현재 보유하고 있는 것보다 약 두 배 강한 전략적 공군력을 갖추어야 한다.
2. 소련 전투기 MIG-15의 제트 엔진은 미국의 모든 제트기보다 월등하다.
3. 러시아에 대한 공습의 성공에 반드시 필요한 것은 아닐지라도 유럽과 북아프리카에 미 공군기지를 배치하는 것은 상당한 물자 절약을 이룰 수 있기 때문에 매우 바람직하다.

보네

【347】 유엔 사무총장의 구상(1951.5.30)

[전 보]	유엔 사무총장의 구상
[문 서 번 호]	1476-1481
[발 신 일]	1951년 5월 30일 16시 45분
[수 신 일]	1951년 5월 30일 22시 45분
[발신지 및 발신자]	뉴욕/라코스트(주유엔 프랑스대표대리)

2급 비밀
엄중 보안

본인의 전보 제2471호 끝에서 두 번째 문단 참조

  5월 29일 어제 저는 유엔 사무총장과 새로운 대화를 나누었습니다. 이 대화로 저는 지난번에 그가 너무 급하고 막연하게 설명하여 제가 그 진정한 의미를 오해했던 계획의 세 번째 요점을 이해할 수 있게 되었습니다. 트리그브 리 사무총장 자신도 총회 결의안들에 대해 혼란이 있어 자신의 보좌관 중 한사람을 불러 그가 5월 24일 대화 마지막 부분에서 암시했던 7개국위원회에 대한 정확한 조회 기준을 찾아야 했습니다.

  실제로 7개국 특별위원회는 중국의 대표권 문제를 검토하기 위해 총회 결의 제490호에 의해 9월 19일 설립된 것입니다. 트리그브 리 총장의 구상은 궁극적으로 총회가 중재위원회의 보고를 듣고 난 후 휴회하기 전 파리 제6회 정기총회 개회까지 가까운 시일 내에 이 위원회를 초청하여 그 보고서를 발표하도록 한다는 것입니다. 이 보고는 9월 19일 결의에 규정된 바와 같이 당일 회의가 아닌 차기 회의에서 이루어 질 수 있습니다.

  이렇게 하면 베이징 정부가 보기에 유엔의 평화 노력과 현 총회는 분명하게 완전히 분리된 것으로 비추어 질 것이라는 것입니다. 리 사무총장은 현재의 총회의장과 중재위원회는 (저의 상기 전보에서 제가 지적한 이유로) 평화의 명분에 한 발도 더 나아갈 수 없을 만큼 무기력하다고 봅니다.

또한, 장기적 차원이긴 하지만 베이징 정부가 그토록 관심을 갖는 유엔에서의 중국 대표권 문제를 다루는 실행의지를 나타내는 총회의 새 결의안은 그 자체로 유엔이 이 주제에 대해 개방된 견해를 가지로 있다는 단서가 될 수 있을 것입니다. 현 회기에서 총회의 이러한 궁극적인 시도가 리 사무총장이 강조하는 '예외적으로 자유로운' 이 위원회를 때마침 참여시킴으로써 중화인민공화국 정부에게 고무적인 의미를 부여할 수 있다고 생각합니다.

저는 리 사무총장에게 이 선의의 표시가 너무 미묘해서 베이징의 눈에 띄지 않을 것을 우려하지 않는지 물었습니다. 그는 그 가치만큼 평가하도록 하겠다고 대답했습니다. 저는 그럴 수단이 있는지 물었습니다. 그는 당연한듯 그렇다고 대답했습니다. 그리고 이 계획을 자신의 주요 보좌관들에게 소개했는데(본인의 전보 제2476호) 그의 정책 보좌관 진첸코 씨는 기탄없이 동의를 표했다고 덧붙였습니다.

저는 그의 계획이 전체적으로, 특히 마지막 사항은 미국 정부가 받아들이기 어려울 것이라고 지적했습니다. 그는 자신도 그렇게 생각하기 때문에 사전에 해가 될까봐 그것을 미 국무부 관계자들과 미 대표단에게 모든 것을 다 설명하지 않았고, 미국 정부가 그것을 받아들일 수 있도록 하는 가장 좋은 방법은 프랑스와 영국을 통해 제시하는 것이라고 생각한다고 대답했습니다. 바로 그 때문에 그는 영국 대표 글래드윈 젭 경과 저에게 자신의 모든 구상을 털어놓았고 우리 정부에게 알리고, 자신의 희망하는 대로 파리와 런던이 그것을 가능하다고 생각한다면 이 구상을 마치 두 정부의 것처럼 미국 정부에 제시해달라고 부탁한 것이었습니다.

라코스트

【348】 중공 춘계공세 이후 군사 상황 정리(1951.5.31)

[전 보]	중공 춘계공세 이후 군사 상황 정리
[문 서 번 호]	1227
[발 신 일]	1951년 5월 31일 03시
[수 신 일]	1951년 5월 31일 14시
[발신지 및 발신자]	도쿄/드장(주일 프랑스대사)

사이공 공문 제845호

한국 시찰에서 돌아온 리지웨이 장군은 4월 22일 시작되고 5월 16일 재개된 공산 측의 춘계 공세 실패 이후 군사 상황을 5월 30일 정리하였습니다.

그는 긴밀한 협조로 적에게 혹독한 패배를 안긴 모든 유엔군들에게 경의를 표했습니다.

그는 이전의 수개월 동안은 그 수가 3,000명이 넘지 않았던 반면 4월 22일 이후 1만 명에 달하게 된 중공 포로 숫자의 막대함을 강조했습니다. 그는 이것을 매우 심각한 손실, 미비한 식량보급 그리고 수많은 병사들이 자각하게 된 전투에 대한 허무함에서 오는 중국의 정신적 사기 저하의 징후로 보았습니다.

그는 또한 적군이 후퇴하면서 이전보다 훨씬 많은 양의 경기관총, 박격포, 대포 등 모든 종류의 장비를 대량 버리고 갔다고 지적했습니다.

공산당 지도자들이 그렇게 소란스레 발표했던 기갑부대와 공군 지원은 장담한 수준을 유지했습니다. 그러나 적은 상당한 공군력과 일정한 기동력을 제공할 수 있는 능력을 갖추고 있었습니다. 적이 대기하는 이유를 알아내기는 어렵습니다.

심각한 패배에도 불구하고 적은 부인할 수 없는 공격력을 유지하고 있었습니다. 전선 가까이 머문 5개 군대, 즉 15개 사단은 최근 공세에 투입되지 않았습니다. 이 군대들은 이전에 교전했던 군입니다. 그들의 인명과 장비 손실이 어느 정도에서 대체되었는지는 알려지지 않았습니다.

적군은 금촌-서울, 철원-서울의 양쪽 축을 통하거나, 또는 금화-과천-원주 축, 또는 양구 방향 화천 저수지 동쪽으로 2차 침투 선을 통해 공격을 재개해올 수 있습니다.

한편 제8군은 압도적으로 우월한 포화력을 보유하고 있고 최근 한국 도로망 및 철도망의 발전으로 상당히 좋아진 기동력을 증명했으며 자신감과 탁월한 기백으로 단련된 힘을 보여주었습니다.

공산주의 공모자들은 타인의 삶에 대한 완전한 무시와, 모든 타협을 불가능하게 만드는 무장침략을 계속하려는 확고부동한 그들의 결의를 그 어느 때보다도 확고하게 드러냈고 자유 국민들에게 선택의 여지를 남기지 않았습니다.

국방부에 전달 요망.

드장

ㄱ

가제트리테레르Gazette littéraire 345

간선도로 492

감독관 44

개성 171, 488

게릴라전 53

게오르기 주코프(Gueorgui Joukov) 588

경화기 487

고사포(défense contre aéronefs) 300

고성 150, 488

공격자 292, 306

공군 30, 34, 35, 38, 39, 40, 42, 44, 45,
48, 51, 52, 57, 58, 72, 73, 74, 81, 83,
84, 85, 92, 94, 95, 100, 108, 113, 121,
141, 149, 154, 156, 158, 163, 167, 172,
188, 198, 200, 204, 205, 206, 211, 212,
215, 216, 224, 233, 234, 244, 264, 265,
267, 268, 270, 272, 282, 283, 287, 298,
319, 322, 344, 361, 372, 381, 393, 401,
404, 425, 429, 430, 443, 444, 483, 492,
495, 508, 510, 529, 539, 540, 554, 555,
558, 561, 562, 576, 581, 593, 598, 611,
614, 615, 627, 631, 632, 637, 655, 656,
663, 664, 675, 677, 678, 685, 686, 698,
705, 719, 732, 733, 735, 736, 737, 741,
745, 750, 754

공문 29, 32, 36, 42, 44, 47, 50, 52, 54,
56, 58, 60, 68, 70, 72, 75, 76, 78, 80,
83, 94, 96, 97, 98, 100, 104, 106, 108,
110, 122, 124, 125, 127, 128, 129,
131, 133, 137, 139, 141, 145, 147,
149, 151, 152, 155, 157, 159, 161,
163, 165, 167, 169, 171, 172, 174,
177, 178, 185, 188, 189, 191, 196,
201, 206, 208, 214, 215, 217, 218,
219, 223, 229, 232, 235, 237, 240,

242, 244, 246, 252, 256, 257, 261,
263, 265, 270, 272, 275, 277, 282,
286, 290, 295, 297, 302, 303, 304,
307, 311, 313, 317, 319, 320, 322,
324, 330, 332, 334, 338, 339, 341,
342, 347, 349, 354, 357, 359, 360,
361, 367, 369, 372, 374, 381, 383,
385, 388, 393, 396, 398, 402, 403,
409, 410, 411, 422, 424, 426, 445,
446, 448, 450, 461, 463, 467, 470,
471, 477, 481, 483, 487, 492, 494,
497, 505, 508, 510, 514, 517, 522,
524, 526, 527, 529, 534, 537, 542,
549, 553, 570, 573, 575, 578, 581,
582, 584, 590, 591, 595, 597, 598,
599, 604, 606, 608, 611, 613, 615,
623, 624, 627, 628, 629, 631, 638,
640, 650, 652, 655, 658, 660, 662,
663, 668, 670, 672, 686, 687, 695,
697, 701, 704, 708, 716, 718, 725,
726, 727, 728, 732, 736, 740, 742,
743, 744, 748, 750, 754

공보과 452

공사참사관 191, 293, 479

공세 44, 85, 266, 275, 357, 362, 370,
378, 379, 414, 429, 432, 440, 443,
465, 483, 496, 510, 511, 557, 579,
581, 584, 585, 588, 590, 593, 607,
608, 611, 613, 615, 616, 627, 629,
631, 636, 637, 672, 689, 690, 695,
697, 698, 704, 705, 709, 717, 722,
733, 736, 737, 740, 745, 754

공수연대 85, 488

공습 625, 711, 724, 750, 751

교두보 83, 171, 194, 199

교란 640, 689

교란작전 698

교외 559

교전 38, 39, 42, 45, 52, 83, 95, 98, 137,
138, 142, 190, 199, 206, 265, 266,
300, 304, 311, 334, 335, 444, 492,
554, 614, 615, 627, 636, 755

구역 39, 46, 265, 266, 392, 394, 404,
443, 444, 487, 510, 581, 584, 585,
608, 615, 627, 628, 631, 637, 697,
704, 736, 737, 740, 741

국무부 31, 47, 49, 71, 76, 78, 102, 106,
108, 111, 113, 117, 120, 121, 135,
156, 180, 183, 184, 195, 242, 252,
264, 266, 268, 283, 287, 291, 293,
324, 326, 333, 340, 347, 354, 357,
359, 365, 370, 381, 384, 424, 426,
428, 429, 436, 445, 446, 449, 451,
470, 471, 473, 479, 483, 484, 501,
506, 508, 509, 512, 523, 524, 528,
532, 548, 565, 567, 572, 597, 606,
610, 623, 629, 639, 652, 653, 654,
662, 663, 664, 665, 666, 720, 721,
745, 753

국무장관(미) 30, 79, 342, 347, 370, 412,
436, 471, 501, 532, 533, 534, 535,
542, 543, 549, 550, 551, 552, 553,
623, 639, 653, 679, 721, 727, 729

국무차관 41, 195

국무차관보 49, 184, 198, 290, 348, 361, 373, 383, 384, 385, 450, 463, 481, 578, 604, 738, 744

국방부 32, 34, 38, 39, 50, 52, 53, 72, 74, 75, 83, 85, 97, 100, 101, 104, 128, 138, 142, 149, 154, 157, 167, 170, 171, 172, 174, 178, 185, 186, 189, 200, 201, 206, 209, 213, 215, 219, 221, 235, 237, 241, 246, 247, 250, 269, 271, 275, 290, 299, 301, 304, 318, 322, 323, 333, 334, 335, 338, 341, 354, 381, 390, 392, 393, 401, 423, 425, 430, 439, 443, 446, 468, 476, 477, 482, 487, 491, 511, 528, 554, 573, 575, 581, 584, 585, 587, 594, 608, 614, 615, 623, 627, 631, 632, 636, 656, 665, 677, 686, 697, 701, 704, 725, 726, 727, 732, 736, 740, 741, 755

국방장관 666, 689, 690, 723, 726, 727

국제군 399, 430

국제연맹 225, 671

국제적십자위원회 193, 231, 452, 453

국지전 74

군 사령부 83

군단 32, 35, 38, 43, 72, 73, 98, 100, 108, 142, 149, 154, 155, 156, 157, 170, 171, 174, 185, 189, 190, 199, 200, 201, 208, 215, 219, 220, 237, 238, 241, 246, 251, 266, 282, 290, 300, 311, 317, 341, 392, 394, 399, 425, 443, 444, 481, 487, 488, 492, 498, 540, 554, 581, 584, 585, 608, 614, 615, 636, 637, 698, 736, 737, 741

군부 38, 250, 313, 528

군사 작전 106

군사고문 587, 590, 624, 728

군사분계선 182, 350, 352, 527

군사행동 243, 296, 430, 527, 639, 696

극동 공군 259, 401

극동 사령부 105

글래드윈 젭(Gladwin Jebb) 70, 71, 76, 81, 102, 111, 120, 121, 129, 133, 147, 152, 242, 252, 253, 280, 347, 381, 522, 524, 525, 526, 633, 652, 653, 654, 744, 748, 753

글로스터 연대(Glosters Regiment) 614

기갑부대 266, 539, 541, 628

기갑사단 73, 266, 443, 608, 616, 741

기동부대 443, 481, 614, 636, 740

기병사단 53

김일성 516

김화 245

ㄴ

나스롤라 엔테잠(Nasrollah Entezam) 151, 662

남한군 32, 34, 38, 39, 42, 43, 73, 75, 83, 85, 108, 155, 158, 174, 189, 199, 200, 215, 218, 220, 235, 244, 246, 251, 301, 311, 322, 323, 399, 444, 487, 488, 616, 697, 741

노이에차이퉁Neue Zeitung 452

뉴욕타임스The New York Times 180, 452, 467, 468, 479, 575, 576, 577, 611, 612, 619, 623, 639, 658, 663, 676
뉴욕헤럴드트리뷴New York Herald-Tribune 409, 468, 619, 676

◤ㄷ

다니엘 레비(Daniel Lévi) 599, 601, 626, 713
다렌 721
다윈 224
대구 32, 35, 39, 72, 322, 353, 488, 517
대대 33, 35, 39, 42, 53, 74, 85, 86, 98, 105, 149, 154, 158, 174, 185, 189, 199, 200, 201, 206, 215, 219, 235, 241, 244, 267, 390, 392, 394, 425, 444, 481, 488, 511, 554, 585, 614, 627, 636, 737
대동강 259
대령 225, 263, 367, 368
대만 81, 89, 90, 99, 123, 141, 150, 170, 232, 257, 258, 263, 264, 297, 345, 349, 379, 400, 409, 439, 440, 441, 449, 451, 458, 459, 489, 527, 529, 530, 535, 551, 557, 558, 569, 575, 576, 579, 587, 588, 590, 600, 624, 650, 651, 656, 657, 658, 663, 664, 674, 677, 690, 700, 714, 717, 721, 726
대부대 539
대사관 무관 468
대사관 참사관 58, 291, 508, 556, 647, 730
대전 36
대포 98, 169, 399, 541, 585, 736, 754
대표단장 108, 178, 219, 246, 250, 361, 378, 383, 390, 393, 411, 615, 736, 738, 740
대표부 611
대한민국 581, 620, 641, 721
데이비드 딘 러스크(David Dean Rusk) 718
데이비드 브루스(David K. E. Bruce) 124
데일리메일Daily Mail 326
데일리워커Daily Worker 288, 289, 387
데일리익스프레스Daily Express 326
데일리텔레그래프Daily Telegraph 87, 363
데일리헤럴드Daily Herald 143, 326, 667
도일 히키(Doyle Overton Hickey) 105
돌출부 311
동료 82, 83, 84, 134, 135, 161, 183, 191, 198, 242, 252, 277, 287, 289, 294, 310, 316, 324, 330, 332, 333, 340, 360, 365, 404, 438, 470, 473, 516, 535, 595, 604, 626, 692, 720
딘 애치슨(Dean Acheson) 30, 79, 341, 342, 343, 347, 436, 634, 653

◤ㄹ

라제시와르 다얄(Rajeshwar Dayal) 89

랄프 몽클라르(Ralph Monclar) 189

러브렛 샐튼스톨(Leverett Saltonstall) 468

레스터 B.피어슨(Lester B. Pearson) 110,
   151, 310, 520, 521, 650

레옹 장켈레비치(Leon Jankélévitch) 153,
   711

레이크석세스(Lake Success) 30, 48, 59,
   64, 68, 78, 88, 89, 106, 126, 144, 152,
   153, 165, 181, 183, 198, 229, 264,
   297, 302, 314

로버트 R. 맥코믹(Robert Rutherford 'Colonel'
   McCormick) 617, 643, 649

로버트 맥클루어(Robert A. McClure) 104

로버트 맨서(Robert Mansergh) 94

로버트 태프트(Robert Taft) 468, 618, 643

로베르 드 당피에르(Robert de Dampierre)
   165, 166

로베르 슈만(Robert Schuman) 60, 124,
   131, 139, 193, 288, 344

로베르 조베즈(Robert Jobez) 292, 336

루이 생-로랑(Louis Stephen St. Laurent)
   87

루이스 파디야 네르보(Luis Padilla Nervo)
   277, 357, 360, 388, 746

룬트샤우-Rundschau 177

르 로이 120, 309, 326, 327, 328, 329

르네 마시글리(René Massigli) 143

르네 밀레(René Millet) 339

르로이 드 라 투르넬(Guy Leroy de La
   Tournelle) 59

린든 존슨(Lyndon B. Johnson) 678, 730

린뱌오(Lin Piao, 林彪) 268, 269, 492

▼ ㅁ

마누엘 L. 케손(Manuel L. Quezon) 562

마무드 파우지 베이(Mahmoud Fawzi Bey)
   30, 670

마산 85

마오쩌둥 89, 268, 345, 516, 539, 588,
   674, 692, 693, 712, 716, 726, 733

만주 51, 90, 98, 101, 113, 121, 150, 167,
   170, 190, 212, 233, 238, 259, 263,
   264, 270, 312, 317, 341, 352, 353,
   355, 370, 372, 373, 381, 385, 386,
   393, 399, 401, 421, 422, 427, 430,
   449, 464, 477, 480, 498, 527, 529,
   530, 539, 540, 574, 576, 577, 586,
   588, 593, 611, 612, 625, 656, 663,
   677, 678, 700, 704, 711, 721, 726,
   735, 739, 742, 743, 750

만주 성역 381, 401

매우 긴급 34, 44, 102, 117, 122, 293,
   307, 347, 381

맥아더 장군 30, 50, 66, 90, 93, 96, 97,
   106, 127, 137, 162, 167, 169, 180,
   183, 188, 191, 192, 203, 204, 214,
   232, 254, 255, 257, 261, 263, 264,
   270, 271, 314, 319, 320, 323, 324,
   325, 326, 327, 328, 335, 337, 338,
   339, 343, 352, 353, 354, 355, 360,
   363, 364, 372, 377, 378, 381, 382,
   385, 390, 398, 400, 401, 404, 409,
   410, 422, 426, 428, 429, 430, 433,
   434, 435, 445, 446, 448, 450, 451,

456, 458, 461, 462, 463, 464, 467, 468, 470, 471, 475, 476, 480, 481, 484, 485, 494, 495, 496, 501, 508, 515, 516, 517, 518, 520, 526, 527, 528, 529, 530, 532, 533, 534, 535, 537, 542, 543, 545, 549, 550, 551, 556, 558, 560, 561, 562, 563, 564, 565, 573, 574, 575, 576, 578, 579, 584, 587, 597, 598, 599, 600, 612, 617, 618, 619, 622, 623, 624, 635, 638, 639, 640, 642, 643, 645, 646, 647, 649, 650, 651, 653, 655, 656, 658, 659, 665, 666, 674, 676, 677, 678, 680, 681, 688, 689, 690, 701, 702, 707, 708, 709, 714, 719, 723, 724, 725, 726, 727, 728, 729, 742, 743, 750

맨체스터가디언Manchester Guardian 61, 326, 703

메서슈미트 Me 262(Messerschmitt Me 262) 698

명령 40, 50, 52, 70, 83, 84, 93, 102, 104, 105, 117, 124, 130, 158, 172, 180, 190, 191, 201, 212, 217, 270, 272, 310, 314, 334, 335, 354, 401, 434, 441, 456, 475, 518, 562, 563, 564, 586, 656, 657, 742

모리스 드장(Maurice-Ernest-Napoléon Dejean) 149

문산 311, 317, 322, 344, 609, 614, 615

미 공군 45, 381, 556, 598, 655, 656, 750, 751

미 국무부 30, 31, 102, 111, 113, 117, 120, 121, 180, 183, 184, 195, 266, 293, 370, 424, 426, 428, 436, 445, 473, 484, 501, 512, 597, 606, 629, 652, 653, 654, 666, 720, 745, 753

미 국방부 38, 39, 52, 74, 75, 100, 178, 185, 186, 219, 235, 246, 247, 250, 275, 290, 304, 322, 333, 335, 393, 401, 425, 430, 482, 511, 573, 584, 587, 615, 631, 632, 741

미 국방장관 674

미 극동공군(FEAF) 401

미 대사관 1등서기관 36

미 제24보병사단 34

미 제8군 43, 157, 171, 362, 443, 450, 615, 636, 697, 740

미국공보원United States Information Service 353

미군정 40

믹 샨(Mick Shann) 242

민중 268, 314, 336, 345, 514, 556

▶ ㅂ

박격포 98, 154, 487, 754

박헌영 497, 514, 568, 569, 629

반격 92, 149, 155, 156, 157, 168, 199, 200, 208, 241, 245, 246, 250, 283, 291, 341, 364, 366, 404, 495, 535, 579, 581, 609, 643, 736, 740

반도 39, 298, 507, 631

발표 38, 43, 49, 62, 110, 111, 117, 118,

129, 135, 153, 163, 164, 165, 166,
181, 183, 194, 195, 198, 208, 221,
229, 253, 256, 280, 287, 291, 292,
304, 309, 315, 319, 326, 328, 336,
339, 343, 352, 353, 354, 355, 359,
360, 361, 365, 372, 373, 375, 377,
379, 383, 384, 385, 387, 395, 400,
401, 403, 404, 410, 411, 412, 415,
428, 432, 434, 436, 446, 447, 451,
456, 462, 484, 486, 497, 502, 505,
506, 517, 518, 526, 537, 550, 568,
573, 579, 590, 591, 600, 602, 604,
605, 611, 618, 623, 625, 653, 655,
658, 663, 664, 666, 667, 670, 671,
672, 674, 682, 683, 685, 690, 693,
696, 699, 701, 702, 706, 714, 723,
725, 726, 727, 728, 736, 738, 740,
752, 754

방공작전 698

방어선 38, 40, 171, 271, 273, 424, 490,
535, 631

배치 38, 39, 43, 45, 65, 72, 75, 103, 118,
127, 141, 155, 156, 158, 167, 174,
190, 210, 211, 212, 221, 233, 241,
244, 245, 246, 250, 266, 305, 322,
333, 342, 367, 368, 369, 392, 393,
424, 432, 487, 541, 576, 577, 608,
637, 705, 728, 741, 751

배포 117, 403, 412, 420, 426, 494, 562,
617, 627

밴 플리트(James Award Van Fleet) 450,
476, 740

뱅상 오리올(Vincent Auriol) 622

버크 히켄루퍼(Bourke B. Hickenlooper)
726

베네갈 라우(Sir Benegal Narsing Rau)
70, 115, 116, 122, 151, 389, 413, 414,
499, 582

베이징라디오 338

변영태(卞榮泰) 706, 707

병력 30, 35, 39, 45, 50, 73, 75, 85, 96,
98, 105, 108, 127, 141, 142, 155, 156,
157, 167, 168, 169, 171, 185, 186,
189, 190, 200, 201, 221, 232, 234,
241, 244, 245, 247, 250, 283, 298,
301, 304, 311, 330, 333, 341, 342,
353, 369, 393, 398, 399, 400, 421,
429, 444, 492, 498, 510, 539, 576,
584, 585, 586, 608, 610, 614, 616,
631, 636, 637, 655, 656, 657, 664,
675, 677, 678, 685, 698, 704, 705,
711, 716, 724, 726, 733, 735, 737

병참선 85, 167, 188, 270, 735

보고 48, 52, 80, 89, 92, 108, 123, 136,
142, 149, 155, 178, 239, 250, 285,
304, 347, 357, 381, 391, 396, 397,
402, 411, 417, 426, 453, 455, 460,
462, 466, 498, 513, 537, 546, 582,
607, 631, 661, 664, 670, 671, 691,
692, 725, 726, 746, 748, 752

보급기지 267

보병 158, 172, 224, 317, 399, 733

보병사단 32, 34, 42, 53, 73, 241, 636

보병연대 241

보안 29, 32, 36, 38, 42, 44, 47, 49, 50,
52, 54, 56, 58, 68, 70, 74, 76, 78, 80,
83, 88, 94, 98, 100, 104, 106, 110,
113, 115, 117, 120, 122, 124, 125,
127, 129, 131, 133, 135, 141, 143,
154, 155, 157, 159, 163, 167, 169,
171, 172, 174, 175, 177, 178, 180,
183, 185, 187, 189, 191, 194, 196,
206, 208, 210, 213, 214, 215, 217,
218, 219, 221, 225, 227, 229, 231,
232, 235, 237, 244, 246, 250, 261,
265, 268, 275, 282, 284, 286, 295,
297, 302, 303, 304, 309, 310, 311,
315, 317, 319, 320, 322, 324, 328,
330, 332, 339, 341, 342, 349, 357,
359, 361, 370, 372, 374, 383, 388,
396, 398, 411, 413, 424, 426, 434,
435, 441, 443, 450, 456, 461, 471,
473, 477, 479, 481, 483, 487, 498,
499, 501, 505, 508, 529, 547, 554,
567, 568, 578, 581, 582, 584, 590,
604, 606, 608, 611, 613, 615, 626,
627, 629, 631, 633, 636, 642, 645,
647, 652, 662, 668, 670, 686, 688,
695, 697, 704, 711, 716, 718, 721,
732, 740, 744, 748, 752

본인의 이전 전보에 이어 54, 110, 127,
133, 147, 218, 263, 297, 303, 349,
406, 422, 470, 524, 529, 645, 672,
718

부대 32, 33, 38, 39, 44, 45, 51, 52, 53,
72, 75, 85, 94, 95, 100, 101, 105, 108,
109, 113, 141, 149, 150, 154, 155,
156, 158, 159, 172, 175, 185, 186,
187, 189, 190, 198, 199, 202, 207,
208, 215, 217, 219, 220, 221, 224,
228, 233, 234, 235, 236, 237, 238,
241, 244, 245, 246, 250, 257, 263,
265, 266, 268, 269, 273, 275, 276,
282, 283, 290, 298, 300, 309, 322,
323, 333, 334, 336, 337, 339, 341,
392, 399, 421, 425, 440, 444, 481,
492, 539, 540, 541, 554, 557, 558,
561, 584, 585, 593, 613, 614, 615,
616, 628, 636, 640, 664, 704, 733,
736, 740, 741, 754

부산 32, 37, 39, 45, 46, 53, 72, 75, 83,
187, 313, 390, 392, 403, 405, 406,
424, 473, 515, 517, 595, 597, 685,
706

북한 31, 32, 44, 48, 72, 73, 90, 110, 137,
149, 184, 190, 193, 198, 212, 231,
233, 244, 259, 265, 289, 294, 302,
303, 304, 309, 326, 328, 336, 349,
350, 351, 358, 370, 379, 393, 407,
430, 432, 452, 473, 474, 490, 491,
492, 497, 499, 512, 516, 539, 540,
554, 567, 568, 569, 582, 583, 588,
593, 614, 629, 641, 660, 698, 741,
742, 743, 745

북한군 35, 38, 39, 45, 52, 74, 81, 95,
100, 101, 108, 142, 150, 156, 157,
169, 179, 184, 186, 190, 201, 206,
208, 237, 238, 241, 245, 247, 256,

266, 272, 287, 289, 295, 300, 304,
317, 377, 398, 399, 444, 474, 581,
584, 595, 609, 613, 614, 615, 627,
636, 704, 733, 735, 741
분견대 72, 614
분계선 182, 188, 208, 350, 352, 527
분과위원회 331, 454, 470
분대 32
분산 63, 187, 441, 728, 750
브라이언 맥마흔(Brien McMahon) 675,
743
비망록 330
비무장지대 160, 350
비행기 73, 113, 138, 213, 231, 233, 260,
362, 393, 399, 401, 468, 559, 595,
609, 637, 667, 706
비행사 233, 399
비행장 137, 174, 390, 394, 430, 490, 554,
593, 669
비호 174
빌리엄 시로키(Viliam Široký) 248, 350,
569

▶ ㅅ

사단 32, 34, 35, 39, 42, 43, 52, 53, 72,
73, 74, 75, 84, 85, 98, 100, 104, 106,
108, 142, 149, 155, 157, 158, 170,
174, 180, 185, 186, 189, 190, 199,
200, 201, 202, 205, 206, 207, 215,
219, 220, 235, 237, 241, 244, 245,
246, 250, 265, 266, 267, 273, 275,

282, 298, 300, 311, 317, 322, 323,
335, 336, 425, 443, 481, 487, 488,
492, 510, 511, 561, 585, 593, 608,
610, 614, 615, 616, 628, 632, 636,
637, 664, 685, 697, 704, 705, 733,
736, 737, 740, 741, 754
사령관 46, 51, 60, 74, 84, 92, 94, 98,
101, 104, 106, 109, 113, 159, 168,
169, 170, 180, 188, 203, 205, 209,
217, 220, 224, 233, 234, 241, 250,
254, 255, 257, 258, 261, 262, 263,
268, 270, 271, 272, 273, 287, 298,
304, 310, 320, 324, 326, 338, 354,
355, 360, 363, 377, 378, 382, 390,
395, 400, 409, 410, 412, 423, 429,
445, 446, 450, 456, 458, 461, 462,
468, 475, 476, 485, 490, 494, 518,
520, 527, 528, 530, 531, 532, 535,
540, 542, 543, 558, 559, 560, 561,
562, 563, 564, 566, 573, 575, 579,
593, 599, 612, 614, 642, 648, 649,
658, 665, 675, 676, 677, 679, 686,
689, 725, 726, 727, 728, 729, 732,
733, 734, 742
사령부 32, 39, 43, 44, 45, 46, 48, 53, 72,
83, 84, 85, 96, 105, 106, 141, 174,
186, 194, 195, 199, 211, 212, 220,
362, 371, 390, 426, 441, 465, 562,
581, 585, 616, 637, 656, 690, 700,
704, 745
사르다르 파니카(Sardar Panikkar) 663
사무국 37, 56, 82, 88, 92, 96, 127, 128,

130, 135, 141, 177, 183, 263, 332, 367, 368, 369, 374, 417, 418, 419, 420, 428, 437, 438, 473, 474, 514, 519, 537, 543, 568, 691, 705

사본 347

사오위린(邵毓麟) 404

사이공 고등판무관 96

사절단 74, 79, 235, 290, 291, 452, 453, 503, 685

사절단장 38, 68, 78, 183, 185, 196, 210, 290, 322, 324, 424, 426, 429, 482, 510, 584, 631

상원 410, 533, 550, 638, 642, 643, 646, 655, 674, 678, 689, 708, 723, 725, 728

상하이 519, 546, 712

샘 레이번(Sam Rayburn) 372

선언 40, 69, 76, 81, 96, 248, 258, 261, 280, 287, 296, 354, 355, 365, 374, 375, 376, 377, 378, 379, 408, 429, 506, 524, 547, 562, 573, 576, 591, 604, 605, 607, 633, 709, 732

선언문 472, 562

선전포고 48

성명 36, 143, 144, 148, 153, 165, 177, 183, 203, 287, 293, 294, 295, 307, 309, 314, 315, 320, 323, 324, 325, 326, 328, 335, 336, 337, 339, 340, 342, 343, 377, 409, 411, 412, 428, 429, 430, 432, 435, 436, 446, 451, 465, 471, 472, 475, 480, 483, 484, 496, 497, 501, 502, 505, 506, 509,

517, 518, 521, 527, 532, 534, 535, 537, 538, 545, 550, 566, 575, 588, 590, 591, 600, 623, 666, 667, 685, 699, 717, 727, 738

세실 버치어(Cecil A. Bouchier) 461

셀림 사르페(Selim Sarper) 243, 524, 525, 571, 572, 606, 670

소대 100, 108, 154, 185, 190, 199, 200, 201, 219, 220, 246, 251, 265, 266, 273, 311, 317, 342, 636

소련 41, 49, 56, 57, 62, 64, 65, 66, 78, 87, 90, 123, 145, 161, 163, 164, 170, 193, 232, 233, 279, 280, 288, 297, 298, 303, 313, 328, 345, 350, 351, 352, 357, 358, 363, 370, 371, 375, 378, 393, 396, 398, 399, 400, 401, 414, 425, 449, 455, 456, 457, 458, 464, 465, 479, 480, 485, 489, 495, 496, 503, 516, 534, 535, 545, 546, 563, 567, 569, 575, 577, 583, 587, 588, 602, 610, 618, 625, 629, 640, 641, 655, 656, 663, 674, 675, 677, 679, 688, 689, 690, 692, 693, 708, 709, 712, 716, 717, 718, 726, 728, 730, 731, 733, 735, 742, 745, 750, 751

수도사단 35, 75, 488

수상 76, 77, 92, 115, 130, 143, 144, 151, 181, 182, 194, 329, 598, 667, 680, 686, 701, 702

수송 138, 156, 201, 260, 344, 393

수송기 394

수원 72, 95, 98, 100, 141, 246

순천 73

쉬샹첸(Xu Xiangqian, 徐尙前, 서상겸) 539,
540

스벤 그라프스트룀(Sven Grafström) 359,
746

스털링 지역(Sterling area) 681

시베리아 113, 233, 576, 656, 709, 721

시어도어 루즈벨트(Theodore Roosevelt)
561

식민지 90, 681, 683

신안주 138, 238

신의주 137, 393, 477, 481, 490, 705, 736

신익희(申翼熙) 137, 517

신장 540

신화통신 379, 489

실무위원회 692

▶ ㅇ

아더 드웨이 스트러블(Arthur Dewey Struble)
205

아메리카국 60

아서 래드포드(Arthur W. Radford) 658

아프리카 751

안드레이 그로미코(Andreï Gromyko) 345,
718

안전보장이사회 103, 147, 164, 211, 240,
280, 284, 285, 359, 417, 426, 449,
512, 514, 543, 652

알레스 베블러(Aleš Bebler) 396, 397

암호과 추신 179, 402, 440

압록강 137, 156, 186, 190, 271, 313, 317,
334, 335, 352, 355, 394, 399, 401,
404, 481, 482, 490, 491, 573, 576,
593, 614, 656, 677, 685, 733, 743

앙리 보네(Henri Bonnet) 47, 428, 631

앙리 페네트(Henri Penette) 175

앨버트 코디 웨더마이어(Albert Coady
Wedemeyer) 638, 639, 640, 641

야전군 73, 141, 268, 393, 539, 540, 541,
554, 608, 628

야코프 말리크(Yakov Aleksandrovich Malik)
161, 717

양구 614, 627, 755

양덕 540

양양 244, 265, 424, 488, 627

어니스트 그로스(Ernest A. Gross) 159,
634

언론 보도 372

에드워드 알몬드(Edward M. Almond)
200, 636

에를 코크(Erle Cocke) 257, 258, 263

에멧 오도넬(Emmett Odonnell) 94

에스테스 키포버(Estes Kefauver) 724

에티엔 드 크루이-샤넬(Étienne de Crouy-
Chanel) 499

엠마뉴엘 샤인웰(Emanuel Shinwell, Baron
Shinwell) 666, 701

여단장 94

역습 53, 318

연대 32, 42, 55, 74, 154, 155, 185, 189,
199, 201, 202, 215, 219, 221, 238,
241, 266, 311, 392, 425, 511, 561,
614, 694, 724, 726, 737

연대전투단 199, 322, 616, 741

연천 443, 488, 581

연합군 최고 사령관 84

영국 대리대사 120, 686

영국 정부 49, 64, 77, 92, 102, 143, 147, 181, 182, 194, 288, 309, 332, 347, 374, 375, 376, 395, 430, 432, 441, 483, 484, 499, 501, 502, 509, 537, 548, 604, 634, 635, 654, 666, 695, 702

영국 해군 217

영덕 393

영등포 265

영연방 64, 66, 70, 71, 76, 77, 88, 111, 143, 217, 224, 692

영천 85, 740

예비군 142, 187, 392, 510, 516, 539, 593

예정 의제 239

오울루(Oulu) 503

올리버 프랭크스(Oliver Franks) 40, 435, 462, 484, 501, 548, 686

올리버 하비(Oliver Harvey) 435

외교행낭 470, 629, 641, 662, 668, 670, 672, 742

외무부 29, 40, 47, 49, 56, 58, 60, 71, 92, 93, 102, 124, 131, 139, 152, 159, 166, 187, 193, 221, 223, 226, 229, 248, 252, 281, 288, 307, 314, 323, 328, 329, 332, 339, 340, 365, 374, 395, 405, 424, 426, 428, 429, 430, 434, 435, 438, 439, 442, 454, 455, 483, 499, 501, 516, 520, 522, 537, 547,

565, 582, 607, 610, 638, 650, 653, 667, 687, 692, 693, 699, 701, 714, 716, 725, 727, 748

외무장관 41, 49, 126, 165, 344, 350, 374, 387, 430, 486, 520, 569, 598, 650, 699, 700, 706

요새 272, 273, 563

우슈취안(Wu Xiuquan, 伍修權, 오수권) 163, 350

우편 전달 161, 740

워렌 오스틴(Warren R. Austin) 717

원산 101, 108, 187, 190, 200, 202, 217, 233, 266, 335, 425, 540

원수 359, 375, 378, 427, 429, 505, 562, 563, 730

위베르 게랭(Guerin Marie Hubert Guerin) 222, 310, 486, 520, 521, 699

윌리스 크리튼버거(Willis D. Crittenberger) 160

윌리엄 놀랜드(William F. Knowland) 728

윌리엄 스트랭(William Strang) 40, 41, 130, 187, 194, 223

윌리엄 애버럴 해리먼(William Averell Harriman) 566, 618

윌리엄 커티스 체이스(William Curtis Chase) 587

유럽 군대 678

유엔 30, 38, 39, 40, 44, 54, 55, 56, 57, 59, 62, 66, 68, 74, 76, 80, 81, 82, 87, 88, 89, 90, 91, 108, 111, 112, 113, 118, 120, 121, 123, 124, 135, 143, 145, 152, 153, 160, 161, 164, 165,

167, 177, 178, 179, 180, 181, 183,
191, 192, 195, 196, 197, 198, 210,
211, 212, 221, 227, 228, 229, 254,
261, 277, 284, 286, 287, 290, 291,
294, 295, 296, 297, 302, 309, 313,
314, 315, 332, 333, 340, 343, 347,
349, 350, 352, 353, 359, 360, 361,
363, 365, 367, 369, 375, 376, 377,
378, 380, 381, 384, 385, 389, 395,
396, 404, 407, 408, 411, 413, 414,
416, 417, 426, 428, 429, 430, 432,
433, 437, 445, 451, 455, 464, 471,
472, 474, 483, 484, 490, 506, 512,
513, 514, 517, 518, 535, 547, 548,
552, 565, 567, 568, 569, 571, 576,
577, 578, 586, 588, 590, 591, 597,
599, 604, 607, 611, 616, 620, 624,
629, 633, 634, 641, 647, 648, 650,
652, 654, 660, 662, 663, 664, 671,
672, 674, 683, 685, 690, 691, 693,
696, 699, 700, 711, 716, 717, 720,
721, 727, 732, 738, 739, 744, 745,
752, 753

유엔 사무국 82, 177, 332, 367, 437, 438,
514

유엔 사무총장 123, 177, 332, 347, 427,
435, 483, 569, 748, 752

유엔 헌장 164, 165, 211, 295, 296

유엔군 39, 47, 53, 60, 66, 72, 75, 81, 83,
84, 89, 90, 94, 95, 100, 104, 108, 109,
138, 149, 155, 156, 157, 158, 159,
160, 167, 168, 170, 171, 174, 175,

178, 180, 181, 183, 184, 186, 188,
191, 194, 195, 196, 197, 203, 206,
208, 210, 211, 212, 215, 219, 220,
224, 228, 232, 233, 235, 237, 238,
241, 244, 246, 250, 255, 256, 257,
262, 265, 266, 267, 268, 269, 270,
271, 273, 275, 282, 283, 286, 287,
288, 289, 290, 295, 296, 300, 301,
304, 309, 311, 313, 314, 317, 322,
334, 341, 342, 349, 352, 354, 360,
361, 363, 364, 372, 373, 375, 378,
381, 384, 386, 388, 389, 392, 393,
394, 398, 399, 400, 404, 406, 414,
421, 424, 425, 426, 427, 428, 429,
430, 435, 439, 449, 450, 464, 465,
471, 472, 475, 480, 482, 483, 484,
487, 490, 491, 492, 501, 505, 512,
518, 527, 530, 553, 554, 558, 560,
577, 585, 591, 593, 599, 609, 613,
614, 615, 616, 625, 627, 631, 632,
637, 643, 655, 656, 685, 686, 697,
700, 705, 716, 724, 727, 735, 736,
738, 740, 741, 743, 745, 754

유엔총회 58, 145, 147, 163, 293, 352,
400, 513, 514, 567, 568, 662

육군 96, 183, 233, 234, 319, 399, 490,
561, 562, 677, 685

의제 163, 177, 239, 252, 420, 479, 480

이브 샤테뇨(Yves Chataigneau) 345

이사회 103, 147, 164, 211, 240, 280, 284,
285, 294, 359, 417, 426, 449, 512,
514, 543, 652

이승만 36, 162, 270, 313, 314, 352, 390, 400, 514, 597, 620, 685

이즈베스티야zvestia 545

이천 95, 137, 141, 246

인민공화국 514, 568

인민군 35, 85, 142, 154, 336, 379, 558

인민일보 378, 497, 556, 558

인민지원군 125, 336

인천상륙작전 200, 410, 637, 708

인천항 53

임진강 282, 283, 311, 317, 322, 424, 443, 487, 492, 510, 554, 581, 584, 585, 608, 697, 740

ㅈ

자크 티네(Jacques Tiné) 571

자파룰라 칸(Muhammad Zafarullah Khan) 152

작전 37, 38, 48, 51, 52, 54, 63, 66, 69, 72, 98, 100, 106, 142, 149, 156, 157, 172, 188, 189, 190, 196, 204, 205, 209, 210, 211, 212, 214, 217, 218, 219, 220, 224, 243, 259, 264, 266, 267, 270, 271, 272, 283, 286, 309, 311, 316, 317, 322, 323, 327, 334, 344, 355, 371, 372, 377, 392, 395, 398, 399, 406, 432, 439, 440, 441, 462, 481, 495, 496, 534, 535, 538, 540, 578, 581, 584, 595, 599, 608, 655, 656, 657, 683, 698, 700, 724, 734, 735, 742

작전지 705

작전지역 98, 219, 371

잔병 540

장 다리당(Jean Daridan) 100, 196

장 로이에르(Jean Royère) 377, 556, 557

장 브리옹발(Jean Brionval) 403, 406, 408, 706

장 쇼벨(Jean chauvel) 145

장교 171, 273, 274, 458, 461, 561, 610, 641, 685

장면(張勉) 403, 406

장제스(Chiang Kai-shek, 蔣介石, 장개석) 51, 84, 257, 258, 263, 404, 409, 495, 527, 529, 535, 539, 577, 674, 675, 689, 700, 726

재무장 51, 56, 298, 345, 480, 587, 610, 733

재팬뉴스 217

저우언라이(Chou En Lai, 周恩來) 88, 89, 90, 115, 116, 153

적대행위 123, 287, 545, 546, 552, 553, 559, 587, 588, 601, 624, 629, 661, 700, 718, 724, 727, 730, 748

전권사절(全權使節) 229

전면전 62, 413, 432, 464, 495, 529, 530, 531, 624, 644, 689, 708, 728

전보 29, 38, 40, 47, 49, 52, 54, 71, 76, 78, 81, 82, 88, 91, 92, 102, 106, 110, 117, 120, 122, 124, 125, 127, 129, 133, 139, 144, 145, 147, 151, 153, 159, 167, 169, 178, 179, 191, 192, 194, 210, 218, 223, 225, 229, 231, 242, 243, 252, 253, 261, 263, 264,

280, 282, 284, 286, 292, 293, 297, 303, 307, 315, 320, 323, 332, 336, 339, 340, 341, 345, 347, 348, 349, 353, 357, 359, 360, 362, 365, 367, 368, 370, 372, 373, 381, 385, 396, 397, 402, 403, 406, 409, 410, 411, 413, 419, 420, 422, 426, 430, 431, 434, 435, 437, 439, 440, 460, 461, 462, 468, 470, 471, 473, 479, 483, 484, 490, 499, 501, 505, 508, 513, 514, 517, 522, 524, 526, 529, 547, 548, 567, 568, 569, 570, 571, 574, 575, 582, 583, 588, 590, 604, 606, 607, 611, 613, 628, 629, 633, 638, 639, 640, 645, 652, 653, 662, 666, 668, 670, 671, 672, 695, 696, 712, 716, 718, 731, 748, 752, 753

전선 30, 34, 35, 42, 46, 50, 52, 53, 63, 64, 72, 74, 82, 84, 85, 95, 96, 98, 100, 104, 115, 137, 138, 141, 142, 149, 155, 157, 158, 169, 174, 175, 178, 183, 185, 186, 187, 188, 189, 190, 194, 201, 203, 204, 208, 211, 214, 219, 220, 224, 235, 237, 238, 241, 244, 246, 247, 248, 250, 257, 259, 265, 270, 271, 276, 282, 283, 290, 292, 305, 310, 311, 317, 322, 323, 324, 335, 337, 341, 344, 345, 366, 392, 393, 394, 399, 400, 409, 424, 425, 443, 444, 475, 481, 482, 486, 490, 510, 527, 545, 546, 554, 564, 576, 581, 584, 585, 588, 609,

613, 614, 616, 627, 628, 631, 636, 637, 697, 698, 704, 705, 717, 736, 737, 740, 741, 754

전장 35, 48, 563, 708, 745

전쟁물자 396, 399, 661

전쟁부 42, 188, 244, 265, 282, 311

전차 171, 215, 268

전차대대 158

전차부대 317

전투기 233, 238, 298, 393, 477, 481, 490, 491, 656, 698, 736, 751

전투단 199, 206, 322, 616, 741

전투대형 613, 614, 636

전투부대 238, 276

전함 441, 705

절대우선문건 29, 47, 70, 110, 120, 124, 125, 131, 135, 183, 286, 307, 445, 479, 483, 532

정규군 72, 705, 733

정전 3인단 70, 151

정전 3인위원회 76

정찰 108, 141, 334, 574, 657

정찰기 156, 265

정찰대 141, 171, 186, 188, 205, 206, 212, 215, 237, 266, 282, 300, 323, 636, 638, 697

제10군단 43, 73, 98, 155, 174, 185, 189, 190, 215, 219, 266, 392, 394, 425, 444, 487, 585, 608, 614, 615, 636, 637, 736, 737, 741

제7사단 32, 43, 106, 155, 199, 201, 206, 215, 219, 244, 246, 266, 425, 488, 636, 737, 741

제임스 더프(James H. Duff) 468

제임스 윌리엄 풀브라이트(James William Fulbright) 675, 729

제임스 츄터 에드(James Chuter Ede) 395

제임스 플림솔(James Plimsol) 473

제트 전투기 698

제트기 137, 393, 399, 477, 482, 498, 576, 698, 751

조너선 웨인라이트(Jonathan Mayhew Wainwright) 562

조셉 매카시(Joseph Raymond McCarthy) 649

조셉 시귀레((Joseph Siguret) 421

조지 마셜(George Catlett Marshall) 334

조지 맥기(George C. McGhee) 744

조지. E. 스트라이트마이어(George Edward Stratemeyer) 401, 490, 593, 614

존 D. 톰린슨(John D. Tomlinson) 508

존 무초(John J. Muccio) 36, 37, 314, 353, 390

존 스트레이치(John Strachey) 387

존 퍼싱(John J. Pershing) 561

존 포스터 덜레스(John Foster Dulles) 169, 721

존 히커슨(John Hickerson) 68, 744

죠셉 "라이트닝 죠" 로턴 콜린스(Joseph "Lightning Joe" Lawton Collins) 183, 742

주둔지 94, 212, 244

중공 32, 41, 58, 64, 87, 88, 89, 90, 110, 115, 128, 232, 233, 287, 349, 350, 358, 364, 365, 366, 372, 377, 383, 388, 389, 393, 396, 398, 400, 412, 413, 414, 430, 435, 439, 444, 445, 449, 464, 465, 470, 474, 482, 489, 492, 494, 495, 496, 497, 498, 499, 509, 513, 517, 520, 534, 535, 539, 541, 547, 567, 575, 577, 579, 581, 582, 583, 588, 590, 600, 601, 604, 606, 608, 609, 613, 615, 616, 618, 624, 626, 627, 629, 634, 636, 639, 643, 662, 664, 667, 671, 672, 674, 676, 680, 689, 690, 691, 692, 695, 696, 700, 701, 702, 704, 714, 716, 717, 721, 722, 726, 728, 729, 730, 731, 733, 735, 738, 739, 745, 746, 750, 754

중공군 38, 39, 52, 73, 84, 430, 492, 554, 576, 581, 614, 615, 656, 733

중국 29, 30, 31, 37, 38, 40, 44, 46, 47, 48, 49, 50, 51, 58, 59, 60, 62, 64, 66, 68, 69, 70, 72, 76, 77, 82, 83, 84, 85, 89, 90, 93, 97, 98, 102, 110, 113, 117, 118, 120, 121, 123, 124, 125, 127, 129, 130, 131, 132, 133, 135, 139, 141, 143, 149, 150, 153, 154, 155, 156, 158, 163, 164, 165, 169, 170, 174, 178, 179, 181, 182, 186, 188, 189, 190, 195, 198, 199, 200, 204, 205, 208, 211, 218, 220, 227, 228, 230, 231, 232, 233, 243, 246, 250, 257, 261, 263, 264, 265, 266, 268, 270, 273, 277, 279, 280, 281, 282, 288, 289, 290, 292, 294, 295, 297,

300, 303, 313, 317, 318, 320, 323,
328, 329, 336, 337, 338, 339, 341,
342, 349, 352, 353, 355, 357, 359,
362, 363, 365, 370, 375, 376, 377,
378, 379, 380, 385, 386, 387, 389,
395, 396, 399, 400, 404, 409, 412,
421, 428, 429, 432, 440, 441, 448,
451, 452, 453, 456, 458, 462, 464,
465, 468, 474, 480, 492, 495, 497,
498, 513, 515, 516, 519, 522, 527,
530, 531, 535, 537, 538, 539, 540,
541, 552, 556, 557, 558, 559, 565,
569, 573, 574, 576, 578, 587, 588,
593, 595, 600, 604, 605, 607, 615,
618, 624, 626, 634, 640, 653, 654,
657, 663, 664, 666, 667, 668, 671,
680, 681, 683, 685, 689, 690, 691,
692, 693, 695, 698, 700, 701, 702,
703, 711, 712, 713, 714, 715, 717,
721, 726, 728, 733, 735, 737, 738,
739, 741, 745, 746, 750, 752, 753,
754

중국 국민당 113, 468, 663

중령 273, 363, 598

중립지대 141, 697

중장비 42, 45, 53, 90, 399, 414, 430, 628

중재위원회 147, 151, 181, 211, 229, 230,
277, 287, 291, 329, 342, 349, 359,
360, 365, 375, 383, 388, 389, 474,
524, 537, 548, 567, 568, 569, 629,
661, 662, 663, 670, 671, 672, 691,
695, 745, 746, 752, 753

중화인민공화국 123, 277, 279, 375, 378,
379, 530, 582, 660, 662, 747, 753

증원군 733

지대 34, 35, 178, 179, 187, 215, 392,
424, 511, 539

지상군 44, 45, 301, 558, 637, 705

지시 29, 49, 70, 82, 102, 120, 121, 124,
129, 195, 239, 243, 252, 284, 287,
307, 309, 319, 324, 326, 334, 340,
347, 355, 395, 416, 435, 444, 475,
479, 483, 501, 510, 516, 523, 524,
526, 528, 537, 548, 558, 561, 572,
578, 604, 605, 606, 617, 633, 652,
653, 664, 686, 692, 695, 742, 743

지역 32, 34, 35, 38, 39, 42, 43, 45, 48,
52, 53, 63, 72, 73, 74, 75, 84, 85, 95,
108, 145, 149, 150, 155, 156, 157,
158, 159, 174, 184, 185, 186, 190,
197, 199, 201, 204, 205, 206, 208,
215, 216, 219, 220, 224, 228, 232,
237, 238, 244, 246, 248, 250, 251,
255, 265, 266, 273, 275, 277, 282,
286, 287, 290, 292, 295, 296, 304,
310, 311, 314, 317, 322, 336, 341,
371, 393, 394, 399, 424, 425, 430,
444, 464, 465, 481, 487, 488, 541,
549, 550, 551, 564, 585, 588, 602,
608, 610, 613, 614, 615, 617, 624,
631, 632, 636, 637, 656, 657, 660,
663, 676, 681, 697, 698, 712, 725,
728, 734, 736, 737, 740, 741, 742

지침 50, 181, 275, 404, 417, 432, 433,
446, 473, 484, 565, 648, 742, 743

진남포 202, 300

진주 199

진지 98, 218, 219, 241, 266, 274, 316, 339, 481, 482, 491, 510, 564, 613, 615, 673, 698

진첸코 569, 753

집단군 539, 540, 541, 614

▶ ㅊ

차이 60, 61, 62, 63, 91, 255, 297, 355, 455, 573, 576, 735

찰스 윌러비(Charles Andrew Willoughby) 127

참모본부 35, 52, 83, 381, 422, 439, 446, 534, 581, 639, 675, 708, 743

참모장 141, 461, 534, 575, 639, 646, 674, 679, 689, 690, 708, 709, 727, 728, 729

참모총장 96, 192, 355, 381, 446, 540, 561, 562, 709, 725, 727, 728

창하이 377, 498, 556, 711

철원 267, 300, 443, 554, 755

철의 장막 717, 729

청주 39, 72, 74, 98, 190, 199

체코슬로바키아 248, 279, 350

초계 99, 487

총사령관 51, 106, 268, 355, 400, 401, 409, 450, 456, 462, 528, 686, 732

총사령부 170, 172, 178, 179, 190, 200, 204, 213, 214, 292, 298, 300, 311, 318, 354, 564, 637

총회 58, 82, 122, 123, 145, 147, 151, 162, 163, 240, 287, 293, 296, 352, 357, 365, 375, 378, 383, 389, 400, 417, 429, 499, 513, 514, 525, 547, 548, 567, 568, 571, 590, 591, 607, 629, 634, 653, 654, 660, 661, 662, 670, 671, 672, 691, 692, 693, 694, 695, 696, 702, 713, 745, 746, 752, 753

최고사령부(Grand Quartier Général) 450, 476, 530, 719

최전선 98

최후통첩 77, 428, 709

추가조치위원회 225, 226, 227, 239, 513, 522, 524, 526, 547, 571, 572, 604, 606, 633, 652, 660, 661, 666, 670, 671, 672, 691, 694, 695, 702, 713, 748

출격 35, 100, 108, 200, 283, 298, 555, 627, 631

충주 85

침략 정책 464

침략국 40, 48, 68, 69, 70, 76, 153, 650

침략자 47, 49, 57, 59, 62, 89, 146, 165, 177, 198, 210, 211, 227, 273, 295, 296, 307, 313, 336, 337, 338, 377, 379, 380, 383, 384, 404, 407, 551, 552, 553, 556, 558, 559, 604, 660

침략전쟁 62, 558, 559

▶ ㅋ

카슈미르 284

캔버라 224, 572, 695